성격장애 진단 및 치료
대인관계 접근

성격장애 진단 및 치료

대인관계 접근

Interpersonal Diagnosis and Treatment
of Personality Disorders, 2nd edition

Lorna Smith Benjamin 저 | 서영석 · 김동민 · 이동훈 · 조민아 공역

학지사

Interpersonal Diagnosis and Treatment of Personality Disorders, 2nd Edition
by Lorna Smith Benjamin

이 책은 응급 전화와 추가 상담시간, 환자들의 빈번한 입원, 언어적 공격, 극도로 긴장된 치료관계, 그리고 지불받지 못한 상담료 때문에 점점 더 지쳐 가고 있는 현장의 임상가를 위한 것이다. 또한 이 책은 만성적인 부적응 패턴 때문에 힘들어하면서 새로운 대안을 모색하려는 환자를 위한 것이다.

◐ 역자 서문 ◑

이른 저녁 세 평 남짓한 상담실 내부를 가득 채운 내담자의 분노와 룸메이트에 대한 날 선 비난을 듣는 것은 연일 미국 중서부를 강타한 블리자드를 견뎌 내는 것보다 더 끔찍한 일이었다. 여덟 번째라면서 손목을 그은 흉터를 내보이던 경계선 성격장애 내담자, 어린 시절 교사의 권유를 무시하고 리탈린(Ritalin)을 변기에 내던지곤 했던 반사회성 성격장애 내담자, 영하 40도의 추위에도 깃털 달린 모자를 쓰고 상담실을 찾던 연극성 성격장애 내담자, 그 밖에 특정 진단명을 부여하지 못할 만큼 기이하고 복잡함을 더했던 성격장애 내담자들….

이들은 모두 관계를 생명으로 여기는 우리 상담자들에게 관계 맺는 것에 대한 회의와 좌절의 경험을 주었다. 어떤 내담자는 경계의 범위를 가늠할 수 없고, 또 어떤 내담자는 무서울 정도로 치료관계의 붕괴를 요구한다. 친밀한 관계를 맺을 수 없을 만큼 적개심으로 밀쳐 내는 내담자가 있는가 하면, 숨 쉴 여지도 없을 만큼 과도한 애정과 관심을 요구해서 결국 상담자 스스로 물러나게 만드는 내담자도 있다. 내담자의 호소문제 해결을 위한 진일보한 전략을 세우기가 힘들 뿐 아니라 상담자의 미해결 정서를 자극하기도 한다. 이 모두 상담자에게는 풀기 어렵고 해내기 부담스러운 숙제가 된다.

벤저민 박사의 사회행동 구조분석(Structural Analysis of Social Behavior, SASB)은 사랑-증오, 과밀착-분화 등 두 가지 차원으로 성격장애를 분석하고 이해한다는 점에서 관계를 중시하는 상담자에게 낯설지가 않다. 이 책은 SASB를 바탕으로 다양한 성격장애의 발병원인을 이해하고, 상담자가 따라서 시도해 볼 수 있는 치료적 접근을 소개하고 있다. 그러나 성격장애를 호소하는 내담자의 복잡한 내적 세계를 이해하는 것만큼이나 이 책의 내용을 이해하는 것, 그리고 벤저민 박사의 은유적 표현을 따라가는 것이 쉽지는 않았다. 역자들이 고생한 것만큼이나 독자들 역시 이 책에 담긴 내용을 몇 번씩 읽고 성찰하면서 자신의 사례에 적용해 보는 노력이 필요해 보인다. 사실, 내담자의 문제, 문제의 원인, 치료계획을 고민하는 것만큼 상담자와 내담자에게 생산적인 일이 없음을 알기에, 이 책이 가지고 있는 가치와 효용성을 독자의 수고로움에 맡기고자 한다.

끝으로 명저 번역을 허락해 주신 학지사 김진환 사장님께 감사드리고, 원고 전체의 통일성과 오탈자 수정에 수고를 아끼지 않은 연세대학교 상담교육 김시연 원생에게 고마움을 전하고 싶다.

2014년

역자 일동

◐ 추천사 ◑

포유동물의 본질(기본적으로 우리는 포유류다)은 대인관계에 대한 욕구와 그것에 참여하는 능력에 있다. 대인관계는 태어나면서부터 시작되고 죽으면서 끝난다. 인생에서 가장 중요한 사건의 대부분은 그 특성상 대인관계적이고, 우리가 성격이라고 부르는 것의 대부분은 대인관계로 표현된다. 분명 심리치료는 관계에서 나타나는 행동과 관계 그 자체가 불충분하거나, 관계가 빗나갔거나 또는 유해한 관계를 맺고 있는 사람들을 지지 혹은 변화시키기 위해 고안된 특수한 형태의 상호작용이라고 정의할 수 있다. 심리치료를 포함해서 대부분의 인간 활동은 대인관계적 모델 안에서 생각해 볼 수 있고, 또한 가장 잘 정의 내릴 수 있다.

이상의 점들을 고려했을 때, 삶에서 그리고 심리치료에서 사람들의 상호작용 방식에 관한 체계적인 이론과 연구가 상대적으로 적었다는 것은 놀라운 사실이다. 이러한 무관심의 가장 큰 이유는 아마도 우리가 '대인관계적'이라는 말을 의식하지 않고 사용하기 때문이 아닐까 싶다. 즉, 좀 더 추상적인 모델을 구축하거나 연구하는 과정에서 대인관계적이라는 말을 빠뜨렸을 가능성이 높다. 성격이론가는 욕동(drive), 통제기제, 또는 인지구조 등을 묘사하는 데에는 관심을 기울여 왔지만 이러한 것들이 발전하고 표현되는 대인관계적 맥락은 간과해 온 면이 없지 않다. 심리치료자들은 지나치게 기법을 의식한 나머지, 내담자는 그러한 기법을 대인관계 체계 안에서 이해한다는 사실과 그러한 기법이 심리치료 안팎에서 대인관계적 행동을 변화시킬 때에라야 도움이 된다는 사실에는 상대적으로 적은 관심을 보여 왔다.

프로이트는 좀 더 추상적인 욕동과 심리 내적 모델 안에서 자신의 이론을 형성하는 것을 좋아했지만, 아이러니하게도 근대의 대부분의 대인관계 이론은 프로이트에서 비롯되었다. 프로이트는 기본적으로 대인관계적인 심리치료를 개발했는데, 심리치료를 이끌어 나가는 주요 요소는 '전이'관계에서 초기 대인관계적 경험을 재창조하는 것이었고, 이러한 맥락에서 새롭고 좀 더 유연한 대인관계 체제를 만들 수 있었다. 고전적인 정신분석에서는 암시를 피하기 위해 치료자–내담자 간에 존재하는 대인관계적 요소의 영향을 통제하였고, 대신 환자의 투사를 촉진하고 내재화된 초기의 대인관계를 해결하고자 하였다. 이러한 접근은 이후 발달한 심리역동적 치료에서 수정되었는데, 과거의 대인관계뿐 아니라 현재의 대인관계에도 관심을 기울였으며 치료 회기 안팎의 관계에도 시선을 두었다.

프로이트가 설명한 아동기의 보편적인 대인관계 경험과 그로부터 나타나는 성격유형은 역동적 심리치료의 기반이 되었다. 설리번은 이를 더욱 발전시켰는데, 그는 심리역동 이론 및 실제의 중심에 대인관계를 두었고, 전이관계를 교환과 변화의 완전한 매개물로 간주하였다. 곧이어 대인관계에 대한 체계적인 연구들이 수행되었고, 환자뿐만 아니라 치료자의 대인관계 행동을 체계적으로 연구하고 평가하는 방법이 나타났다.

관계적 접근이 임상장면에서 충분히 타당하다는 점을 고려한다면, 성격과 심리치료에 대한 대인관계적 접근 관련 연구가 많지 않았다는 것은 비정상적이라고 볼 수 있다. 지난 30년 동안 다양한 모델이 개발되었고, 심리치료 회기 중에 무엇이 일어났는지, 그리고 대인관계 행동이 어떻게 수정되었는지를 파악할 수 있는 방법을 알 수 있었다. 이러한 발전에 따라 어떤 경험적인 연구방법을 통해서도 달성하지 못한 방식으로 전이와 역전이를 좀 더 잘 이해할 수 있게 되었다.

로나 스미스 벤저민(Lorna Smith Benjamin)은 대인관계 모델과 그것의 임상적 적용에 관한 연구 분야에서 혁혁한 공을 세웠다. 그녀는 대인관계 유형을 측정하기 위해 임상적으로 타당한 방법을 개발했는데, 이는 환자, 심리치료자, 유아, 어머니뿐만 아니라 심지어는 원숭이에게도 적용할 수 있는 방식이다. 벤저민 박사의 특별한 점이라면, 임상의 대가이면서도 연구의 대가라는 것, 그리고 자신이 행하고 저술하는 모든 것에서 자기 관점을 즐겁게 통합하려 한다는 것이다. 그녀는 내가 아는 가장 훌륭한 임상가 중 한 명으로서, 어느 누구보다도 환자가 무엇을 느끼고 그 환자가 특정한 맥락에서 왜 특정한 방식으로 행동하고 있는지를 깊이 이해하고 있다. 또한 그녀는 놀랄 만큼 주의 깊고 창의적인 연구자다. 임상장면에서 우리가 무엇을, 어떻게, 왜 하는지에 관해 가장 면밀하게 다룰 수 있도록 연구문제를 생성하고 그에 대해 답을 할 수 있도록 방법을 찾아낸다.

성격과 심리치료에 대한 벤저민 박사의 대인관계적 접근은 심리치료의 내용을 넘어 그 기저에 있는 주제를 이해할 수 있는 방법을 제시한다. 다양한 형태의 경험과 훈련경력을 지닌 다양한 학파(심리역동, 인지치료, 행동치료, 가족, 집단 등)의 심리치료자에게 도움이 될 것이다. 대인관계적인 측면을 이해함으로써 한 회기에 대한 평가뿐 아니라 몇 해 동안 지속되는 심리치료 또한 향상시킬 수 있다. 이 방법은 환자를 만나는 모든 단계에서 유용한 것으로 초기 진단, 치료계획, 치료수행 그리고 치료목표가 달성되었는지 평가하는 것 등에 사용될 수 있다. 이 책은 임상경험이 풍부한 사람들에게는 당연히 쉽게 읽히리라 보고, 초보자에게도 임상장면을 접할 수 있는 좋은 길잡이 역할을 할 것으로 생각한다.

나는 지난 15년 동안 아주 가까이에서 벤저민 박사의 업무를 지켜보았고, 그것을 통해 많은 영향을 받았다. 그녀의 접근을 이해하게 되면서, 나는 환자의 대인관계 방식이 어떻게 내 행동과 역전이를 이끌어 내는지 더 잘 인식할 수 있었고, 또한 나의 대인관계 방식이 어떻게 그들의 행동을 변화시키고 답보상태에 빠지게 하는지를 이해할 수 있었다. 벤저민 박사의 방식은 사람들이 어떻게 상호작용하는지를 명료하게 예측할 수 있도록 만든다. 이는 일반적으로 일어나는 전이-역전이 문제를 피하는 데 도움을 준다.

이 책은 한 번 읽고, 또 계속해서 여러 번 다시 읽어야 할 책이다. 특정 내담자와 상담을 진행하면서 이 책을 반복해서 읽을 때 유용하다고 느낄 것이며, 또한 새로운 내담자를 만나면서 임상적인 경험을 확장해 갈 때 매우 유용한 참고도서가 된다. 이 접근은 슈퍼바이저로서의 기술을 향상시키는 데도 매우 유용하다. 제공하는 내용이 도움이 될 뿐 아니라, 슈퍼바이저와 슈퍼바이지의 대인관계에서 무엇이 일어나는지 이해하는 데 도움을 준다는 측면에서 매우 유용하기 때문이다. 이와 같은 이유로 이 책을 읽는 모든 독자에게 즐거움과 지혜를 줄 것이라 믿어 의심치 않는다.

의학박사 앨런 프랜시스
듀크대학교 의료센터
DSM-IV Task Force 의장

◐ 저자 서문 ◑

어떤 때는 식료품가게에 가는 것도 너무 힘이 들 때가 있다. 고통은 도처에 널려 있고, 그러나 그것은 대부분 필요 없는 것들이다. 나는 보지 않으려고 노력한다. 우리는 도움을 주기 위해 불안, 우울, 사고장애와 같은 증상에 대해 이야기하였다. 이런 정신장애의 공식적 징후뿐만 아니라 관련 경험, 예를 들어 분노, 두려움, 죄책감, 패배감, 실망과 같은 감정은 가족과 친구들 사이에서 일어나는 일상적 관계에 영향을 미친다. 음식을 사는 것과 같이 간단한 일에서도 대인관계가 드러나고 정신적인 상처를 남긴다. 어느덧 습관이 되어 버린 고통은 한 사람에게서 다른 사람에게로 옮겨 가고, 한 세대에서 다른 세대로 전이된다.

관련된 모든 이야기를 파악했을 때에만 모든 것을 이해할 수 있다. 전체 이야기가 어떻게 구성되었는지 엿볼 수 있다면 그것이 어떻게 변할지, 심지어 그것을 어떻게 예방해야 하는지 이해하게 될 것이다. 나는 더 많은 심리치료자가 주요 정신장애를 지니고 있는 사람들을 좀 더 효과적으로 도와주기를 바라는 마음으로 이 책을 저술하였다.

내 스스로에게 바람이 있다면, 이 책이 양질의 그리고 저비용의 치료센터를 시작하려는 내 꿈을 촉진해 주었으면 하는 것이다. 이 센터는 주요 정신장애, 그중에서도 특히 성격장애로 고통받는 사람들과 그 가족들에게 도움을 줄 수 있는 연구와 훈련에 기여할 것이다.

특별히 나를 성원해 준 동료, 친구 그리고 가족에게 감사의 마음을 전하고 싶다. 내 삶에 치유와 기쁨을 가져다준 내 딸 로린과 린다에게 특히 감사한다. 나는 이 아이들이 지닌 사랑, 선함, 열정 그리고 자신의 삶에서 보이는 능력에 놀라움을 금할 수 없다. 나에게 많은 도움을 준 밥 카슨, 조지 헤이스, 머조리 클라인, 데이비드 쿠퍼 그리고 테드

밀란에게도 고마움을 전한다. 이 책을 집필하는 과정에서 많은 도움을 준 편집자 앨런 프랜시스와 길포드출판사의 편집장인 사이머 와인가튼에게도 대단히 감사한다. 이들의 엄격하면서도 친절한 도움으로 더 좋은 책이 나올 수 있었다. 앨런은 마치 나의 수호천사가 된 양 내가 쓴 원고를 읽고는 지혜로우면서 유용한 제안을 해 주었다. 그것이 어떻게 가능했는지는 잘 모르지만, 도움을 받을 수 있음에 감사할 따름이다. 또한 교정과 교열을 담당한 편집자 마리 스프레이베리에게도 감사의 마음을 전한다. 그녀의 도움으로 개별적 내용들이 일관된 하나의 틀로 구성될 수 있었다.

또한 이 책이 나오기 전에 원고와 관련해서 유용한 조언을 해 준 프란 프리드리히, 줄리아 스트랜드, 메리 맥고니글, 케이 맥고니글, 숀 테일러, 마고 마일스, 빌 헨리, 스티브 운더리히, 앨런 프랑크, 마샤 리네한, 마저리 클라인, 콜린 샨도르, 페니 제임슨, 캐런 켈러웨이, 켈리 쉴러레트 그리고 마빈 골드프리드 등 친구, 동료, 학생들에게 진심 어린 감사의 마음을 전한다. 마지막으로 이 책에서 언급하고 있는 많은 환자의 열린 마음과 협조에 감사한다.

로나 스미스 벤저민

DSM 성격장애에 대한 약어 해설

BPD Borderline Personality Disorder 경계선 성격장애
NPD Narcissistic Personality Disorder 자기애성 성격장애
HPD Histrionic Personality Disorder 연극성 성격장애
ASP Antisocial Personality Disorder 반사회성 성격장애
DPD Dependent Personality Disorder 의존성 성격장애
OCD Obsessive Compulsive Personality Disorder 강박성 성격장애
PAG Passive Aggressive Personality Disorder 수동공격성 성격장애
AVD Avoidant Personality Disorder 회피성 성격장애
PAR Paranoid Personality Disorder 편집성 성격장애
SOI Schizoid Personality Disorder 분열성 성격장애
SZT Schizotypal Personality Disorder 분열형 성격장애

이 책 전체에서 위와 같은 3음절 약어는 '~진단' 내지는 '~진단명을 지닌 사람'을 의미한다.

차 례

제2부 DSM 군집 B, 극적이고 예측하기 힘든 집단

제3부 DSM 군집 C, 불안하고 두려운 집단

제4부 DSM 군집 A, 기이하고 별난 집단

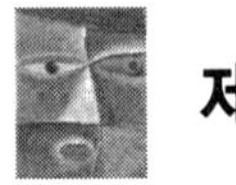

제5부 발 산

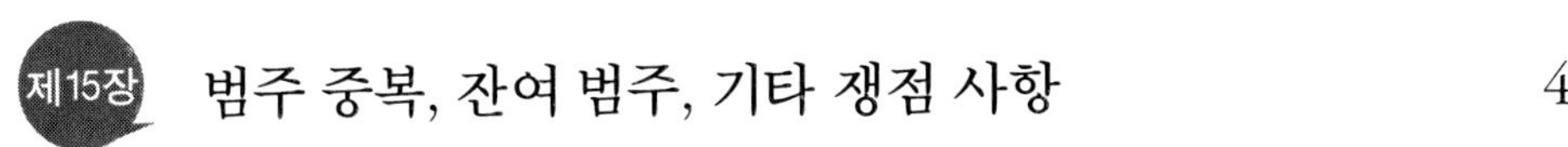

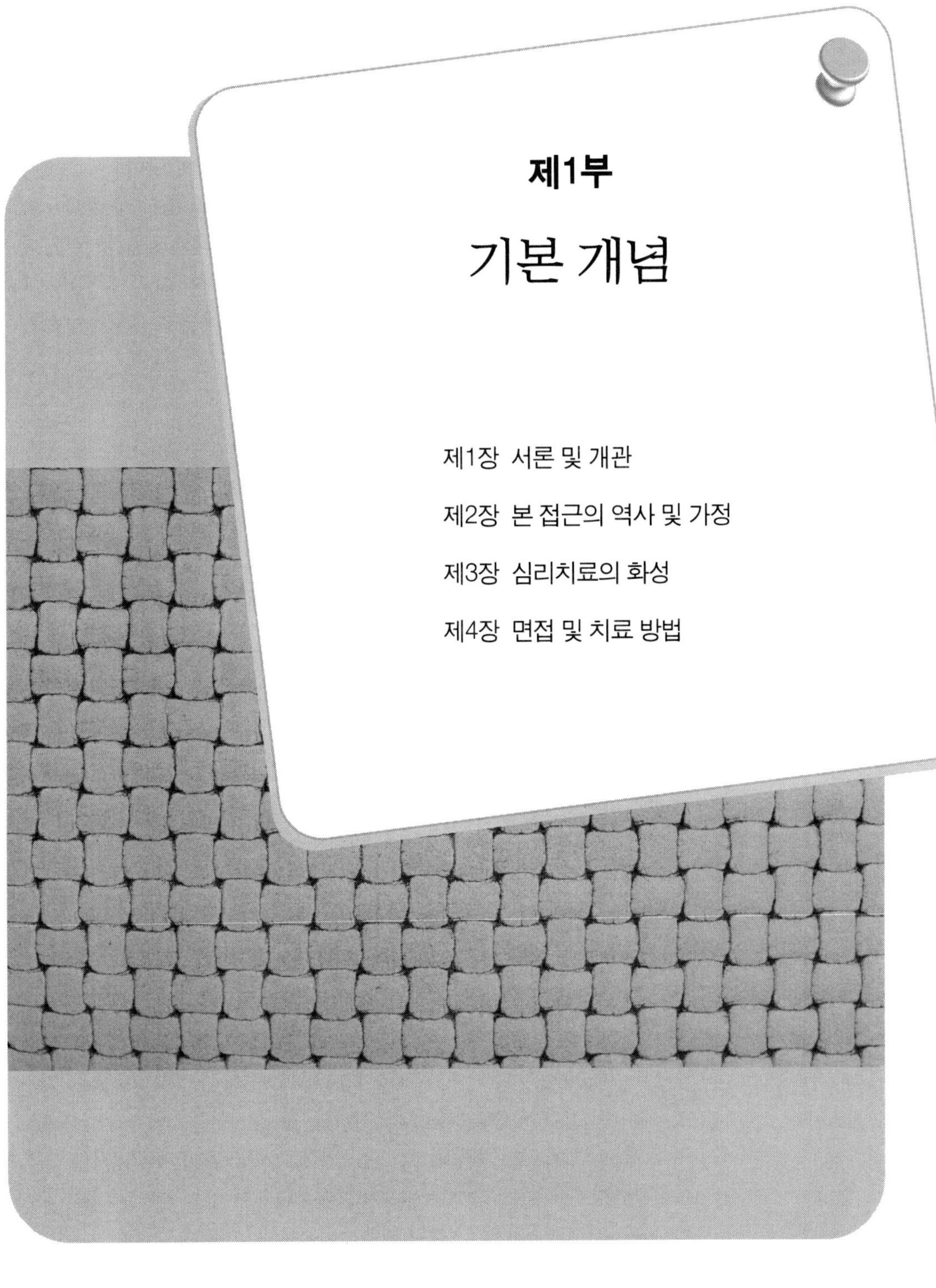

제1부

기본 개념

01 서론 및 개관

■ 성격장애에 관한 DSM 접근 방식의 문제점

성격장애에 관한 보고서를 읽어 보면 의과대학 학생이 걸린 질병을 이해할 수 있다. 예를 들어, DSM-III(American Psychiatric Association, 1980)에 기술되어 있는 각각의 성격장애를 잘 요약한 Millon(1982)의 책을 읽어 본 사람이라면, 거의 모든 성격장애가 자신에게 해당된다고 생각할 수 있다. 그 외에 남아 있는 다른 장애들은 자신의 배우자에게 부여할 수 있을 것이다. 성격장애 증상을 살펴보면 대개 인간적인 듯하다. 성격장애의 공식적인 '증상'을 지니고 있지 않은 사람이 어디 있을까? 예를 들면, 이상화(idealization), 가치절하, 허영, 분노발작, 권태, 유혹, 빠른 기분 변화, 비난 앞에서의 참담함, 특별하고 싶은 욕구, 공감을 못함, 잔인함, 부정(不貞), 지나치게 일을 열심히 함, 노력하지 않음, 과민, 관계관념(ideas of reference), 이상한 습관, 지나친 친밀성, 지나친 거리두기, 사소한 일에 조언 요구, 지나치게 자율적임, 일을 시작하는 것을 힘들어함, 관계 단절 시의 참담함, 완벽주의, 무책임, 지나친 명령, 지나친 공손, 위축, 혼자 있는 것을 싫어함, 수용받고 싶어 하고 거절을 두려워함, 타인의 통제를 거부함, 권위를 지닌 사람을 향한 비판 등의 증상이다. 정도의 차이는 있겠지만, 사람들은 모두 어느 정도 이런 증상을 가지고 있다. 문제는 얼마나 많은 증상을 얼마나 오랫동안 지니고 있어야 성격적으로 장애가 있다고 할 수 있느냐다.

성격장애에 대한 정의는 DSM-5(American Psychiatric Association, 2014)에서 찾아볼 수 있다. "성격장애란 해당 개인이 속한 문화에서 기대되는 것과는 현저히 다른 내적 경험과 행동의 지속적 패턴으로서, 많은 상황에서 발생하고, 유연하지 않으며, 청소년기 또는 초기 성인기에 시작되고, 안정적이며, 고통과 손상을 유발한다(p. 645)." 연구들에 따르면, "성격장애는 치료를 받은 사람들과 받지 않은 사람들에게 장기적인 손상을 초래한다. 일반 성인 10명 중 한 명 꼴로, 그리고 치료를 받은 사람 중 절반 이상이 성격장애로 고통받는다고 추측된다(Merikangas & Weissman, 1986, p. 274)." 성격장애에 관한 종단연구들을 개관한 Perry(1993)에 따르면, "진단명과 상관없이 그리고 연구 종료 후 얼마나 오랜 시간이 흐른 후에 추후검사를 실시했느냐와 상관없이, 성격장애를 지닌 대부분의 사람은 추후검사에서도 여전히 심각한 증상을 보이고 있었고, 대인관계 기능에 손상이 있는 것으로 나타났다. 이러한 사실은 성격장애가 대인관계 기능에 심각한 손상을 초래한다는 것을 의미한다(p. 63)."

전통적으로 의학 분야에서는 장애를 이해하기 위한 방법으로 증상에 기초해서 환자들을 집단으로 분류하고, 질환이 비슷한 경로를 따르는지 주목한다. 이상적으로는, 집단으로 분류하거나 또는 진단명을 부여하는 일은 질병의 원인에 대한 생각과 관련이 있고, 이는 다시 치료에 대한 시사점을 제공한다. 고전적인 예가 세균성 폐렴을 진단하는 것이다. 고열 및 기타 증상들은 폐렴구균의 존재 가능성을 시사하는데, 이는 페니실린으로 치료할 수 있다. 의학적인 모델로 어떤 증후군을 적절히 설명할 수 있다면, 그것의 원인과 예상되는 경과 그리고 가용한 치료방법에 관해 많은 것을 알 수 있다. 가장 효과적인 치료방법은 병의 원인과 논리적으로 관련이 있다. 예를 들어, 페니실린은 폐렴구균과 관련된 폐렴의 원인에 직접적으로 작용하는 반면, 아스피린은 고열 증상에 작용한다. 두 가지 모두 도움이 되지만, 원인에 직접적으로 작용하는 것이 좀 더 빨리 정상적인 컨디션으로 돌아갈 수 있게 한다.

불행하게도, 성격장애의 원인 및 치료와 관련된 지식들은 다른 의료 문제만큼 많이 축적되어 있지 않다(Gunderson, 1992). 정신의학적인 용어에 대한 근대적인 접근은 1980년 DSM-Ⅲ에 소개되었다. 1987년에 DSM-Ⅲ-R로 개정되었고, 1994년에는 다시 DSM-Ⅳ로 개정되었다. DSM 개정판들은 정신장애를 기술하는 데 Kraepelinian 접근이라고 불리는 전통적인 의학적 모델을 따르고 있다. DSM-Ⅲ에서는 무의식적 갈등과 같은 정신분석적 개념이 폐기되었는데, 그 이유는 정신분석적 개념을 객관적으로 그리고 과학적으로 정의할 수 없었기 때문이다. 대신, 관찰 가능한 증상을 토대로 환자들을 집단으로 분류하는 방식을 채택하였다. 정신장애의 원인은 논쟁의 여지가 많은 주제이기 때문에 DSM-III, DSM-III-R, DSM-IV, DSM-5에서는 병의 원인에 대해서 공식적으로 다루지 않았다.[1)] 신빙성 있는 증거가 부재한 이론들이 급격히 증가하는 것을 목도하면서, 위원회에서는 정확한 한 가지 이론을 선택하기보다는 이론을 생략하기로 결정하였다. 사람들을 집단으로 묶는 행위가 종국에는 병의 원인에 대한 임상적인 관찰과 연구결과로 이어지고, 또한 타당한 이론과 좀 더 효과적인 치료방법을 도출해 내기를 기대한다.

DSM-III에서 진단적 접근을 사용하기 시작하면서, 임상적 증후군(예: 정신분열, 우울증, 불안장애)을 신뢰롭게 정의할 수 있게 되었다. 그러나 여러 성격장애를 일관되게 정의하는 것은 실패하였다. Mellsop, Varghese, Joshua 그리고 Hicks(1982)는 성격장애에 대한 평정자 간 신뢰도가 .41이라고 보고했지만, DSM-III는 .54로 보고하였다. DSM-IV 범주들에 대한 신뢰도 평가는 여전히 진행 중에 있다.[2)]

다음 두 가지 사항은 성격장애를 진단하는 데 어려움을 겪는 원인이 된다. 우선, 임상적 장애와 관련된 증상을 정의하는 것보다 성격장애 증상을 정의하는 것이 더 어렵다. 임상적 장애와 관련된 증상, 예를 들어서 체중감소, 잘 욺, 불안, 공황상태, 사고장애 등은 면접으로 쉽게 확인할 수 있다. 하지만 허영, 부적절한 화, 의존성 등과 같은 성격적 특성은 정의하기가 더 어렵다. 면접자가 임상적 장애를 진단할 목적으로 적절한 질문, 즉 "식욕이 변했나요? 자주 우시나요? 몸이 떨리나요?" 등을 묻고 그에 대한 답을 얻어 내는 것은 어렵지 않다. 그러나 성격장애를 진단하려고 할 때, "당신은 허영심이 많고 많이 요구하는 편인가요?" "당신은 조작적이고 착취적인가요?" 라고 간단히 질문할 수는 없다. 성격장애와 관련된 증상을 정의하는 일은 면접자의 견해에 많이 의존하게 되는데, 면접자의 견해는 환자의 견해와 매우 다를 가능성이 있다. 또한 몇몇 장애들은 정보의 흐름을 크게 방해하는 특성을 포함하고 있다. 속이고 조작하고 관심의 중심에

---

1) 이 책에서 DSM은 DSM-III, DSM-III-R 또는 DSM-IV, DSM-5를 의미한다. DSM-III에서는 정신과적 진단에 대한 Kraepelinian 접근을 소개했고, 나머지 개정판들은 DSM-III를 약간씩 수정하였다. 필요할 경우, 어떤 개정판을 지칭하는지 명시할 것이다. 진단기준이 변했다는 것은 결국 진단기준이 위원회의 집합적인 지혜 그 이상도 그 이하도 아님을 의미한다.

2) 이 책 초판이 DSM-IV 성격장애 본문내용에 많은 영향을 주었다. 1994년 2월 10일 미국정신의학회에서 보내온 편지에는 다음과 같이 적혀 있다. "귀하의 저술에서 제시하고 있는 사례와 논의들은 DSM-IV 본문의 내용을 더욱 풍부하고 더 많은 것을 묘사하는 데 많은 도움을 주었습니다." 하지만 규정하는 항목은 DSM-IV 위원회가 결정한 것이고, 본문은 진단과정의 공식적인 부분은 아니다. 특히 현장연구에 사용하고 있는 구조화된 면접에서는 더더욱 아니다. 임상가들이 DSM 본문에 있는 관련 측면을 고려하기로 결정한 만큼 내가 제안하고 있는 것들이 범주 간 중복을 줄이는 데 좋은 사례가 될 것이다. 만약 이 책에서 추천하고 있는 대인관계 맥락과 필수 및 배제의 원칙들이 DSM-IV상에서 체계적으로 이행되었다면, 신뢰도가 매우 향상되었을 것으로 예상한다. 어쨌든 어느 정도 향상되었으면 한다.

있으려는 특성 때문에, 성격장애를 지니고 있는 사람으로부터 취합한 진단적 정보는 왜곡되어 있을 가능성이 많다.

성격장애를 정의하는 것과 관련해서 논쟁이 계속되는 또 한 가지 이유는, 많은 성격 특성들이 한 가지 이상의 장애에서 나타나기 때문이다. 예를 들어, DSM-5에서는 특정 형태의 분노가 몇 가지 다른 성격장애에서 모두 나타나는 것으로 기술되어 있다.

경계선 성격장애(BPD)[3] 정의에 포함되어 있는 분노 항목에는 부적절하고 강렬한 분노 또는 분노조절 부족, 예를 들어 자주 화를 냄, 화가 지속됨, 반복되는 몸싸움 등이 있다.

자기애성 성격장애(NPD) 정의에 포함되어 있는 분노 항목에는 거만하고 건방진 행동이나 태도를 보임이 있다.

반사회성 성격장애(ASP) 정의에 포함되어 있는 분노 항목에는 쉽게 짜증내고 공격적인데 이러한 성향이 반복적인 몸싸움과 공격으로 나타남이 있다.

만일 어떤 환자[4]가 성깔이 있고, 쉽게 짜증을 내며, 공격적이라면 그는 위의 세 가지 성격장애 징후를 모두 지니고 있는 것이 된다. 이렇게 증상들이 겹치면 차별적인 진단을 내리기가 매우 힘들어진다. 분노, 착취, 충동, 자기중심성과 같은 증상들은 '연극성-기이(erratic)' 성격장애, 즉 BPD, NPD, HPD, ASP로 정의하는 데 사용된다. 이렇듯 증상들이 서로 겹치기 때문에, 성격장애를 정의하는 데에는 경계의 문제가 발생한다. Morey(1988)는 DSM-III-R을 위해 공식적으로 이 문제를 연구하였다. 그는 최소 10회기 이상 성격장애 환자를 치료한 경험이 있는 임상가를 대상으로, 성격장애에 기술된 168개 증상 중에 자신의 환자에게 해당되는 것을 표시하라고 요청하였다. DSM-III-R 분류규칙을 적용한 결과, 51.9%의 환자가 한 가지 이상의 성격장애 기준에 부합하는 것으로 나타났다. 준거 진단이 NPD로 나타난 환자들 중 46.9%가 BPD에도 부합되는 것으로 나타났다. 더욱이, HPD의 55.6%, ASP의 44.4%는 2차 진단명으로 BPD를

---

3) 이 책 초반에 언급했던 것처럼, 3음절로 구성된 약어는 '~진단' 내지 '~을 지닌 사람'을 의미한다.

4) 많은 심리치료자가 환자보다는 내담자라는 용어의 사용을 선호한다. 그들은 환자라는 용어가 내담자의 지위를 위축시키는 반면, 치료자는 모든 것을 이해하고 고치는 의사의 지위로 격상시킨다고 생각한다. 나는 이 책에서 환자라는 말을 사용하고 있는데, 그 이유는 내담자라는 말의 동의어보다는 환자라는 말의 동의어를 더 좋아하기 때문이다. 내담자의 동의어에는 소비자, 구매자, 고객, 물건을 사는 사람, 사용자 등이 있다. 반면, 형용사로서의 'patient' 의 동의어에는 '관대한, 수용하는, 참는, 자비로운, 견디는' 등이 있다. 나는 'patient' 의 동의어가 우리가 도와주려는 사람들에게 필요한 것을 더 특징적으로 나타내고 있다고 생각한다.

부여받았다. 다른 진단명을 받은 환자들 또한 비슷한 현상이 발생하였다. 이렇듯 Morey의 연구결과는 DSM을 사용해서 성격장애를 진단하는 것이 매우 어렵다는 임상가들의 불평이 타당하다는 것을 입증해 주었다.

Frances와 Widiger(1986)는 신뢰도 및 중복의 문제를 검토한 후, 성격 진단을 위해 고전적인 의학모델을 사용하는 것이 과연 유익한 것인지 의문을 제기하였다. 이들은 BPD, NPD, ASP와 같은 진단명을 사용해서 사람들을 분류하는 것이 불가능할 수 있다고 제안하였다. 대신, 관련된 근본적 차원을 사용해서 성격장애를 지닌 사람들을 더 잘 묘사할 수 있다고 제안하였다. 예를 들어, 지배-순종 또는 외향성-내향성 차원 또는 성격장애 범주 그 자체를 사용하는 것이다. 이렇게 하면 부적응적인 성격특성을 나타내는 정도에 따라 환자를 평가할 수 있다. 각 환자는 얼마나 의존적이고, 연극적이며, 피해망상적인지를 나타내는 프로파일을 갖게 된다. 실제로 몇몇 사람들이 성격장애에 대해 차원적인 접근을 취해 왔는데, 『MCMI(Millon Clinical Multiaxial Inventory)』의 저자인 Theodore Millon(1982, 1986)과 『Personality Disorder Examination』의 저자인 Loranger, Susman, Oldham과 Russakoff(1987) 등이 여기에 속한다. 프로파일 방식을 사용하면, 특정 환자가 각 범주 안에서 많은 증상을 지니고 있음에도 그 환자를 BPD, NPD 또는 ASP로 분류해야 하는 곤란을 해결할 수 있다. Skinner(1981) 또한 분류문제에 대한 차원론적 접근의 적절성에 관해 매우 사려 깊은 논의를 전개하였다.

한 개 이상의 성격 차원으로 환자를 묘사하는 행위(자기애 특성과 반사회적 특성을 지닌 경계선 장애)가 많이 퍼져 있는데, 이를 수용하면 중복의 문제가 해결되는 것처럼 보인다. 그러나 한 가지 문제점은 '차원'의 의미가 변한다는 것이다. 일반적으로, 차원(예를 들어, 길이, 폭, 높이, 시간, 분자 무게, 분자 수)은 이론상 독립적이다. 하지만 DSM 범주는 서로 독립적이지가 않다. 차원의 독립성은 개념을 함축해 주는데, 특히 자료를 설명하기 위한 이론을 구축할 때 중요하다. 예를 들어, 거리(d), 속도(r), 시간(t)의 세 가지 이론적 개념은 공식 '$d=rt$'로 서로 연관된다. 이것들은 서로 구분되는 의미를 지닌 개념이다. 다시 말해, '얼마나 먼가?=우리가 얼마나 빨리 움직이는가?×그곳에 가려면 얼마나 오래 걸리는가?'다. 여기에는 2개의 독립된 개념이 존재한다. 3개의 개념 중 하나는 다른 2개의 개념에 따라 규정된다. 이 등식이 간단하게 보여도 시간이 속도와 거리에 의해서만 규정된다는 것은 상대성이론의 시사점 중 하나다. 만일 공간, 길이, 폭, 깊이 등과 같은 차원이 서로 독립적이지 않다면, 피타고라스 정리와 '$d=rt$' 라는 공식은 훨씬 더 복잡해졌을 것이다. 공간과 시간의 곡률에 대한 논의 또한 훨씬 더 이해하기 어려웠을 것이다. 이는 성격장애를 기술하기 위해서는 비슷한 수준의 독립적 차원을 발견해야 함을 의미한다. 차원들이 서로 독립적이라면 성격 또한 보다 더 간단하고 유용하게 기술할 수 있을 것이다. 또한 차원의 독립성은 그에 따른 명명법 때문에 성격장애의 원인과 치료를 위한 경제적이고 검증 가능한 이론을 개발할 수 있는 기회를 증가시킬 것이다.

DSM 범주에 대한 또 다른 차원적 접근은 Costa와 McCrae(1992)가 제시한 바 있다. 이들은 5개의 보편적 요인에 바탕을 둔 프로파일로 사람들을 묘사해야 한다고 제안하였다. NEO-5로 알려진 요인은 신경증, 외향성, 개방성, 원만함, 성실성으로 명명되었다. Costa와 McCrae가 제안한 5요인 모델이 보편적이라는 주장에 대한 반박 또한 제기되었다(예: Livesley, Jackson, & Schroeder, 1992). 이렇듯 차원적 접근을 제안한 것 중 그 어느 것도 유용성 측면에서는 물리적 공간상의 독립적 차원(길이, 폭, 높이 및 시간)과 비교되는 차원을 제시하지는 못하였다.

이 책에서 중복의 문제는 '프로파일 방식의 해결책'에 의존하지 않고, 의학에서 취하고 있는 접근에 따라 다루었다. 한 개 이상의 증상을 지닌 것과 한 개 이상의 장애를 지닌 것은 다르다. 증상을 설명할 수 있는 실용적인 이론이 존재한다면 공존성(comorbidity)의 문제는 사라진다. 예를 들어, 의학에서는 고열, 두통, 관절통과 같은 동일한 증상을 유발하는 여러 질환이 존재한다. 일단 그러한 증상을 유발하는 기제(mechanism)를 이론에 따라 확인하고 설명할 수 있다면, 중복되는 증상을 지닌 질환을 구분해서 진단하는 것이 가능하다. 예를 들어, 관절통은 감염, 외상, 신진대사장애, 종양 등과 같은 원인 때문에 발생할 수 있다. 만일 의학에서 관절통을 지닌 환자들에게 그들이 류머티즘 관절염, 궤양성 대장염, 연쇄상구균 감염, 외상적 상처, 당뇨병 신경장애 등을 지닌 사람들과 얼마나 유사한지 프로파일로 보여 준다면 덜 효과적일 것이다.

의학에 비유하기 위해서는 성격장애의 원인과 치료를 위한 좋은 이론이 필요하다. 좋은 이론은 정상과 병리 간 차이 또한 설명해야 한다. 정상과 병리 간 차이를 설명할 수 있어야 성격적으로 장애를 지닌 환자를 대상으로 치료목표를 설정할 수 있다. 많은 사람들이 성격장애를 위한 효과적인 치료방법의 필요성을 역설하였다. Shea(1993, p. 177)는 "예비단계에서의 자료들이 비록 유망하지만, 현재로서는 성격장애에 대한 심리사회적 치료의 효과에 대해 알려진 것이 거의 없다. 수많은 장애에 대해 연구가 전혀 이루어지지 않았고, 심지어 가장 많이 연구된 경계선 성격장애와 회피성 성격장애 또한 향상된 정도와 그 본질, 그리고 향상에 기여한 요인들이 불확실한 상태다."라고 말하였다.

이 책에서의 접근: 서론

불행하게도, DSM에서 기술하고 있는 객관적으로 관찰된 증상군을 설명할 수 있는 이론을 개발하는 데에는 많은 장애물이 존재한다. Epstein(1987)은 DSM-III에 이론을 첨가하는 어려움을 다음과 같이 기술하였다.

> 우리가 당면한 난제는 어떻게 좋은 이론을 갖느냐다. 과학적 탐구의 본질은 분명 관찰과 개념화, 달리 말하면 경험주의와 이론 구축 간의 지속적인 상호작용이다. 상호작용의 한 측면이 나머지 다른 측면보다 더 중요하다고 믿을 이유는 없다…. 좋은 이론이 있으면 좋은 관찰을 하도록 강력하게 영향을 미칠 수 있고, 이는 결국 더 좋은 이론을 만드는 데 기여할 것이다. 그러나 당면하고 있는 현실은, 정신병리의 본질과 치료에 대해 우리는 기껏해야 초보적인 수준으로 이해하고 있을 뿐이고 우리의 관찰을 이끌어 줄 좋은 이론을 갖고 있지 못하다는 것이다.

DSM-III 이전에도 성격장애를 정의하려는 시도가 여러 차례 있었다. 그 이전에는 정신분석, 개인차 심리학, 철학 및 문학 분야에서 서로 다른 제목으로 저술들이 출판되었다. 이 책에서 취하고 있는 접근은 성격장애에 대한 DSM 기술에다 정신분석, 대인관계 심리학, 아동심리학 그리고 학습이론을 덧붙인 것이다. 이 접근의 이름은 대인행동 구조분석(Structural Analysis of Social Behavior, SASB)인데, 대인관계 패턴 및 그것이 자기개념에 미치는 영향을 조작적으로 기술할 수 있도록 한다. 3장에서 자세히 설명하겠지만, SASB는 합리적이면서도 경험적으로 검증된 대인 상호작용 모델로서 세 가지 독립적인 차원을 토대로 만들어졌다. 이 모델은 검증 가능한 이론을 제공하는데, DSM에서 기술하고 있는 성격장애가 어떻게 개인의 특수한 대인 학습경험과 현재의 대인관계 맥락으로부터 영향을 받는지 증상에 기초해서 이해하려고 한다. 이 모델에서는 가설적인 학습경험들이 (종국에는 알 수 있겠지만 현재로서는 알 수 없는 방식으로) 유전적으로 전수되는 기질적 요인과 상호작용한다고 가정한다.

이 책에서는 DSM의 분류가 상당 부분 '민간 지혜(folk wisdom)'를 대변하고 있다고 전제하였다. 각각의 DSM 진단기준과 장애에 관한 사례(Spitzer, Skodol, Gibbon, & Williams, 1981; Spitzer, Gibbon, Skodol, Williams, & First, 1989; Spitzer, Gibbon, Skodol, Williams, & First, 1994)는 SASB 모델의 대인 간 상호작용을 나타내는 용어로 바꾸어 표현될 수 있다. DSM에 있는 성격장애 각각에 대한 대인병원(對人病原, socialpathogenic) 이론을 개발하기 위해, SASB 원리를 사용해서 각 장애의 대인관계 패턴 및 심리내적 패턴과 관련이 있을 수 있는 구체적인 초기 학습경험을 추론하였다. 4장에 기술된 면접방식을 사용해서 SASB를 토대로 대인관계 표현과 병의 원인에 대한 가설을 검토하고 수정하였다. 이 가설들은 지난 8년 동안 다양한 현장에서 활동하고 있는 임상가들이 다듬고 비공식적으로 확인한 바 있다. 현재의 가설들이 과학적인 사실로 받아들여지기 위해서는 보다 광범위한 연구가 진행되어야 한다. 의학 그 자체는 예술과 과학의 경계지점에 위치하고 있는데, 나는 현재의 접근을 그 교차점에 두는 자유를 누려왔다. 이 책에서 제공하고 있는 아이디어는 충분히 구체적이어서, 과학적 규칙에 따라 검증되어 타당하다고 결론이 내려질 수도 있고, 아니면 반박되어 오류가 입증될 수도 있다. 그럼에도 나는 SASB 모델을 사용해서 성격장애를 진단하고 치료하는 일이 현재로서는 일종의 예술이라고 가정하였다.

SASB 접근에서는 성격장애를 규정하는 각각의 증상에 대해 대인관계적인 맥락을 상술함으로써 DSM이 지니고 있는 경계의 문제를 감소시킨다. 예를 들어, BPD는 보호자나 애인이 자신을 소홀히 대하고 방치한다고 느낄 때 분노할 가능성이 가장 높다. 화가 난 BPD는 보호자나 애인이 자신에게 충분한 관심을 기울이고 있는지, 사랑하고 있는지 의심한다. BPD의 분노는 공황상태에서 유발된 것이다. 그러한 분노는 보호자로 하여금 BPD가 필사적으로 원하는 관심과 배려를 제공하도록 무차별적으로 실행된다. 반면, ASP의 분노는 냉정하고 기능적인데, 통제나 거리를 유지하거나 보여 주기 위해 양심의 가책 없이 행해진다. 이와는 달리 NPD는 '자격이 있다' 고 느끼는데, 자신의 욕구가 자동적으로 채워지지 않고 세상이 자기 앞에 무릎 꿇지 않을 때 화를 낸다. 일단 다른 맥락에서 분노가 실행되었고 의도하는 결과가 다르다면 중복의 문제는 꽤 감소한다. 버림받는 것에 대한 공황상태를 암시하는 분노는 BPD 명칭과 일치한다. 존중받지 못한 권리 때문에 화를 낸다면 NPD일 가능성이 높다. 물질적 획득이나 즉각적 쾌락을 얻을 목적으로 실행되는 냉혹한 분노는 ASP를 암시한다.[5] 이렇듯 이 책에서는 기질적 요인과 상호작용하는 발달내력의 차이 때문에 다른 유형의 분노가 발생한다고 가정하였다.

앞으로 각 장에서는 성격장애를 규정하는 각각의 증상에 대해 대인관계적인 규정자들(regulators)을 확인하고, 병인을 추론할 것이다. 병의 원인에 대한 가설을 수립함으로써, 장애를 지탱시켜 온 대인관계적 역동을 직접적으로 다룰 수 있는 중재방안을 계획

---

5) 나는 DSM-IV 성격장애 특별위원회 고문으로서, 대인관계 특성을 사용해서 경계의 문제를 줄일 것을 제안해 왔다.

할 수 있을 것이다.

다음은 전형적인 BPD의 내력과 그로 인한 전이 패턴을 보여 주기 위해 5장에 제시된 내용을 요약한 것이다.

일반적으로 BPD는 해롭고 외상적인 유기(abandonment)를 경험했을 가능성이 높다. 이러한 사건에는 기쁨과 고통, 전능함(omnipotence)과 무기력함이 뒤섞여 있고, 자기자신이 이상적인 상태에서 참담한 상태로 급격하게 변하는 자기파괴적인 메시지가 담겨 있다. 이렇듯 혼란스러운 지시어(directives)와 함께, 독립성은 처벌을 받고 병약함은 보상을 받아 왔다. 발달상의 학습에서 얻은 교훈으로 BPD는 유기에 민감한데, 무기력함, 전능함, 이상화(idealization), 참담함, 자해를 통해 기쁨을 맛보는 모순, 그리고 경솔함 사이를 급속하게 오가는 증상을 보인다. 이러한 특성들은 DSM에서 기술하고 있는 BPD의 증상과 일치한다.[6)]

유기로 인한 외상경험은 BPD와 정신건강 전문가 사이에서 자주 관찰되는 대인관계적 패턴의 원형을 형성한다. 가장 쉽게 관찰되는 전이문제는, 치료자가 소진될 때까지 환자가 치료자에게 돌봄을 강요하는 것으로 나타난다. 우선 환자는 치료자가 제공하는 돌봄과 지혜, 따스함을 즐긴다. 그리고는 현실이 엄습하면 치료자가 '충분히' 돌봄을 제공할 수 없다는 것이 명백해진다. 과도한 약물복용, 자해 그리고 다른 주요 문제 때문에 위기가 반복되면서 심리치료가 진전되지 않는 것처럼 보인다. 이때 치료자는 뒤로 물러서기 시작하는데, 처음에는 열정이 사라지고, 환자의 전화를 받는 것을 주저하면서 추가적인 상담시간을 정하는 것을 꺼리게 된다. 환자는 치료자의 이런 반응에 대해 자신을 돌보지 않는다고 간주해서 치료자를 공격한다. BPD는 회기 중 폭발해서 치료가 종료되었다고 선언할 수도 있다. 상담 취하(withdrawal)는 위험할 수 있는데, 분열(dissociation), 자해, 약물 과다복용과 같은 문제를 동반할 가능성이 있다. 이것이 발생하는 동안 환자는 자신과 치료자를 심각하게 평가절하한다. 이러한 삽화에서 회복될 무렵, BPD는 치료자에게 전화를 걸어 상담을 재개하고 싶다고 말한다. 치료자는 유기에 대한 법률적 책임이 두려워 감히 내담자를 거절하지 못한다. BPD는 돌아오지만, 치료자는 거리를 두고 또한 놀라고 화가 나 있다. 이 단계에서 치료자는 다른 동료들에게 BPD에 관해 농담을 하면서 BPD와의 시간약속을 두려워한다. 물론 BPD는 이러한 사실을 정확히 파악하고, 치료자의 관심 부족과 위선에 대해 치료자를 질책한다. 치료

---

6) 이 접근방식을 수동공격성 성격장애를 지닌 사람에게 적용한 것이 인지적 기능에 대한 병렬식 자료처리(Parallel Data Processing) 컴퓨터 모델에 비유되어 왔다(Benjamin & Friedrich, 1991).

자는 더욱더 죄책감과 화를 느끼게 된다.

이 시점에서, 발달상의 경험이 유전적으로 결정된 기질적 요인과 상호작용한다는 점을 다시 언급하고 싶다. BPD와 연관된 전형적인 발달경험을 지니고 있다고 해서 모든 사람이 BPD가 되는 것은 아니다. 기질적으로 느리고 억제된 아동에게 전형적인 BPD 내력이 존재하더라도 BPD의 대인적 특성이 온전히 발달하지 않을 수도 있다. 대인관계적인 특성과 심리내적 특성이 형성되기 위해서는 유전자와 경험이 서로 상호작용해야 한다. 이런 과정은 인간의 다른 복잡한 기술, 즉 지적 능력, 운동능력 또는 음악적 능력이 발달하는 것과 유사하다. 이러한 모든 영역에서 유전자는 가능한 결과의 범위를 정한다. 그 범위 안의 환경에서의 경험이 중요한 영향을 미치게 된다.

Robert Carson(1991)은 유전자와 환경의 상호작용을 이해하기 위해 적절한 비유를 제안한 바 있다. 그는 '본성(nature)' 또는 유전적 요인들을 컴퓨터 하드웨어에 비유했고, '양육(nurture)' 또는 경험적 측면을 소프트웨어에 비유하였다. 만일 디스크가 나쁘거나 전원공급에 이상이 있으면 컴퓨터는 정상적으로 기능하지 못한다. 마찬가지로, 유전적 결함 및 그와 관련된 이상한 기질은 대인관계나 심리내적 기능을 방해한다. 반면, 모든 하드웨어가 정상이더라도 소프트웨어가 원시적이거나 결함이 있다면 컴퓨터의 수행능력은 제한될 수밖에 없다. 하드웨어는 소프트웨어를 엄격하게 제한한다. 비록 이 책이 소프트웨어에 관한 책이지만, 차이를 발생시키는 것은 하드웨어임을 기억하는 것이 중요하다. 이 책에서는 유전적인 영향을 다루지 않지만, 독자들은 그것이 매우 강력하다는 사실을 기억하고 있어야 한다.

■ 이 책의 개관

2장에서는 이 책에서 취하고 있는 접근과 관련이 있는 역사적 측면을 간략히 다루었다. 3장에서는 SASB 모델을 소개하였다. SASB 코딩방법을 배울 시간이 없다면, 3장의 앞부분을 읽고 일반적인 개념을 이해한 후 바로 4장으로 넘어가기 바란다. 4장에서는 SASB 분석과 관련된 면접방식과 치료접근을 소개하고 있다. 면접자는 환자가 세상을 바라보는 방식처럼 세상을 바라보려고 노력한다. 이는 성격장애의 부적응적 패턴이 어떻게 대인관계상에서(때로는 무의식적으로) 강화를 받아 증가될 수 있는지 이해하기 위해서다. 이때 환자의 관점에서 보면 그러한 증상들이 적응적인 의미를 지닌다고 가정할 수 있다. 일단 증상의 적응적 가치를 알게 되면, 치료계획을 세울 수 있다. 증상을 유발하고 촉진하는 문제는 다른 방식으로 해결해야 한다. 치료접근은 총체적이고, 다양한 접근 중에서 무엇을 선택할지에 관한 지침을 제공할 것이다. 가용한 치료접근으로는 내담자중심치료, 정신분석, 게슈탈트, 커플상담, 집단상담, 가족상담, 역설적 기법 등이 있다.

5장에서 14장까지는 DSM 성격장애에 대한 SASB 차원 분석을 제시하였다. 여기서는 DSM 분류방식에 따라 성격장애를 논할 예정인데, DSM에서는 서로 중복되고 관련이 있는 증상들을 묶어서 성격장애를 3개의 군집(cluster)으로 제시하고 있다. 우선 DSM B군에 해당하는 성격장애를 논하였는데, DSM B군은 '극적이고 예측하기 힘든(dramatic, erratic)' 집단으로서 BPD, NPD, HPD 그리고 ASP가 속한다. 두 번째는 C군으로서, '불안하고 두려운(anxious, fearful)' 집단이다. 여기에는 DPD, OCD, AVD가 속한다. PAG(수동공격성 성격장애)는 DSM-III와 DSM-III-R에 포함되어 있었지만 DSM-IV에서는 부록에 제시되어 있다. PAG가 부록으로 이동한 이유는 그동안 PAG에 대한 정의 및 신뢰도에 문제가 있다는 지적이 계속해서 제기되어 왔기 때문이다. 하지만 나는 PAG가 치료하기 힘든 우울증을 유발하고, 허위 기억 증후군(false memory syndrome)과 밀접한 관련이 있다고 믿는다. 따라서 임상적으로 중요하다고 판단하여 PAG를 C군에 포함시키고 한 장 전체를 할애하여 기술하였다. 마지막으로 A군은 '기이하고 별난(odd, eccentric)' 집단으로서 PAR, SOI, SZT가 속한다.

모든 장은 동일한 순서로 기술하였다. 첫째, 장애와 관련된 간략한 문헌 고찰, 둘째, 장애에 대한 DSM의 정의, 셋째, SASB를 바탕으로 해당 장애의 발병원인에 대한 가설 제시, 넷째, 대인관계 특징과 DSM에 제시된 증상 간 관계, 다섯째, 장애의 대인관계 요약, 여섯째, 대인 간 수식어구와 공감적(empathic) 관점에 따른 DSM 진단기준 재검토, 일곱째, 필요기준과 배제기준, 여덟째, 2개의 간략한 사례 예시, 아홉째, 장애에 대해 예상되는 전이반응과 치료적 함의로 구성하였다.

5장에 제시한 BPD 환자에 대한 분석내용 중 몇 가지를 선별해서 간략히 소개하려고 한다. 5장에 기술된 BPD 환자의 대인관계 요약내용은 다음과 같다.

> 버림받는 것을 끔찍이 두려워하고, 구원자(애인이나 양육자) 가까이에 있으면서 보호와 돌봄을 원한다. 기준 위치는 양육자에 대한 우호적 의존이지만, 만일 양육자나 애인이 충분히 제공해 주지 못하면(충분할 수가 없다) 적대적 통제로 돌변한다. 양육자가 겉으로는 그렇지 않지만 내심 자신이 의존하고 요구하는 것을 좋아할 것이라고 믿는다. 행복과 성공의 징후가 나타나면 내면화된 악의적 대상이 자아를 공격한다.

5장에 제시된 것처럼, BPD가 나타내는 분노에 대한 진단기준을 분석해서 DSM식 표현을 SASB식으로 기술해 보겠다. DSM에 기술된 내용은 이탤릭체로 표시했고, SASB를 토대로 한 대인 간 수식어구에는 밑줄을 그었다. 마지막으로, BPD의 관점에서 기술된 공감적 단서는 고딕체로 표시하였다.

> *부적절하고 강렬한 분노 또는 분노를 통제하는 것을 힘들어함(예: 자주 화를 내고, 항상 화가 나 있으며, 몸싸움이 반복됨).*
> 보호자나 애인이 나를 소홀히 대하고 방치하는 것처럼 보일 때, 또는 상대방이 나를 충분히 돌보고 배려해 주지 않는다고 의심이 들 때 분노가 발생한다. 분노는 양육자를 통제하기 위한 것으로서, 내가 원하고 있는 관심과 돌봄을 양육자에게 제공받기 위한 것이다.
> 사람들이 나를 잘 돌봐 주고 있는가라는 문제 때문에 매우 큰 분노를 가지고 있다.

고딕체로 표시한 공감적 단서는 Wisconsin Personality Inventory(WISPI;[7] Klein, Benjamin, Rosenfeld, Greist, & Lohr, 1993)에서 발췌한 문항들이다. WISPI는 자기보고식 설문지로서, 모든 성격장애 기준에 대해 2개의 문항을 무작위로 제시하고 있다. 이 문항들은 관찰자의 관점이 아니라 평정자의 관점에서 작성된 것이다. Marjorie Klein 교수가 수행한 타당화 연구에 따르면, WISPI는 성격장애 진단의 신뢰도를 향상시켰다. 진단 내 상관은 최대화되지만, 진단 간 상관은 최소화되는 것으로 나타났다.

WISPI 문항에 포함된 공감적 관점으로 인해 장애들 간에 중복되는 문제가 감소된다. 예를 들어, NPD는 BPD식의 분노를 나타낼 가능성이 적은데, 왜냐하면 NPD는 다른 사람들이 자신에게 관심을 보이지 않을 수 있다는 생각을 하지 않기 때문이다. ASP 또한 다른 사람들이 자신에게 관심을 보이는지에 대해 별로 신경 쓰지 않기 때문에 그러한 문항을 채택하지 않을 것이다. 그러나 WISPI에 포함된 공감적 단서가 중복의 문제를 줄일 수는 있지만, 완전히 제거하는 것은 아니다.[8]

임상가들은 이 책에서 제시하고 있는 WISPI 문항을 사용해서 DSM 성격장애 진단을 위한 공감적 접근을 향상시킬 수 있다. 정신과 레지던트들은 자신이 담당하고 있는 장기(long-term) 환자가 해당 장애에 대해 WISPI 문항을 채택할지 아닐지를 예상할 수 있

---

7) WISPI 문항들은 내가 작성했고, Klein과 그의 연구진이 편집하였다. 이후 Klein 교수는 WISPI에 대한 타당화 연구를 수행하고 있다. 관심 있는 독자들은 Wisconsin 대학 정신과에 근무하고 있는 Marjorie Klein 교수에게 연락해 보기 바란다.

8) WISPI 채점 프로그램에는 배제조건을 포함하는 알고리즘이 있다.

다고 보고한다. 이러한 예상을 WISPI 정답과 비교하면, 어떤 환자가 특정 장애를 지니고 있는지 또는 그렇지 않은지를 더 자신 있게 판단할 수 있다고 보고하였다. 또한 레지던트들은 이 책에서 추천하고 있는 치료적 접근이 유용하다고 보고하였다. 이 책을 읽고 있는 임상가들 역시 동일한 일을 수행할 수 있다. 5~14장에 제시한 것처럼, DSM식 표현을 SASB식으로 바꾼 내용과 '필요기준 및 배제기준'을 숙지하면 차별화된 진단을 내릴 수 있다. 일단 진단을 내리면, 이 책에서 추천하고 있는 치료적 접근이 도움이 될 것이다.

15장에서는 DSM 잔여 범주(미분류 성격장애)에 해당되는 사람들을 이야기하고 있다. 요점은, DSM에서는 공통적으로 일어나는 증상들을 묶어서 기술하고 있지만, 성격장애는 서로 배타적이거나, 고정되어 있거나, 보편적이지 않다는 것이다. 미분류 범주에 대한 내 입장은 간단하다. 모든 증상에는 이유가 있다. 필수적인 근본 기질이 존재한다고 가정했을 때, 과거 대인경험과 해당 증상 간에는 관련이 있다.

미분류 성격장애의 하위범주에 해당되었던 DSM-Ⅲ 혼재(Mixed) 성격장애를 예로 들어 보자. 과거에는 성격장애를 하나 이상 지니고 있을 때 혼재 성격장애로 진단하였다. 이 장애는 부모 중 한 사람이 성격장애 환자를 특정 장애로 프로그램하고, 나머지 한 부모는 다른 패턴을 조장할 때 가능한 장애다. 환자가 남성이고 어머니가 NPD를 위한 배경을 제공한 반면, 아버지는 PAR로 진단되는 데 필요한 학대를 제공했다고 가정하자. 아마도 이 남성은 여성과의 친밀한 관계에서는 자기애적 성향이 강한 반면, 직장에서 다른 남성과 있을 때는 편집증적인 성향이 강하게 나타날 수 있다. DSM-Ⅲ에 따르면 이 환자의 진단명은 NPD와 PAR 특성을 지닌 혼재 성격장애였을 것이다. 이러한 분석을 통해, 어떤 사람들은 한 가지 이상의 장애에 해당되는 증상을 동시에 보인다는 사실을 실제적이고도 합리적으로 설명할 수 있다. 장애에 대한 범주적(categorical) 진단체계는 폐기된 것도 아니고, 개념을 잘못 구체화한 것도 아니다.

DSM-Ⅳ에서는 혼재 성격장애가 더 이상 미분류 성격장애의 하위범주가 아니다. 미분류 성격장애는 혼재된 패턴뿐만 아니라 성격장애 표준범주의 특성과는 상이한 부적응적이고 경직된 특성을 포함하고 있다. 미분류 범주에 속하는 많은 사람이 '표준적인' 대인관계를 경험하지 않았다. 하지만 나는 그들이 보이는 패턴을 설명할 수 있는 경험이 있을 것이라고 생각한다. 환자가 보이는 패턴과 병인으로서의 대인관계 경험을 관련지을 수 있는 임상가라면 보다 더 효과적인 치료계획을 세울 수 있을 것이다. 이 책의 중요한 목표는 임상가들이 이러한 작업을 하는 데 도움을 주는 것이다.

마지막으로, 성격장애를 지니고 있는 사람들이 종종 임상적 증상을 지니고 있다는 점을 간략히 언급하고자 한다. 예를 들어, BPD는 보통 우울증, 사고장애, 해리장애, 현저한 알코올 및 약물 남용, 다양한 형태의 불안장애를 가지고 있다. 이 책 마지막 부분에서 심리사회적 요인들이 어떻게 임상적 증후군에 영향을 미치는지 간략하게 소개하였다.

요약하면, 이 책의 목적은 성격장애에 대한 DSM식 표현을 임상적 일관성을 지닌 대인관계 용어로 바꾸는 것이다. 즉, SASB 모델을 DSM에 적용해서 재구성하는 것이다. 이렇게 재구성한 것들은 임상적인 시도를 통해 비공식적으로 점검되어 왔고, 병의 원인과 치료에 대해 검증 가능한 시사점을 주고 있다. 이 접근이 성격장애에 대한 DSM식 표현의 신뢰도와 임상적 유용성을 향상시킬 것이라고 믿는다.

02
본 접근의 역사 및 가정

■ 역동적 조직의 문제

생물학자들은 유기체의 구조와 기능은 생명을 보존하려는 목표에 따라 만들어진다고 가정한다(Darwin, 1859/1952). 감염성 질환에 대한 생물학적 관점에 따르면, 우리의 몸은 유해물질의 침입으로부터 생명을 보존하기 위해 유해물질의 독성요소를 품거나, 제거하거나 또는 벗어나는 등의 반응을 한다. 고열, 통증, 쑤심 또는 분비샘이 붓는 것과 같은 증상은 침입에 대한 방어와 관련된 반응이다. 질병에 관한 의학적 모델을 성격장애에 적용시키려면, 우선 유해한 물질이 무엇인지 확인해야 한다. 그런 다음 성격장애를 지니고 있는 사람이 어떻게 해로운 것을 담아내고, 방어하고 또는 제거하려고 노력하는지를 기술해야 한다. 또한 정상적인 성격이 무엇인지 정의해야 하고, 개선하려는 시도가 성공적이었는지 평가하는 것도 필요하다.

의학적 질환으로 성격장애를 설명하려면, 성격장애의 부적응적 패턴이 어떻게 고열, 통증 또는 임파선이 부은 것에 비유될 수 있는지를 말해야 한다. 성격장애를 진단하는 일은 어떤 식으로든 성격장애가 무엇을 위한 것이고, 어떻게 적응적인지를 이해하는 것과 관련되어야 한다. 이렇듯 성격장애를 역동적인 관점으로 설명하는 것은 생물학, 즉 살아 있는 유기체를 연구하는 학문에서는 사실이었다. 이러한 해석은 정신과적 장애에 대한 현재의 '생물학적' 해석, 즉 정신질환이 신경쇠약을 유발하는 생화학적 결함 때문에 발생한다는 해석과는 매우 다를 것이다. 주류 정신의학계에서는 정신질환을 가진 사람을 유전자의 기능부전에 따른 희생자로 간주한다. 즉, 정신질환자는 스트레스를 적절히 대처하는 데 필요한 기본 능력이 결여된 사람이다. 증상은 적응을 위한 노력의 결과로 간주되는 것이 아니라 적응능력이 부재한 결과로 간주된다.

성격을 기술하는 데 적응상의 목표나 목적을 포함시켜야 한다는 생각은 아주 오래전부터 우리 주변에 존재해 왔다. Gordon Allport(1937)는 고대 그리스 철학자들이 개진했던 관점까지 거슬러 올라가, 성격에 대한 완결되고, 유익하며, 흥미로운 설명을 한 바 있다. 그는 지식의 역사를 통해 개진되어 왔던 다양한 의미를 요약하면서, 성격을 다음과 같이 정의하였다. "성격은 한 개인이 자신을 둘러싼 환경에 대한 특유의 적응성을 결정하는 개인 안에 존재하는 정신물리학적인 역동적 조직체다(1937, p. 48)." Allport는 그가 '역학(dynamics)'이라고 칭했던 목표와 목적을 기술했는데, 그의 성격이론에서 중심이 된다. Freud 또한 정신질환에서 목적(teleology)이 중요한 기능을 담당한다고 생각하였다. 그러나 1장에서 언급했던 것처럼, 최근 DSM에서는 정신질환의 역동적 해석을 거부해 왔다. 주요한 이유는 정신분석적인 정의들을 과학적인 방식으로 검증하기가 쉽지 않았기 때문이다.

인간의 행동을 설명할 때 목표나 목적을 고려하지 않은 것은 DSM에서만이 아니다. B. F. Skinner(1938)의 작업에 기초한 심리학의 많은 영역이 직접적으로 관찰 가능하고 조작적으로 정의할 수 있는 구성개념에만 관심을 제한하였다. 초기에 Skinner는 인간을 '빈 검은 상자'로 묘사했는데, 행동을 과학적으로 이해하기 위해서는 검은 상자에 투입된 것과 검은 상자로부터 산출된 것에 대한 관찰을 토대로 한 추론으로 제한해야 한다고 경고한 바 있다. 목표와 목적이 상자 때문이라고 귀인하는 것은 과학의 범위를 벗어난다고 보았다. 최근 들어 행동주의 심리학은 상자의 목적이 무엇인지에 대한 견해와 같이 과연 상자 안에 무엇이 있는지를 고찰하는 쪽으로 되돌아갔다.

Skinner의 견해를 엄격히 고수하는 사람들조차 인간행동의 지속성과 변화를 이해하기 위해서는 역동적인 개념이 필요하다는 것에 익숙해졌을 것이다. 이러한 현상은 인지와 관련된 가장 간단한 실험에서도 관찰할 수 있다. 연구자들은 상이한 실험자극에 대해 선택적으로 주의를 기울이는 것을, '결정을 내리는 소인(小人, homunculus)'과 같은 문구를 사용해서 매끄럽게 설명하였다. 이런 용어가 과학적 엄격성을 강조하는 실험심리학 분야에서 등장했다는 것은, 근본적인 목표나 목적에 대해 생각해 볼 필요가 있음을 상기시키는 것이다. 역동적 조직에 관해서는 일반적인 인간의 행동을 연구할 때, 특히 성격장애를 연구할 때 다루어야 하는 문제다.

정신분석적 관점

성격장애에 대한 역동적 토대를 확인하는 일은 필연코 '무엇이 인간을 움직이는가?'라는 질문에서부터 시작된다. 대인관계의 궁극적인 목적은 무엇인가? 그러한 목적은 신체적 생존 그 이상에 도달하는가? 그러한 목적은 '쾌락원리' 인가? 적응의 원리는 사람들이 지속적으로 경직된 부적응적 패턴을 보이는 이유를 어떻게 설명할 수 있는가? 이러한 문제에 답하기 위해서는 정신분석에서 전개된 생각들을 역사적으로 살펴보는 것이 필요하겠지만, 그것은 이 책의 범위를 넘어서는 일이라고 보고 여기에서는 가장 중요한 부분들을 간략하게 언급하고자 한다.

정신분석의 창시자인 Sigmund Freud는, 인간은 이기적이고 파괴적이라고 주장하였다. 또한 사람들은 처벌의 위협 때문에 원초적인 성적, 공격적 에너지를 억눌러야 한다고 주장하였다. Freud는 합리성이라는 것이 원초아(the id)로부터 빌려 온 에너지에 토대를 두고 있다고 하였다. 자아(the ego)가 원초아의 공격적 또는 성적 긴장을 방출할 수 있는 방법을 고안해 낼 경우에만 합리성이 우세하다. 사회의 대변자인 부모는 초자아(the superego)로 내면화되고, 적대감과 성애가 직접적으로 분출되지 않도록 기능한다. 만일 자아가 원초적인 에너지를 표출할 수 있는 방법을 찾지 못하면, 부적응적인 방어기제가 형성되어 에너지가 표현되는 것을 막는다. 욕동(drive)을 방출하려는 욕구와 의식적으로 허용된 것 사이에서 무의식적인 갈등이 발생하며, 이는 '신경증(neurosis)'의 원인이 된다. 성격장애의 본질은 그러한 갈등이 일어난 발달단계에 의존하고 있다.

고전적인 정신분석적 치료는 정화모델(cathartic model)을 따랐다. 무의식을 의식화하기 위해 고안된 일련의 기법(예: 꿈분석, 자유연상, 최면)을 통해 초기 갈등을 확인한다. 심리치료로써 무의식에 대항하는 방어들이 해체되고, 빗나갔던 에너지는 건설적으로 방출된다.

정신분석적 견해를 따르는 많은 학파들이 Freud의 이론에서 비롯되었다. 이 책에서 취하고 있는 접근과 가장 관련이 깊은 학파가 있다면 그것은 소위 '대상관계'라 불리는 학파다. 이 관점에 대해서는 Greenberg와 Mitchell(1983)이 제대로 정리한 바 있다. 대상관계 학파 내에서도 이 책이 지향하고 있는 접근에 매우 유용한 개념은, (1) 인간 발달에서 애착의 기능을 강조하는 것과 (2) 정상적인 발달에서 분화(differentiation)의 중요성을 강조하는 관점이다.

Harry Stack Sullivan(1953)은 유아에게는 타인과의 신체접촉을 포함한 정서적 접촉에 대한 기본적인 욕구가 있다고 주장하였다. 그의 관점에 따르면, 불안은 '공감적 결합(empathic linkage)' 을 통해 어머니로부터 습득될 수 있는 문제다. 안전(security)은 불안이 없는 것이고, 안전에 이르는 가장 확실한 통로는 자신과 타인의 눈으로 본 힘(power), 지위(status), 위세(prestige)다. Sullivan의 말을 다시 이야기하자면, 사랑과 힘은 기본적인 욕구이고 불안은 기본적인 두려움이다. Sullivan은 자신의 이론을 입증하기 위해 임상적 자료를 풍부하게 제시하였다. 외부인의 관점으로 환자를 바라보는 것이 아니라 환자가 세상을 이해하는 방식으로 이해하려고 노력하는 것이 중요하다고 강조한 그는 이러한 치료적 입장을 '참여적 관찰자' 라고 명명하였다.

대인관계 경험이 성격발달에 영향을 미치는 방식에 대한 Sullivan식 논의의 중심에는 자기체계(self-system) 형성에 대한 설명이 자리하고 있다. 그는 자기가 발전하는 복잡한 과정을 다음과 같이 설명하였다.

> 나는 어머니의 역할을 하는 사람의 허용하지 않는(금하는) 행위를 경험하면서 자기체계가 구성되기 시작한다고 주장해 왔다. 또한 허용하지 않는 행위는 나쁜 엄마로 구체화되고 다듬어진 것이라고 주장해 왔다. 이 말은 나쁜 엄마를 체내화(incorporation) 또는 내사(introjection)함으로써, 또는 간단히 말하면 엄마를 내사함으로써 자기체계가 형성되는 것이라고도 들릴 수 있을 것이다. 체내화 또는 내사 같은 용어는 자기체계를 이야기할 때 사용된 것이 아니라 자기체계와는 사뭇 다른 정신분석에서의 초자아를 이야기할 때 사용되어 왔다. …나는 전반적 또는 부분적 만족을 추구하려는 욕구가 아이를 훈련시키려는 양육자의 선한 임무로 점점 더 방해받기 때문에 자기체계가 생겨난다고 말해 왔다. 따라서 자기체계는 양육자의 기능 또는 양육자와 동일시한 그 무엇이 아니라, 교육적인 과정과 연계된 점증하는 불안을 피하기 위한 경험들의 조직체다. 어떤 사람이 다른 사람을 받아들여서 그 사람이 자기 성격의 일부가 된다는 생각은 일종의 죄악이다. 왜냐하면 분명히 실존하는 '외부 대상' 과 분명히 실존하는 '내 마음' 사이에는 과거경험과 닥쳐올 미래에 대한 예측의 영향을 많이 받는 지각과 이해라는 일련의 과정이 존재하기 때문이다. 따라서 타인에 대한 우리의 지각이 어떤 측면에서든 정확하다면 그것은 사실 가장 위대한 기적 중 하나가 될 것이다(1953, pp. 166-167).

Sullivan은 심리치료의 기본 과제를 다음과 같이 설명하였다.

> (1) …불행한 행동이 반복적으로 나타나고 있는 상황을 명료하게 밝혀서 장애 패턴이 분명해지도록 하는 것, (2) 이러한 부적절한 삶의 방식이 현재와 가까운 미래에 어

> 떤 영향을 미칠 것인지, 예를 들어 의사-환자 관계 그리고 관계에 대한 환자의 기대 등에 어떤 식으로 영향을 미칠지를 알게 되는 것, 그리고 (3) 이제는 분명하게 개념화한 부적절한 발달상의 문제와 함께, 환자의 능력을 활용해서 과거 주요 타인들과의 경험 속 문제의 기원을 탐색하는 것이다(1953, pp. 376-377).

Sullivan의 해석은 이 책에서 취하고 있는 접근의 중심에 있다. 가장 중요한 것은, 그가 성인 환자의 성격과 초기 대인경험에 대한 환자의 지각 사이를 명시적으로 연결해서 설명한다는 것이다. Sullivan이 심리치료를 내담자에게 스스로의 패턴과 기대를 인식하도록 돕는 행위로 해석하는 것 또한 중요하다.

또 다른 대상관계 정신분석가인 Margaret Mahler(1968)는 '개별화(individuation)' 또는 '분화(differentiation)' 라는 개념을 발전시켰다. Mahler는 유아가 처음에는 엄마에게 애착을 갖고, 그런 다음 임시적으로 엄마와 분리해서 행동하려 한다고 주장하였다. 아이는 분리 또는 개별화라는 다소 양가적인(ambivalent) 국면을 거치고, 그런 후 엄마와 다시 화해한다. 이러한 일련의 애착과 분리의 과정을 통해, 아이는 엄마와는 분리된 안정되고 우호적인 자기인식을 형성하게 된다. 만일 엄마가 적절하게 애정과 포용성을 베풀고, 인내와 부드러움, 안전함 그리고 기뻐하는 가운데 아이의 분리를 배려한다면 개별화는 잘 진행된다. Mahler가 사랑(애착)과 분화(독립)를 강조했다면, Sullivan은 사랑(정서적 접촉)과 힘(power)이 성격을 구성하는 토대라고 강조하였다.

Sullivan과 Mahler 모두 인간을 사교적인 존재로 바라보았다. 이들의 관점은 인간을 원초적이고 사회화되지 않은 성애나 공격성과 같은 욕구에 의해 동기화된다고 한 Freud의 관점과 매우 대조적이다. 세 사람 모두 생물학적으로 결정된 발달성향과 초기 대인 경험 사이의 상호작용으로 성격이 발달한다는 것에 동의한다. 환경요인에 관한 정신분석적 설명은 주로 무엇이 부족한지, 무엇이 지나친지, 또는 무엇이 잘못된 시간에 발생했는지에 초점을 두었다. 성격발달에 대한 관점의 차이는 치료 개입을 선택하는 데 많은 영향을 미친다. 예를 들어, 자기애성 환자가 치료자에게 화가 났을 때 치료자가 무엇을 해야 하는지에 대해 Heinz Kohut과 Otto Kernberg 사이에 열띤 논쟁이 있었다. Kohut은 환자의 어머니가 하지 못한 것을 치료자가 '있는 그대로 반영해 주는(mirroring)' 경험을 환자에게 제공해야 한다고 믿었다. 치료자는 내담자의 분노를 수용해야 하고, 심지어 치료자가 어떤 실수를 범했는지 확인하기 위해 자기 자신을 들여다봐야 한다고 주장하였다. 이렇듯 자신에 대한 교정적 타당화는 환자가 치유되는 것을 도와야 한다. 반면, Kernberg는 치료자가 내담자의 분노를 수용해서는 안 되고, 대신 자기애적인 환자가 초기 패턴을 반복하고 있다는 사실을 직면시켜야 한다고 믿었다.

따라서 치료자는 내담자가 좋은 자기와 나쁜 자기 사이의 분열뿐만 아니라, 좋은 치료자와 나쁜 치료자에 대한 인식 사이에서의 분열을 통합할 수 있도록 도와주어야 한다고 주장하였다.

Kohut과 Kernberg 사이에서 발생한 것과 같은 논쟁은 해결되기가 어려운데, 그 이유는 많은 정신분석적 개념이 과학적 방법으로는 검증되기 어렵기 때문이다. 엄마와 유아 간 상호작용에서 발생하는 정신적 표상은 측정하기가 어렵다. 그러한 표상을 성인행동과 연결하는 것 또한 매우 힘든 일이다. 이뿐 아니라, 다른 많은 맥락에서 정신분석은 개념과 절차의 비과학적 특성 때문에 혹독하게 비판을 받아 왔다(예: Grunbaum, 1986). 이에 대해 어떤 정신분석가들은 과학이 임상적 기법에는 적절하지 않다고 주장하면서 비난에 대응하였다. 이들은 과학적이고자 하는 소망은 과학기술에 스며든 기계적인 문화의 인위적 산물이라고 주장하였다(Guntrip, 1973, pp. 25-26). 현장에 있는 많은 임상가는 과학을 임상적 실제에 적용하는 것이 부적절하다는 주장에 동의하거나, 아니면 '직관'에 기초한 심리치료를 수행함으로써 그러한 문제를 무시한다.

Murray의 공헌

정신분석 이론과 실제는 과학적 토대가 부족하다는 이유로 심리학의 많은 분야에서뿐만 아니라 DSM-III 특별위원회에서도 거부되었다. 그럼에도 과학과 정신분석적 개념들을 연결시킬 수 있는 방법이 개발되는 등 매우 중요한 진전이 이루어졌다. 이러한 일련의 사건은 Sullivan의 대인관계 정신의학에서 비롯되었다. Greenberg와 Mitchell(1983, pp. 80-81)은 현대 정신의학의 많은 부분을 Sullivan이 은밀히 지배하고 있지만, 정신분석에서는 Sullivan을 좀처럼 인정하지 않고 있다고 주장하였다. 정신분석 외 심리학에서는 정신병리에 대한 정의가 훨씬 더 대인관계적인 성격을 띠었다. Henry A. Murray(1938)는 포괄적인 성격이론을 제시하였는데, 그의 성격이론은 "한편으로는 Freud, Jung, Adler와 같은 정신분석가들에게서 영향을 받았고, 또 한편으로는 McDougall과 Lewin, 그리고 우리의 선입견을 너무 자주 수정하게 만드는 우리의 피험자들에게서 영향을 받았다."라고 보고하였다(p. 38). Allport와 정신분석가들처럼 Murray 또한 사람들의 행동을 조직하는 근본적 주제들에 많은 감명을 받았다. 욕동에 대한 분석적 사고와 비교하면서, Murray는 인간의 욕구목록을 다음과 같이 제시하였다.

> 기본적인 욕구에는 공기, 물, 음식, 섹스, 수유(授乳), 배뇨, 배변, 해로운 것 피하기, 독 피하기, 뜨거운 것 피하기, 차가운 것 피하기, 직감 그리고 비활동(수면, 휴식) 등이 포함된다. 이차적인 정신적 욕구로는 생명이 없는 대상과 관련된 획득, 보존, 질서, 보유, 건설, 사람들과 관련된 우월성, 성취, 인정, 뽐냄, 불가침, 창피함 · 실패 · 조롱 등을 피함, 방어(옳다고 주장하고 엄밀히 조사받는 것을 피함), 자율성, 반작용(명예를 방어함), 지배, 존경, 공격성, 자기비하, 비난 회피, 제휴, 거절, 양육, 의존, 놀이, 인식(알고 싶어 하는 태도) 등이 포함된다(pp. 76-83의 내용을 요약함).

Murray는 많은 종류의 욕동을 상세히 설명했을 뿐 아니라, 원초아, 자아, 초자아, 자기애 그리고 자아 이상(ego ideal)과 같은 정신분석적 개념을 다시 정의하였다(pp. 135-141). 다음 인용문처럼, 욕구가 성격에 어떤 영향을 미치는지에 대한 그의 설명을 살펴보면 정신분석에 대한 그의 선호를 엿볼 수 있다.

> '욕구는 긍정적 또는 부정적인 정신에너지를 지니고 있다.' 성격은 대개 성격이 특별한 의미를 부여하는(가치 있게 여기거나 거부하는) 대상 안에서 드러난다. 대상에게는 가령 출생지, 국적, 부모, 외상경험, 황홀한 관계 또는 우연한 사건과의 관련성 때문에 일차적인 전위(displacement)에 따라 특별한 의미가 부여된다. 그런 다음 무의식적인 상상 속의 심상(imagery)에 이차적으로 전위된다. 어떤 사람들은 익숙한 상황에서 의미 부여된 대상의 이미지는 습관적으로 대상이 자극하는 욕구 및 감정과 함께, 또한 선호하는 양식을 지니고 있는 이미지와 함께 우리 마음에 통합된다고 말할 수 있다. 이러한 종류의 가설적 혼합은 욕구 통합이라고 부를 수 있다. 욕구가 일어나면, 욕구는 그것이 함께 통합되어 있는 심상을 닮은 외부 대상을 추구하거나 또는 피하려는 경향이 있다. 만일 이것이 실패하면, 욕구는 가장 접근 가능한 대상에게 심상을 투사하는데, 당사자는 대상을 자신이 원하거나 또는 두려워하는 것이라고 믿는다. 외부 대상이 통합된 욕구의 이미지처럼 보이거나 그렇게 해석되는 것이다. 이 이론은 꿈, 망상, 환상의 내용을 설명한다. 또한 사람들이 이질적인 상황에 직면했을 때 보이는 선택적 주의와 반응을 이해할 수 있게 해 준다. 대상의 압력(press)은 대상이 개인에게 또는 개인을 위해 무엇을 할 수 있느냐다. 즉, 어떤 식으로든 대상이 개인의 복지(well-being)에 영향을 미치는 힘을 의미한다. 반면, 대상이 지닌 정신적 에너지는 개인이 무엇을 하도록 만들 수 있는 것이다. 주제(thema)는 대상 전체 수준에서 한 사건의 역동적인 구조다. 간단한 주제는 특정 압력, 활동 또는 결과 그리고 특정 욕구의 조합이다. 주제는 환경의 일반적인 특징과 개인 반응의 일반적인 특성을 다룬다(pp. 10, 107, 110, 121, 123).

이런 개념들의 타당성을 검증하기 위해 Murray와 동료들은 정상 남성 50명을 연구하였다. 그들은 주제통각검사(TAT)를 개발했는데, 이 검사는 욕구와 주제를 객관적으로 측정하고, 욕구와 주제를 피험자의 다른 자료들과 관련시키는 방법이다. 많은 임상가가 환자 안에 있는 무의식적 과정을 평가하기 위해 TAT를 사용해 왔다. 그러나 TAT의 과학적 위상에 대해서는 여전히 의문으로 남아 있는데, 왜냐하면 TAT 그림에 대한 환자들의 진술의 의미를 평가할 때 주관적으로 판단하기 때문이다.

대인관계 궤도

정신분석을 하나의 과학으로 만드는 데 성공했든 그렇지 않든 간에, Murray는 생물학적 욕동이 어떻게 대인경험과 상호작용해서 '성격'을 형성하는지 체계적으로 개념화하였다. 그가 제시한 욕구범주는 대인관계 궤도(Interpersonal Circle, IPC)의 기초가 되었는데, IPC는 Freedman, Leary, Ossorio 그리고 Coffey(1951)에서 비롯된 기념비적인 발전이었다. 앞의 세 사람은 네 번째 저자인 Coffey와 함께 일을 하던 UC Berkeley 대학원생들이다(Freedman, 1985). 이 시리즈의 두 번째 연구보고서는 LaForge, Leary, Naboisek, Coffey 그리고 Freedman이 출간하였다(1954). 이어 Leary(1957)가 저술한 논문에서는 완전한 대인관계 진단체계를 제안하기 위해 IPC를 활용하였다. 현재 IPC와 관련된 대부분의 논의는 Leary의 논문을 인용하고 있다.

[그림 2-1]에 Leary(1957)의 IPC 버전을 제시해 두었다. 보통 IPC는 Guttman(1966)이 사용했던 이름인 '궤도(circumplex)'로 불린다. 원에 대한 수학공식에 따르면, 원에 있는 점들은 기저의 수직축과 수평축에 의해 정의된다. IPC의 경우, 기저 차원은 수평축('친화')에서는 '증오(hate)'부터 '사랑'까지, 수직축('통제')에서는 '순종'부터 '지배'까지 분포한다. 예를 들어, [그림 2-1]에서 '책임감 있는-지나치게 정상적인'에 해당되는 지점의 경우 50%의 사랑과 50%의 지배로 구성되어 있음을 알 수 있다. IPC 모형에 포함된 범주는 Murray(1938)의 욕구목록에서 발췌한 것이다. IPC 창시자들은 Murray 범주 수를 줄였고, 연결이 명료해지도록 범주를 배열하였다(Leary, 1957, p. 39). 예를 들어, '책임감 있는-지나치게 정상적인'이 의미상 '협력적인-과도하게 보수적인'과 가깝다는 것을 보여 준다. 동시에, '책임감 있는-지나치게 정상적인'은 '반항적인-의심 많은'과 정반대 위치에 있다.

Leary(1957, pp. 232-238)는 [그림 2-1]에 제시된 IPC 범주를 사용해서, 증상보다는 대인관계 행동이 정신의학적 진단의 기초를 제공해야 한다고 주장한 Sullivan의 논의

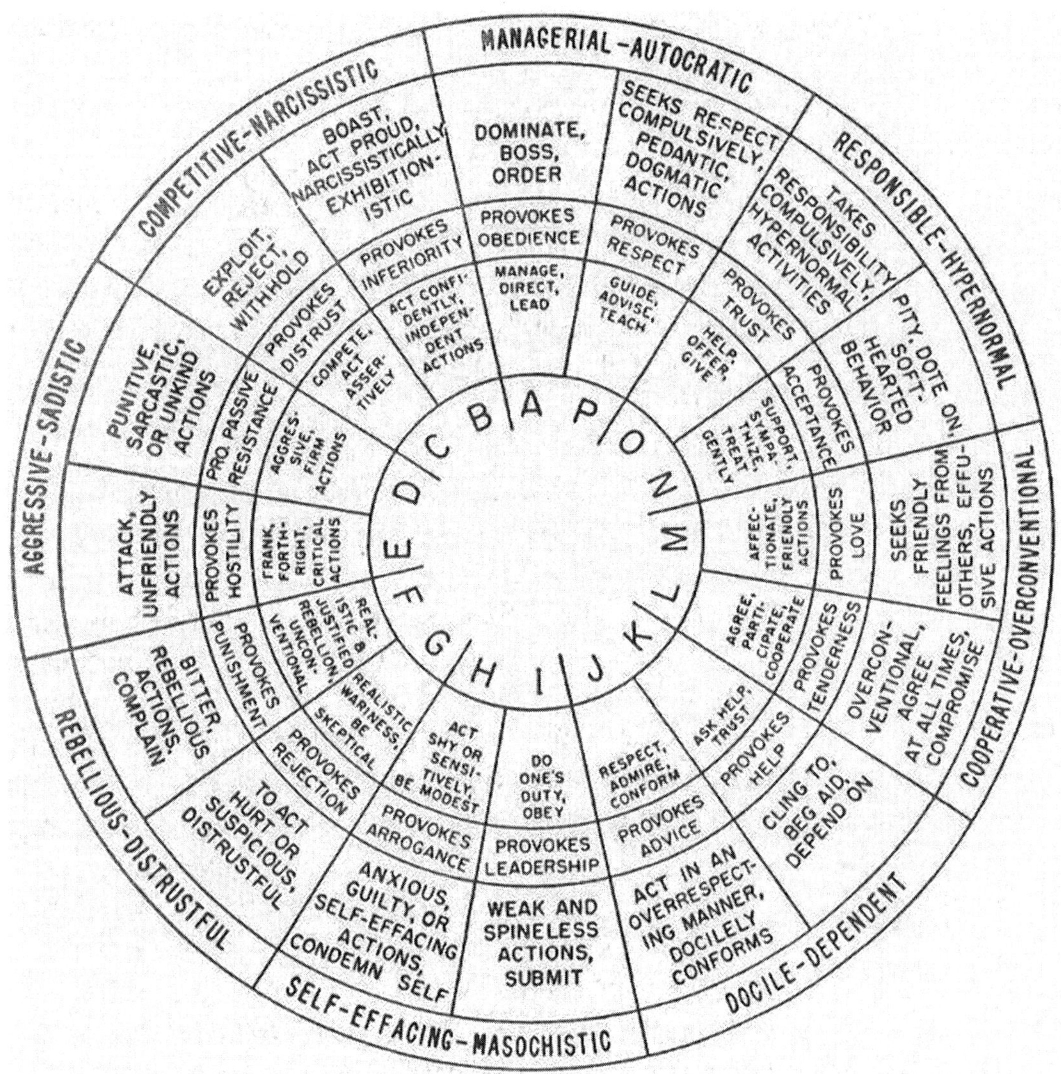

[그림 2-1] Leary의 대인관계 궤도(IPC)

[그림 2-1]은 대인행동을 16개 메커니즘으로 분류함. 16개 각각의 변인에 대해 예가 되는 행동을 제시하였음. 맨 안쪽 원은 적응적인 행동, 예를 들면 A변인의 경우 '관리하다'를 제시함. 중간 원은 맨 안쪽 원에 해당하는 행동이 타인에게서 이끌어내는 행동 유형을 나타냄. 따라서 A행동을 사용하는 사람은 타인으로부터 순종을 불러일으키는 것을 볼 수 있다. 이러한 발견은 양방향 대인 형상(즉, 한 사람은 어떤 행동을 하고, 다른 사람은 다시 어떤 행동을 하는지를 나타냄)을 포함하는데, 따라서 이 그림에 제시된 다른 대인 코드에 비해 덜 일관성이 있다. 그다음 원은 극단적이나 또는 경지된 반응을 포함하고 있다(예: 지배하다). 가장 외곽의 원은 여덟 개의 일반적인 범주로 나누어지는데, 대인 진단에 활용된다. 각 범주는 적당한(적응적인) 강도와 극단적인(병리적인) 강도를 갖고 있다(예: 관리하는–독재적인).

* 그림과 글의 인용은 Leary(1957, p. 65)로부터 허가를 받음.

를 발전시켰다. Leary는 성격장애에 대한 전통적인 Kraepelinian(생물학적이고 유전적인 기능부전이 정신병리를 야기한다는 관점, 심리역동적 관점과 대비됨) 범주에 대해 다음과 같이 대인관계적 표현을 제시하였다.

AP 8분원: 관리하는-독재적인 = 강박적 성격
BC 8분원: 경쟁적인-자기애적인 = 자기애적, 착취적 성격
DE 8분원: 공격적인-가학적인 = 사이코패스 성격
FG 8분원: 반항적인-의심 많은 = 분열성 성격
HI 8분원: 자신을 내세우지 않는-피학적인 = 피학적 또는 강박적 성격
LM 8분원: 협력적인-과도하게 보수적인 = 히스테리성 성격
NO 8분원: 책임감 있는-지나치게 정상적인 = 정신신체증(psychosomatic) 성격

Leary는 처음으로 의학적 진단명과 IPC가 제공하는 대인관계적 표현을 명시적으로 연결하였다. 그러나 그는 이러한 생각을 끝까지 발전시키지는 않았고, '겸양을 통한 적응', '통제를 통한 적응', '공격성을 통한 적응' 과 같은 대안적인 대인관계 용어를 제안하였다. 그가 추천한 대인관계 진단체계를 사람들에게 적용하면, 배우자, 자녀, 어머니, 아버지와 같은 주요 인물을 대인관계 체크리스트(Interpersonal Check List, ICL)상에 평정할 수 있다.

LaForge와 Suczek(Leary, 1957에서 인용)이 작성한 ICL은 네 가지 수준의 문항을 제시하였다. AP 8분원(관리하는-독재적인)에 대한 예는 다음과 같다.

A: 1 = 명령을 내릴 수 있는; 2 = 힘 있고 선한 지도자, 책임을 좋아함; 3 = 위세 부리는, 지배하려 하는, 타인을 관리함; 4 = 독재적인
P: 1 = 평판이 좋은; 2 = 좋은 인상을 줌, 종종 칭송됨, 다른 사람들이 존경함; 3 = 항상 충고함, 중요하게 행동함, 너무 성공하려고 노력함; 4 = 모든 사람이 자신을 칭송하기를 기대함(Leary, 1957, p. 456).

1수준은 정상임을 나타내고, 4수준은 가장 심각하고 가장 병리적인 상태를 나타낸다. 이 방식에 따르면, AP 8분원상에서 낮은 강도에 해당하는 문항을 채택한 사람은 정상적인 '지도자' 로 불릴 수 있다. AP 8분원상에 있는 대부분의 문항을 승인한 사람은 '관리하는-독재적인' 사람으로 불릴 수 있다. 이렇게 AP 수준이 강하다는 것은 강박적 성격과 일치한다. IPC 모델에 따르면, 정상과 병리를 구분하는 것은 강도(intensity)다.

Leary의 초기 노력 이후, 성격 진단을 향상시키기 위해 IPC 사용은 계속되어 왔다. 관련 논문에는 Lorr, Bishop과 McNair(1965), Plutchik과 Platman(1977), Widiger와 Kelso(1983) 그리고 Kiesler(1985) 등이 있다. Wiggins(1982)는 많은 수의 정상인을 대상으로 타당화된 ICL 버전을 개발하였다. Wiggins와 Broughton(1985)은 성격연구에 IPC를 적용한 논문들을 방법론적으로 개관한 바 있다. Morey(1985)는 성격장애를 지닌 환자들을 기술할 때 IPC와 MCMI(Millon, 1982)의 역량을 비교하였다. Morey는 성격장애를 지닌 사람들의 경우 IPC 통제 차원에서는 다르지만 친화 차원에서는 다르지 않다고 결론 내렸다.

> 성격장애가 서로 차이를 보이는 주요 축은 Millon(1969)이 그의 유형론의 근본을 이루는 것으로 확인했던 적극적-수동적 성격 차원인 듯하다. 그러나 상대적으로 친화 차원에서 구분이 잘 안 되는 것은 다소 의외인데, 몇몇 이론가들은 성격장애가 이 차원에서도 체계적 차이가 있을 것으로 예상하였다(Morey, 1985, p. 386).

성격장애를 구분하는 데 친화 차원이 통제 차원보다 덜 중요하다는 Morey의 결과는 DeJonge, van den Brink, Jansen과 Schippers(1989)가 다시 확인하였다. 요약하면, IPC는 성격장애를 대인관계 용어로 기술했기 때문에 이론적으로 관심을 받아 왔지만, 성격장애에 대한 의학적 정의 안에 통합되지 않았을 뿐 아니라 임상적으로도 많이 활용되지 않았다. 대인관계적 진단 가능성과 실제 성취 간 차이에 대해서는 다른 논문에서 이미 다룬 바 있다(McLemore & Benjamin, 1979).

IPC를 사용해서 정신병리를 정의할 때 한 가지 문제는, IPC가 DSM상의 모든 성격장애를 기술하지 못한다는 것이다. Widiger와 Frances(1985)는 다음과 같이 지적하였다.

> IPC로는 반사회성 성격장애를 기술하기가 어렵다. 왜냐하면 친화 차원의 부정적 극단은 적대적이고 감정적으로 초연한(detached) 행동들로 혼합되어 있는데, 이것은 범죄적이고 죄책감을 느끼지 않으면서 다른 사람들을 착취하는 특징을 적절히 기술하지 못한다. 반사회적인 사람은 적대적이지도 않고 감정적으로 초연하지도 않다. 사실 반사회적인 사람은 불성실하고, 무책임하며, 착취적이지만 피상적으로는 우호적일 수 있다. 이렇게 반사회적 성격을 진단하는 것이 어렵다는 사실은, 대인관계 차원을 정의하는 데에는 2개의 circumplexes가 필요하다고 주장하는 사람들의 입장을 지지하는 것 같다(p. 621).

IPC가 완전하지 않았기 때문에 성격장애를 기술하는 데 실패했을 수도 있다. IPC의 발전과는 별개로, Earl Schaefer(1965)는 부모행동에 대한 순환(circumplex) 모델을 제안하였다. 이 circumplex는 거절(증오)에서 수용(사랑)에 이르는 수평축과 심리적 통제에서 심리적 자율성 부여까지 분포하는 수직축으로 이루어져 있다. Schaefer 모델에서 심리적 통제와 거절 사이에 위치하는 부모행동으로는 변방화(Satellitization), 아량 없음, 적대적 관여 등이 있다. 거절과 심리적 자율성 부여 사이에 위치하는 부모행동으로는 적대적 무관심, 무관심, 감정적 초연 등이 있다. 심리적 자율성 부여와 수용 사이에는 해방시킴, 차이 격려, 개별화 수용 등이 포함된다. 마지막으로, 수용과 심리적 통제 사이에는 애정이 담긴 관여, 보호, 참견 등이 포함되어 있다.

Schaefer의 순환 모델은 수평축의 범위가 사랑부터 증오까지 분포한다는 점에서 IPC와 유사하다. 차이점은 심리적 자율성 부여를 순종이 아닌 심리적 통제(지배)의 반대편에 설정했다는 것이다. 많은 문화권에서 부모행동에 대한 Schaefer 모델의 타당도가 밝혀졌는데, 부모행동을 평가한 점수들을 요인분석한 결과 Schaefer가 제안한 모델에 부합하는 것으로 나타났다. 동시에 IPC의 타당도 또한 요인분석으로 확인되었다.

IPC와 Schaefer 모델의 수직축은 둘 다 직관적으로 이해할 수 있고, 각각은 경험적으로 확인된 바 있다. Leary가 제안했던 것처럼, 순종이 지배의 정반대라는 것은 합리적이다. 자율성 부여가 통제의 정반대라는 Schaefer의 제안 역시 합리적이다. 둘 다 인정받고 있는 임상적 이론과 일치한다. IPC의 수평축과 수직축은 각각 Sullivan의 가정, 즉 정서적 접촉(사랑 대 증오)과 힘(지배 대 순종)이 인간의 기본적인 대인욕구라는 것을 표현하고 있다. 또한 Schaefer 모델은 수평축상에 사랑-증오 차원을 나타내지만, 수직 차원은 Mahler가 정상적인 발달에 매우 중요하다고 여겼던 개별화 또는 분화(심리적 통제 대 심리적 자율성 부여)를 위한 공간을 포함하고 있다.

SASB 모델

SASB 모델(Benjamin, 1974, 1979, 1984, 1994a, 1994b)은 이 두 가지 관점을 모두 수용하고 있다. 지배와 순종은 서로에 대해 논리적인 관계로 제시되어 있는 반면, 지배와 자율성 부여는 정반대에 위치하고 있다. 사실, SASB 모델은 Leary와 Schaefer의 대인관계 circumplex의 주요 특성을 포함하고 있다. 더욱이, SASB 모델은 자기개념이 주요 타인들과의 대인관계 경험을 통해 직접적으로 발생한다는 Sullivan의 가설을 연상시킨다. SASB 모델에 대해서는 다음 장에서 자세히 기술할 것이다. 또한 SASB 모델은 경험적인 연구로 타당화되었다. 좀 더 복잡한 차원들로 구성된 SASB 모델은 DSM에서 기술하고 있는 모든 성격장애를 적절히 기술하고 있다.

정신병리를 정의하는 데 그 원인을 밝히는 것을 회피해 온 DSM의 결정에 대해 비난이 증폭되어 왔다(예: Skinner, 1981; Millon, 1991; Morey, 1991; Carson, 1991). 만일 목적(teleology)을 더하여 성격장애를 기술한다면, 임상가들에게는 환자의 패턴을 바꾸는 데 도움이 되는 더 좋은 지침이 될 것이다. SASB 모델의 예언원칙들은 대인관계적 병인(病因)과 성격장애의 근원에 있는 역동적 조직에 대한 검증 가능한 가설이 된다. 따라서 이 책에서는 성격장애에 대한 DSM의 정의에 병의 원인과 목적에 대한 가설을 첨가하였다. 목적은 근원적인 바람과 두려움으로 제시하였다. 치료 개입이 성공하려면 반드시 특정 장애를 특징짓는 근본 목적 또는 패턴의 적응적인 목표를 다루어야만 한다. 각 장애를 대인관계적으로 분석한 후, 치료 개입을 위한 구체적인 제안을 할 것이다.

03 심리치료의 화성(Harmonics)

'도, 레, 미, 파, 솔, 라, 시, 도'

Oberlin 대학 1학년에 재학 중이던 어느 날, 기숙사로 돌아온 나는 룸메이트가 바닥에 앉아 있는 것을 발견하였다. 그녀는 오래된 레코드플레이어를 틀어 놓고 오르간 연주곡을 열심히 듣고 있었다. "뭐하는 거야?"라고 묻자 "연습하고 있어."라고 대답하였다. Margaret은 오르간 전공을 준비하는 솜씨 좋은 피아니스트였다. 음악대학에 입학한 상태였지만 그녀는 오르간 연주법에 대해서는 아직 모르고 있었다. 보통 오르간을 연주하기 위해서는 피아노 연주가들에게는 익숙하지 않은 음자리표를 읽는 능력이 필요하다. 그 당시 Margaret은 테너 음자리표 읽기 공부를 주저하고 있었다. 그녀는 완벽한 음조와 놀라울 정도의 기억력 및 여러 음악적 재능이 있었기 때문에, 위대한 예술가들의 녹음된 연주곡을 듣는 것만으로도 자기 연주를 훌륭하게 해낼 수 있었다. 이렇듯 다른 사람이 연주한 매우 복잡한 곡을 듣기만 하고서도 그것을 쉽게 연주할 수 있는 재능 있는 사람들이 많다(어떤 사람들은 유명해졌고, 어떤 사람들은 상대적으로 알려지지 않았다). Margaret과 같은 사람들은 놀랄 만큼의 창의적인 솜씨를 연주에 가미한다. 만일 음악적 기술이 정상분포처럼 분포한다면, 이처럼 희귀한 사람들은 분명 평균에서 몇 표준편차 이상에 위치할 것이다.[1)]

---

1) 이 장 65페이지까지 제시된 내용은 독자들에게 이후 성격장애에 관한 기술을 잘 따라가는 데 필요한 배

모방을 통해 복잡한 기술을 습득할 가능성이 매우 낮음에도 심리치료 기법을 가르치는 일은 모델링에 많이 의존한다. 임상가와 교육자는 심리치료를 '하고', 학생들은 관찰하거나 그것을 읽는다. 그런 후, 스스로 시도해 보고 자신의 사례를 교육하는 사람에게 이야기한다. 학생들은 시행착오를 거치면서, 그리고 슈퍼바이저와의 토론을 통해 점차 자신만의 접근을 개발해 나간다. 보편적으로 합의된 심리치료 이론은 존재하지 않는다. 여러 심리치료 학파가 존재함에도 필수적이라고 여겨지는 치료자기법은 없다.

심리치료를 음악에 비유해서 설명하려면 음악을 제작하는 기술이 매우 구조화된 분야라는 사실에 주목할 필요가 있다. 전문음악인은 자신의 분야에서 기본적인 이론을 배워야 한다. 음악을 읽고, 손가락에 기법을 익혀야 하며, 화음을 연주하는 능력을 계발하면서 일련의 기술을 숙달해야만 한다. 화성과 리듬의 기본 구조에 대한 음악이론을 학습하는 과정을 통해 '귀'가 있는 사람들은 음악전문가가 된다. 이론과 기법의 기초에 대해 서술하고 연습과제를 제시하는 교재들이 있다. 비상한 재능을 지닌 사람들조차 이런 기초적인 기술을 습득하기 위해 부단히 노력해야 한다. 음악가들은 오랜 세월 기본 기술을 연마해야 하는데, 어떤 것들은 매우 지루하다. 누구나가 음악이론을 알고 기술을 연마했다고 해서 음악인이 될 거라 상상하지는 않는다. 훈련은 단순히 전문성을 습득할 수 있는 가능성을 높여 줄 뿐이다. 최종 결과는 음악인으로서의 창의성과 상상력을 더할 수 있느냐에 달려 있다. 필수적인 기술을 바탕에 두고 창의적인 음악가가 아름다운 음악을 쉽게 만드는 것이다.

심리치료를 가르치는 것도 이와 유사하다. 심리치료 과정과 어떤 방식으로 연관된 기본 기술 및 이론이 분명 존재한다. 이것을 확인하고 가르칠 수 있다면, 심리치료사의 전반적인 수행 수준은 크게 향상될 것이다. 과학 또는 예술[2)]로서의 심리치료 또한 음악가가 도, 레, 미, 파, 솔, 라, 시, 도를 이해하는 것과 유사한 기초 이론이 필요하다. 치료라는 교향악 내에 존재하는 리듬과 음조의 조합을 성문화하고 가르칠 수 있는 방법이 있어야 한다. 그런 지식이 있어야 치료자의 '귀'를 훈련시킬 수 있고, 특정 순간에 일어나는 대인관계상의 '화성'을 정확히 들을 수 있다. 그 결과로 대화의 구조를 알 수 있고, 어떤 방식으로 개입할 것인지 예상해서 정확하고 기술적으로 개입할 수 있을 것이다. 엄청나게 많은 종류의 음악과 악기가 존재하는 것처럼, 치료의 화성도 수없이 많

경지식을 전달한다. 이 책에서 다루지 않는 상황에 SASB 모델을 적용하고 싶은 독자들은 이 장 전체 내용을 반복해서 주의 깊게 읽으면 도움이 될 것이다.

2) 1장에서 언급했던 것처럼, 아마도 심리치료는 예술이면서 또한 과학일지도 모른다. 예술 분야인 음악 또한 물리학이나 수학과 같은 과학적 원리에 따라 분석될 수 있다.

은 버전이 존재한다. 심리치료에 과학적인 방법이나 규율을 첨가한다고 해서 심리치료에 참여하는 사람들을 로봇으로 만든다거나 창의성과 독창성을 훼손할 것이라고 걱정할 필요는 없다.

이 책은 Sullivan(1953)의 이론에서 많은 영향을 받았다. 그에 따르면, 심리치료에서는 내담자가 주요 타인과 맺는 상호작용을 이해하고 그러한 상호작용이 내담자의 자기개념에 어떤 영향을 미치는지에 초점을 맞추어야 한다. 심리치료의 주요 화성과 리듬은 내담자의 과거, 현재 그리고 예상되는 미래에 존재하는 주요 타인들과의 상호작용 안에 존재한다. 이 책의 주요 논지는, 심리치료의 대인관계적 화성과 리듬의 주요 측면 또한 인식될 수 있다는 것이다. 심리치료의 화성을 확인하기 위해 사용되는 전통적인 명명법은 1장과 2장에서 언급한 SASB 모델, 즉 대인관계적 차원을 토대로 제시할 수 있다. SASB 모델을 사용하면, 비록 전부는 아니더라도 치료과정의 주요 측면들을 정확하게 포착할 수 있다. 이 모델에 따르면, 심리치료의 기본 요소는 '대인관계적 초점', '사랑-증오(또는 우호-적의)', '과밀착(enmeshment)-분화(differentiation)' 차원들로부터 발생한다. 경험이 많은 임상가는 이미 사랑과 증오, 그리고 과밀착과 분화를 이해할 수 있는 '귀' 를 지니고 있다. 비록 심리치료를 음악에 비유하는 것이 정확하지는 않지만, SASB 코드라 불리는 기본 SASB 단위는 기본 음조인 도, 레, 미, 파, 솔, 라, 시, 도에 비유할 수 있다. 그들의 조합과 순서는 각 성격장애의 화성과 리듬을 구성하고 심리치료 과정에 무대를 제공한다.

이 책을 읽는 사람들은 SASB 대인관계 '척도'상의 기본 '음표' 를 학습하기 바란다. 임상가는 이 기술을 사용함으로써 성격장애를 가지고 있는 사람들의 기본 음조와 리듬을 확인할 수 있다. 각 성격장애는 하나의 노래라고 할 수 있다. BPD 노래는 명확히 식별할 수 있지만, HPD를 떠오르게 하는 악절 또한 가지고 있다. BPD 노래의 다른 부분들은 ASP의 부분과 유사하다. 노래를 누가 연주하는가, 그리고 어떻게 편곡했는가에 따라 아주 다르게 들릴 수 있는 것처럼, 성격장애가 드러나는 방식도 매우 다양하다. 가령, 'Deep Purple' 이라는 노래를 생각해 보자. 이 곡을 누가 연주하느냐, 오르간으로 연주하느냐 아니면 어느 정도 규모가 있는 오케스트라가 연주하느냐에 따라 매우 다르게 들릴 것이다. 또한 앙상블에 가수가 포함되어 있느냐에 따라 상당히 다르게 들릴 것이다. 마찬가지로, 곡 해석을 클래식으로 했느냐 아니면 재즈풍으로 했느냐에 따라 크게 다를 수 있다. 이렇듯 하나의 노래를 매우 다양하게 연주할 수 있지만, 멜로디는 여전히 동일하게 인식된다. 즉, 아주 다른 형태로 연주한다고 해도 'Deep Purple' 은 여전히 'Deep Purple' 이다. 마찬가지로, 임상가가 BPD의 멜로디와 화성 및 리듬을 알게 된다면, 다양한 각각의 BPD를 BPD로 인식할 수 있다.

임상가가 SASB 부호를 아는 것은 음악가가 화성과 리듬에 대한 기본적인 규칙을 이해하는 것이라고 볼 수 있다. 임상가가 SASB 음표를 읽을 수 있다면, 환자의 대인관계 패턴과 개인내적 패턴을 빠르게 읽고 적절히 반응할 수 있다. 성격장애에 대해 전문가가 되려면 다양한 기술뿐만 아니라 대인관계를 읽을 수 있는 훌륭한 '귀'가 필요하다. 물론 훈련 없이 서투르게 연주할 수는 있다. 그러나 자살할 가능성이 있거나 누군가를 살해할 가능성이 있는 환자를 치료할 경우, '시험삼아 치료하는' 것이 가져오는 결과는 꽤 심각할 수 있다.

타인에 대한 상호작용적 초점

환자 A, B, C, D

많은 독자들은 다음에 제시한 연습을 따라해 보면 이미 SASB 모델의 기본 음조를 알고 있다는 사실을 깨달을 것이다. SASB 모델은 전통적인 임상적 지혜를 조직한 것 이상도 그 이하도 아니다. 몸풀기 연습을 하면서 가상 환자들(A, B, C, D)의 결혼관계를 떠올려 보기 바란다. 이 연습과제는 두 단계로 구성되어 있다. 단계 1은 환자가 배우자와 관계 맺는 방식을 특징적으로 표현하고 있는 단어를 찾는다. 단계 2는 그런 다음 목록을 아래로 읽어 내려가면서 대인관계상의 변화를 특징적으로 표현하고 있는 문구를 찾는다.

환자 A

0. 환자 A는 배우자를 쓸모없는 쓰레기처럼 살해하고 파괴하고 떠난다.
1. 매우 비열하게 보이는 환자 A는 배우자를 따라다니면서 해를 끼치려고 한다.
2. 환자 A는 배우자로부터 모든 것을 빼앗고 갈취하고 착취한다.
3. 환자 A는 배우자를 가혹하게 처벌하고 고문하고 복수한다.
4. 환자 A는 자신의 배우자를 현혹시키고 속이고 따돌린다.
5. 환자 A는 배우자를 비난한다. 배우자에게 어떤 것을 믿게 한 다음, 배우자가 틀렸다고 말한다.
6. 환자 A는 배우자를 헐뜯고, 배우자의 방식이 틀렸으며, 자신의 방식이 더 좋다고 배우자에게 말한다.
7. 환자 A는 배우자를 간섭하고 제지하고 활동을 금한다.

8. 환자 A는 무엇이 옳고 적절한지에 대한 자신의 규칙과 생각을 배우자가 따르게 한다.
9. 환자 A는 실제적으로 배우자를 통제한다. 모든 것에서 주도권을 잡으려고 하는 습성이 있다.

독자들은 단계 1을 따라오면서, 문항의 묘사로 배우자에게 적대적인 환자라는 사실을 알 수 있다. 또한 단계 2, 즉 문항목록을 위에서부터 아래로 읽어 내려가다 보면 환자가 점점 더 통제적이지만 겉으로 표현되는 적대감은 감소하고 있음을 알 수 있다. 적대감과 통제의 변화를 암시하는 단어가 포함되어 있지 않아도, 많은 임상가들은 이러한 진술문을 읽으면서 적대감과 통제의 강도가 변하고 있음을 인식했을 것이다. 즉, 목록 위에서 아래로 진행되는 단계들은 악보에서 도와 레를 거쳐 미까지 간 것이다. 음조의 차이를 듣기 위해 음표의 이름이나 음악이론을 알 필요는 없다.

이 연습에서 대인관계적인 '도', '레', '미'는 환자가 배우자에게 보이고 있는 적대감과 통제의 변화에 해당된다. 진술문 목록은 살인적인 공격에서 비난을 거쳐 자의적인 통제로 이동하고 있다. 기저 차원은 '적대감(hostility)'과 '통제(control)'다. 정확한 단계에 대해서는 [그림 3-2]와 연계해서 논할 것이다.

두 번째 환자는 다음과 같이 관계용어로 묘사하였다.

환자 B

0. 환자 B는 배우자를 쓸모없는 쓰레기처럼 살해하고 파괴하고 떠난다.
1. 환자 B는 배우자에게 화를 내며 무시한다. 배우자와 연관되는 것을 완전히 거부한다.
2. 환자 B는 배우자에게 쉽게 줄 수 있는 것도, 배우자가 몹시 필요한 것을 얻지 못한 채 지내도록 내버려 둔다.
3. 환자 B는 배우자가 자신을 몹시 필요로 할 때 배우자를 버리고, 배우자가 곤경에 처한 채 혼자 지내도록 내버려 둔다.
4. 환자 B는 사실을 외면한 채, 배우자에게 믿을 수 없이 터무니없는 말과 행동을 한다.
5. 환자 B는 자신의 배우자를 방치하고, 배우자의 관심과 욕구를 소홀히 한다.
6. 환자 B는 배우자에게 전혀 신경 쓰지도, 관심을 기울이지도 않는다.
7. 환자 B는 배우자에 관한 모든 것, 함께 약속한 것 그리고 계획을 모두 잊고 있다.
8. 환자 B는 배우자가 무엇을 하든, 무엇이 되든 전혀 관심이 없다.

9. 환자 B는 배우자가 편안히 온전하게 마음대로 하도록 내버려 둔다.

단계 1을 따라가다 보면, 이 환자 또한 배우자에게 적대적이라는 결론에 이른다. 하지만 이때의 적대감은 환자 A의 그것과는 질적으로 다르고, 느낌도 다르다. 이 환자에 대한 진술문은 살인적이라는 동일한 특징으로 시작되지만, 점점 더 다른 방향으로 향하고 있다. 이번에는 마치 음표가 도에서 시로, 그리고 라로 움직이고 있는 것처럼 보인다. 단계 2, 즉 목록을 계속 읽어 내려가다 보면 공공연한 공격에서 시작해서 적대적 망각으로, 결국에는 관계를 내버려 두는 것으로 변하고 있다는 결론에 다다른다. 이렇게 적대적인 특징을 따라 진행하다 보면 점점 더 자율성의 정도가 증가하고 있음을 알 수 있다. 여기에서 근원적 차원은 '적대감(hostility)'과 '자율성 부여(autonomy giving)'다.

대인관계상의 귀를 훈련시키기 위한 연습의 일환으로 또 다른 환자를 다음에 제시하였다.

환자 C

0. 환자 C는 배우자가 원한다고 판단될 경우, 부드럽고 사랑스럽게 성적으로 관계를 맺는다.
1. 환자 C는 배우자가 원하는 만큼 자주 자신과 접촉하도록 따뜻하고 기분 좋게 배우자를 맞아들인다.
2. 환자 C는 배우자에게 제공하고 양육하고 돌봐 준다.
3. 환자 C는 배우자의 관심사항을 사랑스럽게 돌봐 주고, 배우자를 보호하기 위해 조치를 취한다.
4. 환자 C는 부드럽고 상냥하게 자신의 배우자에게 설명하고 이해시킨다.
5. 환자 C는 배우자가 어떤 일에 흥미를 느끼게 해 주고, 그것을 이해하고 하는 방법을 가르쳐 준다.
6. 환자 C는 배우자에게 깊은 관심을 보이기 때문에 배우자의 모든 욕구를 파악하고 모든 것을 돌봐 준다.
7. 환자 C는 배우자를 위해 좋은 것이라 믿고는 자주 그녀를 살피고 무엇을 해야 하는지 상기시켜 준다.
8. 환자 C는 배우자에게 무엇이 최선인지 알고 있다고 생각하여 배우자가 무엇을 해야 하고, 무엇을 생각해야 하며, 또한 어떻게 지내야 하는지를 정확히 말해 준다.
9. 환자 C는 실제적으로 배우자를 통제한다. 모든 것에서 주도권을 잡으려고 하는 습성이 있다.

단계 1을 따라온 독자들은 환자 C의 목록 마지막 진술이 환자 A에 관한 목록 마지막 진술과 동일하다는 것을 발견했을 것이다. 그러나 이 두 사람은 매우 다르다. 왜냐하면 환자 C는 배우자에게 호의적이지만, 환자 A는 적대적이기 때문이다. 단계 2를 따라가면, 환자 C는 환자 A의 경우처럼 통제의 정도가 점점 더 커진다는 결론에 이른다. 환자 C의 목록은 매우 따뜻한 성적 사랑에서 시작해서 돌봄 그리고 우호적 통제로 진행되고 있다. 진술문은 '우호적임(friendliness)'과 '통제(control)'라는 기저 차원에 따라 조직되어 있다.

마지막 환자는 또 다른 선율을 보여 준다.

환자 D

0. 환자 D는 배우자가 원한다고 판단될 경우, 부드럽고 사랑스럽게 성적으로 관계를 맺는다.
1. 환자 D는 완연히 행복한 미소를 머금고 자신의 배우자를 사랑스럽게 반긴다.
2. 환자 D는 배우자를 사랑스럽게 어루만지지만 보답으로 아무것도 요구하지 않는다.
3. 환자 D는 배우자를 좋아하고, 현재 그대로의 배우자가 좋다고 생각한다.
4. 환자 D는 배우자를 명확히 이해하고 있으며, 다른 의견을 보일 때도 배우자를 좋아한다.
5. 환자 D는 진정으로 자신의 배우자에게 귀를 기울이고, 심지어 의견이 다르다 하더라도 배우자의 견해를 인정한다.
6. 환자 D는 배우자가 자유롭게 말하게 해 주고 의견이 달라도 듣는다.
7. 환자 D는 배우자가 잘하고 있다고 믿기 때문에, 배우자가 자신의 방식대로 일을 처리하도록 허용한다.
8. 환자 D는 배우자가 자유롭게 일하는 것을 허용하고, 배우자가 생각할 때 최선이라고 생각하는 것은 그것이 무엇이든 하도록 허용한다.
9. 환자 D는 편안히 배우자가 온전하게 마음대로 하도록 허용한다.

환자 B가 배우자에게 적대적이었던 것과는 달리, 환자 D는 매우 호의적이고 애정이 깊다. 환자 D에 관한 진술문은 환자 C의 경우처럼 따뜻하고 성적인 사랑으로 시작했지만, 통제를 포함하지 않았다는 점에서 환자 C와 다르다. 목록을 읽어 내려가다 보면, 자율성을 부여하는 정도가 점점 더 증가한다는 것을 알 수 있다. 매우 따뜻한 성적 사랑으로부터 지지와 이해 그리고 기분 좋은 해방으로 진행되고 있다. 이러한 관계를 조직하는 근원적 차원은 '우호적임(friendliness)' 과 '자율성 부여(autonomy giving)' 다.

환자 A에서 D까지를 묘사하는 기저 차원

환자 A, B, C, D는 매우 다른 방식으로 자신의 배우자와 관계를 맺고 있다. 환자들에 관한 진술문을 조직하는 기저 차원을 [그림 3-1]의 윗부분과 중간 부분에 제시하였다. 적의/증오, 우호/사랑의 차원을 정의한 것을 그림 윗부분에 왼쪽에서 오른쪽으로 진행되는 척도로 제시하였다. 이 축의 양극단을 **공격**(attack)과 **적극적 사랑**(active love)으로 명명하였다. 극단적인 공격의 한 예는 '자신의 배우자를 살해하고 파괴한 후 떠나는' 환자 A에 잘 나타나 있다. 극단적인 적극적 사랑은 '배우자가 원한다고 느낄 때 부드럽고 사랑스럽게 성적으로 교감하는' 환자 C에 잘 나타나 있다. '증오-사랑' 차원은 '친애(affiliation)' 로 명명하였다.

과밀착/통제, 분화/자율성 부여는 다른 사람에게 초점을 둘 때 또 다른 차원을 정의한다. 이 차원은 [그림 3-1] 중간 부분에 수직축으로 제시하였다. 이 차원의 양극단은 **통제**(아래쪽)에서 **해방**(위쪽)까지 걸쳐 있다. 극단적인 통제는 환자 A와 C에 잘 나타나 있는데, 각각 "실제적으로 배우자를 통제하며 모든 것에서 주도권을 잡으려고 하는 습성이 있다."라는 특징이 있다. 또 다른 극단인 해방은 환자 B와 D에서 찾아볼 수 있는데, 각각 "편안히 배우자가 온전하게 마음대로 하도록 허용한다."라는 특징이 있다. 해방은 적대적이거나 또는 우호적인 맥락에 모두 적용될 수 있다. 자율성 부여 그 자체는 좋거나 나쁜 것이 아니다. '통제-자율성 부여' 차원은 '상호 의존성(interdependence)'

친애 차원(왼쪽에서 오른쪽으로)

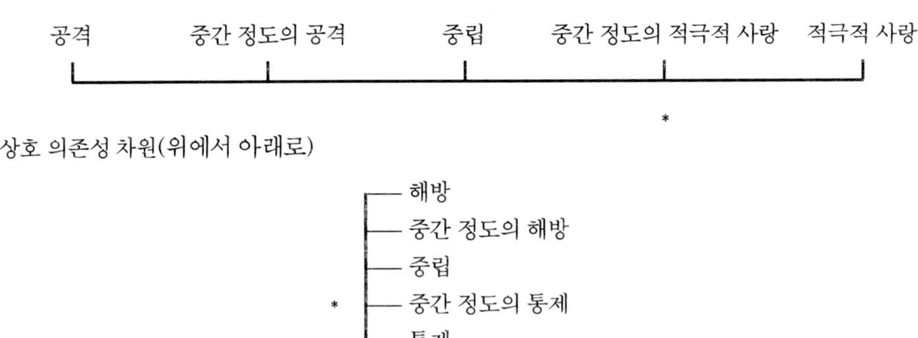

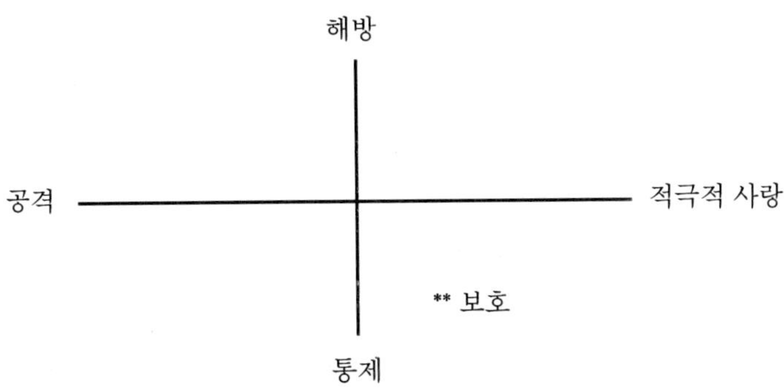

[그림 3-1] 대인관계 상호작용을 차원적 판단을 적용해서 간소화시킨 SASB 군집모형 '타인에게 초점 두기' 상에 분류하기([그림 3-2] 참조)

* 본문에 제시된 예에 대한 판단, ** 요약

으로 명명하였다. 이 두 차원을 조합해서 하나의 상호작용으로 명명하는 방법은 '간소화된 SASB 군집모형, 타인에게 초점 두기'라는 부분에서 설명할 것이다.

상세 수준에 따른 모형의 종류

서양음악의 전통적인 음표는 도, 레, 미, 파, 솔, 라, 시, 도라는 8개의 기본 단계로 되어 있다. 인간의 귀는 음계상에서 허용되는 단계보다 더 작은 차이도 들을 수 있다. 또한 이렇게 표준적인 간격 사이에 존재하는 중간 단계에 대한 공식적인 명칭도 있다. 물론, 훌륭한 귀를 가지고 있는 사람들은 훨씬 더 작은 변화도 감지할 수 있다. 사실, 많은 악기가 음표를 정의하는 임의적인 기준에서 쉽게 벗어난다. 음조가 맞지 않는 현상은 너무나 일상적이어서, 음악가들은 콘서트를 시작하기 전에 악기를 조율해야 한다. 마찬가지로, 대인관계적인 악보에 있는 음표 또한 임의적인 간격에 맞출 수 있다.

SASB 사분(quadrant)모형, 타인에게 초점 두기

〈표 3-1〉은 4명의 환자에 대한 관계유형을 간단한 용어를 사용해서 묘사하는 방법을 보여 주고 있다. 환자 A는 친애 차원의 공격 쪽에, 상호 의존성 차원의 통제 쪽에 위치한다. 이렇게 관찰한 것을 간단히 조합하면, 이 환자가 **적대적 위세**(hostile power)를 사용하고 있음을 알 수 있다. 환자 B 또한 적대적이지만, 상호 의존성 차원에서는 독립적인 방식으로 행동하고 있다. 이 환자는 자신의 배우자를 적극적으로 무시하기 때문에,

〈표 3-1〉에서는 **적대적 자율성 유발**로 요약하였다. 환자 C는 친애 차원에서는 우호적인 쪽에 위치하고 있고 통제적이다. 이 환자는 **우호적 영향**(friendly influence)으로 명명하였다. 환자 D는 우호적이고 독립적이다. 이 환자는 **우호적 자율성 격려**로 요약하여 제시하였다. 이렇듯 친애와 상호 의존성을 네 가지로 조합하면, 가장 간소한 SASB 척도, 즉 '사분모형'이 된다.

〈표 3-1〉 환자 A, B, C, D 사분모형

	공격	적극적 사랑
해방	B. **적대적 자율성 유발**	D. **우호적 자율성 격려**
통제	A. **적대적 위세**	C. **우호적 영향**

주. 이 표는 환자 A부터 D까지 두 차원으로 묘사하고 있다. 이 두 차원을 교차하면, 환자 A는 학대적이다. 환자 B는 거부적이면서 소홀하다. 환자 C는 돌보면서 양육한다. 환자 D는 정답다. Benjamin(1979)의 내용을 수정해서 제시하였다.

SASB 전체 모형, 타인에게 초점 두기

앞에서 10개의 문장으로 환자 A부터 D를 기술한 바 있다. 10개 문장으로 한 환자를 묘사한 것은 어느 SASB 모델보다도 가장 좁은 간격을 사용한 것이다. 이렇듯 가장 자세한 버전이 'SASB 전체 모형'[3]이다. 〈표 3-2〉는 전체 모형을 사용해서 환자 A, B, C, D를 기술하고 있는데, 〈표 3-1〉에 있는 4개 영역보다 더 풍부한 의미가 나타나 있다. 〈표 3-2〉의 문구들에 표시된 숫자는 앞의 본문에서 제시된 숫자와 일치한다. 이러한 숫자는 나중에 SASB 모형의 예측원칙을 제시할 때 사용할 것이다.

〈표 3-1〉과 〈표 3-2〉 모두 동일한 원칙에 따라 조직되어 있다. 이 표들은 4개의 관계 유형이 어떻게 친애와 상호 의존이라는 두 근원적 차원에 따라 조직되는지를 보여 준다. 〈표 3-1〉과 〈표 3-2〉의 차이는 얼마나 자세히 기술되어 있느냐에 있다. 〈표 3-1〉에서는 대인관계 '척도'상의 단계가 매우 크고, 〈표 3-2〉에서는 매우 작다. 근원적 차원은 두 표를 동일한 방식으로 조직한다. 어느 지점에서 시작해도 상관없는데, 시계방향(시계반대방향)으로 진행하면서 점차 대인관계 공간을 거쳐 다시 처음으로 돌아오게 된다.[4]

---

3) 〈표 3-2〉, 〈표 3-4〉, 〈표 3-6〉에 제시한 전체 모형을 자세히 기술하기 위해, 'SASB Long Form Intrex Questionnaire'의 진술문을 인용하였다. 전체 모형 그 자체는 이 책에서 제시하고 있는 것처럼 표 형식이라기보다는 원형이론(circumplex theory)에 따라 정해지는 기하학적인 모양을 띠고 있다. SASB 모형에 관해 더 자세히 알고 싶다면 Benjamin(1974, 1979, 1984)을 참조하기 바란다.

〈표 3-2〉에서는 단계가 매우 점진적으로 진행되지만, 〈표 3-1〉에서는 매우 급작스럽게 일어난다.

〈표 3-2〉 환자 A, B, C, D 전체 모형

	공격	적극적 사랑
	환자 B	환자 D
해방	9. 자유를 허용한다. 8. 부주의하게 내버려 둔다. 7. 잊다. 6. 무시하다. 없는 체한다. 5. 관심과 욕구를 소홀히 한다. 4. 불합리한 행동 개시 3. 버리다. 궁지에 내버려 둔다. 2. 결핍되게 한다. 제쳐 놓는다. 1. 화내면서 떠나보낸다. 거절한다.	8. 별도의 정체성을 격려한다. 7. 넌 잘할 수 있어. 6. 신중히 고려한다. 5. 우호적으로 경청한다. 4. 공감적으로 이해한다. 3. 있는 그대로가 좋다고 확인해 준다. 2. 어루만지고 달래고 진정시킨다. 1. 따뜻하게 환영한다.
	환자 A	환자 C
통제	0. 파괴적 공격 1. 위협적으로 다가간다. 2. 빼앗고 갈취한다. 3. 처벌하고 복수한다. 4. 속이고 따돌리고 현혹시킨다. 5. 책망하고 비난한다. 6. 경시하고 우월하게 행동한다. 7. 간섭하고 제지하고 제한한다. 8. 동조할 것을 강요한다.	0. 부드러운 성행위 1. 호의적으로 초대한다. 2. 제공한다. 돌봐 준다. 3. 보호한다. 지지한다. 4. 사려 깊은 분석 5. 건설적으로 자극한다. 6. 하고 싶은 대로 하게 한다. 7. 호의적으로 살피고 상기시킨다. 8. 무엇이 최선인지 설명해 준다. 9. 관리하고 통제한다.

주. 이 표에서는 환자 A, B, C, D가 배우자에게 하는 행동을 묘사하는 문구를 목록으로 제시하고 있다(중첩된 문구-번호가 '0'과 '9'인 문구-는 모든 사례에 제시하지는 않았다). 네 가지 다른 유형의 관계를 네 영역에 기술하였다. 그럼에도 표의 한 지점에서 시작해서 시계방향 또는 반시계방향으로 이동하면 대인관계 영역을 모두 통과하며, 마지막에는 출발점으로 다시 돌아오게 된다. Benjamin(1979)의 내용을 수정해서 제시하였다.

4) 독자들 중에는 본문에 기술된 각 환자에 대한 첫 번째 기술과 마지막 기술이 다른 환자에 대한 설명과 겹친다는 점을 발견한 사람이 있을 것이다. 이렇게 중첩되는 부분은 〈표 3-2〉에는 제시되어 있지 않지만 9 또는 0에 해당되는 문항을 복사해서 빠져 있는 원래 자리에 첨가하면 된다.

간소화된 SASB 군집모형, 타인에게 초점 두기

성격장애를 설명하기 위해 사용할 척도는 이 책 후반부에서 사분모형과 전체 모형의 중간에 위치하는 간소화된 SASB 군집모형이다.[5] 타인에게 초점을 맞추는 간소화된 군집모형을 [그림 3-2]에 제시하였다. 이 모형은 각 근원적 차원의 양극단을 포함하고 있다. 수평축은 **공격**에서 **적극적 사랑**(친애), 수직축은 **통제**에서 **해방**(상호 의존성)으로 진행된다. 이미 앞에서 이 두 축으로 표시되는 대인관계 차원을 사용하여 환자 A, B, C, D를 설명하였다. 4명의 환자에 대한 각각의 진술문은 이 두 차원, 즉 친애와 상호 의존성의 조합 내지는 혼합을 나타낸다.

환자 C를 생각해 보자. 가령 가족상담 중에 청소년인 아들이 환자 C의 배우자를 심하게 비난했다고 가정해 본다. 이때 환자 C가 "엄마한테 그런 식으로 말하지 마라."라고 이야기하는 장면을 상상해 보자. 이 환자와 배우자의 관계를 평가하는 것에서부터 SASB의 적용이 시작된다. 환자 C는 배우자와의 관계에서 분명 우호적인 쪽에 서 있다. 이 환자는 분명 따뜻하지만, 그렇다고 애정이 깊은 것은 아니다. [그림 3-1] 윗부분에 있는 **중간 정도의 적극적 사랑** 범주에 해당될 것이다. 친애 차원에서 이 환자에 대한 평가는 별표 한 개로 표시되어 있다.

그다음 배우자와의 관계를 상호 의존성 차원으로 평가할 수 있는데, [그림 3-2] 중간에 위치한 수직축에 나타나 있다. 환자 C는 아들의 공격을 통제함으로써, 동시에 아내에게 일어나고 있는 것에 대해 영향을 미치려고 한다. 이 환자는 아내에게 명령하지는 않지만, 그렇다고 그녀를 자유롭게 해방시킨 것도 아니다. 이 환자가 아들에 대해 강력한 통제를 행사하면서, 동시에 아내를 적당히 통제하고 있는 것이다. **중간 정도의 통제** 범주를 나타내는 별 한 개가 이러한 사실을 나타내고 있다.

환자 C가 **중간 정도의 적극적 사랑**과 **중간 정도의 통제**를 보이고 있다고 결정함으로써, 임상가는 SASB상에서 환자의 대인관계 패턴을 규정한다. 친애와 관련된 결정은 **중립**에서 한 단계 오른쪽에 있고, 상호 의존성에 관해서는 중립에서 한 단계 아래에 있다. 그 결과는 [그림 3-1]에서 **보호**로 명명된 장소에 2개의 별표로 표시하였다. **보호**는 **통제**와 **적극적 사랑** 사이에 위치하는데, 이는 보호가 통제 50%와 사랑 50%로 구성되어 있다는 것을 의미한다. 즉, 남편이 아내에게 적당히 우호적이고 적당히 통제적이라는 판단은 결국 환자가 배우자를 보호하고 있다는 결론에 이르게 한다. 환자 C가 배우자를 보호하는 태도를 직접 반영하는 진술은 환자 C에 대한 진술문 목록 중간쯤 제시되어 있

---

5) SASB 군집모형(Benjamin, 1983, 1987a)은 연구자들의 편의를 위해 번호를 매기는 체계로 되어 있다. 이 체계를 사용하면 군집모형을 전체 모형에 연결시키는 것이 용이하다.

다. "배우자의 관심사항을 사랑스럽게 돌봐 주고, 배우자를 보호하기 위해 조치를 취한다."

임상가가 '보호'를 정확히 읽어 내기 위해서는 남편이 적당한 정도의 호의와 적당한 정도의 통제를 아내에게 보이고 있다는 것만 알면 된다. 이렇게 차원론적인 틀을 가지고 이해함으로써 임상가는 환자 C와 그의 결혼관계에 대해 많은 예측을 할 수 있다. 이 방법은 '예측원리'라고 명명된 부분에서 더 자세히 설명할 것이다.

[그림 3-2]를 살펴보면, **비난**이 **공격**과 **통제** 사이에 제시된 것을 알 수 있다. 이처럼 중간에 위치한다는 것은 **비난**이 공격 50%, 통제 50%로 구성되어 있음을 시사한다. 어느 시점에서 시작해도 좋은데, 가령 **공격**에서 시작해서 원래 지점으로 되돌아올 때까지 반시계방향으로 원을 그리면서 움직인다(**공격**, **비난**, **통제**, **보호** 등). 한 음에서 시작하여 같은 음으로 돌아가는 악보처럼, SASB 악보의 음들은 원을 형성한다.[6] 타인에 대한 초점을 묘사할 때, *도, 레, 미, 파, 솔, 라, 시, 도*에 비유되는[7] SASB 악보 단계는 **공격**, **비난**, **통제**, **보호**, **적극적 사랑**, **지지**, **해방**, **무시** 그리고 **공격**이다.

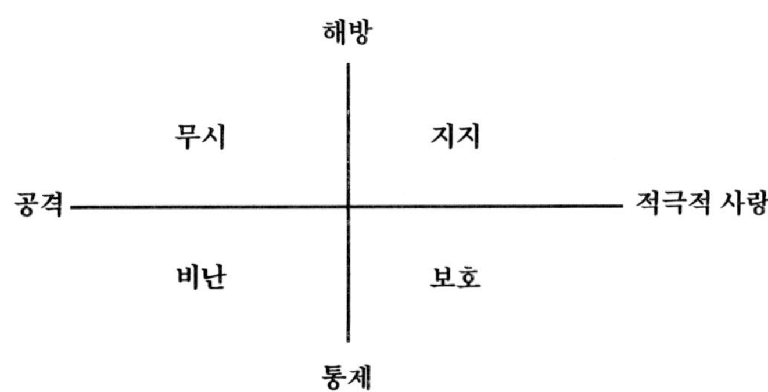

[그림 3-2] 간소화된 SASB 군집모형, 타인에게 초점 두기
(두 기저 차원의 양극단은 2개의 축 끝에 위치)

출처: Benjamin(1987a)에서 수정하여 제시함.

이러한 음들은 각 개인을 위한 '노래'를 개략적으로 진술하기 위해 목록으로 제시할 수 있다. 예를 들어, 환자 C를 SASB 군집모형으로 묘사하면 [그림 3-3] 윗부분에 제시된 것과 같은데, **적극적 사랑**, **보호**, **통제**로 표현된다. 환자 A에 대한 노래는 [그림 3-3]

---

6) 다른 곳에서 기술된 수학적인 이유 때문에(Benjamin, 1974, 1984), SASB 모델은 원보다는 오히려 다이아몬드 형태로 배열된다.

7) 음악이론을 잘 알고 있는 사람이라면 이러한 비유가 정확하지 않다는 것을 알 것이다. 그래도 이러한 비유는 꽤 유용하다.

아랫부분에 나타난 것처럼 **공격**, **비난**, **통제**라는 음으로 특징지을 수 있다. 환자 C는 SASB 그림이나 표에서 항상 오른쪽 하단에 위치한다. 이 위치는 그가 호의적인 통제를 사용하고 있다는 것을 의미한다. 환자 A는 항상 왼쪽 하단에 위치하는데, 이것은 적대적 통제 위치에 있다는 것이다. 가장 간단한 것에서부터 가장 복잡한 것에 이르기까지 SASB 모형은 적의를 왼쪽에, 우호를 오른쪽에, 통제를 아래에 그리고 자율성을 위에 위치시킨다. 이러한 방식으로 대인 상호작용을 가시화하면 임상가가 맥락을 평가할 때 도움이 된다. 예를 들어, 언뜻 [그림 3-3]을 보면 환자 A와 환자 C는 둘 다 배우자를 통제하고 있다는 것으로 이해할 수 있다. 그러나 두 환자가 매우 다른 영역에 위치하고 있다는 것은 환자 C의 통제가 환자 A의 통제와 매우 다른 의미를 지니고 있다는 것이다. 전자는 우호적인 맥락에서 일어나고, 후자는 적대적인 맥락에서 일어난다.

지금까지 3개의 SASB 모형(전체, 사분, 군집)을 환자 A, B, C, D에 각각 적용해 보았다. 그러나 이 모형을 배우자가 있는 환자에게만 제한해서 적용할 필요는 없다. 모든 관계에 SASB 모형을 적용시킬 수 있다(가상의 관계 또는 실제 관계, 과거·현재 또는 미래의 관계).

5장부터 14장까지에서는 다양한 DSM 성격장애를 기술하고 있는데, DSM에 기술된

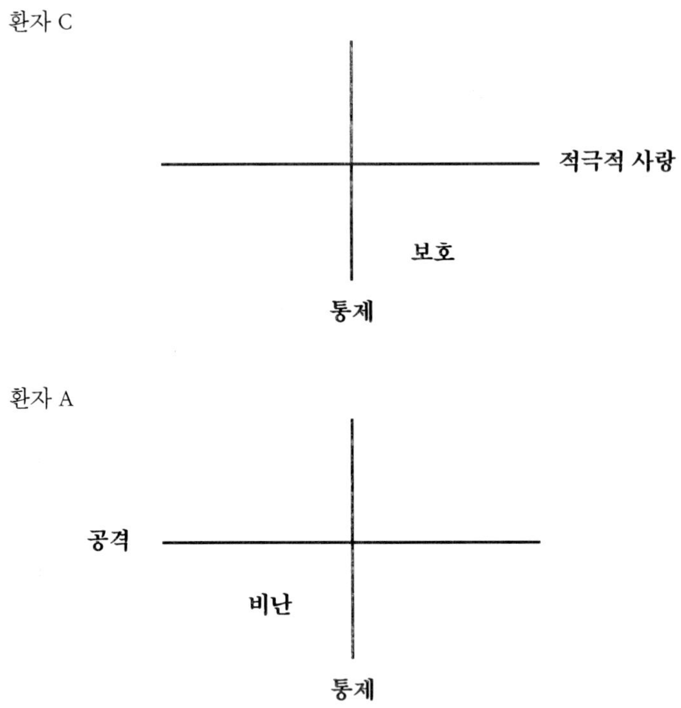

[그림 3-3] 환자 C와 환자 A를 간소화된 SASB 군집모형에 따라 묘사

내용과 사례집에 나온 예들을 SASB 명칭으로 나타내었다. 환자의 기준선 위치와 소망 및 두려움을 제시하였고, 가능한 전이문제와 치료 개입을 함께 추천하였다. SASB 악보상의 음, 그러한 음이 조합해서 만들어 내는 화성, 그리고 리듬감 있는 진행은 성격장애 각각의 선율을 규정한다.

음악을 즐기기 위해 또는 음악을 연주하기 위해 음 이름이나 화성과 관련된 규칙을 알 필요는 없다. 마찬가지로, 독자들이 이 책에서 제시하고 있는 많은 관점을 이해하기 위해 SASB 명칭과 예측원리를 숙달할 필요는 없다. 그림이나 표를 싫어하는 독자라면 [그림 3-9]를 한 번 훑어본 후 이 장의 나머지 부분을 건너뛰어도 문제될 것은 없다. [그림 3-9]에 제시한 용어는 성격장애와 관련된 이후의 분석과정에서 다시 등장할 것이다. 독자들이 이 장에서 기억할 것은 두 가지다. 첫째, [그림 3-9]에 나오는 용어들은 기저 차원에 대한 이론에 따라 배열되어 있다. 둘째, 그림에서 용어의 위치로 대인관계상에서의 상호작용 및 대인경험 그리고 자아개념 간 연계에 대한 예측을 할 수 있다. SASB 모형의 원리를 사용해서 장애에 대한 대인관계 기술과 병리학적 가설, 기대되는 전이반응에 대한 기술, 그리고 치료적 제언을 제공한다. 독자들은 이것이 정확히 어떻게 행해지는지 이해할 필요는 없다. 만일 이 책에서 제공하고 있는 성격장애에 대한 분석 이면에 있는 대인관계적 논리를 이해하는 데 관심이 있다면, 이 책의 나머지 부분을 읽고 공부하면 된다. [그림 3-9]를 훑어보고 싶지 않다면 곧장 4장으로 가기 바란다.

SASB 명명자의 기본 단계

SASB 명명체계를 사용하기 위해서는 몇 가지 단계를 밟아야 한다.

1. 무언가 또는 누군가는 그 밖의 무언가 또는 다른 사람과 연관되어 있어야 한다. SASB 명명을 시작하기 위해서는 반드시 상호작용을 하는 두 사람 또는 사물이 있어야 한다. 그러한 정보를 발견하기 위해, 임상가는 무슨 일이 일어나고 있는지를 나타내 줄 만한 대인관계적 사건을 선택한다. 일단 대인관계적 사건을 선택하면, 명명자는 Sullivan의 '참여적 관찰자' 개념에 호소한다. SASB 명명자는 주어진 맥락 안에서 당사자들의 관점을 연속적으로 취한다. 사실, SASB 명명은 걸어다니는, 순회하는(peripatetic) 공감을 가르친다.
2. 그다음 임상가는 명명을 받아야 할 사람이 자신 또는 그 밖의 다른 사람에게 초점을 두고 있는지 결정한다. 〈표 3-1〉과 〈표 3-2〉, [그림 3-1], [그림 3-2] 그리고 [그

림 3-3]은 다른 사람에게 초점을 두고 있을 때 사용할 수 있는 범주다. 즉, 환자들이 그들의 배우자에게, 배우자를 위해, 그리고 배우자에 대해 무엇을 할 것인지(또는 하지 않을 것인지)를 묘사하고 있다. 이들은 늘 다른 사람에게 초점을 두고 있다. 다른 사람에게 초점을 맞추는 것은 행동의 개시, 즉 환자로부터 배우자에게로 향하는 행동이 포함된다.[8)] 다른 사람에게 초점을 맞추는 것은 환자들의 전형적인 특성이다. 다른 유형의 초점 두기에 대해서는 '스스로에 대한 상호작용적 초점'과 '내사(Introjection)'라는 제목으로 나중에 정의할 것이다.

3. 초점을 선택하고 나면 임상가는 상호작용 내에 얼마나 많은 친애와 상호 의존성이 존재하는지 결정한다. 이때 임상가는 [그림 3-1]에 제시된 수평축(친애)과 수직축(상호 의존성) 같은 척도를 사용한다. 목소리 톤과 맥락은 친애와 상호 의존성을 평가하는 데 매우 중요하다. 예를 들어, 아들에게 말하고 있는 환자 C를 명명하기 위해서는 그 환자의 목소리 톤을 들어 보아야 하고, 표정 또한 살펴야 한다. 이러한 비언어적 단서로 그 순간 환자 C가 아들에게 얼마나 적대적인지 결정할 수 있다.
4. 마지막으로, 초점, 친애, 상호 의존성에 대한 결정을 조합해서 간소화된 군집모형상에 위치시키고 적절한 명칭을 부여한다. 이런 과정은 [그림 3-1]에서 환자 C가 자신의 아내를 보호하고 있다는 것을 예시하면서 이야기한 바 있다. 그 사건을 다시 명명할 수 있는데, 이번에는 환자 C와 아들 사이의 상호작용에 관해 명명한다. 비언어적인 단서가 없더라도 이 아버지는 아들에게 우호적이지 않고 매우 통제적이라는 것을 알 수 있다. 적대감과 관련된 비언어적 단서를 통해 최종 범주가 중간에 위치한 중립인지 아니면 왼쪽에 위치한 적대적 영역인지를 결정할 수 있다. [그림 3-3]을 보면 두 차원을 적용했을 때 각각 '통제하다'와 '우호적이지 않음'이라고 결정했을 경우, 가능한 최종 명칭은 **통제**와 **비난** 두 가지뿐이라는 것을 알 수 있다. 만일 환자 C가 친애 차원에서는 중립이고 "엄마한테 그런 식으로 말하지 마라."라고 말했다면, **통제**가 최종 명칭이 된다. 반면, 환자가 분명 화가 나 있다면,

---

8) 연구에는 유용하지만 임상가들에게는 꼭 필요한 것은 아닌 SASB 코딩시스템이 있다. 이러한 공식적인 코딩시스템으로 더욱 쉽게 초점을 정할 수 있다. 타인에 대한 초점은 다른 것으로 이행하는 행동을 기술해 주는 반면, 스스로에 대한 초점은 자신에게서 일어나는 반응이 포함된다. 공식적인 SASB 코딩시스템은 간단한 규칙이 있다. 환자가 X이고, 배우자가 Y라면 X가 Y에 초점을 두고 있을 때 이행하는 행동이 존재한다. 예를 들어, "I dare You."라는 문장에는 듣는 사람(Y)에게 초점을 두고 있는 화자(X)가 있다. 반면, X가 자신에게 초점을 두고 있다면, 그 상호작용은 스스로에 대한 것이다. 예를 들어, "Like heck I will."이라고 X가 말했다면, X는 Y와 상호작용을 하면서 자신에게 초점을 두고 있는 것이다. 일단 X와 Y를 확인하고 나면, SASB 명명자는 대인관계적인 교류가 Y에 관한 것인지 아니면 X 자신에 관한 것인지를 알 수 있다.

그 순간 환자가 아들과 관계를 맺는 방식을 더 잘 설명해 주는 것은 **비난**이다. **비난**은 통제적이고 적대적인 공간에 위치한다. 이렇게 간단한 연습을 통해 아버지-아들 관계에 대해 많이 예측할 수 있다.

스스로에 대한 상호작용적 초점

환자 A, B, C, D의 배우자

SASB 모형에서 묘사하고 있는 두 번째 상호작용은 '스스로에게 초점 두기'라고 불리는데, 스스로에게, 스스로를 위해 또는 스스로에 대해 무엇이 행해지고 있는지와 관련이 있다. 이것은 조건 또는 상태를 지칭하는데, 다른 누군가의 행동을 지각하고 이에 반응하는 것을 의미한다. 스스로에게 초점을 두는 것은 발달과정 중 부모 등과의 관계에서 일어난다는 점에서 유아적이다. 성숙한 관계에서는 자신에게 초점을 두는 것과 타인에게 초점을 두는 것이 균형을 이룬다. 즉, 교류의 반은 스스로에게, 그리고 나머지 반은 타인에게 초점을 두어야 한다. 스스로에게 초점을 두는 것을 여기에서는 환자 A, B, C, D의 배우자를 예로 들고자 한다. 단, 환자들이 한 가지 유형의 초점을 지니고 있고(즉, 타인에게 초점 두기), 배우자는 스스로에게만 초점을 둔다고 가정하는데, 상호작용을 지나치게 단순화한 것이다. 만일 결혼관계에서 한쪽 배우자는 늘 부모처럼 행동하고 상대 배우자는 늘 아이처럼 행동한다면, 이것은 성숙하지도 않을 뿐 아니라 균형잡힌 관계라고도 할 수 없다.

환자 A의 배우자

0. 환자 A의 배우자는 큰 고통과 분노 속에서 남편이 자신을 망치고 있다고 소리지른다.
1. 환자 A의 배우자는 환자 A와 함께 있을 때 매우 긴장하고 불안정하고 조심스러워하고 무서워한다.
2. 환자 A의 배우자는 자신의 욕구나 바람보다는 남편의 욕구나 바람을 더 중요하게 허용하지만, 증오심과 분노에 차 있다.
3. 환자 A의 배우자는 우는 소리를 하고, 불행하다는 듯이 항의하며, 남편으로부터 자신을 방어하려고 애쓴다.
4. 환자 A의 배우자는 의심과 긴장이 가득한 채 남편의 방식대로 따르는 편이다.

5. 환자 A의 배우자는 남편으로부터 거부당하는 것을 피하기 위해 자신의 분노를 억누르고 남편이 원하는 대로 한다.
6. 환자 A의 배우자는 남편에게 굴복하고 남편의 방식대로 하지만 그러한 방식에 대해 화가 나 있다.
7. 환자 A의 배우자는 자신의 느낌이나 견해 없이 그저 포기하고 무기력하게 남편 식대로 한다.
8. 환자 A의 배우자는 아무 생각 없이 남편의 규칙, 기준, 생각을 따른다.
9. 환자 A의 배우자는 남편에게 굴복하고 양보하고 복종한다.

환자 A의 배우자는 남편에게, 남편을 위해 그리고 남편에 대해 어떤 행동을 개시하지는 않는다. 대신, 남편에 대한 반응으로서 자신의 조건 내지는 상태에 초점을 두고 있다. 분명한 것은, 이 배우자가 환자 A에게 우호적인 방식으로 반응하고 있지 않다는 점이다. 이 배우자에 대한 목록을 위에서 아래로 훑어보면, 복종하는 정도가 증가하고 있음을 알 수 있다. 즉, 극심한 두려움으로 인한 위축에서 화를 품은 순종, 그리고 절망적인 복종으로 이어진다. 이들의 근원에는 '반응적 적대감'과 '복종'이라는 두 차원이 존재한다.

환자 B의 배우자

0. 환자 B의 배우자는 큰 고통과 분노 속에서 아내가 자신을 망치고 있다고 소리지른다.
1. 환자 B의 배우자는 분노와 두려움이 가득한 채 아내로부터 도망치고 숨으려고 애쓴다.
2. 환자 B의 배우자는 화와 증오심이 가득한 채 아내의 도움을 거절한다.
3. 환자 B의 배우자는 화가 난 채 아내로부터 자신을 분리하고, 무엇도 요구하지 않는다. 그는 아내에 대해 혼자서 한탄한다.
4. 환자 B의 배우자는 아내가 한 말이나 행동에 대해 관련이 없는 이상한 방식으로 대응한다.
5. 환자 B의 배우자는 아내에게 담을 쌓고 듣지도 반응하지도 않는다.
6. 환자 B의 배우자는 너무 바쁘고 혼자서 자신의 일만 하기 때문에 아내와 함께할 시간이 없다.
7. 환자 B의 배우자는 아내가 원하는 것과 정반대로 한다.
8. 환자 B의 배우자는 아내와는 별개의 방식으로 살아간다.
9. 환자 B의 배우자는 자유롭게 오고 간다. 아내와는 분리되어 자신의 일을 한다.

환자 A의 배우자처럼 이 배우자는 직접 아내에게 어떤 행동을 개시하지 않는다. 이 배우자의 반응 또한 적대적이다. 이 배우자의 목록을 읽어 내려가면 자율성의 수준이 증가하고 있음을 알 수 있다. 극도의 두려움으로 인한 위축에서 시작하여 담을 쌓고, 확실한 분리로 진행되고 있다. 이것은 '적대적 반응(hostile reactivity)'과 '자율성 수용(autonomy taking)'이라는 두 차원으로 분류할 수 있다.

환자 C의 배우자

0. 환자 C의 배우자는 기쁘고 사랑스럽고 매우 행복하게 남편에게 성적으로 반응한다.
1. 환자 C의 배우자는 따뜻하고 행복하게 남편 주변에 머무르고 접촉하려 한다.
2. 환자 C의 배우자는 따뜻하고 편안하게 남편의 도움과 배려를 수용한다.
3. 환자 C의 배우자는 남편을 신뢰한다. 도움이 필요할 때 남편에게 편안하게 의지한다.
4. 환자 C의 배우자는 남편의 합리적인 제안이나 생각을 기꺼이 수용하고 따른다.
5. 환자 C의 배우자는 남편에게서 배우고 남편의 조언이나 지도를 받아들인다.
6. 환자 C의 배우자는 자신의 모든 욕구를 충족하기 위해 남편을 신뢰하고 의지한다.
7. 환자 C의 배우자는 남편의 생각을 무척 중요하게 여기기 때문에, 아주 사소한 일도 남편에게 확인한다.
8. 환자 C의 배우자는 남편이 원하는 대로 느끼고, 생각하고, 행동하고, 되려고 한다.
9. 환자 C의 배우자는 남편에게 굴복하고, 양보하고, 복종한다.

이 배우자 역시 상대방의 행동에 반응하고 있지만 명백히 호의적이다. 이 배우자의 목록을 살펴보면 순종이 증가하고 있음을 알 수 있다. 즉, 따뜻한 성적 감응에서 시작하여 신뢰로 그리고 강한 의존으로 이어진다. 근원적 차원은 '우호적임(friendliness)'과 '복종(submission)'이다.

환자 D의 배우자

0. 환자 D의 배우자는 기쁘고, 사랑스럽고 매우 행복하게 아내에게 성적으로 반응한다.
1. 환자 D의 배우자는 아내와 함께 있는 것이 매우 행복하고 유쾌하고 즐겁다.
2. 환자 D의 배우자는 아내와 함께 있는 것이 편안하고, 즐겁고, 기분이 좋다.
3. 환자 D의 배우자는 아내와 함께 있으면 즐겁고, 행복하고, 매우 개방적이 된다.
4. 환자 D의 배우자는 따뜻하고, 우호적인 방식으로 자신을 명료하게 표현한다.
5. 환자 D의 배우자는 아내에게 가장 깊은 자신의 내면에 대해 자유롭고 개방적으로

이야기한다.

6. 환자 D의 배우자는 아내와 함께 있으면 자신의 입장에 솔직하고, 정직하고, 명료하다.
7. 환자 D의 배우자는 자신의 독립적인 입장을 명료하고, 단호하게 이야기한다.
8. 환자 D의 배우자는 아내와 구분되는 자신의 모습을 분명히 인식하고 있다.
9. 환자 D의 배우자는 자유롭게 오고 간다. 아내와는 분리되어 자신의 일을 한다.

환자 C의 배우자처럼 이 배우자 또한 호의적인 방식으로 반응한다. 이 배우자의 목록을 살펴보면 자율성 수용의 수준이 증가하고 있음을 알 수 있다. 즉, 따뜻한 성적 감응에서 시작하여 호의적인 개방으로, 그리고 확고한 자기정의(self-definition)로 나아간다. 이러한 관계에는 '호의' 와 '자율성 수용' 이라는 근원적 차원이 존재한다.

환자 A, B, C, D의 배우자를 묘사하는 기저 차원

환자 A, B, C, D의 배우자는 네 가지 다른 방식으로 관계를 맺고 있다. 이들의 관계 방식을 조직하는 기저 차원은 [그림 3-4]에 제시하였다. 반응적 적대감과 호의가 한 차원을 정의하는데, 그림 윗부분의 왼쪽에서 오른쪽으로 이어지는 척도상에 제시하였다. 수평축의 양극단은 (두려움으로) 물러남(recoil)과 반응적 사랑(reactive love)으로 구성되어 있다. 환자 A의 배우자는 다음과 같은 극단적인 물러남을 보여 준다. "큰 고통과 분노 속에서 남편이 자신을 망치고 있다고 소리 지른다." 극단적인 반응적 사랑의 예는 '기쁘고 사랑스럽고 매우 행복하게 남편에게 성적으로 반응하는' 환자 C의 배우자를 통해 엿볼 수 있다. 이러한 증오-사랑 차원 또한 '친애' 로 명명하였다.

복종과 자율성 수용은 또 다른 차원을 정의하는데, [그림 3-4] 중간에 있는 수직축에 나타나 있다. 이 차원의 양극단은 복종(아래)에서 분리(위)까지 분포한다. 극단적인 복종은 환자 A와 C의 배우자들을 통해 볼 수 있다. 이들은 '굴복하고, 양보하고, 복종한다.' 극단적인 분리는 '자유롭게 오고 가고 아내와는 분리되어 자신의 일을 하는' 환자 B의 배우자에게서 엿볼 수 있다. 복종에서 분리까지 분포되는 범위는 스스로에게 초점을 두는 '상호 의존' 차원을 정의한다. 이 두 차원을 조합해서 특정 관계의 상호작용을 명명하는 방법은 '간소화된 SASB 군집모형, 스스로에게 초점 두기' 에서 자세히 기술할 것이다.

상세 수준에 따른 모형의 종류

SASB 사분모형, 스스로에게 초점 두기

4명의 배우자 각각의 반응은 〈표 3-3〉 SASB 사분모형에 요약해서 제시하였다. 환자 A의 **적대적 위세**(〈표 3-1〉 참조)는 배우자의 적대적 순응(〈표 3-1〉 참조)과 짝을 이룬다. 환자 B의 **적대적 자율성 유발**은 배우자에게는 적대적 자율성 수용을 불러일으킨다. 환자 C의 **우호적 영향**은 우호적 수용을 이끌어 내고, 환자 D의 **우호적 자율성 격려**는 우호적 자율성 향유와 연결된다. 이러한 자연스러운 짝짓기는 이 장 후반부에서 상보성(complementarity)의 예측원리를 논하면서 검토할 것이다.

친애 차원(왼쪽에서 오른쪽으로)

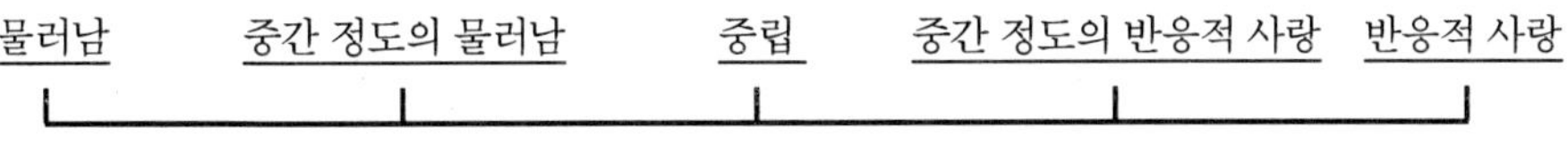

상호 의존성 차원(위에서 아래)

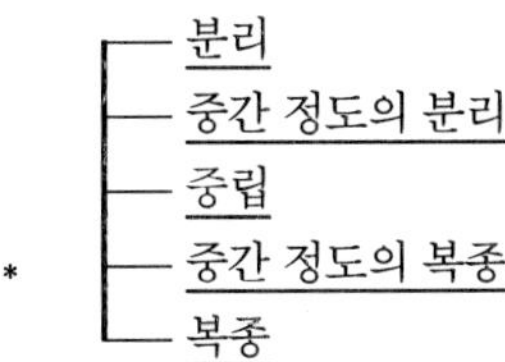

조합된 판단(**)

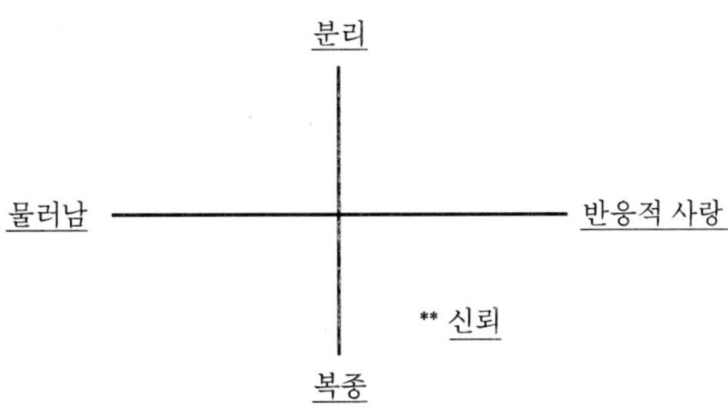

[그림 3-4] 대인관계 상호작용을 차원적 판단을 적용해서 간소화시킨 SASB 군집모형 '스스로에게 초점 두기' 상에 분류하기([그림 3-5] 참조)

* 본문에 제시된 예에 대한 판단

** 요약

〈표 3-3〉 환자 A, B, C, D의 배우자, 사분모형

	물러남	반응적 사랑
분리	B. 적대적 자율성 수용	D. 우호적 자율성 향유
복종	A. 적대적 순응	C. 우호적 수용

주. 이 표는 환자 A부터 D까지의 배우자를 두 차원을 사용해서 묘사하고 있다. 이 두 차원을 교차하면, 환자 A의 배우자는 화가 나 있는 상태에서 환자 A가 원하는 대로 따른다는 것을 시사한다. 환자 B의 배우자는 거부하고 화를 내며 물러난다. 환자 C의 배우자는 환자 C의 보살핌을 따뜻하게 수용한다. 환자 D의 배우자는 스스로에 대한 인식에 안정적이다. Benjamin(1979)의 내용을 수정해서 제시하였다.

SASB 전체 모형, 스스로에게 초점 두기

〈표 3-4〉는 〈표 3-3〉의 사분모형과 본문에서 제시한 배우자들에 대한 SASB 전체 모형의 기술내용을 조합한 것이다. 〈표 3-3〉과 〈표 3-4〉는 모두 동일한 원칙에 따라 조직되어 있다. 둘 다 4개의 관계유형이 어떻게 친애와 상호 의존성이라는 두 근원적 차원에 따라 조직되어 있는지를 보여 준다. 〈표 3-4〉와 〈표 3-3〉의 차이는 얼마나 자세히 기술되어 있느냐에 있다. 〈표 3-3〉에서는 대인관계 '척도'상의 단계가 매우 크고, 〈표 3-4〉에서는 매우 작다. 누구든지 이러한 표의 한 지점에서 시작하여 시계방향 또는 반시계방향으로 진행하면 대인관계 공간을 통과하게 되고, 결국에는 다시 처음으로 돌아오게 된다.

〈표 3-4〉 환자 A, B, C, D의 배우자, 전체 모형

	물러남	반응적 사랑
	환자 B의 배우자	환자 D의 배우자
분리	9. 자유롭게 오가다. 8. 독립적으로 지낸다. 7. 무시하고 반대로 행동한다. 6. 자신의 일로 바쁘다. 5. 담을 쌓고 자신이 이야기를 하지 않는다. 4. 상황에 맞지 않는 반응을 보인다. 3. 떨어져서 혼자 운다. 2. 도움이나 배려를 거부한다. 1. 도망치고 피하고 물러난다.	8. 정체성과 기준을 갖고 있다. 7. 자신의 것을 주장한다. 6. 솔직하게 드러낸다. 5. 개방하다. 드러낸다. 4. 명료하게 표현한다. 3. 정열적으로 보여 준다. 2. 긴장을 풀다. 물 흐르듯 움직인다. 즐긴다. 1. 기쁘게 접근한다.
	환자 A의 배우자	환자 C의 배우자
복종	0. 필사적 방어 1. 조심하고 두려워한다. 2. 크게 희생한다.	0. 황홀한 반응 1. 따르고 접촉을 유지한다. 2. 돌봐 주는 것을 수용한다.

복종	3. 불평하고 방어하고 정당화한다. 4. 이해하지 못하면서 동의한다. 5. 화를 가라앉힌다. 허둥댄다. 6. 골내다. 시늉을 하다. 7. 냉담하게 순응한다. 8. 규칙을 따른다.	3. 요구하고 믿고 의지한다. 4. 이유나 논리를 수용한다. 5. 받아들이고 배운다. 6. 매달리고 의지한다. 7. 결정을 맡기고 지나치게 동조한다. 8. 역할 속으로 숨는다. 9. 양보하고 복종하고 굴복한다.

주. 이 표에서는 환자 A, B, C, D의 배우자들의 행동을 묘사하는 문구를 목록으로 제시하고 있다(중첩된 문구-번호가 '0'과 '9'인 문구-는 모든 사례에 제시하지는 않았다). 네 가지 다른 유형의 관계를 네 영역에 기술하였다. 그럼에도 표의 한 지점에서 시작해서 시계방향 또는 반시계방향으로 이동하면 대인관계 영역을 모두 통과하며, 마지막에는 출발점으로 다시 돌아오게 된다. Benjamin(1979)의 내용을 수정해서 제시하였다.

간소화된 SASB 군집모형, 스스로에게 초점 두기

간소화된 SASB 군집모형을 스스로에 대한 초점 두기에 적용한 것이 [그림 3-5]에 나타나 있다. 간소화된 군집모형은 [그림 3-4]에 제시한 근원적 차원 각각에 대한 극단 점수를 포함하고 있다. 수평축은 물러남에서 반응적 사랑까지, 수직축은 복종에서 분리까지 분포한다. 간소화된 군집모형에 있는 다른 범주들은 이러한 근원적 차원을 조합해서 구성한 것이다.

예를 들어, 환자 C의 배우자는 아들의 공격으로부터 남편이 자신을 보호하고 있는 상황에 있다. 남편이 아들의 공격을 억제하는 상황에서 그녀는 의자에 편히 앉아 남편에게 미소를 짓고 있다고 가정해 보자. [그림 3-4] 윗부분 친애 차원상에 그녀의 반응에 해당되는 것을 결정하면서 SASB 명명이 시작된다. 분명, 그녀의 반응은 우호적이다. 따라서 중간 정도의 반응적 사랑이 여기에 해당된다. 이러한 결정을 별표 한 개로 그림에 표시하였다. 그다음, 그녀의 반응을 [그림 3-4] 수직축상의 척도, 즉 상호 의존성 차원으로 평가할 수 있다. 남편이 상황을 접수하도록 허용하고 있기 때문에, 그녀는 중간 정도의 복종이라고 볼 수 있다. 중간 정도의 복종에 별표 한 개로 표시하였다.

환자 C의 배우자에 대한 두 가지 결정, 즉 중간 정도의 반응적 사랑과 중간 정도의 복종을 조합해서 남편의 보호에 대한 그녀의 반응을 명명하였다. 친애 차원에 대한 결정은 중립보다 한 단계 오른쪽에 위치하고, 상호 의존성 차원의 결정 또한 중립보다 한 단계 아래에 위치한다. 그 결과를 [그림 3-4]에 별표 두 개, 즉 신뢰로 명명된 공간에 표시하였다. 중간에 위치하고 있다는 것은 신뢰가 복종 50%와 사랑 50%로 구성되어 있음을 의미한다. 환자 C의 배우자에 대한 진술문 목록 세 번째가 이러한 신뢰를 반영하고 있다. "남편을 신뢰한다. 도움이 필요할 때 편안하게 남편에게 의지한다."

임상가가 정확히 '신뢰'를 읽어 내기 위해서는 이 배우자가 자신의 남편을 중간 정도로 사랑하고 중간 정도로 복종한다는 사실을 이해하기만 하면 된다. 의자에 앉아서 편히 쉬고 있다는 단서를 토대로 이를 차원에 적용할 수 있다면 관계 패턴을 이해할 수 있다.

[그림 3-5]를 검토해 보면 골냄(sulk)은 물러남과 복종 사이에 위치한다. 이렇듯 중간에 위치한다는 것은 골냄이 물러남 50%와 복종 50%로 이루어져 있음을 의미한다. [그림 3-5] 어느 지점에서 시작해도 원을 그리면서 단계적으로 이동하면, 결국에는 출발점으로 되돌아온다. 스스로에게 초점 두기에 대한 *도, 레, 미, 파, 솔, 라, 시,* 도는 SASB상에서 물러남, 골냄, 복종, 신뢰, 반응적 사랑, 개방, 분리, 담을 쌓음 그리고 물러남이다.

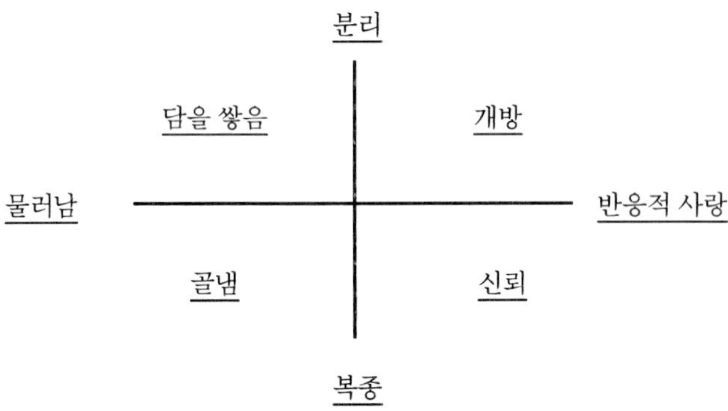

[그림 3-5] 간소화된 SASB 군집모형, 스스로에게 초점 두기
(두 근원적 차원의 양극단은 2개의 축 끝에 위치)

출처: Benjamin(1987a)에서 수정하여 제기함.

환자 C의 배우자에 대한 음표를 제시하면 [그림 3-6] 윗부분의 반응적 사랑, 신뢰 그리고 복종이다. 이를 위해 명명자는 'SASB 명명자 또는 코더의 기본 단계'에서 기술하고 있는 절차를 따르면 된다. 이때 선택된 초점(두 번째 단계 참조)은 타인에 대한 초점이 아니라 스스로에 대한 초점이다. 또 다른 예가 [그림 3-6] 아랫부분에 제시되어 있는데, 환자 A의 배우자에 관한 것이다. 그녀 또한 강력한 남편을 두고 있지만, 환자 A의 배우자는 물러남, 골냄, 복종으로 묘사되어 있다.

모든 SASB 그림과 표에서 환자 C의 배우자는 오른쪽 하단에 위치하고 있는데, 이는 그녀가 우호적 순응이라는 위치에 있음을 나타낸다. 반면, 환자 A의 배우자는 항상 왼쪽 하단에 위치하는데, 이는 그녀가 적대적 복종의 위치에 있음을 시사한다. 환자와 환자의 배우자를 SASB 공간에 시각적으로 나타냄으로써 맥락에 대한 주요 정보를 제공

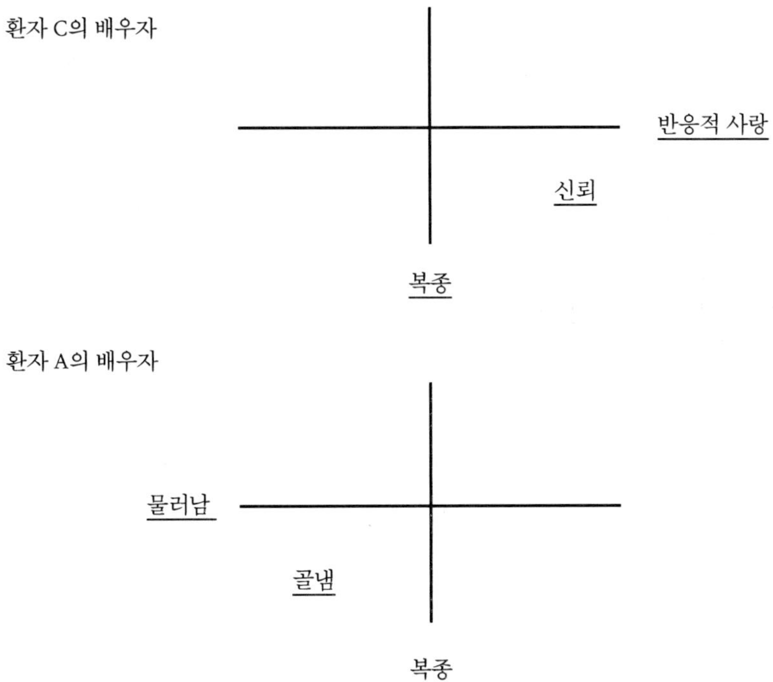

[그림 3-6] 환자 C와 A의 배우자들을 각각 간소화된 SASB 군집모형에 따라 묘사

하고, 예측 원리의 사용을 촉진한다.

■ 예측 원리

SASB 명칭을 대인관계상의 위치에 부여하고 맥락을 확인할 수 있는 것은, 패턴을 인식하는 것 이상의 역할을 한다. 도, 레, 미처럼 SASB 명칭은 서로 구조적으로 관련이 있다. 임상가는 이러한 관련 지식을 습득함으로써 여러 가지 유용한 예측을 할 수 있다.

상보성(Complementarity)

두 사람이 친애와 상호 의존성에서 서로 짝을 이루고, 둘 다 동일 인물에 초점을 두고 있다면 상보성의 원리가 적용된다. 예를 들어, 환자 A가 아내에게 초점을 두고 있고, 아내 또한 스스로에게 초점을 두고 반응한다면, 두 사람은 모두 아내에게 초점을 두고 있는 것이다. 그리고 이 두 사람이 동일한 정도의 친애와 상호 의존성을 보인다면, 이렇게 공유된 초점은 상보적이다. 일례로, [그림 3-3]과 [그림 3-6]은 환자 A와 아내가 친애와 상호 의존성에서 서로 짝을 이루고 있음을 보여 준다. 남편의 **공격**은 아내의 물러남으로 완전해지고, 남편의 **비난**은 아내의 골냄에 대응되며, 남편의 **통제**는 아내의 복종과 짝을 이룬다.

간소화된 군집모형에서 가능한 모든 상보적 위치는 [그림 3-2]와 [그림 3-5]에서 각각 동일한 위치를 차지하고 있다(**공격**, 물러남, **비난**, 골냄, **통제**, 복종, **보호**, 신뢰, **적극적 사랑**, 반응적 사랑, **지지**, 개방, **해방**, 분리, **무시**, 담을 쌓음).

상보성의 원리는 모든 형태의 SASB 모형에 적용될 수 있다. 〈표 3-1〉과 〈표 3-3〉에 제시된 사분모형의 각 영역을 대응시키면 상보성을 정의할 수 있다. 예를 들어, 환자 A의 **적대적 위세**(왼쪽 하단)는 아내의 적대적 순응(왼쪽 하단)과 대응된다. 환자 C의 **우호적 영향**(오른쪽 하단)은 아내의 우호적 수용(오른쪽 하단)과 대응된다. 마찬가지로, 전체 모형상의 범주를 대응시켜 상보성을 정의할 수 있다. 예를 들어, 환자 A의 5번 문항 '**책망하고 비난한다**' 는 배우자의 5번 문항 화를 가라앉힌다, 허둥댄다와 대응된다. 환자 C의 5번 문항 '**건설적으로 자극한다**' 는 배우자의 5번 문항 받아들이고 배운다와 대응된다.

상보성의 원리는 임상적 개념인 동반의존(codependency)을 포함하고 있지만, SASB에서의 상보성은 동반의존보다는 더 일반적이다. 왜냐하면 SASB 모형에서의 상보성은 알코올 중독자를 구성원으로 두고 있으면서 상보적이라고 불리는 가족들에게서 자주 나타나는 적대적 과밀착(enmeshment) 외에도 다양한 패턴을 포함하고 있기 때문이다. 상보성에는 '파트너' 를 짝짓는 추가적인 방법이 포함되어 있다. 예를 들어, 완벽한 인간중심상담을 견지하는 상담자(환자 D)는 완벽한 내담자 입장(환자 D의 배우자)과 상보적일 가능성이 가장 높다. 적대적이거나 과도하게 연관되지(enmeshed)는 않았지만, 이러한 쌍은 상보적이다. 각각의 입장은 상대방의 입장을 향상시키고 가능성을 키운다.

앞으로 이어질 장에서는 초기 대인관계 학습과 각 성격장애의 특징적인 대인관계 패턴을 연계하면서 상보성의 원리를 자주 언급할 것이다. 만일 어떤 성인이 아동기에 취했던 상보적인 입장을 성인기에 견지한다면, 그는 초기 패턴을 되풀이하고 있는 것이다. 예를 들어, 성인이 되어서도 어린 시절의 복종하는 입장을 만성적으로 견지한다면, 어린 시절의 패턴을 재현하는 것이다.

또한 상보성은 '자기충족적 예언(self-fulfilling prophecy)'을 야기할 수 있다. 예를 들어, S라는 아이가 부모의 **통제**에 대해 만성적인 복종으로 대응했고, 성인이 되어서도 다른 중요한 사람들에게 계속해서 복종한다고 가정하자. 심지어 S는 자신의 아이들의 의견을 따를 수도 있는데, 아이들이 이러한 복종을 **통제**로 보완할 수 있다. 따라서 자신의 부모로부터 **통제**당한 S는 자신의 아이들로부터도 동일한 대우를 받을 것이다. **통제**의 특징적 패턴이 세대를 뛰어넘어 영향을 미치는 것이다.

더욱이, 상보성의 원리는 상담자에 대한 전이반응을 예측하고 이해하는 데 도움을 준다. 상보성의 원리가 어떻게 전이문제를 예측할 수 있는지 간단한 예를 통해 살펴보자. 환자가 골을 내고, 치료자는 **비난한다**. 환자가 적대적인 방식으로 치료자를 존경하는 것은 흔한 일이다. 이때 치료자는 부지불식간에 내담자의 적대적인 입장과 짝을 이루는 반응, 즉 내담자를 미묘한 방식으로 비난하게 된다. Henry, Schacht와 Strupp(1986)은 공식적인 SASB 명명체계를 사용해서 치료자가 이러한 적대적 함정에 빠져 버리면 치료적 성과가 나쁘다는 것을 입증한 바 있다.

내사(introjection) 또는 내면화(internalization)

환자 A, B, C, D의 배우자와 관련된 내사

Harry Stack Sullivan(1953)은 자기개념(self-concept)의 주요 측면들은 과거 주요 타인들로부터 취급받았던 것처럼 스스로를 취급하는 것에서 비롯된다고 주장하였다.[9] SASB 모형은 이러한 Sullivan의 개념을 수용해서 '내사' 또는 '내면화'로 불리는 제3의 초점을 포함하고 있다. 세 번째 차원은 타인에 대한 초점이 자신에게로 향할 때 발생하는 일을 보여 준다. 여기서는 환자 A, B, C, D의 배우자를 예로 들어 SASB 모형에서 예측하는 자기개념을 살펴보고자 한다.

환자 A의 배우자에 대한 내사

0. 환자 A의 배우자는 스스로를 살해하고 파괴하고 아무것도 아닌 것으로 축소시킨다.
1. 환자 A의 배우자는 스스로에게 상처를 주고 파괴하는 방법을 고안해 낸다. 그녀 자신이 최악의 적이다.
2. 환자 A의 배우자는 스스로에게 지나친 짐을 부여함으로써 자신을 쥐어뜯고 괴롭힌다.
3. 환자 A의 배우자는 혹독하게 스스로를 처벌하고 고문하고 자신에게 분풀이한다.
4. 환자 A의 배우자는 자신에게 옳지 않다고 알려진 것을 한다. 바보짓을 한다.

---

9) George Herbert Mead(1934)도 제안하였다.

5. 환자 A의 배우자는 스스로가 부끄럽고, 나쁘고, 죄책감을 느낄 때까지 자신을 책망하고, 비난한다.
6. 환자 A의 배우자는 스스로를 경멸하면서, 모든 것을 잘못했고, 다른 사람들이 훨씬 더 잘할 수 있다고 자신에게 말한다.
7. 환자 A의 배우자는 매우 조심스럽게 스스로를 관찰하고, 참고, 삼간다.
8. 환자 A의 배우자는 기준을 올바르게 따랐는지 확인하는 데 모든 에너지를 쏟는다.
9. 환자 A의 배우자는 스스로를 매우 철저하게 통제하는 습성이 있다.

환자 A의 배우자는 남편의 적대적 행동을 스스로에게 돌리고 있다. 기술된 목록을 위에서 아래로 훑어보면, 점점 더 자기통제의 양이 증가하고 있음을 알 수 있다. 극심한 증오심에서 스스로를 공격하고, 스스로를 비난하며, 그리고 철저하게 스스로를 통제하는 것으로 진행된다. 이러한 특성의 근원에는 '자기공격(self-attack)'과 '자기통제(self-control)'라는 두 차원이 존재한다.

환자 B의 배우자에 대한 내사

0. 환자 B의 배우자는 스스로를 살해하고 파괴하고 아무것도 아닌 것으로 축소시킨다.
1. 환자 B의 배우자는 스스로를 가치 없는 존재로 냉혹하게 부인하고 자신에게 일어나는 것을 운명에 맡긴다.
2. 환자 B의 배우자는 스스로에게 매우 해로운 일이라 하더라도 자신의 질병이나 상처를 돌보지 않은 채 내버려 둔다.
3. 환자 B의 배우자는 무모하다. 부주의해서 스스로를 파괴적인 상황으로 내던진다.
4. 환자 B의 배우자는 자신을 무시하고, 진정한 자기를 아는 것에 신경 쓰지 않는다.
5. 환자 B의 배우자는 스스로를 돌보지 않고, 좋은 기술이나 삶의 방식을 개발하는 데 노력을 기울이지 않는다.
6. 환자 B의 배우자는 자신에게 진정으로 필요한 것을 하기보다는 그저 공상에 잠긴다.
7. 환자 B의 배우자는 중요한 개인적인 일이나 선택, 생각, 문제 등에 주의를 기울이지 않고 그저 흘러가는 대로 내버려 둔다.
8. 환자 B의 배우자는 매 순간 흘러가는 대로 산다. 방향이나 목적, 기준이 없다.
9. 환자 B의 배우자는 있는 그대로의 오늘을 살아가려 하고, 내일을 위한 계획은 가지고 있지 않다.

환자 A의 배우자처럼 환자 B의 배우자 역시 스스로에게 적대적이다. 목록을 읽어 내려가면, 스스로를 방치하는 정도가 증가하고 있음을 알 수 있다. 증오에 찬 자기공격에서 시작하여 스스로를 소홀히 하는 것으로, 그리고 완전히 스스로를 방치하는 것으로 이동하고 있다. 이러한 근원에는 '자기공격(self-attack)'과 '자기해방(self-emancipation)'이라는 두 차원이 존재한다.

환자 C의 배우자에 대한 내사

0. 환자 C의 배우자는 스스로를 있는 그대로 부드럽고 사랑스럽게 소중히 여기고 좋아한다.
1. 환자 C의 배우자는 자기 자신을 위해 좋은 사람, 장소 또는 사물과 관계 맺는 것에 개방적이다.
2. 환자 C의 배우자는 자연스럽고 쉽게 스스로를 보호하고, 양육하고 돌본다.
3. 환자 C의 배우자는 편안하게 자신의 관심을 살피고, 스스로를 보호한다.
4. 환자 C의 배우자는 자신에게 필요한 일을 스스로 하려 하기 때문에, 자신 안에서 무엇이 일어나고 있는지 이해하려고 노력한다.
5. 환자 C의 배우자는 가치 있는 기술과 삶의 방식을 개발하기 위해 연습하고 애쓴다.
6. 환자 C의 배우자는 스스로에게 무엇이 필요하고, 어떻게 얻을 수 있는지 이해하는 데 많은 에너지를 쏟는다.
7. 환자 C의 배우자는 자신이 해야 할 것을 하고 있는지 확인하기 위해 스스로를 주시한다.
8. 환자 C의 배우자는 스스로를 이상적인 모습으로 만들기 위해 매우 노력한다.
9. 환자 C의 배우자는 스스로를 매우 철저하게 통제하는 습성이 있다.

이 배우자는 분명 스스로에게 호의적이다. 목록을 읽어 내려가면 호의적인 맥락에서 자기통제의 양이 증가하고 있음을 알 수 있다. 명백한 자기사랑에서 출발하여 자기보호로, 그리고 명백한 자기통제로 이어진다. 근원에는 '적극적 자기사랑(active self-love)'과 '자기통제(self-control)'라는 두 차원이 존재한다.

환자 D의 배우자에 대한 내사

0. 환자 D의 배우자는 스스로를 있는 그대로 부드럽고 사랑스럽게 소중히 여기고 좋아한다.
1. 환자 D의 배우자는 스스로를 매우 좋아하고, 혼자 있을 때 매우 기분이 좋다.

2. 환자 D의 배우자는 스스로를 보살피고, 자기 자신임에 감사히 여긴다.
3. 환자 D의 배우자는 있는 그대로의 자기 모습을 좋아하고 기뻐한다.
4. 환자 D의 배우자는 있는 그대로의 자기 모습을 좋아하고, 감사히 여긴다. 자신과 함께라는 느낌이 든다.
5. 환자 D의 배우자는 자기 내면의 깊숙한 감정을 편안하게 듣고 따른다.
6. 환자 D의 배우자는 자신의 단점과 장점을 모두 알고 있기 때문에 스스로를 있는 그대로 허용하는 것이 편하다.
7. 환자 D의 배우자는 무엇이 발생하든 자유롭고, 쉽게 그리고 자신감 있게 행동한다.
8. 환자 D의 배우자는 아무 염려 없이 자유롭게 자신이 되고 싶은 것이 무엇이든 그렇게 되게 한다.
9. 환자 D의 배우자는 있는 그대로의 오늘을 살아가려 하고, 내일을 위한 계획은 가지고 있지 않다.

환자 C의 배우자처럼 이 배우자 또한 스스로에게 매우 호의적이다. 목록을 읽어 내려가면 스스로에게 부여한 자율성의 양이 증가하고 있음을 알 수 있다. 명백한 자기사랑에서 시작하여 자기확신으로, 그리고 스스로를 있는 그대로 허용하는 것으로 나아간다. 근원에는 '자기사랑(self-love)'과 '자기해방(self-emancipation)'이라는 두 차원이 존재한다.

상세 수준에 따른 모형의 종류

SASB 내사 사분모형

이 또한 근원적 차원을 적용해서 상세 수준에 따라 다른 유형의 범주를 만들어 낼 수 있다. 〈표 3-5〉에는 4명의 배우자에 대한 간소화된 사분모형이 제시되어 있는데, 〈표 3-1〉(타인에게 초점 두기)에서 제시한 사분모형과 일치한다. 환자 A의 배우자에 대한 내사는 *스스로를 억압하기*다. 환자 B의 배우자에 대한 내사는 *스스로를 거부하기*다. 환자 C의 배우자에 대한 내사는 *스스로를 관리하고 계발하기*다. 환자 D의 배우자에 대한 내사는 *스스로를 수용하고 향유하기*다. 4명의 배우자에 대한 각각의 내사는 이론적으로는 결혼생활에서의 경험을 내면화한 것을 나타낸다. 예를 들어, 환자 A의 배우자는 스스로를 억압하고 있는데, 사실상 그녀는 남편의 적대적인 통제를 자신의 혼잣말로 수용하고 있기 때문이다. 환자 C의 배우자는 스스로를 관리하고 계발하고 있는데, 남편의 우호적인 힘을 그녀 자신에게 돌리고 있다. 누군가의 메시지를 내면화하도록 영향을 미치는 요인에 대해서는 아직 확인해야 할 과제인데, 애착이 한 가지일 수 있다. 그렇다면 부모와 성적 파트너의 메시지가 내면화될 수 있는데, 보통 이러한 사람들과의 애착이 강력하기 때문이다.

〈표 3-5〉 환자 A, B, C, D의 배우자 내사, 사분모형

	자기공격	*적극적 자기사랑*
자기해방	B. *스스로를 거부하기*	D. *스스로를 수용하고 향유하기*
자기통제	A. *스스로를 억압하기*	C. *스스로를 관리하고 계발하기*

주. 이 표는 환자 A부터 D까지의 배우자들의 내사를 정의하는 두 차원을 보여 주고 있다. 이 두 차원을 교차하면, 환자 A의 배우자는 자기비난적인 내사를 지니고 있다. 환자 B의 배우자는 스스로를 거부하고 방치하고 있다. 환자 C의 배우자는 스스로를 따뜻하게 돌보고 있다. 환자 D의 배우자는 스스로에 대해 방어적이지 않고 편안하다. Benjamin(1979)의 내용을 수정해서 제사하였다.

SASB 내사 전체 모형

사분모형에 제시된 표현은 〈표 3-6〉에 제시된 전체 모형의 표현으로 훨씬 더 풍부해질 수 있다. 〈표 3-6〉은 〈표 3-2〉 및 〈표 3-4〉와 구조가 동일하다. 상호작용의 범위는 서로 다른 수준의 친애와 상호 의존성으로 특징지을 수 있다. 마찬가지로, 적의/증오는 왼쪽에 위치하고, 우호/사랑은 오른쪽에 위치한다. 통제는 아래쪽에 위치하고, 자율성 부여는 위쪽에 위치한다. 척도의 극단은 〈표 3-6〉에서 0점(친애 극단) 또는 9점(상호 의존성 극단)에 위치한다. 스스로에 대한 극단적 적대감은 0점, 즉 *스스로를 고문하고 무력하게* 하는 것인 반면, 극단적인 자기사랑은 0점, 즉 *스스로를 사랑하고 소중히 여기*는 것이다. 극단적인 통제는 9점, 즉 *스스로를 통제하고 관리하*는 것인 반면, 극단적인 자율성 부여는 9점, 즉 *낙천적인* 것이다.

내사에 대한 간소화된 SASB 군집모형

내사에 대한 간소화된 군집모형이 [그림 3-7]에 제시되어 있다. 접두어 자기(self-)를 제외하면 [그림 3-7]에 제시된 내사 범주는 [그림 3-2]의 '타인에게 초점 두기' 범주와 명칭이 동일하다. [그림 3-2]의 **공격**은 [그림 3-7]에서 *자기공격*이 되고, **비난**은 *자기비난*이 되며, **통제**는 *자기통제*가 된다.

[그림 3-8]은 환자 C의 배우자와 환자 A의 배우자에 대한 예측된 내사를 보여 주고 있다. 이에 따르면, 환자 C의 배우자는 환자 C의 우호적인 영향을 내면화하고 *적극적 자기사랑*, *자기보호* 그리고 *자기통제*로 묘사되는 자기개념을 가질 것으로 예상된다.

〈표 3-6〉 환자 A, B, C, D의 배우자의 내사, 전체 모형

	자기공격	*적극적 자기사랑*
	환자 B의 배우자의 내사	환자 D의 배우자의 내사
자기해방	9. *낙천적이다.* 8. *되는 대로 순간순간 보낸다.* 7. *대안을 방치한다.* 6. *상상하고 공상에 잠긴다.* 5. *자신의 잠재성을 방치한다.* 4. *정의되지 않은, 알려지지 않은 자신* 3. *개의치 않는, 되는 대로 하는* 2. *자신의 기본적인 욕구를 무시한다.* 1. *스스로를 거부한다.*	8. *자연스럽게 내버려 둔다.* 7. *스스로 한다, 자신감이 있다.* 6. *균형 잡힌 자기수용* 5. *내적 자기를 탐색하고 경청한다.* 4. *통합되고 견고한 핵심* 3. *스스로를 보호한다.* 2. *스스로를 보살피고 위로한다.* 1. *스스로를 향유한다.*
	환자 A의 배우자의 내사	환자 C의 배우자의 내사
자기통제	0. *스스로를 고문하고 무력화한다.* 1. *스스로를 위협한다.* 2. *스스로에게 지나친 부담을 지운다.* 3. *복수하듯 스스로를 벌한다.* 4. *스스로를 기만하고 속인다.* 5. *스스로를 비난하고 죄책감을 느끼고 나쁘게 여긴다.* 6. *스스로를 의심하고 깎아내린다.* 7. *스스로를 제한하고 억제한다.* 8. *적절함을 강요한다.*	0. *스스로를 사랑하고 소중히 여긴다.* 1. *자신에게 최선의 것을 추구한다.* 2. *스스로를 돌보고 회복시킨다.* 3. *스스로를 보호한다.* 4. *스스로를 검토하고 분석한다.* 5. *연습하고 성취한다.* 6. *자신의 응석을 받아 준다.* 7. *스스로에 대한 관대한 눈길* 8. *이상적인 정체성을 강요한다.* 9. *스스로를 통제하고 관리한다.*

주. 이 표에서는 환자 A, B, C, D의 배우자들의 예측된 내사를 묘사하는 문구를 목록으로 제시하고 있다(중첩된 문구-번호가 '0'과 '9'인 문구-는 모든 사례에 제시하지는 않았다). 네 가지 다른 유형의 자기개념을 표의 네 구역에 기술하였다. 그럼에도 표의 한 지점에서 시작해서 시계방향 또는 반시계방향으로 단계적으로 이동하면 대인관계 영역을 모두 통과하며, 마지막에는 출발점으로 돌아오게 된다(좀 더 자세한 설명은 본문 참조). Benjamin(1979)의 내용을 수정해서 제시하였다.

환자 A의 배우자는 환자 A의 적대적 통제를 내면화하여 *자기통제*, *자기비난* 그리고 *자기공격*으로 묘사되는 자기개념을 가질 것으로 예상된다. 여기에서도 통제는 맥락에 따라 매우 다른 의미가 될 수 있다. 환자 C의 배우자는 좋은 의미에서의 자기통제를 보이고 있는 반면, 환자 A의 배우자는 파괴적인 자기통제를 보이고 있다.

[그림 3-8]에 제시한 간소화된 군집모형의 범주는 〈표 3-6〉을 참조하여 확장해 볼 수 있다. 예를 들어, 간소화된 군집모형상의 *자기비난*에 대응되는 〈표 3-6〉의 전체 모형 점수는 다음과 같다. 3. *복수하듯 스스로를 벌한다*, 4. *스스로를 기만하고 속인다*. 5. *스스로를 비난하고 죄책감을 느끼고 나쁘게 여긴다*, 6. *스스로를 의심하고 깎아내린다*.

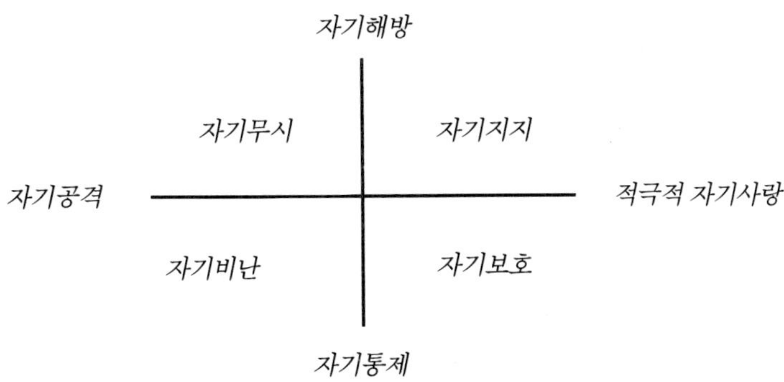

[그림 3-7] 간소화된 SASB 군집모형, 내면화된 초점

근원적 차원의 양극단은 2개의 축 끝에 위치하고 있다. 내사에 대한 이 지도는 한 개인이 스스로를 대하는 데 과거 주요 타인들이 자신을 다룬 방식처럼 다룰 때 어떤 일이 일어나는지 보여 준다.

출처: Benjamin(1987a)에서 수정하여 제시함.

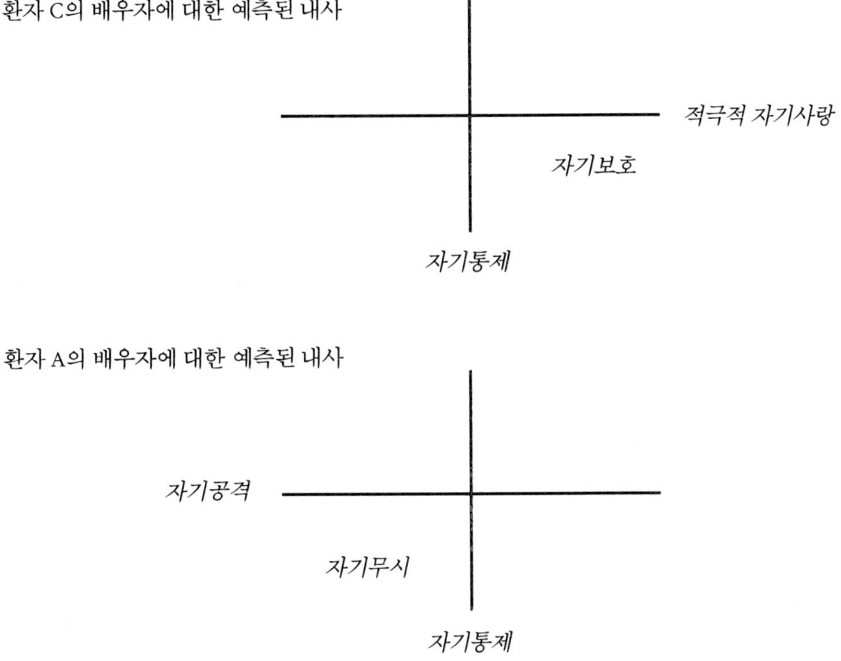

[그림 3-8] 환자 C와 A의 배우자들에 대한 예측된 내사를 간소화된 SASB 군집모형에 따라 묘사

내사 또는 내면화를 통해 자기개념을 분류하는 것은 여러 측면에서 임상적으로 유용하다. 예를 들어, BPD에 대한 DSM 기준 중의 하나(5장 참조)는 다음과 같다. 잠재적으로 자신에게 해를 끼치는 최소한 2개의 영역에서 충동적이다. 예를 들어, 돈 씀씀이, 성행위, 약물 복용, 가게에서 물건을 훔치는 것, 부주의한 운전, 폭음(자살 관련 또는 자해 행동은 포함되지 않음)이다. 이러한 행동은 SASB에서는 *자기무시*(self-neglect)로 명명된다. 내면화의 원리에 따르면, BPD가 **무시**(ignore)라는 명칭으로 특징지을 수 있는 초기 학습경험을 지니고 있다고 예상할 수 있다. 타인에게 초점 두기에 대한 전체 모형(〈표 3-2〉 참조)에서는 좀 더 자세한 설명을 볼 수 있다. BPD는 살면서 다음과 같은 것을 경험하였다. 3. **버리다, 궁지에 내버려 둔다**, 4. **불합리한 행동 개시**, 5. **관심과 욕구를 소홀히 한다**, 6. **무시하다, 없는 체한다**. BPD의 내력에 외상적 유기(abandonment)가 포함되어 있을 것이라는 예측은 BPD가 유기에 민감하다는 사실이 밑바탕이 된다. 이 특성은 너무나 잘 알려져 있어서 또 다른 DSM 기준, 즉 "실제 또는 상상의 유기를 피하려는 극도의 노력(자살 관련 또는 자해 행동은 포함되지 않음)" 에 반영되어 있다.

내사는 자신과 타인에 대한 성인의 경험을 조직한다. 예를 들어, 환자가 스스로를 비난한다면, 타인들 또한 비난한다고 여길 가능성이 높고, 쉽게 골이 난다. 즉, SASB 모형 왼쪽 하단에 제시된 자기개념은 동일 위치에 나타난 행동과 관련이 있다. 이 경우, 모든 행동은 적대적 과밀착(enmeshment)을 묘사하고 있고 초점만 다를 뿐이다. 치료자가 내사와 대인관계 행동 간 관련성을 이해하면, 치료자는 전이문제를 예측할 수 있다. 예를 들어, BPD가 외상적인 유기경험을 지니고 있고, 이러한 경험을 내면화해서 스스로를 함부로 대하고, 타인을 유기하는 존재로 바라본다는 사실을 아는 것이 도움이 된다. 이를 통해 치료자는 환자의 지각, 약속 취소, 전화응답 지연 그리고 휴가계획 중 일부만을 이야기하는 것에 주의를 기울이게 된다. BPD는 이러한 정상적인 치료자의 행위를 '유기' 로 명명할 가능성이 많은데, 그렇게 되면 BPD는 또다시 스스로를 함부로 대하는 성향을 활성화한다. 더 자세한 설명은 5장에 제시되어 있다.

상보성과 내면화를 한 모형에 제시하기

[그림 3-9]는 세 가지 초점(타인에 대한 초점, 자신에 대한 초점, 내면화된 초점)을 모두 조합해서 보여 주고 있다. 간소화된 군집모형의 완결편이라고 할 수 있는데, 이 책에서 가장 중요한 그림이다. [그림 3-9]에 있는 각각의 요소가 무엇을 의미하는지는 이 책 부록의 〈표 A-3〉을 참고하기 바란다.

세 가지 초점을 조합해서 그림으로 제시하면, 독자들이 예측원리를 사용하는 것이 쉬워진다. 세 가지 다른 글자체는 세 가지 다른 초점을 나타낸다. **진하게** 표시된 것은

[그림 3-2]에서 제시한 타인에 대한 초점이다. 밑줄 친 것은 [그림 3-5]에서 제시한 스스로에 대한 초점이다. 마지막으로, *이탤릭체*로 표시된 것은 [그림 3-7]에서 제시한 내면화된 초점이다. 세 가지 초점을 조합해서 한 그림에 나타내면 상보적이고 내사된 위치를 찾기가 쉽다. [그림 3-9]에는 이를 제시한 것이다. 예를 들어, **비난**과 골냄은 같은 위치에 제시되어 있다. **비난**의 예측된 내사, 즉 *자기비난*은 그림에서 7시 30분 방향에 제시되어 있다. 모든 유형의 초점에 대해, 수평축은 친애(왼쪽: 적의/증오, 오른쪽: 우호/사랑)를 나타내고, 수직축은 상호 의존성(위: 과밀착(enmeshment), 아래: 분리)을 나타낸다. 다른 글자체로 표시해서 제시한 세 가지 유형의 초점은 음계상의 옥타브로 비유할 수 있다. 동일한 구조가 다른 범위에서 반복되고 있다.

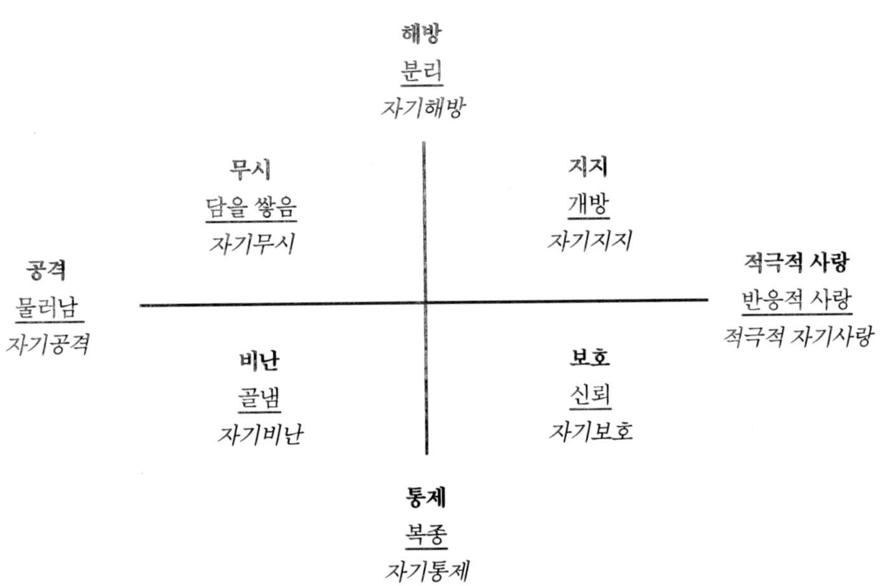

[그림 3-9] 간소화된 SASB 군집모형, 모든 세 가지 초점

진하게 표시된 명칭은 타인을 향한 행위를 묘사하고 있다([그림 3-2], 타인에게 초점 두기). 밑줄 친 명칭은 타인의 행동에 대한 반응을 기술하고 있다([그림 3-5], 스스로에게 초점 두기). **진하게** 표시된 명칭은 밑줄 친 명칭과 상보적인 짝을 이룬다. *이탤릭체*로 표시된 명칭은 과거 주요 타인이 자신을 대했던 것처럼 스스로를 대할 경우 어떤 일이 일어나는지를 보여 주고 있다([그림 3-7], 내사).

이어서 제시한 그림은 각각의 초점에 대한 근원적 차원을 보여 준다. [그림 3-10]은 친애 차원에 대한 세 척도를 제시하고 있고, [그림 3-11]은 상호 의존성 차원에 대한 세 척도를 제시하고 있다. 일단 주어진 임상적 사건이 [그림 3-10]과 [그림 3-11]상에 위치하면, [그림 3-9]에 있는 간소화된 군집모형상의 위치는 자동적으로 알 수 있다.

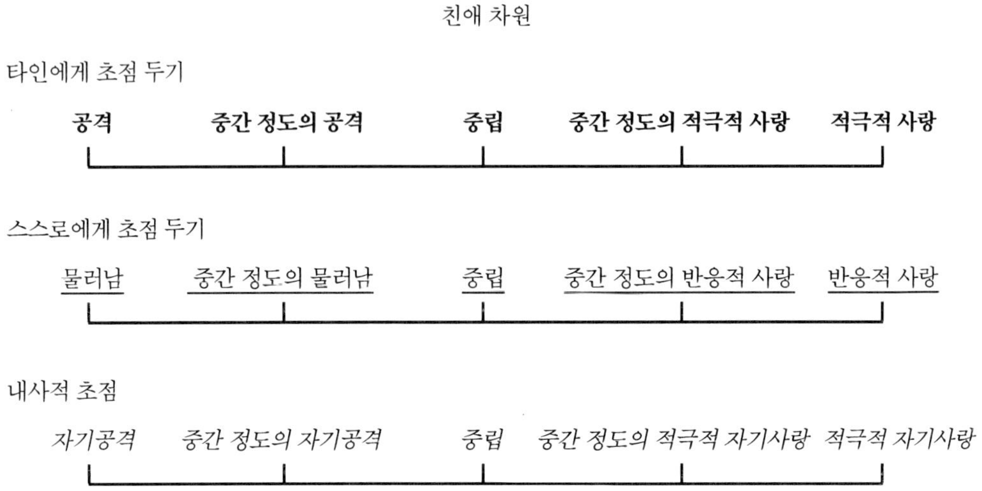

친애 차원

타인에게 초점 두기

공격	**중간 정도의 공격**	**중립**	**중간 정도의 적극적 사랑**	**적극적 사랑**

스스로에게 초점 두기

물러남	중간 정도의 물러남	중립	중간 정도의 반응적 사랑	반응적 사랑

내사적 초점

자기공격	*중간 정도의 자기공격*	*중립*	*중간 정도의 적극적 자기사랑*	*적극적 자기사랑*

[그림 3-10] 모든 유형의 초점 두기에 대한 친애 척도

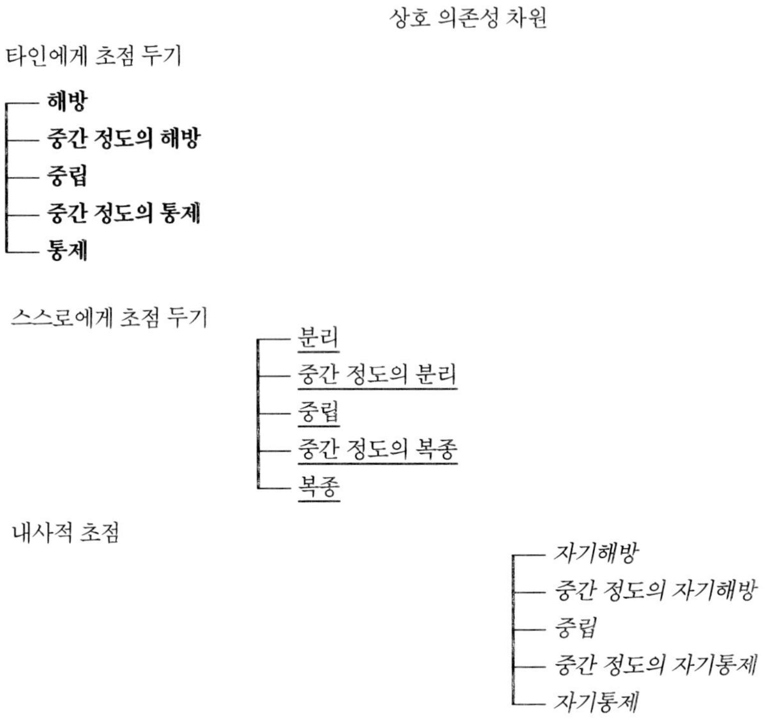

상호 의존성 차원

타인에게 초점 두기

- **해방**
- **중간 정도의 해방**
- **중립**
- **중간 정도의 통제**
- **통제**

스스로에게 초점 두기

- 분리
- 중간 정도의 분리
- 중립
- 중간 정도의 복종
- 복종

내사적 초점

- *자기해방*
- *중간 정도의 자기해방*
- *중립*
- *중간 정도의 자기통제*
- *자기통제*

[그림 3-11] 모든 유형의 초점 두기에 대한 상호 의존성 척도

몇 가지 연습을 해 보면, 친애 차원과 상호 의존성 차원, 그리고 [그림 3-9]에 제시된 간소화된 군집모형 간 관련성을 쉽게 이해할 수 있다. 가령, 전혀 강요적이거나 또는 선심 쓰는 척하지 않으면서 아내를 만지기 위해 사랑스럽게 다가서는 환자 C를 명명하고 싶다고 해 보자. 이 환자는 분명 아내에게 초점을 두고 있고, 따라서 선택된 범주를 **진하게** 표시해야 할 것이다. [그림 3-10]에서 **적극적 사랑**으로 명명된 요소가 친애 차원에서 적절해 보인다. 이때 환자 C는 통제적이지도 않고, 아내를 방치하지도 않는다. 따라서 [그림 3-11]에서 **중립**이라고 명명된 요소가 상호 의존성 차원에서 적절해 보인다. 즉, 명명자는 이 환자에 대해 세 가지 결정을 내리게 되는데, 진하게 표시되고, 가장 오른쪽에 위치하며, 모형의 중간에 위치한 명칭을 선택한다. [그림 3-9]에서 **적극적 사랑**이 그 위치를 나타낸다.

이번에는 환자 C의 아내가 남편의 사랑스러운 터치를 사랑스러운 미소로 수용한다고 가정해 보자. 이 사건은 남편에 대한 반응 또는 그녀 자신의 조건이나 상태에 해당한다. 따라서 이 사건은 스스로에게 초점을 두고 있는 것이다. 이 아내의 반응에 대한 친애 차원은 [그림 3-10]에서 반응적 사랑(가장 오른쪽)으로 명명할 수 있다. 상호 의존성 차원은 [그림 3-11]에서 중립으로 명명할 수 있다. 이렇게 세 가지 결정(밑줄, 가장 오른쪽, 중간)은 [그림 3-9]에서 반응적 사랑으로 최종 명명되었다.

또 다른 예를 들어 보면, 환자 A가 자신의 아내에게 "당신은 배우자로서는 비참할 정도로 볼품이 없어."라고 말했다고 가정하자. 환자 A는 분명 자신의 아내에게 초점을 두고 있다. 따라서 이러한 행동은 **진하게** 표시해야 한다. [그림 3-10]에서 친애 차원을 선택한다면 **공격** 또는 **중간 정도의 공격**(왼쪽)에 해당된다. [그림 3-11]의 상호 의존성 차원에 대한 결정은 환자 A가 배우자를 해방시키는 말을 한 것이 아니기 때문에, **통제** 또는 **중간 정도의 통제**(아래)에 해당된다고 볼 수 있다. 여기서는 **중간 정도의 통제**를 선택하였다. 환자 A의 행동은 극단적인 통제와 공격과는 거리가 있다(양극단은 〈표 3-2〉, 〈표 3-4〉, 〈표 3-6〉에 0과 9로 표시되어 있다).

환자 A에 대해 차원적인 분석을 실시하면, 이 환자에 대한 최종 명명은 **진하게**(타인에게 초점 두기), 왼쪽(적대적) 그리고 그림 아래(과도하게 연관된)에 위치함을 알 수 있다. 즉, 환자 A는 [그림 3-9]에서 **비난**으로 명명된 공간에 위치한다. 이렇게 차원적인 결정을 해 보면, 임상가는 환자 A가 적대적인 것 이상의 행동을 하고 있음을 알게 된다. 즉, 이 환자는 배우자에 대해 적대적이면서도 동시에 배우자를 통제하고 있음을 알 수 있다. 임상가는 이런 분석을 통해 환자가 아내에게 화를 표현하게 하는 것보다는 아내를 통제하려는 욕구에 대해 이야기하도록 하는 것이 더 중요하다는 것을 깨닫는다. 차원적으로 해석한 다음, 이를 토대로 어떤 중재방안을 선택할지는 다음 장에서 다룰 예정이다.

또 다른 예로, 환자 A의 아내가 울면서 미안하다고 말하며, 긴장된 표정을 짓고 있다고 가정해 보자. 이것은 남편에 대한 반응 또는 상태이므로 선택은 밑줄 친 범주, 즉 스스로에게 초점 두기여야 한다. 그녀의 반응은 애정을 담고 있지 않다. 따라서 [그림 3-9]의 왼쪽(적대적)에 위치해야 한다. [그림 3-10]의 친애 차원에서는 중간 정도의 물러남에 가까워 보인다. [그림 3-11]의 상호 의존성 차원에 대한 판단을 내리기 위해서는 이 배우자가 환자 A로부터 전혀 분리되지 않았음을 주목해야 한다. 사실, 그녀는 남편의 영향하에 있다. 따라서 그녀의 반응은 [그림 3-11]의 중간 정도의 복종으로 명명할 수 있다. 이 두 가지 결정—중간 정도의 물러남([그림 3-10]의 스스로에게 초점 두기에서 왼쪽)과 중간 정도의 복종([그림 3-11]의 스스로에게 초점 두기에서 아래)—을 통해, 아내에 대한 최종 명명은 [그림 3-9]에서 적대적 과밀착 부분(왼쪽, 아래)일 가능성이 높다. 그녀의 반응은 [그림 3-9]에 골냄으로 명명되어 있다.

이 시점에서 독자들은 [그림 3-9]에 제시된 명칭이 단지 요약에 불과하다는 점을 인지해야 한다. 이러한 명칭은 대인관계 척도상에서 꽤 큰 단계를 의미한다. 좀 더 작은 수준의 단계와 좀 더 정확한 의미는 〈표 3-2〉, 〈표 3-4〉, 〈표 3-6〉에 제시되어 있다. 예를 들어, 환자 A의 배우자의 골냄은 〈표 3-4〉에 적용해서 더 자세히 기술할 수 있다. 골냄을 좀 더 정확히 묘사할 수 있는 전체 모형의 요소는 4. 이해하지 못하면서 동의한다, 5. 화를 가라앉힌다, 허둥댄다, 6. 골내다, 시늉을 하다일 것이다. 명칭을 부여하기 위해 필요한 정보를 좀 더 수집해 보면, 치료자와 남편이 아내의 관점을 더 잘 이해할 수 있을 것이다.

복합적인 SASB 명칭

[그림 3-10]과 [그림 3-11]에 있는 글자체는 일치해야 한다. 즉, 친애([그림 3-10])와 상호 의존성([그림 3-11]) 척도는 동일한 초점을 공유해야 한다. 한 척도에서 **진하게** 표시된 것은 다른 척도상에 **진하게** 표시된 것과 일치해야 한다. 두 척도가 일치되지 않는다면,[10] 그 상호작용은 복합적일 것이며, 2개 또는 그 이상의 명칭을 사용해야 상호작용을 적절히 기술할 수 있을 것이다. 몇몇 성격장애들은 복합적인 명칭이 필요하다. 단순한 명칭과 복합적인 명칭의 차이점은 매우 중요한 의미를 지니고 있다. 예를 들어, BPD와 HPD는 많은 특징을 공유하며, 둘 다 돌봄을 강조한다. BPD는 한 위치에서 다른 위치(신뢰에서 **비난**으로)로 급속히 이동한다. 괴롭히면서 요구사항이 많다가도 갑자

10) 명명하는 사람이 실수를 범하지 않았다고 가정하자.

기 상냥하게 의존한다. HPD는 두 위치를 동시에 조합해서 더 잘 기술할 수 있다. 예를 들어, HPD는 경박스럽게 의존하면서도 동시에 욕구가 충족되지 않으면 끔찍한 일이 일어날 것이라고 위협한다(신뢰 + **비난**). 복합적인 명칭을 부여하는 것에 대해서는 성격장애의 주요 패턴을 기술하는 데 복합 명칭을 사용해야 하는 이후 장에서 좀 더 자세히 논할 것이다. 이러한 성격장애로는 NPD(6장), HPD(7장), ASP(8장), OCD(10장), PAG(11장) 그리고 SZT(14장) 등이 있다.

과밀착과 분화

만일 두 사람이 상보적인 방식으로 상호 의존적 공간(그림 아랫부분)을 공유하고 있다면, 이 두 사람은 '과밀착(enmeshment)' 되어 있는 것이다. 환자 A와 배우자(이후로 간략히 'A 커플' 로 기술함)는 적대적 과밀착의 예(**통제**와 복종, **비난**과 골냄, **공격**과 물러남)를 보여 준다. C 커플은 우호적 과밀착(**통제**와 복종, **보호**와 신뢰, **적극적 사랑**과 반응적 사랑)을 보여 준다.

만일 두 사람이 일치된 방식으로 또는 상보적인 방식으로 독립된 공간(그림 윗부분)을 공유하고 있다면, 이 두 사람은 '분화(differentiation)' 되어 있는 것이다. B 커플과 D 커플은 각각 적대적 분화와 우호적 분화를 보여 준다. D 커플은 **공격**과 물러남, **무시**와 담을 쌓음, **해방**과 분리를 나타낸다. C 커플은 다른 유형, 즉 **적극적 사랑**과 반응적 사랑, **지지**와 개방, 그리고 **해방**과 분리를 나타낸다.

A부터 D 커플이 보이는 다양한 유형의 과밀착과 분화를 [그림 3-12]에 요약해서 제시하였다. 과밀착과 분화는 사분모형([그림 3-7]), 군집모형 또는 전체 모형으로 기술할 수 있다. 지금까지 계속해서 언급했던 것처럼, 각각의 SASB 모형에서 우호는 오른쪽에, 적대는 왼쪽에 위치한다. 그리고 과밀착은 아래에, 분화는 위에 위치한다.

[그림 3-12]에 있는 개념을 내사에 적용하면 '스스로에게 과밀착' 과 '스스로로부터 분화' 라는 흥미로운 개념이 도출된다. 이러한 개념을 부적절한 것으로 간주해서 무시할 수도 있지만, 어느 정도 타당성이 있다고도 볼 수 있다. 예를 들어, 〈표 3-6〉에 제시된 방식으로 스스로를 억압하는 사람들은 적대적인 방식으로 스스로에게 과밀착되어 있는 것이다. 또한 스스로를 관리하고 계발하는 사람들은 우호적인 방식으로 스스로에게 관여하고 있다고 해석할 수 있다.

스스로로부터 분화된다는 개념 또한 표 윗부분에 암시되어 있는데, BPD 또는 ASP를 다룬 적이 있는 임상가라면 더 자세히 이야기할 수 있는 개념이다. 이런 사람들은 놀랄 만큼 스스로에게서 분화되어 있고 몹시 부주의하다. 마지막으로, 우호적인 방식으로 자신으로부터 분화된다는 개념은 티베트 불교에 익숙한 사람이라면 충분히 이해할 수 있을 것이다. 이 종교에서는 서양사람들에게는 다소 낯선 개념인 자신으로부터 초연해지기(세속적인 관심으로부터 초연함을 포함)를 연마하는 한편, 자신과 타인에 대해 애정 어린 연계를 유지한다(예: Gyatso, 1984). 이것이 바로 자신으로부터의 우호적인 분화인 것이다.

이 책 전체에서 상보적 관계 또는 내면화를 지칭하기 위해 '과밀착'과 '분화'라는 단어를 사용하고 있다. 과밀착된 관계는 통제와 복종을 포함하는 반면, 분화된 관계는 자율성 부여와 자율성 수용을 포함한다. 과밀착은 모형의 하단부 명칭을 포함하고 있으며, 분화는 모형의 상단부 명칭을 포함하고 있다.

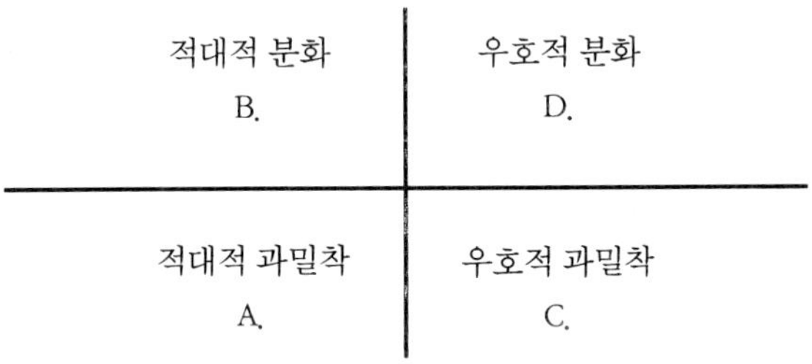

적대적 분화 B.	우호적 분화 D.
적대적 과밀착 A.	우호적 과밀착 C.

[그림 3-12] 과밀착과 분화에 따른 네 가지 관계 유형

과밀착 또는 분화를 기술할 때, 또는 상보성을 언급할 때 초점이 타인에게 향하고 있는지 아니면 자신에게 향하고 있는지를 구분하는 것이 반드시 인과적 관계를 포함하는 것은 아니라는 점에 주목해야 한다. 타인에게 초점 두기는 타인에 대해 가해지는 행동을 기술하는 반면, 스스로에게 초점 두기는 타인이 개시한 행동에 대한 반응 또는 상태를 나타낸다. 그러나 행위를 시작한 사람이 상대방의 반응을 이끌어 내는 것처럼, 반응하는 사람 또한 상대방의 행동을 쉽게 이끌어 낼 수 있다. 환자 A가 자신의 아내에게 적대적인 초점을 두고 있고 아내는 화난 채 순응하고 있다고 해서 과밀착의 책임이 누구에게 있다고 단언할 수는 없다. 각각의 입장은 나머지 다른 입장을 동일하게 촉진한다. 상보성 이론은 한 사람이 다른 사람을 경시하고 억압하면 상대방은 골을 낸다고 주장한다. 하지만 한 파트너가 몹시 골을 내고 심하게 부담을 느끼는 것처럼 보인다면, 이에 대한 상보적 반응은 비난하고 우월하게 행동하는 것이다. 무는 개가 두려움을 유발하지만, 두려워하는 사람 또한 무는 행동을 이끌어 낸다.

상반된 것들

SASB 모형을 사용하면 상반된 것들(opposites)을 정의할 수 있는데, 이를 통해 충돌하고 있는 메시지를 확인할 수 있다. [그림 3-2]에 제시된 간소화된 SASB 군집모형에는 네 가지 상반된 위치가 존재한다. **공격** 대 **적극적 사랑**, **통제** 대 **해방**, **무시** 대 **보호** 그리고 **비난** 대 **지지**다. 이러한 반대점들은 임상가가 서로 다른 유형의 무의식적 갈등과 양가적 감정 또는 이중구속(딜레마)을 확인하고 고려하는 데 도움을 준다. 물론 간소화된 군집모형을 전체 모형에 적용해 보면 보다 풍부한 해석을 할 수 있다. 〈표 3-2〉(타인에게 초점 두기)와 〈표 3-4〉(스스로에게 초점 두기)에 있는 숫자들을 짝지으면 전체 모형상에서 정확한 반대점을 확인할 수 있다. 시작점을 택해서 대각선상에 위치한 영역으로 이동하면 짝이 되는 숫자를 찾을 수 있다. 예를 들어, 〈표 3-2〉에 있는 문항 5. **책망하고 비난한다**는 적대적 통제 영역에 위치하고 있다. 정반대의 사분면은 대각선 방향에 위치한다. **우호적으로 경청한다**는 우호적 자율성 부여 영역에 있다. 따라서 **책망하고**, **비난한다**의 정반대는 **우호적으로 경청한다**이다. 만일 환자 A가 계속해서 자신의 아내를 비난한다면, 그는 부부상담에서 정반대로 행동하는 것을 배워야 할 것이다. 즉, 아내의 관점을 경청하는 것을 배워야 한다. 그는 통제하는 것을 버리고 아내가 스스로의 관점을 가지도록 우호적으로 허용할 필요가 있다.

반대 원리를 이해하면 전이반응을 예측하는 데 도움이 된다. 예를 들어, 전형적인 BPD는 치료자에게 행동을 개시하고 치료자에게 반응함에 있어서 **공격**과 **적극적 사랑** 사이를 자유롭게 왕래한다. 이러한 극단적 변화는 초보 상담자를 매우 혼란스럽게 만든다. 치료자가 이렇게 정반대의 특성을 보이는 근원을 확인하고 이해하고 나면 BPD 행동의 급작스러운 변화에 대해 효과적으로 대처할 수 있다. 더욱이, 정반대의 원리는 환자의 소망과 두려움을 분류하는 데 유용하다. 예를 들어, BPD는 유기(**무시**)를 극도로 두려워하고, 필사적으로 정반대를 추구한다(**보호**). 이렇게 강렬한 소망과 정반대의 두려움은 BPD와 치료자 사이에 무수히 많은 상호작용을 구성한다.

유사성

"원숭이가 보고, 원숭이가 행한다(원인을 이해하지 않은 상태에서 어떤 과정을 배우는 것을 의미함)."라는 격언은 모방하는 원시적인 성향을 표현한다. 모방은 사회화 과정에서 강력한 영향을 행사하는 기제다. 부모의 나쁜 습관을 따라 하는 아이들을 통해 모방의 영향력을 엿볼 수 있다. 예를 들어, 어떤 부모가 차를 닫을 때 손가락이 끼어 그 순간 욕설을 내뱉었다고 가정하자. 나중에 그 부모는 다른 상황에서 아이가 동일한 욕설을 하는 것을 듣는다. 부모를 모방하는 아이는 부모와 비슷해진다. SASB 유사성 원리는 '공격자와의 동일시' 라는 임상적 개념을 포함하고 있는데, 그것보다 좀 더 포괄적이다.

다른 맥락에서 중요한 의미를 지녔던 누군가와 비슷해지는 것은 성격을 결정하는 강력한 요인이 된다. 유사성의 원리가 동일한 대인관계 맥락과 동일 시점에서 두 사람에게서 나타난다고 하더라도 서로 다른 의미를 나타낸다. 만일 두 사람이 동시에 동일한 위치를 고집한다면, 그 관계는 매우 불안정해진다. 예를 들어, 두 사람 모두 **통제**하려고 애쓴다면, 두 사람 사이에는 힘에 대한 알력이 생긴다. 두 사람 모두 <u>복종</u>한다면, 이 관계는 불확실한 상태로 동요한다. "네가 먼저 해." "아냐, 네가 먼저 해." "뭐 하고 싶어?" "모르겠어, 넌 뭘 하고 싶어?" "아냐, 네가 말해." "아냐, 그럴 수 없어." 등과 같이 진행된다.

두 사람 모두 좋은 대인관계 위치(예: **지지**)에 있다고 하더라도 불안정성이 존재한다. 예를 들어, 두 사람 모두 상대방을 **지지**하는 데에만 애쓴다면, 어느 누구도 자신을 개방해서 지지받는 것이 불가능하다. '지지하는' 관계는 실제로 존재하지 않고, 관계에서의 거래는 필연적으로 진솔하지 않게 된다. 반면, 적어도 한 명이 진정으로 <u>개방</u>한다면 상대방으로부터의 **지지**는 상보적이고 안정된 짝을 형성한다. 이상적인 대인관계에서는 각 구성원이 이러한 입장을 취할 수 있다. 누군가 개방할 때 다른 사람은 지지한다. 그런 다음 역할이 바뀌어 지지하던 사람이 개방하면 상대방은 지지한다. 치료관계에서는 이처럼 역할이 바뀌지 않는다. 보통, 치료자와 환자 모두 환자에게 초점을 두고 있다. 따라서 치료자는 **지지**하고, 환자는 <u>개방</u>한다.

정상성

Leary(1957)는 융통성과 절제(중용, moderation)가 '정상성(normality)' 을 정의한다고 주장하였다. 정상적인 사람은 맥락에 따라 서로 다른 대인관계적 입장을 적절히 취할 수 있고 또한 실행한다. 예를 들어, 어떤 상황에서 주도권을 잡으려고 하는 것은 정상이지만, 늘 주장하고 통제하려는 것은 병리적이다. 이런 논리를 사용해서 Leary와 이후 단순-원형모형(single-circumplex)을 주장한 사람들(예: Kiesler, 1983)은 원 중앙에서 떨어진 거리를 강도 차원이라고 간주하였다. 정상적인 반응들은 원의 정중앙에서 가장 가까운 위치에 있다. 최대 강도를 지닌 지점들은 원의 외부 끝자락에 위치하고, 정신병리를 의미한다.

Leary의 원형모형에서처럼 SASB에서도 강도를 정의할 수 있다. [그림 3-9]에 있는 군집모형의 정중앙에서 조금 떨어진 것은 약한 강도를 의미한다. 예를 들어, 어떤 사람이 누군가를 통제하려 하거나 거리를 두려는 의도 없이 적대적인 말을 지나가듯 했다고 가정해 보자. 이것은 [그림 3-10]과 [그림 3-11]에 있는 척도상에서 **중간 정도의 공격**과 **중립적인 통제**로 명명할 수 있다. 최종 명칭은 [그림 3-9]의 수평축(친애)에서 왼쪽(적대) 중간에 위치할 것이고, 수직축(상호 의존성)에서는 정중앙에 위치할 것이다. 이 명칭은 SASB 모형에서 어떤 범주와도 대응되지 않는다. 하지만 이 범주는 **공격**이다. 왜냐하면 최종 명칭이 **공격** 범주와 연결되는 선상에 놓여 있기 때문이다. **공격**이 비록 강렬한 사건처럼 보이지만, 이 명칭이 이 위치에 있다는 것은 공격의 강도가 중간 정도라는 것을 의미한다.[11]

SASB 모형에서는 강도(intensity)로 정신병리를 정의하지 않는다. 대신, 정상성[12]은 병리적인 위치(pathological position)와는 질적으로 다른 기준선 위치(baseline position)에 따라 정의한다. 이 기준선은 중간 정도의 과밀착과 분화로 표시된다. 정상적인 기준선 공간은 다음과 같은 조합으로 정의된다. **지지**와 <u>개방</u>, **적극적 사랑**과 <u>반응적 사랑</u>, **보호**와 <u>신뢰</u>다. 정상적인 자기개념은 *자기지지, 적극적 자기사랑,*[13] 그리고 *자기보호*를 포함한다. 심리치료에서 가장 중요한 목표는 대부분의 시간에 이런 정상적인 행동들을 보이도록 학습하는 것뿐만 아니라, 맥락에서 요구하는 행동을 하기 위해 대인관계 영역의 특정 지점으로 이동할 수 있을 만큼 충분히 융통성을 갖는 것이다(Benjamin, 1994C).

맥락에 따라 유연하게 행동할 수 있는 능력이 정상성의 정의에 포함되어 있다는 점을 다시 한 번 언급할 필요가 있다. 규범적인 기준선을 고집스럽게 고수하는 것은 정상적이지 않다. 대인관계 맥락이 **비난** 또는 **공격**과 같은 유쾌하지 않은 반응을 요구할 때는 정상적인 사람이 그런 행동을 할 수 있다. 예를 들어, 별다른 대안이 없는 상황에서 정상적인 엄마라면 자신의 아이를 위협하는 사람을 **공격**할 수 있다. 정상적인 엄마라면 납치 또는 강간과 같은 사건을 알게 되었을 때, 그 일을 저지른 사람을 **공격**할 것이다.

---

11) 한 범주상에서 결론이 나지 않은 사건들은 SASB 전체 모형을 사용하면 쉽게 이해할 수 있다(〈표 3-2〉, 〈표 3-4〉, 〈표 3-6〉 참조). 전체 모형에는 친애와 상호 의존성이 10점까지 분포하기 때문이다. 전체 모형은 좀 더 세분화된 척도로 이루어져 있으므로 다양한 강도를 지닌 사건을 좀 더 용이하게 해석할 수 있다.

12) 여기서 '정상적'이라는 말은 '이상적(ideal)'이라는 의미다. 누구나 통계적 규준(norm)이 이상에 가깝기를 희망하지만, 반드시 그런 것은 아니다.

13) 불행하게도, 적극적 자기사랑은 자기애 및 타인을 착취하는 것과 연관되어 왔다. 6장에서 NPD의 자기애가 복합적인 코드를 지니고 있고, 착취적인 대인관계 맥락에서 발생한다는 점을 설명할 것이다. 단순한 자기애는 우호적인 대인관계 맥락에서 발생한다.

이렇듯, 평범하지 않은 맥락에서는 어떤 행동도 정상적일 수 있다는 기본적인 진리가 종교뿐만 아니라 법조계에서도 오랫동안 인정되어 왔다(예: Gyatso, 1984, pp. 108-109).

어떤 사람이 규범적인 우호적 기준선을 이탈했다 하더라도, 맥락이 적절하다면 물론 정상일 것이다. 반면, 맥락에 관계없이 우호적인 기준선을 유지하려고 애쓰는 사람은 오히려 병리적이다. 진솔하지 않은 호의에는 복합적인 SASB 명칭이 부여된다. 예를 들어, 서로 싸우고 있는 두 집단구성원의 관점과 행동을 모두 고집스럽게 지지하는 '우호적인' 치료자가 있다고 가정해 보자. 모든 사람을 지지하는 태도가 일반적으로 치료자에게는 적절한 행위다. 그러나 집단구성원 중 한 명이 다른 구성원을 부당하게 공격하고 있다. 또한 이러한 공격으로 인해 이미 형성된 하위집단 구성원들이 다른 구성원을 공격하고, 결국 희생양을 만들었다. 이런 공격에 대처하고 담아 내는 데 실패한 집단리더는 **지지하고 무시하며**, 또한 복종이라는 SASB 명칭이 부여될 수 있다. 즉, 집단리더는 적대적인 집단구성원들을 지지하고 복종하고 있지만, 한편으로는 희생자에게 일어나고 있는 현실을 무시하고 있는 것이다. 관련 당사자를 모두 지지하려는 입장을 고집스럽게 고수함으로써, 집단리더는 희생자와 집단의 품격 및 안전을 **보호**하는 일에 실패한 것이다.[14)]

축 강도 규칙

어떤 사건은 차원론적으로 분석하면 모형([그림 3-9] 참조)에서 제시하는 범주와 정확히 일치하지 않을 때도 있다. 바로 이전에 논의했던 사례처럼, 사건의 강도가 약할 때 이런 경우가 발생한다. 또한 사건이 한 가지 이상의 차원에서 비정상적으로 강할 때 명명의 문제가 발생한다. 예를 들어, 대부분의 평정자는 살인이 **공격**과 **통제**의 끝 지점에 위치하는 것으로 판단한다([그림 3-10]과 [그림 3-11] 참조). 일반적인 명명규칙에 따르면, 살인은 [그림 3-9]에서 왼쪽 끝과 아래쪽 끝 지점에 위치하는데, 이것은 **비난** 범주와 일치한다. 이렇게 적대적인 상호 의존적 공간의 중간 지점은 각각의 근원적 차원이 50%씩 반영되고 있음을 나타낸다. 하지만 살인을 매우 강력한 **비난**이라고 부르는 것은 납득하기 어렵다.

---

14) 이 분석이 결코 리더가 공격자를 공격해야 한다는 것은 아니다. 이 책에서 집단치료의 원리를 논하고 싶은 생각은 없다. SASB 원리를 따르는 집단치료에 대해서는 MacKenzie(1990)의 저술을 참고하기 바란다.

'축 강도 규칙'[15)]은 이런 문제를 해결한다. 2개의 근원적 차원에서 극단적인 강도를 지니고 있다고 판단될 경우에 복합적인 명칭을 부여할 수 있다. 복합적인 명칭은 각각의 근원적 차원으로 구성되어 있다. 따라서 살인은 복합적인 사건으로서, 극단적인 공격과 극단적인 통제(**공격** + **통제**)를 모두 포함한다.

축 강도 규칙은 대인관계 공간에서 적대적인 부분뿐만 아니라 우호적인 부분에도 적용될 수 있다. 예를 들어, 적으로부터 완전히 초연해지는 것을 명상하면서도 한편으로는 적을 매우 사랑할 수 있는 티베트 불교신도에게 복합적인 명칭을 부여할 수 있다. 즉, 명상의 본질에 따라 **적극적 사랑** + **해방** 또는 반응적 사랑 + 분리 또는 **적극적 사랑** + 분리 또는 반응적 사랑 + **해방**으로 명칭을 부여할 수 있다.

안티테제

'안티테제(antithesis)' 원리를 적용하면, 치료자는 현재 무엇이 일어나고 있든 그것과 정반대되는 행동을 이끌어 낼 가능성이 가장 높은 대인관계적 위치를 확인할 수 있다. 예를 들어, 환자 A가 배우자를 **비난**한다고 가정하자. 정반대의 행위는 **지지**인데, 이는 자신의 아내를 대하는 보다 바람직한 태도다. 안티테제 원리에 따르면, 이 경우 아내는 남편이 자신에게 했으면 하고 바라는 행동을 보완하는 방식으로 행동해야 한다. **지지**를 보완하는 행동은 개방하는 것이다. 따라서 환자 A의 아내는 남편의 행동에 대해 평소 자신이 어떻게 느끼고 있는지를 남편에게 이야기하려고 노력해야 한다. 즉, 그녀는 남편이 아니라 자신에게 초점을 두어야 한다. 이때 그녀는 남편에게 우호적이어야 하고, 과도하게 연관되는 것을 피해야 한다. 이런 행동은 남편이 자신을 비난하기보다는 경청하도록 만드는 데 최선의 기회가 된다.

정반대를 찾는 것은 어렵지 않다. 방금 예를 든 것처럼, 임상가는 우선 바람직하지 않은 행동의 정반대되는 것을 찾고, 그런 후 반대되는 행동을 보완하는 것을 불러일으킨다. [그림 3-9]에서 **비난**의 반대는 **지지**이고, **지지**를 보완하는 것은 개방하는 것이다. 즉, 개방하는 것은 **비난**의 안티테제다. 임상가가 이러한 개념을 환자에게 설명해 주면, 나쁜 대인관계 습성으로 붕괴된 결혼생활에 도움을 줄 수 있다.

---

15) 이 점에 관해서는 Craig Johnson 박사에게 큰 빚을 지고 있다. Johnson 박사는 SASB가 성장하고 발전하는 데 많은 공헌을 한 유능한 정신과의사다.

Shaurette 원리

불행하게도, 안티테제 원리는 어린아이와 상대적으로 정상적인 성인에게만 효과적이다. 정상성은 유연해지는 능력과 대인관계 맥락에서 적절히 반응하는 능력을 포함한다. 성격장애를 지닌 사람들은 거의 불가능한 일이다. 즉, 그들은 맥락을 잘못 지각하고 부적절하게 반응할 가능성이 높다. 예를 들어, 환자 A는 자신이 통제권을 쥐고 있지 않을 경우 공황발작 또는 심각한 우울증세에 빠질 가능성이 높다. 그는 매 순간 통제권을 쥐고 있지 않으면 누군가가 그것을 쥘 것이 틀림없다고 생각한다. 사실, 환자 A는 분화에 대한 이해가 부족해 보인다. 그렇다면 아내의 정반대되는 행동, 즉 개방하는 것이 실제로는 우호적 자율성을 나타내지만 이 환자에게는 복종하지 않는 것으로 비쳐질 것이다. 환자는 자신의 내적 논리에 따라, 아내가 자신에게 복종하지 않는 것은 분명 아내가 자신을 통제하고 있다는 것을 나타낸다고 결론짓는다. 이렇듯 아내가 자신을 통제하고 있다고 잘못 지각함으로써 환자 A는 더 화가 나고, 아마도 아내의 개방에 대해 더 강하게 비난할 것이다. 즉, 안티테제 원리는 환자 A에게는 실패로 끝나는데, 왜냐하면 환자 A는 아내의 우호적 분화를 이해하지 못하기 때문이다.

매우 편협하고 완고한 성향을 지닌 사람들에게는 보다 정교한 치료계획이 필요하다. 어렵지만 좀 더 효과적인 원리 중 하나가 'Shaurette 원리'[16]다. 이에 따르면, 치료자는 적대적인 환자를 적대적인 공간에 일치시키고, 그런 다음 안티테제 원리에 따라 수립한 목표를 향해 한 단계씩 나아가야 한다. 예를 들어, 치료 초기에 치료자는 환자 A를 통제해야 할 수도 있다. 치료자는 "저는 당신이 이곳에 있는 동안 새롭고 다른 것을 시도하라고 요청할 것입니다. 당신이 무엇을 싫어하는지 부인에게 말하는 것을 중단하시기 바랍니다. 대신, ~하기를 원합니다."라고 이야기해야 할지도 모른다(여기서 치료자는 환자가 성공적으로 이행할 수 있는 몇 가지 대안적인 패턴을 구체적으로 설명한다). 치료자의 이런 행동은 **통제**로 명명될 수 있는데, [그림 3-9]에 있는 환자 A의 **비난** 옆에 위치하고 있다. 상담이 진행되면서, 치료자가 점점 더 따뜻해지면 [그림 3-9]상에서 **보호** 쪽으로 이동한다. 이 과정에서 임상가는 환자 A와 아내에게 상보성을 가르칠 수도 있다. 또한 환자의 통제하려는 강한 욕구가 어떻게 양아버지 손에서 경험했던 공포에 대항하는 수단에서 비롯되었음을 환자 A에게 이해시킬 필요가 있다.

---

16) 1970년대 후반과 1980년대 초반에 환자의 코드 또는 명칭을 짝짓고, 바람직한 대인관계상의 목표(병원에서 우호적으로 퇴원하는 것)를 향해 단계적으로 이동하는 전략을 사용했던 Glenn Shaurette 박사의 이름을 땄다.

그다음 바람직한 단계는 **적극적 사랑**으로 이동하는 것이다. 물론, 윤리적인 치료자라면 성적인 **적극적 사랑**에 개입하지 않을 것이다. 대신, 치료자는 비성적인 애정행동을 보여 줄 수 있는데, 〈표 3-2〉의 1. **따뜻하게 환영한다**, 2. **어루만지고 달래고 진정시킨다**, 3. **있는 그대로가 좋다고 확인해 준다**와 같은 행동을 보일 수 있다.

치료자의 행동에 진정성이 있어야 한다는 점을 재차 언급하고 싶다. 그렇지 않으면 치료자의 행동은 SASB 복합 명칭을 부여받게 되고, 복합적인 명칭은 좋지 않은 상담성과로 이어질 가능성이 높다(Henry et al., 1986). 치료자가 환자에 대해 **적극적 사랑**으로 묘사되는 강렬한 따뜻함을 느끼지 않는다면, 그 영역을 생략하고 순서의 끝, 즉 **지지**로 직접 이동하는 것이 더 적절하다.

Shaurette 원리에 따르면, 환자 A는 치료자가 밟은 단계(**통제**, **보호**, **적극적 사랑**, **지지**)에 해당되는 변화를 보임으로써(복종, 신뢰, 반응적 사랑, 개방) 치료자의 행동을 보완한다. 이러한 일련의 단계는 바람직한 지점에서 끝나야 하는데, 즉 안티테제 원리에서 처방하고 있는 우호적 분화에서 끝나야 한다. 마찬가지로, 안티테제 원리가 적절히 작동되기 위해서는 '추적자(여기서는 환자 A)'의 지각이나 반응에 거의 제한이 없어야 한다. 이것은 성격장애를 지닌 사람들에게는 일어나기 힘든 조건이다. 이렇게 완고한 사람들을 위해, 치료자는 안티테제 원리에서 처방하고 있는 목표를 향해 조금씩 나아가야 한다.

예측원리는 좋은 것도 나쁜 것도 아니다

안티테제 원리와 Shaurette 원리는 정의상 치료적인 것만은 아니다. 이러한 원리를 사용해서 정신병리를 원래 상태로 되돌릴 수도 있지만, 정신병리를 발생시킬 수도 있다. 한 예로, 한 아이가 자신이 학교에서 한 일을 파괴적인 부모에게 열정적으로 이야기하는(개방) 상황을 가정해 보자. 이때 병리적인 부모는 아이와 함께 아이가 학교에서 한 일을 비판함으로써(**비난**), 아이의 열정과 정반대되는 행동을 한다. 이렇듯 아이의 개방에 대해 부모가 정반대되는 행동을 보이면, 아이는 골을 내고(상보적 반응) *자기비난*에 빠지게 된다(내면화된 반응). 따라서 적대적 과밀착은 증가하고, 강한 자기정의(개방)와 긍정적인 자기개념(자기수용) 발달이 방해를 받는다.

마찬가지로, Shaurette 원리는 한 개인의 자신감을 파괴하는 데 사용될 수 있다. 조작적인 사람이 우호적인 방식으로 희생자에게 다가갈 수 있는데(**지지**, **적극적 사랑**, **보호**), 점차 **통제**, 경멸(**비난**) 그리고 **공격**으로 진행된다. 이 사람은 희생자가 지각하는 학대적 현실을 부인(**무시**)하다가 다시 **지지**와 **적극적 사랑**으로 명명된 행동으로 돌아간다. 흔히 배우자를 폭행하는 사람이 배우자와의 관계를 유지하기 위해 이런 방식의 순환적인 행동을 한다. 물론, 희생자 또한 이러한 순환과정에 취약할 수밖에 없는 초기 학습경험을 지니고 있다.

SASB 명칭과 예측원리는 다른 정보들과 비슷한 방식으로 기능한다. 건설적인 목적으로 사용되면 매우 유용하고 선하지만, 파괴적인 목적으로 사용되면 해가 되고 좌절해 버린다. 이 책의 주요 목적은 치료자들에게 성격장애 환자의 행동이 어떻게 초기 주요 타인들과의 파괴적인 경험에서 기인하는 것인지를 이해시키는 데 있다. 이를 통해 성격장애 환자를 치료할 때 필요한 인내와 끈기가 향상될 수 있다. 이어지는 장에서 독자들은 성격장애 패턴을 차원적으로 분석하는 것이 치료 개입의 효과를 평가하는 데 어떤 도움이 되는지 이해할 수 있다.

▌압도당했다고 느끼는 독자들을 위해…

SASB를 처음 접한 독자라면 이 장에서 제시한 설명, 표, 그림 때문에 압도당한 느낌을 가질 수 있다. 매우 정상적인 반응이다. '귀' 로 연주할 수는 있지만 아직 음표를 읽는 법을 배우지 않은 음악가라면, 음표, 코드구조, 화음 진행에 대한 개관을 제시하는 자료를 처음 읽을 때 마찬가지로 압도당한 느낌에 빠질 수 있다. 그러나 재차 읽고 연습하면 처음에 엄청나게 느껴졌던 자료가 점점 더 익숙해지고, 결국에는 잠재의식에 스며들어 '이차적 본성' 이 될 수 있다. 숙련된 음악가는 음표나 코드를 볼 때 의식적으로 이름을 붙이지 않는다. 대신 그냥 그것들을 연주할 뿐이고, 구조나 맥락에 대한 근원적 지식을 바탕으로 연주가는 자유자재로 연주한다. 때로는 매우 어려운 부분에서 멈추고 매우 조심스럽게 분석한 후 끝까지 연주를 해내는 일이 일어날 수도 있다.

SASB 명칭과 예측원리에 대해 잘 알고 있는 임상가들에게도 똑같이 적용된다. 일반적으로 임상가는 특별히 인식하지 않은 채 명명하게 되는데, 이것은 지식이 잠재의식 수준 또는 무의식 수준에서 작동하고 있기 때문이다. 그러나 매우 힘든 회기나 상황에서는 그러한 사건을 의식적으로 명명함으로써 문제를 좀 더 잘 이해할 수 있고, 더 나은 치료 개입을 선택할 수 있다. SASB 코딩의 기본 지식에 대해 좀 더 확실하게 학습하기를 원하는 독자들은 필요한 만큼 이 장의 내용을 반복해서 읽기 바란다.

04
면접 및 치료 방법

■ 역동적 면접기법

BPD나 ASP 또는 다른 성격장애를 지니고 있는 사람들의 관점을 수용할 수 있는 임상가라면 그들의 '노래' 또한 인지할 수 있다. 환자의 눈을 통해 세상을 바라보려는 것과 직접적으로 관련 있는 방법을 '역동적 면접'이라고 부른다. 이는 〈표 4-1〉에 개략적으로 제시되어 있는데, 개관을 함께 제시하였다. 내용의 일부(I, II, IV)는 DSM을 토대로 진단을 내리는 데 필요한 정보 수집에 관한 사항이다. 이 부분은 치료 또는 입원에 대한 이유를 평가하고, 증상과 증상의 내력을 조사한다. 이런 종류의 의료적 정보를 수집하기 위한 일반적이고 통례적인 절차에 대해서는 검토하지 않을 것이다. 이 장에서는 〈표 4-1〉 중 덜 친숙한 부분(III, V, VI)에 대해서만 논할 것이다.

개관

임상가는 역동적 평가를 위해 현재와 과거의 대인관계 및 상황에 주의를 기울인다. 여기에는 배우자, 어머니, 아버지, 형제자매, 자녀, 직장 또는 학교, 치료사 또는 건강보건체계, 병력, 내사(introject), 그리고 그 사람만의 주요 상황들이 포함된다. 역동적인

〈표 4-1〉 역동적 평가면접의 개요

접수면접 일시, 연령, 성별, 인종, 결혼 여부
자녀(성별, 나이, 거주지, 건강상의 문제)
직업(환자는 현재 기능적인가?)
배우자의 직업

I. 주요 호소문제:
- A. 심리치료 또는 입원 이유
- B. 환자를 치료 또는 입원시킨 사람은 누구인가, 이유는 무엇인가
- C. 현재 질환의 병력
  1. 시초 및 경과
  2. 과거 입원내력
  3. 최근 그리고 현재 복용하고 있는 약
  4. 최근 그리고 현재 진행되고 있는 심리치료

II. 현재 증상
- A. 자살 가능성: 방법, 실제 시도한 경험
- B. 다른 우울 증상
- C. 조증 관련 증상
- D. 불안 또는 공황발작
- E. 사고장애
- F. 자기상해
- G. 금지된 인식
- H. 약물 및 알코올 남용
- I. 살인 가능성
- J. 법률적인 문제
- K. 다른 정신과적 증상
- L. 이전의 정신과적 진단 및 가족 내 정신과적 병력
- M. 진단받은 의료적 질환: 수술 및 다른 주요 의료적 사건 포함

III. 현재와 과거의 대인관계 상황
- A. 배우자 또는 그와 동등한 사람
- B. 어머니 또는 동등한 사람(애착, 훈육 포함)
- C. 아버지 또는 동등한 사람(애착, 훈육 포함)
- D. 형제자매
- E. 자녀
- F. 직장, 학교
- G. 심리치료사 또는 건강보건체계
- H. 질병 자체

I. 내사
J. 기타

IV. 예상되는 진단을 위한 DSM 체크리스트: 증상을 열거하고 증상을 나타내는 환자의 구체적인 진술을 기술하시오.

V. 현재 증상과 대인관계 패턴, 초기 경험 간 관련성

VI. 치료계획
A. 문제입력과 개입 제안
B. 문제반응과 개입 제안
C. 문제내사와 개입 제안
D. 문제목표와 개입 제안

성향을 지닌 면접자는 이러한 대인관계와 자기개념, 증상 그리고 소망 및 두려움 간 관계들을 이끌어 낸다. 이 과정은 간단하지 않은데, 일단 수집한 자료를 통합하면, 문제 패턴의 병리적인 측면을 다룰 심리사회적(psychosocial) 치료계획을 이끌어 낼 수 있다.

대인관계적 진단절차에서 중요한 것은, 각각의 관계를 지각된 '입력', '반응' 그리고 '내면화'에 따라 평가하는 것이다. 면접자는 현재 환자가 처해 있는 심리사회적 상황에서 시작하여, 이러한 상황이 과거의 사회적 학습과 어떻게 연관되는지 살펴본다. 가족, 친구, 직장동료 그리고 건강보건체계가 내담자에게 미치는 영향은 매우 중요하다. 입력에서부터 시작하는 이유는 간단하다. 한 사람의 행동과 정서는 그 사람이 지각한 것과 현저하게 대응된다고 가정한다. 즉, 행동은 지각에 대응된다. 임상가는 행동을 이해하기 위해 지각을 이해해야만 한다. 예를 들어, 질투심 많고 편집증적인 환자는 비합리적으로 통제하려 하고 비판적일 수 있다. 그럼에도 자신의 아내가 자신을 배신하고 있다고 생각한다는 점을 고려한다면, 이 환자의 불안과 분노를 이해할 수 있다. 따라서 역동적인 평가를 해야 하는 임상가는 환자가 자신의 세상을 어떻게 바라보고 있는지 주의 깊게 평가해야 한다.

임상가는 환자가 세상을 어떻게 바라보는지 이해한 다음 내담자의 반응을 평가해야 한다. 여기에는 환자의 대인관계 반응과 환자의 자기개념에 미치는 영향이 포함된다. 모든 사람이 동일한 자극에 대해 동일한 방식으로 반응하는 것은 아니다. 예를 들어, 질투심과 의심이 많은 남편은 아내가 자신을 배신하고 있다고 의심함으로써 심한 모멸감을 느낄 수 있다. 이렇게 자기개념에 위협을 받으면 환자는 더욱더 통제하려고 한다. 반

대로, 아내가 바람을 피운다고 믿고 있는 남편은 우울해하고, 스스로를 비난하며, 절망적이라고 느낄 수 있다. 이것 때문에 자살을 시도할 수도 있다.

요약하면, 대인관계에서의 입력, 반응 그리고 자기개념에 대한 영향은 반드시 평가해야 한다. 이때 지각, 반응 또는 내면화가 왜곡될 수 있다. 왜곡의 본질이 그 장애의 본질을 규정해 버린다. 의심이 많은 남자는 입력 수준에서 왜곡할 가능성이 높은 반면, 우울한 환자는 아내가 바람을 피운다고 생각할 가능성은 낮다. 왜곡이 어디에서 나타나는지와 상관없이 이 체계는 내적 일관성을 지니고 있다. 지각, 반응 그리고 내면화 간 관계는 이해할 수 있는 방식으로 서로 대응한다. 환자와 임상가는 서로 협력해서 이 모든 것이 어떻게 일치하는지 알아내야 한다.

심리사회적 치료계획은 입력, 반응 그리고 내면화에 포함된 왜곡을 직접적으로 다루어야 한다. 치료계획은 장애의 패턴을 조직하는 소망과 두려움에 대한 면접자의 추측에 무게를 둔다. 유감스럽게도, 근원적 소망과 두려움에 대한 열쇠는 보통 무의식 속에 묻혀 있다. 예를 들어, 질투심과 의심이 많은 남편은 의식적으로는 자신이 잔인한 아버지로부터 독립적이었고, 아버지 앞에서 자기 주장을 피력했다고 생각할지도 모른다. 그러나 무의식적으로는 어머니가 바람을 피우고 있다고 늘 비난했던 아버지를 모방하고 있을지도 모른다. 아내에 대해 아버지가 지녔던 관점을 그대로 따르고 있다는 것은, 환자가 비록 아버지를 증오하고 있다고는 말하지만 매우 중요한 방식으로 아버지에게 애착되어 있다는 것을 의미하기도 한다. 이러한 분석을 통해, 환자가 결혼생활을 향상시키기 위해서는 아버지에 대한 내적 표상으로부터 자신을 분리해야 한다는 시사점을 도출할 수 있다. 이렇듯 쉽게 파악하기 어려운 요인(의지에 영향을 미치는 무의식적인 소망과 두려움)은 보통 초기 면접에서는 추측만 할 수 있을 뿐이다. 심리치료가 진행되면서 근원적 소망과 두려움의 본질은 명료해질 수 있다. 〈표 4-1〉 마지막 부분에 '문제목표 및 개입 제안'이라는 제목으로 소망과 두려움에 대한 면접자의 생각을 제시하였다. 이러한 상담자의 생각은 더 많은 정보를 수집하면서 달라질 수 있다.

다음과 같이 말하는 독자도 있을 것이다. "이해는 됩니다. 입력, 반응, 자기개념에 대한 영향을 평가한다. 아마도 무의식이 장애의 패턴을 조직할 수도 있겠죠. 하지만 어떻게 초기 학습과 현재의 입력, 반응 그리고 내면화의 연결고리를 찾을 수 있죠? 그리고 어떤 논리로 근원의 무의식적인 소망과 두려움을 확인할 수 있습니까? 그런 것들을 다 안다고 해도, 심리사회적인 치료계획에 대해 시사하는 바가 무엇이죠?"

여기서는 이 질문들에 관한 답변을 추상적으로 간략히 제시하였다. 이후 5장에서 14장까지 DSM 성격장애를 분석할 때에는 구체적으로 방법을 제시할 것이다. 여기서 가정하고 있는 것은, 성격장애를 지니고 있는 사람들은 이해할 수 있을 만한 초기 대인학습과 일치되는 방식으로 세상을 바라보고 반응한다는 것이다.[1] 만일, SASB 코드를 사용해서 입력과 반응 그리고 내면화를 기술한다면 임상가는 이러한 관련성을 더 잘 이해할 수 있다. SASB 차원분석을 통해 가장 관련이 있는 특징에 초점을 맞출 수 있기 때문이다. 따라서 임상가는 SASB 예측원리를 사용해서 입력과 반응 및 내면화를 연결할 수 있고, 현재와 과거를 연결할 수 있다. 또한 SASB 모형의 논리적 구조를 사용해서 의식적으로 기술된 행동을 이끌어 내는 대인관계상의 소망과 두려움에 대해 추측할 수 있다. 이렇듯 특징적인 패턴을 차원론적으로 기술한 것과 초기 학습에 대한 정보, 그리고 잠재적인 소망과 두려움에 관한 정보를 통합하면, 심리사회적인 치료계획을 세우는 데 유용한 정보가 된다. 이 책 부록에 DSM 성격장애 각각의 특징적인 대인관계 패턴을 요약해서 제시하였다.

대부분의 대인관계 패턴은 두 가지 기제 중 하나를 통해 발생한다. 과거에 적절했던 패턴을 현재 '재현' 하거나 또는 과거에 관찰했던 패턴을 '동일시', 즉 모방하는 것이다. SASB 코드를 사용하면 재현 및 동일시를 추적할 수 있다. 의심이 많은 남편과 그의 아내를 예로 들어 두 가지 원리를 설명해 보자. 환자의 아버지가 과거에 환자의 어머니에게 적대적 **통제**와 **비난**을 사용했다고 가정하자. 현재 환자는 아내에게 똑같은 방식으로 행동하고 있다. 이것이 동일시 또는 모방의 한 예다. 한편, 질투심 많은 남편의 아내는 과거에 어머니가 통제하고 비난했다고 가정하자(**통제**, **비난**). 아이로서 어머니에게 복종하고 골내는 것은 자연스럽고 적응적인 행동이었다. 어머니로부터 그러한 메시지를 내면화했기 때문에, 그녀의 자기개념에는 자기통제와 자기비난이 포함된 것이다. 성인으로서 아내의 자기개념과 적대적 순응은 질투심 많은 남편과의 결혼생활에 매여 있게 하고, 남편의 적대적 통제 패턴을 강화 또는 상보하는 것이다. 이 아내의 패턴은 재현의 한 예다. 과거의 대인관계 경험이 결국 이들로 하여금 비참하지만 안정적인 결혼생활을 하도록 만들어 놓은 것이다.

사례

역동적 면접을 통해 개인과 가족의 상호작용을 분석한 예가 다음에 제시되어 있다. 이 환자는 BPD 및 다중성격 진단을 받았고, 입원을 한 경력도 있다. 이 면접은 환자의 안전을 확보하기 위해 단기간의 입원 기간 중에 실시하였다. 환자는 칼로 자해하거나

---

1) 독자들은 이러한 요인이 성격의 '하드웨어' 인 기질(temperament)과 상호작용한다는 사실을 기억하기 바란다. 1장에서 언급했듯이, 이 책은 '소프트웨어'에 제한해서 논하고 있다.

불을 질러 자살을 시도한 적이 있으며, 약물과 알코올 남용, 해리상태에서 기억하지 못하는 경우가 있었고, 서로 다른 이름과 성격의 별개의 정체성을 지니고 있었으며, 시각적 망상, 그리고 자신이 나쁘기 때문에 스스로 목숨을 끊어야 한다는 환청을 듣고 있었다. 면접은 입원병동의 주치의가 철저하게 의료적 검사를 마친 후, 역동적 대인관계 면접으로 이어졌다. 의료면접을 시행한 의사는 환자의 증상 및 치료에 대한 자세한 병력을 확인하였다. 그 결과, 우울증, 망상, 해리 그리고 자살시도가 주기적으로 발생했다는 것이 확인되었다. 의사는 또한 이 환자가 받았던 다양한 치료와 치료에 대한 환자의 반응을 검토하였다. 의료면접 말미에 의사는 질병에 대한 환자의 통찰 정도를 평가하였다.

[**I1** = 의료면접자, **I2** = 역동적 면접자, **P** = 환자]

I1: 이제 이 모든 것이 어떻게 이해가 되나요?

P: 매우 혼란스럽고 두려워졌어요. 그런 성격들이 여기 있는 것이고 저는 그것들과 함께 살아야 할 방법을 배워야 하니까요. 환상은 언젠가 사라졌으면 좋겠어요. 너무 무섭고 늘 팽팽한 줄 위를 걷고 있는 듯한 느낌이거든요. 그 목소리들, 전 그것들이 제 일부라고는 생각하지 않아요. 심리치료사는 그게 제 병의 하나라고 말하는데, 그 목소리들은 저한테 너무 적대적이어서 제가 뭘 했길래 그것들이 저를 그렇게나 증오할까 생각되거든요. 그래서 그 목소리들을 없앴으면 좋겠어요. 그것들과 함께 있으면 제 자존감이 바닥까지 떨어져요.

I1: 제가 그것을 이해하고 있는지 알아보겠습니다. 그러니까 왜 사람들이 현재 그들의 모습처럼 되었는지, 또는 왜 어떤 사람들은 어떤 종류의 문제를 가지고 있고 또 다른 사람들은 또 다른 종류의 문제를 가지고 있으며 그리고 왜 어떤 사람들에게는 문제가 없는지에 대해서는 매우 다른 이론들이 존재합니다. 왜 어떤 사람이 목소리들을 가지고 있는지 당신이 믿는 이론이 있나요? 왜 어떤 사람의 성격이 어떤 방식으로 조직되어 있는지, 또는… 제가 묻는 것을 이해하시겠어요?

P: 제 생각엔 어떤 부분은 우리가 자란 방식과 관련이 있다고 생각해요. 저는 어렸을 때 오빠와 매우 고통스러운 근친상간적 관계를 맺었어요. 규칙적으로 매를 맞는 것도 포함해서요. 제 생각엔 그게 어렸을 때 제 성격이 분열되었던 것과 관련이 있어 보여요. 하지만 그런 성격들이 제 일부가 아니라고 믿어요. 정말 그렇게 믿어요.

I1: 그게 일종의, 음… 그게 마치 유령이나 당신 밖에 존재하는 거라고 말씀하시는건가요?

P: 네.

I1: 알겠습니다. 그게 제가 묻고 싶었던 전부입니다. B 박사님?

I2: 그래서 그런 성격들이 일종의 당신을 소유하고 있는 다른 사람들이라는 거죠?

P: 네.

I2: 그것에 대한 종교적인 믿음이 있나요?

P: 아뇨, 없어요.

I2: 그걸 어떻게 설명할 수 있죠?

P: 미친 소리 같아요. 맞죠?

I2: 미친 소리처럼 들리나요?

P: 하지만 제 생각엔 그 사람들은 다른 장소로부터 온 사람들이에요. 와서는 모든 걸 지배하고 그리고는 떠나죠. 여기 있을 때는 하고 싶은 걸 모두 합니다. 그래서 전 제 성격이 약해서 그들이 지배할 수 있다고 생각해요.

I2: 그러니까 당신은 단지 일종의 매개물….

P: 네.

I2: 다른 사람들이 사용할 수 있는?

P: 네.

I2: 그들은 다른 시간대 또는 다른 장소에서 온 사람들인가요?

P: 잘 모르겠어요.

I2: 알겠습니다. 당신이 여기서 갖는 어떤 느낌이군요. 그 사람들이 와서 당신 안에 살고, 당신을 사용하고, 마치면 돌아가고.

P: 네.

I2: 당신은 사라지고, 당신은 그것과는 상관이 별로 없고.

P: 맞아요.

I2: 그리고 그것을 바꾸는 데 매우 무기력하고.

P: 네. 바꾸는 것이 매우 무기력하게 느껴져요.

I2: 어렸을 때 그와 같은 일을 경험한 적이 있나요? 그런 비슷한 느낌을 가져본 적이 또 있습니까?

P: 뭘 말씀하시는지 잘 모르겠는데요.

I2: 그냥 존재한다는 생각, 그러니까 당신 자신의 일을 개념치 않고 누군가가 와서 당신에게 뭔가를 하고, 그것에 대해 할 말이 많지 않고, 그러고 나서는 그것들이 사라지는 경험 말입니다.

P: 글쎄요, 전혀 그런 적이 없는데요.

I2: 그런 느낌을 가져본 적이 없다는 말씀인가요?

P: 전혀요. 진짜 사람들과 관련해서는요. 사람들은 왔다가 절 이용하고 절 학대하고, 그

리고 떠났죠.

I2: 예를 들면?

P: 제 오빠요. 학교에서 집에 돌아오면, 오빠는 절 구석으로 몰아서 제가 울 때까지 때리곤 했어요. 제가 울면 주먹으로 계속 맞았어요. 오빠를 달랠 수 있는 유일한 방법은 조용히 오빠가 하는 대로 맡겨 두는 것이었어요.

I2: 당신은 아무것도 할 수 없었고요.

P: 맞아요.

I2: 그러니까 그 상황에서 할 수 있는 최선의 일은, 심리적으로 그 상황을 떠나는 것이었겠네요.

P: 맞아요. 그런 일들이 제가 어렸을 때 많이 일어났어요.

I2: 좋습니다. 그러니까 학교에서 집에 돌아오면 오빠가 당신을 때리고, "울어."라고 말하고, 그렇게 당신이 울면 "넌 울지 말았어야 해."라고 말하고. 이런 식의….

P: 네.

I2: 신호가 뒤바뀐?

P: 그렇죠.

I2: 그러니까 당신이 그것을 이해할 수 있는 방법이 없었겠네요. 울면 맞고, 울지 않으면 그 일을 당하고. 여기 네 몸이 있고 누군가가 그걸 침범하려 하고, 당신이 뭘 하든 전혀 중요하지 않고, 당신이 뭘 하면 그건 잘못된 거고, 하지 않으면 그것도 잘못된 것이 되는 거군요.

P: 맞아요.

I2: 끝날 때가지 기다리는 것 이외에는 할 게 아무것도 없고요.

P: 맞습니다.

I2: 시간에 대한 개념이 없어지고, 오빠가 다 끝나면 당신은 다시 당신의 몸을 소유하게 되고.

P: 네.

I2: 어떤 느낌이 드세요?

P: 느끼지 않으려고 노력해요.

위에서 제시한 사례에서는 환자의 다중성격을 어린 시절의 학습으로 해석하고 있다. 환자는 의료면접자에게 그들은 마치 유령처럼 외부에서 들어와 그녀를 차지한다고 설명하였다. 이 환자는 이전 치료자의 제안, 즉 그런 성격들이 그녀의 일부분을 나타낸다는 해석을 강하게 반대했었다. 역동적 면접자는 그 성격들과 관련된 환자의 입력, 반응, 내면화를 명료화하기 시작하였다. 그러한 성격들은 그녀를 차지하곤 하였다(**통제**). 그녀는 그것이 일어나도록 허용했고(복종), 그런 다음 신경을 쓰지 않았다(담을 쌓음). 자신이 "연약한 성격을 지니고 있다(*자기비난*)."라고 생각하는 것에서 이 환자의 내면화를 엿볼 수 있다.

이러한 패턴은 "어렸을 때 그와 같은 일을 경험한 적이 있나요?"라는 질문으로 과거와 연결되었다. 환자는 이러한 전환질문을 이해하는 데 어려움을 겪었다. 환자는 "뭘 말씀하시는지 잘 모르겠는데요."라고 말하였다. 면접자는 환자가 지각한 입력과 반응의 주요 특성을 다음과 같이 다시 설명해 주었다. "그냥 존재한다는 생각, 그러니까 당신 자신의 일을 개념치 않고, 누군가가 와서 당신에게 뭔가를 하고, 그것에 대해 할 말이 많지 않고, 그러고 나서는 그것들이 사라지는 경험 말입니다." 그런 다음 환자는 자신의 패턴을 반영하고 있으면서도 다중성격의 틀을 형성한 만성적인 학대를 생생하게 기억해 냈다.

환자가 가지고 있는 성격특성처럼, 그녀의 오빠는 그녀에게 와서 그녀를 이용한(**통제**) 다음 떠나곤 하였다. 오빠와 자신의 성격 모두에 대해 환자는 아무것도 할 수 없다고 느꼈고, 단지 할 수 있는 일이라고는 무시하고(담을 쌓음), 일이 진행되도록 내버려두는 것이었다(복종). 다중성격에 대한 환자의 경험을 나타내는 코드는 오빠로부터 학대를 경험하는 코드와 동일하다. 면접 후반부에 들어서면서 특정 성격을 형성한 요인이 더욱 뚜렷해졌다. 다른 가족구성원들도 오빠처럼 강압적이었다. 그들이 환자에게 강요했던 것은 서로 양립할 수 없는 것이었다. 서로 다른 상황에서 그녀는 음탕한 여자, 천사, 주부 또는 노는 여자아이여야만 하였다. 이 환자는 각각의 대인관계 상황에서 요구하는 것을 수용하기 위해 별개의 성격을 발달시켰다. 서로 다른 역할을 일관된 성격으로 통합하는 것은 불가능하였다. 그녀는 자신이 경험하고 있던 갖가지 학대를 누구에게도 말하지 못했고, 화나 슬픔 같은 감정을 표현할 수도 없었다. 자신으로부터 분리되어 다른 상황에서 다른 사람이 되는 것은 상황에 적응하는 좋은 방법이었다. 또한 그녀는 자신이 지각하는 현실을 신뢰하지 않게 되었다. 면접자는 다음과 같이 요약하였다.

I2: 그러니까 당신은 당신 자신의 신체와 마음에 대해 주인이 될 수 없다는 것을 익힌 겁니다. 다른 사람들이 와서 당신의 몸을 침범하고 그리고 떠나고. 당신이 유일하게 할 수 있었던 것은 그저 끝날 때까지 기다리는 것이었고요.

P: 네.

I2: 그리고 느끼거나 생각하지 않는 것을 배웠어요. 사이좋게 지내고 싶으면 그저 다

른 사람이 되어야 했고요. 주변에 다른 요구들이 있었고, 따라서 당신은 몇 가지 다른 종류의 사람이 되었어야 했어요.

P: 글쎄요. 그건 그들이 어디에서 왔는지에 대한 제 생각과 충돌이 되네요. 하지만 가능해요. 제 말은, 당신의 생각을 이해할 수 있을 것 같아요. 그럴듯한 이야기예요.

이 시점에서 환자는 자신의 성격들이 외부에서 온 유령이 아니라 자신의 일부분이라는 점을 고려하기 시작하였다. 면접자는 환자의 생각을 공유하는 면접방식을 사용함으로써 환자의 방어를 우회할 수 있었고, 환자의 무의식적 또는 전의식적 패턴을 의식으로 끌어올릴 수 있었다. 환자의 질환을 파괴적인 상황에서의 생존전략이었다고 바라보는 관점은, 유전자 결함 때문에 논리 회로가 잘못되었다는 견해와는 매우 대조적인 것이다.

성공적인 면접을 위한 열쇠

한 번의 면접으로 〈표 4-1〉에 제시된 많은 정보를 얻을 수 있다. 그러나 성격의 구조와 관련된 주요 문제를 다루는 것은 부담이 큰 일이다. 면접을 통해 〈표 4-1〉에 있는 정보를 모두 다루고 나면, 환자들은 보통 많은 것을 배웠다고 말하지만 한편으로는 면접이 당황스러웠다고도 한다. 환자들은 면접이 끝나면 무엇을 말했는지 곧 잊어버리기도 한다. 가끔 어떤 환자는 역동적 면접을 녹화한 테이프를 복사해서 자신의 외래 치료사에게 보내 달라고 요청하는데, 면접 중에 다룬 내용을 자신의 치료사와 함께 이야기하고 싶다는 것이다. 이렇게 강렬하고 긴장되는 일회성 면접은 입원병동에서 가장 잘 수행할 수 있는데, 면접 후 면접내용을 면밀하게 검토할 수 있다. 핵심적인 문제를 조사하는 과정에서 활성화되는 격한 감정들은 이것을 보호받는 상황에서 다룰 수 있다. 자료가 자연스럽게 나타나기 때문에 보통 외래 치료사가 〈표 4-1〉에 있는 정보를 수집하려면 좀 더 오래 걸린다. 외래상황에서는 한 번에 더 적은 문제를 다루고 경험 또한 덜 압도적이다. 감정 통제가 더 잘 되고, 환자는 무엇을 논의했는지 기억을 더 잘할 수 있다.

치료자와 환자의 상호작용에 적어도 다음과 같은 여섯 가지 특징이 존재한다면, 이 두 사람은 〈표 4-1〉에 소개된 주제들을 성공적으로 탐색할 수 있다. 여섯 가지 특징은 (1) 협력, (2) '자유 형식'으로 무의식 추적하기, (3) 환자가 이해된다고 가정하기, (4) 대인관계상의 구체성(specificity), (5) 파괴적인 패턴을 승인하는 것 피하기, (6) 면접자의 오류를 신속하게 바로잡기다.

협력

면접자가 환자의 견해와 반응을 **승인(지지)**하는 것이 기본 입장이다. **승인(지지)**으로 부호화된 치료자의 행동을 더 정확히 기술한 것이 〈표 3-2〉다(환자 D의 반응 참조). 3장의 〈표 3-2〉는 4명의 환자행동을 예로 제시하고 있다. 그러나 SASB 모형에서 기술한 행동을 통해 치료자를 포함한 모든 사람을 묘사할 수 있다. 〈표 3-2〉를 자세히 살펴보면, **지지**라는 것이 환자가 '옳고' 다른 사람들은 '틀렸다'고 치료자가 말하는 것이 아님을 알 수 있다. 오히려 치료자는 동정과 선의로 환자를 경청하고 정확히 듣고 있음을 전달한다. 치료자는 환자의 견해, 반응 또는 내면화에 대해 개인적으로 동의하지 않을 수 있지만, 어떻게 그리고 왜 그렇게 바라보는지 이해하는 것이다.

크게는 문화적으로, 구체적으로는 치료상황에서, 경청이 지니고 있는 엄청난 영향력이 종종 과소평가되는 경향이 있다. 예를 들어, 수련의는 보통 '단지 경청하는 것'이 효과적이지 못하고 의사가 된다는 것에 대한 그들의 생각과 부합되지 않는다고 본다. 마찬가지로, 아내들은 결혼생활에서 의사소통이 부족하다고 불평하지만 남편들은 "단지 감정을 표현하고 경청하는 것은 별로 도움이 안 된다."라고 반응한다. 대부분 대화가 과제지향적이지 않고 대화를 통해 문제의 해결책을 도출할 수 없다면 그것은 시간낭비에 불과하다고 생각한다. 이것은 잘못된 생각이다. 비록 상대방의 견해에 동의하지 않지만 이해하고 있다는 것을 보여 주는 것은 성공적인 의사소통에서 가장 기본이다.

경청이 비효과적이라고 믿는 것보다 더 잘못된 것은 경청하는 것이 '굴복하는 것'이라고 믿는 것이다. 아마도 이러한 태도는 부모가 "잘 들어."라는 말을 잘못 사용한 데서 기인하는 것 같은데, 부모가 아이에게 "정확히 내가 말하는 대로 해."라는 의미를 전달하기 위해 "내 말 잘 들어."라고 말했기 때문이다. 이러한 상황에서 "잘 들어."라는 말은 "내 말에 **동의해**."라는 의미를 가지고 있다. 사실 이 말은 "나에게 복종해."라는 것이다. 과거에 경청과 복종을 동일시한 경험이 있는 치료자나 배우자는 경청한다는 것이 결국 다른 사람(환자, 배우자)에게 통제권을 넘겨주는 것이라고 믿는 경향이 있다. 이런 관점에서는 경청하는 사람이 '패배자' 일 수밖에 없다. '경청하다' 가 '복종하다' 를 의미한다고 가르치는 사람들은 협력적 대인관계에서 필수인 경청(**승인**)을 억제한다.

역동적 면접자는 환자를 **통제**하거나, 판단하거나 또는 '다루려고' 애쓰지 않는다. 면접자는 협력적 경청을 통해 패턴을 발견할 수 있는데, 마치 탄광기술자가 풍부한 광맥을 발견하는 것에 비유할 수 있다. 면접자는 다음과 같이 협력에 대해 소개할 수 있다. "괜찮으시면, 잠시 당신과 이야기를 나누면서 제가 당신이 세상을 바라보는 방식처럼 세상을 바라볼 수 있을지 알고 싶습니다. 그런 다음, 가능하다면 당신(그리고 당신의 치료자)에게 도움이 될 만한 제안을 몇 가지 하겠습니다. 괜찮겠습니까?" 환자가 동의하면, 면접자는 이 면접에 대해 요금이 청구될 것이라고 말한 다음 계속하고 싶은지 물어본다. 이런 사안을 드러내 놓고 이야기함으로써, 그리고 환자에게 선택의 기회를 제공함으로써 협력적인 면접과정이 시작된다.

환자가 면접을 계속하겠다고 하면, 다음과 같이 말하는 것이 좋다. "당신에게 무엇이 필요하다고 생각하세요? 당신에게 도움이 될 만한 것이 무엇이라고 생각하시나요?" 환자는 이 질문으로 현재 자신의 상황을 어떻게 지각하고 있는지 진술하게 되는데, 그리 놀라운 일은 아니다. 면접자와 환자 사이에서 면접이 오고 가는 것은 마치 숙련된 테니스선수가 점수를 얻기 위해서가 아니라 상대방에게 공을 건네주려고 애쓰는 것과 같다. 상대방이 공을 받지 못하게 해서 경기의 흐름을 끊으려고 하기보다는 얼마나 오랫동안 공을 주고받을 수 있는지 보려는 것처럼 말이다. 면접자는 전달하고자 하는 메시지를 환자 옆에 놓아야 한다. 면접자는 환자에게 상처가 되는 말을 비유적으로 전하는 것을 피해야 하고, 환자가 반응할 수 없는 말을 해서도 안 된다. "왜 직원들의 허를 찔러 이겨야 한다고 생각하시나요?"와 같이 서툴게 '지적하는 말'은 언어적으로 벽돌을 쌓는 한 가지 예라고 할 수 있다.

협력적인 면접자는 면접과정 내내 환자의 반응을 면밀히 검토한다. 긴장, 눈물, 단음절어 또는 지나친 침묵은 환자가 면접에 대해 어떻게 느끼고 있는지 질문할 단서가 되기도 한다. 가끔은 면접의 목적을 다시 설명해 주는 것이 필요하다. "모든 것이 이해된다고 말씀드리고 싶습니다. 당신이 왜 그렇게 생각하고 느끼는지 이해할 수 있을 것 같습니다." 또는 "단지 현재 일어나고 있는 일을 저희가 이해할 수 있는지 확인하려는 것입니다. 그럴 수 없다면, 이 방식이 잘못되었다는 걸 알게 되겠죠." 면접자는 협력의 필요성을 강조하기 위해 다음과 같이 말할 수도 있다. "이런 식의 생각에 동의하지 않으시나요?" 만일 환자가 "동의하지 않습니다."라고 말하면, 면접자는 주제를 바꿀 수 있다. 물론 나중에 그 주제로 다시 돌아올 수 있다. 환자가 면접자와 더 친숙해지면, 이전에 힘들었던 주제로 다시 돌아가서 이야기할 의향이 생기기도 한다. 만일 면접자가 나서서 그 문제를 강요하려고 하면, 환자가 더 많은 증상을 보일 가능성이 있다.

'자유 형식' 으로 무의식 추적하기

행정상의 목적 또는 위기관리 차원에서 사실을 수집해야 하는 경우가 아니라면, 대화의 흐름은 환자의 무의식을 따라가야 한다. 면접자는 보통 내담자가 이야기하는 것에 반응하는데, 이 같은 대화에 익숙하지 않은 사람은 대화의 많은 부분이 조직적이지 않다고 느낄 수 있다. 방어기제가 갈등의 요소를 담고 있는 문제로부터 대화를 벗어나게 한다는 생각과는 달리, 역동적 면접자는 의식의 흐름이 주요 문제를 특징짓는다고 가정한다.

면접자는 무의식의 흔적을 따라가는데, 마치 사냥개가 여우의 냄새를 좇는 것에 비유할 수 있다. 사냥개는 들판을 영역으로 구분해서 체계적으로 추적하지 않고, 코를 땅에 대고 냄새가 나는 곳에서 길을 따라 원을 그리면서 돌아다닌다. 무의식이 향기를 깔아 놓았고, 면접자는 정신분석가인 Theodore Reik(1949)가 예시한 것과 같은 기법을 사용해서 무의식의 향기를 추적한다. 이 책에서 Reik는 환자가 선택한 비유, 상상, 꿈 그리고 자유연상에 주의를 기울이는 방법을 설명하고 있다.

의식의 흐름은 자유연상에 대한 면접자의 질문을 통해 〈표 4-1〉에 제시된 대부분의 입장을 접한다. 그렇지 않다면, 면접자는 다음과 같은 질문으로 대화의 주제를 이끌어 갈 필요가 있다. "형제들에 대해 이야기해 주세요." 또는 "어렸을 때 친구가 많았나요?" 또는 "어머니에 대해 이야기를 많이 했는데요. 아버지는 어땠나요?"와 같은 질문을 던진다.

환자가 이해된다고 가정하기

환자의 현재 지각을 명료화하고 환자의 현재 지각과 과거 간 연계를 명료화하는 과정에서, 역동적 면접자는 환자가 이해된다는 것을 가정한다. 여기에서의 기본 과제는, 대인관계 패턴과 심리내적 패턴이 어디서 발생했고 또 무엇을 위한 것인지 이해하는 것이다. 이 문제에 대한 환자의 관점을 면접자가 이해하려고 노력하면서 공감과 온정이 자연스럽게 나타난다.

다음에 제시된 사례를 보면 현재 보이는 증상과 초기 학습이 서로 연결되어 있다는 가정이 유용하다는 것을 알 수 있다(이 사례는 논란의 여지가 있는 자기파괴적 성격장애를 보여 주고 있다).

[I = 면접자, P = 환자]

I: 당신이 원하는 것을 이야기하면서 시작하는 것이 어떨까요? 무엇이 당신에게 도움이 된다고 생각하세요?

P: 뭐가 저한테 도움이 된다고 생각하냐고요? 음, 심리치료를 잘 모르겠어요.

I: 어떤 종류의 심리치료를 말씀하시는 건가요?

P: 정신과적인 심리치료?

I: 심리치료라, 좋습니다. 무엇을 치료하고 싶으세요?

P: 무엇을 치료하고 싶냐구요? 정말 형편없는 것들이죠. 제가 가지고 있는 형편없는 생각들. 제 머리에서 그런 생각을 지워 버리고 싶어요. 그렇게 할 수 있는 유일한

방법은, 다 말해 버리는 거죠.

I: 그런 생각들이 뭐죠?

P: 어떤 것들은 자살과 관련된 생각이고, 또 어떤 것들은 동성애적인 생각. 그리고 제 자신에 대한 심한 언어적 학대도 있고, 자신을 깎아내리는 생각이요. 다른 것들은… 잘 모르겠네요. TV에서 본 거, 범죄, 이런 것을 들으면 제 자신을 학대하는 말을 해요. 어떤 망할 놈이 감옥에 갈 거라 말하기도 하고, 제 자신을 통제할 수 없을 거라고 말하기도 하죠.

I: 당신의 공격성을 통제하지 못할 거라고 느끼는군요.

P: 상상 속에서 일어나는 일이 아니에요. 언어적인 학대죠. 니가 살인자가 될 거다, 강간자가 될 거다 뭐 그런 거죠.

I: 당신 머릿속에서 당신에게 말하는 목소리 같은 거?

P: 글쎄요. 제 생각이죠. 하지만 통제할 수 없을 것 같은 생각이죠.

I: 그러니까 험악한 비난으로 당신 스스로를 괴롭히고 있군요. 당신이 동성애자이고 당신은 강간범이 될 거고, 살인자가 될 거라고 말하고 있군요. 그런 이야기를 하고 있어요.

P: 네.

I: 그럴 땐 어떤 느낌이 드나요?

P: 지랄맞죠.

I: 그런 기분이 들면 어떻게 하세요?

P: 음. 아니라고 부인하거나 사실이 아니라고 말하기도 하고, 말하기가 어렵네요. 너무 불쾌해서.

I: 네. 당신이 편하게 느끼는 부분은 아니네요.

P: 물론이죠.

I: 거기에 삼가서 말하는 것이 있네요. 당신이 얼마나 형편없는지, 당신 안에 얼마나 나쁜 것들이 있는지를 말하는 거요. 이게 익숙하신가요?

P: 제가 그렇게 하는 거요?

I: 아뇨. 다른 사람이 그렇게 하는 거요?

P: 제 형이 저를 언어적으로 학대하곤 했죠.

I: 형이 그랬다고요? 어떻게요?

P: 네. 절 놀리고 욕하고 괴롭히며, "하찮은 겁쟁이 녀석." "이 호모자식." 거기 앉아서는 자주 절 그렇게 놀렸어요. 절 울리고, 저와 싸우려 하고요.

환자가 여덟 형제 중 막내였고, 형은 환자보다 두 살 위였다. 형의 언어적 학대가 아동기부터 청소년기까지 이어졌다는 사실을 안 후, 면접자는 다음과 같이 질문하였다.

I: 이 모든 일에 대해 무엇을 했나요?

P: 아무것도 안 했죠.

I: 왜 그랬죠?

P: 잘 모르겠어요. 전 그게 정상이라고 생각했어요. 누군들 뭘 하겠어요?

I: 무슨 말씀이죠?

P: 제 말은, 부모님도 형을 그만두게 할 수 없었어요. 전 자존감이 매우 낮아서 그걸 받아들였죠. 제가 형의 엉덩이를 걷어찰 수 있을 정도로 강해져서 더 이상 저한테 그렇게 하지 못하도록 하려고 노력했지만, 형 또한 그만큼 더 강해졌으니까요.

형제간의 싸움을 자세히 탐색한 결과, 다른 사람들을 해칠지도 모른다는 환자의 두려움과 스스로를 비난하는 성향은 형의 학대를 동일시하고(**공격**) 내사(*자기공격*)한 것임을 알게 되었다. 이것은 환자가 자신과 화해하기 전에, 우선 형에 대한 환자의 내적 표상과 화해할 필요가 있다는 치료적 시사점을 주었다.

대인관계상의 구체성

역동적 면접자는 대인관계상의 초점, 사랑-증오, 그리고 과밀착-분화 차원들을 계속 염두에 두면 적절한 관점(white heat of relevance)을 발전시킬 수 있다. 환자가 사용하는 용어가 너무 일반적이어서 이런 차원을 확인할 수 없을 경우에는 패턴 및 관련성을 확인할 가능성이 매우 낮다. 자신을 제외한 세상의 모든 것이 위대하다고 말하는 심각한 우울증에 시달리고 있는 목사님의 예를 살펴보자.

P: 모든 게 좋습니다.

I: 모든 것이 좋다고요?

P: 네. 어젯밤에 아내에게 전화가 왔어요.

I: 배우자께서 전화를 하셨군요?

P: 네.

I: 더 말씀해 주시겠어요?

P: 아내가 매우 걱정하고 있어요.

I: 통화내용을 다시 말씀해 주시겠어요? 제 말은, 부인께서 어떤 말씀을 하셨는지, 목

사님은 뭐라고 하셨는지, 그리고 부인께서 또 뭐라 하셨는지?

P: 아내는 제가 괜찮다고 하더군요. 제가 곧 나아질 거라고 말했어요.

I: 목사님이 곧 나아질 거라고 부인께서 말씀하셨군요?

P: 네.

I: 그 말에 목사님은 뭐라고 말씀하셨나요?

P: "나도 그랬으면 좋겠어."라고 말했죠. 그런데 오늘 기분이 영 아니네요.

I: 목사님께서 어떻게 느끼시는지 부인께서 어떻게 알죠?

P: 모르겠어요.

I: 부인께서 수정구슬(미래의 일을 내다보는)을 사용하시나요?

P: (웃음) 아뇨.

I: 부인께서 자주 그러시나요? 목사님께서 무엇을 생각하고, 어떻게 느끼는지 부인께서 말씀하시나요?

P: 네.

면접은 이런 방식으로 계속되었고, 결국 결혼생활에서 환자의 통제가 부족한 문제에 초점을 맞추게 되었다. 어느 순간 환자가 이 문제에 대한 자신의 분노를 흘리듯 말했지만, 환자의 분노는 이내 쑥 들어갔다. 면접자는 환자가 언뜻 보인 공격성에 놀랐다. 그때까지만 해도 이 환자는 자신의 절망적인 무가치함과 비교되는 부인과 딸의 완벽함과 관대함에 대해 매우 굳건했기 때문이다.

만일 환자가 전화통화에서 사용했던 말을 듣지 않았다면, 면접자는 환자가 자신을 부인의 **통제**에 복종하는 신하로 간주하고 있다는 사실을 알지 못했을 것이다. 환자의 관점에서 보면, 아내의 행동은 3장에서 기술한 환자 C의 여덟 번째 목록에 해당된다고 볼 수 있다. "환자 C는 배우자에게 무엇이 최선인지 알고 있다고 생각하여 배우자가 무엇을 해야 하고, 무엇을 생각해야 하며, 또한 어떻게 지내야 하는지를 정확히 말해 준다." 부인에 대한 이 환자의 반응은 환자 A의 배우자를 기술하고 있는 일곱 번째 목록에 해당된다. "환자 A의 배우자는 자신의 느낌이나 견해 없이 그저 포기하고 무기력하게 남편 식대로 한다." 이렇듯 환자의 우울증에 대해 매우 구체적인 견해를 갖게 되어 관계에서 힘의 불균형을 다루는 결혼상담이 필요함을 알았다.

파괴적인 패턴을 승인하는 것 피하기

역동적 면접자는 질환 자체의 증상을 공감하거나 지나치게 증상에 대한 정보를 수집하는 것을 삼간다.

공감 사용 시 유의할 점

정확한 경청은 매우 강력하기 때문에 면접자는 무엇을 지지하고 이해할지 주의 깊게 고려해야 한다. 치료자는 개인적인 강점을 지지해서 강화해야지 병리적인 부분을 강화해서는 안 된다. 고통과 병리 그 자체에 초점을 두고 지지할 경우 고통과 병리는 오히려 증가한다. 이 경우 환자의 고통에 대해 맥락을 고려하면서 이해, 지지하면서도 환자의 주의를 대처와 강점 키우기로 이동시키는 일을 해야 한다. 치료자는 마치 부모가 하는 것처럼 아이의 의존성을 증가시키는 것이 아니라 강점이 증가될 수 있도록 아이를 보호해야 한다. 부모의 관심과 염려가 '배경' 으로 존재하고, 그 가운데 아이는 안전하게 세상을 탐험하고 세상과 독립적인 관계를 형성할 수 있다. 아이가 스트레스나 도전을 받을 때 문제에 대한 부모의 관심이 증폭되지만 과하게 행해지지는 않는다. 맥락에서 벗어나 지나치게 지지하면 아이는 의존적이 되고 자신의 두려움과 욕구에 지나치게 초점을 둔다(9장 참조).

증상을 공감하면 의도하지 않게 고통을 강화하게 되는데, 이는 드문 일이 아니다. 나는 놀랄 만큼 공감적인 방식으로 우울증세를 보이는 환자들을 면접한 한 레지던트를 기억하고 있다. 그는 환자의 절망에 공감해 주었다. 환자의 우울에 담긴 고통을 이해하고 있다는 점을 분명하게 보여 주었다. 그런데 인터뷰 도중 증상이 눈에 띌 만큼 증폭되었다. 간호기록에는 환자가 면접을 마치고 떠날 때 매우 절망적이었고, 며칠 동안 우울증이 경감되지 않았다고 적혀 있었다.

미묘한 방식으로 환자의 병리적 패턴을 강화하는 것을 피해야 한다. 전문음악인이라 하더라도 구절법의 세세한 부분까지 주의를 기울이고 반복적으로 연습해야 하는 것처럼, 전문적인 면접자 또한 자신의 사소한 실수를 유심히 평가하고 진실되면서 정확한 어조를 제공하려고 노력해야 한다. 다음 사례에서는 우울하고 자기파괴적인 여자 환자가 자신에게 도움이 되는 것이 무엇인지 심리치료 실습생에게 이야기하고 있는 장면을 보여 주고 있다.

[P = 환자, T = 치료자]

P: 언젠가는 그 사람(가학적이고 줄곧 그녀를 거부했던 이전 남자친구)이 제가 정말 좋다고 생각할 거라 상상했어요.

T: 그가 다시 당신을 좋아하면 당신은 기분이 좋아지겠군요.

일반적인 기준에 따르면, 실습생은 환자의 관점을 완벽하게 공감하고 있다. 그러나 좀 더 깊이 들여다보면, 실습생은 환자가 지닌 근원의 파괴적인 목표를 지지한다고 말한 것이다. 실습생은 파괴적인 남자친구와의 관계를 재개하려는 환자의 소망을 강조한 셈이 된다. 공감적 개입은 파괴적인 공상을 더욱 상세하게 불러일으켰고, 결국 환자의 파괴적인 패턴을 중단하는 데 아무런 도움이 되지 않았다. 환자의 공상에 초점을 두기보다는 환자의 심리내적 과정에 초점을 두는 것이 더 건설적인 반영이었을 것이다. 다음의 예를 생각해 보자. "그분이 당신을 어떻게 생각하느냐가 당신이 자신에 대해 어떻게 느끼는지에 영향을 미치는군요." 하지만 환자가 이 말이 정확하다고 생각한다면, 이 환자는 학대적인 사람들을 내면화한 자신에 대해 좀 더 알 수 있는 방향으로 한 걸음 나아갔을지도 모른다.

면접자가 미묘한 방식으로 환자의 병리를 강화하는 또 다른 예를 살펴보자. 이 사례는 실습생들이 수업시간에 서로를 면접하는 장면이다.

> **P**: 로테이션이 바뀔 때마다 정말 미쳐버리겠어. 며칠 동안 화가 나서 견딜 수가 없어. 완전히 멍청이가 된 것 같아. 하지만 이젠 받아들이려고. 며칠 지나면 나아지겠지.
>
> **I**: 로테이션으로 인한 스트레스를 견디는 방법을 찾았군요.

여기서도 면접자는 공감적 반영, 즉 환자를 지지하고 있다. 그러나 면접자는 은연중에 환자가 불평하는 사람으로 적응하고 있는 것을 받아들이고 있다. 면접자와 환자 모두 시간이 지날 때까지 기다리는 것 외에는 아무것도 할 수 없다는 것에 동의하고 있다. 환자의 패턴에 초점을 두었다면 좀 더 건설적인 반영이 되었을 것이다. "당신은 스트레스를 받을 때 화를 내는군요." 이런 피드백을 제공할 때는 면접자가 실제로 온정을 느끼고 지지적인 것이 중요하다. 사소한 적대감도 **비난**으로 비쳐질 수 있고, 환자는 방어적으로 반응할 것이다. 환자 또한 *자기비난*하는 성향이 있다고 말한 바 있다.

환자의 진술을 더 들여다보면, 환자가 스스로를 '실패-실패' 상황으로 몰아가고 있음을 짐작하게 한다. 만일 환자가 한 말을 면접자가 승인하면 그것은 환자가 멍청이라는 것에 동의하는 것이 된다. 반면, 면접자가 환자의 진술에 맞서면, 환자는 비난받았다고 느낄 것이다. 이때 환자가 화를 내는 것이 하나의 방어기제라고 면접자가 설명해준다면, 이러한 딜레마를 해결할 수 있다. 이렇게 하면서 면접자는 환자가 스스로를 멍청이라고 생각하는 것에 대면시킬 수 있다. '직면'은 환자가 비난받는다고 느끼지 않을 때 지지가 된다. 만일 환자가 비난받는다고 느끼면, 면접자는 환자에게 상황이 지니고 있는 '실패-실패' 속성에 대해 생각해 볼 것을 요청할 수 있다. 이렇듯 면접자가 환자의 패턴을 정확히 명명하면, 환자는 패턴의 근원을 더 깊이 이해할 수 있는 단계로 나아간다.

정보 수집 시 유의할 점

면접자가 주로 정보를 얻는 데 초점을 둔다면 무의식에 접근하는 것이 힘들어질 수 있다. 면접자가 덜 지시적일 때 무의식의 향기를 따라갈 기회가 더 많아지고, 결국 무의식에 관한 중요한 정보를 얻을 수 있다. 과거에 공감적인 면접과 정보 위주의 면접을 비교한 적이 있다. 첫 번째 면접자는 정신과 레지던트로서 협력적인 방식에 대해 놀랄 만큼의 직관적인 이해력을 소유하고 있었다. 그 면접자와 함께 있을 때 환자는 매우 사려 깊고, 진지하며, 열심히 일하고, 책임감 있는, 하지만 혼란스럽고 불안하게 보이는 청년이었다. 환자는 결혼하는 것이 불안하다고 말하면서 장차 장인이 될 사람이 걱정된다는 식으로 말을 하였다. 20분간 진행된 면접에서 환자는 입원 전날 밤 느꼈던 자신의 부적절함과 극심한 불안에 대해 이야기하였다. 환자는 자주 자신의 방에 침입해서 역겨운 이미지를 벽에 그려 자신을 괴롭히는 FBI 요원에 대해 이야기하였다. 이 짧은 회기에서, 환자가 지닌 좋아할 만한 특성과 장점을 발견할 수 있었고 환자의 내면세계를 직접적으로 들여다볼 수 있었다. 환자는 사고장애를 지니고 있는 것이 분명해졌고, 잠정적으로 편집성 정신분열증으로 진단을 내렸다. 하지만 FBI 요원에 대한 생각을 제외하면 환자는 발달상의 위기를 경험하고 있는 여느 젊은이들과 전혀 다르게 보이지 않았다.

첫 번째 면접 후 환자는 방을 떠났고, 세미나 수업을 듣고 있던 학생들이 면접자의 방식에 대해 이야기하였다. 면접 방식과 환자에 대한 이해 등 집단원들의 제안을 듣기 위해 환자가 다시 들어왔다. 보통의 경우 집단리더는 면접자에게 환자와 환자 장인의 관계를 탐색하도록 지시했을 것이다. 또한 환자와 환자 아버지의 관계와 환자와 장인의 관계 사이에 어떤 연계가 있을 가능성을 고려해 보라고 했을 것이다. 관련성을 발견한다면, 왜 결혼약속을 하고 난 직후에 정신병적인 삽화가 발생했는지를 이해하는 데 도움이 되었을 것이다.

집단토의에서 한 레지던트가 면접방식이 만족스럽지 않다고 의견을 제시했고, 환자에게서 더 많은 정보를 수집해야 한다고 주장하였다. 환자가 다시 방에 들어왔을 때, 자진해서 정보 위주의 면접을 진행하였다. 즉, 불안과 사고장애가 언제 처음 발생했는지에 초점을 두고 면접이 진행되었다. 불면증, 몸무게 감소, 식욕 변화 및 관련 증상을 조사하였다. 이 면접도 20분간 진행되었는데, 증상과 관련해서 많은 정보가 수집되었다. 그런데 두 번째 면접이 시작되고 몇 분이 흐른 뒤 환자는 스스로를 정신병적인 것으로 묘사하였고, FBI 요원에 대한 불안감에 빠졌다. 환자가 다시 방을 나갔을 때, 세미나에 참석한 레지던트들은 면접과정에서 얼마나 많은 상호작용이 있었는지에 대해 논의하였다. 세미나에 참석한 모든 사람은 탐사하는 듯한 정보 위주의 면접에서 환자가 훨씬 더 병이 깊은 것처럼 보였다고 이야기하였다.

시간제한이 있을 경우, 역동(〈표 4-1〉의 III, V, VI)을 이해하고 싶은 욕구와 진단을 위해 정보를 수집하고 싶은 욕구(I, II, IV) 사이에서 갈등을 경험한다. 반드시 진단을 내려야 하는 경우, 면접자는 자유 형식을 사용해서 면접을 진행하다가 끝 무렵에 면접의 방식을 바꿔 체크리스트를 검토하겠다고 말할 수 있다. 그렇게 하면 아직까지 수집되지 않았던 정보를 마저 수집할 수 있다.

보고서를 작성하는 것과 관련해서는, 〈표 4-1〉에 나온 정보를 다음과 같은 제목으로 조직할 수 있다. '호소문제', '현재 대인관계', '과거 대인관계', '진단적 인상', '치료를 위한 제언' 등이다. 역동적 접근을 취하는 면접자가 작성한 보고서는 과거와 현재의 대인 지각에 따른 성격장애로 이해되어야 한다. 가능하다면, 근원의 무의식적인 목표가 분석에 포함되어야 한다. 치료를 위한 제언은 환자에 대한 패턴 분석과 논리적으로 일치해야 한다. 치료과정에서 좀 더 많은 정보를 수집함으로써 치료계획 또한 적절하게 수정되어야 한다.

면접자의 오류를 신속하게 바로잡기

면접자의 오류에 대해서는 '치료 접근'에서 상세히 정의할 것이다. 다섯 가지의 정확한 개입범주를 정의하고 예시하는데 정확하지 않은 개입은 모두 오류다. 정확한 개입은 환자가 새로운 패턴을 배우는 데 도움을 주지만, 오류는 부적응적인 패턴을 강화한다. 이 시점에서, 몇몇 독자들에게는 미묘하게 보일 수 있는 사례를 들어 오류를 바로잡는 것을 예시하고자 한다. 오케스트라에서 악기는 오보에의 A음에 정확히 맞춰야 한다. 만일 작지만 미묘하게 벗어날 경우 오케스트라 전체의 노력이 훼손될 수 있다. 마찬가지로, 면접자는 세밀하게 조율된 귀가 있어야 하고, 외부 관찰자에게는 이상하게 보일 수도 있는 세밀한 부분에 관심을 유지해야 한다. 나는 다음 사례에서 협력적인 관계가 촉진된 이유가 환자의 관점을 면접자가 아주 구체적으로 반영했고, 요구하지 않는 태도를 견지했으며, 자신의 오해를 빨리 수정했기 때문이라고 생각한다.

I: 저희가 어떻게 도와드릴까요?

P: 아무런 도움도 원치 않아요.

I: 그 말은 당신에게 아무런 문제가 없다는 뜻인가요?

P: 아뇨, 문제가 있죠. 단지 제가 해결할 문제라는 말씀입니다.

I: 스스로 문제를 해결해야 한다고 생각하시는군요.

P: 네.

I: 왜 그렇죠?

P: 그냥요. 누구도 신뢰할 수 없으니까요.

I: 아무도 신뢰할 수 없다고요?

P: 네.

I: 실망하셨던 것처럼 들립니다.

P: 네. 사람들은 도와주는 척하면서 해를 끼칩니다.

I: 사람들이 도와주면서 당신에게 해를 끼친다고요? 어떤 일이었죠?

P: 어머니는 제가 도움을 받을 수 있도록 저를 이 병원에 가두었으니까요.

환자는 가족의 비밀을 누설하는 것에 대해 매우 두려워했지만, 혼란으로 가득 찬 강압적인 가정환경을 계속해서 탐색해 나갔다. 극도로 적대적인 환자에게서 이렇듯 빨리 협력을 이끌어 낼 수 있었다는 것은 병동 직원들에게는 놀라운 일이었다. 이 환자는 병동에서 매우 공격적이고 파괴적이어서 자문을 요청해 놓은 상태였기 때문이다.

구체적으로 어떻게 협력적인 면접이 가능했는지는 알기 어렵다. 환자가 처음에 흥미가 없었다는 것은 분명하다. 아마도 초기에 던진 질문, "당신에게 아무런 문제가 없다는 뜻인가요?"가 중요했을지도 모른다. 아무런 도움도 원치 않는다는 환자의 진술을 단순히 긍정한 것이 환자의 파괴적인 입장을 확인한 셈이 된 것이다. 또 한편으로는, '직면' 하고 있는 치료자가 내담자에게는 마치 요구하는 것이 많은 어머니처럼 비쳐졌을지도 모른다. 예를 들어, "당신은 지금 정신병원에 있고, 그것은 무언가에 대해 도움이 필요하다는 것을 의미합니다."와 같은 말은 매우 강력한 효과를 지녔을 수도 있다. 다소 아이러니했던 질문, 즉 "그 말은 당신에게 아무런 문제가 없다는 뜻인가요?"를 통해 치료자는 환자를 있는 그대로 허용할 의향이 있음을 보여 주었다. 면접자는 '굴복하고(복종)' 물러났지만(**해방**), 결국에는 환자가 도움을 받기 위한 장소에 있으면서도 왜 아무것도 원치 않는지를 자유롭게 이야기하도록 허용한 것이다.

면접자는 이런 식으로 '환자에게 자신의 머리를 내어 준' 후, 환자가 정확히 어떻게 느끼는지를 이해하려고 애썼다. 면접자는 "**실망하셨던 것처럼 들립니다**."라고 말하면서 실수를 범하였다. 이때 면접자는 사실은 환자가 도움을 원하고 있다고 생각해서 **보호**로 코딩했지만, 과거에는 도움을 받지 못했기 때문에 **무시**로 코딩하였다. 하지만 환자가 "사람들은 도와주는 척하면서 해를 끼칩니다."라고 말하면서 치료자의 반영을 수정하였다. 면접자는 **공격**과 **비난**으로 병원(그리고 가정)에 대한 환자의 관점을 수용했는데, 이를 통해 면접자가 환자의 눈을 통해 현재 세상을 바라볼 수 있다는 것을 전달하였다.

입원을 처벌로 간주하는 것에 대해 이야기하면서, 환자는 병동 직원들에 대해, 그리고 직원들이 자신에게 저지른 학대에 대해 적대적인 말을 많이 하였다. 면접자는 그런 불평을 들은 적이 있다고 말했을 뿐 더 이상 그 문제에 대해 탐색하지 않았는데, 이는 면접자가 Sullivan(1953)이 말한 '선택적 부주의(selective inattention)'를 보인 것이다(무시). 만일 환자의 비난을 깊이 다루었다면, 병동에서 계속되고 있던 환자의 파괴적인 행동을 증가시켰을지도 모른다. 대신, 면접자는 환자의 주의를 파괴적인 행동의 근원과 현재 집에서 경험하고 있는 딜레마로 되돌렸다. 이러한 방향 설정은 '적절성(white heat of relevance)'을 증가시켰다.

독자들은 면접에서 범한 실수를 주의 깊게 반성하는 것이 매우 도움이 된다는 것을 발견할 수 있을 것이다. 나는 10년 동안 면접에서 내가 했던 말을 기록해 왔다. 환자들에 대해서도 동일한 방법을 사용하려고 노력했는데, 빨리 적을 수 없을 경우에는 쉬운 말로 바꿔 기록하였다. 이 방법을 통해 훨씬 적게 말하면서 더욱 명료하게 말하는 법을 배울 수 있었다. 면접자는 어떤 것을 왜 했고 또 어떤 것은 왜 안 했는지를 스스로에게 설명할 수 있어야 한다. 자신이 치료 중에 한 말을 기록해서 스스로를 직면하는 것은 치료자의 자기계발을 위해 매우 중요한 일이다. 연주가가 자신의 녹음된 연주를 주의 깊게 경청하는 것에 비유할 수 있다.

치료 접근

개관

아주 간단히 말하자면, 역동적 면접에 기초한 재구성적인 심리치료는 환자로 하여금 자신의 대인관계 패턴과 그러한 패턴이 어디에서 유래되었는지, 그리고 그러한 패턴이 무엇을 위한 것인지 파악하는 데 도움을 준다. 환자는 자신의 대인관계 패턴의 기원과 목적을 인지적으로 그리고 정서적으로 이해하게 된다. 점차 오래된 습관을 버리고 싶은지에 대한 질문에 익숙해진다. 치료국면에서 가장 힘든 부분은 오래된 방식을 포기하기 위한 결정인데, 의식적으로 일어날 수도 있고 그렇지 않을 수도 있다. 이전의 소망을 포기하거나 또는 오래된 두려움에 맞서겠다는 결심이 선 이후에는 새롭고 더 나은 패턴을 배우는 과정이 시작될 수 있다.

심리치료를 학습경험으로 해석하는 것은 새로운 일이 아니다. 정신분석가들이 흥미를 보이는 임상적인 문제들에 학습의 원리를 적용한 역사 및 그 잠재성은 많은 사람들이 논의해 온 것으로, 1950년 Dollard와 Miller가 시작하였다. 또한 1980년 Marmor와

Woods는 학습이론과 정신분석의 가교에 대해 개관한 바 있다. 역사적으로, 성격에 대한 학습적인 관점과 정신분석적 관점은 서로 반대되는 위치에 있었다(예: Mischel, 1973). 학습의 원리를 심리치료에 적용하는 사람들은 보통 무의식에는 관심이 없는 것으로 알려져 있다. 반면, 성격을 설명하기 위해 무의식적인 갈등에 호소하는 사람들은 대인관계적 요인이나 상황적 요인을 평가하는 것에 흥미가 적은 것으로 알려져 있다. Wachtel(1973)은 '상황론자'와 '성격이론가'들이 서로 그렇게 멀리 떨어져 있을 필요가 없다고 주장하였다. 상황변수는 종종 성격에 대한 학습적인 관점과 동일시되고, 개인변수는 보통 정신분석적인 관점과 동일시되는 경향이 있다. 둘 다 중요하며, 이 책에서의 접근에 따르면 입력을 평가하는 것은 '상황'을 다루는 것이고, 반응과 내면화를 평가하는 것은 '성격'을 다루는 것이다.

입력, 반응, 내면화로 구분하는 것이 편리하긴 하지만, 지나치게 단순화시키는 것이기도 하다. 예를 들어, 개인의 반응은 상황에 영향을 미치고, 변화된 상황은 다시 그 사람에게 영향을 미친다. 상보성, 정반대, 안티테제와 같은 SASB 원리들은 상황이 얼마나 자기충족적 예언의 방향으로 돌아갈지를 보여 준다. 곧 다가올 치료자의 휴가에 대해 불안해하는 BPD 환자를 통해 이러한 순환의 예를 엿볼 수 있다. 이 환자는 어린 시절 버림받은 경험 때문에 치료자가 휴가 가는 것을 버림받는 것으로 간주하고 있다. 환자는 치료자를 통제하고 매달림으로써 혼자 남겨지는 것에 대항한다. 이 환자의 요구적인 의존적 성향으로 인해 치료자는 부담을 느끼고 미묘한 방식으로 물러선다. 이러한 치료자의 행동을 자신이 두려워하는 버림으로 해석하고, 환자는 결국 불안이 상승한다. 강한 두려움 및 소망과 관련된 왜곡된 인식 때문에 환자는 반복해서 동일한 딜레마를 재창조하고 있는 것이다. 정신분석가들은 이것을 '반복적 강박 충동'이라 부른다.

재구성적 역동치료(reconstructive dynamic therapy)에서는 이렇듯 반복적으로 나타나는 부적응적 패턴을 수정하고자 한다(예: Strupp & Binder, 1984). 치료자가 역동적인 면접을 사용하고 정확한 치료적 중재가 최대화되면서 실수를 최소화할 때, 치료는 더욱 더 효과적이다. 정확한 치료적 중재에는 (1) 환자와 치료자 간 협력을 촉진하는 중재, (2) 환자로 하여금 현재와 과거의 패턴, 그리고 그 둘의 관계를 인식하도록 도와주는 중재, (3) 부적응적인 패턴을 차단하는 중재, (4) 파괴적인 소망이나 두려움을 포기하도록 환자의 의지를 강화하는 중재, (5) 환자가 새롭고 좀 더 적응적인 패턴을 배우도록 도와주는 중재라는 다섯 가지 범주가 포함되어 있다. 만일 치료자의 활동이 이 다섯 가지 조건에 부합되지 않는다면 그것은 아마도 오류일 것이다. 다섯 가지 범주는 대체로 위계적인 순서로 배열되어 있다. 예를 들어, 협력이 없으면 나머지 네 가지 조건은 충족될 수 없다. 또한 대인관계 패턴을 인식하지 못하면 부적응적 패턴을 차단하는 일은 더욱 힘들다. 마찬가지로, 환자가 자신이 부적응적인 것을 하고 있음을 알지 못하면, 그것을 포기하려고 결심하는 것은 가능하지 않다. 그리고 계속해서 환자가 오래된 패턴을 지속하고자 하면 새로운 패턴이 제자리를 잡을 수 없다.

대부분 특정 중재의 효과는 그 이후에 나타나는 치료과정을 검토함으로써 즉각적으로 평가할 수 있다. 예를 들어, 전화에 대한 응답이 너무 늦다고 치료자를 공격하는 BPD 환자가 있다고 가정해 보자. 이러한 패턴은 **무시**당했다는 인식에 대한 **공격**이라고 코딩할 수 있다. 효과적으로 개입하기 위해서는 환자를 다섯 가지 범주로 직접 이동시켜야 한다. 특정 시점에서 각각의 범주를 실행할 수 있는 방법은 매우 많으며, 모든 방법이 정확할 수 있다. 치료 초기에는 이 중에서 앞의 범주들을 강조하는 것이 좀 더 효과적이다. 환자가 변화하기로 결심하고 새로운 패턴을 배우는 것은 이전 기술을 숙달한 이후에 일어난다. 성격장애를 지니고 있는 사람들은 우선 강요나 위축보다는 협력하는 법과 자신에 대해 깊이 반성하는 법을 배워야 한다. 환자는 이러한 기본적인 기술을 숙달한 이후에야 오래된 습관을 포기하고 새로운 습관을 학습하는 좀 더 어려운 단계로 나아간다.

다섯 가지 범주가 모두 유용하지만, 하나 또는 그 이상을 건너뛰었을 때에도 재구성이 성공적으로 일어날 수 있다. 예를 들어, 근원적 소망과 두려움에 대한 의식적 '통찰' 이 반드시 필요하지는 않다. 전투부대에서 복무하고 있는 ASP 남성 환자를 생각해 보자. 이 부대는 친절하지만 매우 강인한 성격을 지닌 상관이 통솔하고 있고, 위험한 임무를 성공적으로 수행해 왔다. 이 환자 또한 변할 수 있다. 환자의 외상적 경험은 환자가 다른 사람들과 정서적 유대감을 형성하고 상호 의존적 관계를 견디는 감각을 발달시키는 데 도움이 될 수 있다. 이로 인해 ASP 환자의 지배 욕구와 자율성 유지 욕구가 감소되고, 애착에 대한 자연스러운 소망이 회복될 수 있다. 안타깝지만 이러한 자발적이고 자연스러운 치유는 잘 일어나지 않는다. 의지로 일어나게 하는 것도 어려운 일이다.

치료목표가 없다면 치료에서의 오류를 정의할 수 없다. 그리고 정상이라는 것이 무엇인지 정의하지 않은 채 치료목표를 설정하는 것도 불가능하다. 3장에서 우리는 정상적인 행동을 우호적 애착과 적당한 정도의 과밀착 및 분화로 정의한 바 있다.[2] 2장에서 선별적으로 제시한 대상관계 이론을 검토해 보면 이러한 정의가 타당하다는 것을 알

2) 3장에서의 논의에 따르면, 정상적인 사람은 종종 상황에서 요구하는 어떤 입장도 수용할 수 있을 만큼 충분히 유연해야 한다.

수 있을 것이다. 만일 어떤 장애 패턴이 극도의 자율성 또는 극도의 과밀착을 포함하고 있다면, 치료계획에는 그것을 감소시키는 것이 포함되어 있을 것이다. 너무 혼자 지내는 환자들(ASPs, AVDs, SOIs, PAGs)은 우호적이면서도 적당하게 밀착되는 법을 배워야 한다. 지나치게 관계에 함몰되어 있는 사람들은 분리하는 법을 배워야 하는 것이다. 상호의존성 정도가 어떠하든 장애 패턴에 적대감이 포함되어 있으면 감소되어야 하고 이 사람은 좀 더 우호적이 되는 법을 배워야 한다.

적대감을 기본적인 에너지라고 믿고 정화적인(cathartic) 모델을 사용하는 데 익숙한 치료자들은 이런 방식으로 치료목표를 설정하는 것에 반대할지도 모른다. 그들은 다음과 같이 질문할 것이다. "분노는 어떤가요? 정상적인 사람이라면 쉽게 분노를 표현해야 하는 것 아닌가요?" 현재로서의 답은 "반드시 그런 것은 아니다."이다. 분노표현 자체가 목적이고 그것이 건강하다는 잘못된 믿음 때문에 많은 관계가 무너졌다. 성격장애의 패턴을 분석해 보면, 화는 그것이 통제를 위한 소망을 담고 있는지 아니면 거리를 두려는 소망인지 해석해야만 한다. 우리는 2장에서 현실의 기준선을 차지하고 있는 기본적 에너지로 적대감을 바라본 Freud식의 관점을 거부하였다. 분노는 친밀함 또는 거리두기와 관련해서 문제가 있다는 신호로 바라보아야 한다. 분노는 누군가를 통제하거나 누군가로부터 멀어지려고 할 때 사용된다. 따라서 분노에 대한 적절한 치료계획은 분노를 발생시키는 과밀착-분화의 문제를 다루어야 하는 것이지, 분노 그 자체를 다루는 것은 아니다(이러한 관점은 1989년 Benjamin이 개발하고 자세히 예시되어 왔다).

재구성적인 치료에서 환자와 치료자는 일주일에 한 번 만난다. 환자가 좀 더 강도 높은 치료를 원하면 일주일에 두 번까지 만날 수도 있다. 위기상황이거나 입원을 피하기 위해 좀 더 자주 만나야 할 경우를 제외하면, 일주일에 두 번을 초과해서 만나는 것은 불필요하다. 환자와 치료자는 만남의 횟수가 적절하게 증가하는 것이 자살사고 또는 살인행위를 억제시키고 있다고 확신해야 한다. 위기상황에서 환자를 지지하려는 치료자의 행위는 환자의 자력을 쌓는 데 도움이 되어야 하고, 자살 또는 다른 위험한 충동에 대처하는 환자의 능력과 의지를 향상시켜야 한다. 추가로 회기를 실시했는데도 위기가 적절히 억제되지 않는다면 회기 수를 늘리는 것을 중지해야 한다. 이는 곧 환자를 입원시켜야 함을 의미한다. 더 자주 만나면 증상이 줄어들어야 한다는 규칙을 적용함으로써 양육이 증가하는 것을 억제할 수 있다.

치료자는 항상 적절성이 최고조에 달해 있어야 한다. 재구성적인 학습치료에서는 치료자의 강도 높은 집중이 필요하다. 나는 비행기 조종사처럼 심리치료자도 과로하거나 심적으로 동요하거나 산만해지거나 또는 지나치게 피로할 경우 위험할 수 있다고 본다. 치료자가 행하는 모든 개입은 다섯 가지 범주 중 하나에 해당되어야 하고 모든 사건을 평가해야 한다. 치료관계는 매우 중요하지만 깨지기 쉽다. 오류를 감지하고 초기에 수정해야 하는데, 나쁜 습관을 계속해서 반복하면 음악을 망쳐 버린다.

성격장애를 재구성하는 데에는 최소 1년의 시간이 필요하다. 일반적으로는 2년 또는 그 이상이 걸린다. 그러나 내가 경험한 바로는 근원적 소망 및 두려움과 관련된 주요 패턴에 초점을 맞추는 법을 더 많이 배울수록, 환자들은 더 빨리 재구성의 단계까지 나아가곤 하였다. 최대한 효율적이고 싶은 내 열망 때문에 '지나치게 정확' 해서 사람들을 놀라게 했고, 결국 치료를 중단하는 경우도 있었다. 균형을 찾아야 하고, 악기를 연주하는 법을 배우는 데에는 오랜 시간이 걸린다는 사실 또한 기억하고 있어야 한다.

다섯 가지 정확한 반응

최고조 상태로 적절성을 유지하기 위한 기술을 연마하고자 하는 치료자들을 위해 다섯 가지 범주의 정확한 반응을 좀 더 자세히 기술해 보았다.

협력적 관계 증진하기

치료적 관계가 좋지 않다면 좋은 치료적 성과를 기대하기 어렵다(Strupp, 1980, 1989; Gerstley et al., 1989). 많은 연구들이 협력을 증진하거나 감소시키는 요인을 파악하는 데 노력을 기울이고 있다(예: Luborsky & Auerbach, 1985).

환자와 치료자는 협력해서 '그것' 에 대항해야 한다

환자와 치료자가 '같은 편'이 되겠다는 약속을 한다. 즉, 치료 초반에 환자와 치료자는 효과적이지 않은 환자의 패턴을 변화시키기 위해 협력할 것에 동의하는 것이 좋다. 두 사람이 협력해서 퇴행적인 '그것' 에 대항하기로 동의를 하면, 환자의 문제가 행동으로 표출되는 위기상황에서 협력적인 관계가 유지될 수 있다. 그러한 상황에서 치료적 개입은 '그것' 에 대항하는 것이지, '환자' 에 대항하는 것은 아니다.

예를 들어, 매우 격정적인 회기가 끝난 후 치료자에게 전화를 걸어 화를 내는 BPD 환자가 있다고 가정해 보자. 이 환자는 치료자가 너무 적대적이어서 치료가 아무런 의미가 없다고 말하고 있다. 환자는 치료자에게 다음과 같이 말하였다. "전 끝내겠어요. 그러면 선생님께서는 그 사실을 신문에서 읽을 수 있을 겁니다." 우선, 치료자는 위기관리상 다음 단계에 해당되는 예방적 조치를 취한다. 그런 다음, BPD 환자가 적절한 자아강도를 지닌 경우 치료자는 다음과 같이 말할 수 있다. "오늘 우리가 했던 것에 대해 당신의 일부분이 두려워하고 화를 내고 있네요." 치료자는 '이것을 이기겠다고 결심하고 이러한 혼란에서 벗어나 성장하려고 노력하는 환자의 또 다른 부분'을 분리해서 온정을 가지고 이야기한다. 이렇듯 치료자는 협력해서 '그것' 에 대항하기로 했던 원래의 약속을 언급함으로써, BPD 환자가 위기의 순간에 강하게 버티도록 도와줄 수 있다. 이렇게 약속을 함으로써 치료자는 대인적으로 강해지고, 환자의 퇴행적인 '부분' 을 접했을 때 침착할 수 있다. 반면, 환자의 '변화를 원하는 부분' 을 충실하게 지지할 수 있다. 전반적인 생각은 '나와 당신이 그것에 대해 대항하고 있다.'는 것이다. '그것' 은 과거, 오래된 패턴 그리고 오래된 소망 및 두려움과 관련된 파괴적인 부분이다.

'잘못된 환자 증후군' 은 치료할 수 없다

첫 회기에 환자들은 다른 사람들이 저지른 잘못된 행동에 불평하고 화를 낸다. 물론, 그런 불평 중에는 현실적으로 타당한 것도 있다. 협력적인 관계를 시작하기 위해 치료자는 환자를 지지하고 이해해야 한다. 그러나 다른 사람들이 계속해서 잘못된 방식으로 행동한다고 하더라도 환자 또한 다르게 행동해 보아야 한다는 그 의향을 보여 주어야 한다. '잘못된 환자 증후군'에 몰입되어 있는 사람들은 스스로에 대해서는 작업할 의향이 없는 사람들이다. 이들은 어떻게든 치료자가 자신이 원하는 방식대로 다른 사람들을 바꿔 주기를 기대한다. 잘못된 환자 증후군을 나타낼 가능성이 많은 집단은 PAR과 NPD다.

협력하기 위해서는 자신의 패턴을 바라볼 의향이 있어야 하는데, 그것이 어디에서 비롯되었는지, 무엇을 위한 것인지, 그리고 그것을 변화시키기 위해서는 무엇을 해야 하는지 고려할 줄 알아야 한다. 이러한 전제조건을 직접적으로 이야기하면 협력할 의향이 없는 사람을 선별해 낼 수 있다. 첫 회기가 끝난 후, 잘못된 환자 증후군을 가진 사람들은 이것이 자신을 위한 치료가 아니라고 결정할 것이다.

치료에 대한 법원의 명령은 협력에 방해가 될 수 있다

법원으로부터 명령을 받고 치료를 받으러 온 사람들은 대개 개인적인 변화에 관심이 없다. 청소년치료센터와 같은 공공기관에서도 동일한 문제가 발생한다. 이런 상황에서 치료자는 환자가 치료를 원하지 않더라도 무언가를 제공해야만 한다. 치료자와 환자는 "준비가 되면 나중에 치료하죠."라고 할 만큼 여유롭지가 않다. 이렇듯 명령을 받아 치료를 행할 경우 우선 해야 할 일은 협력적인 만남을 유지하는 것이다. 어쨌든, 치료할 기회를 흘려보내기보다는 치료를 받는 것이 더 많은 보상을 가져다준다는 것을 환자가 이해하도록 해야 한다.

환자의 장애와 관련된 패턴과 근원적 소망 및 두려움을 알게 되면, 이렇게 힘든 과제에서 치료자의 창의성이 고취될 수 있다. 예를 들어, ASP의 통제와 자율성에 대한 욕구를 인식할 수 있고, 이러한 인식은 예상되는 이유에 공감함으로써 더 깊어질 수 있다. 또한 논리적으로 치료계획을 설명할 수 있다. 예를 들어, 젊은 ASP에게 다음과 같이 이야기해 준다. "우리는 당신을 광야 생존여행에 보내서 매우 색다른 경험을 해 보도록 할 것입니다. 신뢰할 수 있는 상황에서 다른 사람들에게 의지하는 것이 어떤 느낌인지 이해할 수 있으면 좋겠습니다." 광야탐험은 ASP의 선호와 욕구에 적합하게 조직되어야 하지만, 한편으로는 환자에게 필요한 새로운 경험을 제공해야 한다. 강인하고 존경받으며 남성적인 사람들이 최고의 지도자가 된다. 그리고 집단의 협력과 결속이 강화되도록 활동을 선별해야 한다. ASP는 자신의 결정이 최대한 허용되고 자신에게 발생하는 일을 통제할 수 있을 때 좀 더 편하게 느낄 것이다. 물론, 이러한 모든 계획은 법과 윤리가 허용하는 범위 내에서 이루어져야 한다. 프로그램 관리자는 가혹하고 학대적일 수 있는 제재들을 허용하는 지침을 개발하는 데 기관의 심의위원회와 함께 공통의 책임을 질 필요가 있다. 이러한 개입은 평범한 절차로는 실패할 수밖에 없었던 사람들에게 유익한 영향을 미칠 가능성이 높다.

치료자는 환자와의 동반의존을 피해야 한다

어떤 치료자들은 협력할 의향이 없는 사람들(법원의 개입이 없다고 가정했을 때)을 거부하는 것이 너무 어렵다고 주장한다. 이런 치료자들은 치료적인 관계를 신뢰하기 위해서는 지지와 시간이 필요하고, 그런 후에 환자의 방어기제를 직면해야 한다고 말할지도 모른다. 이에 대한 반박의견은 다음과 같다. 제한된 시간과 자원을 그것을 잘 사용할 의향이 있는 사람들에게 사용하는 것이 어떤가? 치료 초기에 변화와 성장에 대한 의지를 이끌어 내는 데 실패한다면, 환자와 치료자 사이에는 파괴적인 동반의존(codependency)이 발생할 가능성이 매우 높다.

환자가 협력에 동의하지 않는다면, 치료로 유발되는 치료자의 행동이 나타날 가능성이 매우 높다. 앞서 역동적 면접에서 논의했던 것처럼, 검토되지 않고 구조화되지 않은 치료자의 공감은 오히려 장애의 특징적인 패턴을 고취시킬 수 있다. 분별없는 치료자의 공감은 오히려 NPD를 고취시키고, PAR의 분노를 촉진하며, DPD의 무기력을 증가시키고, OCD의 사고를 촉발하며, NEG의 패턴을 악화시키고, HPD와 BPD의 지나치게 요구하는 성향을 보상해 준다. 3장에서 SASB 상보성의 원리를 적용해서 동반의존을 설명한 바 있다. 치료자들 또한 이런 강력한 대인관계적 영향에 대해서는 면역력이 없다. 치료자는 자신에게 권리가 있다고 생각하는 믿음(entitlement), 의존성, 자폐성, 또는 학대와 같은 패턴에 힘을 실어 주는 서비스를 제공해서는 안 된다.

환자들이 특정 치료를 선택하기까지는 두세 명의 치료자를 고려하도록 허용해야 한다

집을 사거나, 대학을 선택하거나 또는 직장을 고르는 것처럼 중요한 결정을 내릴 때 어느 정도 따져 보지 않는 사람들은 거의 없다. 마찬가지로, 치료는 정서적으로 그리고 재정적으로 매우 중요한 헌신이기 때문에, 환자들은 치료자의 철학과 접근방식을 조사해 보는 것이 좋다. 환자는 치료자를 선택할 권리가 있다. 이 말은 환자들이 최종 선택을 하기까지 두세 명의 치료자와 면접하고자 하는 것을 비난해서는 안 된다는 것을 의미한다.[3] 일단 선택한 치료가 시작된 이후에는, 환자가 만족하지 않게 되는 시점이 언제이든 그때부터 최소한 3회기는 치료를 유지하는 것에 동의해야 한다. 그 이유는 치료자가 환자의 오래된 패턴을 불러일으켜서 직면시키면 치료자에 대해 불편함과 분노를 느끼는 시기가 오기 때문이다. 치료에서 도망치는 것은 매우 자연스러운 일이지만 또한 파괴적인 반응이다. 첫 회기에 다음과 같이 계약을 맺을 수 있다. "우리가 몇 번 더 만난 다음, 계속해서 이런 방식의 치료를 원하는지 물어볼 겁니다. 그때 당신이 치료를 중단하고 싶다고 이야기할 경우, 저는 그 이유를 물어보고 탐색하기 위해 적어도 세 번은 상담을 받으라고 요구할 겁니다. 그렇게 하면, 치료를 그만두고 싶다는 결정이 단지 변화를 원하지 않는 당신의 일부분에서 기인한 것은 아님을 분명히 알 수 있을 겁니다."

어떤 환자가 치료에 대해 간접적으로 불평하는 소리를 낼 수 있다. 그때 치료자는 딴 생각을 하거나 날카로운 목소리로 반응할 수도 있다. 그러면 환자는 이러한 최소한의 단서를 가지고 치료자가 화가 났고, 자신을 거부하고 돌보지 않는다며 치료자를 비난할 수 있다. 이렇게 성격장애를 지니고 있는 환자들과 일할 때에는 순간적으로 상태가 나빠지는 일이 많이 발생한다. 치료적 맥락에서는 이런 상황이 발생했다고 간단히 인정하고, 실제적이고 사무적인 방식으로 처리할 수 있다. 치료자는 계속해서 주의집중을 하고, 다섯 가지 범주에 해당되는 반응을 하면 된다.

부정적인 전이는 파괴적이기 때문에 즉각적으로 조치를 취해야 한다

협력적인 만남은 중요하기 때문에 부정적인 전이가 발생했다면 즉시 수정되어야 한

---

3) 여기서 이 말을 하기가 주저되는데, 이미 과부하에 걸린 심리치료센터가 심리치료사의 변화를 요구하는 성격장애 환자를 더 많이 보게 될까 걱정되기 때문이다. 자본주의는 좋은 것도 많지만 나쁜 것도 많다. 정신건강 서비스 분야에서는, 사람들이 비싼 심리치료 요금을 지불할 여력이 없기도 하지만 심리치료사를 공급하는 것에도 제약이 많다는 것이 불행한 현실이다. 심리치료사의 가용시간이 심각하게 제한적이기 때문에, 문제를 해결할 방법은 아마도 식권을 나누어 주는 식으로 심리치료를 제공하는 것이 될 수 있다. 즉, 심리치료를 일정 정도 경제적으로 어려운 사람들에게 제공하면서, 이렇게 부여받은 빈약한 권리를 스스로 어떻게 받아들일지 선택할 수 있도록 해야 한다.

다. 환자가 치료자에게 화나 있거나 치료자를 두려워하는 동안에는 재구성적인 치료가 진행될 수 없다. 무엇 때문에 환자가 놀랐든 아니면 화가 났든 솔직하게 그러한 감정을 즉각적으로 탐색해야 한다. 치료자는 이에 대한 자신의 생각이나 감정을 솔직하게 드러내야 하고, 만일 실수를 범했다면 확실하게 인정해야 한다. 환자가 치료자를 신뢰하고 좋아하게 되면 치료가 더 빨리 진전되므로 껄끄러운 부분은 즉시 해결해야 한다. 보통, 부정적인 전이를 해결해 가는 과정은 환자에게 좋은 학습경험이 된다.

이렇게 잠시 동안 치료관계가 힘들어지는 것 이외에, 기본적으로 환자와 치료자가 어울릴 수 없는 경우가 있다. 가끔은 부정적인 전이가 타당할 때도 있다. 성격장애를 지니고 있는 사람들은 습관적으로 대인관계에서 서툰 모습을 보이는데, 치료자들 또한 예외가 아니다. 협력적인 계약은 현실에 바탕을 두어야 하기 때문에 대인관계 방식에 문제가 있는 치료자들은 그러한 문제를 개인적으로 직면해야 한다. 만일 환자가 치료자의 취약한 부분에 영향을 미친다면, 다음과 같은 설명과 함께 의뢰를 감행해야 한다. "지금은 제가 당신에게 도움을 줄 만한 적당한 사람이 아닌 것 같습니다. 당신에게 도움이 될 수 있는 사람을 찾도록 도와드리겠습니다."

치료자는 자신의 해결되지 않은 관계 패턴과 부합되는 관계 패턴을 지닌 환자를 치료하지 않도록 주의를 기울여야 한다. 관계가 해결되었다는 것은 치료자가 그 관계에 대해 우호적이지 않다 하더라도 편하게 분리될 수 있다는 의미다.

정서적 유대와 분화의 발전 가능성이 존재해야 한다

치료관계에서 정서적 유대와 분화가 발달할 가능성이 없다면 치료계약을 맺어서는 안 된다. 예를 들어, PAR과 ASP와는 정서적 유대를 형성하기가 매우 어렵다. 치료자와 환자 사이에 애정이 발달할 가능성이 전혀 없다고 느껴지면 치료 자체를 시작해서는 안 된다. 환자 또한 분화가 일어날 만큼 충분히 강한 자기의식을 지니고 있어야 한다. 어떤 BPD는 포용적인 양육자와 융합함으로써 자신을 구원하려는 결심이 너무나 강해, 자기(self) 안으로 확장될 만한 핵심을 발견하는 것이 어렵다. 정신분열증 환자들은 정서적 유대와 분화 모두에 대해 심각한 손상이 있기 때문에 이러한 방식으로는 치료할 수가 없다. 정신분열증을 심리치료로 다룰 수 있는지에 대해서는 논쟁의 여지가 많지만, 그러한 아이디어는 여전히 실행 가능한 대안으로 남아 있다(McGlashan, 1983). 나는 심각한 사고장애가 있는 정신분열증 환자를 성공적으로 치료한 적이 두 번 있다. 그 과정은 아슬아슬할 만큼 강렬했고, 매우 위험하다고 느껴졌으며, 형용할 수 없을 정도의 은밀함이 있었다.

패턴 인식 촉진하기

통찰은 치료의 한 단계이지 목표는 아니다

한 사람의 성격에 대한 통찰(아 그렇지!)은 개인의 패턴, 그것이 어디에서 유래되었는지, 그리고 무엇을 위한 것인지 알게 됨으로써 획득할 수 있다. 그러나 통찰은 변화의 종착역이라기보다는 변화의 시작이다. '파헤치기', '드러내기' 또는 '이해하기'는 그 자체로서 치료의 목표는 아니며, 치료의 한 과정일 뿐이다. "제가 무엇을 하고 있는지, 왜 그랬는지는 알겠어요. 하지만 그렇다고 도움이 되는 것은 아닙니다."라고 말하는 환자가 있다면, 이 환자는 학습모델을 따르고 있다고 말할 수 있다. 통찰은 어떤 사람이 피아노를 칠 때 손가락의 위치가 최적의 상태가 아니라는 것을 알게 되는 것으로 비유할 수 있다. 문제의 원인을 발견한 그 사람은 뭔가 다르고 더 나은 것을 배워야 한다. 일단 환자가 통찰을 얻으면, 그 환자는 무엇이 변해야 하는지만 알 뿐이다. 통찰을 넘어, 변화를 시도하고 그것을 이루어 내야 하는 힘든 단계는 여전히 남아 있다.

심리치료에서 통찰은 한꺼번에 일어나지 않는다. 복잡한 학습상황에서 일어나는 통찰에 비유할 수 있는데, 사람들은 소설이나 수학적 절차를 읽고 이해할 수 있으며, 악기를 연주하는 법을 배울 수 있다. 그런 다음 시간이 흐르고 경험이 쌓이면서 동일한 주제에 대해 새롭고 더 깊이 있게 이해해 나간다. 다음에 제시된 예를 살펴보자.

첫 면접에서 자기파괴적 성격장애를 지니고 있는 여성 내담자가 자신의 패턴에 대해 매우 일반적으로 요약하는 내용을 들었다. "당신은 마치 계속해서 사람들이 당신을 잘 대해 주지 않는 상황으로 들어가고 있는 것 같습니다. 그렇게 얻은 한 가지 결과는, 당신 자신에 대해 나쁜 감정을 갖게 된다는 겁니다. 치료에서의 한 가지 목표는 어떻게 해서 그런 행동을 배우게 되었는지 이해하는 것입니다. 그러면 당신은 당신 자신을 더 잘 대하는 법을 배울 수 있고, 사람들이 당신을 더 잘 대해 주는 상황으로 들어갈 수 있는 법을 배우게 될 겁니다." 치료적 관계가 깊어지면, 치료자로부터의 솔직한 피드백은 공격으로 인식되지 않고 좀 더 깊은 통찰로 이어진다. 이 시점에서 동일한 패턴을 좀 더 구체적으로 묘사할 수 있다. "당신은 계속해서 학대적인 남자친구를 선택하고 있는데, 그 이유는 남자들이 당신을 다루는 법을 당신 아버지로부터 배웠기 때문입니다. 당신은 계속해서 당신이 착하고 일을 올바르게 하면 사람들이 당신을 사랑하게 될 거라 믿고 있습니다." 이후로 환자와 치료자는 좀 더 솔직해져서 환자가 학대를 유발하는 것에 대해서도 이야기할 수 있을 것이다.

치료가 진행되면서 어린 시절에 대한 통찰 또한 변한다. 치료자와의 정서적 유대가 안정되면서 환자는 치료자와 정서적으로 연결되고, 과거 상황을 재구조화하는 법을 배운다. 새로운 다른 지각이 감정을 불러일으킨다. 예를 들어, 어떤 환자는 통찰을 경험한 후에 최근까지 이상적으로 여겼던 자신의 어머니가 자신을 양육하는 것에 소홀했다는 것을 깨닫게 되었다. 분노라는 감정이 새롭게 일어났는데, 분노는 어린 시절 자신의 권리를 통제하고 되찾으려는 소망 때문에 발생한 것이다. 이러한 분노가 이전까지 친숙하게만 느껴졌던 죄책감을 대체하였다. 환자는 치료가 더 진행되면서 어머니를 자원이 없는 부적절한 아이로 바라보게 되었다. 이러한 새로운 지각에 동정적인 애도가 수반되었고, 한 발 물러서서 과거 및 현재를 있는 그대로 수용하게 되었다.

Intrex 설문지가 치료목표를 정하는 데 도움이 된다

SASB 모형을 토대로 개발된 설문지를 사용해서 환자가 자신과 주요 타인을 평정하면, 자신이 지니고 있는 패턴의 밑그림, 즉 초기 수준의 통찰을 얻을 수 있다. 일련의 Intrex 설문지에서는[4)] 각각의 문항에서 환자의 내사, 주요 타인과의 관계, 환자가 다섯 살에서 열 살 때 어머니와 아버지, 그리고 환자가 다섯 살에서 열 살 때 부모님의 관계를 얼마나 잘 나타내는지를 묻는다. 양부모 또는 형제들에 대해서도 문항을 수정해서 사용할 수 있다. Intrex 설문지는 SASB 모형을 타당화하는 데 사용되어 왔고(Benjamin, 1974, 1984, 1988), 다양한 연구에서 대상관계의 측면을 연구하는 데 사용되었다(Benjamin, 1982, 1991).

심리치료에서는 INTERP 프로그램에서 제시하는 결과를 환자에게 보여 주고, 초점, 사랑-증오, 과밀착-분화에 따른 주요 대인관계 패턴을 개략적으로 설명할 수 있다. 이를 통해 환자는 자신에 대해 갖고 있는 나쁜 감정들이 주요 타인들과의 관계경험에 대한 지각과 관련이 있음을 이해한다. 예를 들어, 위에서 언급했던 자기파괴적인 환자는 자기비판적인 문항들에 대해서는 매우 그렇다고 답하고, 자기지지적인 문항들에 대해서는 그렇지 않다고 응답할 가능성이 높다. 또한 자신의 아버지가 통제적이고 비판적이었다고 묘사하는 문항들은 그렇다고 답할 것이다. INTERP 프로그램은 이 환자의 아버지가 보인 적대적 통제가 바로 환자 자신의 자기통제와 연결되고 있음을 보여 줄 것이다. 또한 아버지와 남자친구가 이런 측면에서 비슷하고, 환자는 이 두 사람에게 적대적으로 순응하면서 반응하고 있음을 생생히 보여 줄 것이다. 그런 후 치료자는 SASB 모형을 가리키고, 치료의 목표는 자기비판적이고 스스로를 부인하는 행동 및 내사와는 정반대되는 것을 계발하는 것이라고 제안할 수 있다.

---

4) 자격을 갖춘 전문가는 Department of Psychology, Social and Behavioral Science Building, University of Utah, Salt Lake City, UT 84112에서 Intrex 설문지와 소프트웨어를 구입할 수 있다.

Intrex 설문지에 포함된 문항은 매우 직설적이기 때문에, 환자와 치료자 사이에 협력적인 관계가 형성되어 있지 않으면 전혀 도움이 되지 않는다. 설문지를 사용하고 해석하는 과정에서 치료자는 환자에 대항하여 자신의 해석을 변명한다거나 또는 환자의 의식적이거나 무의식적인 왜곡을 수정해 보려고 하지 않는다. 또한 잔꾀를 부리는 환자의 허를 찌르려는 시도 또한 없다. 치료자는 단지 솔직하게 피드백을 제공할 뿐이고, 환자는 자신의 성장을 위해 치료자의 피드백을 활용하는 것이다.

INTERP 프로그램이 제시하는 결과에 대한 환자의 정서적 · 인지적 이해는 치료가 진행되면서 더 깊어질 수 있다. Intrex상의 평정 또는 일반적인 치료과정의 대화에 반영되어 있는 지각 또는 '통찰' 은 치료적 탐색이 계속되면서 변할 수 있다. 현실은 보는 사람의 눈 속에 있다. 협력적인 치료관계 맥락에서 그리고 아이가 아닌 성인의 관점으로 환자는 과거의 지각과 그러한 지각에 대한 반응을 재경험한다. 즉, 성인으로서의 현실을 상기시켜 주는 치료자와의 정서적인 유대가 안정되면서, 환자는 과거 상황을 다르게 보게 된다. 정신분석가들은 이러한 치료국면을 '관찰하는 자아(observing ego)' 라고 묘사한다. 새로운 지각은 새로운 감정을 수반하기 마련이다.

치료자는 현재의 부적응적 패턴을 정당화하지 않으면서 환자의 친화적인 본성과 변화에 대한 권리를 지지한다

치료자는 변화에 대한 환자의 욕구, 즉 과거의 상처로부터 성장하려는 환자의 사기 및 욕구를 지지한다. 치료자는 충분한 이유를 가진 환자의 결함을 수용한다. 그러나 치료자가 기대하는 것은, 환자에게 더 이상 해를 끼치지 않기 위해 이러한 결함을 변화시켜야 한다는 것이다. 한 사람을 절대적이고 무조건적으로 수용한다는 생각은 현실적이지도 않고 건설적이지도 않다. 환자와 치료자가 모두 표적으로 삼았던 '그' 부분을 지지하지는 않는다.

자살시도, 자해, 또는 다른 형태의 패턴화된 파괴적 행동이 나타난 퇴행적 삽화를 다룰 때에는, 환자의 문제가 외부로 표출되는 것을 지지하지는 않지만 수용한다는 생각이 특히 중요하다. 환자가 보고를 들은 후에는 환자와 치료자 모두 삽화 중에 무엇이 일어났는지 명료하게 이해하는데, 이때 치료자는 다음과 같이 말할 수 있다. "좋습니다. 이 일이 실망스럽긴 합니다만 이젠 무엇 때문에 그 일이 발생했는지 알게 되었고, 또 다음번에는 어떻게 다르게 행동해야 할지 아는 것 같습니다. 전반적으로는 이런 종류의 일이 덜 일어나는 것 같습니다."

특징적인 패턴과 무의식적인 소망 및 두려움은 표준적인 정신분석 기법으로 확인할 수 있다

꿈 분석, 자유연상, 의식의 흐름 따라가기(예: Reik, 1949), 전이, 역전이, 직면, 해석과 같은 정신분석 기법은 모두 패턴을 인식하는 데 도움이 된다. 이렇게 잘 알려진 기법을 일일이 거론하는 것은 이 책의 범위를 벗어나는 것이고, 여기서는 한 가지만 예로 들고자 한다.

SASB로 코딩을 하면 꿈 분석을 단순화할 수 있다. 꿈의 관계적 차원을 꿈을 꾼 사람의 일상생활 차원과 비교해야 한다. 한 예로 C. G. Jung(1934/1955)이 제공한 꿈 분석에 대한 해설을 살펴보자.

> 높은 곳에 있는 어떤 남성이 불안과 불안정성을 의식하는 문제로 괴로워했고, 가끔 현기증을 느껴서 메스껍고 머리가 무겁고 숨쉬기가 힘들다고 호소하였다. 이것은 정확히 고산병을 묘사하는 것이었다. 그 남자는 매우 성공한 인물로, 가난한 농부의 아들로 태어났지만 야망과 근면성, 그리고 타고난 재능을 발휘해서 자수성가한 사람이었다. 사실 그는 좀 더 높은 위치로 올라갈 수 있는 지점에 도달했지만, 이때 갑자기 신경증이 끼어들었다.
>
> 첫 번째 꿈은 다음과 같다. "저는 또다시 제가 태어난 작은 마을에 있어요. 저와 함께 학교에 다녔던 농부의 아이들 몇 명이 거리에 서 있네요. 제가 그 아이들을 모른 체하면서 지나치고 있어요. 아이들 중 하나가 저를 가리키면서 다음과 같이 말하는 걸 들었어요." "쟤는 우리 마을에 자주 오지 않아." 그 환자의 인생 초반이 매우 초라했음을 이해하는 데에 어떤 해석기법도 필요하지 않다. 이 꿈은 매우 명료하게 "네가 얼마나 밑에서부터 시작했는지 넌 까맣게 잊고 있어."라고 말하고 있다.
>
> 두 번째 꿈은 다음과 같다. "여행을 떠나야 해서 매우 서두르고 있어요. 가방을 찾고 있는데 찾을 수가 없어요. 시간은 흐르고 있고, 기차는 곧 떠날 텐데. 마침내 짐을 다 챙겨 서둘러 거리로 나갔는데, 중요한 서류가 담긴 가방을 두고 왔다는 걸 알게 되었죠. 그래서 집에 다시 들어가서 가방을 찾았고, 다시 기차역으로 뛰어갔지만 기차를 따라잡기가 좀처럼 쉽지 않았어요. 그래서 마지막으로 플랫폼으로 뛰어갔지만, 기차는 연기를 내뿜으면서 화물 조차장 쪽으로 가고 있었어요. 기차는 매우 길었고, S자 형태의 곡선을 그리면서 달려가고 있었어요. 그때 저는 기관사가 조심하지 않고 직선 레일에 도달했을 때 전속력을 낸다면 뒤쪽에 있는 객차들이 여전히 곡선주로에 있어서 기차의 속력 때문에 전복될지도 모른다는 생각이 들었어요. 사실, 제가 소리를 질렀을 때 기관사는 속력을 올렸고, 뒤쪽 객차들이 심하게 흔들리더니 결국 레일에서 이탈하여 전복

되었죠. 끔찍한 사고였어요. 전 두려움에 떨며 잠에서 깨어났죠(pp. 161-162)."

'고산병' 이 꿈을 꾼 사람의 무의식적인 느낌, 즉 세상의 너무 높은 곳에 있다는 느낌을 상징적으로 나타낸다는 Jung의 해석은 합리적인 듯 보인다. 이 부분을 SASB 코드로 분석할 수는 없다. 왜냐하면 '고산병' 에 대한 환자의 느낌이 자세히 설명되어 있지 않기 때문이다. 그러나 다른 사람들 '위에' 위치하고 있다는 비유는 **통제**로 코딩할 수 있다. 이 환자가 우월성에 대한 조절되지 않는 욕구(훨씬 더 자신을 향상시키기 위해 필사적으로 서두르는 것) 때문에 힘들어하고 있다는 생각은 Jung 해석의 핵심이었다. 환자는 첫 번째 꿈에서 어린 시절 알고 지냈던 아이들을 아무 말 없이 지나쳤다. 이 행동은 **무시**로 코딩할 수 있다. Jung이 결론지었던 것처럼, 아이들은 그 환자가 거만하다고 나무라고 있었다(**비난**). 그러나 환자가 사용한 단어들을 보면 이러한 SASB 명명이 타당하지 않음을 알 수 있다(3장에서 환자 A를 묘사하는 목록 중 5번과 6번 문항 참조). 환자가 실제로 한 말을 바탕으로 SASB 코드를 적용하면, 유기(abandonment)에 대한 죄책감을 탐색해 볼 필요가 있음을 시사한다. 환자는 우월하다고 느끼기보다는 너무 바쁘다는 이유로 돌보지 못한 사람들에 대해 걱정하는 것일 수 있다. 아마도 자신이 해야 했는데 하지 못한 일에 대해 걱정하고 있는지도 모른다. 또는 그것 때문에 자신에게 무슨 일이 벌어질지도 모른다고 걱정하고 있을 수도 있다.

Jung은 두 번째 꿈을 다음과 같이 분석하였다. "이 꿈은 환자가 자신을 더 많이 향상시키기 위해 필사적으로 서두르는 것을 묘사하고 있다…. 환자는 지금까지 이룬 업적에 대해서 자신을 칭찬했어야 했지만, 야망에 이끌려 자신에게는 어울리지 않는 성공의 정상까지 오르려 하고 있다(p. 162)." 만일 꿈의 내용을 코딩한 결과가 자신의 한계를 넘어선 환자가 남들보다 우월해지는 것을 걱정하고 있다는 것으로 나타났다면, SASB 분석은 Jung의 해석을 지지했을 것이다. 그러나 환자가 사용한 실제 단어들을 코딩해 보면 주제는 또다시 **무시**라는 것을 시사한다. 환자는 중요한 서류를 잊고 있었다고 말했고, 또한 부주의하게 자신의 일에만 몰두하고 있는 기관사 역시 자기에게 의지하고 있는 사람들의 욕구를 무시하고 있었다. 환자는 잊고 있던 것을 찾으려고 했고, 일의 속도를 늦추려고 하였다. 제한된 내용을 토대로 했을 때, SASB 분석은 Jung의 해석, 즉 환자가 자신의 능력 이상으로 야망이 있다는 해석을 지지하지 않는다. 오히려 이 꿈은 환자가 다른 사람들을 소홀히 한 것에 대해 마음의 동요를 느끼고 있음을 나타낸다.

더 이상의 자료가 없기 때문에 어느 해석이 더 정확한지 확인할 방법은 없다. 이론적으로는, 꿈에 대한 연상(association)과 직업적 성취에 대한 환자 자신의 묘사를 통해 SASB 해석이 지지되거나 거부될 수 있을 것이다. 요점은 다음과 같다. 정확한 개입을 위해서는 정확하게 이해하는 것이 중요하다.

SASB 모형을 사용해서 꿈, 자유연상, 일련의 의식의 흐름을 부호화하는 것은 패턴과 소망, 목표를 확인하는 데 도움이 된다. SASB 방식으로 꿈과 자유연상을 부호화하면, 환자가 제공한 자료에 충실할 수 있고 외견상 다양해 보이는 주제를 서로 연결할 수 있다.

위기관리는 치료가 아니다

즉각적으로 지지해 주어 생명을 구해야 하는 위기상황에서는 역동적 면접이 적절하지 않다. 재난의 와중에는 한 사람의 패턴을 알 수 없다. 보통 위기상황에 있는 환자들에게는 성장의 기회가 주어지지 않는다. 위기관리는 치료가 아니다. 단지 생명을 보존해서 나중에 일이 잠잠해졌을 때 의미 있는 치료가 계속될 수 있도록 하는 것이다.

만일 위기 중에 관찰하는 자아, 즉 환자의 협력적인 부분이 동원되지 않아 패턴을 분석할 수 없으면 치료자는 위기 개입을 위한 표준적인 절차를 따르게 된다. 치료자는 환자가 어디에 있는지 확인해야 하고, 위험의 정도를 평가해서 추가 시간 약속을 통해 지지를 제공하거나 또는 병원을 이용해야 한다. 협력이 심각하게 훼손되었다면 구류 또는 입원을 위해 경찰을 불러야 할지도 모른다. 이렇게 극단적인 조치를 취하면 치료관계는 심각하게 훼손된다. 그러나 치료관계가 훼손되는 것은 자살이나 살인보다는 덜 치명적이다.[5)]

반면에, 환자가 위기 중에 안정을 유지할 수 있다면 훌륭한 학습의 기회가 될 수 있다. 증상 그 자체는 관심의 초점이 아니다. 어떻게 위기를 건설적으로 활용할 수 있는지를 보여 주는 자살 삽화와 관련된 사본을 HPD를 설명하는 7장에 제시하였다.

최면은 패턴을 인식하는 데 도움이 되지 않는다

최면이나 또 다른 형태의 극적인 기법은 이 책에서 소개하고 있는 접근과 양립할 수 없다. 그러한 기법은 직접적으로 환자의 자아강도를 증진시키지 않기 때문이다. 최면상태에서 수집한 정보는 환자의 협력적인 부분에는 그다지 유용하지가 않다. 최면을 통한 정화(catharsis)는 그 자체로는 치료적인 목표로 간주되지 않는다. 최면은 면접자의 통제 권한이 크고, 최면에 빠지는 사람들은 보통 순종적인 경향이 있다. 반면에, 최면을 허용하지 않는 사람들은 자율적인 경향이 있다. 즉, 최면상태에서 새로운 패턴을 배울 수 있는 사람이라면 최면을 허용하지 않으며, 최면을 원하는 사람들은 오히려 자

5) 자살 또는 살인과 같은 위기상황을 어떻게 다루어야 하는지를 완벽하게 설명하기 위해 이 말을 한 것은 아니다.

신의 문제 패턴을 불러일으킬 가능성이 높다.

패턴을 인식하는 데 역할연기가 도움이 될 수 있다

패턴을 드러내고 새로운 반응을 연습하기 위해 역할연기(role play)를 사용할 수 있다. 환자들은 억압적인 부모와 학대적인 형제 등 주요 타인의 역할을 매우 뛰어나게 재연하기도 한다. 치료자가 환자의 역할을 할 수도 있고, 자연스럽게 특정 반응의 본이 될 수도 있다("안 되겠어요. 더 이상은 못할 것 같아요. 미쳐 버릴 것 같아요."). 마찬가지로, 치료자는 좀 더 나은 대안의 본이 될 수도 있다("잠깐만요. 처음에는 당신이 저한테 화가 났다고 말했어요. 그리고 지금은 전혀 문제가 없었다고 말하고 있어요."). 이런 식의 교류는 장점이 많다. 환자는 자신이 경험한 것을 치료자에게 생생하고 자세하게 이야기한다. 이해가 강화되고, 환자는 자신을 억압했던 사람의 관점에서 사물을 경험하는 기회를 갖는다. 환자는 다른 사람들을 연기하면서, 원래 자신을 억압했던 사람이 자신에게 한 것처럼 자신 또한 사랑하는 사람들에게 똑같은 일을 해 왔음을 깨달을 수 있다. 가족의 딜레마에 대한 보다 건설적인 반응을 치료자가 모델링하는 것은 환자에게 좋은 학습경험이 된다.

자녀양육에 관한 교육이 도움이 될 수 있다

간단한 교육적 중재 또한 도움이 될 수 있다. 불행하게도, 많은 사람들은 자신의 원가족에서 결함이 있는 모델을 통해 친밀함과 자녀양육을 학습하였다. 또한 TV나 영화 어느 것도 건설적인 대안을 제시하지 못하고 있다. 환자들이 자녀 때문에 힘들어하는 이유는 그들이 '나쁜 뜻'을 지니고 있어서가 아니라 더 좋은 방법을 몰라서인 경우가 많다.

환자는 자녀양육과 관련된 문제를 이야기하다 보면 자신의 어린 시절에 대한 생생한 기억을 떠올리게 된다. 이 과정에서 환자-자녀 관계가 극적으로 개선될 수 있다. 10장에서 언급하고 있는 OCD 환자가 좋은 예다. 그 환자는 자신의 어머니가 자기 아이에게 "제대로 놀고 있지 않은데."라고 말하는 것을 목격하였다. 아이에 대한 할머니의 부적절한 통제가 가져올 결과에 대해 이야기하면서 환자는 아내와 아이들을 통제하려는 자신의 욕구를 조절할 수 있었다.

가족회의는 '대인관계 조직'의 한 예를 보여 줄 수 있다

개인상담 장면에 가족을 초청해서 가족회의 내용을 녹음하면 매우 가치 있는 정보를 얻을 수 있다. 가족회의는 두 가지 목적을 가지고 있다. 첫째, 환자가 상상하던 것, 즉 가족이 와서 모든 것이 끔찍한 실수였다는 것을 깨닫고, 사과하고, 잘못된 것을 고치고, '보상' 할 것이라는 환자의 상상을 실제 행동으로 옮기는 기회를 제공한다. 둘째, 가족구성원 간에 일어나는 상호작용을 생생하게 녹음해서 나중에 내담자가 가족의 패턴을 좀 더 생생하고 현실적으로 이해하는 데 도움을 준다. 첫 번째 목적, 즉 환자의 상상을 실현하는 일은 결코 성과라고 볼 수 없다. 두 번째 목적은 실행될 수 있는 것이다. 보통 이런 회의는 놀랍고 강렬하며 또한 흥미롭다. 때로는 새로운 관점이 나타나기도 한다. 그렇지 않다 하더라도 녹음된 내용에는 환자가 이해하고 통합해야 할 관련 정보가 풍부하게 담겨 있다.

예를 들어, 오빠에게 학대를 당해 온 어떤 여자 환자는 가족회의에서 오빠가 자신을 학대한 사실을 부모가 인정하기를 기대하였다. 그때까지 환자의 부모는 환자가 '가족의 결속'을 입증할 만한 행동을 공개적으로 보여 줄 것을 요구하고 있었는데, 환자는 이 회의를 통해 부모님이 오빠의 학대를 인정하면 그러한 요구를 중단할 것으로 기대하고 있었다. 환자는 오빠를 전혀 사랑하지 않았을 뿐 아니라 오빠 및 가족과 함께 시간을 보내고 싶어 하지 않았기 때문에, 환자는 화가 나 있었고 오빠와 관련된 일이라면 무엇도 하고 싶지 않았다. 환자의 부모는 가족회의에서 환자의 설명과 요청에 전혀 주의를 기울이지 않았다. 그들은 거듭 그 주제를 부인했고 잘라 내었으며 화제를 바꾸었다. 환자가 오빠와의 관계에 대해 설명하려 하면 "그래, 하지만…."이라고 말하였다. 오랫동안 자살시도로 힘들어한 환자는 다음과 같이 말하였다. "제가 경험한 것인데도 누군가가 저한테 제가 보지도, 듣지도, 느끼지도 못한다고 말할 때면 전 그저 미치는 거죠."

가족회의가 끝난 후, 환자는 치료자와 함께 조용히 녹음한 내용을 들었다. 회의 전까지 이상적으로 생각했던 어머니가 오빠에 대한 환자의 주장을 부인하고 잘라 내는 것을 들을 수 있었다.

P: 이걸 들으니 놀랍네요.

T: 다른 느낌은 없나요? 아니면 단지 고통이 되풀이되고 있는 건가요?

P: 놀랍고 혼란스러워요. [그녀는 부모의 경청하지 않는 패턴에 대해 말했고, 자신이 오빠를 흠모하고 있다는 부모의 주장에 대해 이야기하였다.] 그분들은 절대 변하지 않을 거예요. 무력감을 느껴요. 이걸 들으니 화가 나네요.

T: (긴 침묵: 환자가 무언가 새로운 것을 처리하고 있을 때에는 잠시 물러서 있는 것이 중요하다.)

P: 도전받는 느낌, 방향을 잃어버린 느낌이에요. 제 어머니는 여기서 저한테 많은 것을 하고 있어요. 마치 미스터리 소설 같네요. 전 그게 어머니였다는 것을 전혀 몰

> 랐어요. 전 항상 어머니가 공정하고 이해심 많은 분이라고 생각했거든요. 오빠가 제 가장 친한 친구라고 들었어요. 전 이제 가족 안에서의 제 역할이 무엇인지 다시 생각해 봐야겠어요. 저걸 듣고 있으니까 어렸을 때 느꼈던 것과 똑같은 감정을 다시 느끼게 되네요. 계속해서 늘 그런 식으로 느꼈어요. 이제 여기 안전한 곳에서 그것을 확실하게 들을 수 있어요. 분명하게 볼 수 있어요. 왜 제가 별다른 일이 일어나기를 기대했던 걸까요?

가족의 패턴이 생생하게 녹음된 테이프를 들으면, 테이프의 내용이 너무나 명료하기 때문에 환자가 느끼는 부정적인 느낌이 감소한다. 가족의 패턴을 부인할 수 없다. 즉, 현실을 알게 되는 것이다. 이제 불가능한 상상은 사라진다. 이 과정을 통해 환자는 오래된 패턴을 떠나 새로운 것으로 나아간다.

부적응적 패턴 차단하기

의지의 힘만으로는 성격장애의 특징적인 패턴을 차단할 수 없다. 환자들은 스스로에게 명령해서 부적응적인 대인관계 습관을 중단할 수 없는데, 이것은 의지로 금연을 하거나 약물사용을 중단하는 것 이상으로 힘든 일이다. '자제' 하라고 충고하는 것은 위기에 처한 정상인들에게는 통할 수 있다. 하지만 평생 지녀 온 습관, 즉 무의식적인 소망과 두려움에 따라 움직이는 습관을 바꾸는 것에는 효과적이지 않다.

살해나 자살 위협 또는 아동학대와 같은 행동들은 강제적으로 제지해야 한다. 이와 관련해서 치료자는 두 가지 역할을 수행한다. 치료자는 환자를 옹호하는 사람이기도 하지만, 한편으로는 사회에 대한 책임을 지니고 있다. 치료자는 임박한 자살, 살인 또는 아동학대와 같은 위기를 관리하기 위해 준비되어 있어야 하고 이에 적극적으로 임해야 한다. 이러한 문제에 대해서는 이미 위기관리 부분에서 간략히 서술한 바 있다.

부적응적인 행동을 제지하는 일은 치료의 전 과정을 통해 좀 더 미묘한 방식으로 일어난다. 치료자가 정확한 개입을 실시할 때마다 부적응적인 패턴을 제지하는 일이 은연중에 일어난다. 즉, 치료자가 협력을 증진하고, 부적응적인 패턴을 인식시키며, 변화에 대한 의지를 불러일으키고, 새로운 패턴을 가르칠 때마다 부적응적인 과정이 제지된다.

강제로 제지하거나 은연중에 제지하는 것 이외에도, 치료자는 환자의 바람직하지 않은 패턴을 잠시 동안 억제하도록 도와줄 수 있다. 보통 이것은 행동으로 발현되는 '그것'에 대해 환자와 치료자가 모두 고전하고 있을 때 일어난다. 예를 들어, 변화를 소망함에도 BPD들은 스스로의 사지를 끊거나, 사랑하는 사람을 공격하거나, 또는 약물을 과다복용하려는 충동을 느끼곤 한다. 이때 BPD는 치료자와의 협력을 통해 유혹을 견딜 수 있다. 기본적인 접근은, BPD의 내력을 고려했을 때 이러한 파괴적인 충동들이 충분히 이해할 만한 것임을 환자에게 상기시켜 주는 것이다. 치료계획은 치료회기 중에 열심히 노력해서 '역사를 다시 쓰는' 것이다. 회기와 회기 사이에는 BPD의 충동이 퇴행하는 것을 억제할 수 있는 기법이 필요하다. 치료자와 환자가 함께 자살을 억제하는 기분전환(distractions) 목록을 작성해 볼 수 있다. 여기에는 친구에게 전화하기, 소설 읽기, 비디오 빌리기, 좋아하는 장소까지 산책하기 등이 포함된다. 이러한 기법이 효과가 없을 때에는 이를 대신할 수 있는 계획을 마련해야 하는데, 예를 들어 치료자에게 전화하거나 응급실에 전화하는 것 등이 있다. 이렇듯 기분을 전환하기 위한 기법은 단기간에 그리고 근원적 문제들이 다음 상담회기에 충분히 다루어질 것이라는 동의가 있을 경우에만 효과를 발휘할 수 있다. 이후의 상담회기에서 '그것' 에 대항하는 환자와 치료자 간 협력이 증진되지 않는다면, 기분전환 기법은 실패로 끝날 것이다.

역설적인 개입방법 또한 바람직하지 않은 패턴을 억제하는 데 사용될 수 있다. 예를 들어, 어떤 환자가 자신의 아버지를 살해하겠다는 계획을 이야기했을 때, 치료자는 (치료자와 환자 사이에 강한 협력적 관계가 형성되어 있다면) "글쎄요, 그러면 아버지께서 당신을 사랑해야 하는데요!" 라고 말할 수 있다. 이러한 진술로 환자의 근원적 고통, 무기력, 그리고 부모로부터 승인받고 싶은 갈망을 탐색하도록 도와줄 수 있다. 여기서 역설적 개입방법의 사용원칙을 소개하기는 힘들다. 이 방식은 매우 강력하고, 또한 매우 위험하다. 간단히 말하면, 역설적 개입(Watzlawick, Beavin, & Jackson, 1967)은 늘 한 개 이상의(복잡한 SASB 코드로 기술된) 메시지를 담고 있다. 메시지의 한 부분은 환자와 동맹관계에 있고, 또 다른 부분은 '그것' 에 적대적이다. 효과적으로 개입하기 위해서는 메시지의 적대적인 측면이 '그것' , 즉 부적응적인 패턴을 대상으로 하고 있어야 한다. 환자가 표적이 되어서는 안 된다는 것이다. 역설적인 메시지가 환자의 현실감각으로 향하면—독립적이고 훌륭한 면모를 지닌 환자에게로 향하면—그 메시지는 파괴적이다 (Bateson, Jackson, Haley, & Weakland, 1956; Wynne, Ryckoff, Day, & Hirsh, 1958).

근원적 두려움과 소망 다루기

근원적 두려움은 여러 방법으로 다룰 수 있다. 의식적인 '통찰' 이 요구되지는 않지만 어떤 식으로든 환자는 두려워하는 것이 더 이상 위협요인이 아니라는 것을 알아야 한다. 또는 환자가 원하는 것이 더 이상 원하는 것이 아니라는 것을 알아야 한다. 근원적 두려움을 다루는 두 가지 방식을 예로 들면, 한 가지는 정신분석적인 놀이치료를 통해 목욕공포가 있는 아이를 치료한 것이다(Fraiberg, 1959, pp. 172-176). 분석가는 아이의 어머니로부터 다음과 같은 이야기를 들었다. 목욕하는 것에 대한 두려움이 나타나기 바로 전날, 아이는 변기에 물이 내려가는 것을 주의 깊게 관찰하던 중 그만 테디베어 인형을 그 속에 빠뜨리고 말았다. 아이는 물이 변기 속으로 사라지는 것처럼 인형도 사라졌다고 결론 내린 듯하였다. 놀이치료가 진행되는 동안 아이는 여러 인형을 목욕시켰는데, 큰 물체는 물과 함께 사라지지 않는다는 것을 배웠고, 목욕공포 또한 사라졌다.

아이의 목욕공포를 다루는 데에는 또 다른 방식, 즉 행동기법인 둔감화를 사용할 수도 있다. 이 접근에 따라 아이는 궁극적으로 자신이 변기 속으로 사라지지 않는다는 것을 이해하게 된다. 두 기법 모두 효과적일 수 있다. 둘 다 아이가 변기 속으로 사라질지도 모른다는 공포를 감소시켰을 것이다.

모든 심리장애는 사랑의 선물이다

성격장애의 근원적인 무의식적 소망으로 통하는 길은 모든 심리장애가 사랑의 선물이라는 가정 위에 세워진다. 부적응적 패턴은 내면화된 타인이 사랑과 승인, 용서 및 사과 그리고 찬양과 보상을 제공할 것이라는 소망 때문에 발생한다. 자해 또는 대인기피, 우울과 같은 행동들이 '사랑의 행위' 라고 제안하는 것이 어쩌면 어리석게 들릴지도 모른다. 그러나 환자의 관점에서 세상을 바라보면 그렇게 어리석은 것만은 아니다. 주관적인 관점에서 바라보면, 장애를 통해 적응하는 것은 내면화된 억압자에게 "저는 당신을 정말 사랑하고 존경해서 당신처럼 될 거예요."라고 말하는 것과 다름없다. 또는 "제가 당신을 정말 사랑하고 존경해서 당신이 저를 대하는 것처럼 제 자신을 대할 거예요." "제 행동을 통해 당신을 승인한다는 것을 알아주세요. 대신 절 사랑해 주세요."와 같다. 장애가 파괴적인 인물과 좀 더 가까워지려는 노력을 의미할 때, 성공적인 치료를 위해서는 그 인물로부터 분리될 필요가 있다(Benjamin, 1994c). 다음에 제시된 사례는 파괴적이지만 정말로 사랑하는 내면화된 타인에 대한 내적 표상으로부터 분리되는 것이 중요함을 보여 주고 있다.

남자친구와 외상적인 이별과 화해를 경험한 19세 여성이 병원으로 찾아왔다. 그녀는 오랫동안 우울 및 약물남용에 시달려 온 내력이 있었다. 이 환자는 우울증에 시달리는 어머니와 매우 가까웠는데, 어머니를 결혼생활에 충실하지 않은 알코올중독자 남편에게 매맞고 버림받은 '성인(saint)' 으로 묘사하였다. 한편, 자수성가한 환자의 아버지는 환자가 학교에서 뛰어난 성적을 받기를 요구하였다. 이는 환자가 집안일과 동생들을 챙기는 일로 버거워하고 있다는 사실을 무시하는 것이었다. 환자의 어머니는 제 기능을 하지 못하는 상태였다. 아버지는 환자에게 많은 관심을 가지고 있다고 말했고, 환자가 어떤 사람이 되어야 하며 또 어떻게 되어야 하는지에 대해 말을 많이 하였다. 그러나 새로운 부인에게 매우 헌신적이었기 때문에, 환자를 위해 자신의 개인적인 시간을 할애하지는 않았다. 환자는 아버지가 "자신만의 세상에 살고 있고, 아버지 방식대로 되지 않을 경우 받아들이지 않는다."라고 슬퍼하였다.

면담 초반부에 환자는 아버지가 첫 번째 아내와 아이들을 떠난 것이 분명 실수였다는 것을 깨달았으면 좋겠다고 말하였다. 그녀는 아버지가 돌아와서 행복했던 어린 시절의 가정을 다시 꾸리기를 원하였다. 환자는 아버지가 과거에 저지른 부정과 학대를 떠올리면서 화를 냈다. 상담회기가 끝나갈 무렵, 면접자는 가족을 재창조하려는 환자의 소망에 초점을 맞추었다.

P: 어딘가 신이 있을 거예요.

I: 신은 이 모든 것에 대해 어떻게 생각할까요?

P: 알고 싶지 않아요.

I: 알게 될까 봐 두렵나요?

P: 네, 조금. 괜찮아요. 하지만 얼마나 오래 괜찮을지 잘 모르겠어요.

I: 얼마나 오래 용서받을 수 있을지? 언제 기대에 부응해야 할지?

P: 네.

I: 아버지께서 오랫동안 괴롭혔죠.

P: 네. (운다.) 하지만 그러면 또다시(알아들을 수 없음), 제가 어렸을 때 엄마한테 물어봤어요. "엄마, 아빠가 죽으면 신의 자리를 차지할까?"

I: 어머니가 뭐라 말씀하셨나요?

P: 절 보고 웃으면서 "아니."라고 말했어요.

I: 말씀하시는 것을 들으니까 계속 잭과 콩나무 이야기가 떠오르네요. 그 이야기 알죠?

P: 약간.

I: 작은 아이와 거대한 콩나무. 콩나무 꼭대기에는 괴물이 있었는데, 아주 무섭게 생겼죠. 아이는 마침내 콩나무를 잘라 버렸고, 그 괴물을 땅으로 떨어뜨렸어요.

P: 지금 아빠를 현실로 데려올 수 있으면 좋겠어요. 아니면 적어도 동일한 현실로 데려와서 반쯤 행복해졌으면 좋겠어요. 그렇게 될지 잘 모르겠어요.

I: 아버지의 다른 아내는 어떻게 생각할까요?

P: 그 여자는 절 싫어해요. 저도 마찬가지고요. 하지만 아빠가 그 여자를 부인으로 선택했죠.

I: 누가 이길까요? 당신 아니면 그 여자분?

P: 모르겠어요. 지금까지는 그 여자가 이겼죠. 하지만 전 포기하지 않아요. 아직까지도.

I: 알겠습니다.

P: 거의 다 왔지만, 아직은 다 온 게 아니에요.

I: 그러니까 그 여자가 계속 아버지 옆에 있는 한 당신은 지게 되는 건가요?

P: 물론이죠. 물론이에요. 그 여자는 아이들에게는 필요하지 않은 것을 가지고 있어요. 그 여자 아이들한테도 그렇게 해요. [환자는 아버지의 새 아내가 자신의 세 아이들조차 소홀히 대하고, 아이들이 파괴적인 행동을 하는데도 내버려 둔다고 말하였다.]

I: 그러니까, 그 여자분 아들의 운명은 엄마의 관심을 끌기 위해 불속으로 들어가는 것이었네요. 실제 발생한 것은 불에 덴 것이었고요.

P: 네. 적어도 제 생각은 그래요.

I: 당신은 어떤가요? 당신에게 일어난 문제들에 대해서는 어떻게 해석할 수 있을까요?

P: 관심을 끌기 위한 것도 약간은 있었을지 모르죠. 하지만 제가 원하는 건 숨는 거예요. 전 절대로, 전 저한테서 빼앗아 간 것들을 원했어요. 그리고 어떻게 다시 찾아올 수 있을지 전혀 몰랐고요. 사실 되찾아 올 방법이 없어요. 이젠 끝난 일이니까요. 고통과 상처만 남아 있어요.

I: 그러면 제가 어떤 생각을 하고 있는지 말씀드리겠습니다. 제 생각엔, 당신이 아버지를 고칠 수는 없습니다. 그분을 고칠 만큼 당신이 크지도 않고요.

P: 제가 그랬으면 좋겠어요. (잠시 동안 운다.) 언젠가는 커질 거예요. 단지 큰 아이가 되지만은 않을 거예요. 어른이 될 거예요. “여기가 당신 자리예요. 저한테서 떨어져 있어요.” 라고 말할 수 있을 만큼….

I: 무엇이 그렇게 만들까요?

P: 모르겠어요. 아마도, 잘 모르겠어요. 아마도 언젠가는… 알게 되겠죠.

[의과대학 학생이 들어와서 환자에게 또 다른 약속이 있다고 말하는 바람에 면접이 잠시 중단되었다. 그래서 면접자는 환자의 현재 상황에 존재하는 건설적인 측면들에 초점을 맞추었다. 어머니의 새 남자친구는 환자가 전혀 가져 보지 못했던 아버지처럼 환자에게 잘해 주고 있다는 점, 환자가 남자친구와 다시 만나고 있다는 사실, 그리고 환자가 현재의 일자리를 좋아하고 있다는 것 등이다.]

I: 현재 잘 되고 있는 것들이 몇 가지 있는 것 같습니다. 어머니는 안정을 되찾으셨고, 좋은 새 남자친구도 생기고. 당신한테도 친절한 남자친구가 있고요.

P: 제가 믿는 유일한 두 명의 남자들이죠.

I: 그리고 당신이 하고 싶은 일도 있고요. 맞죠? 그러니까 아주 좋아 보입니다. 다만, 아버지를 떠나보낼 수 있다면요.

P: 제가 어떻게 해야 하죠?

I: 제 생각에는 안에 있는 감정들을 드러낼 수 있다면 도움이 될 것 같습니다. 그것 자체가 목적은 아니지만, 감정을 드러내서 스스로에게 말하는 겁니다. "내 인생을 무지막지하게 파괴시킬 만큼 아빠가 가치 있는가?"

P: 알겠어요.

I: 단순히 감정을 드러내는 것만은 아니고요. 드러내서, 그것들을 가지고 상황을 평가하는 겁니다. 어떤 일이 일어나는지 지켜보세요.

P: 몇 번 더 읽어 볼 수 있게 적어 주세요.

I: 좋습니다. 아버지가 당신의 인생을 송두리째 파괴시킬 만큼 가치가 있나요?

P: 아뇨.

I: 마음속으로 깊이 느낄 수 있을 만큼 말하세요.

P: 아빠를 잃고 싶지 않아요. 저 또한 케이크를 갖고 싶고 먹고 싶어요.

I: 좋습니다. 하지만 그것 때문에 목이 메지는 마세요.

P: 목이 메어요. 분명 목이 메고 있어요.

요약하면, 이 환자의 자기파괴적 패턴은 분명 사랑스러운 아버지에 대한 환상을 회복시키려는 자신의 소망과 관련이 있었다. 그녀는 자신이 기억하고 있는 행복하고 때묻지 않은 가정을 부활시키고 싶어 하였다. 그녀의 약물남용과 자살성향은 사랑이 준 선물이었다. 아버지가 가족으로 돌아올 가능성이 매우 적음을 알고 있었지만, 그러한 꿈이 사라지는 것을 내버려 둘 수는 없었다. 그녀는 아버지로부터 분리되는 법을 배울 필요가 있었고, 자기파괴적인 방식으로 아버지를 사랑하는 것을 중단해야 했다.

소망을 표현하는 첫 번째 수준은 흔히 적대적이다. 예를 들어, 복수는 일반적인 소망이다. PAG, BPD, AVD, NPD, PAR 그리고 ASP는 그들이 선별한 사람들을 처벌하고, 고통을 가하며, 복수하고, 고문할 수 있으면 좋겠다고 말로 표현할 수 있다. 그럼에도 불구하고, 치료자는 적대감 밑에 존재하는 사랑을 찾아 드러낼 수 있다. 아버지를 살해하려는 마음을 가진 환자를 생각해 보자. 치료자는 근원적 사랑을 찾기 위해 "그런 다음엔 뭐죠?"라고 질문할 수 있다. 장애가 어떻게 조직되어 있느냐에 따라 다양한 답변이 나올 수 있다. 환자는 아마도 천당 또는 지옥에서 화해하고 있는 장면을 상상할지도 모른다. 아버지는 피로 범벅된 구덩이에 빠져 있지만, 어머니는 구출되고 이를 고마워하고 있는 장면을 상상할 수도 있다. 아마도 살인은 아버지 일생의 요구, 즉 환자에게 '성장하라' 는 요구를 실현하는 일이 될 것이다. 중요한 것은, "난 그 사람을 증오해요." 라는 진술 밑에는 중요한 타인에 대한 애착의 찌꺼기가 남아 있다는 사실이다.

만일 근원적 소망과 두려움 때문에 패턴이 유지된다면, 성격장애 치료의 전환점은 환자가 그러한 소망과 두려움을 포기하려고 결심하는 시점일 것이다. 성격장애를 성공적으로 치료하기 위해서는 환자의 의지를 변형시켜서 무의식적인 소망과 두려움에 대해 정직해져야 한다. 보통 의지와 관련된 것은 과학적 탐구 주제로 적절한 것은 아니었다. 이 책에서는 음악에 비유해서 설명하고 있지만, 의지라는 '비과학적' 개념은 문제될 것이 없다. 음악, 의학 그리고 심리치료 기법들은 모두 과학적인 요소를 포함하고 있다. 정신장애를 연구하는 것이 과학이든 아니면 예술이든, 정신장애가 하나의 적응이라면 패턴에는 분명 목표가 있을 것이다. 그리고 장애가 목표를 지니고 있다면, 치료자는 그러한 목표에 대해 자유롭게 이야기하고 생각해 보아야 한다. 반면, 자동차 수리공은 차가 어떤 목표를 지니고 있는지 고려할 필요가 없다. 심리치료사가 고장 난 기계를 고치는 것이라고 생각하고 싶지 않다면, 환자의 목표 및 목적을 고려해야 한다. 또 장애에 적응적인 측면이 있다면, 관련된 소망과 두려움을 다루어서 장애 패턴을 변화시켜야 한다. 성격장애를 재구성하는 데 가장 중요하고 힘든 일은, 환자가 오래된 소망을 포기하고 원시적인 두려움에 대항할 것을 결정하는 데 도움을 주는 것이다.

소망과 두려움이 성격장애를 구성한다고 주장할 경우, 환자들은 어떤 식으로든 계속해서 그러한 장애를 가지고 있겠다고 결정한 것이 된다. 이런 가능성에 대한 인식이 곧 환자를 비난하는 것으로 이어지지는 않는다. 환자들은 그런 형태의 비난을 수도 없이 들어왔고, 다음과 같이 오래된 주제를 반복함으로써 그들이 지닌 패턴에 변화가 일어나지 않는 것이다.

> 넌 단지 낙심하고 있을 뿐이야.
> 잘 추스르고 기운 내.
> 낙심할 만한 것이 필요한 거야?
> 좀 믿음직스러워져 봐.
> 어른처럼 행동해.
> 들은 대로 하지 않으니까 그렇지.
> 너 정말 아니었어.

이걸 좋아하는 게 틀림없어. 그렇지 않다면 이것에 대해 뭐라도 하지 않았겠어?

어떤 힘이 한 사람을 한쪽 방향으로 몰고 있고 다른 힘은 다른 쪽 방향으로 몰고 있을 때, 왜 그 사람이 두 가지 방향 중 한쪽만을 선택하는지는 알려져 있지 않다. 현재로서는 결정이 환자의 손에 달려 있다고 가정하는 것이 현실적이고 효과적이라는 것이다. 예를 들어, 급성 자살성향을 보이는 환자가 결국 자살 감행 여부를 결정한다. 약물이 그러한 결정에 영향을 미칠 수는 있지만, 약물이 결정을 내리는 것은 아니다. 치료자의 개입이 결정에 영향을 미칠 수는 있지만, 결정을 내리는 것은 아니다. 유능한 치료자는 자살을 제지할 가능성을 증가시키는 것과 관련된 많은 것을 알고 있지만, '최종 결정'을 통제하지는 못한다. 그것은 환자가 한다.

성격장애 때문에 가족을 비난해서도 안 된다. 안타깝지만, 어떤 심리치료사는 부모에 대한 분노를 끄집어내는 것이 좋은 치료라고 생각한다. 나는 환자 또는 가족을 비난하면 병리적인 근원적 패턴이 증가할 가능성이 있다고 생각한다. 환자, 부모 또는 다른 중요한 인물들을 쓰레기 취급하는 것은 지금 우리가 논의하고 있는 정확한 치료자 반응의 다섯 가지 범주 어느 것에도 해당되지 않는다.

반면에, '그것'을 비난하면 부적응적인 패턴을 차단할 수 있다. 예를 들어, 근친상간 관계의 책임을 가족의 성인 구성원에게 돌리면 환자의 죄책감을 완화시킬 수 있고, 건강한 분화로 향하는 통로를 열 수 있다. 궁극적으로 분화가 잘 이루어지면, 환자는 환자 자신의 딜레마와 관련이 있는 학대적인 부모에 대해 진심 어린(강요되지 않은) 동정과 연민을 표현할 수 있을 것이다.

무력함을 인정하는 치료자가 더 효과적이다

치료자가 환자의 의지를 직면하는 일에 자신이 무력하다는 점을 인정한다면 환자가 변화를 결심하도록 돕는 일에 좀 더 힘을 얻을 것이다. 일단 환자가 오래된 패턴을 버리기로 결정하면—갑작스럽지만 신중하게 또는 느리지만 덜 의식적으로—개인적인 성장 과정이 시작될 수 있다. 대인관계 패턴의 특징, 패턴의 뿌리, 그리고 그것이 지닌 대인관계상의 목적에 대해 지속적으로 초점을 유지함으로써, 치료자는 변하기로 결정한 환자의 선택을 최대한 활용할 수 있다.

성격장애의 원형적인 소망을 알면 도움이 된다

특정 장애의 근원에 어떤 소망과 두려움이 있는지 예측할 수 있으면 무엇이 패턴을 움직이고 있는지 발견할 가능성이 높아진다. 대략적으로 어느 지점에 보물이 묻혀 있는지 나타내는 지도가 있을 때 보물을 찾을 가능성이 증가한다. 다양한 성격장애에서 발견되는 소망은 다음과 같다.

BPD(5장): 내가 늘 혼자이고 공격받기 쉬울 때마다 당신은 저를 강간했어요. 당신은 느낌이 좋다고 말했죠. 다시는 내가 혼자 있지 않도록 내 옆에서 날 돌봐 주세요.

NPD(6장): 당신은 제가 얼마나 위대한지에 대해 그 근거 없는 의견들을 계속해서 주입해야 해요.

HPD(7장): 당신은 항상 그럴 거라고 약속했던 것처럼, 절 돌보고 제게 감탄해야 해요.

ASP(8장): 골치 아픈 일 말고는 당신에게 기댈 것이 전혀 없어요. 그러니까 내가 늘 감독하거나 아니면 나는 어느 누구의 힘도 미치지 못하는 곳에 있어야 해요.

DPD(9장): 당신은 저를 위해 모든 걸 돌봐 줘야 해요. 당신은 그걸 아주 잘해요. 그리고 전 너무 못해요.

OCD(10장): 제가 모든 것을 완벽하게 정리해 놓았으니 저를 사랑해야 해요.

PAG(11장): 당신은 다른 아이들한테는 좋은 것을 주셨지만, 저는 부당하게 집안일만 했어요. 당신이 잘못했다는 걸 인정하고 제게 보상하세요.

AVD(12장): 당신은 말할 수 없을 만큼 날 거부하고 폄하해요. 하지만 저는 당신의 사랑과 인정을 갈망하고 기다리고 있어요.

PAR(13장): 당신은 나를 괴물처럼 학대했어요. 그리고 당신이 나한테 했던 것처럼 나도 현재 내가 사랑하는 사람들에게 똑같이 해 주고 있어요. 이게 바로 제가 당신을 사랑하고 있다는 증거예요. 그러니까 제발 절 사랑해 주세요.

SZT(14장): 내가 당신을 돌볼 거예요. 하지만 나는 너무나 악하고 강력하기 때문에 지금처럼 거리를 유지할 겁니다.[6)]

위에 제시한 전형적인 진술문이 사람마다 다르게 적용되지만, 병의 원인으로 가정되는 내력과의 논리적인 관계에 따라 일반적인 생각을 기술하였다. 치료가 진행되면서 이러한 내용이 나타나면, 환자가 변하기 위해서 무엇을 해야 하는지 점점 더 명료해진다. BPD는 학대하는 사람과 이혼하고 그 사람이 낙담하게 내버려 두어야 할 것이다. HPD는 위험을 무릅쓰고 유능해질 필요가 있다. PAG는 회복적인 사랑에 대한 소망을 포기해야 할 것이다. OCD는 위험을 무릅쓰고서라도 누군가가 자신의 완벽하지 않은 모습에 호의를 보이는지 지켜봐야 할 것이다. ASP는 누군가를 의지해서 끝까지 해내는

---

6) SOI는 목록에 포함되지 않았는데, 이것과 관련해서 알려진 소망이 없기 때문이다. 14장을 참고하시오.

일을 경험해야 할 것이다. DPD는 무언가를 혼자 스스로 해 보려고 계속해서 시도해야 할 것이다.

파괴적인 소망에 대항하는 환자를 지지해야 한다

앞서 기술한 소망과 두려움에 관한 내용이 지나치게 단순하다고 느낄 수 있다. 그것이 전부라면 왜 그것에 대해 논의하지 않고, 바꾸지 않느냐고 말할 수도 있다. 사실, 이러한 패턴에 대항하면 높은 빌딩의 창문 밖으로 뛰어내리는 것과 맞먹는 취약성을 불러일으키게 된다. 그럴 경우 환자들은 살아남을 수 있을지, 더 나아질 수 있을지 확신을 할 수 없다. 위험을 무릅쓰고 이러한 변화를 시도하는 과정은 매우 더디게 일어나고 또한 좌절을 불러일으키는 경험이다. 환자는 작열하는 석탄 위를 걸을지 결정해야 한다.

오랜 방식을 포기하고 소망 및 두려움과 관련된 사람들(또는 그들의 내면화된 형태)과의 관계를 변화시키겠다고 결정한 후에는 애도의 단계로 접어든다. 이 단계는 Kübler-Ross(1969)가 기술했던 사별과정과 유사하다. 일반적으로 그녀의 이론을 타당한 것으로 받아들이고 있지 않지만, 심리치료에서는 그녀가 기술한 단계들이 다른 정도로 나타나는 것 같다. 어떤 의미에서는 오래된 소망을 포기하는 일은 실패한 연인관계로부터 떨어져 나오는 것과 비교할 수 있다. 즉, '사랑하는 사람' 을 상실한 것에 대한 애도가 있다.

오랜 소망과 두려움을 포기하는 것을 애도작업에 비유하면 다음과 같다. 처음에는 어떤 문제가 있다는 것을 부인한다. 그런 다음 현재의 패턴과 소망 그리고 두려움이 지금도 효과가 없고 앞으로도 없을 것이라는 점이 분명해지면, 화를 내면서 항변하거나 절망에 빠져 버린다. 흔히 다음과 같은 말을 듣게 된다. "왜 이것이 나한테 일어나야 했지? 이건 내가 인생의 많은 부분을 낭비했다는 의미라서 도저히 참을 수가 없어. 다른 사람들은 이런 걸 겪지 않았어. 왜 내가 겪어야 하지? 도저히 믿기지가 않아. 너무 화가 나." 마지막 단계에서는 화해 그리고 앞으로 계속 나아갈 필요가 있음을 인정한다.

화해와 수용이 일어나기 전에 변화에 대한 결정을 하고 나면 공황상태와 혼란에 빠질 수 있다. 사실, 환자들은 "이게 내가 아니라면, 그렇다면 난 존재하지 않아."라고 말한다. 아주 새롭고 정돈되지 않은 상태에 처하는 것은 두려운 일이다(Kepecs, 1978). 예를 들어, 한 BPD 환자는 전문학위가 있었지만 직장에서는 그다지 일을 잘하지 못하였다. 문제는, 애인과 친구들과의 관계에서 발생하는 극적인 위기상황 때문에 직장에서 할애해야 할 시간을 빼앗기고 있다는 것이었다. 이 환자는 치료가 진행되면서 친구를 새로 사귀기로 결심하였고, 지나치게 요구해서 고통스러웠던 관계 패턴을 포기하기로 하였다. 이렇게 그녀는 새로운 방식으로 친구들을 사귀고 직장에서 일을 잘 수행할 것을 상상하자 자리에 가만히 앉아 있을 수가 없었다. 치료자의 사무실 주위를 서성이면서 환자는 20분 동안 아버지와 오빠들이 했던 말을 인용하여 독백을 하였다. "대학에 가지 마. 교육대학에 가. 그게 여자애들이 하는 일이야. 결혼해서 아이를 가져. 그게 우리를 행복하게 하는 거고 너 또한 행복해지는 일이야. 넌 네가 똑똑하다고 생각하지만, 그렇지 않다는 걸 알게 될 거야. 대회에서 수상했다고? 어쩌다 그런 거야. 걱정하지 마. 다음번엔 그렇게 못할 거야."

이렇게 독백한 후 환자는 오랫동안 울었다. 그리고는 처음으로 자신의 '미친 짓'이 자기가 원래 하기로 되어 있던 일일지도 모른다고 말하였다. 그녀에게는 강해지는 것이 허용되지 않았던 것이다. 그날 저녁, 그녀는 미쳐 버릴 것 같은 느낌이 들어 응급회기를 요청하였다. 응급회기 내내 오래된 생각을 떠나보내는 것이 얼마나 두려운 일인지, 그런 생각들이 어떻게 마지막까지 저항하고 있는지 말하였다. 그녀는 이카루스 신화에 대해서도 이야기했는데, 이카루스의 아버지는 이카루스에게 밀랍으로 된 날개를 주면서, 너무 높이 올라갈 경우 태양이 밀랍을 녹일 수 있으니 주의하라고 경고하였다. 이카루스는 그 경고를 무시하고 아주 높이 날았고, 날개가 녹아서 결국 땅에 떨어져 죽었다. 환자는 자신이 현대판 이카루스라고 생각했고, 그럴 운명이라고 생각하였다. 치료자가 그 신화는 질투하는 내사의 산물이고 신화는 가족의 역동을 반영하고 있다고 해석하기 전까지 그녀의 두려움은 어떻게 할 수 없는 듯하였다. 환자가 신화는 자신의 가족 및 심리내적 학습과 유사하다고 다시 해석했을 때, 신화에 도전하고 자유로워지는 기회를 가질 수 있었다. 그녀가 경험한 공황상태는 아버지와 오빠들을 내사했던 것에 저항하는 것과 관련된 두려움 때문이었던 것이었다.

과도기 단계에서는 이카루스 환자처럼 늘 극적이거나 초점이 맞추어지는 것은 아니다. 이 단계가 갑자기 일어나든 아니면 점진적으로 일어나든, 사람들은 다음과 같이 말한다. "내가 어떤 사람이 될지 현재로서는 잘 모르겠어요. 매우 혼란스러워요. 마치 지금까지 지녀 왔던 오래된 방식을 포기하면 제가 존재하지 않을 것 같은 느낌이에요." 보통 신비로운 신체적 증상(온몸이 따끔거리고 열나고 떨리는 것)이 함께 나타난다. 이 단계에서 나타나는 심오한 재구조화와 관련된 신체적 변화는 과거에 수동공격적 성향을 보인 한 남성과의 치료회기 중에 나타났었다. 그는 분노로 가득 차고 의존적이면서 비판적이며 우울했던 성격에서 좀 더 자발적이고 열정적이며 사려 깊고 배려심 많은 사람으로 변하고 있었다. 사람들이 자신을 위해 무엇을 하고 있지 않은지 더 이상 생각하지 않았고, 자신의 장점 때문에 받았던 긍정적인 피드백을 수용하기 시작하였다. 최근 직장상사는 환자로 인해 매우 기뻐하였다.

P: 오늘 아침에 상사가 저를 인간으로 대하는 것을 보고 어리둥절했어요. 너무 불안했어요. 아이였을 때가 생각나요. 저는 제 방에 있고 부모님은 아래층에서 파티를 하고 있었죠. 너무 외로웠고 불안했어요. 전 안절부절못하면서 방 안을 왔다 갔다 했어요. 견딜 수 없을 만큼 불안했는데, 그 방은 엄청나게 컸고 끝이 없었어요. 전 아주 작은 물건처럼 느껴졌어요. 전 이리저리 걸으면서 파티에 귀를 기울였고 정신을 차리려고 애를 썼지만 소용이 없었어요. 너무 무서웠어요. 가끔 그때가 희미하게 떠올라요. 정말 원초적인 불안을 느껴요. 제가 어디에 있는지 잘 모르겠어요. 길을 잃은 느낌이에요.

T: 현재 당신이 매우 외롭다는 것처럼 들립니다.

P: 네.

T: 그리고 마치 당신이 뭔가를 선택해야 할 시점에 있는 것처럼 느껴집니다. 그러한 불안 옆에 함께 서서 견뎌 내고, 또한 새로운 방법을 발견할 수만 있다면 변할 수 있는 기회를 갖게 될 겁니다. 그러나 한편으로는 오래된 패턴으로 다시 돌아가서 이전의 방식으로 불안에 대처하려는 유혹 또한 강할 수도 있습니다. [방금 전 이 환자는 가족을 통제하고 자신의 불안을 다루기 위해 화를 내면서 소리 질렀던 사건에 대해 이야기하고 있었다.]

P: 늘 귀에서 들리던 잡음이 사라졌어요. 그게 가 버렸어요. 혼자라는 것을 정말 수용하게 되었어요. 어릴 적 사물을 바라보던 방식을 포기하게 되었어요. 아세요? 전 선생님이 저를 공격하고 깔아뭉개는 것이 더 편할지도 모른다고 생각해요. 전 기분이 언짢아져서 선생님을 싫어할 수도 있어요. 그런데 현재 선생님의 방식에 대해서는 진짜 어찌해야 할지 모르겠어요.

T: 여전히 똑같은 불안을 느끼시나요?

P: 네.

T: 마치 당신이 익숙하지 않은 영역에 있는 것 같습니다. 무엇을 기대해야 할지 모르겠고, 아마도 온통 제어할 수 없다는 느낌이 드는 것 같습니다.

P: 맞아요. 통제할 수가 없어요. 어떤 감정이 일어날지 모르겠어요. 불편함과 망상으로 되돌아가고 싶다는 걸 알겠어요. 그게 훨씬 더 안전할지도 모르겠어요. 길을 잃은 느낌입니다. 집으로 돌아가야겠어요.

이렇게 환자 자신에 대한 정의가 부족한 단계에서는, 치료자의 영향을 환자가 퇴행을 피하도록 돕는 것으로 제한해야 한다. 치료자는 환자가 이후에 무엇을 해야 할지 구조화하려고 해서는 안 된다. 이 시점에서 치료자는 환자가 방향감각을 잃거나 우울해지는 것이 재구성적인 변화의 정상적인 부분임을 꾸준히 재확인시켜 줄 필요가 있는데, 그렇게 하지 않으면 환자는 근원적 정신병을 파헤쳤다고 두려워할 수도 있다. 물론, 이러한 재구성적인 사건과 정신병적인 보상작용의 상실(decompensation)은 명확히 구분되어야 한다.

새로운 학습 촉진하기

환자가 공황상태와 혼란에서 벗어나면 환자의 자기인식은 이전과는 달리 훨씬 더 명료해진다. 환자의 퇴행을 보호하는 것 외에도, 치료자는 산파 또는 정원사의 역할을 담당한다. 씨앗은 좋은 배양기 안에 있고, 새로운 정체성이 나타나게 된다. 다음에 제시된 여러 사례는 환자들이 어떻게 자신을 수용하게 되었는지를 보여 준다.

어떤 환자는 다음과 같이 말하였다. "이전 회기 이후에 기분이 훨씬 좋아졌어요. 그것을 매우 달리 보게 되었어요. 아주 다르게 느껴져요. 저 자신에 대해 가졌던 기대가 너무 부담스러웠어요. 이제는 앞으로 나아갈 거예요. 그래서 즐기고, 제가 어떻게 하고 있는지 걱정하지 않을 거예요." 이 예는 어떻게 정서가 인지와 함께 변하는지 보여 주고 있다.

더 이상 만성적으로 자살을 생각하지 않게 된 환자가 다음과 같이 말하였다. "전에 이것에 대해 말한 적이 있어요. 하지만 이제는 제가 우울한 것이 그렇게 신비롭게 느껴지지 않습니다. 어떤 장면들이 왜 그렇게 무겁게 느껴지는지 분명해진 것 같아요. 이제는 제가 그것에 대항해서 싸워야겠죠. 하지만 제가 모르는 뭔가가 있다고는 생각하지 않습니다. 마치 완벽한 미스터리가 있는 것 같지는 않아요." 이 환자는 더 이상 자신의 감정에 무기력하게 희생되지 않으면서부터는 우울이 사라졌다.

이전까지 만성적인 우울증에 시달렸던 환자가 심한 편두통을 억제하는 방법을 배우면서 다음과 같이 기록하였다. "계속해서 저를 놀라게 하는 건, 치료기간에 제가 말했거나 배운 것들이 제 일부분이 되었다는 것, 즉 일종의 삼투현상처럼 제가 사물을 지각하고 반응하는 방식에서 매우 다른 관점과 느낌이 이제는 없어서는 안 될 중요한 부분으로 자리 잡았다는 겁니다." 이 환자가 묘사한 치료과정의 재구조화와 내사는 특히 뚜렷한 것이었다.

어떤 환자는 자신의 원가족을 방문한 후 다음과 같이 기록하였다. "저는 어린 시절이 자유라고 생각했어요. 하지만 이젠 그 아이가 점점 더 함정처럼 느껴져요. 어른이라는 것이 과연 어떤 것인지 알아야겠어요. 세상은 계속 변하고 있고, 따라서 전 과거로 돌아갈 필요가 없다는 믿음을 계속 간직해야 해요. 제 안에서의 변화, 제가 느낄 수 있는 변화에 관심이 있어요. 정말입니다. 단지 그게 뭔지 모를 뿐이에요. 단계적으로 받아들이는 것이 문제죠. 다른 쪽이 더 좋다는 믿음을요. 이전에는 전혀 몰랐어요."

또 다른 환자는 다음과 같이 기록하였다. "결국, 선생님께서 보여 주신 자율과 통제에 대한 원칙을 사용하면서부터 전 뭐가 일어나든 대처할 수 있을 거라고 확신하게 되었어요. 그리고 다소 어려운 도전을 감행함으로써 저 스스로를 의심하고 우울해지는 것으로부터 부담을 많이 덜게 되었고요."

만성적인 불안과 건강염려증에 시달려 온 어떤 환자는 자신이 잘 대처했던 어떤 스트레스 상황을 다음과 같이 기술하였다. "일 년 전 저는 미칠 만큼 불안했고, 먹어 대곤 했어요. 하지만 지금은 '내가 했어. 그리고 괜찮아. 그대로 내버려 둬.' 라고 말해요. 좀 더 천천히, 그리고 더 확신 있게 행동하죠."

좀 더 날카롭고 극심한 BPD 환자의 의견이다. "과거를 돌이켜 제가 어떤 사람이었는지를 바라보는 것은 힘든 일이에요. 조금은 저 자신을 용서해야 할 것 같아요."

재구조화 단계 도중 또는 그 이후에 나타난 이러한 진술들은 변화의 느낌과 신체적인 증상을 표현하고 있다. 자신과 타인에 대한 우호적인 태도가 새롭게 나타났는데, 제시된 사례에서는 정서적 유대와 분화가 모두 촉진되었다.

나가며

재구성적 학습 심리치료사는 광범위한 영역의 치료를 끌어왔다. 정신분석, 경험적 치료, 가족치료, 집단치료, 드라마치료, 교육적 치료, 행동치료, 게슈탈트 치료, 그리고 다른 치료들에서 사용하는 기법이 모두 적절하다. 다섯 가지 정확한 범주 중 하나(협력 증진, 패턴 인식 촉진, 의지 동원, 부적응적인 패턴 차단, 새로운 패턴 가르치기)로 이어진다면 어느 것이라도 적절하다.

다음은 오랜 기간 아버지와 오빠들로부터 신체적 · 성적 학대를 당해 온 여성의 이야기다. 이 환자는 오랫동안 자살성향을 포함한 심각한 우울증으로 시달려 왔다. 환자는 치료가 종결되기 전에 멀리 떨어진 다른 도시로 이사를 가야 하였다. 이후 환자는 살아가면서 계속 배우는 것이 있을 때마다 치료자에게 편지를 보내왔는데, 오래된 상처를 불러일으키는 사건을 경험할 때는 더욱 그러하였다. 아버지가 위독해졌을 때, 그녀는 다음과 같이 적었다.

> 아버지가 느낄 두려움과 고통을 생각하면 저 또한 절망스럽습니다. 전 제가 훨씬 더 화가 나고, 훨씬 더 슬프다고 생각해요. 그리고 과거 어떤 순간보다도 더 외로운 것 같

아요. 거기엔 아무도 없어요. 그리고 아무도 없을 거예요. 아버지는 절대로 저한테 했던 일을 바꾸거나 보상하지 않을 거예요. 그리고 전혀 '이해하지' 못할 겁니다. 아버지는 절대로 저를 이해하지 못할 거예요. 아버지는 늘 최악의 상황을 예상하고, 희망을 걸었던 모든 사람, 모든 사물을 저주해요. 자신이 지지하는 사람들에게 실패와 파멸이 닥쳐올 거라고 생각하며 절망스러워하고 화를 냅니다. 신념에 대해서는, 아마도 죽음 외에는 그 어떤 것에 대해서도 믿음이 없는 것 같습니다.

여기에 있는 것이 쉽지 않습니다. 하지만 모든 힘든 상황은 교훈이 되고, 그 가운데 제가 배웠고요. 제가 달리 반응하고 조금 더 노력해서 다르게 느낄 수 있다면, 힘든 상황이 단순히 전율로 끝나지는 않겠죠.

저는 지금 제가 한 번도 삶의 불행으로부터 벗어날 수 있는 가능성을 고려하지 못했다는 엄연한 사실에 매료되어 있습니다. 모든 종류의 긍정적인 생각이 제 의식 안으로 들어오고 있어요.

자기 자신과 타인에 대한 현실적인 견해를 편안하게 공유하는 것만큼 의미 있고 치유적인 일은 없다. 성격장애를 가지고 있는 많은 환자는 정말 재능이 있는 사람들이다. 그들이 자신을 가두고 있던 울타리로부터 스스로를 해방시키는 것을 목격할 때 얻는 보상은 이제 막 걸음마를 뗀 아이가 눈 속에서 놀고 있거나, 아기가 욕조에서 물장구를 치고 있는 모습을 지켜보는 심오한 기쁨에 필적한다.

제2부

DSM 군집 B, 극적이고 예측하기 힘든 집단

05 경계선 성격장애

'나의 불행은 당신의 요구에 따른 것이다'

■ 문헌 고찰

경계선 성격장애, 자기애성 성격장애, 연극성 성격장애 그리고 반사회성 성격장애는 DSM에서 '극적이고 예측하기 힘든' 이라는 군집을 이루고 있다. 이러한 진단명으로 불릴 수 있는 사람들은 삶이 혼란스럽다. 이들에 대한 문헌 역시 혼란스럽기는 마찬가지다. 이 중 경계선 성격장애는 나머지 다른 장애들보다 더욱 많은 관심을 받고 있다. 『Journal of Personality Disorders』에는 발행하고 첫 2년 동안(1987, 1988) 약 25%의 논문이 경계선 성격장애에 할애되었다. 여기에는 진단기준, 발생률 및 유병률, 공존장애, 자해 및 자살 시도에 대한 처치 등 많은 주제가 포함되었다.

경계선 성격장애(Borderline Personality Disorder, 이하 BPD)를 가지고 있는 사람은 DSM 군집 B와 중첩될 뿐만 아니라 임상적 증상들과도 중첩되는 증상을 보여 준다(Oldham et al., 1995). 이러한 사람들은 흔히 우울 및 사고 장애를 겪는다. 이렇듯 중첩되는 경우가 너무 빈번해서 BPD가 일종의 정동장애일지 모른다는 주장이 제기되어 왔다(Akiskal et al., 1985). 한편으로는 조현병(정신분열)과 관련이 있을 수 있다는 주장도 제기되었다(Blatt & Auerbach, 1988; Kety, Rosenthal, Wender, Schulsinger, & Jacobsen, 1975).

정신분석적 관점은 이와는 다른 견해를 보여 주는데, 이에 따르면 BPD는 정동장애나 사고장애가 아니고(Kernberg, 1975, 1984; Masterson, 1975), 하나의 독립된 실체다. 말하자면, BPD는 조현병이나 정동장애의 경계에 있거나 그렇지 않으면 독립된 어떤 것이다. 그 범주가 무엇이든 BPD를 가진 사람은 사고장애, 정서장애, 해리장애, 알코올 및 약물 남용, 섭식장애, 그리고 다양한 불안장애를 경험하곤 한다. BPD에서는 잘못될 수 있는 모든 것이 다 잘못되어 있다. 이들에게는 모든 기능 영역, 즉 인지, 정동 그리고 행동에 장애가 나타난다.

이 장애에 대한 과도한 관심과 흥미는 이 장애를 가지고 있는 사람들이 의료체계에 주고 있는 영향이 크다는 것에 기인한다고 본다. Groves(1981, p. 259)는 Syndenham이 1683년에 했던 말 "모든 것이 변덕스럽다. 그들은 얼마 지나지 않아 미워하게 될 사람을 아무런 생각 없이 사랑한다."를 인용하였다. 이들의 격정은 때로 치료자를 향한다. Groves는 다음과 같이 진술하였다. "철저히 의존적이지만 그들은 또한 자신이 추구하는 그것, 즉 가까워지는 것을 두려워한다. 결국 분노와 필요 때문에 사람들을 쫓아버린다(p. 259)." Groves는 치료자의 불편한 반응이 BPD의 중요한 진단적 표식이 된다고 하였다.

BPD에 대한 DSM의 정의[1)]

DSM 정의는 이후 분석의 출발점이 된다.

대인관계, 자기 이미지, 정서에서의 전반적인 불안정 패턴, 그리고 성인 초기 이전에 시작되는 현저한 충동성이 다양한 맥락에서 나타난다. 다음 중 5개(또는 그 이상)의 증상이 나타난다.

(1) 실제의 또는 가상의 버림받음을 피하기 위해 필사적으로 노력한다. 주: 기준 5에 해당하는 자살시도나 자해행동을 포함하지 않아야 한다.
(2) 이상화와 평가절하의 극단 사이를 오락가락하는 것을 특징으로 하는 불안정하고 강렬한 대인관계 패턴을 보인다.
(3) 정체성 혼란이 나타난다. 현저하고 지속적인 불안정한 자기 이미지 또는 자기감

1) 이 장의 DSM 정의는 DSM-5를 기준으로 하였다.

이 있다.

(4) 잠재적으로 자기파괴적인 속성을 띠는 충동성이 적어도 두 영역에서 나타난다(예: 낭비, 성, 약물남용, 난폭운전, 폭식). 주: 기준 5에 해당하는 자살시도나 자해행동을 포함하지 않아야 한다.

(5) 반복적인 자살행동, 자살시늉, 위협 또는 자해행동을 한다.

(6) 현저한 기분변화에 따른 정서적 불안정성(예: 삽화적인 극심한 불쾌감, 자극과민성 또는 불안. 보통 몇 시간 정도 지속되지만 수일을 넘는 경우는 거의 없다)을 보인다.

(7) 만성적인 공허감이 있다.

(8) 부적절하고 강렬한 분노 또는 분노를 통제하는 것을 힘들어한다(예: 자주 화를 내고, 항상 화가 나 있고, 몸싸움이 반복된다).

(9) 일과성으로, 스트레스와 관련된 편집증적 사고 또는 심한 해리증상이 있다.

기준 9는 DSM-IV에서 새롭게 추가되었다. 이것을 추가하는 것에 대해 논란이 많았는데, 경계선이라는 구인 자체의 속성에 관한 것이기 때문이다(Gudersen, Zanarini, & Kisiel, 1991, p. 350).

Morey(1988)는 성격장애로 치료받고 있는 291명의 외래환자 중 33.3%가 DSM-III-R의 BPD 진단기준에 부합한다고 보고하였다. BPD는 상당 수준 HPD(36.1%), AVD(36.1%), DPD(34%), PAR(32%) 그리고 NPD(30.9%)와 중복되었다.

발병원인에 대한 가설

이 책의 중요한 목표 중 하나는 DSM에서 제시하고 있는 기준을 대인적 그리고 심리내적 용어로 '번역' 하는 것이다. 그뿐만 아니라 SASB 예측원리를 사용해서 이러한 대인적 및 심리내적 '증상' 을 악화시키는 병인적 사회요인에 관한 가설을 세우는 것이다. 성격장애에 대한 차원 분석을 통해 기대되는 전이반응을 기술하고 심리사회적 처치접근법을 제안할 것이다.

나는 각 성격장애에 대한 대인 차원 분석을 위해 다음과 같은 방법을 활용하였다. ① DSM-III-R과 DSM-IV 기준들을 SASB 군집모형([그림 3-9] 참조)으로 전환한다. ② DSM-III와 DSM-III-R의 사례집에 제시된 사례를 대상으로 동일한 작업을 수행한다. ③ 내가 알고 있는 임상사례의 역사(history)와 행동의 차원을 평가한다. ④ 역사(history)상의 SASB 코드를 장애코드에 연결시키는[2] 예측원리를 규명한다. ⑤ 차원

분석을 통해 드러난 핵심 심리사회적 전이와 처치 문제를 규명한다.

이 절차의 첫 세 단계는 조작적으로 정의할 수 있고 신뢰도 검증[3] 또한 가능하다. 그러나 나머지 두 단계는 그렇지 못하다. 나는 이 병인에 대한 가설들이 환자를 이해하는 데 유용하게 활용되기를 희망한다. 그렇게 되면, 이러한 분석을 통해 나타난 임상적 함의가 이 모든 접근을 타당화하는 초기 단계로 기능할 수 있을 것이다.

인과관계는 앞과 뒤의 조건 사이에 신뢰로운 연계가 있을 때 성립할 수 있다(Hume, 1748/1947). 만약 심리사회적 요인이 병인적 역할을 한다고 하면, BPD에 대한 아동기 선행조건에 대한 기술이 필요하다. 즉, BPD 패턴을 형성하는 사회적 학습이 규명되어야 한다. 물론 이러한 아동기 경험의 어떠한 영향도 유전적으로 주어진 아동의 기질에 따라 중재된다. 이 책에서 기질과 전형적인 아동기 경험 사이의 상호작용을 정의할 의도는 없다. DSM 성격장애의 소위 생물학적 관련 요인에 대한 중요한 연구가 현재 진행 중이다(예: Weston & Siever, 1993). 궁극적으로는 이러한 연구결과가 초기 부모 양육방법의 신경화학적 효과에 대한 연구(예: Kraemer, 1992)뿐만 아니라 외상과 관련한 신경생물학적 요인에 대한 연구(예: Leon, 1992; van der Kolk, Greenberg, Boyd, & Krystal, 1985)와도 조율되는 것이 중요할 것이다. 구조와 행동은 유전적으로 그리고 경험적으로 밀접하게 연결되어 있다. 모든 가능한 관점에서 조심스러운 연구가 진행되어야만 완전하게 이해할 수 있을 것이다. 그러나 이 책은 행동적 · 발달적 학습 관점에 국한되어 있다.

이 책의 중심 주장은 초기 경험의 대인구조가 성인기 대인 패턴의 구조를 형성한다는 것이다. 아동기 학대가 일반적인 정신과 입원환자, 특히 BPD 환자 발달사의 한 부분을 이루고 있다는 증거가 많다(Herman & van der Kolk, 1992; Gallagher, Flye, Hurt, Stone, & Hull, 1992; Raczek, 1992; Crowell, Waters, Kring, & Riso, 1993). 그러나 이 책은 성인기 성격장애와 관련될지 모르는 초기 경험의 목록(예: 근친상간, 신체적 학대 또는 부

---

2) 예측원리는 전망적(prospective) 논리가 아니라 회고적 논리로 도출되었다. 나는 왜 사람들이 어떤 때는 아동기 역할을 유지하고(상보성을 재현함) 또 어떤 때는 공격자와 동일시하기 위해 역할을 바꾸는지(유사성을 바람) 모른다. 비슷하게, 아이의 세계에 있는 어떤 사람들은 내사에 영향을 미치고 또 어떤 사람들은 그러지 않는지 단지 추측할 수 있을 뿐이다. 이 책에서 유사한 것들을 확인했고, 나는 어떤 SASB 원리가 적용되어야 하는지를 연역해 내었다. 과학적인 관점에서 이러한 과정은 중요한 연구문제를 생성하는 초기 단계에 불과하다 할 수 있다. 내가 퇴임하기까지 남은 몇 년 내로 이 책에 제시된 아이디어에 대한 공식적 연구를 할 수 있도록 연구기금이 확보되기를 희망한다.

3) 내 친구이자 동료인 Marjorie K. Kein은 나의 또 다른 동료이자 친구인 Laura Lynn Humphrey와 계약을 맺고 성격장애에 대한 현재의 접근에 토대를 둔 성격검사 도구인 WISPI에 나타난 대인기술(interpersonal descriptions)을 SASB 코드화하기로 하였다.

모의 이혼)을 미리 전제하지는 않았다. 그보다는 아동학대가 왜, 그리고 어떻게 성인의 특정 증상과 관련되는지 이해하려 한다. SASB에 기반한 개인의 초기 경험에 대한 차원 분석에서부터 성인 패턴의 대인 차원까지 추적함으로써 그러한 관련성이 드러날 수 있다는 것이 이 장에서 제안하는 바다. 다시 말하면, 특정 경험이 특정 장애와 연관되어 있는 것이 아니라 오히려 초기 경험의 특정 차원이 각 성격장애의 특정 차원과 연관되어 있다는 것이다.

예를 들어, 한 소년이 가족 내의 혼돈을 방어하기 위해 숲 속에서 많은 시간을 보낸다고 하자. 이 경우 스트레스에 대한 소년의 반응은 담을 쌓음(wall off)이라는 코드로 기술될 것이다. 그러나 성인이 되었을 때는 더 이상 숲에서 시간 보내기를 지속할 수 없다. 그러한 패턴은 그의 업무 습관에서 찾아볼 수 있을 것이다. 그는 두 가지 전일제 직업을 선택하여 집에서 보내는 시간을 최소화할 수도 있다. 숲에서 배회하는 소년과 일만 하는 가장, 이 두 가지 모습이 동일하게 보이지 않을 것이다. 그러나 두 모습은 밀접하게 관련되어 있다. 왜냐하면 두 모습 모두에서 가족과의 관계가 '담을 쌓음'으로 코딩될 것이기 때문이다. 임상가는 SASB 코딩으로 다른 방법으로는 잘 드러나지 않는 연관성을 볼 수 있다.

숲에서 혼자 시간을 보내는 예가 BPD에는 잘 적용되지 않을 것이다. BPD에 대한 발달적 가설은 이러한 패턴이 고통스럽지만 에로틱한 근친상간적 관계에서 출발하고 있다는 것이다. 그러나 모든 BPD가 근친상간의 희생자라거나 모든 근친상간 희생자가 BPD가 된다는 것은 아니다. 그보다는 다음에 기술할 차원성을 갖고 있는 어떤 경험이라도 BPD와 관련해서 특징적인 성인 패턴을 갖게 할 수 있다는 것이 핵심 주장이다. 대부분 근친상간이 BPD의 핵심적 구조 생성에 기여하지만 그렇다고 그것만이 유일한 요인은 아니다.

SASB 원리를 잘 모르는 독자도 BPD 패턴을 알아볼 수 있게 될 것이다. 또한 제안되는 처치방법이 유용하다는 것도 알게 될 것이다. SASB 코드와 원리를 이해하는 독자라면, 이 장에서 제시할 분석을 고통스럽고/에로틱한 근친상간적 관계경험 이외의 사례로까지 확장할 수 있다.

DSM에 기술된 BPD 증상 각각을 설명하기 위해 발달사적 특성 네 가지가 제시되었다. 이 장애의 독특한 대인 패턴과 대인사(interpersonal history)를 연결하는 가설을 〈표 5-1〉에 제시하였다. 이제 이 가설에 대해 설명해 보자.

1. 가족상황이 전반적으로 혼란스럽다. 이들에게는 일상적인 사건이 TV 불륜 드라마(soap opera)의 소재가 될 정도다. '일상화된' 위기의 예로는 끔찍한 싸움, 불륜의 정사, 낙태, 간통, 술주정, 살인, 투옥, 자식과의 의절 그리고 혼외 출산 등이 있다. 이러

한 드라마가 없었다면 삶이란 공허하고 지루했을 것이다. 흔히 BPD는 이 모든 것에서 중심적 위치를 점한다. 아마도 그녀[4)]는 폭발적이고 위험하기 짝이 없는 알코올중독 부모를 달래는 책임을 떠안고 있었을 것이다. 이러한 자기 '아내'적 입지가 다른 가족구성원으로부터 질시의 대상이 되게 했을 것이다. 혹은 엄마가 자기 남편(환자의 의붓아버지)과 이혼하도록 하는 책임을 떠맡는 희생양이 되었을 수도 있다. 때로는 오빠나 남동생의 근친상간적 관심의 중심이었을 수도 있다.

많지 않은 경우지만, 겉으로 보기에는 혼란이 드러나지 않는 가족이 있다. 이러한 가족은 아무 문제가 없는 것으로 보이기도 하지만 어딘가에는 혼란이 존재한다. 아마도 방과 후와 부모가 퇴근해서 돌아오기까지의 2시간에 한정해서 오빠가 근친상간을 범했을 수도 있다. 또는 아버지가 근친상간을 목적으로 방문하는 것이 한밤중으로 한정되었을 수도 있다. BPD의 출생으로 자신의 삶이 어떻게 망가져 왔는지에 대해 부모는 소리 높여 끊임없이 이야기하지만, 아마도 혼란은 비밀에 부칠 것이다.

겉으로 드러날 정도로 요란하든 아니면 숨겨져 있든 상관없이 혼란, 고위험성, 그리고 그러한 상황에서 BPD의 중심적 역할은, 그녀로 하여금 빠르고 갑작스러운 변화를 예측하게 하거나 또는 그런 변화를 만들어 내기도 한다. 위기가 없으면 공허하고 지루해져서 문제를 일으키게 된다. 마치 알코올중독자가 술에 빠지듯 말이다. 항상성이란 것은 안중에 없다. TV 드라마(soap opera)적인 생활양식은 DSM에 기술된 대로 기분, 대인관계 그리고 자기상의 전반적인 불안정을 가져오는 기반이 된다. 충동성, 분노 폭발, 이상화와 평가절하 간의 빠른 전환도 혼란 그 자체를 빼닮은 것이다.

2. 발달사에는 외상이 될 정도의 버림받은 경험이 포함된다. 이러한 버림받음은 몇 시간 또는 며칠간 아무런 보호나 건설적인 활동 또는 동행인 없이 홀로 내버려져 있는 경험을 포함한다. 이런 시간은 말할 수 없이 지루한데, 다음과 같은 것이 흔한 예다. 한 BPD는 하루 종일 방에 혼자 감금되어 있었고, 그동안 어머니는 남자친구와 함께 외출하였다. 또 다른 한 BPD는 범죄가 의심된다고 지하실에 감금되어 성적 또는 학대적 종교의식에 활용되었다.

버림받는 것과 관련된 고립은 위험천만하다. 학대를 수반하는 갑작스러운 침입이 늘 존재하였다. 예를 들어, 어떤 종교집단이 한 아이를 지하실에 감금하고 성적 또는 종교

---

4) BPD는 여자들이 훨씬 많다. 아마도 여자들이 근친상간적 학대의 대상이 되는 경우가 더 많기 때문인 것 같다. 이런 이유로 이 장에서 BPD를 지칭하기 위해 여성 대명사를 사용하였다. 그러나 남자도 근친상간적으로 학대받을 수 있다. 만약 남자들의 근친상간이 이 장에서 기술된 차원성을 가지고 있다면, 그들도 BPD 기준에 맞아야 한다.

〈표 5-1〉 BPD에 대한 대인관계 요약

과거경험	과거경험의 결과
1. 혼란스러운, TV 불륜 드라마에서 볼 수 있는 생활 양식	1. 위기 추구, 위기 조성-항상성이 없음
2. 외상적 유기 (**무시** → **공격**) 근친상간 전형이 패턴을 형성하게 함: 고통(물러남) + 사랑(반응적 사랑) 무력감(복종)과 전지전능감(**통제**) 이상화(신뢰, **적극적 사랑**)와 평가절하(**비난**)를 모방, 분별없는 강제(**공격**)	2. 유기 '프로그램'을 작동시킴 (*자기방치*와 *자기공격*) 근친상간의 구조가 반복됨: 사랑과 고통을 융합함 무기력과 전지전능감(**통제**) 이상화(신뢰, **적극적 사랑**)하고 평가절하함(**비난**, **공격**)
3. 자기정의(분리), 행복(반응적 사랑), 공격 당함	3. 잘하는 것에 대한 공격을 내면화함 (*자기공격*)
4. 아픔(신뢰)이 보살핌(**보호**)을 끌어냄	4. 보살핌(*자기보호*)을 받기 위해 병(신뢰)을 악화시킴

요약: 버림받는 것을 끔찍이 두려워하고, 구원자(애인이나 양육자) 가까이에 있으면서 보호와 돌봄을 원한다. 기준 위치는 양육자에 대한 우호적 의존이지만, 만일 양육자나 애인이 충분히 제공해 주지 못하면(충분할 수가 없다) 적대적 통제로 돌변한다. 양육자가 겉으로는 그렇지 않지만 내심 자신이 의존하고 요구하는 것을 좋아할 것이라고 믿는다. 행복과 성공의 징후가 나타나면 내면화된 악의적 대상이 자아를 공격한다.
BPD 기준선 SASB 코드: **통제, 비난, 공격, 적극적 사랑**, 신뢰, *자기공격, 자기방치, 자기보호*. 소망: **보호** 받기. 두려움: **무시**. 필요조건: 버려지는 것에 대한 두려움이 있고, 그것을 보호와 보살핌을 강요함으로써 조절함, 행복 또는 성공에 따르는 자기태업. 배제조건: 장기간 홀로 지내는 것에 대한 인내.

적 의식에 이용할 수 있다. 다른 예로, 좀 더 나이가 많은 남자형제가 지하실에 격리되어 있는 아이를 성적으로 학대하기 위해 침입할 수도 있다. 좀 더 심한 경우, 알코올 의존 상태에 있는 부모가 돌봄과 학대를 번갈아 수행할 수 있다. 실제로 어떤 BPD는 방과 후 또는 부모가 외출한 저녁에 오빠로부터 근친상간적 공격을 받곤 하였다. 또 밤에 침실에 혼자 있을 때 아버지로부터 근친상간적 학대를 경험한 BPD도 있었다.

학대가 수반된 '혼자 있음' 과 'BPD는 나쁜 사람'이라는 생각은 어쩔 수 없이 연관된다. BPD가 너무 나쁜 아이라서 어머니가 새로운 남자친구와 살기 위해 가족을 떠났다는 진술 때문에 이러한 믿음이 생겼을 수도 있다. 아마도 근친상간적 학대를 저지르는 남자형제가, BPD는 단지 성적 도구에 불과하다는 의미를 전달했을 수도 있다. 또는 어느 종교집단의 학대적 의식은 그럴 만한 대상에게 행해진다는 생각이 전해졌을 수도 있다. BPD는 학대적인 알코올중독 친척에게 맡겨질지도 모른다. 왜냐하면 다른 가족 구성원이 그런 골치 아픈 사람과는 함께 휴가를 즐기고 싶어 하지 않기 때문이다. '혼자 있음' 과 '나쁜 사람' 이 연결되는 또 다른 방식은, 은밀하게 일어나는 근친상간에 참여하는 것 자체가 나쁘다는 증거라고 믿는 것이다.

성적인 학대가 고통스러웠던 BPD는 자해행동을 할 가능성이 더욱 높다. 그 이유는 성적 학대가 이루어지는 동안 쾌락과 고통을 혼동하는 경우가 많기 때문이다. 예를 들면, 근친상간이 이루어지는 대부분의 시간에 학대자는 매우 애정적일 것이다. '학대'는 단지 성교 시에만 발생할 것이다. 학대자는 애정을 느꼈겠지만 신체적 현실은 큰 성인과 작은 미성숙한 여자아이(또는 남자아이의 경우 항문을 통한 성교) 사이의 성교가 낳는 고통일 것이다. 학대자의 애정적 의도와 그에 따른 희생자의 고통 사이에 있는 불일치는 부정향(disorienting)이 될 것이다. BPD가 내면화한 메시지는 어떤 것일까? 어떤 BPD는 에로틱한 쾌감의 맥락을 고통과 연결짓지만, 또 어떤 BPD는 느끼지 않으려고 시도하여 '아무런 느낌을 갖지 않는다(numb out).' 전자의 유형은 자해 시 성적 쾌감을 느낀다고 보고할 것이고, 후자는 자해 중 아무런 느낌을 갖지 않을 가능성이 높다.

BPD는 아동기에 경험한 학대를 통해 이상화에서 평가절하로 전환하는 방법을 배웠을 것이다. 밤에 아버지가 방문하여 처음에는 "넌 내 삶의 희망이야. 나는 이렇게 같이 살고 싶어. 네가 없다면 난 모든 걸 잃은 것과 같아."와 같은 말을 할 것이다. 그다음 근친상간 후에는 "너 때문이야. 못된 것, 음탕한 년, 추잡한 년. 가서 샤워나 해."라고 할 것이다. 몇 분 내에 BPD는 이상화의 극치에서 최악의 평가절하로 굴러떨어져 버린 것이다.

더구나 평가절하는 적절한 현실검증을 용인하지 않는 명령을 포함할 수 있는데, 그것이 BPD를 혼란스럽게 만들고 방향을 잃게 한다. 그녀는 자신이 누구인지, 무엇이 실제이고 무엇이 실제가 아닌지에 대해 모순된 지시를 받는다. "아빠가 나를 아프게 해. 아빠는 나를 사랑해. 그래서 나를 아프게 하지 않아. 나는 착한 사람이야. 나는 나쁜 사람이야. 아빠는 나를 찬미해. 아빠는 나를 싫어해. 그는 너무 커서 내가 그를 멈추게 할 수 없어. 내가 다른 사람한테 말하면 아빠를 아프게 할 수 있어. 내가 다른 사람에게 말하면 아빠는 나를 아프게 할 거야. 아빠는 그것이 나를 아프게 한 것이 아니라고 얘기했어. 아빠는 그것은 아주 기분 좋게 해 주는 거니까 울지 말라고 얘기해. 엄마는 내가 거짓말 한다고 얘기해. 엄마는 그런 일이 일어나지 않았다고 얘기해." 등이다.

근친상간의 피해자 또는 종교의식의 중심에 있는 아이는 때로 잘 인식하지 못하는 가해자에 대한 특권과 힘을 가지고 있다. 이러한 학습이 BPD에게 전지전능감과 무기력감이 번갈아 일어나는 방식으로 성인기 주요 인물과 상호작용하도록 미리 준비(priming)시켰을지도 모른다.

Carroll, Schaffer, Spensley와 Abramowitz(1980) 및 여러 연구자들은 BPD가 발달적으로 학대경험을 가지고 있을 가능성이 높다는 사실에 주목하였다. 그러나 앞서 강조했듯이 모든 BPD가 근친상간의 희생자가 아니며, 근친상간의 희생자가 모두 BPD는 아니다. BPD 패턴을 형성하지 않는 다양한 근친상간이 존재한다. 여기에는 질 침투가 없는 근친상간, 상처가 나지 않을 정도로 아이가 성장한 후에 이루어지는 성적 행위, 고통과 사랑을 혼동시키지 않는 근친상간, 무기력감과 전지전능감을 혼합하지 않는 근친상간, 이상화와 평가절하의 급변이 없는 근친상간, 그리고 BPD의 현실지각을 부정("아프지 않아, 그런 일은 일어나지 않았어.")하지 않는 근친상간 등이 있다.

3. 나중에 BPD가 될 아이가 보호받지 못한 채 홀로 남겨졌을 때 신체적 또는 성적 학대가 일어난다. 여기에서 가족의 규범은, 자율이란 나쁜 것이며 의존하고 가족의 불행에 동정적인 것이 좋은 것이라는 의미를 전달한다. 만약 BPD가 독립성을 추구하고자 하면 그것은 가족에 대한 충성심이 없다는 것을 의미한다. 그런 배신은 보복적 처벌을 불러온다. 행복, 유능 또는 자기확신을 보일 때, 이러한 메시지는 직접적인 언어 및 신체 공격으로 전달된다. "그것 때문에 네가 위대하다고 생각하니? 글쎄, 더 직접적으로 얘기해 줄게. 넌 단지 ○○○한 아이에 불과해. 네가 세상에 나가서 우리 도움 없이 뭔가 시도해 보면 네가 얼마나 ○○○한 아이인지 분명히 알게 될 거야." 자율성이 나쁘다는 생각을 갖게 되는 또 다른 경로는, 독립성을 보이거나 가족 밖에서 행복해하는 형제자매가 학대당하는 것을 지켜보는 것이다.

이러한 학대의 결과, 유능함 또는 행복을 향한 움직임은 자기공격을 유발한다. 학교, 새로운 직장, 새로운 관계, 또는 심리치료가 잘 되어 갈 것이 분명해지는 순간 자기태업(self-sabotage)이 시작된다. 건강과 행복이 증진될 것으로 기대되는 순간에 BPD는 어떤 식으로든 자기파괴의 양상을 나타낸다. 자기손상은 자해나 자살 시도, 또는 심리치료나 새로운 좋은 관계, 새 직장, 대학을 그만두려는 경솔한 결정으로 나타날 수 있다. 이런 패턴은 환자와 치료자가 모든 일이 잘되어 간다고 얘기한 상담회기 직후 자해를 감행하는 사례에서 찾아볼 수 있다.

자기태업은 다음 두 가지 기제 중 하나로 시작된다.

a. 학대자 또는 질시하는 다른 부모 또는 형제·자매를 내면화하여, 그 내면화된 상이 복수를 실행함으로써 고통을 유발하는데, 이는 원래의 경험을 반복하는 것이다. 자해행동을 통해 BPD가 달성하려는 목표는 공격자를 나타내는 자아의 부분을 달래려는 것이다. BPD는 내면화된 공격자와 무의식적으로 대화한다. "넌 내가 고통스럽기를 원하니? 난 정말 고통스러워. 내가 처벌받아야 하고 고통스러워야 한다는 데 나도 동의해. 여기에 그 증거가 있어. 이제 내가 너를 얼마나 사랑하는지 넌 알아야 해. 그리고 너도 나를 사랑해야 할 거야." BPD는 자해 후 안심하게 되었다고 보고하곤 한다. 이런 보고는 자해를 긍정적인 행위로, '사랑의 선물'로 해석하는 것이 타당함을 보여 주는 증거다(Leibenluft, Gardner, & Cowdry, 1987). 즉, 무엇인가 또는 누군가를 달래서 기쁘게

했다는 의미가 된다.

만약 자해가 공격자에 대한 사랑의 선물이 아니라면 일종의 자기확인(self-affirmation)이 될 수 있다. 어떤 BPD는 자해가 무엇인가 실재한다는 점을 확인시켜 준다고 말하였다. 이들의 판단은 친밀한 대화에 몰입되는 순간 발생하는 갑작스러운 전제(premises)의 변화와 예상치 못한 부인(denials)으로 인해 손상되어 왔다. 이들은 다음과 같은 기본 논리를 확인함으로써 안심한다. "내 몸을 그었어. 아프지. 이러한 아픔은 실재하는 거야. 난 무엇이 실재하는 것인지 알 수 있어. 난 그걸 알 수 있어. 또한 난 그걸 통제할 수도 있지." 이러한 방식으로 자해는 현실검증을 확인하는 기능을 갖는다.

자기태업이 자아에 대한 물리적 공격이든 심리적 공격이든, 보통 일련의 순서에 따라 일어난다. 그 전형(prototype)은 5명의 자해시도자 사례를 검토한 국립정신건강연구소(NIMH)의 문헌에 기록되어 있다(Leibenleaff et al., 1987). 각 일화는 지각된 버림받음(치료자가 너무 바쁨, 남편의 무관심 등)에서 시작한다. 순서는 ① 주양육자에 대한 평가절하, ② 철회, ③ 해리, ④ 자기에 대한 평가절하, ⑤ 자해, ⑥ 안심(Benjamin, 1987b 참조)이다.

이러한 주기는 자기영속적이다. 치료의 성공 바로 직전에 BPD가 퇴행하면, 치료자는 다른 치료자에게 의뢰하거나 다른 방식으로 손을 떼는 방안을 검토해 볼 것이다. 배우자라면 '소진'이 시작된다. 이러한 철회의 표시에 직면해서 BPD는 더욱더 많은 요구를 하게 된다. 다시 이것이 양육자로 하여금 더욱 경계하도록 만들 것이다. BPD에 대한 이러한 관심의 변화는 결국 버려짐으로 지각되고, 이후 바로 그 주기가 반복된다.

b. 성공 직전의 자기파괴 행위에 대한 다른 현상학적 설명은 다음과 같다. "난 호전되고 있어. 그래서 당신은 나를 더 이상 치료하지 않으려 할 거야." 치료자와 더 이상 만나지 못한다는 생각은 버림받는 것으로 해석된다. 그리고 앞서 기술한 주기가 반복된다. 이렇듯 호전을 분석하면, 그 자체로 보면 버림받는 것이 아닌데 왜 자기태업적 주기가 유발되는지 이해할 수 있다.

4. BPD는 불행, 아픔 또는 쇠약이 사랑과 관심을 유발한다는 것을 가족으로부터 학습한다. 버림받는 것이 중요하고도 실제적인 위협이 되지만, 그럼에도 불구하고 BPD가 고통스럽고 힘들 때 부모로부터 사랑이 제공될 것이다. BPD는 다음과 같이 얘기할 것이다. "엄마가 나를 사랑한 유일한 시간은 내가 완전히 지쳐 나가떨어졌을 때였어요." 이러한 학습의 결과 BPD는 연인 또는 양육자가 은밀히 자신의 불행을 원한다고 믿게 된다. 이러한 믿음은, 쇠약해졌을 때 사랑받은 경험과 모든 것이 잘되어 갈 때 자기태업을 하는 것과 합해져서, BPD의 심각한 증상을 형성한다. 결국 심리치료 또는 결혼생활에 대한 BPD의 계획은, '나의 불행은 당신의 요구에 따른 것이다.'로 요약된다.

과거 대인관계 특징과 DSM에 제시된 증상 간 관계

DSM에 제시된 모든 증상이 모든 사례에 나타나는 것은 아니다. 또한 모든 초기 경험이 모든 사례에 나타나는 것도 아니다. 있을 것으로 가정되는 과거경험의 한 측면이 나타나지 않으면 그것과 관련된 성인기 증상 또한 나타나지 않아야 한다. 이 장의 끝부분에 제시할 사례에서는, 진단상의 전형(prototype)에서 벗어나면 그에 따라 과거경험도 달라진다는 것을 보여 준다.

'전형적인 BPD' 는 DSM에 제시된 모든 증상을 나타낸다. 버림받음은 내면화되고, 그래서 BPD는 분별없이 행동하기도 한다(DSM 기준 4, 자기손상적 충동성). 방치의 내면화와 이와 관련된 지루한 혼자됨과 위험 또한 공허감을 초래할 수 있다(기준 7). 버림받는 것에 대한 공포는 그와 관련된 외상 및 나쁜 사람에서 기인할 수 있다(기준 1). 가족 내 극도의 혼돈은 불안정성 및 그 강도를 설명한다(기준 2, 6). 유명한 BPD의 분노는 지각된 버림받음에서 시작되고, 버림받음의 반대, 즉 사랑을 강제하기 위한 의도를 지닌다(기준 8). 자해는 학대의 반복이거나 내면화된 공격자를 달래려는 노력이다(기준 5). 정체성 혼란은 BPD가 분화나 자기정의(self-definition) 또는 행복감을 나타낼 때 BPD를 공격하는 대상을 내면화한 결과다. 자기태업은 내면화된 학대자로부터 자신을 보호하기 위한 장치다. 이런 개인 발달특성은 BPD의 정체성 혼란을 모두 포괄하여 설명한다(기준 3). 편집증적 증상은 공격이 다시 발생한다는 경험이 반영된 것이다. 새로운 항목으로 추가된 해리는 외상적 스트레스 사건 중에 '벗어난(tune out)' 학습의 결과다. 해리는 어느 한 맥락에서는 이러해야 하고, 또 어느 맥락에서는 완전히 달라야 한다는 지시에 따라 더욱 강화된다. BPD는 한 맥락에서는 성적 접촉에 참여해야 하고 다른 맥락에서는 정숙한 아이여야 한다. 만약 BPD가 과거에 일어났던 일이 진짜 일어났던 일이라는 것을 기억한다면, 자신 또는 다른 누군가가 크게 다치게 될 것이다. 두 역할(가해자의 성적 파트너와 순진한 아이)은 전적으로 양립 불가능한 것이다(기준 9).

BPD의 대인관계 요약

다음은 BPD의 대인관계 특성을 요약한 내용이다.

버림받는 것을 끔찍이 두려워하고, 구원자(애인이나 양육자) 가까이에 있으면서 보

> 호와 돌봄을 원한다. 기준 위치는 양육자에 대한 우호적 의존이지만, 만일 양육자나 애인이 충분히 제공해 주지 못하면(충분할 수가 없다) 적대적 통제로 돌변한다. 양육자가 겉으로는 그렇지 않지만 내심 자신이 의존하고 요구하는 것을 좋아할 것이라고 믿는다. 행복과 성공의 징후가 나타나면 내면화된 악의적 대상이 자아를 공격한다.

이와 같은 요약은 BPD의 기본 패턴 및 소망에 대한 SASB 코드에 토대를 두고 있다. 〈표 5-1〉에 제시된 코드들은 BPD를 규정하는 간편한 방법이다. 기준 위치는 **통제**, **비난**, **공격**, **적극적 사랑**, 신뢰(trust), *자기공격*, *자기방치*, *자기보호*다. 소망은 **보호**이고, 두려움은 **무시**다. 이렇듯 SASB 명칭은 BPD 노래에 대한 메모라 할 수 있다.

BPD 노래의 리듬과 하모니는 BPD가 주고받는 대인 및 심리내적 반응의 연쇄에 나타난다. BPD의 '으뜸음'은 신뢰인데, 양육자의 상보적 위치인 **보호**와 조화를 이룬다. BPD는 양육자에게 **적극적 사랑**으로 보답한다. 그러나 이렇게 조화로운 상황은 불안정하다. 왜냐하면 BPD는 곧 **무시**를 지각할 것이기 때문이다. 일단 이 일이 발생하면, BPD는 **보호**로 회귀하려고 **통제**, **비난**, **공격**으로 건너뛸 것이다. 이렇게 건강한 위치를 회복하려고 하는 것은, *자기공격*과 분별없는 *자기방치*를 수반한다. 자해행동과 적대적으로 양육을 강제하는 행동이 증가할 경우, 연인과 양육자는 **보호**와 복종이 결합된 복잡한 위치에 자리하게 된다. 양육자 또는 연인이 더 많은 양육을 원하는 이러한 요구에 순응하면, BPD는 신뢰가 더해진 상보적 **통제** 위치에 그 관계를 놓는다. 이러한 일은 연인 또는 양육자가 골냄과 *자기비난*이 포함된 BPD의 **비난**에 반응할 때 일어날 가능성이 특히 높다. 오래지 않아 연인 또는 양육자는 방어적으로 초점을 BPD로 되돌리고 어떤 식으로든 BPD를 **비난**하기 시작한다. 바로 이것이 BPD 노래의 하모니와 리듬이다.

SASB 코드를 사용할 줄 아는 독자라면 이와 같은 분석을 다른 맥락에 적용해 볼 수 있다. 예를 들어, 환자가 자신의 우울증이 더 심해진다고 불평하는 것은 흔히 있는 일이다. 때때로 이러한 불평은 BPD가 불평하는 방식과 유사하다. 우울 증상에 대한 이런 방식의 불평을 해석하기 위해, 치료자는 우울을 기술하는 환자의 과정(process)을 코딩할 필요가 있다. BPD가 자신의 증상에 대해 불평할 때 치료자에 대한 환자의 과정은 BPD 노래의 특징을 포함하고 있을 것이다.

> 한 환자는 항우울제의 처방에 잘 반응하였다(치료자 **보호**, 환자 신뢰). 우울 증상이 다시 나타나자 환자는 의사가 복용량을 충분히 모니터하지 않고 있다고 불평하거나 자기 친구의 의사가 최근 그 친구에게 처방한 새로운 약을 의사가 자신에게는 처방하지 않는다고 불평한다(치료자 **무시**). 이 환자는 자신이 학교를 3일 동안 나가지 않았으며

(*자기방치*), 잘못된 이 약을 과다복용했다고 털어놓았다(BPD *자기공격*, 치료자를 **비난**). 의사는 새로운 약을 처방하고, 어떻게 하고 있는지를 매일 전화로 보고할 것을 환자에게 요구하였다(**보호** + 복종).

BPD는 약물남용, 부주의한 섹스, 위험한 자동차게임 등을 할 것이다. 갖가지 자기파괴적 행위를 하면서 '시간을 허비' 할 것이다. BPD에게 이런 위험천만한 행동과 시간낭비는 '자기버림' 또는 *자기방치*[5]가 된다. 이상하게 들릴지 모르지만 위험천만한 일을 하는 것은 일종의 *자기보호*라 할 수 있다. 해리는 학대경험으로부터 학습된 것일 수 있다. 고문당하고 있는 사람들은 '현실을 떠남'으로써 극도의 고통을 견뎌 낼 수 있다. 스트레스를 받고 있을 때 '시간을 허비' 하는 경향은 BPD의 오랜 적응 패턴의 하나라 할 수 있다.

BPD가 해리 또는 약물남용에 따른 의식 변용상태로 회피할 수 없다면, 부주의한 섹스 등은 "이길 수 없다면 그들과 한패가 되어라."라는 것에 다름 아니다. 만약 다른 사람들이 BPD에 미치는 영향을 고려하지 않고 BPD의 신체와 심리를 가지고 재미를 본다면, BPD 환자 또한 그렇게 할 것이다. BPD에게 자해 또는 탐닉적 행위는 '스스로에게 한 방 먹이는' 특징이 있다.

DSM 진단기준 재검토

BPD에 대한 DSM의 관점이 대인 언어로 번역되고, BPD 패턴과 관련된 심리사회적 학습의 개요를 제시하였다. 여기에서는 BPD에 대한 대인관계 분석을 직접 DSM과 비교하였다. DSM 기준은 *이탤릭체*로, 대인관계 용어로 표현된 것은 밑줄[6]로, WISPI(1장에서 논의함) 기준은 고딕체로 표시하였다. 정신과 레지던트들은 특정 환자를 염두에 두고 WISPI 기준을 읽으면 그 환자가 어떻게 대답할 것인지 상상할 수 있다고 보고하였다. 이러한 '공감적 단서' 는 레지던트가 진단명을 결정하는 데 도움을 주고, 이는 다시 처치(안)를 구안하는 데 도움을 준다.

---

5) 〈표 3-6〉의 왼쪽 윗부분에 있는 2, 3, 4, 5, 6, 7이 *자기방치*에 대한 상세한 기술이다.

6) WISPI는 DSM-III-R에 기초하여 작성되었다. DSM-IV의 대인 차원은 DSM-III-R과 대체로 비슷하다. 그래서 WISPI의 개정을 위해 많은 변화를 줄 필요는 없다. 그러나 이 책에서 제시될 몇몇 WISPI 문항은 원래의 WISPI를 수정한 것이다. 이는 DSM-IV에 따른 것이었다. WISPI의 완전한 개정은 현재 진행 중이다.

대인관계, 자기 이미지, 정서에서의 전반적인 불안정 패턴, 그리고 성인 초기 이전에 시작되는 현저한 충동성이 다양한 맥락에서 나타남. 다음 중 5개(또는 그 이상)의 증상이 나타난다.

(1) *실제의 또는 가상의 버림받음을 피하기 위해 필사적으로 노력. 주: 기준 5에 해당하는 자살시도나 자해행동을 포함하지 않아야 함.*

버려지는 것에 대한 지각이 빠름. 약속에 늦는 것, 계획의 변화, 휴가, 부재 등을 불가피한 경우라고 하더라도 버려짐, 방치 또는 거부로 간주함. 버려지는 것이 곧 자신이 '나쁜 사람' 이라는 것과 동일하다고 믿음.

나한테 중요한 누군가가 몇 분 늦는다면, 나는 버려졌다고 느끼고 공황상태가 된다.

(2) *이상화와 평가절하의 극단 사이를 오락가락하는 것을 특징으로 하는 불안정하고 강렬한 대인관계 패턴*

관계에서 사랑의 강도는 그 관계 초기부터 아주 사적인 정보를 세세히 공유하고자 하는 욕구에서 나타남. 많은 시간을 함께 보내고 싶어 하는 요구가 강함. 잠재적인 양육자 또는 연인이 첫 만남 또는 두 번째 만남에서 이상화됨. 그러나 쉽게 그리고 특별한 이유 없이 이들에 대해 평가절하로 바뀜. 그들에 따르면 충분히 보살펴 주지 않고, 충분히 관심을 주지 않으며, '거기' 에 충분히 오래 머물지 않아서 그들을 평가절하한다고 함. 양육자에 대한 배려와 공감능력이 있으나, 이는 그에 대한 보답으로 시급히 필요한 의존욕구를 채워 줄 수 있을 만큼 양육자가 '거기' 에 머무를 것이라는 기대를 수반함.

나와 가장 가까운 사람에 대해 강렬한 사랑과 증오가 교차해서 나타난다.

(3) *정체성 혼란: 현저하고 지속적인 불안정한 자기 이미지 또는 자기감(sense of self)*

정체성 혼란은 의견, 진로계획, 성 정체성, 가치관, 선호하는 친구 유형의 갑작스러운 변화 등으로 나타남. 목표가 실현되기 일보 직전에 망쳐 버리는 패턴이 있음. 그 예로 ① 졸업 직전에 학교를 그만둠, ② 치료가 얼마나 잘 진행되고 있는지 얘기한 후 심한 퇴행을 보임, ③ 오랫동안 고대해 왔던 관계가 좋게 지속될 것이 분명해질 때 난폭하게 행동해서 관계를 망침.

나는 뭔가 중요한 일(학교, 직장, 관계)을 잘 해나가다가 갑자기 그 모든 것을 망치는 패턴을 갖고 있다.

(4) *잠재적으로 자기파괴적인 속성을 띠는 충동성이 적어도 두 영역에서 나타남(예: 낭비, 성, 약물남용, 난폭한 운전, 폭식). 주: 기준 5에 해당하는 자살시도나 자해행동을 포함하지 않아야 한다.*

충동적인 행동은 일시적으로는 만족스럽지만 그 사람의 이익을 근본적으로 망침(다른 사람으로부터 인정받고자 하는 연극성 성격장애자의 충동성과 대비됨).

나를 수렁에 빠지게 할 것이 분명한 일(도박, 과다 지출, 절도, 과식 등)을 충동적으로 한다.

(5) *반복적인 자살행동, 자살시늉, 위협 또는 자해행동*

버려질 것이라고 지각하면서부터 예측할 수 있는 패턴으로 진행됨: 버려질 것이라고 지각하는 순간 자신과 상대방에 대한 심한 평가절하가 뒤따르고, 이후 사회적 철회가 발생함. 긋기, 불로 지지기, 과다복용 등과 같은 잘 계획된 공격으로 이러한 긴장이 잠정적으로 완화됨. 자살적 사고가 시작되면, 버려질 것이라고 지각하게 된 대 사건과 관련한 과정이 심리내적인 것으로 바뀜. 악의적인 내적 사고(때로는 목소리)는 피, 고통, 또는 신체적 상처가 있어야 한다는 비합리적 요구를 하게 됨. 이러한 자기위해 후에 일시적인 완화가 있음.

나는 다른 사람과 친밀해지기를 원한다. 내가 거절당한다고 느끼면 의도적으로 긋기, 불로 지지기와 같이 나 자신에게 상처를 가한다. 그러면 기분이 좀 나아진다.

(6) *현저한 기분변화에 따른 정서적 불안정성(예: 삽화적인 극심한 불쾌감, 자극과민성 또는 불안, 보통 몇 시간 정도 지속되지만 수일을 넘는 경우는 거의 없음)*

대인적인 것이 아님. 그래서 대인적 표현이 없음.

나는 아주 불안해지거나 우울해질 수 있으며 때로는 매우 과민해지기도 한다. 그 후 별다른 이유 없이 갑자기 정상적인 상태로 되돌아온다.

(7) *만성적인 공허감*

BPD는 쉽게 지루해하고 공허감으로 괴로워한다. 집에서 편안히 쉬기보다는 뭔가 흥미 있는 일을 끊임없이 추구한다. BPD는 모든 것이 조용하고 질서정연하면 불편해한다. 때로 'TV 불륜 드라마(soap opera) 장면'과 같은 상황에 개입하기도 한다. 큰 손실, 위기, 비참함, 오싹한 시나리오가 아주 규칙적으로 발생한다.

모든 일이 순조롭게 진행되면 쉽게 공허감이나 지루함을 느낀다.

(8) *부적절하고 강렬한 분노 또는 분노를 통제하는 것을 힘들어 함(예: 자주 화를 내고*

항상 화가 나 있고 몸싸움이 반복됨)

양육자나 연인이 나를 방치하거나 버리려고 할 때 그리고 상대방이 나를 충분히 배려하고 돌보아 주는지 의심이 들 때 화가 남. 화는 양육자를 통제하기 위한 수단임. 즉, 원하고 바라는 관심과 돌봄을 제공받기 위한 것임.

사람들이 나를 잘 돌보아 주는지 아닌지에 대해 매우 큰 분노를 가지고 있다.

(9) *일과성으로 스트레스와 관련된 편집증적 사고 또는 심한 해리증상*

대인적인 것이 아님. 설명할 내용이 없음. 사고장애에 해당하는 코드가 전형적인 학대경험의 코드에 상응할 가능성이 있음. BPD 사고장애는 정신분열병자의 그것처럼 '기괴' 하지는 않음.

무엇이 현실인지 구분하기 어려운 때가 가끔 있다. 심지어 내가 실재하는지 의문이 들 때가 있다.

필요기준과 배제기준

이 같은 분석을 통해 각 성격장애의 필요 및 배제 기준을 정의할 수 있다. BPD 진단 시 필요기준에 대한 기술어는 다음 두 가지다. ① BPD에게 보호와 보살핌을 제공하기로 되어 있는 사람들에게, 적극적인 관심을 기울임으로써 버림받는 것에 대한 두려움을 다스림, ② 행복하거나 잘 되어 가는 일에 대한 자기태업이다. 배제기준으로 고려될 수 있는 것은 오직 한 가지로, SOI, PAR, NPD에서 보이는 자율성에 대한 장기간의 편안함이다. 그런 편안함을 보여 주는 환자는 BPD의 특징이라 할 수 있는 버려지는 것에 대한 민감성을 가질 수 없다.

임상가가 이러한 필요 및 배제 기준을 활용한다면 BPD와 쉽게 구분되지 않는 다른 성격장애와의 중복을 상당히 줄일 수 있다. 예를 들면, NPD와 HPD 또한 타인을 향해(transitive)[7] 보살핌을 강요하지만, 그들은 내적으로 발생하는 자기태업을 보이지는 않는다. DPD 또한 상대방을 신뢰하면서 요구하는 것이 많지만, 드러내 놓고 양육자를 통제하려고 하지는 않는다. PAG는 자기파괴적 속성을 가지고 양육자를 통제하려는 점에서 BPD와 공유되는 점이 있다. 한편, BPD의 자기공격은 버려질 것 같다는 지각에 의해

---

7) 타동사적인(transitive) 것과 자동사적인(intransitive) 것의 차이는 3장의 각주 8에 언급된 것처럼 SASB 공식 코딩시스템의 한 부분이다.

촉발되지만, PAG는 자율성에 대해 매우 편안해한다. BPD도 ASP처럼 종종 자기 자신과 타인에게 부주의하다. 이 경우 차이점은 BPD의 무책임은 근본적으로 자기처벌적인 것에 반해, ASP의 무책임은 타인에 대한 '고통부과'의 속성을 가지고 있다는 것이다.

사례 예시

사례 1

38세 된 여성이 심한 안면기형으로 성형수술을 받은 후 정신과에 의뢰되었다. 이 환자는 자해행동과 급성 자살성향으로 몇 번 입원한 경력이 있는데, 매번 치료자가 휴가를 갔을 때 촉발되었다. 환자는 입원을 하는 동안 스태프를 좋은 사람과 나쁜 사람으로 나누곤 하였다. 항우울제가 신체적 기능부전의 증후(vegetative signs)를 완화하는 데 도움이 되었다. 일주일에 3번 외래치료를 받으면서 학교로 돌아가 학업을 계속할 수 있었다. 이 환자는 다중 성격을 지니고 있었는데, 어떤 성격은 지시하는 것을 잘하고, 어떤 성격은 계속해서 자기파괴적인 행위를 조언하며 심리치료를 중단하라고 제안하였다.

아버지와 남자형제들에 의한 심한 신체적 · 성적 학대가 있었다. 어머니는 사망했으며 아버지는 쇠약해져 요양소에서 지냈다. 환자는 형제자매에게 의존하고 있었는데, 불행하게도 형제자매는 환자를 정신적으로 열등한 '쓰레기' 라고 여기고 있었다. 이 상황에서 환자가 적응할 방법은 상상의 세계에 빠져 있는 것이었다. 상상의 세계에서는 시간을 의식하지 않아도 되고, 그녀가 존재하지 않으며, 밖에서 안을 들여다볼 수 있었다.

수술 후 형제자매에게 자신의 성과를 보여 주기 위해 집으로 돌아왔다. 그러나 그들의 반응은 "다시는 돌아오지 말아."라는 것이었다. 환자는 이 말을, 가족 내에서 자신은 언제나 지적 능력이 떨어지는 더러운 '쓰레기' 로 남아 있어야 한다는 것으로 이해하였다. 자신이 정상적인 외모를 가진 똑똑한 사람이라면, 형제자매가 자신을 존재하지 않는 것으로 보리라는 느낌을 가졌다. 외래 심리치료가 좀 더 진전되어 가자, 환자는 구덩이에서 빠져나가기 위해 사다리를 오르고 있지만 누군가가 밑에서 잡아당기고 있는 듯한 느낌이라고 말하였다. 환자는 이러한 힘이 자신의 형제자매를 나타낸다는 것을 깨달았다.

돌이켜 보면, SASB에 토대를 둔 자문이 외래치료의 전환점이 되었던 것 같다. 이 자문에서 도출된 아이디어는, 그녀가 형제자매와 잘 지내려면 형제자매가 자신을 강하고 온전하며, 똑똑하고 사회적 기술을 갖춘 존재로 인정하는 것을 포기해야 한다는 것이었다. 그녀는, 자신이 지적으로 열등하고 더럽고 무가치한 것이어야 한다는 형제자매의 기대를 충족시킬 때 주어지는 사랑과 승인을 받기 위한 노력을 포기하는 것을 시도해야 하였다.

이 환자는 다음과 같은 DSM의 BPD 기준을 충족한다. 버려지는 것을 회피하기 위한 노력이 필사적이다(기준 1). 스태프와 자신 모두를 이상화하고 평가절하한다(기준 2). 정체성 혼란이 두드러진다(기준 3). 팔과 다리를 긋는 것과 같은 자기파괴적인 행위를 한다(기준 4). 만성적인 자살성향이 있다(기준 5). 심하게 화를 낸다(기준 8).

또한 이 환자는 〈표 5-1〉에 제시된 SASB 대인관계 기술에 부합한다. 면접자는 그녀의 다중 성격을 보지 못하였고, 면접 도중 나타난 한 가지 성격은 아주 우호적이고 제안에 순응적이었다(<u>신뢰</u>). 이러한 우호성은 이 환자의 차트에 그려진 그림과는 대조되는 것이었는데, 차트에는 직원에 대한 **통제**, **비난**, **공격** 성향을 나타내고 있었다. 환자의 *자기방치*와 *자기공격*은 발달사에서 확인되었다. 환자는 수용(**보호**)을 갈망했으며 거부와 버려지는 것(**무시**)을 두려워하였다.

이 환자의 발달사는 〈표 5-1〉에 제시된 병의 원인에 대한 가설과 일치하였다. 1. 가족 내에서 삶이 극적이고 혼란스럽다. 환자는 이러한 패턴을 성인기까지 끌고 갔다. 2. 환자가 홀로 남겨졌을 때 빈번한 외상적 · 만성적 근친상간 경험이 있었다. 3. 형제자매는 환자의 성공을 무가치한 것으로 폄하했고, 환자는 자신이 잘하고 있는 것을 공격하였다. 4. 보살핌을 받기 위해 보인 증상의 심화는 환자의 형제자매가 원했던 것이다.

요약하면, 이 환자는 DSM에 제시된 여러 BPD 기준을 충족한다. 또한 〈표 5-1〉에 제시된 것과 같은 대인 패턴, 소망 및 두려움을 나타낸다. 필요기준을 충족하지만 배제기준은 충족하지 못한다. 환자의 대인사와 현재 대인 패턴은 설정된 SASB 차원과 일치한다.

어떤 분류체계도 모든 사례를 완벽하게 기술하지는 못한다. 주어진 체계에 맞지 않는 사례가 언제나 있기 마련이다. 첫 번째 환자가 DSM에서 제안하고 있는 BPD의 대인 관점과 일치하지만, 다음 사례는 그렇지 못하다. 두 번째 사례는 만일 BPD가 이 책에서 제시하고 있는 예측에서 벗어난다면 그 이유를 설명해 주는 발달상의 이유가 존재할 수 있음을 보여 준다. 전형적인 진단요소가 빠져 있다면 그에 상응하는 이유가 규명될 수 있을 것이다.

사례 2

한 30대 여성이 자신의 상사가 낮은 평점을 줄지 모른다는 두려움 때문에 업무평가가 있을 때면 스트레스를 받아 팔과 배를 그었다. 그녀는 아무런 고통을 느끼지 못했고 그러고 나면 안심하는 경험을 반복하고 있었다. 또한 위장이 상할 정도로 먹고 마시곤 하였다. 일례로, 오트밀 두 그릇, 케이크 한 조각, 쿠키 한 봉지, 감자칩 한 봉지를 먹었다. 이러한 과정이 긋기를 대신할 수 있었다. 그러나 충분히 만족스럽지는 않았다. 그녀는 해리삽화를 경험하였고 꽤 긴 시간 동안 무엇이 일어났는지 기억하지 못하였다. 잦은 입원경력이 있었는데 주로 치료자의 공석으로 촉진되는 자살욕구 때문이었다. 이전의 몇몇 치료자들과 병원에 대해서는 좋은 감정을 가지고 있었으나, 다른 치료자들과 병원에 대해서는 잘 보살펴 주지 않는다는 이유에서 분노를 느끼고 있었다.

그녀의 어머니는 완벽주의자였으며 유능하고 집안 정리를 잘하는 사람이었다. 환자의 어머니는 환자가 완벽하게 수행하기를 기대하였고, 환자 스스로의 힘으로 성공해야 한다고 강조하였다. 환자는 이런 어머니에게 화가 났고 그래서 아버지에게 더 친밀감을 느꼈다. 그러나 아버지는 알코올중독자였다. 그녀는 청소년기 내내 아버지의 음주를 통제하는 것이 자신의 책임이라고 생각하였다. 그러나 아버지는 그녀가 아들이 아니라는 이유로 아무런 관심도 주지 않았다. 학교에서 돌아온 후 오빠로부터 매일 고통스러운 성적 학대를 당했으며 맞기도 하였다. 어머니에게 도움을 요청하면 어머니는 그런 일이 일어나도록 그녀가 뭔가 했음에 틀림없다고 말하였다.

환자는 자신에게는 아무런 정체성이 없는 것 같다고 말하였다. 비록 교육적 · 전문적 성취가 있었지만 이런 것은 중요하지 않았다. 왜냐하면 그녀의 어머니가 그런 것을 당연시했기 때문이다. 아버지는 여자가 성취한 것에 대해서는 아무것도 인정하지 않았다. 자신이 특별한 존재가 되는 유일한 길은 아픈 것이라 생각하였다. 이는 완벽해지라는 어머니의 강요를 부정하는 것이기도 하였다.

이 환자는 다음과 같은 DSM의 BPD 기준을 충족한다. 버려지는 것에 대한 민감성(기준 1), 정체성 혼란(기준 3), 폭식(기준 4), 자해(기준 5), 공허감(기준 7), 폭발적 분노(기준 8) 등이다.

많은 대인 코드(〈표 5-1〉 참조)가 적용된다. 어머니 및 의료체계와의 관계에서 때로는 신뢰와 **적극적 사랑**을 나타내었다. 충분히 잘 보살펴 주지 않는 것에 대한 **공격**, **비난**, **통제**는 다른 때도 나타났다. *자기방치*와 *자기공격*이 두드러졌다. 버려지는 것에 대한 두려움(**무시**)과 보살핌 받고 싶은 소망(**보호**)은 명백하였다. 또한 그녀는 필요 및 배제

기준을 충족하였다. 보살핌을 강요함으로써 타인으로부터 버려지는 것을 다루는 대인 민감성이 있었고, 자기태업도 있었다(아래 참조). 영원히 병원에 머무르고 싶어 하는 것에서 드러나듯이 혼자 사는 것이 편하지 않다.

환자의 발달사 또한 〈표 5-1〉의 특성 1, 2와 일치한다. 방과 후 근친상간적 혼돈이 있었고 아마도 아버지가 술 취한 후에도 그런 일이 일어났을 것이다. 성인이 되었을 때 환자는 폭식과 자해라는 '혼돈의 섬'에 갇혀 버렸다. 그렇지 않을 때는 어머니에게서 보고 배운 바대로 그리고 어머니가 기대했던 것처럼 비교적 순탄하게 지냈다. 알코올중독 아버지를 모니터하고 보살펴 줄 때도 잘 기능하였다. 오빠로부터의 근친상간적 공격은 그녀가 혼자 있을 때 일어났다. 그러나 이와 관련된 이상화나 전지전능감 같은 것은 없다. 성인이 돼서 버려지는 것에 대해 민감해지고 스스로에 대해 부주의해졌지만, 극단적인 이상화나 평가절하 성향은 보이지 않았다.

발달적인 특징 3과 4는 이 환자에게 맞지 않았다. 사실 어머니는 그녀가 독립적이고 유능해야 한다고 강조하였다. 그래서 환자가 아플 때면 어머니는 그녀가 완벽하지 않다고 공격하였다. 환자는 공학학사 학위를 가지고 있다는 점에서 전형적인 BPD와는 아주 다르다고 할 수 있다. 대학을 마치기 직전까지는 BPD적인 기능의 문제를 나타내지 않았다. 고수익의 전문직업을 가진 후 얼마 지나지 않아 병원에 입원하였다. 보험 혜택이 허락하는 한 병원에 오래 머물고자 하였다. 이후 그녀의 어머니가 정서적으로뿐만 아니라 재정적으로 그 병을 관리해야 하였다. 어떻게 보면 그녀의 병에 대해 어머니가 간접적으로 강화했다고 볼 수 있지만, 직접적으로나 의도적으로 그렇게 한 것은 아니며 그녀의 발달사에서 전반적으로 나타난 것도 아니다.

요약하면, 이 환자는 대인 코드뿐만 아니라 DSM의 BPD 기준에도 부합한다. 그러나 이 환자는 학업적으로나 직업적인 부분에서 상당한 성취를 보였다는 점에서 일반적이지는 않다. 또한 대인사도 전형적인 경우와는 달랐다. 즉, 환자의 어머니가 잘 통합되어 있었으며 유능하고 초점이 있었다. 어머니는 무력감을 부추기기보다는 처벌하는 쪽이었다. 따라서 환자도 전형적인 BPD보다는 잘 통합되어 있으며 보다 나은 기능을 보여 주고 있었다. 불행하게도, 이 환자는 이러한 실행능력을 기본적인 BPD 역동과 일치되는 방향으로 사용하고 있었다. 그녀는 직업적인 환자가 되어 지속적으로 입원하는 기록을 남기게 되었다.

예상되는 전이반응과 치료적 함의

전이반응

외상적인 유기경험은 BPD와 의료진 사이에서 자주 목격되는 전형적인 상호작용을 형성한다. 가능성이 가장 높은 전이문제는, 환자가 치료자에게 보살핌 제공을 강제하는 강도가 너무 크고 지속적이어서 치료자가 소진될 지경에 이를 수도 있다는 것이다. 처음에 환자는 치료자의 보살핌, 지혜, 따뜻함에 행복해할 것이다. 곧 현실이 드러나면서 치료자가 충분한 보살핌을 제공하지 못한다는 것이 분명해질 것이다. 반복적인 약물 과다복용, 자해 및 그 밖의 주요 문제가 나타나면서 치료가 표류하게 된다. 치료자는 '물러서기' 를 시작할 것이다. 이때 보여 주는 치료자의 초기 반응은 열의 상실, 전화받기 및 추가적인 약속 잡기를 주저하는 것 등이 될 것이다. 이러한 반응이 배려해 주지 않는다고 치료자를 공격하는 빌미가 될 수 있다. BPD는 회기 중 분개해서 난동을 부리고 더 이상 치료를 받지 않겠다고 선언할 것이다. 이러한 철회는 해리, 자해 그리고 약물 과다복용을 동반한다는 점에서 위험하다. 이 와중에 환자는 치료자뿐만 아니라 자신도 평가절하한다. BPD가 이런 일화에서 벗어나면 치료자에게 전화해서 되돌아가기를 원한다. 이렇듯 위험하고 폭풍과 같은 일탈이 치료자를 두렵게 하지만, 유기(abandonment)에 대한 법적 소송 가능성 때문에 쉽게 거부하지 못한다. BPD가 돌아오면 치료자는 일정한 거리를 두려 하고, 두려움과 분노를 느낀다. 이 단계에서 치료자는 BPD에 대해 동료와 농담도 하고, 다른 한편으로 BPD와의 약속에 대한 두려움도 갖는다. 물론 BPD는 이를 정확히 파악하고, 보살핌의 부족과 위선에 대해 치료자를 질책한다. 그러면 치료자는 더욱더 죄책감이 들고, 분개할 것이다.

이러한 주기의 하나는 다음과 같다. 환자가 점차 호전되고 환자와 치료자 모두 이러한 경과를 기뻐한다. 환자는 증상이 호전되면 치료자가 자신을 더 이상 보지 않을 것을 걱정하기 시작한다. 이러한 주기에서도 결과는 동일하다. BPD는 버려졌다고 느끼고, 퇴보하며, 더 많은 것을 요구하고, 치료자는 소진된다. 이후 같은 시나리오가 반복된다.

간단히 말해서 증상 호전이 있건 없건 상관없이 BPD는 버려졌다고 여기고 자기파괴적인 길로 나아갈 것이다. 왜냐하면 환자는 심리내적으로 '진퇴양난' 에 처해 있기 때문이다. 호전되면 내면화된 질투하는 억압자 및 학대자와 직면해서 스스로를 훼손한다. 그들은 환자가 고통스럽기를 원한다. 환자가 망가지고 딱한 사정이 되었을 때만 만족한다. 그들은 증상 호전을 되돌릴 것을 명한다. 반대로, 환자가 개선되지 않으면 '치료 불가능'으로 분류되어 치료자로부터 거부당하는데, 애초 치료자는 내면화된 억압자로부터 보호를 담당해 줄 사람이다. 이러한 거부는 환자에게 "나는 고통받는 것이 당연한 나쁜 사람이야."라는 점을 증명해 주는 것이 된다. 환자가 성공하든 실패하든 자기파괴적이 되도록 프로그래밍되어 있다. 환자와 치료자는 '패배-패배' 상황에 놓여 있는 것이다.

BPD가 '인간 본성에는 기본적으로 파괴적인 성향이 존재한다.'는 이론을 입증하는 산 증인이라고 결론 내릴 필요는 없다. 오히려 BPD는 잘못된 가족규칙과 이해에 따라 사랑하는 사람과 유대를 맺으려 노력하는 존재로 보는 것이 더 타당해 보인다. 이러한 내면화로 인해 BPD의 증상은 점점 더 심각해진다. '나의 불행은 당신의 요구에 따른 것이다.'

이와 같은 불행한 주기가 전개되면서 치료자는 점점 더 통제력을 상실한다. 자신의 사적 · 전문가적인 삶에 뭔가 큰 침해가 발생한다. BPD는 치료자의 경계를 침범하는 다양한 방법을 발견한다. 여기에는 로맨틱한 음악 메시지 보내기, 치료자의 집 감시하기, 부적절한 시간에 전화하기, 치료자가 사적으로 자주 가는 장소에 나타나기 등이 포함된다. BPD는 치료자의 가장 취약한 지점을 정면으로 타격할 때 사용할 정보를 발견하기 위해 치료자의 신체나 사무실을 세밀하게 살필 수 있다. 이렇듯 함께하려는 강렬한 움직임은 절망적인 무력감, 무망감, 슬픔으로 가득한 외로움으로의 위험천만한 투신과 함께 번갈아 가며 나타난다.

잘 보살펴 주지 않는다고 치료자를 비난하는 것과 함께, BPD의 이러한 침해적 행동은 명백하지 않지만 미묘한 방식의 역전이를 유발한다. 치료적 개입들이 적대적 지배(hostile dominance) 양상을 보이기 시작한다. 예를 들어, 버려지는 것에 대한 민감성을 '직접적으로 지적'하거나 치료자를 통제하고자 하는 BPD의 욕구를 '해석'하는 것 등이 있다. 이런 패턴을 BPD가 알 수 있도록 도와주는 것이 치료자의 일이지만 '직접적으로 지적하기'는 비난으로 해석될 가능성이 크다. 그렇다면 그 개입은 파괴적인 것이다.

대인관계에서의 불공정한 규칙에 대한 BPD의 지각력 및 지식은 치료자의 자신감과 효과를 망가뜨릴 수 있다. 자신의 처지 및 학대자와의 동일시로 인해 치료자와의 관계를 무지막지한 극단적 관계로 내몬다. 예를 들어, BPD는 사랑받는 그리고 사랑할 만한 사람으로 보이고 싶어 하는 치료자의 욕구를 감지해서 그것에 호소할 것이다. 선물을 한다든지, 저녁식사를 함께하자고 제안하거나 회기에 와인 한 병을 들고 오는 것, 포옹이나 키스를 요구하기, 치료자로 하여금 개인적인 문제를 털어놓게 유도하기 등의 행동을 할 것이다. 치료자가 이런 것들을 적절히 거부하면 환자는 치료자를 '짜증을 잘 내고 차가우며 배려하지 않는' 사람이라고 말할 것이다. 반면, 치료자가 이 중 어느 하나라도 받아들이면 지각된 유기에 대해 BPD가 분노하는 특정 시점에서 '아주 곤란한 지경' 에 처하게 된다. 치료자에게 필사적으로 그리고 교묘하게 그런 친밀성을 허락하게 한 후, BPD는 완전히 태도를 바꾸어서 다음과 같이 말할 수 있다. "당신이 ~했을 때 당신은 전문직의 윤리를 위반한 것이다. 난 [변호사를 만날 것이다/당신 부인에게 전화하겠다/내 남편에게 말하겠다/자살을 하고 그 이유를 써 놓겠다]." 바로 여기가 치료자가 질 수밖에 없는 지점이다. 두 가지 양식 중 어떤 것이 될 것인지는 치료자의 패턴에 따라 다르다.

이런 분석이 '희생자를 탓하는' 한 가지 예로 오해받지 않기 위해 다음의 말을 전한다. 나는 '있는 그대로가 나의 가장 좋은 친구' 라고 강하게 믿고 있다. 있는 그대로 얘기해 주는 것이 이 상황에서 유일한 희망이다. 치료자도 취약한 한 인간에 불과하다. BPD는 학대전략을 학습한 희생자이면서 이를 양육자에게도 기꺼이 사용할 의사가 있는 사람이다. 우리가 이러한 사실을 받아들이면 진정으로 도움이 되는 위치에 설 수 있다. 부정, 위선 및 힘겨루기는 상황을 개선하지 못한다. 예를 들어, 치료자가 BPD의 기술과 호소에 반응하여 성관계를 맺는 상황이 발생할 수 있다. 대부분의 경우 그 결과는 비극적이다. 치료자와의 성관계는 애초의 학대를 재현하는 것이다. 부모 역할을 해야 할 어떤 사람, 즉 조력자 및 보호자가 될 것으로 기대되는 사람이 착취적인 학대자가 되는 것이다. 궁극적으로 치료자가 그런 관계를 끝내기로 결심하면, BPD는 망연자실해서 자기파괴적이 되어 버린다. 의도가 무엇이 되었건 치료자는 치료 관계에서 적절한 경계를 유지할 일차적인 책임을 가지고 있다. 치료자는 치료관계가 성적인 것이 되지 않도록 주의를 기울여야 한다. BPD 치료에 대한 현재의 솔직한 논의가 그런 원치 않는 결과를 예방할 수 있기를 희망한다.

치료적 함의: 다섯 가지 범주의 정확한 반응

4장에서 치료가 환자로 하여금 자아의 힘을 기를 수 있도록 도움을 주어야 한다고 역설하였다. 자아의 힘은 환자가 퇴행적인 패턴을 유발하는 상황을 인식하는 데 필요하다. 환자가 파괴적인 패턴의 뿌리를 인식하면, 무의식적인 파괴적 목표를 재조정하는 데 도움이 된다. 일단 무의식이 건강한 편에 서면, 환자는 현재의 부적응적 패턴을 적응적인 패턴으로 대치하는 과제에 성공적으로 참여할 수 있다.

요약하면, 치료는 환자가 부적응적 패턴과 그 뿌리를 학습하여 변화를 결심하고 새로운 패턴을 학습하는 것 등이 포함된다. 이러한 관점을 통해 순간순간 범하는 치료자의 실수를 알게 해 준다. 4장에서 기술한 것처럼 다섯 가지 정확한 반응범주는 다음과 같다. ① 협력적 관계 증진하기, ② 패턴 인식 촉진하기, ③ 부적응적 패턴 차단하기, ④ 부적응적 패턴을 포기하려는 의지 강화하기, ⑤ 새로운 학습 촉진하기다. 치료자의 개입이 어떤 대인적 효과가 있는지는 다음과 같은 질문으로 확인할 수 있다. "내가 이런 관찰을 했을 때 어떻게 느꼈습니까?" 또는 "지난 회기 이후 어떤 느낌이 드셨습니까? 그 후 어떠셨습니까?" 질문에 대한 답변 내용과 답변하는 동안의 치료과정을 코딩함으로써 치료 개입이 다섯 가지 반응 중 하나에 속하는지를 알게 될 것이다.

협력적 관계 증진하기

BPD는 치료에 대한 '빈 탱크' 이론으로 무장하고 온다. '나의 불행은 당신의 요구에 따른 것이다.'라는 대본 이면에 있는 이론에 따르면, BPD의 고통은 보살핌과 보호의 부족에 기인한다. 실제로 BPD는 충분한 보상적 사랑이 있으면(이런 사랑만이) 모든 것이 잘 되어 갈 것이라고 생각한다. 경험이 부족한 치료자나 발달에 대한 '빈 탱크' 이론을 신봉하는 치료자는 BPD의 파괴적 처치계획을 활성화할 위험을 안고 있다. 치료자는 BPD와 다음과 같이 표현되는 힘 키우기(strength building)를 약속해야 한다. "치료는 당신의 패턴이 무엇인지, 그것이 어디에서 기인한 것인지, 그 패턴이 어떤 역할을 하고 있는지, 그런 패턴을 변화시키기 원하는지 스스로 볼 수 있도록 도와줄 것입니다. 치료는 음악 레슨을 받는 것과 같습니다. 나는 이런 것을 학습하도록 도울 것입니다만, 이 작업의 대부분은 지루하고 힘들 것입니다. 다음 달에 당장 카네기 홀에서 연주할 수는 없을 것입니다. 그러나 당신이 이 작업에 흥미를 가지고 끝까지 간다면 종국에는 많은 것을 학습할 수 있을 것으로 믿습니다." 이것은 잘못된 약속이 아니다. BPD가 이미 높은 수준의 대인관계 기술을 가지고 있는 경우가 있다. 전체 의료체제를 망치는 그들의 방식이 한 증거가 될 수 있다. 문제는 BPD가 이러한 능력을 파괴적으로 사용한다는 것이다. 이들은 자신의 목표를 변화시키고 새로운 기술을 습득할 필요가 있다. 그들은 특히 분화에 대한 새로운 학습이 필요하다.

힘 키우기를 도와주겠다는 이런 제의에 대해 BPD는 치료자가 충분히 지지적일 것인지 걱정할 것이다. 치료자는 다음과 같은 말로 그 우려에 반응할 수 있다. "아마도 당신이 원하는 대로 지지해 줄 수는 없을 겁니다. 통화가 얼마나 길지 모르겠지만 당신이 전화할 때마다 당신과 이야기하기는 어려울 것입니다. 현재 당신의 패턴이 매우 요구적이기(needy) 때문입니다. 당신이 원하는 바를 원하는 방식으로 내가 해 주면 당신이 강해지는 것이 아니라 더 약해질 수 있습니다. 그것은 당신의 의존성을 충족해 주는 것이 되고, 결국 당신의 패턴 변화를 도와주지 못하는 결과를 가져올 것입니다."

이런 말이 의미 있는 조력을 제공할 치료자의 책임을 면해 주는 것은 아니다. '직접적으로 지지하는 것을 거부' 하는 이유를 명확히 설명해야 하고, 긍정적이고 건설적인 대안을 함께 제시해야 한다. 앞의 예에서, 일단 보살핌에 대한 한계가 설정되면 치료자는 통화를 계속하는 것의 대안을 제시할 수 있다. "대신 제가 해 줄 수 있는 것은 간단히 얘기하는 것입니다. 우리가 힘 키우기 작업을 하고 있다는 것을 다시 한 번 일깨우기 위해서 말입니다. 이 짧은 대화의 목적은, 당신이 힘을 회복해서 다시 평상심으로 돌아가도록 돕는 것입니다."

환자와 치료자가 서로 좋아하고, 또 함께하는 작업을 좋아할 때 협력이 가능하다. 둘 사이의 협력은 '그것', 즉 파괴적인 패턴에 대항하는 것이어야 한다. BPD는 현명하고 존경할 만한 치료자로부터의 조력과 치유를 원한다. 마찬가지로 치료자는 도움이 되고, 현명하며, 존경할 만한 치유자로 평가받기를 원한다. 그러나 BPD가 이러한 이미지에 도전할 때, 치료자는 종종 위협감을 느껴 방어적(delivering)이 된다. 바로 이 지점에서 치료자와 환자는 BPD 노래를 하게 되고, '그것' 에 대항한 협력은 끝이 난다.

진정 '현명하고 존경할 만한' 치료자는 힘을 키우는 것에 현명하고 존경할 만하다. 치료자는 첫 음주기회를 참고 넘겼을 때 관대한 지지를 제공하는 단주(Alcoholics Anonymous; AA) 모델을 활용할 수 있다. 하지만 참지 못하고 마셔 버렸을 경우에는 이러한 지지를 사용하지 않을 것이다. BPD는 공감과 보살핌에 중독되어 있다. 그러나 그런 지지는 혼돈, 불행 그리고 퇴행할 때가 아니라 제대로 기능할 때 주어져야 한다.

BPD와의 작업에서 전이와 역전이를 피하는 가장 좋은 방법은 신체적으로, 언어적으로 분명한 경계를 유지하는 것이다. 나는 이를 '캐리비안적인 해결(Caribbean solution)' 이라 부른다. 이 이름은 어느 캐리비안 리조트에서 대단히 화가 난 관광객을 평온하게 대하고 있는 관록 있는 직원을 보고 난 후 생각해 내었다. 그 관광객은 렌트한 차량의 에어컨이 잘 작동하지 않는 것에 격분해서 직원을 몰아붙이고 있었다. 고객의 분노와 위협에 대한 반응으로 그 직원은 다음과 같은 사실만 되풀이하고 있었다. "죄송합니다. 굉장히 불편하셨겠네요. 렌트회사 직원이 오전 10시에 올 것입니다. 그 직원이 에어컨을 수리하든지 아니면 차를 바꾸어 줄 것입니다." 고객이 아무리 억지를 부려도 직원은 꿋꿋하게 그리고 따듯하게 자신의 입장을 견지한 채 사실만을 반복하였다.

이와 같은 태도는 SASB의 <u>분리</u>(separate)와 **지지**(affirm) 코드에 해당된다. BPD의 언어적 공격이 아무리 심하더라도 또는 제안이 아무리 유혹적이라 하더라도 치료자는 치료 계약의 기본 사항에 충실해야 한다. BPD가 건강과 강함을 향해 패턴을 변화시키려면 반드시 해야 하는 학습에 초점을 유지해야 한다. 이러한 방식으로 경계를 유지하면 BPD는 치료자가 '차갑다' '배려하지 않는다' 그리고 '충분히 보살펴 주지 않는다' 와 같은 불평을 할 것이다. 환자는 포옹을 허락해 주고, 지지적인 긴 시간의 통화를 해 주며, 더 잦은 그리고 더 긴 시간의 추가적인 약속을 해 주는 치료자를 찾아볼 것이고, 결국 찾을 것이다. 경계를 확고히 유지하는 치료자는 이러한 치료의 평화로운 **종결(해방, emancipate)**에 대해 "마음이 변하면 돌아와도 됩니다. 언제나 환영합니다."로 반응할 것이다.

만약 BPD의 '운영자(executive, 좋아지기를 원하는 환자의 부분)'가 힘 키우기에 동의할 만큼 충분히 강하지 않으면 이와 같은 처치 접근은 적절하지 않다. 팔이 없는 사람에게 바이올린 연주법을 가르치지는 않는다. 또 다리가 없는 사람에게 스키 타는 법을 가르치지는 않는다. 학습의 한계를 확인하고 수용되어야 한다. 내 경험에 따르면, 처음 힘 키우기 계약을 거부했던 사람들이 때로는 몇 달 뒤나 몇 년 뒤 작업할 준비가 되었을 때 되돌아온다.

패턴 인식 촉진하기

4장에 제시된 많은 기법들이 BPD가 통찰을 얻는 데 도움이 된다. 여기에는 꿈분석, 자유연상, 역할연기, 정화, '자아 강화를 전제'로 한 퇴행, 전이 해석, 교육 목적의 과제 등이 포함된다. BPD가 자신의 패턴을 학습하는 데(스스로나 타인에게 해를 주지 않고) 도움을 줄 수 있다면 무엇이든 옳은 것이다.

그러나 이런 기법들이 일차적인 욕구를 충족시키지 않는다는 점에 주의할 필요가 있다. 예를 들면, 분노표현을 촉진하기 위한 역할연기는 가족구성원 또는 내면화된 표상과의 적대적 밀착을 감소시키기보다는 증가시킬 위험이 있다. 분노표현의 촉진 그 자체를 목적으로 하는 정화모델을 사용하는 것은 BPD에게는 위험할 수 있다. 분노의 표현이 분화를 위한 것이라면 BPD에 대한 적절한 개입이지만, 그 외에는 그렇지 못하다.

예를 들어, 치료자가 역할연기에서 세 살 된 아이와 성교한 서른 살 넘은 내담자에게 화를 내는 것은 분화를 위해 필요한 관점을 제공할 수 있다. 그러나 그러한 분노표현은 '학대자를 여기로 데려오고자 하는' BPD의 소망을 자극할 수 있다. 또한 '모든 것을 체념하고 집으로 돌아가 무기력한 정신병 환자로서 학대자와 영원히 같이 살고 싶은' 소망을 고양시킬 수도 있다. 치료자는 현재의 개입이 성장을 위한 것이 될 수 있도록 현재 일어나고 있는 것에 대한 BPD의 감정, 환상, 두려움을 끊임없이 살펴야 한다.

상호작용 패턴을 가르치는 단계로 나아가면서, BPD의 현실검증이 타당화되어야 한다(Linehan, 1993 참조). 환자가 초기 외상을 지지하는 구체적인 증거를 제시하면, 치료자는 다음과 같이 인정해 준다. "정말 상처가 되었구나. 그래, 정말 그런 일이 일어났구나. 그건 실제로 일어난 일이야. 아니, 너 혼자서 그 죄를 모두 뒤집어쓸 필요는 없어.

그래, 쾌감도 있었어. 하지만 그것이 너 혼자 그 책임을 모두 떠안아야 된다는 의미는 아니야. 이제 고통 속에서도 쾌감을 느낀다는 것이 이해가 되는구나. 그것에 익숙해진 거지. 힘과 무력감을 동시에 느낀다는 것이 이해가 되는구나. 그리고 아니야, 넌 추하지 않아."

치료자가 과거에 발생한 일과 현재 증상 사이의 관계를 환자가 이해하도록 조력하면 BPD는 크게 안도할 것이다. 증상이 이해된다는 치료자의 확신은 큰 위안이 된다. 이러한 이해는 '교묘히 조정하는' 그리고 '미친' 과 같은 꼬리표를 달고 살았던 BPD의 초기 경험과는 뚜렷한 대비가 될 것이다.

BPD 패턴을 치료자가 알면 학습과제를 조직하는 데 도움이 된다. 그러나 그것이 치료자가 무한한 지혜와 도움을 제공할 수 있다는 증거로 간주되어서는 안 된다. 학습모형에 따르면, 성장을 통제하는 것은 BPD 내부에 존재한다. 이 장에서 제공하는 정보가 학습모형 틀 안에서 활용된다면, 파괴적 환상을 증진하지는 않을 것이다. 파괴적 환상의 한 예는, 치료자를 마음만 먹으면 신비한 방법으로 치료해 줄 수 있는 존재로 이상화하는 것이다.

부적응적 패턴 차단하기

지각된 유기가 자기파괴적 패턴의 연쇄를 촉발한다는 점을 BPD가 이해하면, 퇴행하는 것의 위험성을 인식할 수 있을 것이다. 환자가 명백한 촉발요인 없이 자해 삽화를 보였을 때, 무엇이 그런 행동을 촉발했는지 이해하도록 BPD를 도와줄 수 있다. 그것에 내재되어 있는 논리를 치료자가 믿을 경우 협력적 탐색을 촉진할 수 있다. 문제는 BPD가 **무시**라고 규정하는 사건을 찾아내는 것이다.

때때로 그런 연관성이 명백하게 드러나지 않을 수도 있다. 예를 들면, 한 BPD가 약혼반지를 받고는 심한 퇴행을 보였다. 얼핏 생각하면, 약혼반지를 받는다는 것은 버려짐과 아무런 상관이 없다. 그러나 이 사례에서 결혼이라는 것은 시기하는 아버지를 떠나고 결국 아버지로부터 거부되는 것과 직접적으로 관련되어 있었다. 아버지에 대한 BPD의 근친상간적 연계는 강렬하였다. 반지로 상징되는 결혼은 아버지로부터 자율성을 획득하는 행위인데, 이는 심한 처벌을 받을 만한 일이었다. 약혼반지를 받았을 때, 환자는 약혼자에게 심하게 화를 냈고 자신에게는 신체적 해를 가하였다. 이러한 제스처는 내면화된 아버지와 미래 남편이 될지도 모르는 사람에게 자신은 정신적으로 문제가 있어서 결혼하기 어렵다는 것을 증명하는 것이었다. 이러한 퇴행은 오랜 패턴에 대한 충성을 확인하는 것이었고, 오랜 패턴에 사랑의 선물을 주는 것이었다.

BPD가 모든 일이 잘 되어 간다고 얘기할 때면 치료자는 퇴행을 예상해야 하고, 퇴행을 예방하는 조치를 취해야 한다. 다음과 같은 반응이 가능하다. "모든 일이 잘 되어 간다고 우리가 기뻐하는 순간 그 상황이 급강하하는 것을 관찰하였습니다." BPD가 이러한 경향을 인식할 수 있는 좋은 기회가 된다. 만약 인식하지 못한다면, 치료자가 최근의 구체적인 예를 열거해 준다. 이 경우, '증거'는 신중하게, 반영적으로 그리고 잠정적으로 제시되어야 한다. 성공을 눈앞에 두고 퇴행하는 것이 패턴이라는 것을 BPD가 이해하면 치료자는 다음과 같이 반응한다. "만약 이런 일이 다시 일어났을 때 스스로에게 상처 주는 행위를 하지 않도록 무엇을 할 수 있을까요?" 협력적 관계에서 치료자와 BPD는 자기파괴를 최소화하거나 방지하기 위한 계획을 수립할 수 있다. 예상되는 문제로는 자해, 약물 과다복용, 새로운 연인과 심한 싸움, 중요한 일이 있는 날 빠지는 것 등이 있다.

자기를 파괴하려는 충동은 누가 그런 행위의 결과를 기뻐할지에 대한 환상을 탐색함으로써 다룰 수 있다. 예를 들어, 치료자는 다음과 같이 질문한다. "당신이 약물을 과다복용하려는 것을 어머니가 알게 되면 어머니는 어떻게 느끼실까요?" 이 질문에 답하면서 BPD는 자신의 자기파괴적 행위가 자신을 공격하는 내면화된 대상을 만족시키게 되어 있다는 사실을 알게 될 것이다. 보다 심화된 접근으로 다음과 같은 질문을 할 수 있다. "이러한 자살시도가 성공한다면 어머니는 어떻게 느끼고 생각하며 행동할까요?" 또는 "당신이 다리를 긋는 것을 당신 아버지가 본다면 뭐라고 하실까요?" 자기파괴적 행위의 '좋은' 결과에 대한 무의식적 환상을 이끌어 내려는 이러한 노력은 초기 기억과 연관되어야 한다. 이 탐색은 잘한 것에 대해 공격받은 경험 또는 외상적인 버림받음으로 이어져야 한다. 초기 근원을 인식하게 되면 현재의 경험을 재구조화해서 BPD가 현재 더 많은 선택권을 가질 수 있을 것이다. 치료자는 다음과 같이 비유적인 질문을 하여 오래전 애착 대상을 분별하려는 BPD의 의지를 강화해 줄 수 있다. "이렇듯 자기파괴적인 결과를 선물하고 싶을 만큼 여전히 오빠를 사랑합니까?"

대부분의 우울증처럼 BPD 우울증 역시 지각된 무력감(<u>복종</u>)이 앞서 온다. 이는 우울증상이 심해질 경우 BPD와 치료자는 BPD를 괴롭히는(**통제**) 현재 상황을 규명하려는 노력을 해야 함을 시사한다. 일단 이런 작업이 이루어진 다음에는 대안 개발에 대한 논의가 우울 증상을 완화시키는 데 큰 도움이 된다. 대안을 가진 사람은 어려움을 덜 느끼며, 우울상태로 남아 있을 가능성이 적다. 이 주제는 9장에서 DPD와 관련하여 더 자세히 논의할 것이다.

더 자주 상담회기를 갖자고 BPD가 요청할 경우, 더 자주 상담하는 것이 퇴행적 환상을 촉진할지 아니면 건설적인 작업을 촉진할지 고려해 봐야 한다. 경험적인 접근을 취하는 것이 효과적일 수 있다. 치료자는 다음과 같이 제안한다. "당신이 원하는 대로 한

번 해 봅시다. 그래서 그것이 상황을 악화시키는지 아닌지 봅시다. 만약 자해와 자살 생각이 드는 일화가 발생한다면 회기 빈도를 증가시키는 것이 잘못임을 알게 되겠죠. 그러면 다시 원래대로 돌아가야 할 겁니다. 반대로 그것이 제대로 작동하면, 당분간 그렇게 갈 겁니다." 이런 방식으로 치료자와 환자는 환자의 '나쁜 패턴'에 대항하면서 협력적으로 작업할 수 있다. 회기 빈도를 조절하는 일은 퇴행이 아니라 개선에 달려 있다.

부적응적 패턴을 포기하려는 의지 강화하기

파괴적인 소망을 포기하려는 의지를 강화하는 것은 또 하나의 중요한 단계다. 내면화된 학대적 애착 대상과 '결별' 할 수 있다면, BPD는 자해, 자기태업, 자살 또는 자해 행동을 포기할 것이다. BPD가 타인 표상으로부터 인정받으려는 욕구를 포기해야만 한다는 것이 근본적인 생각이라 할 수 있다. 이는 그런 인물들을 '싫어하게' 만들거나 건설적인 인물로 대체함으로써 가능하다. 치료자와의 관계가 그런 필수적인 변화를 촉진할 수 있다. 물론, 치료자에 대한 직접적인 애착은 퇴행적일 수 있으며, 치료자는 BPD가 사랑과 일에서 훌륭한 관계를 발전시키도록 도움을 주는 '정서적 응원자' 가 되어야 한다.

입원에 관한 한 엄격한 제한이 가해져야 한다. 기적적인 치료라는 기대를 가지고 하는 입원은 퇴행적 환상을 키울 뿐이다. BPD는 보살펴 주는 사람과의 물리적 근접성을 지속적으로 제공해 줄 수 있는 입원을 갈망하는데, 그곳에서는 과거에 그랬듯이 '적절한' 환자 역할이 보상을 받는다. 현재의 모델하에서 입원은 단지 안전유지의 기능만 담당한다. 즉, 이전 패턴이 통제할 수 없을 정도로 위험할 경우에만 필요하다는 것이다. 예를 들어, 치료 중에 근친상간과 관련된 기억이 드러난 후에 입원하는 일이 발생할 수 있다. 또한 약속에 늦는다거나, 휴가를 간다든지, 추가적인 약속을 거절하는 것 등을 통해 치료자가 버릴 것 같다고 BPD가 지각할 때 발생할 수도 있다. 이런 일은 BPD가 **무시**로 코딩하는 것으로, 자기파괴 프로그램을 가동시킨다. 또한 입원은 어떤 사건이 핵심 이슈를 눈에 보이듯 생생하게 재활성화시킬 때 필요하다. 예를 들면, 이전에 근친상간을 저지른 아버지가 '뭔가 잊고 온 것을 찾으려고' 밤늦게 성인인 BPD 방으로 들어올 때 심각한 위기가 촉발될 수 있다. 이런 관점에서 보면 BPD는 외상후스트레스장애와 유사하다(Krull, 1988).

입원은 오래된 패턴을 담아 두기 위해 도움이 필요하다는 의미이기도 하다. 입원은 온갖 잡동사니를 병원 스태프에 떠넘기는 것도 아니고 '부활' 에 대한 약속을 상징하는 것도 아니어야 한다. 환자와 치료자 사이의 솔직한 논의를 통해 입원이 장애에 대한 치료 그 자체가 아님을 명확히 해야 한다. 학습모형에서 입원은 물에 빠진 학습자에게 구명도구를 던지며 그것을 잡으라고 소리치는 안전요원에 비유될 수 있다. 그런 극적인 개입이 수영학습의 한 부분이라고 어느 누구도 생각지 않는다. 그것은 단지 학습자가 준비되었을 때 레슨을 계속 받을 수 있도록 하는 일에 불과하다.

치료자가 입원에 대하여 '처치' 라고 해석하지 않고 '유보' 라고 해석할 경우, BPD가 입원한 가운데 치료를 시도하는 것은 의미 없는 일이 될 것이다. 현재의 모델에서는 BPD에게 계속 같이 작업하고 싶다는 메시지를 전달하기 위해 자주 병실을 방문하는 정도가 적절하다. 치료자는 입원이 치료자의 보살핌에 접근하는 더 나은 방법이라는 환상을 강화할 그 어떤 행동도 해서는 안 된다. 치료자의 열성과 관여는 퇴행이 일어날 때가 아니라 강해졌을 때 제공되어야 한다. 대개 이런 관점[8]을 설명하면 BPD의 위기가 퇴각하고 입원에 대한 '필요' 가 사라지는 것을 볼 수 있다.

현재 모델에 따르면, 약물처방은 패턴에 대한 학습이 계속될 수 있도록 증상을 통제하는 역할을 수행하는 것으로 간주되어야 한다. 이렇게 보면, 약은 기적적인 치료에 대한 퇴행적 의존을 더 이상 부추기지 못할 것이다. 약은 도움이 되고, 어떤 경우 BPD가 위기를 헤쳐 나가는 데 필요한 것이기도 하다. 그러나 BPD가 가지고 있는 이면의 사회적 그리고 심리내적 문제를 약이 변화시키지는 못한다.

치료관계가 강해지면서 BPD는 학대당한 아이로 자신에게 연민을 느끼는 치료자를 내면화할 수 있다. 이 시점에서, BPD는 어느 환자가 말했듯이 '나 자신에 대해 좀 더 인내하는 것을 학습' 할 수 있다. 아동학대에 대한 치료자의 정서적 혐오를 환자가 취할 수도 있다. 아이에 대한 치료자의 동정과 학대에 대한 혐오는 환자가 학대자에 대해 '불충' 을 감행할 수 있도록 만든다. 예를 들어, 사례 1의 환자는 파괴적인 형제자매들이 자신의 성취를 인정해 줄 것이라는 소망을 포기하는 것이 필요하였다. 부모에 대한 근친상간적 애착이 있는 경우, BPD는 다음과 같은 말을 이해할 것이다. "너는 아버지와 결별하는 작업을 해야 해."

치료자는 한쪽 입장만을 가정하지 않는다. 아버지와의 결별은 하나의 목표로 받아들일 수 있지만, 치료자와 환자 모두 퇴행적인 BPD의 한 측면이 아버지와의 결별을 원치 않는다는 점을 기억하고 있어야 한다. 환자의 이 부분은 '결별'에 대한 논의가 있던 회기 직후 의식으로 떠올라서 치료자 및 치료 자체를 믿지 않을 방법을 찾을 것이다. 환자는 밖으로 드러내서 행동으로 보여 줄 수도 있다. 즉, 치료자에게 전화해서는 돈이 없

8) 외래 치료를 수행하는 동안 병원을 활용하는 것과 관련된 이러한 관점이 장기 입원치료를 거부하는 것으로 간주되어서는 안 된다. 효과적인 역동치료와 함께 시행되는 장기 입원은 좋은 결과를 가져올 수 있다.

어서 치료를 계속할 수 없다고 선언하는 등의 행동을 할 수 있다. 또는 치료자로 하여금 '물러서게' 하거나 가족 패턴에 대한 치료자의 직면을 멈추게 하기 위해 자기파괴 또는 치료자에 대한 직접적인 공격을 시도할 수도 있다.

치료 초기에 치료자는 가족구성원에 대한 호의적인 의도를 분명하게 전달함으로써 BPD에게 재량권을 부여할 수 있다. "우리의 장기적 목표는 당신 스스로 자유롭게 결정을 내릴 수 있게 하는 것입니다. 그렇다고 해서 당신이 아버지와 잘 지낼 수 없다는 것은 아닙니다. 당신이 원치 않거나 필요하지 않는 한 근친상간과 관련해서 아버지를 직면할 필요는 없습니다. 어쨌든 아버지를 전적으로 떠날 필요는 없습니다. 당신이 두려워하듯 관계의 변화로 아버지가 충격을 받는다면 그것에 대해 아버지와 이야기하거나 아버지에게도 치료를 받게 해서 안정시킬 수 있을 겁니다." 환자가 파괴적인 내면화로부터 더욱 분화할 수 있게 되면 치료자는 환자가 학대자에 대한 동정심을 갖도록 도울 수 있다. 그러나 너무 성급하게 학대자에 대한 동정심을 갖도록 하면 환자의 정신병리에 대한 집착을 약화시키기보다는 더욱 강화할 수 있다. 변화는 점진적으로 시도해야 한다. 음악가도 가장 어려운 부분부터 시작할 수 없듯이 말이다. 최종 목표에 도달하기까지 몇 단계의 기술을 숙달해야 한다. 학대자가 가했던 고통을 충분히 인식하면서 동시에 학대자에 대한 동정심을 유지하기란 쉬운 일이 아니다. 특히 희생자에게는 더욱 어려운 일이다. 아주 간단히 말해서 그리고 궁극적으로는, 치료에서 환자의 과제는 공격자와 그에 대한 내적 표상으로부터 분화해서 평정심을 유지하는 것이다. 공격자도 자신만의 사정이 있다는 것과 그렇다고 해서 그것을 아래 세대로 전수하는 것이 의미 없는 일이라는 점을 학습하는 것은, 마지막으로 거쳐야 할 매우 중요한 단계다. 아동학대의 앙금이 세대를 통해 계속될 필요는 없는 것이다.

환자가 강해지는 것을 보고 치료자가 기뻐하면 환자의 힘이 강화되는 것을 더욱 촉진한다. 그러나 BPD에게 위험이 될 수도 있는 일이다. 좋아진다는 것은 종결을 통해 버려진다는 것을 의미할 수 있기 때문이다. 치료자는 이러한 갈등에 민감해야 하고, 종결의 불가피성에 대해 양가감정을 갖지 않아야 한다. 나는 환자에게 결혼, 출산, 대학 졸업 등과 같이 중요한 일이 있을 때 짧은 편지나 우편엽서를 요청하고 받음으로써 장기간의 항상성을 제공하는 것에 익숙하다. 때때로 나는 (조용히 방해가 되지 않게) 중요한 행사에 참석하기도 한다. 이러한 것은 관계에 대한 상징적인 항상성을 제공하며, 강함과 행복에 대한 헌신을 분명하게 표현하는 것이 된다. 지속적인 접촉을 약속하는 것은 공식적인 행사 이상으로 확장되지 않아야 한다. 그렇지 않으면 전 우주적 합일에 대한 환자의 퇴행적 소망을 부추기는 것이 된다.

새로운 학습 촉진하기

BPD는 새로운 패턴에 대한 학습을 매우 재미있어한다. 이들은 보통 대인기술도 좋고, 매우 명민하다(Park, Imboden, Park, Hulse, & Unger, 1992). 이전의 4단계가 완수되면 BPD는 자신의 노력을 건설적인 방향으로 돌린다. 그 결과는 기쁨이 될 것이고, 치료자의 일은 쉬워질 것이다. 이 단계에서 BPD의 가장 중요한 훈련은 우호성을 유지하면서 자율성을 어떻게 주고받는지 배우는 것이다. 개인의 성장을 촉진하는 일반적인 치료절차가 이러한 목적을 위해서 훌륭하게 기능한다.

06
자기애성 성격장애

'아기 폐하'

■ 문헌 고찰

그리스 신화에 따르면, 나르시스는 매우 아름다웠다고 한다. 그는 자신의 모습을 보지 않으면 장수할 운명이었다. 그러나 나르시스는 다른 사람에 대한 사랑을 거부하고 샘물 속에 비친 자신의 모습을 사랑하게 되었다. 그는 그 모습에 대한 연모로 수척해져 가다 죽고 말았다. 그가 죽은 곳에서는 그의 이름을 딴 꽃이 피어났다.

Freud(1914/1959)는 다음과 같이 적었다.

> 나르시시즘이라는 말은 1899년 P. Nacke가 성적 대상이 되는 사람(이성)의 몸을 대하듯이 자신의 몸을 대하는 사람의 태도를 지칭하기 위해 선택했던 것으로 임상적 용어다. 말하자면 자신의 몸을 응시하면서, 그리고 애무하면서 성적 쾌감을 경험하는데, 이러한 행위를 통해 완전한 만족을 추구한다(p. 30).

Freud에 따르면 리비도가 바깥으로 향할수록 자신을 위한 리비도의 양은 줄어들고, 리비도가 자신을 향할수록 다른 사람을 위한 리비도는 적어진다. Freud는 나르시시즘을 "사람에 대한 관심을 물건에 대한 관심으로 철회한 망상분열 환자"로 간주하였다

(p. 31). 또한 그는 신체적으로 아픈 사람들에게서 흔히 관찰될 수 있다고 부언하였다. 이를 설명하기 위해, 시인 W. Busch의 시를 인용하였다. "그의 영혼이 온통 아픈 치아에 집중하고 있네."

Freud는 사랑에 관한 나르시시즘의 역할을 설명하였다. "인간은 애초에 2개의 성적 대상을 가지고 있다. 즉, 자신과 그를 돌보는 여성이다(1914/1959, p. 45)." 대상 선택에는 두 가지 유형이 있다. 첫 번째는 자기애적인 유형인데, 선택 대상은 자기와 닮은 그 누구, 한때의 자기와 비슷하거나 앞으로 되고 싶은 그 누구다. 두 번째는 의존적 유형인데, 선택 대상은 돌보는 "여성 또는 보호해 주는 남성"이다(p. 45). Freud는 자기애적 선택이 동성애의 속성이며, 의존적 선택이야말로 "정상적인 인간의 속성"이라고 주장하였다(p. 45).

Freud의 고착된 에너지 모형(fixed-energy model)에서는, 원초아(id)의 에너지가 자신이 아니라 다른 사람을 향하면 결국 자기는 고갈된다. 그러나 다행스럽게도 그러한 성적 에너지를 받는 사람이 사랑을 제공해 주면 자기는 재충전된다. 반면, 사랑이 오지 않으면 자기는 메마르고 만다.

> 이러한 성적 과대평가가 사랑에 빠졌을 때 나타나는 특이한 상태의 기원이다. 이러한 상태는 신경증적 충동을 암시하는데, 그래서 사랑의 대상을 향하는 데 소비된 리비도 때문에 일어난 자아의 메마름에까지 거슬러 올라갈 수 있다(p. 45).
>
> …사랑에 빠진 그는 말하자면 자기애의 한 부분을 상실한 것이 되는데, 이는 사랑받음으로써만 회복될 수 있다(p. 55). …갈망과 고갈이라는 형태의 사랑 그 자체는 자기존중감을 훼손하는 것이다. 반면에 사랑받는다는 것, 사랑을 되돌아오게 하는 것, 사랑하는 대상을 소유한다는 것은 그것을 다시 높이는 것이다(p. 57).

사랑에 따른 자기상실이라는 분석을 통해 Freud는 성적 사랑과 관련된 강렬하고 필사적이며 충동적인 갈망을 설명하였다.

자기애에 대한 Freud의 초기 논문에 이어 수많은 정신분석학적 문헌이 출현하였다. 진단적 실체로서 자기애성 성격장애(Narcissistic Personality Disorder, 이하 NPD)는 주로 자기심리학자인 Kohut(1971)과 Kernberg(1984)의 연구업적에 힘입어 등장하였다. 간략히 얘기하면, Kohut은 Freud가 제안했던 것과 마찬가지로 유아기적 자기애는 성인기의 대상 사랑으로 대치되지 않는다고 주장하였다. 오히려 자기애는 정상적인 성인의 특성이고 성숙한 개인에게서 유머, 지혜 그리고 공감으로 나타난다고 하였다. 성인기의 병리적 자기애는 남근기 이전 발달경험의 결핍에서 오는 자기(self)의 구조적 결함에 기인한다.

Kernberg는 병리적 자기애란 구강기적 분노의 편집증적 투사에 대한 방어를 나타낸다고 제안하였다. Kernberg에 따르면, 자기애적 과대망상, 요구, 그리고 타인에 대한 공감 부족은 병리적인 투사과정의 결과다. NPD에 대한 DSM 기술은 바로 이 두 사람의 중요한 정신분석 이론가가 지적한 사항을 대거 포함하고 있다.

Adler(1986)는 Kohut과 Kernberg의 이론이 서로 다른 치료적 함의를 지닌다는 점에 주목하였다. 예를 들면, Kernberg는 자기애 환자가 치료자에게 화를 낼 때 그 화에 대해서 도전해야 하고, 또한 초기 근원과 연관시켜야 한다고 제안하였다. 반대로 Kohut은 치료자를 향한 화는 공감 실패를 나타낼 수 있다고 주장하였다. 치료자는 실수를 인정하고 인자한 부모로서의 사랑을 유지하여야 한다. 아직 이러한 차이를 해소할 방법은 없다. 정신분석적 접근이 이러한 생각들을 부인하거나 확인할 방법을 제공하고 있지 않기 때문이다.

어떤 이론적 관점을 견지하든, NPD는 치료하기 어렵다는 점에 동의한다. Malin(1990)은 다음과 같이 NPD의 행동을 예리하게 요약하였다.

> 별로 호감이 가지 않는, 권리에 대해 끊임없이 주장하는, 아주 작은 실수와 부주의에도 취약한, 그리고 아무런 해가 없는 언급에도 철회해서 근접할 수 없는 환자와 어떻게 작업할 수 있을까? 더구나 치료자를 포함한 다른 사람과의 관계에서 착취적이고, 치료자가 정확하게 해석하거나 언급하지 못할 때 분노를 터뜨리는 환자를 어떻게 다룰 수 있을까? (p. 360)

"NPD 환자라고 규정할 때, 그 원인적 또는 병인적 기원을 찾아낼 수 있을까? 또는 경과나 처치에 대한 반응성을 예언할 수 있을까?"와 같은 중요한 질문이 연구를 통해 아직 제기되지 않고 있다(Gunderson, Ronningstam, & Smith, 1991, p. 175). Cooper와 Ronningstam(1992, p. 89)은 설문조사를 통해 다음과 같이 보고하였다. "자기애성 성격장애가 최근의 정신역동적 기법에 반응한다고 하더라도 이러한 임상적 견해를 타당화하는 연구가 전혀 없다. 확실히 이에 대한 연구가 시급히 수행되어야 한다."

NPD에 대한 DSM의 정의[1)]

DSM 정의는 이후 분석의 출발점이 된다.

성인기 초기에 시작되는 전반적인 과장성 패턴(공상 속에서든 행동이든), 찬사에 대한 욕구, 그리고 공감의 결여가 다양한 맥락에서 나타난다. 다음 중 5개(또는 그 이상)의 증상이 나타난다.

(1) 자신의 중요성에 대해 과장된 감각을 가지고 있다(예: 성취나 재능을 과장한다, 뒷받침할 만한 성취도 없으면서 최고로 인정받기를 기대한다).
(2) 끊임없는 성공, 권력, 탁월함, 아름다움 또는 이상적 사랑에 대한 공상에 사로잡혀 있다.
(3) 자신을 특별하고 독특한 사람이라고 믿고 있으며, 특별한 사람이나 상류층 사람들만이 자신을 이해할 수 있고, 또 그러한 사람들(또는 기관)하고만 어울려야 한다고 믿는다.
(4) 과도한 찬사를 요구한다.
(5) 특권의식을 가지고 있다(예를 들면, 특별히 호의적인 대우나 자신의 바람에 대해 자동적으로 순응해야 한다는 불합리한 기대를 한다).
(6) 대인관계가 착취적이다(예를 들면, 자신의 목적을 달성하기 위해 다른 사람들을 이용한다).
(7) 공감능력이 결여되어 있다(예를 들면, 다른 사람들의 감정이나 요구를 인정하거나 확인하려고 하지 않는다).
(8) 다른 사람들을 자주 부러워하거나 다른 사람들이 자신을 질투하고 있다고 믿는다.
(9) 거만하고 건방진 행동이나 태도를 보인다.

Morey(1988)는 성격장애로 치료받고 있는 291명의 외래환자 중 22%가 DSM-III-R의 NPD 진단기준에 부합한다고 보고하였다. NPD는 상당 수준 BPD(46.9%), HPD(53.1%), PAR(35.9%) 그리고 AVD(35.9%)와 중복되었다. 40명의 환자를 대상으로 한 연구에서 Ronningstam과 Gunderson(1991)은 과대망상 증상이 NPD와 BPD를 구분하는 가장

1) 이 장의 DSM 정의는 DSM-5를 기준으로 하였다.

좋은 변인이라는 것을 발견하였다.

발병원인에 대한 가설

발병원인에 대한 가설을 설정하기 위해 SASB 모형을 활용하는 방법을 5장에 기술한 바 있다. DSM에 기술된 NPD 증상 각각을 설명하기 위해 발달사적 특성 세 가지가 제시되었다. 이 장애의 독특한 대인 패턴과 대인사를 연결하는 가설을 〈표 6-1〉에 제시하였다.

〈표 6-1〉 NPD에 대한 대인관계 요약

과거경험	과거경험의 결과
1. '사심 없는' (담을 쌓음), 무조건적인 사랑과 찬사(**적극적 사랑** + **무시**)	1. 무조건적인 자기사랑과 자기찬사(*적극적 자기사랑* + *자기방치*) 타인에 대한 둔감(**무시**)
2. 복종적 보살핌(복종 + **보호**)	2. 무조건적 존중과 보살핌에 대한 교만한(**비난**) 기대 **통제**: 자율성을 취함(분리) 권리를 성취하지 못하면 급작스럽게 화를 냄(**공격**)
3. 불완전함에 대한 어떤 증거에도 미묘한 경멸과 명백한 실망(**비난**)을 보여 줌	3. 무조건적 찬사가 없거나 불완전함에 대한 증거가 있으면 자기개념이 떨어짐(*자기비난*)

요약: 타인으로부터의 사랑, 지지, 우러러봄에 대한 강한 소망과 함께 비판이나 무시당하는 것에 대해 극단적인 취약성을 지니고 있다. 기준 위치는 자기에 대한 무조건적 사랑과 추정에 근거한 타인에 대한 통제다. 지지가 철회되거나 완벽함의 결여에 대한 작은 증거라도 있으면 자기개념은 저하되어 심한 자기비난으로 이어진다. 공감이 완전히 결여되어 다른 사람을 경멸하고 자기를 경쟁자보다 우위에 둔다.
NPD 기준선 SASB 코드: **통제**, **비난**, **공격**, **무시**, 분리, *적극적 자기사랑* + *자기방치*, *자기비난*. 소망: **적극적 사랑**, **보호**, 복종 받기. 두려움: **비난**, **무시** 또는 **통제** 당하기. 필요조건: 자기중요성에 대한 과장된 인식, 권리. 배제조건: 자기를 배려하지 않는 무모함.

이러한 가설에 대해 보다 자세한 설명을 제시하였다.

1. 사심 없고 무조건적인 사랑과 찬사가 존재한다. 어떤 할머니가 18개월 된 손자에게 쓴 편지가 좋은 예가 된다(Benjamin, 1978a, p. 60).

> 똑똑하고 잘생기고, 아주 훌륭한 내 손자 Johnathon에게.
>
> 네게 정말 감사한다. 난 너의 장난기 어린 얼굴을 보고 싶고, 너의 부드러운 목소리

(울며 소리 지를 때 빼고)를 듣고 싶고, 너의 맛있는 아기 피부를 맛보고 싶어서 미칠 지경이란다. 너와 네 엄마, 아빠와 함께한 시간은 정말 행복했다. 넌 천사, 네 엄마, 아빠는 더없이 좋았단다. 너의 할아버지, 할머니는 그 모든 것에 찬사를 보낸다. 우린 멋진 여행을 했지. 널 보고 싶어 다음 만날 때까지 기다리기가 어렵구나. 사랑하는 할머니, 할아버지가.

이 편지는 NPD 역사에서 흔히 발견되는 강렬하고 성적인 찬사("너의 맛있는 아기 피부를 맛보고 싶어서")를 요약해 준다. 아이에 대한 찬사가 정상적인 범위를 넘어서고 있다. '잘생긴' 과 '똑똑한' 은 적절한 기대로 간주될 수 있지만 18개월 된 아이에 대한 현실적인 기대가 될 수는 없을 것이다. 그런 과장된 왜곡이 몇 년간에 걸쳐 계속된다면 아이는 이러한 태도를 내면화하여 자신에 대한 비현실적이고 강렬한 애정을 지니게 된다.

이러한 찬사는 진정한 자기개방을 수반하지 않는다. 따라서 NPD는 부모가 따로 갖고 있는 감정과 욕구에 대해서는 알지 못한다. NPD는, 부모가 원하는 것은 단지 자신의 수려함에 대해 즐거워하는 것이라고 배울 뿐이다. 이렇게 부모와의 진정한 접촉이 결여되기 때문에 NPD는 다른 사람도 자신만의 욕구와 견해를 가지고 있다는 점을 학습하는 데 어려움을 겪는다.

Freud(1914/1959)는 부모의 이 같은 양육방식과 자기애를 연결하는 일반적인 단계에 대해 기술하였다.

아이들에 대한 부모의 맹목적 태도를 들여다보면, 우리는 그것이 오래전에 포기했던 부모 자신의 자기애가 부활한 것임을 알게 된다…. 그래서 부모는 자신의 단점을 잊거나 숨기기 위해 완벽함이라는 속성을 아이에게 부여하려 하지만, 사실 제3자가 보면 결코 동의할 수 없는 것이다. …예를 들어, 아이가 부모보다 더 나은 것을 갖게 될 것이고, 아이는 삶을 지배하고 있는 일상적인 것들에 신경 쓰지 않아도 되며, 병 · 죽음 · 즐거움을 포기하는 것, 자신의 의지를 제한하는 것 등이 아이에게 영향을 미치지 않을 것이라고 간주한다. 또한 사회법칙뿐 아니라 자연의 섭리 또한 그를 위해서라면 폐기될 수 있다고 생각한다. 우리가 한때 스스로 꿈꾸었던 것처럼 아이가 진실로 창조의 중심이며 심장이다. '아기 폐하' 인 것이다(p. 48).

Freud는 아이에 대한 부모의 지나친 찬사가 부모 자신의 발달 초기 단계의 재현을 의미한다고 주장하였다. NPD의 부모는 Freud가 제안했던 것처럼 '모든 것을 소유할' NPD에 집중함으로써 자신의 삶에서 경험한 좌절을 해결하고 있는 것일 수 있다. 이러한 무조건적 찬사는 소망과 정신과정의 힘을 과대평가하는 아이의 성향을 부추긴다. '사고의 전지전능' 시기라고 할 수 있다. 이러한 과장된 전제를 자신에게 적용할 경우 자기 자신의 중요성에 대해 과장된 믿음을 갖는 과대망상증(megalomania)이 나타난다 (Freud, 1914/1959, p. 32).

동기가 좋다고 해도 부모가 그런 찬사를 유아기 이후 지속하면 파괴적인 결과를 가져올 것이다. 아이가 현실에 부딪힐 수 있도록 해야 하는 유아 후기(toddlerhood) 동안에도 부모의 무조건적 찬사가 계속된다면 이는 아이를 NPD가 되도록 프로그래밍하는 꼴이다. 정상적인 아이의 부모라면 자기에 대한 잘못된 표상을 되돌릴 수 있는 삶의 경험을 제공할 것이다. '폐하'는 현실세계에 직면하여 퇴위하고, 현실에 기반한 기술이 발달한다. 정상적인 아이의 부모는 사람이란 약점이 있게 마련이고, 불완전하며, 강점과 약점을 지니고 있다고 아이에게 가르칠 것이다. 연습과 성실만이 좋은 결과를 가져온다. 현실세계에 대하여 이와 같이 중요한 가르침을 주지 않으면 그 아이는 허위적인 영화에 낚여 버린다. 그래서 익숙한 무조건적 칭찬이라는 '마약주사'가 없으면 공허감을 느낀다. 자신이 부모에게 어떤 영향을 주고 있는지에 대해 언질을 받지 못하면 자신의 행동이 타인에게 어떤 의미를 제공하는지 알 수 없고, 결국 타인에 대해 둔감해지고 배려할 줄 모르게 된다.

2. 찬사를 제공하는 부모는 NPD로 자라고 있는 아이에게 존경과 돌봄을 일관성 있게 제공한다. 예를 들면, 앞서 인용한 할머니는 Johnathon이 불행해하거나 지루해할 때 자신이 해 줄 수 있는 것이면 무엇이든 하려고 하였다. 여기에는 한계가 거의 없었다. 반대로 부모는 보다 적응적인 패턴을 길러 주기 위해 가족의 이러한 대인 교류를 중단하기로 결정하였다. Johnathon이 할머니를 만나고 돌아오면, 그는 아마도 할머니에게로 다시 가서 할머니의 '어린 왕'이 되고 싶다고 선언할지 모른다.

이러한 무조건적 존중과 돌봄 때문에 성인이 되어서도 타인이 계속해서 동일하게 자신을 대해 줄 것이라는 교만한 기대를 갖는다. NPD는 그런 권리를 얻지 못하면 당연히 충격을 받을 것이다. 직장에서 가장 좋은 공간, 가구 그리고 다른 특권이 자동적으로 제공되는 것이 당연하다고 여긴다. 기대가 충족되지 않으면 분노가 촉발된다. 집에서도 NPD는 타인에 대한 영향을 고려하지 않고 공간, 시간 그리고 돈을 소유한다. 배우자의 모든 지출을 세밀히 검토하고 통제하려 한다. 그러나 자신의 헤픈 씀씀이는 신경쓰지 않는다. 집안일을 하는 것은 안중에도 없다. 아주 작은 기여에 대해서도 국가적 수준의 축하행사가 없으면 NPD는 놀라고 분노할 것이다. 만약 배우자가 아프다면, 더 이상 쓸모가 없기 때문에 이혼하려 할 것이다. 간단히 얘기해서 NPD는 타인에 대한 통제와 자신의 자율성을 요구하고, 타인이 복종하기를 기대한다. 타인은 복종해야 하지만,

NPD는 자기 마음대로 한다.

평등과 공정이 규범이 되는 시대에 어떻게 그런 사람을 용인할 수 있는지 의문이 드는 것은 당연하다. 실상 이들이 보이는 패턴은 타인으로부터의 보완적 찬사 때문에 발생한다. 때로는 NPD가 찬사받기에 충분한 재능과 기술을 가지고 있는 경우가 있다. Freud(1914/1959)는 자기애를 가지고 있는 사람이 왜 그렇게 매력적인지에 대해 다음과 같이 피력하였다.

> 과거 자기애의 한 부분을 포기한 적이 있고 현재 타인의 사랑을 추구하고 있는 사람들에게는 다른 사람의 자기애가 매우 매력적이라는 것은 분명해 보인다. 고양이나 더 큰 맹수처럼 우리 자신에게 아무런 관심도 없는 동물에게서 매력을 느끼는 것처럼, 아이의 매력은 상당 부분 아이의 자기애, 자기충족성 그리고 근접 불가능성 때문일 것이다. 우리는 더없이 기쁜 마음 상태를—언젠가 우리 스스로 포기해 버린 없어지지 않는 리비도 상태를—유지할 수 있는 그들의 힘을 부러워하는 것 같다(p. 46).

자기애를 용인하는 것에 대한 Freud의 설명이 흥미롭다. 이는 스포츠 영웅이나 영화배우에게 주어지는 일반적인 찬사를 설명해 주기도 한다. 그러나 NPD의 배우자들이 보이는 행동을 해석하는 데는 적절하지 않아 보인다. 예를 들어, 알코올남용 문제가 있는 남편은 흔히 자기애적 패턴을 보인다. 이들의 아내는 남편의 욕구를 만족시키려고 더 노력하기 때문에 일반적으로 NPD 패턴이 나타나게 만든다. 이런 아내는 방임과 학대의 내력을 가진 경우가 많다. 그래서 이들이 보이는 노력을 유아기적 잃어버린 기쁨을 되찾으려는 것으로 보기는 어렵다. 이들의 상보적 자기패배 행위에 대한 설명은 이 장 후반에 제시하였다.

3. 모든 보살핌과 찬사는 은총의 상실이라는 위협과 공존하고 있다. 앞서 인용한 편지에서 할머니의 지나친 표현에도 불구하고, 하나의 큰 단점으로 우는 것을 지적하였다. 할머니는 손자의 놀라운 이미지를 즐겁게 창조해 내었지만, 그 이미지는 손자의 '소리 지르기'로 인해 곧 흠이 생겨 버렸다. 유아 후기의 아이들은 소리를 지르기 마련이다. 이 점에서 본다면 Johnathon은 정상적인 오류 가능성마저 허용되지 않았다고 할 수 있다. 발달사를 통해 나타나기 마련인 불완전함의 어떠한 기미도 마음을 괴롭게 할 수 있다. 완전해야 한다는 부담은 그만큼 무거운 것이다. NPD에게 실패는 좌천과 보살핌의 상실을 가져온다. 그것은 또한 부모의 평정심을 망친다. 부모는 NPD의 성공에서 만족감을 얻는 '거울과 같은' 존재다. 자기애자의 자기개념은 비현실적인 찬사의 내면화에서 나오기 때문에 사랑이 실망이나 비판으로 대치되면 큰 재앙이 된다. NPD는 파

괴되고, 공허해지며, 지독하게 외로워진다. NPD는 '벌'을 줄 수는 있지만 '벌을 받을' 준비는 되어 있지 않다.

정신분석적 관점에 따르면, 성격발달은 유아기와 아동기 초기에 시작된다(예: Greenberg & Mitchell, 1983, pp. 384-385). SASB 원리는 아동기와 성인기 사이의 연속성을 유지하게 해 주는 훨씬 더 일반적인 복사기제(copying mechanism)를 설명해 준다. 그것은 원래의 상보적 위치 반복, 부모와의 동일시 또는 유사성 그리고 내면화다(Benjamin, 1994b의 3장 참조). Sullivan(1953)은 초기 대인경험이 성격학습의 유일한 길이 아니라는 점에 주목하였다. 삶의 후반기에 NPD의 '소프트웨어'를 습득할 수 있다. 예를 들면, 정신과 레지던트였던 한 상냥한 남부 여성은 자신이 자기애적이 되는 것에 두려움을 느끼고 있었다. 그녀는 다음과 같이 말하였다. "저는 어제 가게에서 줄을 서 있었어요. 그리고 스스로에게 말했어요. '여기서 줄을 서다니, 이럴 순 없어. 난 의사인데.'"

부자와 유명인은 NPD로 발전할 가능성이 특히 높다. 직업세계에서의 성취로 인정을 받은 사람들은 자기 분야와는 거리가 먼 주제를 이야기하곤 한다. 영화배우 출신 스타는 정치인으로서의 자격이 있다고 느낀다. 그러나 실상 정치인은 매우 이질적인 사람들의 의지를 공고화하거나 움직이며 실행하게 하는 특별한 기술을 가져야 한다. 좋은 정부가 되도록 하는 데 필요한 관리기술은 대본을 읽고 기억함으로써 이미지를 만드는 능력과는 분명 관련이 없다. 과학과 관련된 직업에 종사하는 사람 가운데서도 일정 정도의 위치에 오른 사람은 자신의 지위를 유지하는 데 더 이상의 증명이 필요 없다고 느낄 수 있다. 다시 한 번 말하지만, 한 번의 어떤 일이 있었다고 장애라 할 수는 없다. 그러나 그 같은 일이 자주 반복해서 일어나면 그렇지 않다. 대중은 부유하거나 유명한 사람에게 존경을 보낼 뿐 아니라 무조건적 찬사를 보낼 수 있고, 또 그렇게 할 것이다. 적절한 조건이 주어진다면, NPD를 발현하는 데 결코 늦지 않을 것이다.

과거 대인관계 특징과 DSM에 제시된 증상 간 관계

'전형적인 NPD'는 DSM에 제시된 모든 증상을 나타낸다. 무조건적 사랑과 찬사를 지속적으로 받으면 DSM 기준 중 몇몇을 충족시키는 행동이 나타나게 된다. 과장된 자기중요감(기준 1), 상류층 주요 인사들과의 관계 욕구(기준 3), 무한 성공이라는 공상에 집착(기준 2), 지속적인 관심과 찬사에 대한 욕구(기준 4), 거만하고 건방진 행동(기준 9) 등을 보인다. NPD에게 찬사를 보낼 때의 사심 없는 마음은 공감의 결여(기준 7)를 부추긴다. 순종적인 양육은 착취성(기준 6)과 특권의식(기준 5)을 불러일으킨다. NPD는 완벽할 것이라는 기대에 따른 부담감 때문에 그런 이미지를 위협하는 것에 민감하다. 이는 건방짐(기준 9) 및 부러워함(기준 8)과 관련된 행동을 강화한다.

NPD의 대인관계 요약

다음은 NPD의 대인관계 특성을 요약한 내용이다.

> 타인으로부터의 사랑, 지지, 우러러봄에 대한 강한 소망과 함께 비판이나 무시당하는 것에 대해 극단적인 취약성을 지니고 있다. 기준 위치는 자기에 대한 무조건적 사랑과 추정에 근거한 타인에 대한 통제다. 지지가 철회되거나 완벽함의 결여에 대한 작은 증거라도 있으면 자기개념은 저하되어 심한 자기비난으로 이어진다. 공감이 완전히 결여되어 다른 사람을 경멸하고 자기를 경쟁자보다 우위에 둔다.

이와 같은 요약은 NPD의 기본 패턴 및 소망에 대한 SASB 코드에 토대를 두고 있다. 〈표 6-1〉에 제시된 코드들은 NPD를 규정하는 간편한 방법이다. 기준 위치는 **통제**, **비난**, **공격**, **무시**, 분리, *적극적 자기사랑*, *자기방치*(복합 코드), *자기비난*이다. 소망은 **적극적 사랑**, **보호**, 복종이다. 두려움은 **무시**, **비난** 또는 **통제**다.

NPD 노래의 리듬과 하모니는 NPD가 주고받는 대인 및 심리내적 반응의 연쇄에 나타난다. NPD의 '으뜸음'은 **통제**와 *적극적 자기사랑* + *자기방치*로 구성되어 있다. 이러한 관점은 필연적으로 NPD가 타인의 욕구를 **무시**한다는 것을 의미한다. 이들의 위치는 **적극적 사랑**과 **보호**를 제공해 주면서 동시에 복종하는 누군가와는 잘 조화된다. 만일 누군가가 이렇게 해 주지 않으면, 또는 분리하려는 욕구가 방해받으면, NPD는 순식간에 **비난**과 **공격**으로 이동한다. NPD가 완벽하지 않다는 어떠한 암시도 심한 *자기비난*으로 이어질 가능성이 높다. 바로 이것이 NPD 노래의 하모니와 리듬이다.

SASB 코드를 사용할 줄 아는 독자라면 이와 같은 분석을 다른 맥락에 적용해 볼 수 있다. 예를 들어, 환자가 자신의 우울증이 더 심해진다고 불평하는 것은 흔히 있는 일이다. 때때로 이러한 불평은 NPD가 불평하는 방식과 유사하다. 우울 증상에 대한 이런 방식의 불평을 해석하기 위해, 치료자는 우울을 기술하는 환자의 과정을 코딩할 필요가 있다. NPD가 자신의 증상에 대해 불평할 때 치료자에 대한 환자의 과정은 NPD 노래의 특징을 포함하고 있을 것이다. 다음의 예를 살펴보자.

어떤 환자가 신경계 정밀검사를 마칠 때까지는 항우울제를 시도하지 않겠다고 거부하였다(**통제**). 그는 우울과 관련된 종양에 관한 기사를 읽은 적이 있다. 자신이 그 경우에 해당할지 모른다고 생각하였으며(*적극적 자기사랑 + 자기방치*), 이에 대한 진단비를 병원이 청구하지 않기를 기대하였다(**보호** 소망). 그는 의료진이 무엇인가를 발견했을 것이라고 생각하였다. 의사는 뇌종양이 있다는 증거를 발견하지 못하였다. 그래서 우선 항우울제를 단기간 시도해 보자고 하였다. 환자는 격분해서(**공격**, **비난**), 의사가 사려 깊지 않고 무능하다고 말하였다. 그는 다른 병원을 찾아보겠다고 선언하였다(분리). 담당 의사와 병원을 상대로 소송을 제기하지 않은 것을 다행으로 생각하라고 하였다. 그는 병원에 있는 사람들이 자신의 생각에 놀라워하고 있다는 것을 결코 알지 못했다(**무시**).

〈표 6-2〉에 NPD 노래의 기초 사항을 BPD 노래의 그것과 비교하면서 제시하였다. 표에서 볼 수 있는 것처럼, NPD와 BPD는 다른 사람과의 관계에서 **통제**, **비난**, **공격**을 공유하고 있다. 또한 이들은 자신에게 최선의 것이 무엇인지 모르고 있다(*자기방치*). BPD와 공유되지 않는 NPD의 특징은 **무시**, 분리, *적극적 자기사랑*, *자기비난*이다. BPD는 눈치가 아주 빠르고 다른 사람들이 자신에게 어떻게 반응하는지를 해독하는 데 매우 능숙하다. BPD는 자율성을 선택하지 않으며 자기사랑을 나타내지 않는다. NPD와 공유하지 않는 BPD의 특징 중 한 가지는 순수한 **적극적 사랑**과 신뢰를 가끔 기꺼이 보여 준다는 것이다. BPD는 다른 사람으로 하여금 자신을 돌보게 함으로써 *자기보호*에 적극적으로 나선다. 마지막으로, 자신의 욕구가 충족되지 않으면 BPD는 *자기공격* 성향을 눈에 띄게 보여 주지만 NPD는 눈에 띄지 않게 *자기비난*으로 퇴보한다.

〈표 6-2〉의 대인관계 도, 레, 미는 이러한 두 범주가 어떻게 서로 중복되는지 그리고 어떻게 서로 다른지 보여 준다. 임상가는 이 표에 제시된 기술을 통해 감별진단을 할 수 있을 것이다.

〈표 6-2〉 BPD와 NPD의 SASB 코드 비교

	BPD	NPD
1. **해방**		
2. **지지**		
3. **적극적 사랑**	×	
4. **보호**		
5. **통제**	×	×
6. **비난**	×	×
7. **공격**	×	×
8. **무시**		×
1. 분리		×
2. 개방		
3. 반응적 사랑		
4. 신뢰	×	
5. 복종		
6. 골냄		
7. 물러남		
8. 담을 쌓음		
1. *자기해방*		
2. *자기지지*		
3. *적극적 자기사랑*		×*
4. *자기보호*	×	
5. *자기통제*		
6. *자기비난*		×
7. *자기공격*	×	
8. *자기방치*	×	×*

* 표시는 같은 열에 위치한 코드가 서로 복잡한 조합을 이루어 나타남을 의미함.

DSM 진단기준 재검토

NPD에 대한 DSM의 관점이 대인 언어로 번역되고, NPD 패턴와 관련된 심리사회적 학습의 개요를 제시하였다. 여기에서는 NPD에 대한 대인관계 분석을 직접 DSM과 비교하였다. DSM 기준은 *이탤릭체*로, 대인관계 용어로 표현된 것은 밑줄로, WISPI(1장에서 논의함) 기준은 고딕체로 표시하였다.

성인기 초기에 시작되는 전반적인 과장성 패턴(공상 속에서든 행동이든), 찬사에 대한 욕구, 그리고 공감의 결여가 다양한 맥락에서 나타난다. 다음 중 5개(또는 그 이상)의 증상이 나타난다.

(1) *자신의 중요성에 대해 과장된 감각을 가지고 있다(예: 성취나 재능을 과장한다, 뒷받침할 만한 성취도 없으면서 최고로 인정받기를 기대한다).*

대부분의 경우 NPD는 스스로에 대단히 만족해하며, 적절한 실질적 공헌 없이도 '특별한' 대상으로 인정받기를 기대함. 자신의 성취와 재능에 대해 과대하고 과장된 보고와 판단을 함(일반적으로 타인의 공헌을 깎아내림으로써). 직장 또는 가정에서의 일상적인 공공의 작업(즉, 자신에게 직접적인 이익이 되지 않는)에 대한 미미한 노력에 대해서도 과한 칭찬이 주어지지 않으면 놀라고 화를 냄.

사람들이 나의 창조성에 대해 이해하는 것이 그렇게 어렵다니 놀랄 일이다.

(2) *끊임없는 성공, 권력, 탁월함, 아름다움 또는 이상적 사랑에 대한 공상에 사로잡혀 있다.*

'때를 넘긴' 찬사나 특권에 대해 끊임없이 반추함. 자신을 다른 유명인 또는 특권층에 필적할 만하다고 여김.

나는 내 재능과 특별한 자질이 온전히 알려진 다음에 사람들이 보여 줄 뒤늦은 찬사에 대해 생각하곤 한다.

(3) *자신을 특별하고 독특한 사람이라고 믿고 있으며, 특별한 사람이나 상류층 사람들만이 자신을 이해할 수 있고, 또 그러한 사람들(또는 기관)하고만 어울려야 한다고 믿는다.*

한 분야에서 '최고'로 인정받는 사람(의사, 변호사, 미용사, 강사)만을 고집함. 서비스 제공자가 산출한 성과가 자신의 기준에 맞지 않으면 서비스 제공자의 자격을 깎아 내림. 높은 지위의 사람들이나 기관하고만 어울림.

나는 그 분야에서 '최고'로 인정받는 사람(의사, 변호사, 미용사, 비서)이 아니면 서비스를 받지 않을 것이다.

(4) *과도한 찬사를 요구한다.*

자신이 도착했을 때 특별한 '의식'이 없으면 화를 냄. 자신의 성과물이 탐낼 만한 것으로 인정받거나 찬사를 받지 못하면 충격을 받음.

내가 당연히 받아야 할 칭찬과 관심을 받지 못하는 것은 다른 사람들에게 문제가 있기 때문이다.

(5) *특권의식을 가지고 있다(예를 들면, 특별히 호의적인 대우나 자신의 바람에 대해 자동적으로 순응해야 한다는 불합리한 기대를 한다).*

자신의 욕구가 자동적으로 충족되지 않으면 당황하거나 격분함. 자신의 일이나 관심은 아주 중요하므로 이를 위해서라면 다른 사람들이 자신에게 길을 양보해야 한다고 생각함.

정말 중요한 내 일에 다른 사람들이 협조하지 않으면 화가 난다.

(6) *대인관계가 착취적이다(예를 들면, 자신의 목적을 달성하기 위해 다른 사람들을 이용한다).*

자신이 바라고 원하는 것이면 그것이 다른 사람에게 어떤 의미를 주는지 상관하지 않고 받기를 기대함. 이것은 의도적인 것은 아니고 자신이 '특권'을 가졌다고 믿는 결과임. 예를 들어, NPD는 할머니를 속여서 여생을 위해 남겨 둔 재산을 가로채려 하지는 않겠지만, 만일 그 할머니가 그것을 제공하려 한다면 그것이 할머니에게 어떤 영향을 미칠지 생각지 않고 받을 것임. 자신과 관련된 사람들로부터 대단한 헌신, 혹사, 영웅적인 수행을 기대하지만, 이것이 그 사람들에게 어떤 영향을 미치는지는 생각하지 않음.

내가 당연히 받아야 할 특별한 대우를 받기 위해 필요하다면 다른 사람들을 화나게 할 수도 있다.

(7) *공감능력이 결여되어 있다(예를 들면, 다른 사람들의 감정이나 요구를 인정하거나 확인하려고 하지 않는다).*

다른 사람들이 자신의 안녕에 초점을 두고 거기에 모든 관심을 기울이고 있다고 생각함. 다른 사람들도 감정과 욕구를 가지고 있다는 것을 인식할 능력이 결여되어 있음. 자기중심적인 언사가 다른 사람에게 상처를 줄 수 있다는 것을 염두에 두지 않음(예: 이전의 연인에게 "난 평생의 배우자가 될 사람을 만났어."라고 생기에 넘쳐서 얘기함). 자기에게 초점을 두기보다 상대방 스스로의 욕구, 문제, 관심사에 대해서 얘기하는 사람을 경멸하고 그에게 화를 냄.

나와 가까운 사람들은 자신의 문제에 빠져서 허우적거리고 있다. 그들은 내가 그런 일을 들어주면서 시간을 낭비하리라는 기대를 애초에 갖지 않는 것이 좋다.

(8) *다른 사람들을 자주 부러워하거나 다른 사람들이 자신을 질투하고 있다고 믿는다.*

다른 사람의 공헌을 거칠게 평가절하함. 특히 그들이 감사와 특권을 받고 있거나 전에 받은 적이 있는 경우라면 더욱 그러함. 자신이 그들보다 더 낫고, 그들보다 더 많은 찬사와 특권을 받을 자격이 있다고 생각함. 자신이 성공하거나 행복해할 자격이 더 있다는 믿음을 갖고, 다른 사람의 성공이나 행복을 시샘함.

다른 누군가가 칭송을 받으면, 내가 더 칭송받을 자격이 있다고 생각하는 데 많은 시간을 보낸다.

(9) *거만하고 건방진 행동이나 태도를 보인다.*

자신이 더 우위에 있다고 생각함. 특권이나 여분의 자원분배가 당연하다고 믿음. 타인의 감정이나 욕구에 대한 어떠한 존중도 없음.

나는 모든 것에서 최상의 것을 차지할 자격이 있다.

('10' DSM-IV에서는 생략된 DSM-III-R의 기준) *비난에 분노, 수치감 또는 모욕(표현되지 않았을지라도)감으로 반응한다.*

비판의 작은 기미라도 보이면 "네가 감히 그럴 수 있어?" 라는 태도로 반응하며, 즉각적으로 반격함. 성취에 대해 충분한 칭찬이 주어지지 않거나 동감(sympathy)이 정확하게 공감적이지 않으면 분개함. 겉으로 드러내지는 않지만 비판은 따라다니면서 NPD를 괴롭게 하며 모욕당했다, 격하되었다, 텅 비었다, 공허하다 등의 느낌을 갖게 함.

누군가가 감히 나를 비판하면 기분이 엉망이 된다. 그럴 때면 나는 상대방의 즉각적인 사과를 바란다.

필요기준과 배제기준

이 같은 분석을 통해 각 성격장애의 필요 및 배제 기준을 정의할 수 있다. NPD의 필요기준에 대한 기술어로 제안되는 것은 ① 과장된 자기중요감과 ② 특권의식이다. NPD의 자기중요감과 특권의식은 자신에 대한 무분별함을 미리 막아 준다. 그래서 ASP에서 보이는 '자신을 고려하지 않는 행동'이 NPD의 배제기준이 된다.

사례 예시

Kernberg(1984)는 '사랑에 빠지고 그 사랑을 유지하는 데 방해가 되는 것들' 이라는 장에서 자기애를 기술하였다. 여기서 Kernberg는 다음과 같이 제안하였다. 자기애자는 성적으로 전혀 관계를 맺을 수 없거나 아니면 난잡한 성관계를 맺는데, 신체 부위에만 한정해서 관계를 맺는다. Kernberg는 남자 NPD의 성적 문제는 여성에 대한 무의식적 질시와 탐욕으로 귀인될 수 있다고 하였다. 남자 NPD는 여성을 망치고 평가절하하고 싶은 소망을 가지고 있다. NPD의 특징으로 자주 언급되는 자율성은 일종의 방어라고 할 수 있다. 즉, 자율성은 남자 NPD의 여성에 대한 소유적 탐욕의 투사로부터 도피를 나타낸다. 추천되는 치료는 그런 NPD로 하여금 자신의 파괴성을 의식할 수 있도록 조력하는 것이다. 이러한 적대적 감정에 대한 새로운 인식은 죄의식과 우울감을 갖게 한다. 치료가 진행되면서 타인과 자신의 감정에 대한 성숙한 이해가 나타난다.

사례 1

Kernberg(1984)가 제시한 사례를 통해 그의 생각을 엿볼 수 있는데, NPD에 대한 DSM 진술과 일치한다.

> 환자는 사람들 앞에서 얘기할 때 느끼는 극도의 불안과 점점 더 불만스러워지고 있는 성적 문란함 때문에 나를 찾아왔다. 한 여성과 몇 번의 성관계 후에는 그 여성에 대한 모든 관심이 사라지고 다른 여성을 찾게 된다고 하였다. 대학에 있는 그의 친구가 지적인 것 그리고 직업상의 성공을 사업적 · 재정적 성공과 결합하는 그의 능력에 감탄하고 있다고도 하였다. …처음에는 자신이 여자를 얼마나 쉽게 사귈 수 있는지 그리고 성적인 행위 및 즐거움에 관련한 자신의 뛰어난 능력에 대해 자랑스럽게 얘기하였다. …최근 몇 년 동안 그는 이미 정복한, 그래서 평가절하 과정에 있는 한 여성과 성교하면서, 동시에 아직 정복되지 않은 다른 여성과 성교하는 공상을 자주 하였다. …마지막으로 이 환자는 자신의 어머니에 대한 분노와 질시에서 비롯된 여성에 대한 강렬한 질투를 인식하게 되었다. 환자의 어머니는 자신에 대한 환자의 분노뿐만 아니라 애정 표현을 차갑게 거부하면서, 또한 환자가 자신의 따듯하고 부드러운 몸을 느껴 보지 못하게 하였다. …문란한 성관계를 통해 그는 특정 여성에 대한 위협적인 의존성을 부인하고자 하였다. …그는 자신이 가장 갈망했던 것, 즉 여성으로부터의 성적 만족뿐만 아니라 사랑 그리고 분석가로부터의 이해와 관심을 무의식적으로 망치고 파괴하는 경향을 의식하게 되었다. 얼마나 많은 사랑과 헌신을 자기 아내로부터 받았는지(점점 더 인식하게 되었다는 것에서 치유의 증거) 드러났다. 그는 다른 사람의 내적 삶에 대해 점점 더 호기심을 갖게 되었으며…, 아내의 독립적인 관심에 대해 얼마나 시기질투를 해왔는지 인식할 수 있었다. …계속 아내를 평가절하하면서 아내에게 자신에 대한 공허

함과 지루함을 느끼게 했다는 점을 깨달았다(p. 191).

이 환자는 다음과 같은 DSM의 NPD 기준을 충족한다. 여성에 대해 착취적이고(기준 6), 과장된 자기중요감(기준 1)을 가지고 있으며, 찬사를 요구하고(기준 4), 무한한 성적 기술에 대한 공상에 빠져 있으며(기준 2), 아내에 대한 공감이 결여되어 있다(기준 7). 현저한 자율성 및 타인에 대한 평가절하적 경멸(기준 5, 8, 9)이 매우 분명하다. 어머니에 대한 분노에서 알 수 있듯이 환자는 여전히 그러한 패턴을 유지하고 있을 가능성이 높다. 따라서 DSM-IV에서는 생략된 DSM-III-R의 기준 10이 적용될 수 있다.

이 사례는 SASB의 대인 코드, 즉 *적극적 자기사랑* + *자기방치*, **통제**, 분리, **비난**, **공격**(〈표 6-1〉 참조)으로 기술된다. 그의 소망은 **적극적 사랑**이고, 여성에 대한 의존을 두려워한다. 이는 자율성 상실(분리) 또는 **통제**의 대상이 되는 데 대한 두려움을 반영한다.

사례가 너무 간략히 제시되었기 때문에 〈표 6-1〉에 제시된 병인 가설을 검증할 수는 없다. 같은 이유로 대인 위치, 소망, 두려움 또한 완전히 평가할 수 없다.

사례 2

20대 중반의 미혼인 한 남자가 알코올과 기타 약물을 복용한 후 극적인 자살행위를 시도하여 병원에 입원하였다. 한때 직업을 갖기도 했는데, 그의 고용주는 그가 광고문건을 만드는 능력이 뛰어나는 등 탁월한 수행을 보여 주기도 했고, 또 위험하고 무분별한 행동을 하는 등 안정적이지 못했다고 기술하였다. 후자의 경우, 몇 주간 나타나지 않고, 음식과 약물을 남용하였으며, 포르노적 공상을 (남성) 매춘부와 함께 행동으로 표출하였으며, 자살을 시도하기 위한 이상적인 장소를 찾아 여러 도시를 여행하기도 하였다. 이러한 패턴은 몇 번의 입원과 직장 경력에서 반복되었다. 가장 최근에는 한 주요 고객을 위해 일련의 광고디자인을 성공적으로 완수하고, '훌륭하다'고 생각한 한 여성과 만족스러운 관계로 발전하면서 시작되었다. 병원에서 그의 화려한 이력이 발현되었는데, 무엇보다도 환자들 사이에서 약물을 팔고 사는 등 브로커로 활약하였다.

그는 독실한 가톨릭 신자였던 할머니가 지배하고 있던 여성중심적 가정에서 성장하였다. 할아버지는 '똑똑하고', '부유하며', '예술적'이었지만 할머니와의 관계에서는 '거의 존재감이 없는' 것으로 기술되었다. 환자는 어머니와 할머니를 경쟁시켜 자신이 원하는 것을 얻는 방법을 터득하였다. 그러나 할머니가 최종 승자가 된다는 것이 명백하였다. 사실, 어머니는 그가 10대 때 집에서 쫓겨났다. 그가 어머니의 남자친구를 인정하기 않았기 때문이다. 그는 그가 '폭력적 기질'을 가지고 있었다고 말하였다. 할머니는 환자가 일상에서 벗어나서도 꿋꿋하게 버티는 '자유로운 영혼'으로 있게끔 자신의 정체성을 격려하고 용인해 주었다. 할머니는 매우 완벽주의적이었으며, 환자를 '하나님의 완벽한 아이'로 이상화하였다. 환자는 어떠한 훈육도 받지 못했다고 진술했지만, 극단적 훈육방법에 대해 보고하였다. 그가 잘못을 했을 때는 방에 들어가서 자신에 대한 처벌을 생각했어야 하였다. 이런 과제를 수행하는 경우가 자주 발생했고, 보다 창의적으로 더욱더 심한 처벌을 생각해 낼 수 있었다. 'Klute 증후군'[2)]에 관해 얘기를 들었을 때, 환자는 포르노그래피적인 경험의 특징이 바로 스스로를 위해 생각해 내곤 했던 처벌의 특징과 매우 유사하다는 것을 인정해야만 하였다. 두 가지 모두에서 자신을 학대하고 타락시키는 것이 목표였다. 즉, 죄의식, 패배감, 스스로에 대한 혐오감을 느끼는 것이었다. 간단히 말해서, 그는 이상화된 완벽한 신의 아들과 가장 저속한 존재 사이를 왕래하였다. 그의 퇴폐적인 국면에 대해 할머니가 어떻게 생각할지 물었을 때, 그는 다음과 같이 답하였다. "그는 확실히 자유롭게 사고하는 아이야." 퇴폐적인 국면에 있을 때 그는 상상의 세계에서 살아보려고 노력했지만, '그것이 잘 되지 않는 것'에 화가 났다.

NPD 진단에 필요한 DSM 기준을 적용해 보았다. 정신과 병동 환자로부터 구입한 약물을 탈약물중독 병동에 있는 환자들에게 판다는 데서 그의 착취성이 드러난다(기준 6). 그의 극적 증상들은 예외적이고 독특하다(기준 3). 그는 완벽하게 자기를 평가절하하는 것을 포함해서 이상적인 것에 대한 공상에 사로잡혀 있다(기준 2). 자신이 얻고 있는 것 이상으로 삶이 자신에게 빚지고 있다는 그의 견해에 특권의식이 반영되어 있다(기준 5). 재미있고 매력적이며 사교적이라는 특성을 십분 활용하여, 병원 전체에서 관심의 중심이 되는 등 그의 위치를 성공적으로 개척하였다(기준 4).

DSM 기준에 대한 현재의 대인 해석을 무시한다면, 이 환자는 명백히 DSM의 BPD 기준를 충족할 것이다. 그는 불안정하고 강렬한 대인관계 패턴을 소유하고 있으며

---

2) 이것과 관련해서는 이 장의 치료 부분에서 자세히 논의하였다. 영화 〈Klute〉에서 제인 폰다는 콜걸 역을 맡았고, 도널드 서더랜드는 비밀스럽게 성적 살인을 자행하는 회사의 중역으로부터 그녀를 구해 내는 형사 역을 맡았다. 이 영화에서 나타나는 한 주제는 다음과 같다. 살인자는 어느 콜걸로부터 "그것이 공상인 한 문제될 것이 없다."라는 말과 함께 그의 성적 공상을 행동으로 표출하라는 말을 듣는다. 영화 내용이 전개되면서 그의 행동이 그 공상을 따른다는 것이 명백해진다. 오랜 기간의 심리치료에도 불구하고 변하지 않는 매우 완고한 대인 패턴에 대한 SASB 코드들은 그 사람이 가장 선호하는 성적 공상의 SASB 코드들과 같은 종류의 것이라는 가설을 나는 몇 년 동안 조심스럽게 추적해 오고 있다. 대부분 그 가설이 확인되었으며, 주호소문제에 대한 SASB 코드들과 가장 선호하는 성적 공상의 코드들 사이의 이러한 상응을 나는 'Klute 증후군'이라 부른다.

(BPD 기준 2), 자기손상적 방식으로 충동성을 표출하였고(기준 4), 정서적 불안정성(기준 6)과 강렬한 분노(기준 8)가 나타나 있다. 또한 그는 반복적으로 자살시도를 하며(기준 5), 정체감 혼란(기준 3)이 있다.

DSM의 BPD 진단과 NPD 진단 사이에는 중복이 있지만 대인 진단은 그렇지 않다. 이 환자는 **통제** 상태에 있기를 좋아하였다. 그는 면접자를 포함하여 다른 사람들을 경멸하였다(**비난**). 자신의 자율성에 대한 강조(분리)는 강렬했고, 자기에 대한 사랑(*적극적 자기사랑*+*자기방치*)은 자기경멸(*자기비난*)만큼이나 분명하였다. 완벽한 존재로 인정받고 싶은 욕구도 분명했고, 통제받는 것에 대한 두려움도 두드러졌다. 예를 들면, AA에서 제시된 회복과정에서 자신의 의지를 포기해야 하고, 자신을 잃어버리고 무존재가 될지도 모른다고 걱정하였다. '더 많이 가지면 가질수록 더 도망가기가 어렵다.'는 것을 알았다. 그의 거친 반항적 행동 표출과 성적 공상은 무존재가 될 운명으로부터 그를 보호하였다. BPD가 그렇게 무서워하는 자율성(분리)을 그는 소중히 여겼다. 그의 자기파괴적 행동은 도덕적인 목적을 위해 의도적으로 선택되고 잘 조율된 것이었다(*자기비난*). 간단히 얘기하면, 그는 BPD의 한 필요기준(버려지는 데 대한 두려움)을 충족하지 않으며, 배제기준(혼자되는 것에 대한 인내)을 충족하였다.

필요 및 배제 기준은 BPD와 NPD의 감별 진단을 위해 필수적으로 요구되는 것은 아니다. 〈표 6-2〉에 따르면, 이 환자는 BPD와 중복될 것으로 예측되는 대인행동을 보인다(**통제**, **비난**, **공격**, *자기방치*). 그는 BPD에게서는 나타나지 않고 NPD에게서만 나타나는 행동을 보인다(**무관심**, 분리, *적극적 자기사랑*, *자기비난*). 마지막으로, NPD에게는 나타나지 않지만 BPD에게는 나타날 것으로 예측되는 행동은 보이지 않는다(**적극적 사랑**,[3] 신뢰, *자기보호*).

이 환자의 대인사는 〈표 6-1〉에 제시된 병의 원인에 대한 가설과 어느 정도 일치하였다. 1. 그의 할머니는 그를 숭배하였으며, 그가 특별하고 보통 사람들이 도달하지 못하는 비범한 사람이 되기를 열렬히 바랐다. 2. 그녀는 또한 그에게 마음대로 할 수 있게 방종을 허락하였고, 겉으로는 집안일에 대한 상당한 통제권도 주었다. 3. 이 환자의 큰 죄에 대한 할머니의 실망은 그를 침실로 보내 스스로의 처벌에 대해 생각해 보도록 함으로써 극적으로 강조되었다.

---

3) 많은 여성에게 성적으로 접근했던 Kernberg(1984)의 환자를 상기해 보면, 왜 **적극적 사랑**이 NPD의 특성이 아닌지 의문이 들 것이다. 성적인 접촉이 반드시 **적극적 사랑**으로 코딩되지 않는다는 것이 그 대답이다. 〈표 3-2〉를 보면, 적극적 사랑은 상대방에 대해 파악하고 순수한 온정을 제공한다. NPD는 타인에 대한 이러한 민감성을 보여 주지 않는다. 반대로 BPD는 사랑에 빠져 있을 때 타인에 대해 잘 알아차린다.

예상되는 전이반응과 치료적 함의

전이반응

두 사례의 환자는 모두 뭔가 뛰어난 점이 있는 사람들이다. 그래서 이런 사람들이 스스로를 사랑하게 된 것도 당연하다고 할 수 있겠다. 이러한 *적극적 자기사랑*과 NPD의 연합은 자기사랑을 정상적인 것으로 보아야 할지 의문을 제기한다. 치료자를 포함한 많은 사람들은 자기사랑이란 도덕적으로 옳지 못한 것이라거나 병리적인 것으로 믿고 있다. 〈표 3-6〉에 나타난 *적극적 자기사랑*에 대한 세세한 기술을 검토해 보면 그것이 꼭 자기애적인 것이라고 할 수 없다는 것을 알게 될 것이다. 정상적인 자기사랑은 현실에 기반을 둔 것이다. 여기에는 완벽성이 게재되어 있지 않다. 자신의 한계에 대한 현실적인 인식이 있다. 다른 사람을 깎아내림으로써 자신을 내세울 어떠한 필요도 없다. 이러한 정상적 자기사랑과는 반대로 자기애적 자기사랑은 타인의 욕구를 무시하고 그 가치를 축소하는 맥락 속에 있다. 이렇게 보면 NPD에 대한 치료가 반드시 적극적 자기사랑을 쫓아내야 하는 것은 아니다. 단지 변화되어야 할 것은 그것이 나타나는 맥락이다.

자기애자들은 따뜻한 지지와 이해를 원하고, 감탄할 만한 높은 지위의 치료자가 따뜻하게 대해 주는 치료를 추구한다. 치료관계에서 드러날 가능성이 높은 전이 패턴은 지지와 찬사에 대한 요구를 포함할 것이다. 즉, 치료를 통제하고자 하는 소망, 이러한 욕구를 충족해 주지 못하는 치료자에 대한 분노 및 불인정, 치료 도중 첫 번째 장애물에 부딪혔을 때 치료를 중단할 가능성이 높은 것 등이다. 이러한 초기 요구는 치료자가 환자의 비적응적 패턴에 맞설 것이 아니라 결탁해야 한다는 것이다. 치료자와 환자가 세상을 탓하면서 행복하게 서로를 지지하는 것은 쉬운 일이다. 그러나 이런 일이 일어나면 건설적인 변화란 거의 가망이 없다고 할 수 있다.

NPD에 대한 치료는 치료자의 딱한 처지와 함께 시작된다. 환자는 홀딱 반할 만한 따뜻한 지지를 받아야 한다고 느낀다. 그러나 그런 것이 주어지면 자기애 패턴이 계속 유지될 뿐이다. 아주 미묘하게라도 이런 것에 대해 맞선다면 치명적인 비판으로 경험될 것이다. 아마도 NPD는 그런 것이 시작되기도 전에 치료를 중단할 것이다. 한 예로, 어떤 NPD는 자신의 어머니가 자식인 자기보다 스스로를 더 사랑했다는 '발견'을 다루기 위해 치료집단에 참여하였다. 그러나 자신이 선택한 TV 프로그램이 가장 재미있다는 것에 구성원 중 몇 명이 동의하지 않았다는 이유로 치료 초기에 그는 화가 나서 집단을 그만두었다.

바라는 변화를 위해 자신의 패턴을 학습하는 기회로 치료를 정의하는 것은 그 자체로 불완전함을 인정하는 것이 된다. 이러한 치료적 계약은 자신이 세상으로부터 정당한 지지와 안정을 받지 못하고 있다는 NPD의 기본 신념에 대한 도전이 된다. 치료자는 NPD의 외재화(externalize)하는 경향을 활용하여 새로운 학습이 어떻게 다른 사람에게 영향을 미칠 수 있는지 말해 줄 수 있다. 예를 들면, "당신의 패턴과 그것을 변화시킬 방법에 대해 더 많이 학습하면, 당신이 다른 사람들로부터 더 좋은 반응을 얻고 있다는 것을 발견할 것입니다."와 같이 이야기해 준다.

치료적 함의: 다섯 가지 범주의 정확한 반응

치료를 학습경험으로 보는 관점은 순간순간의 치료자 실수를 정의할 수 있게 해 준다. 치료 개입이 협력을 증진시키는지, 패턴과 그 뿌리에 대한 학습을 촉진하는지, 부적응적 패턴을 차단하는지, 변화의지를 증진하는지, 또는 새로운 패턴을 효과적으로 촉진하는지 등의 관점에서 평가될 수 있다. 개입의 효과는 치료자의 의도라는 측면보다는 환자에 대한 실질적인 영향이라는 측면에서 평가된다. NPD에 대한 개입의 효과가 분노, 치료 중단 또는 제왕적 자율성이라면, 그러한 개입은 오류라고 할 수 있다. 본 학습 관점을 활용하고 있는 치료자라면 '저항'을 '직접적으로 지적' 하지 않을 것이다. 왜냐하면 그것은 **비난**으로 코딩되고 옛 패턴을 되살아나게 하기 때문이다.

치료자 개입이 환자의 반응에 토대를 두고 평가된다 할지라도 환자는 여전히 치료에서 일어나는 일에 대한 책임을 공유한다. 치료자가 NPD에게 많은 지지와 공감을 주고, 스스로를 변화시키는 데 대한 관심을 유발하려 한다고 하자. 만일 환자가 옛 패턴을 계속 유지하면, 다음과 같은 말이 정확한 개입이 된다. "지금은 이런 것을 할 적당한 시점이 아닌 것 같습니다. 잠깐 치료를 중단하는 것이 어떻겠습니까? 물론 여기서 얘기된 것들이 이해가 되면 언제든지 치료로 돌아올 수 있을 것입니다." 이러한 치료적 입장은 특권의식과 무조건적 자기승인이라는 이미 번창하고 있는 패턴을 적절히 회피할 수 있다.

협력적 관계 증진하기

어떤 치료법에서건 협력은 치료자 공감에 토대를 두고 있다. Kohut(1971)은 공감이 NPD 치료에 특히 핵심이 된다고 보았다. Kohut에 따르면, 환자가 치료자를 '자기대상'으로 활용할 수 있을 때 자신의 자기애적 결핍이 교정될 수 있다. 즉, 환자가 치료자를 자기의 연장으로 활용할 수 있으면 그러한 경험을 내면화할 수 있다. 일관성 있는 공감을 통해 치료자는 자기조절 학습에 필요한 지지와 격려를 제공한다. 궁극적으로 환자는 자신에 대한 공감적 확신을 내면화한다.

물론, NPD에게 처음부터 자기확신을 갖도록 하는 것은 너무 과하다. NPD의 자기승인은 약점을 보고 받아들이는 능력과 균형을 이루어야 한다. 자신의 오류를 참아 내는 것을 학습하기 위해서는 치료자의 모델링이 핵심적인 사항이다. Kohut에 따르면, 치료자가 환자를 이해하는 데 몇 번의 실수를 범하지만 그것을 기꺼이 인정할 수 있을 때 촉진된다. 치료자가 오류를 범하는 순간에 환자와 치료자의 경험에는 차이가 있는데, 이는 "최적의 좌절경험을 만들어 낸다(p. 197)." 치료자의 오류 가능성과 그것에 대한 치료자의 수용을 생각하게 해 주는 작은 단서가 NPD로 하여금 자신의 오류를 수용할 수 있게 한다. 오류 가능성에 대한 이러한 모델링이 너무 과하지는 않아야 한다. 사과로 점철된 치료자는 NPD 패턴을 악화시키기만 할 뿐이다.

패턴 인식 촉진하기

패턴을 중단하기 위해서는 부드럽고 강력한 지지에 기반을 둔 '직면'이 있어야 한다. 공감적 진술을 위한 말은 조심스럽게 선택해야지 그렇지 않으면 NPD 패턴을 강화할 것이다. 어떤 공감적 진술은 옛 패턴을 활성화하지만, 또 어떤 공감적 진술은 통찰을 촉진하고 변화의 잠재성에 힘을 더한다. 부부치료에서 아내가 자신에 대한 불만을 제시할 때 마음이 상하는 자기애적 남편을 예로 들어 보자. 이 상황에서 가능한 공감반응은 다음과 같은 것이 있다. "모든 일이 잘되도록 그렇게 열심히 노력했는데 당신 아내는 불평만 해대는군요." 의심할 여지없이 NPD는 자신의 견해에 대한 이러한 정확한 반영이 '완전히 옳다'고 생각할 것이다. 그러나 SASB 코드는 치료자의 이러한 지지가 NPD의 탓하고 외재화하는 패턴을 상승시키는 주요한 계기가 될 수 있음을 보여 준다. 그 반영은 **비난**으로 코딩될 수 있다. 자신을 비난하는 패턴에 치료자가 협력하고 있다는 것에 그 아내가 건설적으로 반응할 가능성은 거의 없다.

도움이 되지 않는 또 다른 공감반응의 예는 다음과 같다. "일이 잘되도록 그렇게 열심히 노력했는데도 아내가 실망했다는 말을 듣는다는 것이 무척 힘든 일이겠어요." 이런 유형의 지지는 공감적(**지지**)이지만, NPD의 스트레스를 받는다는 느낌을 타당화하고 더 강화할 가능성이 높다. 고통에 대한 공감을 제공함으로써 증상을 악화시키는 것을 피하는 노력의 중요성에 대해서는 4장에서 논의한 바 있다.

또 다른 실수 중 하나는 다음과 같은 것이다. "어렵다는 것을 알지만 결혼생활이 개선되려면 각각 자신을 바라봐야 합니다. 아내의 불평을 들어 봅시다." 이러한 반영에 아내는 만족할 것이다. 그러나 NPD는 치료자로부터 공격받았고 모욕적(**비난**)이라고 느낄 것이다. 물론 치료자가 높은 지위와 명성을 가지고 있다면, 환자는 그런 직면에서 '도망칠 것이다.' 그러나 일반적인 임상가에게 NPD가 그런 관용을 보여 주지는 않는다.

적절한 치료자 반응은 다음과 같다. "일이 잘되도록 하기 위해 노력해 왔지만 당신이 생각했던 만큼 완벽하지 못하다는 얘기를 들어서 무척 괴로우시군요." 이 반응은 NPD의 역동적 조직이라는 점에서 보면 상황에 대한 정확하고 완전한 요약이 된다. 따뜻하게 이해해 주고 있지만, 중요한 패턴에 대한 NPD의 자각을 여전히 압박하는 반응이다.[4] 부부치료에서는 NPD가 타인에 대한 공감을 학습할 기회가 많다. 단지 그 과정이 **비난**의 연발로 얼룩지지 않는다면 말이다. 완전한 역동적 그림을 조심스럽고 지지적으로 반영해 주는 일관성 있는 치료자의 노력은 NPD로 하여금 자신의 패턴을 바라보고 변화를 꾀하도록 도와줄 것이다.

부적응적 패턴 차단하기

무엇보다도 NPD는 특권의식, 과대망상, 타인의 성공에 대한 질시 등을 인식하고, 이를 중단할 수 있는 방법을 학습해야 한다. 이것은 치료자가 기본적 패턴에 대해 관찰하고 이를 이전 경험과 연결시킬 때 치료과정에 도입될 수 있다. 예를 들면, 자기가 아니라 친구에게 주어진 최근의 감사에 대해 분개하고 있는 한 자기애적 남성은 다음과 같은 치료자의 말에 감사해할 것이다. "그래요, 다음 파티에서 확실히 당신 어머니를 힘들게 하겠네요." 이러한 말은 그 순간의 파괴적 정서를 꼭 집어서 원래의 관계와 연결시키는 것이 된다. 즉, 그 순간에 NPD는 자신이 감탄받을 자격이 있다고 느낀다. 그러나 자신이 세상의 고귀한 중심이 될 때에만 어머니가 행복해질 것이라는 생각이 그를 압박할 것이다. 이 분석에 따르면, 추천된 치료자 반응은 질투심의 근원에 대한 자각을 압박한다. 패턴의 근원을 인식함으로써 NPD가 오래된 과거의 계약으로부터 일정한 거리를 둘 수 있도록 해야 한다. 질투심이 자신의 내면화된 어머니로부터 지지를 주고받으려는 욕구에서 유발된다는 점을 NPD가 인식할 수 있다면 스스로에게 큰 도움이 될 것이다.

만약 주양육자가 아직 살아 있고 정서적으로 NPD의 중심에 서 있다면, 그런 해석은 매우 구체적으로 지금-여기에 기반을 둘 수 있다. 그렇지 않다면, 내면화된 주양육자와의 지속적인 관계에 대한 이해가 초점이 된다. "만약 어머니가 아직 살아 있다면, 확실히 그러한 일은 다음 파티에서 어머니를 힘들게 할 것 같군요." 환자가 이러한 치료접근을 이해하는 경우에 치료자는 다음과 같이 말할 수 있다. "확실히 그 일은 내면화된

---

4) 이 예는 실제 사례인데, 지금 소개하고 있는 접근이 활용되기 전까지는 진전이 이루어지지 않았다.

당신 어머니를 힘들게 하겠군요. 당신 어머니가 당신을 자랑하고 싶을 때 말입니다." 이러한 예들은 이전의 내면화로부터 탈피하려는 NPD의 의지를 높이려는 것이다. 이 예들은 초점을 친구에 대한 분노정서에서 그 이면의 문제로 이동시킨다. 무조건적 찬사에 대한 기대로부터 오는 부담을 NPD가 인식할 수 있게 되면, 아마도 그것에 대한 집착을 포기하려 할 것이다. 이전의 대인경험에 영향받지 않으면서 자유롭게 친구의 행운을 축하해 줄 수 있다.

이면의 문제에 대한 가설들은 환자의 직접적인 진술로 확인되어야 한다. 치료자가 앞의 예에서 보인 것과 같은 반응을 하기 앞서 초기 학습에 대한 이면의 가설들이 먼저 확인되든지 부인되어야 한다. 이러한 검증작업은 어린 시절에 대한 진술을 분석함으로써 또는 공상이나 역할연기를 통해 완수될 수 있다. 예를 들면, NPD가 친구의 성공에 대해 분개할 때, 치료자는 다음과 같이 질문한다. "이 일에 대한 당신의 고통이 드러나지 않은 이면의 문제와 어떻게 관련되어 있는지 알아볼 의향이 있으세요?" 환자가 이것에 대해 의지를 보이면, 치료자는 다음과 같이 말할 수 있다. "그 밖에 또 무엇이 일어나고 있는지 알아보기 위해 상상을 활용해 봅시다. 어머니가 오늘 아침 식사시간에 같이 식탁에 앉아 당신 친구에 관한 신문기사를 읽는다면 어떨까요? 어머니가 뭐라고 말씀하실까요?" 만약 환자의 대답이, "왜 넌 신문기사에 언급이 없니?"와 같은 것이라면 이는 현재의 해석이 옳다는 것을 지지해 준다. 반대로 환자의 대답이, "잘되었네. 난 언제나 그런 점을 좋아했지. 정말 잘된 일이야."와 같은 것이라면 이 사례에 대한 가설과 진단을 새롭게 개념화해야 한다.

치료관계를 악화시키지 않으면서 NPD의 자각을 유도하는 섬세한 기술은 설명하기가 쉽지 않다. 나도 많은 NPD를 떠나가게 하였고, 최근에서야 이러한 방법을 숙달하기 시작하였다. 구체적인 예가 이해에 도움이 되므로 두 번째 예를 제시해 본다. 밤새 일을 하고 돌아온 자신을 문 앞에서 맞지 않은 아내에 대하여 화가 난 남편을 생각해 보자. 그런 '사소한 일' 에 쉽게 마음 상하는 것 이면의 근원을 알게 되면 그 남편에게 큰 도움이 될 것이다. 첫째, 치료자는 아내가 그를 맞이하지 않은 것에 대해 수치감이나 두려움과 같은 다른 정서가 있는지 명료화하려 할 것이다. 아내가 무심한 것은 그가 저지른 어떤 범죄 때문일 것이라고 그가 가정하기 때문에 이런 감정들이 존재할 수 있다. 그렇다면 치료자는 그러한 수치심이나 두려움이 익숙한 감정인지 물어볼 수 있다. 이 질문은 어머니가 환자에게 실망할 때면, 기쁘게 맞이해 주던 것을 철회해 버리곤 했던 어린 시절로 되돌아가게 만든다. 아내와의 현재 관계는 어린 시절 어머니와의 관계와 효과적으로 비교될 수 있을 것이다. NPD의 아내는 예를 들면, 자기패배적 성격장애(DSM-III-R에는 있지만 DSM-IV에서는 없어진 진단명)를 가지고 있을 수 있다. 그날 저녁 아내는 남편이 귀가하는 그 순간 수많은 일을 처리하고 있었는지 모른다. 남편에 대한 실망감이라기보다는 압도당한 듯한 감정 때문에 일상적으로 하던 남편 맞는 일을 못했을 수도 있다. 아마도 남편이 도착했을 때 아기는 울고 있고, 저녁식사에 내놓을 요리는 타고 있었는지 모른다. 이 NPD는 부부치료에서 아내의 관점을 학습할 수 있다. 그가 아내의 세상을 이해할 수 있을 때 아내에게 끊임없이 관심과 인정을 요구하는 취약성에서 벗어날 수 있다. 자신이 중심이 되지 않는 것에 대한 분노를 내려놓을 수도 있다. 궁극적으로 집안일에 보다 적극적으로 참여하는 것을 배우게 될 것이다. 물론 그런 평범한 일을 분담하여 수행하는 것은 특권의식과 부적절한 자기중요감을 줄이는 데 도움이 된다. 남편이 자기중심적 요구를 줄여 나가면, 아내는 남편의 NPD를 유지하는 데 기여하는 자신의 자기패배적 행동을 직면할 필요가 있다.

NPD는 종종 알코올 및 약물 남용과 공존한다. 이는 알코올 및 기타 약물이 무조건적인 지배감과 안녕감을 제공해 준다는 사실과 관련이 있다. 오랫동안 알코올은 보살펴주고 철회하는, 그러나 궁극적으로는 파괴적인 부모에 비유되어 왔다. 아동기의 대인관계 차원은 알코올과 약물로 요약될 수 있다. 모든 약물 또는 알코올 남용 사례가 NPD와 연관되는 것은 아니다. 그럼에도 불구하고, 어느 정도의 성공률을 보이는 AA는 자기애적 패턴의 핵심을 찌르는 철학을 가지고 있다. 특권의식은 도전을 받고, 환자가 문제를 직면하려는 적극적인 노력을 보여야만 관대한 지지가 제공된다. "나는 알코올 중독자다. 알코올이 나를 통제한다. 나는 그렇게 내버려 두지 않을 것이다." AA는 통제하려는 욕구를 포기하도록 격려한다. 이와 동시에 알코올을 통제하려고 애쓰는 가운데 타인을 통제할 기회를 준다. 부적응적인 알코올남용 패턴을 저지하기 위해, AA는 통제하고자 하는 NPD의 성향과 지지받고 싶은 소망을 활용한다.

부적응적 패턴을 포기하려는 의지 강화하기

변화에 대한 의지를 증진하는 문제는 앞서 기술한 'Klute 증후군'(각주 2 참조)으로 접근할 수 있다. Abel과 Blanchard(1974)가 다른 맥락에서 제시한 이 아이디어에 따르면, 성적 환상이 문제가 되는 바로 그 상호작용 패턴을 강화시킨다는 것이다. 나는 성(sexuality)이 NPD에게 중요한 역할을 한다는 정신분석적 입장에 동의한다. 그러나 동성애와 NPD 간에 직접적인 관계가 있다는 견해에는 동의하지 않는다. 과대망상, 특권의식, 타인에 대한 경멸과 같은 NPD 패턴은 동성애자, 이성애자 또는 무성애자(asexuals)에게서 모두 나타날 수 있다. 성 지향성은 상호작용 패턴의 질과 관계가 없다.

Klute 증후군에 따르면, NPD를 가지고 있는 사람은 이 장애의 특징적인 상호작용 패턴과 일치하는 성적 환상을 보인다. Kernberg(1975, p. 193)의 한 환자는 아동기 이후

가학적 자위공상을 가지고 있었다. "그는 자신을 한 집단의 여성들을 대상으로 옷을 벗겨서 고문하고는 그중 순수하고, 부드러우며, 좋고, 사랑스러우며, 용서하는 한 명—이상적이고, 늘 주며, 용서하고, 아름다우며, 마르지 않는 엄마의 대리인—을 자유롭게 놓아 주는 사람으로 보고 있었다." Kernberg의 환자는 분명 자신의 성적 공상에서 여성들에 대한 공격적(**공격**)인 지배(**통제**)를 품고 있다. 그러한 공상 속의 소망은 NPD의 소망(**적극적 사랑**, **보호**)과 일치한다.

Klute 증후군 이론에 따르면, 환자가 NPD 대인관계 차원을 지닌 이미지를 만들어 내면서 계속해서 오르가슴을 경험할 경우 치료를 통해 변화할 수 없다. 그런 성적 행위가 이 장애의 패턴(예: 공격적인 통제력을 가짐, 찬사 받음)을 강화한다. Klute 분석의 함의는, 지속적인 행동변화를 성취해 내기 위해서는 성적 공상을 재프로그램하는 것이 필수적이라는 것이다.

난잡한 성행위가 사례 2 환자 행동의 주요 내용이었다. 성행위는 할머니의 훈육 기법과 직접적으로 관련되어 있었다. 할머니는 그가 스스로를 처벌함으로써 할머니 자신을 기쁘게 해야 한다는 메시지와 함께 그를 침실로 추방해 버렸다. 자신의 침실에 혼자 있는 동안 발생했을지 모르는 자기비난 과제와 자위와의 연계는 면접과정에서 탐색되지 않았다. 그러나 Klute 증후군에 대해서는 추상적으로 이야기를 나누었는데, 이 영리한 환자는 자신의 오르가슴과 서로 다른 대인관계 이미지를 연결할 필요성에 대해 재빨리 이해하고 수긍하였다.

다른 어떤 강력한 아이디어처럼 이러한 아이디어 또한 잘못 활용될 수 있다. 파괴적인 성적 공상을 의도적으로 부추길 가능성이 있다. NPD, ASP 또는 가학적 성격장애를 가진 사람들은 피가학적 공상을 가진 사람들의 자기파괴성을 악화시킬 수 있다. DPD, 자기패배적 성격장애 그리고 다중 성격장애를 가진 사람들은 특히 공격적인 대인 및 성적 지향인 사람들의 선호를 만족시켜 줄 가능성이 높다. 치료자가 해야 할 일은 가학적-피가학적 참여자 모두를 도와서 사회적 상호작용뿐만 아니라 성적 환상 속에 내재해 있는 파괴적 패턴을 깨닫고 변화시킬 수 있도록 하는 것이다.

Klute 증후군을 치료하고 싶어 하는 환자들에게 행동치료의 기본 원리를 가르칠 수 있다. 첫 번째 과제는 바람직한 대인 차원을 가진 새로운 공상 한 가지를 선택하는 것이다. 치료자가 이전 공상에 대해 세세히 알 필요는 없지만 새로운 공상을 검토할 필요는 있다. 새로운 공상의 SASB 코드가 3장에서 기술한 것처럼 정상 범위(**지지**, **적극적 사랑**, **보호**, 개방, 반응적 사랑, 신뢰)에 있다면 괜찮은 것이다. 환자가 일차적으로 우호적이고 힘-자율성 축에서 균형을 유지하고 있는 애정관계에 있다면, 공상에 대한 욕구를 완전히 포기하도록 할 수 있다. 만일 관계가 이미 이상적인 범위에 있다면 어떠한 공상도 필요하지 않다. 즉, 환자는 사랑하는 사람과의 관계에만 집중할 수 있다.

일단 정상적인 적응과 관련된 이미지가 재프로그래밍을 위해 선택되면, 다음 단계는 오르가슴 순간에 새로운 이미지를 도입하는 것이다. 이는 일관되게 오르가슴을 망칠 가능성이 크다. 그러나 환자가 변화할 만큼 충분히 동기화되어 있다면, 오르가슴을 망치지 않을 때까지 계속 시도할 수 있을 것이다. 그런 다음, 오래된 성적 환상이 완전히 사라질 때까지 새로운 이미지를 점점 더 일찍 제시한다. 이런 치료의 함의를 이 책에서 모두 기술하는 것은 불가능하다. 성적으로 재프로그램시키는 방법은 매우 강력하며, 조심스럽게 시도되어야 한다. 이 방법은 성격 재구조화의 핵심을 직접적으로 공략하는 것이라 할 수 있다.

Klute 프로그램이 강력하지만, 이에 대해 내담자가 보고하는 가장 흔한 반응은 "별 가치 없어요."다. 사람들은 자신의 성적 공상을 바꿀 경우 대인관계 패턴이 더 좋아질 수 있다는 가능성 때문에 성적 쾌감을 희생하고 싶어 하지는 않는다. 성적으로 재프로그램을 시도하는 사람들에게는 보통 극적인 변화가 나타나는데, 때로는 기대하지 않았던 변화를 보이기도 한다. 갑작스러운 '치유'가 가시적으로 나타나고, 기대하지 않았던 정신이상(psychoses), 이혼 등이 갑작스럽게 나타날 수도 있다. 이러한 이유로 Klute 증후군 치료를 소개할 때 기법이 매우 강력하다는 경고를 함께하는 것이 좋다. 환자는 몇 회기에 걸쳐 치료자와 깊이 상의하지 않은 채 혼자서 중요한 결정을 내리거나 변화를 시도하지 않겠다는 데 동의해야 한다.

새로운 학습 촉진하기

일단 환자가 NPD 패턴을 이해하면, 그리고 획득 불가능한 또는 부적응적인 목표를 포기하기로 결정하면, 새로운 학습은 비교적 쉬워진다. NPD에게 새로운 대인 학습의 초점은 공감이다. 그것은 부부치료 맥락에서 효과적으로 가르칠 수 있다. 그런 부부치료는 쉽지 않다. 앞에서 언급한 바와 같이 NPD가 자기패배적 성격장애를 가진 사람과 상보적 관계를 쉽게 형성하기 때문에, 부부치료에서는 자기패배적 성향을 가진 상대방을 비난할 위험성을 안고 있다. NPD는 자신의 스트레스가 자기패배적 성향을 가진 상대방의 부적절성 때문이라는 확신을 가지고 치료를 시작하고, 그 상대방은 NPD의 그런 비난을 기꺼이 받아들인다. '의사소통 증진' 또는 '정서를 표현하도록 조력하기'를 목적으로 계획된 개입은 그런 파괴적 상보관계를 만드는 것 이상을 할 수 없다. 반대로, '옛 패턴'에 맞서는 진정한 협력은 건설적인 변화를 낳을 수 있다. 사랑하는 사람들이 가지고 있는 다른 관점들을 명료화해 주는 것은, 분리되어 있지만 똑같이 자격 있는 자기(selves)를 이해하는 데 도움이 된다.

예를 들어, 결혼생활에서 필요한 물품과 서비스를 제공하라고 치료자가 제안하면, NPD의 특권의식뿐 아니라 배우자의 지나친 자기희생을 잘라 버릴 수 있다. 치료자는 이 커플에게 재정상담을 받아 볼 것을 권유한다. 양자가 재정사정을 알게 되면 돈 관리계획에 공평성과 공감이 녹아들어 갈 것이다. 공동으로 지출해야 할 돈(생활비 등의 기본 비용), 부부의 여가를 위한 돈(휴가비, 외식비, 문화생활비 등), 그리고 개인 용돈 등으로 구분될 수 있다.

역할연기는 공감을 가르치기 위한 또 하나의 흥미로운 방법이다. 예를 들어, 아내가 문 앞에서 자기를 반기지 않아 화가 난 NPD 남편은 자신의 귀가 시점에서 아내 역할을 해 볼 수 있다. 이러한 연습은 남편으로 하여금 자신이 경시되고 있다고 느끼는 바로 그 시점에 아내도 다른 일로 바쁘다는 것을 알게 해 준다. 분개의 대상이 되는 누군가의 역할을 해 보는 것은 자신이 그 사람에게 어떤 영향을 주고 있는지를 학습하는 데 도움이 된다. 역할연기에서 NPD가 사용하는 그대로의 말과 억양을 협력적으로 활용하는 것이 필요하다. 상황에 대한 부정확한 반영은 분노와 철회를 유발할 수 있다. 반면, 치료자가 다섯 가지의 개입을 일관성 있게 사용할 경우 '최적의 치료상태'를 유지할 수 있다. 이러한 작업을 통해 환자의 변화와 개인적 성장을 도모한다.

07
연극성 성격장애

'당신이 날 돌볼 거야'

문헌 고찰

연극성 성격장애(Histrionic Personality Disorder, 이하 HPD)의 임상적 전신인 히스테리아는 현대 심리치료의 발달을 가져왔다. Freud와 Bleuler는 파악하기가 쉽지 않은 여러 종류의 신경학적 문제들에 효과적인 새로운 정화요법에 대해 기술하였다. 그들은 최면과 대화요법(talking therapy)을 활용하여 근육수축, 신경통 등을 치료하였다. 1892년 Freud는 다음과 같이 보고하였다.

> 우리가 아주 흥미로운 사건을 떠올리도록 하는 데 성공하고, 또한 그것에 수반하는 감정을 되살아나게 하는 데 성공했을 때, 그리고 환자가 아주 세세히 그러한 일과 그에 수반한 감정을 말로 표현했을 때 여러 히스테리 증상이 한꺼번에 사라지고 다시는 재발하지 않았다(Freud, 1892/1959, p. 28).

Freud는 증상들이 직접적으로 혹은 상징적으로 초기 외상과 관련되어 있음에 주목하였다. 대개 그런 초기 외상은 항상 성적인 속성을 지니고 있었다. 그는 "히스테리 환자는 주로 옛 기억 때문에 고통받고 있다."라고 결론내렸다(1892/1959, p. 29). 그는 그 증상에 대해 다음과 같이 설명하였다.

> 이것은 적절히 해소할 출구를 찾지 못한 각인이라 할 수 있다. 적절한 출구를 발견하지 못하는 이유는 환자가 고통스러운 정신적 갈등에 대한 두려움으로 그것을 다루는 것을 거부하기 때문에, (성적인 인상을 풍기는 경우) 사회적 분위기나 정숙함에 대한 요구로 환자가 그것을 다루는 것이 금지되어 있기 때문에, 또는 신경체계가 그것을 다룰 수 없는 상태에서 그러한 인상을 받았기 때문일 것이다.

나중에 Freud는 히스테리아의 원인에 대해 더욱 상세하게 진술하였다. 그 전제는 직접적으로 무의식을 지목하고 있는데, 다음과 같은 것이다. "히스테리아 증상은 두 가지 대립되는 정서 또는 본능적 경향 사이의 타협으로 발생한다. 하나는 성적인 요소를 지닌 국부적 충동을 표현하려는 것이고, 다른 하나는 그것을 억압하려 하는 것이다(1908/1959, p. 56)."

히스테리의 원인에 대한 Freud의 가설은 무의식적 갈등을 드러내는 것을 목적으로 한 대화요법의 타당성을 뒷받침한다. 그는 대화요법의 치료적 효과에 대한 두 가지 방법을 언급하였다. 첫 번째로 널리 알려진 치료방법은 '표현요인'으로 부를 수 있다. Freud는 (성적)외상에 대한 초기 반응이 억압되었고 '기억에 달라붙어' 남아 있다고 주장하였다. 그런 느낌이 충분히 표현되면 그 기억은 과거로 되돌아갈 수 있고, 현재에 잔여 요소를 거의 남기지 않을 것이다. "망각이라 불리는 기억의 퇴조는 무엇보다 정서적인 톤을 잃어버린 관념들을 흡수하는 경향이 있다(Freud, 1982/1959, p. 31)." Freud의 가설은 외상이 의식으로 떠오르고 그것과 관련된 감정이 충분히 표현되어야만 외상을 잊을 수 있다는 것이다. 이러한 아이디어는 정신분석에서 파생된 현대 치료접근의 토대가 되었다. 게슈탈트치료(Perls, 1969), 교류분석(Berne, 1964), 그리고 수많은 '절충' 적 치료접근을 하는 임상가들은 감정표현 그 자체를 목적으로 하는 것에 매우 높은 가치를 부여하고 있다. Greenberg, Rice와 Elliott(1993)은 이런 접근의 한 분파라 할 수 있는 경험치료(experiential therapy)를 제시하였다. 우리는 치료의 중요한 목표가 사람들로 하여금 자신의 감정과 요구에 대해 깊이 생각해 보도록 도움을 주는 것이라고 믿는다. 바로 이러한 과정이 있어야 정서적으로 중요한 것에 접근할 수 있기 때문이다. 치료의 중요한 한 가지 측면은 경험과 행위를 이끄는 암묵적인 정서도식에 대해 자각하는 것이다(pp. vii–viii).

Freud가 언급한 두 번째 치료방법은 '인지요인' 이라 부를 수 있다. Freud는, "감정에 대한 상처는 사실에 대한 객관적 평가, 즉 자신의 실제적 가치 및 그 밖의 것들에 대한 고려를 통해 수정될 수 있다. 그래서 정상적인 사람들은 동반하는 정서를 일소하기 위해 연상(association)이라는 수단을 활용한다(1982/1959, p. 31, 강조 추가)."라고 기술하였다. 이러한 인지요인은 현대의 정신분석 계승자들에게 거의 주목을 받지 못하고 있다. 이 요인은 일반적으로 정신분석과 연관된 것으로 간주되지 않는 다른 접근들에 의해 조명되어 왔다. 예를 들어, 인지치료(Beck, Rush, Shaw, & Emery, 1979)와 합리정서치료(Ellis, 1973)는 환자들이 더욱 객관적이고 합리적이면서 건강한 방식으로 자신을 볼 수 있도록 해 준다.

주류 정신분석학 내에서 원인이론과 치료접근을 구안하는 데 핵심적 역할을 하기 때문에 히스테리 문제는 자연적으로 많은 관심을 받았다. 무의식적 갈등이 자각의 영역으로 올라오면 그 결과 신경증이 발생한다. 성격장애와는 달리 신경증 행동은 그 사람의 본질(quintessence)은 아니다. '성격에 대한 정신분석'은 분석적 면접에 대한 환자의 '저항' 을 관찰함으로써 발달한 것이다. 분석가들은 치료자의 해석에 대한 환자의 반응이 다른 사람에 대한 환자의 패턴과 동일한 유형이며, '동일한 방어목적'을 가지고 있음을 발견하였다(Fenichel, 1945, p. 463). 즉, 대화요법을 통해 억압된 감정을 표출해도 치유될 수 없는 환자가 존재한다는 것이다. 이들은 만성적인 부적응 행동 패턴을 가지고 있는데, 이러한 부적응 패턴은 성인기 다른 사람과의 관계뿐만 아니라 분석가와의 관계에서도 나타난다. 치료과정 그 자체에서 드러나는 문제행동은 치료에 대한 '저항' 이라고 불린다. '자아심리학(ego psychology)' 이라 불리는 정신분석의 한 분파는 저항에서 나타나는 이러한 문제행동을 다루기 위해 개발되었다. 자아심리학 내에서는 '증상' 보다는 '성격'이 관심 주제다. 자아에게 이질적인 형태로 억압되었던 것들이 뚫고 나온다는 것은 더 이상 가정되지 않는다(Fenichel, 1945, p. 464).

DSM에서는 억압 때문에 발생하는 히스테리 증상과 만성적인 사회적 상호작용 패턴을 구분한다. 신경증 범주에 속하는 증후군들이 DSM의 두 장에 나타나 있다. 하나는 해리성 장애라고 불리는 것이다. 해리성 정체성 장애(이전의 다중 성격장애), 해리성 둔주(이전의 심인성 둔주), 해리성 기억상실(이전의 심인성 기억상실) 그리고 이인화장애가 그 예다. 히스테리아의 '신경증' 유형에 대한 장은 '신체형 장애(Somatoform Disorder)' 라 불린다. 전환장애, 미분화된 신체형 장애, 건강염려증, 신체화 장애, 통증장애, 신체이형(body dysmorphic) 장애 등이 그 예다. 이들은 '성격장애' 가 아니라 '임상적 증상'이다. 실제로 이전에 '신경증 장애' 로 불리던 것이 현재는 임상적 증상에 해당된다. 이전에 '인격장애(character disorder)' 로 불리던 것들은 성격장애에 해당된다.

1장에서 성격장애를 둘러싼 여러 논쟁에 대해 개관하였다. 중복의 문제 때문에 Widiger(1989)는 성격장애를 독립된 범주로 간주하는 것이 적절하지 않다고 하였다.

성격장애들이 서로 중복될 뿐만 아니라 성격장애를 가진 많은 사람들이 또한 임상적 증상을 나타낸다. 성격장애를 가진 사람들이 임상 증후군을 보이는 것은 HPD도 예외가 아니다. 히스테리아에 대한 Freud의 기술은 이제 DSM에서는 최소 3개의 '공존 장애(① HPD, ② 해리장애, ③ 신체화 장애)' 로 분류된다.

HPD와 함께 존재하는 다른 임상적 증후군이 있다. 때때로 공황, 우울, 사고장애라 할 정도의 강렬한 불안이 여기에 포함된다. Fenichel(1945)은 정신분석적 관점을 훌륭하게 요약하면서, 히스테리적 인격이 다음과 같은 특성을 가지고 있다고 하였다.

> 성에 대한 두려움, 강렬하지만 억압된 성적 추구, …히스테리적 인격을 가진 사람들은 모든 비성적인 관계를 성적인 것으로 만들어 버리는 사람으로 기술되어 있고, 피암시성, 비합리적 정서표출, 혼돈스러운 행동, 극화 그리고 연극적 행동, 나아가 거짓말과 그 극단적 형태의 습관적인 거짓말 등으로 묘사된다(p. 527).

히스테리아의 '사고장애' 에 대한 Fenichel의 해석은 매우 동정적이다.

> 반 거짓말적인(pseudologic) 행동은 성적인 문제에 관해서 속아 왔던 것에 대한 보복이다. … 그 공식은 다음과 같이 표현될 수 있다. "실제 일어나지 않은 것을 실제 일어난 것으로 믿게 할 수 있다면, 아주 위협적인 기억으로 남아 있는 실제 일어난 일을 일어나지 않은 것처럼 믿게 하는 것 또한 가능하다(1945, p. 529)."

실제로 HPD는 두 가지 유형이 있는 것으로 보인다. 첫 번째는 보다 경박스럽고(flirtatious) 신체적 매력에 더 초점을 두는 유형이고, 두 번째는 신체적 증상에 더 많은 관심을 두는 유형이다. DSM에서는 경박한 유형을 강조한다. 이 유형은 DSM-III 사례집에 '바람둥이 여자'라는 제목으로 기술되어 있다(Spitzer et al., 1981). HPD에 대한 현재 DSM 기술에는 전형적으로 신체화 장애를 가진 하위유형을 나타내는 기준이 없다. 흥미롭게도 가장 최근의 사례집(Spitzer et al., 1994)은 이러한 유형을 예로 제시하고 있다. '고통스러운 숙녀' 는 많은 신체적 증상을 가지고 있다. 두 가지 연극성 행동 패턴 사이에서 빈번하게 관찰되는 관계는 공식적인 HPD의 정의에 포함된 것은 아니고 단지 사례집에 나타나 있다.

HPD는 신체증상으로 인해 고통을 받는 정도나 성적으로 유혹적인 정도가 매우 다르다. 즉, 두 유형 간에 상당한 정도의 중복이 존재한다. 매력적인 것에 대한 관심과 신체증상 사이의 관련성은 좀 이해하기 어렵다. Freud가 히스테리아 문제를 가지고 있던 사람들을 치료했던 문화권을 포함해서 어떤 문화권에서는 병약하다는 것 자체가 여성의 매력으로 간주되었다. 여성성이라는 것은 창백함, 현기증 나기 쉬움 등과 같은 것으로 특징지어진다.[1] 현재 북미문화권에서 거식증은 약함과 성적 매력이 관련되어 있음을 나타내는 흔적이라 할 수 있다. 많은 거식증 여성들은 모델을 닮기 위해 자진해서 굶고 있다. 좀 더 자세히 살펴보면, 어떤 모델은 너무나 야위어서 거식증 진단을 받기에 충분하다. 그러나 최신 유행 모델이나 거식증 진단을 받은 여성들이 전형적으로 HPD를 가지고 있는 것은 아니다. 그들은 오히려 잘 훈육되고 통제된 사람들이다. 현대 북미문화에서 성적 매력이 신체적 질환과 HPD를 매개하는 것 같지는 않다.

질병과 히스테리아 간 관련성에 대한 유전적 설명은 St. Louis 연구자들이 제시하였다(Cloninger & Guze, 1975). 이 정신과 연구집단은 DSM이 크레펠린 정신병리 진단체계로 돌아가는 데 추진력이 되었다(Blashfield, 1984). 이들의 역학조사는 '소시오패스 아버지를 둔 딸들이 다른 아버지의 딸들보다 히스테리아 발병률이 유의미하게 더 높다' 는 점을 시사하였다(Cloninger & Guze, 1975, p. 27).

> 이 연구들에서 히스테리아 또는 Brisquet 증후군은 거의 대부분의 여성에게서 관찰되며, 발달 초기에 시작되는 다양한 증상을 지닌 장애다. 이 장애는 또한 극적이라는 말로 표현되는 재발 또는 만성적인 건강문제를 나타낸다. 다양한 통증, 불안증상, 소화기계통 장애, 비뇨기계통 증상, 월경문제, 성생활 및 결혼생활 부적응, 신경과민 및 정서장애 그리고 전환증상 등이 모든 환자에게 보인다(Cloninger & Guze, 1975, p. 27).

이 연구자들은 소시오패스와 히스테리아가 유사한(유전적) 원인 때문에 발현된다고 결론지었다. 이들은 "여성의 히스테리아와 남성의 사회병질을 일으키는 과정은 동일하지만, 여성의 히스테리아는 훨씬 더 발현빈도가 높고 덜 일탈적인 형태라 할 수 있다." 라고 기술하였다(Cloninger, Reich, & Guze, 1975, p. 23). 이들의 히스테리아에 대한 정의는 DSM에서 언급되지 않은 많은 신체증상을 포함하고 있다. 이들이 현재 HPD로 정의된 장애가 가족 내 상호작용보다는 유전인자와 더 관련이 있다는 주장을 견지할지는 확실하지 않다. 원인에 대한 질문은 차치하고, 이들의 조사는 Freud 시대에 그러했던 것처럼 신체화 장애와 HPD의 '공존'이 지속된다는 점을 분명히 하였다.

---

1) 이런 관찰은 오리건 주 포틀랜드에서 있었던 워크숍에 참석한 통찰력 있는 어느 여성 덕분에 가능하였다.

HPD에 대한 DSM의 정의[2)]

DSM 정의는 이후 분석의 출발점이 된다.

과도한 감정표현과 관심을 끌고자 하는 광범위한 행동양상을 나타낸다. 이런 특징은 성인기 초기에 시작되어 다양한 상황에서 나타나고, 다음 중 5개(또는 그 이상)의 증상이 나타난다.

(1) 다른 사람들의 관심의 중심에 있지 못하면 불편해한다.
(2) 다른 사람과의 관계에서 부적절하게 성적으로 유혹하거나 도발적으로 행동하는 특징을 보인다.
(3) 정서변화가 빠르고 정서표현이 경박하다.
(4) 관심을 끌기 위해 항상 외모를 사용한다.
(5) 지나치게 인상적으로 말하지만 세밀함이 결여된 대화양식을 가지고 있다.
(6) 자신을 극적으로 표현하고, 과장되게 감정표현을 한다.
(7) 피암시성이 높다. 즉, 다른 사람이나 환경의 영향을 쉽게 받는다.
(8) 대인관계를 실제보다 더 친밀한 것으로 생각한다.

Morey(1988)는 성격장애로 치료받고 있는 291명의 외래환자 중 21.6%가 HPD 진단기준에 부합한다고 보고하였다. HPD는 상당 수준 BPD(55.6%), NPD(54%), AVD(31.7%) 그리고 DPD(30.2%)와 중복되었다.

발병원인에 대한 가설

발병원인에 대한 가설을 설정하기 위해 SASB 모형을 활용하는 방법을 5장에 기술한 바 있다. DSM에 기술된 HPD 증상 각각을 설명하기 위해 발달사적 특성 네 가지가 제시되었다. 이 장애의 독특한 대인관계 패턴과 대인사를 연결하는 가설을 〈표 7-1〉에 제

---

2) 이 장의 DSM 정의는 DSM-5를 기준으로 하였다.

〈표 7-1〉 HPD에 대한 대인관계 요약

과거경험	과거경험의 결과
1. 매력적이고 즐거움을 줘서 사랑받음(반응적 사랑) 유능함(분리)은 환영받지 못함 동성의 부모보다 더 사랑받음	1. 예쁘고 즐겁게 해 주는 것에 관심이 많음 (반응적 사랑) 유능함을 피함 다른 사람들이 의존하면 위협을 느낌 동성 사람들에게 경멸감을 느낌(**비난**)
2. 외모, 매력(반응적 사랑)은 보호자를 **통제**하기에 충분함	2. 자기개념은 매력(반응적 사랑)이나 **비난**을 통해 다른 사람으로 하여금 보호자가 되도록 강요(**통제**+신뢰)하는 능력에 집중됨
3. '조마조마하지만', '겉으로는 서로를 사랑하는 것 같은' 가정에서, 방임의 맥락에서(담을 쌓음) 매력(반응적 사랑)을 요구함	3. 매력적이고 즐겁게 해 주지만(반응적 사랑) 개인적으로는 접근 불가능함(담을 쌓음)
4. 병약하고, 요구하는 것이 많은 특성(신뢰)은 보호자를 **통제**하기에 충분함	4. 필요할 때(신뢰) 보호와 양육을 요구함(**통제**)

요약: 무시당하는 것을 매우 두려워하고, 누군가 강한 사람을 자신의 매력과 즐겁게 하는 능력으로 통제해서 그로부터 사랑받고 보호받고 싶은 욕구가 강하다. 기준 위치는 우호적 신뢰인데, 원하는 보호와 사랑을 제공하라고 은밀히 강요하는 것을 수반한다. 부적절한 유혹적 행동과 조작적인 자살시도가 그러한 강요의 예다.
HPD 기준선 SASB 코드: 매력(반응적 사랑)을 통해 강압적 의존(신뢰+**통제**)을 실행하는데, 진솔하지 않고(담을 쌓음) **비난**으로 점철됨. 보통 관찰되는 종류는 진지하지 않은 유혹(반응적 사랑+**통제**+담을 쌓음)과 조작적 자살 성향(*자기공격*+신뢰+**통제**) 등. 소망: **적극적 사랑**, **보호**받기. 두려움: **통제**를 받는 것. 필요조건: 강압적 의존. 배제 조건: 행복 또는 성공 후에 찾아오는 자기태업.

시하였다. 다음은 이 가설에 대한 좀 더 자세한 설명이다.

1. HPD는 훌륭한 외모와 즐거움을 주는 능력 때문에 사랑받았다. 가족 내에서 HPD의 자기개념 형성은 유능함이나 강점에 토대를 둔 것이 아니었다. 오히려 자기개념은 얼마나 매력적인가, 얼마나 발랄한가, 그리고 얼마나 즐겁게 해 주는가를 중심으로 형성되었다.

전형적으로 HPD는 아름다운 여성으로서, 미남이고 무척 매력적인 그녀의 아버지가 감탄해 마지않으며 가장 예뻐하는 딸이다. 또한 이 여성은 아버지를 대단하게 생각하고 종교적 숭배의 대상으로 여긴다. 그 관계는 서로 시시덕거리는 성질의 것이지 근친상간적인 속성은 아니다. 이 예쁜 소녀가 자신의 어머니와 갖는 관계 속성은 경쟁적이라 할 수 있다. 각자는 서로를 질시한다. Freud는 아이들이 동성 부모와 동일시하는 경향과 이성 부모와 결혼하고 싶어 하는 소망에 주목하였다. Freud는 1909년 논문에서 가족 로망스에 대해 다음과 같이 기술하였다.

> 작은 아이에게 부모는 최우선의 권위를 갖는 사람이며 모든 믿음의 근원이다. 생애 초기 아이의 가장 강력한 그리고 가장 중요한 소망은 부모처럼(즉, 동성의 부모) 되는 것이고, 아버지와 어머니처럼 커지는 것이다(1909/1959, p. 74).

아버지와 결혼하고자 하는 어린 소녀의 소망에 대한 Freud의 설명은 매우 복잡하다. 그는 남자아이들이 페니스를 가지고 있는 반면, 자신의 것은 절단당했다는 소녀의 발견이 페니스를 획득하려는 소망을 불러일으킨다고 믿었다. "그것을 보고, 자신은 그것을 가지고 있지 않다는 것을 알게 되고, 그래서 그것을 가지고 싶어 한다(1925/1959, p. 191)."

> …그것을 획득할 어떠한 방법도 없다. 그래서 공식은 '페니스=아이'가 된다. 페니스를 가지려는 소망을 포기하고 대신 아이를 가지려는 소망을 갖는다. 이러한 목적을 실현시키기 위해 아버지를 사랑의 대상으로 택한다. 어머니는 질시의 대상이 된다. 이 소녀는 이제 작은 여성이 된 것이다(p. 195).

역시 Freud의 분석은 환상적이다. 면접을 통해 증명하거나 기각하기도 쉽지 않다. 반면, 남자아이가 어머니와 결혼하고 싶어 하고 아버지 없이 살고 싶어 한다는 주장은 가장 일반적인 수준에서 검증 가능하다. 남자아이와의 일상적인 대화에서는 어머니와 결혼하겠다는 선언이 대개 포함되어 있다. 여자아이와의 대화도 마찬가지인데, 이들은 아버지와 결혼하겠다는 계획을 자주 이야기한다. HPD 딸이 아버지와 결혼하고 싶어 하는 보편적 소망을 왜 과장하는지에 대한 이 장의 분석은 정신분석적 견해보다 훨씬 더 간단하다.

오이디푸스적인 현상에 대한 대인관계 분석은 어린 여자아이의 소망에 대한 Freud의 관찰에서 출발하였다. 여자아이들은 어머니처럼 되어(아마도 더 나은 존재가 되고 싶을지 모른다) 아버지와 결혼하기를 소망한다. 이것은 아이가 그것에 대해 말하는 것을 들어 보면 확인할 수 있다. 미래에 HPD가 될 소녀의 가족 내에서 아버지와 딸 사이에 존재하는 로망스는 공공연하다. HPD가 '아버지의 작은 연인'이라는 것을 모두 알고 있다. 예를 들면, 아버지는 딸을 예쁘게 치장해서 그의 친구들 앞에서 자랑할 것이다. 어머니는 딸에게 지고, 딸은 성적으로가 아니라 대인적으로 '다른 여자'가 된다. BPD의 경우에는 근친상간 터부가 지켜지지 않고, 딸은 진정한 '다른 여자'다.[3)]

---

3) 내 친구이자 동료인 Sue E. Estroff는 근친상간 희생자의 어머니가 '다른 여자'에게 지는 역할과 부모 역할이라는 거대한 역할갈등에 직면한다는 것을 관찰하였다.

근친상간 시나리오가 BPD 발현의 유일한 길이 아니듯이, 오이디푸스적 시나리오도 HPD 발현의 유일한 길이 아니다. HPD의 발현을 부추기는 감탄은 조부모, 숙모 또는 삼촌으로부터도 나올 수 있다. 그러한 감탄은 딸뿐만 아니라 아들을 향할 수도 있다. 그러나 그런 관심과 감탄이 '단지' 잘생겼다 또는 예쁘다는 이유로 주어진다면, 장기적으로는 NPD가 될 가능성이 클 것이다. 만약 아이의 외모에 대한 부모의 관심이 부모 자신의 자기정의에 대한 공생적 관여(investment)를 포함하고 있다면 HPD는 발현될 수 없다. 이 경우에는 정체성 문제가 핵심이 되는 장애가 나타날 가능성이 높다. HPD가 결과로 나타나려면 외모에 대한 감탄이 다음에서 제시될 조건 2를 동반해야 한다.

부모의 보상이 아이의 외모를 중심으로 주어지기 때문에 HPD는 유능해지는 것을 배우지 못한다. 성인으로서 HPD는 보살펴 주는 배우자를 필요로 하고 또 선택하는데, 이 배우자들은 전형적으로 '지나치게 보살펴 줌으로써' 유능성을 제한한다. HPD의 배우자가 자신의 일을 잠시 보류할 뿐만 아니라 HPD가 더욱 우울해짐에 따라 아이 양육이나 집안일에 대한 책임을 더 많이 떠맡는 경우도 흔히 발견된다. 급속히 무력해지는 HPD에 대해 배우자가 한없이 유능함을 보이면, HPD의 자기개념은 점점 더 약해진다. 한 환자가 "내가 독립적이 되면 내게 문제가 생겼을 때 누가 나를 도와주지?"라고 말했던 것처럼, HPD의 의존성은 계속 심화된다.

여성 HPD와 그 아버지 사이의 동맹이 가져오는 또 다른 결과는, 어머니를 포함한 다른 여성들이 경멸스럽게 여겨진다는 것이다. 여성 HPD는 여성 심리치료자를 선택하지 않을 것이다. 여성 환자는 남성이 힘과 보살핌을 준다는 것을 알고 있다. 즉, 다른 여성들은 '패배자'라는 것을 안다. 그러나 늘 그런 것은 아니다. 레즈비언 성향의 어느 HPD 여성은 "내 엄마는 늘 나의 [훌륭한 외모와 춤 실력]을 자랑했습니다. 엄마는 나의 외모에 대해 자랑하곤 했죠."라고 하였다. 이 여성의 경우 가족 내 권력은 어머니에게 있었다. 이 HPD는 어머니를 통해 자신의 외모와 매력(그리고 도구적 비유능성)을 확인받았다. 그러한 속성은 성인기 다른 여성들과의 연애관계에서도 반복되었다.

2. 전형적인 HPD는 딸을 맹목적으로 사랑하는, 그리고 딸을 위해서라면 무엇이든 해 주는 아버지가 프로그래밍한다. 이는 HPD가 매력과 외모라는 조건만 갖추면 복종적인 사랑을 기대해도 된다는 것을 알려 준다. 자신을 계속 매력적으로 유지하면 자신의 욕구를 모두 채워 줄 강력한 누군가의 힘을 획득할 수 있다.

HPD는 신체적 매력과 외모가 기능적이라는 것을 학습한다. 즉, 이것이 중요한 누군가를 통제하는 데 활용될 수 있다는 것을 배운다. 자아개념은 외모와 누군가를 즐겁게 해 줄 수 있는 기술에 토대를 두고 있는데, 이것들은 HPD를 보살펴 주고 보호해 줄 주요 타인에 대한 통제를 촉진해 준다. 매력적이어야 하고 즐겁게 해 주어야 한다는 HPD

의 사명은, 자신의 유능함이 도구적 기술이 아니라 정확히 외모에 달려 있다는 사실에 기인한다. 어느 HPD는 이러한 자기정의를 "나는 누군가가 내 주위에 있는지 확인하기 위해 거의 항상 거울을 본다."라는 말로 표현하였다. 또한 이 HPD는 "나는 사람들에게 매력적이어야 하지만 무언가를 해서는 안 돼."라는 말로 유능함의 회피를 설명하였다. 또 다른 환자는 "내 남편은 내가 테니스를 하거나 자원봉사 활동을 하면 행복해한다. 그러나 내가 대학진학에 대해 얘기하면 화를 낸단 말이야."라고 하였다. HPD의 과제는 '화려함'을 보여 주는 것 또는 어느 환자의 표현으로 '장식품'이 되는 것이다. HPD는 다음과 같은 규칙을 따른다. "관심을 끌고 매혹적이 되어라. 그러면 당신에게 매혹된 누군가가 당신을 보살펴 줄 것이다. 스스로를 위해 무엇인가를 배울 필요가 없다. 사실 유능함이란 매혹적이지도 않고 관심을 끌지도 못한다. 네 힘은 강력한 사람과 유대를 형성하는 데 있다. 이러한 유대의 토대는 당신의 매력이다. 당신이 매력을 잃는다면 그런 유대가 끊길 것이고 당신은 힘을 잃을 것이다." HPD 패턴의 정수는 '강제적(coersive) 의존성'이다. 교태를 부리는 것은 보살핌을 강요하는 탁월한 수단이다.

HPD의 기능적 매력은 때때로 보살핌을 유발하는 것 이상의 역할을 한다. 엄마에 대한 아버지의 분노를 통제하는 HPD의 능력이 중요했을 수도 있다. 또한 아버지에 대한 HPD의 매력과 힘이 덜 사랑받는 자매에 대한 아버지의 공격을 제한했을 수도 있다. 이러한 경우 아버지가 무능력한 상태(보통 알코올중독 상태 또는 우울상태)에 있을 때 아버지를 돌보아야 한다는 임무를 HPD가 수용함으로써 다른 사람들을 보호한 것이 된다. 이러한 보다 복잡한 가족 시나리오에서 HPD의 매력은 매우 중요한 역할을 담당한다. HPD가 아버지의 좋지 않은 기분을 반전시킨다면 아버지는 매우 위협적인 난동 상태로까지 가지는 않을 것이다. HPD가 아버지의 기분과 행동을 더 좋게 만든다면 모든 사람이 안도할 것이다. 이러한 방식으로 HPD의 매력은 스스로에게 중요한 힘을 부여한다. 그러나 HPD가 매력을 활용하여 다른 사람들을 보호할 수 있다고 하더라도 이러한 구출이 목표는 아니다. HPD의 목표는 부모가 더 나은 상태가 되어서 다시 자신을 보살펴 줄 수 있게 부모를 돌보는 것이다.

성공할 수 있지만 보장된 것은 아니다. 부족한 양육자를 통제해야 하는 중요한 과업을 제대로 수행하지 못할 수도 있다는 점은 HPD로 하여금 불안상태 또는 공황상태에 취약하게 만들었다. 만약 HPD가 충분히 매력적이지 않다면 가족상황은 위험해질 것이다. 같은 이유로 양육자가 취약해질 것이라는 어떤 단서가 보이면 HPD는 공황상태에 빠질 수 있다. HPD를 맹목적으로 사랑했던 한 유명인과 그 가족을 예로 들어 보자. 아버지의 높은 지위가 학교나 지역사회에서 HPD에게 큰 뒷받침이 되었다. 그러나 집에서 아버지는 늘 술에 취해 있었고 때로는 아내나 아이들에게 폭력을 행사하였다. 술이 취했을 때면 그는 자신의 고난에 대해 얘기하곤 하였다. HPD는 바로 이런 것들 때문에 아버지의 취약성에 대한 신호를 두려워하였다.

행복한 가족분위기를 유지해야 하는 책임을 맡은 결과로, HPD는 사교모임을 조율하곤 한다. 어느 HPD는 "난 다른 사람들이 우호적이고 편안하게 느끼길 바라요."라고 말하였다. 이 환자는 사교모임을 주의 깊게 계획해서 통제해야 한다고 느낄 수밖에 없었다. 다른 사람을 즐겁게 하는 기술이 정체감의 핵심이고 안전감을 주기 때문에 HPD는 이러한 것을 통해 공식적으로 확인을 받아야 한다. HPD를 주연으로 하는 이러한 시나리오에 대해 사람들이 마땅히 감사해야 하고 칭찬해야 한다. 때때로 HPD는 화내는 아버지와 동일시하면서 '분통' 을 터뜨린다. 그러나 HPD의 분통은 마구잡이로 하는 것이 아니며, 더 나은 보살핌을 얻어 내는 기능을 한다.

도구적 비유능성은 HPD가 의존적일 것이고, 누군가가 HPD에게 의존하면 HPD가 불편해질 것이라는 점을 필연적으로 의미한다. 흔히 HPD는 부모 역할을 맡는 것에 대해 우울해한다. 이들은 배우자가 아이들에게 제공하는 보살핌에 대해 화를 낸다. 그런 보살핌 상실에 대한 위협은 또한 분노나 공황상태를 낳을 수 있는데, 대개 우울이 뒤따른다.

3. HPD의 가정은 변화무쌍하다. 예측할 수 없는 변화는 부모의 불안정성으로부터 나오는데, 아마도 술과 관련이 높을 것이다. 그런 혼란은 HPD의 가족 안에서 극적이고 '흥미로운' 것이지, BPD의 가족에서처럼 원초적이고 생명을 위협하는 그런 것은 아니다. HPD 가족에서는 문학이나 극예술이 중심적인 관심사가 되었을 것이다. 사랑과 힘에 대한 다양한 주제가 깊이나 일관성 없이 상연되어 왔을 것이다. "나의 엄마는 나비였다-나는 엄마와 결코 접촉할 수 없었다."라고 말한 HPD가 있었다. 그러나 그 가족은 '훌륭하고, 친밀하며, 행복해야' 했을 것이다. 성인이 되었을 때는 멀리서 사랑을 요구하는 피상적인 관계 패턴이 계속된다.

이러한 불안정성은 모두가 행복한 척해야 한다는 요구를 동반한다. 행복한 표정이 혼돈과 지저분함을 덮어야 한다는 요구가 지배적인 가족에서는 부인과 억압이라는 방어가 활성화된다. 역으로 부인과 억압은 때때로 신체적 증상과 관련이 있다. 부인(denial)되고 억압되어야 하는 위협적인 가족상황은 HPD 패턴과 신체화 장애 사이의 비밀스러운 연관을 강화할 수 있다.

4. '몸이 아픈' HPD는 '교태를 부리는' 유형보다 몸이 아프다는 이유로 더 많은 보살핌을 받아 왔을 것이다. 이들은 불평과 장애가 따뜻한 관심을 받는 데 더 효과적인 방법이라는 것을 학습했을 것이다. 부인을 부추기는 압력과 더불어 가족은 병에 대해 보상을 제공한다. 부인과 억압을 부추기거나, 장애를 장려하거나 또는 양자 모두를 통해

HPD는 신체화 장애 수준까지 아픈 사람의 역할을 수행할 수 있다. 수십 번의 수술과 치료를 순서대로 나열할 만큼 두툼한 병원 차트가 뒤따른다. 이 집단에게 몸이 아프다는 것은 보살핌을 강제하기 위해 잘 연습된 수단이 된다.

DSM에 진술된 바와 같이 HPD에 이르는 한 가지 경로는 신체적 매력이다. 두 번째는 몸이 아픈 것인데, 이는 임상적 증후군에서 신체화 장애로 표시된다. 둘 중 어떤 것이 되는가는 초기 사회학습과 선천적 경향성 사이의 상호작용에 달려 있다. 예를 들면, 선천적으로 매력적인 아이는 외모로 찬사받을 가능성이 높을 것이고, 그래서 유혹적인 경로를 활용할 가능성이 더 높다. 선천적으로 몸이 약한 아이는 몸이 아픈 패턴으로 발달할 가능성이 높다. 어떤 사람들은 두 경로 모두 활용한다.

과거 대인관계 특징과 DSM에 제시된 증상 간 관계

'전형적인 HPD' 는 DSM에 제시된 모든 증상을 나타낸다. DSM의 많은 항목은 연예인, 즉 '전시품'이라는 자기정의와 직접적으로 관련되어 있다. 이러한 항목에는 유혹적인 행동(기준 2), 신체적 매력에 대한 지나친 관심(기준 4), 관심의 중심이 되려는 욕구(기준 1), 그리고 처음 보는 사람들로부터 친밀한 사람으로 인정받으려는 욕구가 포함된다(기준 8). 즉, 어떤 사람이 연예인이라면 그 사람은 매력적이어야 한다. 이는 같이 있는 사람들의 환호가 있으면 확인된다. 이러한 연기자 역할은 또한 변화무쌍하며 경박한 정서표현(기준 3)뿐만 아니라 과장된 정서표현(기준 6)과 밀접한 관계가 있다. 피상적이고 조마조마한 가정에서 이런 행동이 잘 나타난다. 유능함에는 집중적인 인지과정이 필요한데, HPD의 경우 초점이 없는 인상적 대화방식(기준 5)은 비유능함을 매력적이게 보여야 할 필요 때문에 나타난 것일 수 있다. 피암시성(기준 7)은 보살핌을 부르는 비유능함의 다른 형태라고 할 수 있다.

BPD로도 진단할 수 있는 HPD의 사례수를 줄이기 위해, DSM-III-R과 DSM-IV에서는 누군가를 조종하기 위한 자살시도를 HPD의 기준에서 제외하였다. 새로운 정의에 따르면, 만약 HPD가 자살시도를 하면 진단명은 BPD가 될 가능성이 크다. 다른 사람을 조종하기 위한 자살시도를 HPD의 정의에서 제외하여 신뢰도가 증가했지만, 임상적인 타당성은 훼손되었다는 것이 내 생각이다. 많은 HPD가 타인 조종을 위한 자살시도를 하는 것이 사실이다. 나는 남편과의 싸움 도중 남편 앞에서 약물을 과다복용하고 욕실로 뛰어들어가 문을 잠근 후 남편이 욕실 문을 부수는 데 시간이 오래 걸린 것에 대해 극도로 화를 냈던 어느 HPD를 자주 예로 든다. 대부분의 HPD처럼 그녀 또한 관심을 얻기 위한 제스처를 보였지만 죽고 싶었던 것은 아니었다.

BPD의 자살시도와 HPD의 자살시도의 차이점은, 자살을 시도하기 전, 시도 중 그리고 시도 후 지각과 느낌에 대한 설명을 요청해 보면 알 수 있다. BPD나 HPD 모두 보살핌을 받지 못했거나 관심을 받지 못했다고 지각할 때 자살이 촉발되는 경향이 있다. HPD의 자살행동은 잘 통제되어 있고 더 많은 그리고 더 나은 보살핌을 요구하기 위한 목적을 가지고 있다. 예를 들어, 한 HPD 아내는 남편이 귀가하기 5분 전에 약물을 과다복용한다. 이러한 행위는 남편의 행동습관 및 위기 대처능력에 대해 신뢰가 높다는 것을 보여 준다. 이러한 형태의 자살시도는 통제되어 있으며, 대인적 사건으로 해석되어야 한다. 대조적으로 BPD의 시도는 훨씬 부주의하고, 자폐적이며 내적으로 향해 있다. 환자가 자신의 부정적인 내사(introject)로 갈등하고 있을 때, 아마도 맥락이나 결과와 상관없이 위험 수준으로 과다한 양의 약물을 복용할 것이다.

HPD의 대인관계 요약

다음은 HPD의 대인관계 특성을 요약한 내용이다.

> 무시당하는 것을 매우 두려워하고, 누군가 강한 사람을 자신의 매력과 즐겁게 하는 능력으로 통제해서 그로부터 사랑받고 보호받고 싶은 욕구가 강하다. 기준 위치는 우호적 신뢰인데, 원하는 보호와 사랑을 제공하라고 은밀히 강요하는 것을 수반한다. 부적절한 유혹적 행동과 조작적인 자살시도가 그러한 강요의 예다.

이와 같은 요약은 HPD의 기본 패턴 및 소망에 대한 SASB 코드에 토대를 두고 있다. 〈표 7-1〉에 제시된 코드들은 HPD를 규정하는 간편한 방법이다. 기준 위치는 반응적 사랑 또는 신뢰+**통제**(복합 코드)이며, 무시(담을 쌓음)가 뒤따르고 **비난**이 지원한다. 소망은 **적극적 사랑**과 **보호**를 받는 것이다. 두려움은 **무시**다.

HPD 노래의 리듬과 하모니는 HPD가 주고받는 대인 및 심리내적 반응의 연쇄에 나타난다. HPD의 '으뜸음'은 강제적 의존성(신뢰+**통제**)이다. **통제**는 매력을 통해 행사되는데, 이는 반응적 사랑으로 구성되어 있다. 반응적 사랑과 신뢰의 위치는 필요하다면 **비난**에 의해 지원된다. 이 패턴의 극단적인 형태는 진실하지 못한 유혹(반응적 사랑+**통제**+담을 쌓음)이다. 또 다른 변종은 통제가 요구(neediness)를 통해 행사되는 것인데, 이 요구는 신체적 병이라는 형태로 나타난다. 이 유형은 신뢰+**통제**로 구성된다.

이러한 유형의 극단적인 형태는 다른 사람을 조종하기 위한 자살시도라 할 수 있고, *자기공격*+신뢰+**통제**로 설명된다.

HPD의 핵심적인 소망은 아동기 '좋았던 시절'의 보살핌과 사랑을 회복하는 것이다. 강제적인 의존성이라는 패턴은 더 나은 보살핌, 즉 복종+**보호**를 제공할 누군가와 조화를 이룬다. HPD의 두려움은 **무시**다. 바로 이것이 HPD 노래의 하모니와 리듬이다.

SASB 코드를 사용할 줄 아는 독자라면 이와 같은 분석을 다른 맥락에 적용해 볼 수 있다. 예를 들어, 환자가 자신의 우울 증상이 더 심해진다고 불평하는 것은 흔히 있는 일이다. 때때로 이러한 불평은 HPD가 불평하는 방식과 유사하다. 우울 증상에 대한 이런 방식의 불평을 해석하기 위해, 치료자는 우울을 기술하는 환자의 과정을 코딩할 필요가 있다. HPD가 자신의 증상에 대해 불평할 때 치료자에 대한 환자의 과정은 HPD 노래의 특징을 포함하고 있을 것이다. 다음 예를 살펴보자.

> 정기적인 상담회기 이외에 별도로 약속해서 만났을 때 환자가 밝은 색의 옷을 입고는 웃으며 상담실로 들어온다(반응적 사랑). 환자는 우울증 때문에 계속 고통받고 있다고 얘기한다(신뢰). 환자는 자신의 남편이 병원 의사이며 그녀가 나아지는 것을 고대하고 있다는 점을 상기시켰다(**통제**). 의사는 적절한 약을 찾느라 노력하였지만 증상에 대한 모호한 진술(담을 쌓음) 때문에 문제를 평가하기가 어려웠다.

〈표 7-2〉에 HPD 노래의 기초 사항을 BPD 및 NPD 노래의 그것과 비교하여 제시하였다. 이 표를 보면 HPD와 BPD는 **통제**, **비난**, 신뢰라는 특징을 공유하고 있다. 이 코드들은 모두 강제적 의존성을 나타낸다. 그러나 HPD의 경우 강제와 의존성이 동시에 나타난다(복합 SASB 코드). 반대로 BPD의 경우 하나가 먼저 분명하게 나타나고 그다음 다른 것이 분명하게 나타난다. BPD는 달콤한 신뢰를 먼저 나타내고 그다음 순수한 맛 그대로의 **통제**나 **비난**을 나타낸다. HPD는 각 요소를 동시적으로 통합하는 어떤 행동을 한다. 정기적인 회기 외 따로 회기를 약속하는 방식의 차이를 검토해 보자. BPD는 그런 생각이 떠오르면 바로 그것을 요구한다(신뢰). 만약 거부당한다면 철회하고 그 의사를 잘 돌보아 주지 않는다고 **비난**한다. 반대로 HPD는 미리 계획을 하고 눈물이 날 가능성이 매우 높은 회기에 특별한 옷을 입고 나타날 것이다. 이러한 매력적이고 매우 요구적인 맥락에서 이 환자는 추가 약속을 요구한다(신뢰+**통제**). 이러한 차이는 그들의 자살시도 행동에서도 나타난다. BPD는 충동적으로 부주의한 자살행동을 시도한다.즉, 그 결과를 순간적으로 잊어버리는 것이다. HPD는 구조될 가능성이 있는지 미리 확인한 후에 이런 행동을 시도한다.[4)]

BPD와 HPD는 모두 **보호**를 바라고 **무시**를 두려워한다. 그러나 그 이유는 다르다. BPD는 혼자 있는 것과 위험이 분명 연관되는 삶의 경험을 가지고 있다. BPD는 혼자 있게 될 가능성이 발생할 때마다 자기파괴의 길로 뛰어가도록 프로그램되어 있다. 반대로, HPD는 훨씬 더 통제된 삶의 경험을 가지고 있는데, 그런 경험을 통해 환자는 스스로를 타인을 즐겁게 하고 타인에게 매력을 줄 수 있는 사람이라고 정의해 왔다. 자신이 매력적인 한 모든 것이 잘될 것이라는 점을 누군가가 보장해 줄 것이다. HPD가 혼자되는 것을 싫어하는 이유는 신체적인 해에 대한 무의식적 두려움에서 나오는 것이 아니다. 혼자되는 것은 무대의 중심에 있는 인물로서 자기정의를 상실함을 의미한다. BPD의 원초적 명확성은 HPD의 '고차적 수준'과 비교된다. 후자의 통제와 경멸은 요구적이고 매력적인 복잡한 조합으로 가려져 있다. 때때로 HPD의 이러한 통제된 모습은 분통을 터뜨리는 행동으로 인해 망가져 버리기도 한다.

〈표 7-2〉에는 추가적인 차이가 제시되어 있다. BPD의 따뜻함은 능동적이고, HPD의 따뜻함은 반응적이다(**적극적 사랑** vs. 반응적 사랑). BPD는 훨씬 초점화된 치명적인 분노를 발전시킬 능력(**공격**)이 있으며 훨씬 부주의하다(*자기방치*). BPD는 보통 매우 강하게 밀착되어 있는 반면, HPD는 겉으로 보이는 우호성 때문에 포착하기 쉽지 않지만 차가운 거리두기(담을 쌓음)를 할 능력이 있다.

HPD와 NPD는 **통제**와 **비난**을 쉽게 한다는 점에서 공통점이 있다. 그러나 NPD는 훨씬 자율적이다. NPD는 분리되어 있는 것을 편안해하지만 HPD는 그렇지 못하다. HPD가 따뜻한 행동들과의 복합 코드에서 어느 정도의 분리를 보여 줄 수 있다고 하더라도, NPD보다는 일반적으로 더 따뜻하고 더 복종적이다. HPD가 단서를 읽음으로써 그리고 다른 사람들을 조종함으로써 생존할 수 있는 반면, NPD는 이러한 기술을 가지고 있지 않다. NPD는 다른 사람들을 **무시**하는 경향과 함께 단지 자신의 관심에만 초점을 두는 경향이 있다.

---

4) 그럼에도 불구하고, HPD의 자살 위협과 행동은 또한 매우 심각하게 받아들여야 한다. 자살 일화는 언제나 위험하다.

〈표 7-2〉 BPD, NPD, HPD의 SASB 코드 비교

	BPD	NPD	HPD
1. **해방**			
2. **지지**			
3. **적극적 사랑**	×		
4. **보호**			
5. **통제**	×	×	×*
6. **비난**	×	×	×
7. **공격**	×	×	
8. **무시**		×	
1. 분리		×	
2. 개방			
3. 반응적 사랑			×*
4. 신뢰	×		×*
5. 복종			
6. 골냄			
7. 물러남			
8. 담을 쌓음			×*
1. *자기해방*			
2. *자기지지*			
3. *적극적 자기사랑*		×*	
4. *자기보호*	×		
5. *자기통제*			
6. *자기비난*		×	
7. *자기공격*	×		×*
8. *자기방치*	×	×*	

*표시는 같은 열에 위치한 코드가 서로 복잡한 조합을 이루어 나타남을 의미함.

DSM 진단기준 재검토

HPD에 대한 DSM의 관점이 대인 언어로 번역되었고, HPD 패턴과 관련된 심리사회적 학습의 개요를 제시하였다. 여기에서는 HPD에 대한 대인관계 분석을 직접 DSM과 비교하였다. DSM 기준은 *이탤릭체*로, 대인관계 용어로 표현된 것은 밑줄로, WISPI(1장에서 논의함) 기준은 고딕체로 표시하였다.

과도한 감정표현과 관심을 끌고자 하는 광범위한 행동양상을 나타낸다. 이런 특징은 성인기 초기에 시작되어 다양한 상황에서 나타나고, 다음 중 5개(또는 그 이상)의 증상

이 나타난다.

(1) *다른 사람들의 관심의 중심에 있지 못하면 불편해한다.*

파티의 주역을 자처함. 관심의 초점이 되지 못하면 관심을 끌기 위해 뭔가 극적인 일(예: 이야기 꾸미기, 장면 연출하기)을 벌임.

언제나 나는 사교모임에서 어떻게든 관심의 초점이 되려고 한다.

(2) *다른 사람과의 관계에서 부적절하게 성적으로 유혹하거나 도발적으로 행동하는 특징을 보인다.*

맥락상 부적절할 정도로 외모와 행동을 통해 성적인 매력을 강조함. 성적으로 매력적이게 보이려는 노력에도 불구하고 접근하기가 어려움.

나의 매력을 이용해서 사람들이 나를 그들의 연인이었으면 좋겠다고 갈망하도록 하는 것을 즐긴다. 그러나 실제로 누군가의 연인이 되지는 않는다.

(3) *정서변화가 빠르고 정서표현이 경박하다.*

누군가가 싫어할 수 있는(철회 또는 화가 나서) 맥락에서조차 매력적이라는 이미지를 투사하는 데 혈안이 되어 있는 것처럼 보임. 다른 한편, 다음 번에 더 나은 복종을 강제하기 위해 사소하고 비의도적인 작은 실수에 갑자기 화를 낼 수 있음.

나의 감정을 생생하게 표현하는 나만의 기술을 사용해서 사람들이 나를 보살피게 할 수 있다.

(4) *관심을 끌기 위해 항상 외모를 사용한다.*

귀엽고 사랑스럽다는 칭찬 및 인정을 이끌어 내기 위해 엄청난 노력(지나치게 많은 시간, 돈, 에너지)을 투자함. 칭찬이나 승인을 받지 못할까 불안해하고, 실제 그럴 경우 화를 냄.

나는 내가 가장 아름답도록 보임으로써 사람들이 나를 좋아하게 만든다.

(5) *지나치게 인상적으로 말하지만 세밀함이 결여된 대화양식을 가지고 있다.*

개인적으로 효과적이라기보다는 기꺼이 의존하는 사람이라는 이미지를 만드는 데 더 관심이 있음. 논리의 사용과 과제지향적이라는 것은 다른 사람들에게서 기대할 수 있는 것이지 자신에게 기대할 수 있는 것이라고 생각하지 않음.

내가 의미하는 바를 다른 사람들이 이해할 수 없다면, 내가 세부지향적인 사람이 아니라는 점을 사람들이 고려해야 한다.

(6) *자신을 극적으로 표현하고, 과장되게 감정표현을 한다.*

다른 사람들을 필요한 것을 제공해 줄 수 있는 강하고 능력 있는 사람으로 봄. 과제에 대한 해결능력을 계발하는 데는 관심이 없음. 돌봐 줄 수 있는 강력한 누군가에게 매력적인 것이 중요함. 다른 사람들이 바라는 것과 필요한 것을 즉각적으로 제공해 주지 않을 경우 복종을 강요하기 위해 화를 냄.

누군가가 나를 돌보아 줄 필요가 있을 때 나는 즉각적인 관심을 얻기 위해 내 매력을 활용한다.

(7) *피암시성이 높다. 즉, 다른 사람이나 환경의 영향을 쉽게 받는다.*

일을 처리하기 위해, 즉 어떤 입장을 취할지 결정하기 위해 다른 사람에게 눈을 돌림(다른 사람이 스스로를 강력하고 훌륭한 사람으로 느끼게 할 목적으로).

내가 약하거나 아플 때, 내 주변사람들이 나를 대신해서 일을 처리해야 한다는 것을 알리기 위해 상황을 과장한다.

(8) *대인관계를 실제보다 더 친밀한 것으로 생각한다.*

별 관계가 없는 의사(또는 다른 중요한 인물)와의 '특별한' 관계에 대해 얘기함. 새로 만난 사람과 이미 친해졌고 평생 친구가 되었다는 사실을 널리 퍼뜨림.

내가 매우 중요한 사람을 많이 알고 있으며, 그들과 친하다는 것을 비밀로 하지 않는다.

('9' DSM-III-R과 DSM-IV에서 삭제된 DSM-III의 기준) *타인을 조종하기 위한 자살 제스처 또는 시도를 한다.*

자살 제스처 또는 시도는 다른 누군가로 하여금 바라는 것을 더 하게 또는 싫어하는 것을 덜 하게 하려는 목표를 지니고 있음. 자살시도는 그러한 상황을 촉진하는 것으로 지각된 사람에 대한 의문의 여지없는 신뢰와 관련이 있음. 예를 들어, 부부싸움 중 욕실 문을 잠그고 약물을 과다복용한 다음 배우자가 문을 부수고 들어오는 데 너무 시간이 오래 걸렸다고 화를 냄.

나는 부부싸움 중 너무나 화가 나서 내가 필요로 하는 관심을 끌려고 자살하는 장면을 연출하였다.

필요기준과 배제기준

이 같은 분석을 통해 각 성격장애의 필요 및 배제 기준을 정의할 수 있다. HPD의 필요기준에 대한 기술어로 제안되는 것은 강제적 의존성이라는 기준 위치다. 배제기준은 행복 또는 성공 이후의 자기태업이다.

사례 예시

사례 1

50세 된 네 아이의 어머니가 계속적인 자살시도와 다양한 신체적 문제로 병원에 입원하였다. 신체적 문제로 거의 열두 번의 수술을 받았으며, '늘 합병증이 있었다.' 병원에 입원하였을 때 여러 장애의 치료를 위해 19종의 약물을 소지하고 있었다. 자살은 신체적 문제들로부터의 해방을 의미하였다. 그녀는 신체적인 문제들 때문에 우울증을 경험하고 있다고 보고하였다.

환자는 사고의 흐름을 잃는 경향과 산만함 이외에는 사고장애의 징후를 보이지 않았다. 자살경향성 외에 불안증상이 있었는데, 이것 때문에 벤조디아제핀을 복용하고 있었다. 환자는 정신을 잃곤 하였는데, 특히 병원에서 그룹미팅 때 자주 그런 일이 일어났다. 자살경향성에도 불구하고 환자는 외관상으로는 발랄하였으며, 자신은 이상적인 결혼을 하였고 완벽한 아동기를 보냈다고 진술하였다.

주유소를 운영하고 있던 환자의 남편은 매우 지지적이었으며 그녀를 지극하게 사랑하고 있었다. 환자는 "내가 원하는 것은 모두 해 줍니다."라고 말하였다. 환자는 자신의 계속적인 자살시도 및 낮은 자기존중감에 대해서는 남편이 거의 도움이 되지 않는다고 하였다. 남편의 인내심은 환자가 쓰는 돈에 대한 반응에서 나타났다. 그는 그것에 대해 아무런 간섭을 하지 않았고, 단지 빚이 얼마나 될지에 대해 불안해지기 시작하였을 뿐이었다. 환자는 지난 2년 동안 한 번도 성관계를 하지 않았지만 그 이전에는 자신들이 '훌륭한 성관계'를 했다고 말하였다. 최근 2년간 성관계가 없었던 것은 우울증 치료약의 부작용 때문이라고 생각하고 있었다. 남편은 성관계를 하지 못하는 것 때문에 좌절감을 느끼고 있었다. 친구들은 환자의 문제 때문에 그가 이제 환자와 헤어져야 한다고 이야기하고 있었다. 그러나 그는 아내를 사랑하고 아내 곁에 머무를 것이라고 말하였다.

환자의 아버지는 분노를 터뜨리곤 했지만 환자에게는 그리지 않았다. 환자는 자신이 아버지가 가장 '사랑하는' 유일한 여자아이였기 때문이라고 확신하고 있었다.

아버지가 반복적으로 괴롭혔지만 환자의 어머니는 언제나 발랄하였고 결코 불평하지 않았으며 화도 내지 않았다. 어느 날 아버지가 어머니를 공격한 후, 환자는 어머니가 눈물을 흘리면서 집안을 청소하고 있는 모습을 보았다. 이러한 부모의 '소동'을 싫어하여 환자는 평화유지자의 역할을 맡기로 결심하였다. 상황을 수습하기 위해, 환자는 어머니에게 아버지가 '그렇게 나쁜 사람'이 아니라는 것을 설명하곤 하였다. 부모의 부부싸움에 대한 세세한 사항을 구체적으로 얘기하기는 어려웠지만, 아마도 돈 때문에 그랬을 것이라고 추측하였다.

환자가 아플 때 어머니는 매우 지지적이었다. 위장장애가 있었을 때는 환자를 침대에 누이고, 차를 끓이며, 따뜻한 물병을 주곤 하였다. 그리고는 침대에 앉아 환자의 다리를 주물러 주었다. 이러한 이미지는 매우 강력해서 그녀가 거의 죽을 뻔한 경험을 하는 동안 되살아났다. 의료적 위기상황에서 환자는 돌아가신 어머니가 침대에 앉아서 다리를 주물러 주며 안심시키고 있다고 느꼈다. 그러나 환자가 건강하거나 성공을 거두었을 때, 어머니는 그것을 즐기는 데 반하는 경고를 하곤 하였다. "넌 정말 아름답고 재능도 있어. 그러나 너무 우쭐해하지는 마라."라고 말하곤 하였다. 성취를 즐기는 것에 도덕적 위험이 있을 수 있다는 경고가 반복적으로 있었다.

이 환자는 DSM의 HPD 기준들에 부합한다. 병원에서의 행동은 관심의 초점이 되기 좋아하는 것(기준 1)을 시사한다. 그녀의 아름다움은 정체성의 중요한 부분이었다(기준 4). 그녀의 정서(우울, 불안, 화)는 강렬하였고, 변덕스러웠다(기준 3). 그리고 그녀는 매우 연극적이었다(기준 6). 그녀의 인지방식은 상당히 모호하였다(기준 5). 개인용품을 사는 데 필요한 돈보다 많은 액수를 허비하는 경향은 만족의 좌절을 참아 내는 데 어려움이 있음을 시사한다(DSM-IV에서 삭제된 DSM-III-R의 기준).

HPD의 대인관계에 대한 기술 또한 이 여성에게 적용된다. 그녀는 매력을 발산했고(반응적 사랑), 헌신적인 남편으로부터 훌륭한 보살핌을 받았다. 그녀의 남편은 그녀를 우러러보았으며 그녀의 소망(**적극적 사랑**, **보호**)을 충족해 주고자 노력하였다. 그녀는 남편의 친절함과 보살핌에 의존적(신뢰)이었다. 남편이 자신에게 실망(**비난**)한 것 같으면 그녀는 분노를 터뜨리거나 더욱 우울해하곤 하였다. 그녀는 남편이 "자신이 원하는 것은 무엇이든 해 준다."라고 말하며, 남편을 **통제**하였다. 남편에 대한 애정과 존중에도 불구하고 그녀는 남편에게 성적으로 응해 주지는 않았다(담을 쌓음). 그녀는 남편의 친구들이 남편에게 자신과 헤어질 것을 조언하고 있어서 실제 남편이 이를 실행할까 봐(**무시**) 불안해하였다. 그녀는 행복이나 성공 직후에 오는 자기태업이라는 배제조건을 충족하지는 않았다.

그녀의 대인사 또한 대인적 가설과 일치하였다. 그녀는 예쁜 아이였고, 그녀의 아버지는 그녀를 숭배했으며, 그녀의 어머니보다 더 좋아하였다. 아버지가 그녀를 무척 좋아했기 때문에 그녀는 가족 내 그 누구보다도 아버지에 대한 영향력이 컸다. 그녀 자신의 개인적 유능함은 적극적으로 제지되었다. 자신의 아동기가 '완벽했다' 는 신화가 있었으며 그녀의 어머니가 그것을 유지해 주었다. 만성적인 부모의 다툼과 아버지의 약물중독 상태는 존재하지 않았다. 환자는 아프지 않으면 어머니로부터 관심을 받을 수 없었고, 아플 때는 지극한 포근함과 따뜻함을 받을 수 있었다.

결론적으로, 이 여성은 DSM과 SASB 모두에 일치하는 전형적인 HPD라고 할 수 있다.

사례 2

DSM의 많은 성격장애들은 특정 성별에서 더 자주 발생한다. 예를 들면, BPD와 HPD는 여성에게서 더 자주 발생한다(Pfohl, 1991). NPD는 남성에게서 더 자주 발생한다. 이런 차이가 발생하는 이유는, 기질상의 차이와 특정 성에 국한된 발달적 경험의 차이 때문일 수 있다. 그럼에도 임상가는 이들의 대인 패턴을 알고 비전형적인 성에서 발생할 때 이들을 인지하는 것이 중요하다. HPD는 여성에게서 더 자주 발생하지만 다음 사례의 환자는 남성이다.

30대의 한 동성애 남성이 사랑하는 연인과의 이별 및 아버지로부터의 재정적 지원 중단이라는 두 가지 큰 스트레스를 겪은 후 우울증으로 입원하였다. 연인과의 관계는 매우 가까웠다. 두 사람은 '서로가 원하는 것을 말하지 않아도 알 수 있을 정도' 였다. 환자는 연인의 집을 방문해서 카우치에 누운 채 연인이 저녁을 준비하는 동안 기다리는 것을 좋아하였다. 그러나 그 연인은 환자의 의존성을 걱정하기 시작하였다. 그는 환자가 스스로를 돌보기를 원하였다. 그래서 둘 사이의 관계를 잠시 중단하는 것이 필요하다고 말하였다. 어느 날 전화로 서로 다투던 중 그 친구는 일방적으로 전화를 끊어 버렸다. 그리고 그것이 연인 관계의 끝이었다.

두 번째 스트레스는 입원 직전에 발생하였다. 환자의 부유한 아버지가 환자에게 주던 돈을 끊어 버린 것이다. "걱정 없던 시절은 이제 끝이 났어요." 라고 환자가 이야기하였다. 일자리는 있었지만 그래도 용돈이 중단된 것은 삶의 양식이 바뀌어야 함을 의미하였다. 그는 몇 주 동안 집에 머물면서 돈 문제로 부모와 다투었다. 아버지는 그가 동성애자인 것을 받아들였지만 그것에 대해 편해하지는 않았다. 그들의 다툼은 환자의 돈 관리 문제와 '나의 행동을 통제' 하고 싶은 아버지의 소망 때문에 발생하였다. 아버지는 환자가 친구들에게 이용당하고 있으며 돈을 잘 관리하지 못한다고 걱정하였다. 환자는 아버지가 '약속을 어기고 있다' 고 느꼈다. 환자는 자신이 성장하는 동안 어머니의 돌봄을 받을 수 있었다고 보고하였다. 그는 병약하고 잘 우는 아기였으며, 부끄럼을 많이 타고 다른 사람과 잘 어울리지 못하는 아이였다. 환자는 어머니에게 친밀감을 느꼈지만 어머니는 아버지를 우선시하였다고 불평하였다.

환자는 우울증의 수면장애 증상을 가지고 있었다. 그는 코카인을 흡입하곤 하였다. 직장의 영업직 동료들이 자신을 감정이 불안정한 사람이라고 말한다고 보고하였다. "저는 마음이 약한 사람이에요. 영화나 드라마 같은 것을 보고 울곤 합니다." 그는 아는 사람이 많지만 대부분 '피상적인 관계'에 있는 사람이었다. 자신을 "같이 놀기 편한 사람이에요. 전 매우 관대하고 주로 베푸는 편이지요. 실속 없는 사람이지요. 전 최상의 것을 좋아해요. 전 저 자신과 제가 기대하는 것에만 관심을 두어요."라고 기술하였다. 여기에 "파티에서 혼자 있게 되면 전 따분해 죽을 지경이 되지요. 그래서 곧 그 자리를 떠나요."라고 덧붙였다. 그는 사람들이 자신을 이용하지 않을까 걱정하였다. 학창시절 그는 성적이 썩 좋지는 않았다.

이 환자는 DSM의 HPD 기준 중 5개를 충족한다. 그는 관심의 대상이 되고 싶은 욕구를 가지고 있고(기준 1), 변화가 심한 피상적 감정을 나타내며(기준 3), 신체적 매력에 대해 관심이 많았다(기준 4). 그는 자신이 연극적(기준 6)이라는 것을 인정하였다. 이야기 스타일은 구체성이 결여되어 있었는데(기준 5), 면접 중간에 "그렇게 구체적으로 얘기해야 하는 것이 좀 편치 않군요."라고 말하였다.

그는 요구적인 의존성(demanding dependency)이라는 HPD의 기준 위치를 시사하는 대인 해석에 동의하였다. 그는 아버지와의 관계에 대한 생각을 다음과 같이 요약하였다. "저는 제가 주는 것과 동일한 신뢰를 원합니다." 이것이 HPD의 본질적인 위치다(신뢰+**통제**). 그의 아버지가 재정 지원을 계속 거부하자 환자는 더욱더 거세게 **비난**하였다. 그는 사람들에게 매력을 끄는(반응적 사랑+**통제**) 자신의 능력을 중요하게 여겼지만 그의 애착은 피상적인 것이었다(담을 쌓음). 또한 누군가가 자신을 보살펴 주기를 원하는 HPD의 전형적인 소망을 가지고 있었다. HPD의 두려움은 **무시**인데, 이 남자는 자신의 연인과 아버지라는 중요한 두 사람으로부터 관심이 철회된 후 우울증을 보이기 시작하였다. 그가 배제조건을 충족시킨다는 증거는 전혀 없다.

대안적인 진단으로 NPD가 될 수도 있다. 그는 아버지로부터 당연히 지원받을 권리가 있다고 느끼고 있으며, 감탄을 요구하는 것이 명백하였다. 그러나 NPD에게서 보이는 과대망상과 무조건적인 자기숭배를 가지고 있지는 않다. 그는 스스로를 매력적이고 다른 사람을 즐겁게 한다고 생각하고 있지만, 이는 단지 그가 추구하는 관심을 얻기 위해 필요한 것이라고 느끼고 있었다. 그는 자신을 타인보다 우월하다고 생각하지 않았다. 지원이 철회된다고 해서 자기개념이 손상되지는 않는다. 이 환자는 상실에 대해 자기비난으로 후퇴하기보다는 더 열심히 자신의 '자원' 을 회복하려고 노력하였다.

DSM-Ⅲ-R 사례집(Spitzer et al., 1989)에서는 HPD와 NPD 모두를 충족하는 것으로 보이는 남성 동성애자 사례를 제시하고 있다. 앞의 사례에서와 마찬가지로 대인 기술어를 추가함으로써 감별 진단이 가능하다. 다음은 '나의 팬클럽'이라는 DSM 사례의 환자다.

> 지나치게 신체적 매력에 관심이 많고, 부적절할 만큼 과장된 정서를 나타내었다. 또한 자신이 관심의 대상이 되지 못하는 상황을 불편해했으며, 의심할 여지없이 빠른 감정의 변화와 피상적인 감정표현을 보여 주었다. 우리는 그가 만족이 지연될 경우 좌절을 참아 내기 어려울 것이라고 생각하였다(Spitzer et al., 1989, p. 14).

이러한 속성은 HPD 진단을 시사한다. 그러나 그는 또한 과대망상적이고 성공과 특권에 대한 비현실적인 공상에 사로잡혀 있으며, 감탄을 요구하고 있다. 이러한 특징은 NPD를 시사한다. 이 사례집에서 환자는 NPD와 HPD 모두를 진단명으로 부여받았다.[5]

대인 분석을 추가하면, '나의 팬클럽' 환자는 NPD 진단명만 부여받을 것이다. 이 환자는 부적절한 자기사랑이라는 NPD의 필요조건을 충족하고, 또한 특권의식도 보여 주고 있다. 그는 존경과 무조건적 보살핌을 기대한다. 따라서 HPD에 필수적인 강제적 의존성이라는 패턴은 나타나지 않는다.

예상되는 전이반응과 치료적 함의

전이반응

기준 위치라 할 수 있는 요구적 의존성은 HPD의 가장 가능성 높은 전이반응이라 할 수 있다. 환자는 매력적으로 옷을 입는다든지 치료자를 즐겁게 함으로써 좋은 보살핌을 받으려고 시도할 가능성이 높다. 또한 HPD는 눈물, 두려움 또는 다른 형태의 고통을 보임으로써 관심을 요구할 것이다.

---

5) DSM-IV(Spitzer et al., 1994, p. 86)에서는 NPD로 진단명이 바뀌었다.

> 십여 년 전 나는 어느 심리치료 세미나에 정기적으로 참석할 기회가 있었다. 잘생긴 한 레지던트가 매력적인 젊은 여성을 치료하고 있었다. 그 수련생은 매주 직전 회기에 대해 보고하였으며, 고전적 정신분석 이론을 따르는 세미나 리더가 그에 대해 코멘트를 하였다. 세미나의 형식은 수련생들이 한 레지던트의 개인 슈퍼비전 회기를 관찰하는 것이었다. 슈퍼비전은 치료자의 사례노트를 활용하여 진행되었다. 환자는 자신에 대한 사례노트가 1년간 진행될 세미나의 대상이 된다는 것을 알고 있었다.
>
> 거의 모든 회기마다 환자의 성적 모험에 대한 이야기에 초점이 맞추어졌다. 이 이야기들은 그 세미나 기간에 매우 자세히 보고되었다. 레지던트는 치료에 매우 적극적이지 않았으며, 리포터에 가까워 보였다. 나는 환자의 대인 패턴이 바뀌지도 않았고 자기 이해가 증진되었다고도 생각하지 않았다. 세미나가 종료되기 2주 전에 환자는 치료자와 닮은 한 남자를 만났다. 그 남자는 치료자와 같은 머리색깔과 체형을 가지고 있었으며, 같은 회사에서 만든 차량을 운전하고 있었다. 환자는 치료자와의 유사점에 대해 이야기하였다. 세미나에서 이러한 보고가 이루어지고 있는 가운데 그 차량이 같은 회사에서 만든 것일 뿐만 아니라 색깔도 동일하다는 사실이 드러났다. 그러나 그녀의 배우자 선택에 대한 전이적 함의에 대해서는 환자에게 아무런 얘기를 해 주지 않았다. 이 남자와의 결혼은 세미나가 끝나기 일주일 전, 즉 남자를 만난 지 3주 후에 있었다. 이전에 이 여성은 안정적인 관계를 유지할 수 없었는데, 마침내 결혼을 한다는 것 때문에 이 치료가 성공적이었다는 데 서로가 동의하였다.

이 사례는 '분석되지 않은' HPD 전이반응의 종결점을 묘사하고 있다. 그녀는 자신의 매력을 활용하여 지각된 보호자가 자신을 돌보는 데 동의하게 만들었다. 그녀는 중요한 삶의 선택을 외모에 토대를 두고 있었다. 그녀가 결혼하려고 계획했던 그 남자는 스스로에 대해서는 아무것도 드러내지 않았다. 그녀는 치료자로부터 보살핌을 받으려는 자신의 소망을 행동으로 옮긴 것이었다. 그 치료자 또한 자신에 대해서는 거의 아무것도 드러내지 않았다.

이 이야기는 아무것도 얘기하지 않는다고 해서 아무것도 하지 않은 것이 아니라는 점을 예시한다. M. Levine의 '빈 시도 법칙(blank-trials law)'(M. Levine, 1966)에 따르면, 다양한 실험과제를 수행하고 있는 피험자는 실험자가 아무 말도 하지 않으면 자신의 반응이 옳은 것이라고 생각한다. 심리치료를 받고 있는 환자 또한 치료자가 자신이 말하는 것에 아무런 말을 하지 않으면 치료자가 자신에게 동의한다고 생각할 가능성이 높다.[6)]

---

6) F. Levine과 Sandeen(1985)은 어떻게 이런 실험실 현상이 심리치료에 적용될 수 있는지에 대해 조심스

이 법칙에 따르면, 이 환자는 치료자의 침묵을 곧 자신의 선택을 인정하는 것이라고 생각했을 것이다.

현재 분석에 따르면 이 치료자가 보인 침묵은 오류다. 그녀의 배우자 선택에 대해 아무 말을 하지 않는 것이 HPD의 특징적인 부적응적 패턴을 촉진하였다. 그녀의 선택은 심층적으로 탐색되어야 하였다. 그녀의 배우자 선택은 아직 완결되지 않은 치료적 작업을 계속하려는 (부적절한) 시도일 수 있음을 환자가 인식할 수 있도록 도와주었어야 한다. 이 레지던트는 HPD의 매력, 아첨 그리고 즐거움을 주는 데 말려드는 실수를 범하였다. 표준적인 '빈 화면' 접근을 고수함으로써 그는 자신이 해야 할 일을 하지 못했다.

최근 치료자와 환자 사이의 성관계를 금하는 전문가 윤리가 제정된 것은 HPD와 BPD에게는 특히 좋은 소식이다. 장애의 속성상 이들은 만일 남성 치료자가 말려든다면 확실히 치료를 망칠 수 있는 매우 강력한 신호를 행동으로 나타낸다. 현재의 전문가 윤리는 요구적인 여성에게 남성 치료자들이 성적으로 끌리도록 고무하는 문화적 요인에 대한 방어책이 된다. 나는 성에 대한 세미나에서 기꺼이 자신의 경험을 드러내 공유한 많은 남자 정신과 레지던트들에게 감사를 표한다. 이들은 울거나 약해 보이는 여성, 특히 매력적인 여성에게 자극이 되었다고 털어놓았다. 치료회기 중 발생하는 성적 흥분에 대해 어떻게 대처할지 이야기를 나눈 후 불안, 후회, 허세, 결심 등을 경험하였다. 치료자는 이런 취약점을 자각하고, 필요하지 않은 것을 제공하라는 환자의 요구에 적극 저항해야 한다.

여성 치료자에게 중요한 하나의 전이문제는 여성 HPD가 여성을 치료자로 찾아오는 경우가 거의 없다는 것이다. 만약 그런 일이 일어나면, 그 여성 치료자는 끊임없는 도전과 폄하의 대상이 될 것이다. 다른 여성은 경쟁자이고 또한 패배자가 되어야 한다. HPD의 관점에서 보면, 여성에게서 도움을 구하는 것은 어리석은 일이다. 분명 그들에게는 그런 도움을 구할 더 좋은 장소가 있다.

치료적 함의: 다섯 가지 범주의 정확한 반응

치료를 학습경험으로 보는 시각은 순간순간 범하는 치료자의 실수를 알게 해 준다. 치료 개입은 협력을 증진하는지, 패턴과 그 근원에 대한 학습을 촉진하는지, 부적응적 패턴을 막아 주는지, 변화의지를 강화하는지, 또는 새로운 패턴 사용을 효과적으로 촉진하는지 등의 관점에서 평가될 수 있다. 개입의 효과는 치료자의 의도가 아니라 환자

럽지만 명쾌하게 설명해 주었다.

에 대한 실제적인 영향이라는 관점에서 평가된다. HPD에 대한 한 개입의 결과가 요구적 의존성을 더 높인다면, 그러한 개입은 오류라고 할 수 있다.

협력적 관계 증진하기

여성 치료자가 여성 HPD를 대할 경우, 여성 치료자는 치료자의 능력에 대해 의문을 갖고 있는 사람과 치료계약을 맺어야 하는 어려움에 직면한다. 여성 치료자의 첫 과제는 따뜻함과 지지를 받아들이는 것에 대해 이야기를 나누는 것이다. 이것은 HPD가 이해하는 것들이다. 이것이 성공하면 치료가 시작될 수 있다. 남성 치료자에게는 좀 더 쉬워 보일 것이다. 왜냐하면 따뜻함과 지지에 대한 계약이 매우 자연스럽게 일어나기 때문이다. 그러나 '그것'에 대항하는 치료동맹을 형성하는 것에 모든 노력이 경주되어야 한다. 이때 의존적이고 요구적인 특성을 지지해 주지 않는 것이 중요하다.

치료자와 환자의 성별에 관계없이, 치료자는 치료동맹을 형성하기 위해 HPD의 기본 패턴과 원형적 소망 및 두려움에 대한 지식을 활용하기 위해 노력한다. 실행계약은 환자의 관찰하는 자아(observing ego)와 체결되며, '적'은 손상적인 패턴이다. 동맹이 어떤 상태에 있는지는 다음과 같은 질문으로 직접 탐색할 수 있다. "우리가 하는 작업에 대해 어떻게 느끼세요?" "저에 대해 어떤 느낌을 갖고 계세요?" "나에 대해 정말 좋아하는 것이 무엇인지 말씀해 주시겠어요?" 전이반응이 '테이블 위에' 올랐을 때, 그것과 더 이른 시기의 경험 간 관계에 대해 논의하는 것이 그다음 순서가 된다. 이러한 이해가 패턴을 인식하는 학습을 촉진할 것이다.

치료에 대한 환자의 견해는 바뀌어야 한다. HPD는 치료자가 공상을 실현해 줄 것이라는 생각을 버리고, 치료는 자신의 성장을 촉진하는 것이라고 바라볼 수 있어야 한다. 치료자는 그러한 변화를 촉진하되, 공손하고 부드러워야 한다.

SASB 모형은 HPD가 몹시도 바라는 연애관계와 치료관계가 어떻게 다른지를 설명해 주는 매우 간편한 방법이다. 그 차이는 대인적 초점에 있다. 치료자의 초점은 늘 타인에게 있으며 환자에게 있다. 환자의 초점은 늘 자신에게 있다. 치료관계에서는 치료자의 상태 또는 상황이 주가 되지 않는다. 환자는 치료자가 아니라 자신에게 초점을 두고 많은 시간을 보내야 한다. 대조적으로 성숙한 관계에서는 대인 초점이 균형을 이루고 있다. 연애관계에서는 치료자가 시간의 절반을 상대방에게 할애하고, 나머지 반을 자신에게 할애한다. 이러한 차이는 세속적이지만 근본적으로는 타당한 것이다. 치료자가 연애관계에서는 대인 욕구를 가질 수 있지만, 치료관계에서는 그렇지 않아야 한다는 점을 강조하는 것이다. 치료자의 욕구와 학습이 아니라 환자의 욕구와 학습이 치료관계의 초점이다. 치료관계에서 치료자의 욕구를 충족시키는 것은 보수나 청구서면 충분하다. 초점을 명료화함으로써 HPD나 기타 장애를 가지고 있는 환자들이 결혼과 관련된 환상을 깨고 나아갈 수 있다. 이런 명료화를 통해 치료가 사회적 관계를 형성하는 데 적절한 곳이 아니라는 점을 재빨리 환자에게 알려 준다. 또한 치료자에게 지불하는 비용이 치료계약의 중요한 부분이라는 점을 분명히 해 준다. 치료자도 욕구를 가지고 있다. 이러한 욕구가 전문적 계약으로 충족되지 못하면, 아마도 다른 방식으로 그런 욕구를 충족할 위험이 있다. 그런 방식으로는 HPD가 자신의 패턴을 변화시키는 데 도움을 주지 못할 것이다.

패턴 인식 촉진하기

HPD는 다른 사람들이 문제(돈, 집, 문제해결)를 해결해 주어야 한다고 생각하도록 학습되었다. HPD가 아주 착해서, 사랑스러워서, 또는 필요한 것이 정말 많기 때문에 강력한 누군가가 이러한 요구를 충족해 줄 것이라는 점이 기본 아이디어다. HPD는 명확하게 생각하는 것, 과제에 효과적으로 집중하는 것, 또는 고난에 봉착해서도 포기하지 않는 것을 학습하는 데는 거의 관심이 없다. 이들은 자신이 이런 것을 할 수 있다면 세상의 어느 누구도 더 이상 자신을 보살펴 주지 않을 것이라고 믿는다. 그렇게 되면 이들은 홀로 남을 것이다. 수입과 지출의 균형을 유지하는 것, 매달 일어나는 '소란' 의 반복을 줄이는 것을 학습하는 것, 또는 집안일을 하는 것은 자신의 정체성을 포기하는 것과 같다. 만약 이들이 유능하고 요구적이지 않다면 사회적 교류의 토대를 잃는 것과 같다.

이렇듯 산만한 인지양식에 집착하는 것은, HPD가 패턴 인식을 학습하는 데 아무런 관심이 없다는 것을 시사한다. HPD는 잠시 멈추어서 현재 일어나고 있는 일을 성찰할 수 있는 관찰하는 자아를 가지고 있지 않다. HPD는 "내가 ~하기 전에 무슨 일이 일어났지?" "내가 ~할 때 내가 진정으로 하려고 했던 것이 무엇이지?" 와 같은 생각을 하지 않을 것이다. 그럼에도 패턴을 인식하고 새로운 패턴이 나타나기 위해서는 이런 유형의 인지적 초점이 필요하다. 만약 여성 HPD가 여성 치료자와 협력적 관계를 형성한다면, 이 단계는 더욱 쉬울 것이다. 여성 치료자와 함께 HPD는 친절하고 건설적인 방식으로 패턴을 검토하는 치료자의 시범을 직접적으로 내면화할 수 있다. 남성 치료자는 HPD가 가지고 있는 두려움, 즉 자신이 유능해지면 치료자가 자신을 매력적이라고 생각하지 않아서 결국 치료를 중단할 것이라는 두려움을 이야기하도록 도와야 한다. 남성 치료자가 환자의 강점을 인정하고 이를 전달할 수 있다면, HPD는 더욱 빨리 진전을 보일 것이다.

예를 들어, 사례 1의 환자는 은근히 어려움을 좋아하고, 신체증상을 악화시키며, 성공을 피하는 것과 부모의 가르침 사이에 어떤 관련성이 존재한다는 점을 이해할 때 도움을 받을 수 있다. 그녀의 아버지는 그녀의 여성성에 대해 찬사를 아끼지 않았으며, 어머니는 그녀가 아플 때 지지해 주었다. 그녀는 가족이 다시 정상으로 돌아올 것이라는 기대를 품고 삶을 살았다. 이런 통찰은 치료에서 성취해야 할 것이 무엇인지 분명히 알 수 있게 도와준다. 그녀에게는 이런 패턴을 포기하겠다는 결심이 필요할 것이다. 아마 시간이 꽤 걸릴 것이다. 사례 2의 환자도 유사한 소망을 가지고 있으며 유사한 발달 과제에 직면해 있다.

부적응적 패턴 차단하기

머지않아 치료자는 이면의 소망과 두려움에 토대를 두고 발현되는 잠재적으로 파괴적인 행동에 주의를 기울일 것을 환자에게 요청해야 한다. 예를 들어, 사례 1의 환자는 자신이 아플 때 남편과 의사가 보여 준 극진한 보살핌을 이제는 중단해야 한다는 면접자의 제안을 수용하였다. 그녀는 남편으로부터의 끝없는 지지를 상실할 것이라는 생각을 좋아하지 않는다고 말하였다. 남편의 보살핌을 병보다는 자신의 강점을 증진하는 데 사용할 수 있도록 부부상담을 추천하였다.

환자의 존재방식을 치료자가 전적으로 수용하는 것은, 환자가 변화를 위해 도움을 원하고 있다는 이면의 계약을 나타낸다. 환자가 패턴 및 그 이유를 늘 잘 알고 있는 것은 아니다. 선택할 수 있는 것이 무엇인지 모른다는 것은 자유롭게 선택할 수 없다는 것이다. 치료자가 환자의 현재 패턴을 질문한다고 해서 치료자가 환자를 무례하게 대하는 것은 아니다. 치료자는 부드럽게 맞서 봄으로써 과거로부터 환자를 보호한다. 치료자의 보호는 치료과정에서만 드러난다. 이는 치료학습이라는 관점에서 대안을 확대하고 인식을 증진하는 것이다. 결정과 관련된 제반사항이 완전히 이해될 때 환자의 자유의지가 증진된다. 치료과정에 대한 치료자의 지시성(directiveness)이란 치료자가 직접적인 지시를 해 주는 것이 아니다. 일반적으로 치료자는 "이혼해라." "Mr. B와 결혼하면 안 돼, 그는 너에게 맞지 않는 사람이야." 또는 "그 일을 그만두어야 할 것처럼 들리는데."와 같이 삶의 선택에 대해 지시를 하지는 않는다. 환자가 아무리 원한다고 할지라도 그러한 지시는 치료의 한 부분이 될 수 없다.

치료자는 보통 직접 조언을 하는 것으로 패턴을 막으려 하지는 않는다. 치료자는 환자가 삶의 선택에 대해 충분히 이해할 수 있도록 조력함으로써 적극적인 책임을 지려고 한다. 치료자가 몰던 차와 같은 종류의 차를 가지고 있는 사람과 결혼한 여성을 예로 들어 보자. 더 바람직한 개입은 환자로 하여금 치료과정에 대해 충분히 검토해 보도록 하는 것이었을지 모른다. 그녀에게는 자신이 치료와 치료자에 대해 어떻게 느끼고 있는지를 고려해 보도록 하는 도움이 필요했을 것이다. 그녀는 자신의 파괴적인 패턴이 서둘러 결혼을 결정하게 했던 것은 아닌지 탐색해 볼 필요가 있었다. 이 환자에게는 장차 남편이 될 사람과의 부부관계에서 무엇을 기대하고 있는지 숙고해 보도록 하는 도움이 있어야 하였다. 환자는 지지적인 치료환경 속에서, 결혼을 통해 자신의 소망을 실행할 수 있는 그 어떤 증거가 있는지 탐색해 볼 기회를 가졌어야 하였다. 그녀가 이러한 검토를 마치고 자신의 결정에 영향을 미쳤을 요인을 자각하게 되면 그녀는 더 나은 선택을 할 수 있을 것이다. 치료자는 그녀가 만난 지 3주밖에 되지 않은 남자와의 결혼을 여전히 원하고 있다 하더라도 반대하지 않을 것이다. 아마도 환자에게는 행운이었을 것이다.

부적응적 패턴을 포기하려는 의지 강화하기

건설적인 변화를 일으키기 위한 주요 단계 중 하나는 패턴을 변화시키고자 하는 의지를 키우는 데 있다. 파괴적 소망(또는 두려움)이 명백하게 드러나면 변화의 가능성이 높아진다. 그러한 소망이 드러나고 경험적인 방식으로 과거와 연계되면 도움이 될 것이다. 현재의 문제와 과거의 문제를 연결하는 관점은, 종종 패턴을 통해 달성하고자 하는 목표를 포기하겠다고 결심하는 데 도움이 된다.

다음 축어록은 패턴을 변화시키려는 의지를 HPD가 직접적으로 천명한 회기에서 인용한 것이다. 이 환자의 치료목표는 우울 증상 완화와 공황발작 없이 지내는 것이었다. 환자는 이전에 두 번의 치료를 받은 적이 있었다.

이 젊은 엄마는 피상적이었지만 매우 매력적이었다. 그녀는 DSM의 HPD 기준을 충족하였다. 심리치료나 약물치료 모두 도움이 되지 않았다. 그녀의 우울증은 능력 밖의 일에 압도당할 것 같다는 지각에 대한 반응으로 나타났다. 그녀의 병 때문에 남편은 요리, 육아, 그 밖의 집안일을 해야 하였다. 공황발작에는 언제나 남성의 무기력함을 상기시키는 일이 앞서서 나타났다. 환자는 아버지와 가까웠는데, 지역사회에서는 카리스마 있는 지도자였으며, 술 때문에 쇠약해졌을 때를 제외하고는 환자를 잘 돌보아 주는 의사였다. 그러나 술로 인해 결국에는 의사로서의 경력과 가족을 모두 잃고 말았다. 무기력한 남성을 바라보는 것은 자신을 돌보아 주던 훌륭한 아버지의 상실을 상기시켰고, 누가 자신을 돌보아 줄 것인가에 대해 우려하는 공황상태에 빠뜨렸다.

이 회기는 자살 가능성 및 부정적 전이에 대한 이야기로 시작되었다. 이후 돌봄에 대한 소망으로 나아갔는데, 이러한 소망은 자살하고 싶은 감정의 토대가 되었다.

P: 전 제가 정말 스스로를 해칠 어떤 일을 할 것 같은 마음이 있는지 남편에게 확인해 보고 싶었어요. 그(남편)에게 직접 물었지요. 어떤 계획이 있거나 한 것은 아니지

만, 그런 마음이 있었기 때문에, 병원에 데려 간다거나 누군가에게 전화를 한다거나 또는 단순히 얘기를 들어 준다거나 하는 일을 할 것인지 물었어요. 사람들이 괴로운 상황에 있을 때 삶을 계속 유지하는 이유가 무엇일지 이해해 보려고 했어요. 주위를 돌아보았어요. 아이들과 남편이 있었어요. 뭔가 일이 잘못되어 가고 있다는 생각이 계속 들어요. 심지어 제가 그런 생각을 했다니…. 제가 무척이나 이기적이라고 느껴져요. 글쎄요, 전 자살할 것 같은 느낌은 아니에요. 다만 계속하지 않았으면 좋겠다 뭐 그런 느낌이 자주 들죠. 죽는 게 좋겠다고 생각돼요.

T: 그걸 어떻게 이해하지요? 그리고 왜 그런 일이 지금 일어나고 있다고 생각하나요?

P: 글쎄요, 잘 모르겠어요. 오늘 그것에 대해 무척 많이 고민했는데 우습네요. 사실 전 어제 그것 때문에 무척 우울했어요. 10년 동안이나 분석을 받고 있는 한 친구에게 전화를 해서 오랜 시간 통화했어요. 내가 어떤 느낌을 가지고 있는지 얘기한 후, 이 치료가 별로 효과가 없는 것 같다고, 그 이유는 잘 모르겠다고, 아마 둘 사이의 매칭이 문제인가, 아니면 정말 크고 중요한 무엇인가에 저항하고 있는 것인가? 글쎄요 제가 그런 걸 잘 알기는 어렵지요. 전 또 매우 두려워요. 당신이 겨울(현재까지 9개월이 되었음)에 떠날 것이라니 말이죠. 전 아직 그대로인 것 같은데. 전 겨울에 대해 생각해요. 어둡고, 힘들고, 우울하죠. 전 오늘 갑자기 기분이 좋아졌어요. 아침부터 말이지요. 전 당분간, …전 더 이상 이 수준으로 계속 갈 수 없어요. 왜냐하면 여기서 빠져나올 수 없을 것 같아서예요. 이러한 퇴행에서 말이죠. 전 단지 그만두려고 했어요.

T: 이 퇴행에 대해 제가 어떻게 반응하고 있는 것처럼 보이나요? 어떤 생각이 드세요?

P: 당신이 매우 반응이 없는 사람이라고 생각해요. 그러나 내가 원하는 것은 의미없음에 대한 이 모든 얘기, 죽음을 두려워하지만 다시는 깨어나지 않고 싶다는 소망 그리고 다른 모든 것에 대해 당신이 뭔가를 해 주어야 한다고 느껴요. 당신은 나에게 그러지 않을 것이겠지만 말입니다. 당신이 나에게 아무것도 해 주지 않거나, 이러한 방식으로 치료를 하지 않거나, 이건 뭐 당신으로부터 결코 받을 수 없을 것을 달라고 하는 것 같군요. 바로 이런 것 때문에 이 치료가 잘못된 것 같다는 것이에요. 또는 이 모든 것이 나를 강하게 하려는 당신 계획의 일부일 수도 있고 말이죠.

T: 그래서 제가 당신을 힘들게 하기 위해 해야 할 일을 하지 않고 있단 말이지요?

P: 예, 아마도. 아니면 전 여기서 우리가 무얼 하고 있는지 알 수 없을 거예요. 아마 전 좌뇌를 잘 활용할 수 없는 사람이거나, 또는 이 모델에서 무언가를 배워야 할

사람이겠지요.

[환자가 치료에 대해 만족스럽지 않게 여긴다는 점을 계속 이야기하였다. 그리고….]

T: 글쎄, 제가 당신의 증상을 충분히 잘 다루고 있지 못하다는 불평을 계속 들어 왔습니다.

P: 당신이 증상을 다루고 싶어 하지 않는다는 얘기를 분명히 들었어요. 그것에 대해 내가 두려워하고 있는 것은, 내가 정말 자살하려는 마음이 있다면 그것은 증상이 아닐까요?

T: 제가 어떻게 할까요? 아마 전 지금까지 해 왔던 것과 동일한 것을 할 겁니다. 즉, 지금 진행되고 있는 일을 선택해서 당신과 함께 이해하려고 노력할 것입니다. 그래서 당신이 그 문제에 대해 다른 방식으로 대처할 수 있는 힘을 갖도록 도울 것입니다. 만약 당신이 그렇게 할 수 없다면, 당신이 자살하려 한다면, 그때 저는 입원에 대해 얘기할 것입니다. 지난 번에 한번 얘기했지요? 기억나세요?

P: 그때 정말로 죽고 싶다는 생각이 들었던 것은 아닙니다. 그것은 공황, 즉 통제할 수 없는 공황과 같은 것이었죠.

T: 언제나 가능성은 있지요. 전 그것이 진정 무엇에 대한 것인지 함께 이해하고 싶습니다. 그것[입원]은 치료가 아니라고 생각합니다.

P: 입원 말이군요?

T: 예. 그리고 그것은 응급상황에 처해 있다는 하나의 표시지요. 물론, 전 그렇게 하려고 노력할 것입니다. 그러나 지금 우리가 여기서 헤엄치는 것을 학습하고 있고 당신이 물에 빠져 있다면, 전 물에 뛰어들어서 당신을 건지고 구명 도구를 주거나 할 것입니다. 실패할 수 있지만 그렇게 하려고 노력할 것입니다. 그러나 그건 헤엄치는 것을 학습하는 것이 아닙니다. 그건 단지 당신이 더 나은 상황에 있을 때 헤엄치는 것을 학습할 수 있도록 기회를 보존하는 것에 불과합니다. 당신이 물에 빠져서 허우적거릴 동안 전 당신을 도우려 할 것입니다. 그러나 그것은 당신에게 헤엄치는 방법을 가르치는 것이 아닙니다.

P: 그게 지금 내가 하고 있는 것이라는 말씀이지요? 물에서 허우적거리고 있는 것 말입니다.

T: 전 당신과 함께 그것을 탐색하려고 노력하고 있습니다. 오늘 시간이 끝날 때까지 당신이 이 점을 더 잘 이해할 수 있기를 바랍니다. 무슨 일이 있었나요?

P: 예, 주말에….

[그녀는 남편과의 싸움에 대해 이야기하였다. 요지는 남편에게 결혼생활은 정말이지 싫을 뿐 아니라 지금껏 좋았던 적이 없었다고 얘기했다는 것이다. 남편은 아내의 계속된 우울증과 공황발작에 대해 무척 화가 나 있었다. 그러고 나서 환자는 새 직장에서의 일을 잘 수행해 나갈 수 있을지에 대해 이야기하였다. 마지막에 치료자는 그녀의 입장을 요약해 주었다.]

T: 남편 분께서는 지금껏 당신을 지지해 주고 당신 대신 많은 일을 해 왔습니다…. 그것을 당신이 스스로 하라는 요구가 있죠. 그러나 아직 당신에게 그것은 너무 큰 일이고 능력 밖의 일인 것 같아 괴롭습니다. 그런 무력감을 느끼는 것이 근본적으로 당신을 우울하게 만드는 것이라 생각합니다. 내가 그런 일을 할 힘을 주기를 기대하면서 당신은 내게 왔습니다. 그러나 대신 저는 당신이 그런 일을 스스로 하는 것을 배우도록 돕겠다는 이야기를 해 왔습니다. 몇 회기 전에 우리는 누군가가 당신을 돌보아 주기를 바라고, 그래서 진짜 엄마 같은 사람을 갖고 싶어 하는 소망과 직면했습니다. 그것이 바로 내게 원하는 것일 테죠. 당신을 내 무릎에 올려놓고는 당신을 붙들고 '모든 일을 해 주는 것' 말입니다. 그런 일이 가능하다면 그렇게 하겠습니다. 그건 매우 재미있는 일일 겁니다. 모든 것을 잘되게 하는 것이 얼마나 즐겁겠습니까? 전 그런 일을 좋아하기 때문에, 그런 것이 가능하다고 저 자신을 속일 수도 있습니다. 그러나 전 그것이 가능하다고 생각하지 않습니다. 그래서 당신이 그런 힘을 갖기 전에 무엇을 해야 할지 전에 몇 번 얘기한 적이 있습니다. 당신은 그 환상을 포기해야 합니다. 그것과 관련된 슬픔이 당신을 고통스럽게 하고 있다고 생각합니다. 언제나 당신 곁에서 어려움을 해결해 주었던 아버지처럼, 그리고 쿠키를 만들어 주고 키스를 해 주었던 엄마처럼 해 줄 그 누군가가 없다는 생각 때문에 드는 슬픔 말입니다. 그런 생각이란 얼마나 환상적입니까?

P: (몇 분 동안 말이 없다.) 솔직히 말해서 전 그런 소망 때문에 슬픔을 느껴 본 적은 없습니다.

T: (잠깐 침묵하다가) 만약 그것을 깨달을 수 있는 방법을 알아낸다면 제게 말해 주세요. 제게는 좋은 소식이 될 것입니다.

P: 제 머리로는 그런 것이 결코 일어날 수 없다는 것을 압니다. 그런 무의식적인 소망이 얼마나 강력한지 놀랍기만 합니다. 뭔가가 그렇게 강력할 수 있다고 생각하니 무섭군요.

T: 그게 현실입니다.

P: 전 그 근원을 추적하기 위해, 아스피린을 구하기 위해 쉬는 시간 10분을 이용해 양

호실로 가는 저의 아동기까지 회상해 갈 수 있습니다. 그러나 전 마치 중독자처럼…. (침묵) 그러나 그것을 안다는 것만으로는 별로 도움이 되지 않습니다.

T: 그렇습니다. 그것이 학습모델이 갖고 있는 어려움입니다. 테니스 서브할 때 당신 손목이 굽어져야 한다는 것을 안다고 해서 좋은 서브를 넣을 수 있는 것은 아닙니다. 통찰이라는 것은 단지 첫 단계에 불과합니다. 어려운 부분은 그러한 소망을 포기하는 것입니다. 그것은 우울한 일이지요.

P: 더욱 우울해지네요. 정신분석적인 얘기 같은데요, 말하려니 더 긴장되는데요. 제가 이런 것을 직면하면 할수록 침대로 기어들어가 어둡고, 따뜻하고, 안전한 이 장소에 머무르고 싶어집니다.

T: 우울상태에 침잠하고 싶다….

P: 구멍 안으로 기어들어 가고 싶어요.

[환자와 치료자는 퇴행하고 싶은 소망에 대해 계속 탐색한다. 이 회기는 다음과 같이 종료된다.]

P: 문제는 이런 것을 쉽게 사라지게 할 도리가 없다, 이것이 당신이 내게 하고 싶은 말이지요?

T: 자, 한번 생각해 봅시다. 당신이 내 딸이라고 합시다. 또는 배우자라고 합시다. 제가 늘 당신 곁에 있습니다. 무슨 일이 발생할 때마다 무엇을 해야 할지 말해 주고, 문제를 해결해 주고, 훌륭한 식사를 만들어 준다고 합시다. 어떻게 느껴집니까?

P: 얼마 동안 좋겠지요. 전 아마 저와 그 모든 것이 싫어질 때까지 더욱더 요구하는 것이 많아질 거예요.

T: 그렇습니다. 아주 낮은 자존감을 갖게 될 겁니다. 그리고 당신은 점점 더 약해질 겁니다.

P: 그렇지요.

나중에 그녀는 치료자가 "설명, 은유, 격려를 통해 말할 수 없을 정도로 지지해 주었지만, 문제를(판독 불가) 그것을 다루려는 자신의 의도를 설명해 주었다."라고 적었다. 자살 가능성은 다시는 주제로 떠오르지 않았다. 이 회기에서 환자는 자신의 요구적 의존성이라는 잠재된 동기를 깊은 수준에서 직면하게 되었는데, 변화가 일어나는 중요한 계기가 되었다. 이후 환자는 힘을 기르고 우울증을 극복하는 과제에 적극적으로 그리고 성공적으로 참여하였다.

새로운 학습 촉진하기

잘 알려진 많은 치료기법이 이 단계에 적절하고 효과적이다. 따뜻하고 지지적인 경청은 지속적으로 필요하다. 일단 '무의식적인 덤불' 이 제거되면 다양한 접근에서 활용되는 기법이 새로운 패턴을 형성하는 데 활용될 수 있다.

앞의 사례에서 의존적이 되려는 소망을 직면했던 HPD는 스스로에 대한 유능함을 개발하기 위한 첫걸음으로 대학에 등록하는 방법을 알아보았다. 그녀는 자신이 집에서 해야 하는 일과 아이들의 양육을 다시 할 수 있게 되었다. 일단 의존욕구를 직면하고 포기하자, 자신의 힘을 기르기 위해 계속 노력하게 되었다. 이 환자는 치료자의 도움이 거의 필요하지 않게 되었다.[7)]

다른 환자들은 이 마지막 단계에서 더 적극적인 치료자의 참여를 필요로 한다. 많은 환자들은 청소년기를 재경험하는 시간으로 이 시간을 활용한다. 생활방식과 정체감에 대한 선택을 탐색한다. 이들은 청소년기 때보다 더 많은 자원을 가지고 있기 때문에 어떤 환자들은 이 차례에 정말 좋은 시간을 갖는다. 반면, 다른 많은 환자들은 불행한 삶의 상황에 묻혀 있는 자신을 발견한다. 이 환자들에게 마지만 단계에서 무언가를 파내는 것은 쉽지 않지만 가능한 일이기는 하다. 치료자는 이러한 노력에 충실하고 희망을 품은 아군이 되어 주어야 한다.

---

7) 치료종결 6년 후 추후 조사에서 이 환자는 전문직에 종사하고 있었으며, 훌륭하게 기능하고 있었다. 그녀는 자신에 대한 작업을 좀 더 하기 위해 새로운 치료를 시작했다고 보고하였다. "정말 근본적이고 중요하며 행복한 일이 이 치료에서 일어났다는 데 대해서는 의문의 여지가 없다." 라고 하였다.

08
반사회성 성격장애

'이 병은 내 의술로도 고칠 수 없는 병이다'

구속도 없고 치료다운 치료도 없다면, 사이코패스는 내가 측정할 수 있는 한도를 넘어서서 비통, 혼란, 절망, 익살, 재앙을 사회적 파장 속에 지속적으로 축적시킬 것이다(Cleckley, 1955, p. 539).

문헌 고찰

과거 수백 년간 범죄를 저지른 사람은 개인적으로 책임을 지고 처벌을 받아 왔다. 1843년에 성립된 M'naghten rule에 따르면, 어떤 사람이 범죄를 저지른 시점에서 그 행위의 속성을 알지 못할 정도로 이성에 결함이 있는 상태였다면 그 사람은 책임이 없다. 그 사람이 그 행위의 속성을 알았다 하더라도 그 행위가 옳지 않다는 것을 알지 못했다면 여전히 그의 책임은 아니다. 1887년에 제안된 '불가항력적 충동(irresistible impulse)'이라는 원칙을 포함하여, 이 규칙의 여러 변형이 나타나고 사라져 갔다. 불가항력적 충동 규칙이란, 만일 범죄 시점에서 옳고 그름을 판단할 능력이 없었다면 그 범죄자는 책임이 없다는 것을 의미한다. 1954년 Durham 규칙은 관용의 범위를 더욱 확대하였는데, 이에 따르면 어떤 범죄행위가 정신적 결함 또는 정신병의 산물이었다면 그 사람에게 책임을 물을 수 없다. Durham 규칙은 법정을 정신과적인 싸움의 무대로 바꾸어 놓았다. 정신과 의사들로 구성된 한 팀은 범죄가 정신질환의 산물이었음을 주장하고, 다른 전문가 집단은 그것이 아니었음을 보여 주려 했던 것이다. 최근의 관점은 이런 범죄자에게도 어느 정도의 책임을 부여하는 것으로 바뀌었다. 1978년에 제안된 '한정능력(diminished capacity)'이라는 규칙은 정신적으로 장애가 있는 범죄인에게 적은 형량의 유죄를 언도하자는 것이다. 예를 들면, 정신이상자의 일급살인은 판단능력의 감소라는 이유로 고의성 없는 살인(manslaughter)으로 축소될 수 있다. 또 다른 최근의 변화는 '유죄 그러나 정신질환'이라는 것이다. 이 관점에 따르면 범죄를 저지른 정신질환자는 치료를 위해 우선 병원으로 보내진다. 치료 후 병원에서 퇴원하면 그때 법률에 따라 처리하는 것이다.

만일 정신질환의 증거가 없다면, 유죄선고를 받은 범죄인은 책임을 지고 적절한 절차에 따라 처벌을 받는다. 반사회성 성격장애(Antisocial Personality Disorder, 이하 ASP, 가끔 '사회병질(sociopathy)' 또는 '정신병질(psychopathy)'이라고도 불린다)는 정신장애의 하나로 DSM의 목록에 올라와 있다. 하지만 흥미롭게도 이 장애를 가진 사람들은 완전한 법적 책임을 진다. ASP는 정신장애가 없는 범죄인이며 그래서 완전한 처벌이 가능하다.

ASP를 장애로 묘사하면서 ASP에게 완벽한 법적 책임을 부과하는 것은 명백한 모순이지만 그리 놀랄 일은 아니다. DSM-III와 DSM-III-R에서는 범죄행동에 따라 ASP를 정의한다. 법원이 이 진단을 받은 사람들에게 관대하지 않았던 것은 논리적으로 타당하다. 범죄행동으로 정신장애 여부를 정의하고, 정신장애를 가졌다는 이유로 범죄행동을 한 사람을 용서해 주는 것은 순환논리의 모순에 빠지는 것이 될 것이다. DSM-IV는 ASP를 완전히 다르게 정의하였다. 이제 더 이상 ASP에 대한 기준으로 범죄행동의 세부 유형을 열거하지 않는다. 다른 성격장애처럼 이 장애에 대한 기술은 대인적(interpersonal)이며 정신내적(intrapsychic)이다. 미래에도 이 꼬리표를 받은 개인이 여전히 '일반 범죄자(common criminals)'로 간주될지는 아직 모른다. 아마도 최소한 다른 성격장애를 가지고 있는 범죄자에게 책임을 물을 수 있는 정도까지 그들에게도 책임을 물을 수 있을 것이다. 이런 가능성에 대해 Widiger, Corbitt과 Millon(1992, p. 72)은 흥미로운 견해를 제시하였다.

> 미친 것(madness)과 나쁜 것(badness)의 차이는 향후 연구와 검토가 필요할 것이다. … 자기통제 또는 책임감의 부족이 정신장애라는 확인된 존재에 의해 단순히 평가되거나 암시될 수는 없다. 자기통제는 시간과 상황에 따라 다양할 것이다. 예를 들면, 정신분열증 환자들도 환각이 명하는 바에 저항할 수 있는 정도가 다양하다. 소아성애(pedophilia)는 어떤 사람을 미성년자와 성행위를 하도록 충동질하지만 어떤 순간에 소아성애자는 그 유혹을 뿌리칠 수 있다. 정신병질적인 특성을 가진 사람(psychopathic person)은 사회적 일탈행동에 대해 강한 충동을 느끼지만, 그렇다고 그것에 저항할 능력이 없다는 의미는 아니다. 정신병질적 사람이 자신의 행동에 대해 책임을 지는 정도

는 다양할 것이며, 이러한 책임은 시간과 상황에 따라 달라질 것이다. 책임의 유무는 정신장애 진단의 유무로 판단하기보다는 사례별로 평가해야 한다.

ASP가 정신장애인지 그리고 이 장애가 범죄 책임을 면하게 할 수 있는지에 대해 오랫동안 갈등이 있어 왔다. DSM-III가 출간되기 전 오랫동안, Cleckley(1955)는 정신병질적 성격이 진정한 정신장애 중 하나라고 주장하였다. 그의 책 『The Mask of Sanity』에서 Cleckley는 자기파괴적(self-destructive) 범죄행동에 관여하는 사람들을 하나의 범주로 정의하였다. 그는 이들의 특징을 기술하고 그러한 패턴의 원인에 대한 가설을 제시하였다. Cleckley는 이런 장애를 일상적인 범죄행동과 구별하였다. 그는 정신병질적 성격을 가진 개인에게 다른 범죄자와 같은 정도의 책임을 묻는 관례를 비난하였다. Cleckley는 정신병질자들이 비록 온전하고 사회적으로 그럴듯해 보일지라도 "[하나의] 비합리성(irrationality)과 분명한 무능력을 보여 준다(p. 19)."라고 주장하였다.

이러한 관점을 보여 주기 위해, Cleckley는 '일반 범죄자'의 특징이라 할 수 없는 정신병질적 '어리석음'에 대해 많은 예를 제시하였다. 그는 정신병질자들이 발각될 것이 확실한 무모한 방종을 일삼는다는 것을 관찰하였다. 이러한 유형의 범죄자는 범죄 '성공'을 자랑스럽게 떠벌릴 것이며, 이는 결국 자신의 몰락을 가져올 것이다. Cleckley는 회사 내에서 우수 영업사원이 되었으나, 물건을 덤핑으로 넘겼다는 사실이 발각되어 완전히 실패자로 전락한 사람을 예로 들었다. 이 사람은 부족액을 숨기기 위해 자금을 변통하였던 것이다. 전문적인 범죄자는 들통 날 것이 뻔한 행동을 하지는 않는다.

Cleckley는 정신병질을 정의하기 위한 16개 진단 징후 목록을 제안했는데, DSM 사례 예시와 DSM 기준에서 많이 발견된다.

1. 피상적인 매력과 훌륭한 '지능'
2. 망상 및 다른 비이성적 '사고' 징후는 없음
3. '초조감(nervousness)' 또는 신경증 징후는 없음
4. 신뢰할 수 없음
5. 진실함과 진정성이 없음
6. 후회나 수치심이 없음
7. 부적절하게 동기화된 반사회적 행동
8. 부적절한 판단력 및 경험을 통해 학습하지 못함
9. 병리적 자기중심성 및 사랑할 능력의 부재
10. 일반적으로 주요 정서반응이 빈약함

11. 통찰 부족
12. 대인관계에서의 무반응성
13. 음주를 동반한, 때로는 동반하지 않은 기이하며 매력적이지 않은 행동
14. 자살 기도는 드묾
15. 성생활이 비인격적이고, 사소하며, 잘 통합되지 않음
16. 삶의 계획을 실천하지 못함(1955, pp. 380-381)

DSM-III와 DSM-III-R과는 대조적으로 Cleckley의 정신병질은 어떤 개인이 법적인 문제를 일으키지 않는다 하더라도 진단될 수 있다. 물론, 그가 정의한 속성들은 범죄행동과 체포로 이어질 가능성이 크다. 그럼에도 불구하고 Cleckley는 정신병질적 성격이 법적으로 문제가 없는 사람들에게서도 발견될 수 있기 때문에 정신병질적 성격을 설명하기 위한 별도의 장을 구성하였다. 이 장에 포함된 예로는 비즈니스맨, '상류층 사람', 신사, 과학자, 내과의사 그리고 정신과의사가 있다. DSM에서는 이제 더 이상 ASP를 엄격하게 범죄용어로 서술하지 않는다. 이제는 반드시 체포되지 않아도 ASP로 진단내릴 수 있게 되었다.

일단 ASP가 대인 용어로 정의되면, 다른 장애와 진단적으로 중복되는 이유가 분명해진다. 예를 들면, 다른 사람들을 무시하는 것은 ASP뿐만 아니라 NPD에서도 나타난다. ASP가 보여 주는 신중함과 조심성의 결여는 BPD와는 공유되고, 좀 약하지만 HPD와도 공유된다. 다른 성격장애들과의 중복에 대한 상세한 논의는 이 장의 후반부와 부록에 제시하였다. Cleckley는 특히 정신질병과 정신분열증 간의 중복에 관심이 많았다.

> 그러나 언어적 탐색과 직접적으로 보아서 파악할 수 있는 정신병질자의 겉으로 드러난 모든 면은 정상인과 비슷하게 또는 더 좋게 보이며, 내부의 장애에 대해 어떤 힌트도 주지 않는다. 그에 대한 어떤 것도 이상하거나, 부적절하거나 또는 도덕적으로 취약해 보이지 않는다. 그의 얼굴은 정신적으로 건강한 사람의 얼굴과 차이가 없다. 그러나 그는 정신분열 환자의 행동만큼이나 심각한 이상행동을 보여 준다. 또한 내부적으로도 유의미한 차이를 보여 준다. 우리는 정신분열 환자의 이면 깊은 곳에서 삶의 아주 긴박한 문제에 대해 이상하고 기이한 무관심을 흔히 볼 수 있으며, 때로는 별로 중요해 보이지 않는 것에 대한 특이하고 설명 불가능하며 예측 불가능한 강렬한 정서반응을 볼 수 있다. 정신병질자의 기가 막히게 기만적인 가면 뒤에서 우리가 감지하는 감정적 변화는 1차적으로 정도의 문제, 즉 광범위한 범위에 걸쳐 계속해서 반응 고르기를 하는 것처럼 보인다. 또한 허위경험 또는 유사경험 이상을 성취할 만큼 충분히 진지하게 반

> 응하지 못하는 것 같다. 충분한 심각성을 가지고 반응하지 못하기도 한다. 대부분의 정신병질자들은 밖으로 드러나는 외모나 피상적인 반응에 뚜렷한 손상을 입지 않은 채, 삶에서 추구하는 모든 것과 모든 주관적 경험의 목적과 의미가 영향을 받는다(1955, pp. 437-438).

Cleckley에게 정신병질자의 정서적 무심함은 정신병질과 정신분열증 간의 강한 연결고리였다. 그는 정신병질의 원인에 대해 깊이 생각했고 신경학적 결함이라는 아이디어를 선호하였다. 다른 사람들처럼, Cleckley는 이러한 패턴이 발달 초기에 나타나며 다루기가 무척 어렵다는 인상을 가졌다. 이렇게 겉으로 보이는 독특한 가족경험은 선천적(constitutional) 요소들을 암시한다(pp. 464-468). 그는 정서조절을 조정하는 신경경로의 결함을 의심하였다(p. 484). 그러나 Cleckley는 여전히 가족의 영향을 언급하였다. 그는 유아자폐증을 설명하는 것으로 가정되었던 미세한 정서적 결합의 부재가 정신병질에도 있지 않은지 의심하였다(pp. 470-476). 그러나 면접에 기초한 발달 이론 수립에 대해서는 부정적이었다. 그는 환상을 사실처럼 말하는 정신병질자의 경향 때문에 정신병질자가 제공하는 정보에 대한 신뢰성이 위협받을 수 있다고 생각하였다.

정신병질자에게 신경학적 손상이 있을 것이라는 Cleckley의 믿음은 경험적으로 지지되어 왔다. 정신병질자에 대한 신경심리학적 검사 결과 나타난 결함은 뇌 손상을 입은 환자가 보여 주는 것과 동일하였다. 이렇게 널리 받아들여진 이론에 대한 최근 탐색은 Hart, Froth와 Hare(1990)에 의해 이루어졌는데, 이들은 남성 수감자 중 서로 다른 두 표본에 대해 표준 신경심리학 검사 배터리를 시행하였다. 그 집단들은 연령과 교육수준에서 비교 가능하였다(n's=90, 167). 정신병질적 수감자들과 그렇지 않은 수감자들 간에는 차이가 없었다. 신경학적 손상에 기반하여 정신병질 수감자를 선별해 낼 수 없다는 것은 명확하였다. 이러한 결과는 자기보고식으로 측정된 정신병리 및 물질남용의 효과를 교정한 후에도 여전하였다. Hart와 동료들은 다음과 같이 결론내렸다. "이 결과는 정신병질에 대한 전통적인 뇌 손상 설명을 지지하지 않는다(1990, p. 374)."

ASP를 설명할 수 있는 여러 가지 가능한 결함목록에 덧붙여, 몇몇 연구자들(Cloninger의 1978년 개관 참조)은 남성에게서 이 장애가 과도한 혈청(serum) 테스토스테론과 관련이 있음을 제안하였다. 이 아이디어는 연구실 실험으로 확인된 것은 아니다. 다른 연구자들은 ASP가 '쾌감' 을 찾게 하는 자율각성의 임계치가 높다고 주장해 왔다. 보험통계 관련 연구들에 따르면, ASP는 ASP를 입양한 가족보다는 생물학적 가족에서 더 빈번하게 발생하는 것으로 나타났다. 만일 입양가족 내에 범죄력이 있다면 그 효과는 커진다. Cloninger(1978)는 둘 다 ASP를 가질 확률이 이란성 쌍생아보다 일란성 쌍

생아에서 더 높다는 것을 발견하였다.

ASP를 설명하기 위한 다요인 모형이 제안되어 왔다(Cloninger, Christiansen, Reich, & Gottesman, 1978; Cloninger et al., 1975; Widiger, Corbitt, & Millon, 1992). 최근 종단연구(Harpur & Hare, 1994)에서는 2개의 특수 요인을 제안하였다. 이 중 한 요인은 연령과 함께 감소하는 것이며, 다른 하나는 그렇지 않다. 정신병질의 핵심이면서 연령이 증가해도 변하지 않는 요인은 자기중심성, 교활함, 냉담성과 공감, 죄의식 및 양심의 결핍을 주내용으로 한다. 두 번째 요인은 연령과 함께 감소하는데, 감각추구, 충동성, 대담함 그리고 단조로움 회피를 주내용으로 한다. 변하지 않는다는 것이 유전에 근거하는지, 1차적으로 유전자에 따라 결정되는 ASP의 특징이 무엇인지에 대해서는 논쟁이 계속되고 있다. 그럼에도 이 책은 상호작용 모형의 가정하에서 환경적 요인들에 대한 가설에만 초점을 맞추고 있다. 이 장은 ASP에 대한 대인적 기술과 대인 관련 병인 및 치료작용에 대해 논의할 것이다.

ASP에 대한 DSM의 정의[1)]

DSM 정의는 이후 분석의 출발점이 된다.

A. 다른 사람의 권리를 무시하고 침해하는 광범위한 행동양상을 나타낸다. 이런 특징은 15세 이후에 나타나고, 다음 중 3개(또는 그 이상)의 증상이 나타난다.

(1) 법에서 정한 사회적 규준을 지키지 못하고, 구속당할 행동을 반복적으로 하는 특징을 보인다.
(2) 자신의 이익이나 쾌락을 얻기 위해 거짓말을 반복적으로 하고, 가명을 사용하며, 다른 사람을 속이는 것과 같은 사기성을 나타낸다.
(3) 충동적이거나 또는 미리 계획을 세우는 데 실패한다.
(4) 반복적인 몸싸움이나 폭력에서 드러나는 바와 같이 화를 잘 내고 공격성을 보인다.
(5) 무모할 정도로 자신이나 다른 사람의 안전을 고려하지 않는다.
(6) 일정한 직업을 갖지 못하거나 빌린 돈을 갚지 못하는 지속적인 무책임성을 보

1) 이 장의 DSM 정의는 DSM-5를 기준으로 하였다.

인다.

(7) 다른 사람에게 상처를 입히거나 학대하거나 또는 절도행위를 하고도 무관심하거나 합리화하는 등 양심의 가책이 결여되어 있다.

B. 적어도 18세 이상이어야 한다.

C. 15세 이전에 발생한 품행장애 증거가 있어야 한다.

D. 반사회적 행동이 정신분열증이나 조증 삽화의 경과 중에만 나타나는 것이 아니어야 한다.

DSM-Ⅲ와 DSM-Ⅲ-R에서 구체적으로 정의함으로써 이 진단은 행동지향적인 심리학자들에게 수용되었다. 결과적으로 ASP는 이차 자료(예: Carson & Butcher, 1992)를 포함하여 『Journal of Abnormal Psychology』와 같은 주류 심리학저널에서 다른 장애들보다 더 많은 관심을 받게 되었다.

이전에는 주로 범죄행위에 초점이 맞추어졌음에도 불구하고, ASP는 다른 성격장애들과 상당히 중복되는 것으로 나타났다. Morey(1998)는 성격장애로 치료받고 있는 291명의 외래환자 중 6.2%가 ASP 진단기준에 부합한다고 보고하였다. ASP는 상당 수준 BPD(44.4%), NPD(55.6%), HPD(33.3%) 그리고 APD(공격성 성격장애, Aggressive Personality Disorder, 50.0%)와 중복되었다.

발병원인에 대한 가설

발병원인에 대한 가설을 설정하기 위해 SASB 모형을 활용하는 방법을 5장에 기술한 바 있다. DSM에 기술된 ASP 증상 각각을 설명하기 위해 발달사적 특성 네 가지가 제시되었다. 이 장애의 독특한 대인관계 패턴과 대인사를 연결하는 가설을 〈표 8-1〉에 제시하였다. 다음은 가설에 대한 좀 더 자세한 설명이다.

1. 가혹한 **공격**과 전반적인 **무시**가 있었다. 깨진 가정, 알코올중독, 폭력, 부모의 의무태만이 ASP의 병력에서 자주 발견된다. 그러나 빈곤, 아버지의 부재, 알코올중독, 붕괴된 가정 같은 변인을 조사한 결과에 따르면, 이런 요인들과 ASP 사이의 관계를 설득력 있게 설명하지는 못한다(예: Cloninger, 1978). Cleckley(1955)는 이런 요소들이 ASP와 관련되어 있다는 인상을 받지 못하였다. 그는 '자신 있게 입증하기가 거의 불가능한 미묘한 형태의 환경적 · 개인적 영향의 가능성'에 대해 경고하였다(p. 482).

〈표 8-1〉 ASP에 대한 대인관계 요약

과거경험	과거경험의 결과
1. 가혹한, 방임적 양육(**공격**, **무시**)	1. 타인을 **무시**하고, 타인을 방치하며, 타인에게 민감하지 못함 전반적인 거리두기(담을 쌓음)는 사회적 조절을 방해함 **공격**이 조절되지 못함 타인을 착취함(*자기보호*+**무시**)
2. 산발적인, 조절되지 않는 양육적 **통제**, **비난** 굴욕감을 들게 할 가능성 있음	2. 자율성을 맹렬히 보호하려 함(분리, 담을 쌓음) 쉽게 **비난**함 **통제**하려 함, **무시**함
3. 부적절한 부모의 돌봄(**적극적 사랑** 혹은 **보호**+**무시**)	3. 약물남용, 매춘, 범죄(*자기보호*+*자기방치*) '거짓 돌봄' 혹은 속이기(**적극적 사랑** 혹은 **보호**+**무시**)
4. 아동이 **통제**, 부모가 의무를 태만히 하기 때문에 아동이 가족을 이끎	4. 정서적 유대가 없는 통제(**통제**+**무시**)

요약: 타인을 통제하려는 부적절하고 조절되지 않는 욕구가 있는데, 이러한 욕구는 적극적으로 관여하지 않는 방식으로 실행된다. 독립하려는 강한 욕구가 있고, 보통 경멸의 대상인 타인들로부터 통제당하는 것을 거부하는 욕구가 있다. 통제 또는 독립에 대한 욕구를 뒷받침하기 위해 공격을 기꺼이 사용한다. ASP는 대개 우호적이고 사교적인 것처럼 보이지만, 그 우호성은 보통 거리두기(detachment)라는 기준 위치를 늘 동반한다. ASP는 자신 또는 타인에게 무슨 일이 일어날지에 대해 무관심하다.

ASP 기준선 SASB 코드: 무자비한 공격(**공격**+담을 쌓음). 무자비한 통제(**통제**+담을 쌓음). 통제하는, 헌신하지 않는 애정(**적극적 사랑** 또는 **보호**+**공격**+담을 쌓음). 자기보호 없는 자기방치(*자기보호*+*자기방치*), 혹은 타인에 대한 배려 없는 자기방치(*자기보호*+**무시**). 분리된다면 **비난**하고 마음이 편안해짐. 소망: 자유롭게 되기(**해방**) 또는 타인을 복종시키기. 두려움: **통제**받게 되는 것. 필요조건: 자율욕구와 타인을 통제하려는 욕구. 거리두기, 양심의 가책 결핍. 배제조건: 유기에 대한 두려움, 특권 의식, 의존.

이렇게 이미 녹아들어 가 있는 외상요인들이 ASP에서 관찰되는 패턴과 딱 들어맞지 않는다는 데 나는 동의한다. 병력에 대한 SASB 차원 코드가 이 장애의 성인형 SASB 코드와 상응해야 한다는 점을 다시 한 번 상기하자. 예를 들어, 부모의 알코올중독 그 자체만으로 아이가 필연적으로 ASP가 되는 것은 아니다. 〈표 8-1〉에 기술된 맥락 속에서 발생하는 가혹함과 방치가 지속적으로 알코올중독과 관련된다면 알코올중독은 ASP와 연관될 것이다. 만약 알코올중독이 필수적인 차원과 관련되어 있지 않다면, ASP가 조장되지는 않을 것이다. 예를 들어, 아버지가 술에 취했을 때만 아들에게 애정을 표현한다면, 반사회적 행동보다는 자기애적 행동이 조장된다. 다른 예를 들면, 어머니가 어머니로서의 소임을 다하고 지지적인 반면에 아버지가 심하게 처벌적이라면 가정의 와해는 ASP의 가능성을 증가시키기보다는 감소시킨다. '깨진 가정' 은 유기(遺棄, abandonment)를 수반할 수 있지만, 반드시 그런 것은 아니다. 붕괴된 가정 속에서 아이들은 남아 있는 부모로부터 적절한 양육과 애정 어린 돌봄을 받을 수 있다. 게다가 온전하고 물질적인 혜택을 누리는 가정 속의 아이도 기능적으로는 유기될 수 있다. 만약 부모가 자신의 일이나 여가활동에 철저하게 몰입해 있다면, 그들은 부모의 의무를 소홀히 할 수 있다. ASP의 발달에 중요한 요소는, 부모의 집이 온전하든 그렇지 않든 아이가 결정적인 나이에 총체적으로 대인적 무관심을 경험했는가 하는 점이다. 경제적으로 어려움을 겪고 있는 붕괴된 가정에서 이런 일이 일어날 가능성이 높지만, 반드시 이런 환경에만 국한되어 일어나는 것은 아니다. 예를 들어, 온전하고 유복한 가정 출신의 한 ASP는 자신의 부모가 자녀들과 함께 항상 멋진 휴가를 보냈다고 말하였다. 그러나 크루즈여행에 대해 얘기할 때 부모의 무관심이 드러났다. 아이들은 '유람선 반대편 끝에 머물러 있어야만 하였다.' SASB 코드를 활용하면 Cleckley가 기술한 사회적 수용 가능성(social acceptability)이라는 얇은 판 아래 감추어진 알기 어려운 요인들을 식별해 낼 수 있다.

SASB 차원 분석에 적합할 정도로 상세하게 초기 대인경험을 보고한 연구물들을 사용해서 발달가설을 검증할 수 있다. 예를 들어, Pollcok 등(1990)은 알코올중독 아버지를 둔 남자들이 통제집단의 남자들보다 반사회적 행동을 더 많이 나타내거나 보고하는 것은 아니라고 하였다. 그러나 신체학대 이력이 있는 남자들은 "임상면담에서 공격적이고 반사회적 행동을 더 많이 보고하였고, 면접자들은 그들이 보다 공격적으로 행동하는 경향이 있다고 평가하였다(p. 1290)." 신체 **공격**은 코드화하기에 충분히 구체적이며, ASP와 연관되어 있음이 Pollock 등의 연구에서 보고되었다. 신체학대를 했을 수도 있고 그렇지 않을 수도 있는 알코올중독 부모를 두었다는 보다 일반적인 조건은 ASP와 분명하게 연관되어 있지는 않다. 요지는, 초기 경험과 그 경험의 맥락에 대한 구체적인 차원을 평가할 수만 있으면, 초기 경험과 성인의 문제 패턴 간 관계를 검증하는 것이 더 유익하다는 것이다.

아이가 타인과 애착경험이 없으면 통제되지 않은 공격이 발생할 수도 있다. 무자비하게 공격적인 사람은 규범적인 사회통제에 순응하지 않고 지내 왔을 것이다. 사회적으로 격리된 채 자란 원숭이가 성체가 되었을 때 통제되지 않는 공격성을 나타낼 수 있다는 것이 연구로 입증되었다(Harlow & Harlow, 1962). 이 원숭이가 다른 동물로부터 공격을 받은 적이 없었음에도 이런 통제되지 않는 적개심은 나타날 수 있다. 이를 인간에게 적용해 보면, 아무것도 없는 철망우리 속에서 길러지는 것에 비견되는 사회적 격리가 결국 통제되지 않는 공격성을 초래할 수도 있음을 시사한다.

잔인함을 학습하게 되는 또 다른 방식은 폭력적인 부모를 관찰하는 것이다. 예를 들어, 아버지가 자주 어머니를 때릴 경우 아들은 그 패턴을 모방하고 정서적으로 분리되어 부주의한 방식으로 다른 사람(특히 성적 파트너)을 **공격**할 것이다. 공격적인 청소년 남성의 경우 남자형제보다 여자형제가 더 많다는 연구결과는 그냥 흘려보내기 어려운 흥미로운 사실이다(Loeber, Weissman, & Reid, 1983). 아마도 방임적인 가족 속에 있는 어린 남자아이는 여자형제에 대한 공격성을 통해 더 보상을 받는 듯하다. 남자형제들이 반격에 성공하는 경향이 더 클 수도 있다. 성인 남성 ASP는 공격적인 남성성에 대해 과장된 관심을 나타낸다. 이들은 공격성과 움츠리지 않고 기꺼이 공격하는 것에 가치를 두는 하위문화를 좇는다.

BPD처럼 ASP도 부모의 방임과 유기(遺棄)를 내면화한다. Cleckley가 기술한 ASP의 아무 생각없이 무반성적인 '어리석음'은 부모의 부주의함을 내재화한 것일 수 있다. 예를 들어, 아무도 ASP에게 "일기예보에서 기온이 갑자기 떨어진다고 했으니 코트를 입어라."라고 말해 주지 않았다. ASP는 햇빛이 쨍쨍한 아침에 학교에 갔다가 눈보라 치는 날씨에 코트도 입지 않은 채 집에 걸어와야만 하였다. 그는 상황을 예측하고 스스로를 돌보는 능력을 발달시키도록 훈련받지 못하였다. ASP는 자기를 돌보는 것을 학습하지 못했을 뿐만 아니라, 다른 사람들의 필요도 인식하지 못한다(**무시**). 어릴 때부터 겪어온 방임을 보완하기 위해, ASP는 누구에게도 애착을 형성하지 못하고 담을 쌓고 지낸다. 정서적으로 관여하지 않은 결과로 행동이 조절되지 않는다. 예를 들어, **공격**은 특히 폭력적이다. 또한 거리두기는 ASP가 쉽게 다른 사람들을 착취하게 만든다(*자기보호*+**무시**).

2. 전반적인 방임의 맥락에서, 부모가 갑작스럽게 훈육하는 역할을 수행하려고 했다. 이는 **비난**으로 가득 찬 산발적이고 조절되지 않는 부모의 **통제**를 초래한다. 예를 들어, 아버지는 몇 주간 집을 떠나 있다가 갑자기 돌아와서는 야단치는 것을 소명으로 여기는 엄격한 훈육자처럼 행동하였다. 또는 알코올중독 어머니는 하루나 이틀 맑은 정신으로 있으면서 그동안 무시했던 규칙과 규정을 가혹하게 집행하겠다고 결정할 수 있다.

이런 산발적인 통제는 성인 ASP가 자신의 자립을 격렬히 방어하게 만든다. ASP는 '돌봐 준다고 하는 사람'은 대부분 곁에 없다가 가끔 나타나서는 으스대고 비하하는 '부모처럼 행동한다' 고 배운다. 여기서 얻는 교훈은 거리를 유지하는 것이 최선의 방어라는 것이다(담을 쌓음, 분리). 독립은 두려운 독단적 통제에 대한 대응이다. ASP는 또한 부모를 동일시하여 **통제**하고, **비난**하기만 하며, 타인의 요구에 민감하지 못하다(**무시**).

3. 부모의 양육 또한 문제가 많았을 가능성이 높다. 이런 부적절한 돌봄의 유형은 **보호 + 무시**라는 복합적인 SASB 코드를 갖게 한다. '부적절한 돌봄' 은 텔레비전 다큐멘

터리 '*Streetwise*(Bell, 1986)'에서 생생하게 묘사되었다. 이 비디오는 미국 시애틀 길거리 비행청소년들의 삶의 단면을 보여 준다. 고되게 일하는 식당종업원이자 알코올중독자인 어머니와 창녀인 14세 딸의 관계에서 부적절한 돌봄의 패턴이 묘사되어 있다. 어느 장면에서 딸은 어머니가 일하는 식당에 앉아 있고, 어머니는 딸에게 점심을 차려 주고 있다. 한참 일상적인 수다를 떨다가, 딸은 "엄마, 나 임신한 것 같아."라고 말한다. 어머니는 "아, 이런!"이라고 조용히 탄식한다. 잠시 침묵이 흐른 후, 딸은 "엄마, 휘핑크림 없어?"라고 물었고 어머니는 "없어."라고 대답한다. 그게 전부다. 소리를 지르지도, 욕하고 때리는 그런 일이 발생하지도 않았고, 다만 겉으로 드러난 호의적인 태도와 영혼 없는 걱정만 존재할 뿐이었다. 슬프게도 아이에 대한 양육은 부적절하였다.

딸이 주문하려는 화장품에 대해 딸과 어머니가 타협하는 장면에서도 같은 패턴이 반복되었다. 어머니의 관심은 자신이 얼마를 지불할 수 있는데 그 화장품들은 얼마인가 하는 데 있었다. 어머니는 창녀인 14세 딸에게 화장품을 사 주는 것이 어떤 의미를 갖는지에 대해 깊이 생각하지 않았다. 부적절한 돌봄은 자신의 아이가 거리에서 생존하는 것에 대한 어머니의 걱정에서도 나타났다. 어머니는 딸의 돈 버는 능력에 감탄했다("난 일주일에 그렇게 많이 벌지 못해."). 그러나 어머니는 그냥 기다림으로써 그 문제가 해결될 것이라 생각하였다. 어머니는 "난 그게 [매춘] 딸이 크면 벗어나게 될 단계라고 생각해."라고 말하였다.

다른 사람의 복지를 경시하는 부적절한 돌봄을 모델링함으로써 ASP는 동일한 것을 학습한다. 이런 특징은 때로는 (다음 절에서 논의할) 과도한 통제를 배우는 것과 결합된다. ASP는 실제로는 타인을 희생시킬 뿐인 '유용한' 기회를 제공함으로써 다른 사람을 현혹하고 '속이는' 것을 학습한다. 겉으로는 호의적인 것처럼 보이지만, ASP는 정서적으로 관여하지 않고 방관적인 상태에 머문다. ASP는 타인에게 도움을 제공할 수 있지만, 사실 그런 도움은 본질적으로 타인의 이익을 유린하는 것이다.

또한 부적절한 돌봄은 *자기보호+자기방치*로 내면화될 수 있다. ASP가 내면화한 가장 나쁘고 고착화된 부적절한 돌봄의 예로는 약물과 알코올 남용, 범죄행위, 매춘 등이 있다. 이런 활동 속에서 ASP는 자신을 돌보는데, 약물이 일시적으로 좋은 느낌을 가져다준다는 의미에서 그렇다는 것이다. 이런 모든 일에 아무 문제가 없는 것처럼 보인다. 매춘은 돈을 벌게 해 주고 어떤 의미에서는 지위를 제공해 주기도 한다. 범죄도 돈과 지위를 가져다줄 수 있다. 그러나 이런 활동은 근본적으로 자기파괴적이다. 결국, 이런 방식으로 스스로를 보살피려고 하는 것은 애초부터 방향이 잘못된 것이다.

4. 마지막으로, 어릴 때 ASP는 흔히 부모가 돌보는 의무를 다하지 않은 탓에 가족을 과도하게 **통제**하였다. 장차 ASP가 될 사람은 보통 영리하고 기질적으로 에너지가 넘치

는데, 그 누구도 가족을 떠맡지 않았기 때문에 자신이 가족을 떠맡은 것이다. 통제는 임의적이거나 따뜻하거나 적대적일 수 있다. 미래에 ASP가 될 사람은 자신의 발달 수준 이상의 능력을 필요로 하는 일을 책임지려고 애쓴다. 또한 이들에게는 본받을 수 있는 효과적인 모델이 없다. 당연히 아이가 '부모' 로서 기능하는 것은 부적절한 것이다. 예를 들어, 청소년 전기(前期) 남자아이가 모든 형제의 등교 준비와 잠자리 준비에 책임이 있다고 생각할 수 있다. 그의 '훈육'방식은 가혹하고 과도하며, 유능한 부모의 감독이 없을 것이다. 애착이 부재한 상태에서 그가 사용하는 유일한 개입 방식은 강압적인 것이 된다.

부적절한 통제는 '*Streetwise*'의 딸에게서도 나타나는데, 그녀는 어머니가 있음에도 불구하고 가족에 대해 부적절할 정도로 '책임' 을 떠맡고 있었다. 한 장면에서, 아이는 문을 부수고 그들의 임시 거처로 들어갔다. 자신과 어머니 모두 열쇠가 없었기 때문이다. 딸은 집 안을 둘러보고, "이 무슨 난장판이야. 방금 여기를 청소했는데!" 라고 불평하였다. 그러고 나서 아이는 보살핌을 받지 못한 강아지의 오물을 치우고 방향제를 뿌렸다. 어머니는 딸이 집을 치우고 있는데도 전혀 일을 거들지 않았다. 단지 어머니는 "할 수 없지. 네가 저 강아지를 원했었잖아." 라고 딸을 비난하였다. 둘은 각자 침실로 들어가서 벽을 사이에 두고 말을 하기 시작한다. 딸이 어머니에게 사랑에 대해 괜한 충고를 한다. 오래지 않아 어머니가 딸에게 되받아쳤다. "조용히 해! 나 술 마시고 있거든."

어린 시절 (부적절한) 부모의 역할을 떠맡은 아이가 어른이 됐을 때 나타나는 결과는 계속적인 통제욕구인데, 이 욕구는 그 자체가 목적이 된다. 일관성 있고 조율된 양육경험이 없는 8세 된 '부모' 는 자신이 가지고 있는 '부모의' 힘을 합리적으로 사용하는 데 필요한 지식이 없을 뿐 아니라, 적절하게 단서를 제공하는 법 또한 알고 있지 않다. 어른이 되어 이런 부적절한 통제가 다른 사람을 향하게 될 때 가혹하고 착취적인 것으로 인식된다.

네 가지의 과거경험은 모두 통제하고 자율을 방어하는 데 온 힘을 기울이는 사람을 만들어 낸다. 통제와 자율을 향한 이면의 동기와 정서적 관여 없는 방관적 입장은 착취적인 형태의 상호작용을 만들어 내는데, 이런 상호작용은 겉으로는 우호적으로 보일 수 있다. 착취를 동반하든 그렇지 않든, 거기에는 자기 자신 혹은 타인에 대한 부적절한 돌봄 및 관심이 있다. 타인은 물론이고 자기 자신에 대한 부적절함으로 그려지는 ASP의 모습은 잔인할 정도로 자기중심적이고, 착취적이며, 근본적으로 '사악한' 범죄자로 그려지는 ASP의 모습과는 사뭇 다르다. ASP와 '일반 범죄자'가 다르다는

Cleckley의 의견에 나는 동의한다. 그렇지만 나는 Cleckley가 말한 '일반 범죄자' 가 사실상 혼재형 성격장애(Mixed Personality Disorder)를 가진 사람이라고 생각한다. ASP와 NPD의 혼합은 사회적으로 교묘한 속임수에 능하고 착취적이며, ASP와는 달리 자기 자신을 아주 조심스럽게 돌본다. 혼합형 인격장애는 15장에서 다룰 예정이다. ASP와 NPD 모두를 나타내는 사람은 각각의 장애에서 제시하고 있는 발달적인 경험요소를 가지고 있을 것이다. 비록 '일반 범죄자' 가 ASP 진단기준을 만족하지 못한다고 하더라도 여전히 이해할 만한 여지가 있고, 반드시 '사악하다' 고 할 수는 없다.

주의 깊게 진단한 정신과 입원환자들을 대상으로 SASB Intrex 질문지에 자신과 타인을 평가하게 한 결과(Benjamin, 1992), ASP에 대한 지금까지의 해석이 부분적으로 검증되었다. 그 연구에서 ASP는 강간이나 살인을 저질러 주립병원에 수용된 상태였다. 어린 시절의 기억을 평가하게 했을 때, 그들이 가족과 관련된 일을 통제하고 있는 것으로 나타났다. 그들은 BPD나 정상인에 비해 부모를 더 존경심 어린 눈으로 바라보고 있었다. ASP 집단은 다른 집단보다 훨씬 더 자율적인 것으로 보고하였다. 자기진술은 BPD와는 달리 ASP가 '정상적인' 우호성을 보여 준다는 것으로 나타났다. 또한 이 자료는 ASP가 어머니의 역할을 적절히 보완했던 행동을 회상했다 할지라도, 어머니와의 관계에 대한 자신의 지각을 내면화하는 데는 실패했음을 시사하였다. 이와 대조적으로 BPD는 그들의 주양육자를 내면화했지만, 이 내면화는 적대적인 것이었다. ASP에서 볼 수 있는 과도한 자율과 통제, 그리고 부모를 내면화하지 못하는 것 등은 다른 연구결과와도 일치한다. "부모가 확고하면서도 일관성 있게 훈육을 제공했거나 또는 제공하도록 유도될 수 있는 부모의 자녀들은 이후 삶의 과정에서 사회병질자(sociopaths)가 되는 위험이 훨씬 낮다(Cloninger, 1978, p. 102)."

과거 대인관계 특징과 DSM에 제시된 증상 간 관계

'전형적인 ASP'는 DSM에 제시된 모든 증상을 나타낸다. 방임적 또는 부적절한 양육은 자신과 타인에 대한 가짜 애착(pseudo-attachment)을 초래한다. 돌보지 않거나 부적절한 돌봄은 내사와 동일시 등의 기제를 통해 자신과 타인에 대해 무모해지게 만든다(기준 5). 이런 부적절한 유대와 더불어 아이는 예측 불가능하고 가혹한 부모의 공격에 지속적으로 노출됨으로써 결국에는 높은 수준의 공격성[2]을 갖게 된다(기준 4). 이런 공

---

2) DSM에서 언급하고 있지는 않지만, ASP는 자신의 공격성을 자랑스러워하는 것 같다.

격성은 통제 또는 거리를 유지하려는 욕구와 연관되어 있다. 다른 사람과의 연결 부재 및 일관된 훈육의 결여는 양심의 형성을 막는다(기준 7). 빈약한 양심은 가족을 통제해 온 이력과 결합하여 ASP에게 사회적으로, 법적으로 규범을 따를 필요가 없다고 가르친다(기준 1). 또한 이런 두 가지 요소는 사기성(deceitfulness)을 갖게 하고(기준 2), 일이나 재무 관련 문제에 대해 예측 불가능하고 책임지고 행동하지 않으려는 성향을 갖게 한다(기준 6). 충동성, 무책임함 그리고 미리 계획을 세우지 못하는 것(기준 3)은 다음과 같은 교훈을 학습한 결과이기도 하다. '매우 구체적이고 즉각적인 방식으로 그 순간의 요구를 충족시키는 것만이 믿을 수 있는 것이다.'

ASP의 대인관계 요약

다음은 ASP의 대인관계 특성을 요약한 내용이다.

> 타인을 통제하려는 부적절하고 조절되지 않는 욕구가 있는데, 이러한 욕구는 적극적으로 관여하지 않는 방식으로 실행된다. 독립하려는 강한 욕구가 있고, 보통 경멸의 대상인 타인들로부터 통제당하는 것을 거부하는 욕구가 있다. 통제 또는 독립에 대한 욕구를 뒷받침하기 위해 공격을 기꺼이 사용한다. ASP는 대개 우호적이고 사교적인 것처럼 보이지만, 그 우호성은 보통 거리두기(detachment)라는 기준 위치를 늘 동반한다. ASP는 자신 또는 타인에게 무슨 일이 일어날지에 대해 무관심하다.

이와 같은 요약은 ASP의 기본 패턴 및 소망에 대한 SASB 코드에 토대를 두고 있다. 〈표 8-1〉 아랫부분에 이 코드가 열거되어 있다. ASP의 기준 위치는 다음과 같다. 무분별한 공격(**공격**+<u>담을 쌓음</u>), 무분별한 통제(**통제**+<u>담을 쌓음</u>), 통제와 무심함(**적극적 사랑** 또는 **보호**+**통제**+<u>담을 쌓음</u>), 근본적으로 자기(*자기보호*+*자기방치*)와 타인(*자기보호*+**무시**)에 대한 부주의함을 의미하는 자기방치, 타인에 대한 비난과 타인에 대한 경멸(**비난**), 그리고 자율성에 대한 고집(<u>분리</u>)이다. 이들의 소망은 자유를 획득하는 것이고(**해방**) 다른 사람을 굴복시키는 것이다(<u>복종</u>). 두려움은 **통제**당하는 것이다.

ASP 노래의 리듬과 하모니는 ASP가 주고받는 대인 및 심리내적 반응의 연쇄에 나타난다. ASP의 '으뜸음'은 무분별한 통제(**통제**+<u>담을 쌓음</u>)와 무분별한 애정(**적극적 사랑**+<u>담을 쌓음</u>)이다. 이는 무모한 자기방치(*자기보호*+*자기방치*)를 수반한다. 만일 통제 또는 자율성이 위협받는다면, ASP는 양심의 가책 없이 공격할 것이다(**공격**+<u>담을 쌓음</u>). ASP는 종종 그런 공격성을 매우 자랑스러워한다. 무심함(담을 쌓음)은 아마도 ASP가 연주하는 모든 코드에서 나타날 것이다. 이러한 전반적인 접근불가가 Cleckley로 하여금 정신분열증과 자폐증을 떠오르게 했던 ASP의 한 측면일 것이다. 이러한 ASP의 위치는 ASP의 **통제**에 복종하는 사람과 조화를 이룰 것이다. 파트너는 ASP의 착취와 학대를 **무시**하면서 동시에 반응적 사랑을 보여 주어야 한다.

SASB 코드를 사용할 줄 아는 독자라면 이와 같은 분석을 다른 맥락에 적용해 볼 수 있다. 예를 들어, 환자가 자신의 우울 증상이 더 심해진다고 불평하는 것은 흔히 있는 일이다. 때때로 이러한 불평은 ASP가 불평하는 방식과 우울 증상에 대한 이런 방식의 불평을 해석하기 위해, 치료자는 우울을 기술하는 환자의 과정을 코딩할 필요가 있다. ASP가 자신의 증상에 대해 불평할 때 치료자에 대한 환자의 과정은 ASP 노래의 특징을 포함하고 있는 것이다. 다음 예를 살펴 보자.

> 환자는 의사에게 프로작(항우울제)을 처방해 줄 것을 졸랐다. 환자는 의사가 시중에서 되팔 수 있는 이 약을 오용할까 걱정하고 있음을 알고 있었다. 이 환자는 더 이상 약으로 문제를 일으키지 않을 것이라고 의사에게 장담하였다(**통제**+담을 쌓음). 자신은 새사람이 되었고, 동반된 우울증을 조절해서 다시는 사고치지 않기 위해 이 약이 필요하다고 말하였다. 의사가 자신을 이해할 수 있는 특별한 능력을 가졌다는 것을 그는 알아차렸다. 의사가 생각하는 것이 일어나지 않도록 매우 유념하고 있다고 덧붙였다(**적극적 사랑**+담을 쌓음). 이러한 이유로, 의사의 신뢰를 저버리는 일은 꿈도 꾸지 않아야 했다. 환자는 처방된 대로만 약을 사용해야 했다. 3개월 후, 의사는 의사자격면허 위원회로부터 온 질문에 답변해야 했다. 환자는 의사의 처방 서명을 교묘하게 모사했던 것이다. 그는 날짜와 용량을 바꾸어서 가까운 동네의 여러 약국에서 수차례 약을 타 냈다(*자기보호* + *자기방치*). 그는 프로작을 거래하고 있었던 것이다.

〈표 8-2〉에 ASP, BPD, NPD 그리고 HPD의 코드를 비교하여 제시하였다. 이 표를 보면 ASP는 극적인 특징을 가진 군에 속하는 다른 장애들과 **통제**하려는 성향을 공유한다. *자기방치*의 맥락에서 자기를 충족시키려는(*자기보호*) 성향 및 **공격** 성향에서 BPD 및 NPD와 유사하다. ASP는 의도적으로 **공격**하고 분리되려 한다는 점에서 NPD와 공통점이 있다. 통제하려는 성향 외에도, ASP는 친한 척하지만 정서적으로 관여하지 않는 능력(담을 쌓음)을 HPD와 공유하고 있다.

자율성에 대한 능력(분리)과 신뢰(신뢰)의 결핍이라는 측면에서 ASP는 BPD와 구별된다. ASP는 적극적으로 타인에게 교묘한 시도(**적극적 사랑**+**통제**)를 한다는 점에서

〈표 8-2〉 BPD, NPD, HPD, ASP의 SASB 코드 비교

	BPD	NPD	HPD	ASP
1. **해방**				
2. **지지**				
3. **적극적 사랑**	×			×*
4. **보호**				
5. **통제**	×	×	×*	×*
6. **비난**	×	×	×	×
7. **공격**	×	×		×*
8. **무시**		×		×
1. 분리		×		×
2. 개방				
3. 반응적 사랑			×*	
4. 신뢰	×		×*	
5. 복종				
6. 골냄				
7. 물러남				
8. 담을 쌓음			×*	×*
1. *자기해방*				
2. *자기지지*				
3. *적극적 자기사랑*		×*		
4. *자기보호*	×			×*
5. *자기통제*				
6. *자기비난*		×		
7. *자기공격*	×		×*	
8. *자기방치*	×	×*		×*

* 표시는 같은 열에 위치한 코드가 서로 복잡한 조합을 이루어 나타남을 의미함.

NPD와 구별된다. NPD는 다른 사람들이 자신에게 경의를 표할 것이라고 가정하지만 사람들이 그렇게 하지 않을 때 당혹스러워 하고, ASP는 본인이 그렇게 되도록 만들어야 한다는 것을 알고 있다. ASP와 NPD 둘 다 자율적이지만, NPD보다는 ASP가 더 다가가기 어렵다(담을 쌓음). ASP는 HPD보다 훨씬 더 소외되어 있고 부주의(recklessness)하다(**공격**, **무시**, *자기방치*). HPD는 반응적 사랑과 신뢰를 보여 주는데, 이런 특성이 ASP에게는 해당되지 않는다.

〈표 8-2〉에 제시된 대인관계의 기본(도, 레, 미)은 범주들 간의 중복과 차이를 정확하게 보여 준다. 표에 기술된 내용은 임상가들이 감별 진단을 하는 데 도움을 줄 것이다.

DSM 진단기준 재검토

ASP에 대한 DSM의 관점이 대인 언어로 번역되었고, ASP 패턴과 관련된 심리사회적 학습의 개요를 제시하였다. 여기에서는 ASP에 대한 대인관계 분석을 직접 DSM과 비교하였다. DSM 기준은 *이탤릭체*로, 대인관계 용어로 표현된 것은 밑줄로, WISPI(1장에서 논의함) 기준은 고딕체로 표시하였다.

A. 다른 사람의 권리를 무시하고 침해하는 광범위한 행동양상을 나타낸다. 이런 특징은 15세 이후에 나타나고, 다음 중 3개(또는 그 이상)의 증상이 나타난다.

(1) *법에서 정한 사회적 규준을 지키지 못하고, 구속당할 행동을 반복적으로 하는 특징을 보인다.*

범죄행동이 통제 또는 거리를 유지하기 위한 방법으로 이용된다면, 범죄행동은 반사회성의 단서가 된다.

법은 나에게 문제가 되지 않는다. 나는 내 마음대로 할 만큼 충분히 강하다. 내가 운 나쁘게 체포되지 않는 한 아무런 문제도 없다.

(2) *자신의 이익이나 쾌락을 얻기 위해 거짓말을 반복적으로 하고, 가명을 사용하며, 다른 사람을 속이는 것과 같은 사기성을 나타낸다.*

이러한 상호작용에서 희생자를 통제하는 능력이 있다는 것을 자랑스러워한다.

나는 이 세상 많은 멍청이들을 속여서 내가 원하는 것을 얻을 수 있다.

(3) *충동적이거나 또는 미리 계획을 세우는 데 실패한다.*

행동이 독립에 대한 욕구나 통제당하는 것을 피하려는 욕구에 따른 것이라면, 이러한 행동은 반사회적이라 할 수 있다. 이러한 행동이 자신에게 어떤 영향을 미칠지에 대해서는 고려하지 않는다.

언제든 원할 때마다 나는 가출하고 길을 떠난다.

(4) *반복적인 몸싸움이나 폭력에서 드러나는 바와 같이 화를 잘 내고 공격성을 보인다.*

상처를 준 것에 대해 관심이 없고, 양심의 가책도 없다. 대신, ASP는 자신이 가진 높은 수준의 공격성에 대해 자랑스러워하고, 이는 상처입지 않고(거리를 두고, 정서적 관여

없이, 영향을 받지 않은) 통제를 행사할 수 있도록 한다.

애인이나 아이가 나를 괴롭힐 때, 나는 진짜로 화를 내고 두들겨 팬다.

일터에서 누군가가 나를 힘들게 하면, 해고당할지라도 그 사람을 때려눕힐 것이다.

(5) *무모할 정도로 자신이나 다른 사람의 안전을 고려하지 않는다.*

이는 '누구도 나를 통제할 수 없다'는 생각에서 행해진다. 자신이나 타인에게 일어날 결과를 고려하지 않는다.

나는 음주나 마약을 하고 운전하는 것이 걱정스럽지가 않다. 무슨 일이든지 일어날 일은 일어나기 마련이라고 생각한다.

(6) *일정한 직업을 갖지 못하거나 빌린 돈을 갚지 못하는 지속적인 무책임성을 보인다.*

예를 들면, 통제는 하면서 통제당하는 것을 회피하기 위한 의도에서 배우자나 아이들을 방치하거나 빚을 갚는 데 실패하는 것은 반사회성의 단서가 될 수 있다. 이러한 행동은 타인에게 미칠 영향을 적절히 배려하지 않고 행해진다.

아주 어렸을 때부터 부모님은 나 스스로 모든 것을 해결하도록 내버려 두었다. 내 아이들도 그러해야 한다고 생각한다.

나는 종종 갚을 의도 없이 많은 돈을 빌리곤 하였다.

(7) *다른 사람에게 상처를 입히거나 학대하거나 또는 절도행위를 하고도 무관심하거나 합리화하는 등 양심의 가책이 결여되어 있다.*

모든 사람들은 '자신의 것'을 챙기려 애쓰고, 삶의 주 목표는 1등 또는 아무도 미칠 수 없는 위치에 도달하는 것이라는 신념이 있다. 예를 들면, 부정이나 속임수 또는 절도는 그것이 미치는 영향을 고려하지 않는 독립과 통제를 보여 주는 것이다. 이리저리 남에게 휘둘려서는 안 되고 무엇이든 원하는 것을 바로 즉시 획득해야만 한다. 겁쟁이와 만만한 사람만이 결과에 대해 걱정한다. 패자는 패할 만한 이유가 있다.

누군가를 개똥처럼 만드는 것은 대단한 스포츠다.

그 누구도 한정된 관계에 나를 구속할 수 없다. 내가 다른 사람을 원하면 그 사람을 향해 가면 그만이다.

B. 적어도 18세 이상이어야 한다.

C. 15세 이전에 발생한 품행장애 증거가 있어야 한다.

이 책 1판에서, 품행장애를 정의한 DSM-III-R과 DSM-IV 초안의 기준이 SASB 방식으로 분석되었다. DSM-IV의 마지막 초안은 품행장애 항목을 구체적으로 목록화하지 않았기 때문에 여기에 포함되지 않았다. 그러나 자기나 타인에게 미칠 영향을 고려하지 않고 통제나 거리두기를 실행하려는 욕구라는 점에서 품행장애 기준은 분명하다 할 수 있다. 거칠고, 이것저것 생각하지 않는다는 것에 대해 분명한 자부심이 있다. WISPI는 이러한 관점에서 품행장애 항목을 평가하였다. ASP의 길을 가고 있는 품행장애 아동이 어떤 특성을 보여 주는지 파악하기 위해 몇몇 항목을 제시하였다.

15세 이전에, 모든 사람들이 나를 괴롭혔기 때문에 나는 학교를 정기적으로 빼먹었다.

15세 이전에, 부모님은 통제할 권리가 없는 것을 통제했기 때문에 밤새 집을 나와 있었던 적이 한 번 이상 있었다.

내가 어린아이였을 때, 나는 내가 대장임을 과시하기 위해 싸움하기를 좋아하였다.

15세 이전에, 나는 싸움에서 이기기 위해 무기를 사용하였다.

15세 이전에, 나는 누군가에게 성관계를 강요했고 그들의 감정에 대해서는 관심을 갖지 않았다.

15세 이전에, 나는 내가 얼마나 거칠고 멋있는지를 보여 주기 위해서 동물을 고문하였다.

15세 이전에, 나는 원하는 것을 얻기 위해서라면 누군가에게 신체적 상해를 입히는 것이라고 해도 전혀 개의치 않았다.

내가 어렸을 때, 나는 종종 으스대기 위해서 공공기물을 파손하거나 타인의 소유물을 부수곤 하였다.

내가 어린아이였을 때, 필요한 것을 갖기 위해 쉽게 거짓말을 하였다.

내가 어린아이였을 때, 원하는 것을 모두 가졌으며 문제가 생기면 거짓말을 해서 곤경에서 벗어났다.

내가 어린아이였을 때, 내가 원하는 것이 있으면 힘으로 빼앗았다.

D. 반사회적 행동이 정신분열증이나 조증 삽화의 경과 중에만 나타나는 것이 아니어야 한다.

현재의 대인 분석은 ASP가 과도한 자율성 추구, 통제 중독, 그리고 자신과 타인에 대한 애착결핍으로 특징지어질 수 있음을 시사한다. 이러한 차원으로 수많은 범죄가 기술될 수 있다. 이들 차원은 또한 반사회적인 법률가, 의사, 증권거래인, 경찰에 대한 기술에 활용될 수 있다. 이제 DSM에서는 범죄행동이라는 관점으로 이 장애를 정의하는 것이 축소되었다. 그래서 체포된 적이 없고 사회적으로 고위층인 ASP 개인에게 이 진단이 적용될 수 있게 되었다. 이 장애로 진단받을 수 있는 사람은 통제 그 자체를 위한 통제를 위해 자신의 지위를 이용할 것이다. 이들은 자신의 행동이 다른 사람들에게 어떤 영향을 미칠지에 대해 무관심할 것이다. 북미 법 체제는 최근 이러한 유형의 ASP를 인지하는 데 대인관계의 세련됨도 징후가 될 수 있음을 보여 주고 있다. 증권시장 조작으로 비교적 가혹한 선고를 받은 '정크 본드(junk bonds, 역주: 수익률이 아주 높지만 위험률도 큰 채권)의 제왕' 이라 불리는 사람이 한 예다. 그의 변호사들은 이러한 화이트컬러 범죄가 신체적 해를 가하는 것보다 덜 해롭다고 주장하였다. 이들은 가혹한 선고에 놀랐다. 판사는 이렇게 극단적으로 부유한 사람이 투자자들의 신뢰를 저버렸다는 점에 주목하였다. 명백히 이 정크 본드의 제왕은 자신의 행동이 수많은 사람에게 미칠 영향을 무시하였다. 이들 중에는 생활보조금에 의존하여 생활하는 사람들도 포함되었는데, 그가 저지른 일로 보조금마저 삭감당하였다. 그러나 그는 선고받은 시간의 일부만 복역하고는 벌금을 낸 후 석방되었다.

필요기준과 배제기준

이 같은 분석을 통해 각 성격장애의 필요 및 배제 기준을 정의할 수 있다. ASP로 추천되는 필요기준은 다음 두 가지다. ① 타인에 대한 통제욕구와 자신에 대한 자율성 욕구, 그리고 ② 애착 실패와 양심의 가책 결핍이다. 첫 번째 것은 DSM에 직접적으로 서술되어 있지는 않다. 그러나 면접자가 ASP의 관점에 주의를 기울인다면 이런 차원들이 존재해야만 한다. 양심의 가책이 결핍되어 있는지 그 여부를 평가하는 데 임상가는 ASP가 속이는 것에 능숙하다는 사실을 기억할 필요가 있다. ASP는 죄책감과 양심의 가책에 대해 과장되게 얘기할 수 있지만 사실은 전혀 그렇지 않다. 오랜 기간에 걸쳐 보여준 일관성 있는 공감적, 비착취적 행동에서 진실성이 검증된다.

ASP에 대한 배제기준은 특권의식, 의존성 그리고 유기에 대한 두려움을 포함한다. 전형적인 ASP에서는 이러한 타인과의 과밀착이 거의 발견되지 않는다.

사례 예시

사례 1

첫 번째 사례는 품행장애를 가진 15세 소년에 대한 것이다. 종단적 연구의 결과는 품행장애가 성인기 ASP로 지속될 것 같다는 견해를 뒷받침해 주었다(Robins, 1970; Wolkind, 1974). 물론, 모든 품행장애 청소년이 ASP가 되는 것은 아니다. 그러나 DSM 정의는 모든 성인 ASP가 청소년기에 품행장애를 가지고 있었다고 가정한다.

이 15세 소년은 이복누이에게 총을 쏘려 시도했다가 병원치료를 받게 되었다. 그는 이전에 두 번 입원한 적이 있다. 첫 입원은 그가 10대 초반이었을 때 자신에게 총을 쏘려고 시도한 후였고, 두 번째 입원은 약물 과다복용에 따른 것이었다. 그는 학교에서 잦은 몸싸움과 문제행동을 일으켰는데, 정학이라는 결과를 낳았으며 품행장애 범주에 부합하였다. 또한 자주 가출했고, 공공기물을 파손한 경력도 있었다.

이 소년은 돈과 관련된 부모의 지속적인 싸움과 어머니의 부정을 기억하고 있었다. 실질적인 이혼 이후, 양육권은 법정 다툼의 결과에 따라 양쪽 부모 사이를 왕래하였다. 그는 또한 어린아이였을 때 친척, 가족의 친구들, 아버지와 새어머니 등과 함께 사는 시간을 보냈다. 그는 '16군데 서로 다른 집에서' 기거한 것 같다고 하였다. 현재 새어머니는 우울증을 앓고 있으며 일상적인 삶을 영위할 능력이 없었다. 그는 "나는 새엄마의 아이들을 깨우고, 학교에 보내는 일과 집안을 깨끗이 치우는 따위의 일을 반드시 해야만 했어요."라고 설명하였다. 친어머니도 같은 종류의 패턴을 가지고 있다고 하였다. "그 여자는–난 그 여자가 엄마라는 건 알지만 엄마로 느끼지 않아요. 여기 병동에서처럼 무엇인가에 대해서 말을 할 수는 있지만 진짜 중요한 것에 대해서는 속내를 다 밝히지 않는 뭐 그런 것 있잖아요. 뭐 그런 정도의 친구 같은 관계라고나 할까요."

그의 어머니는 이러한 상황을 좋아하지 않았다. 그는 "엄마는 단순히 친구보다는 엄마로서 대우받아야 된다고 느꼈어요."라고 설명하였다. 그가 통제 가능했던 새어머니의 집에서 친어머니의 집으로 옮겨 갈 때의 어려움을 설명하였다. "… 하지만 바로 책임을 놓고 뒤로 물러나서 아무런 통제를 할 수 없는 것이 힘들었어요. 대부분의 성인들이 18세가 되면 갑자기 자신의 삶을 통제하고 자식을 낳고 그 아이들을 통제하지요. 그래서 어린아이인 내가 가사와 4명의 아이를 책임져 오다가 모든 것을 빼앗겨 버린 심정을 이해하지 못해요. 어른들은 결코 그런 것을 포기할 필요가 없기 때문에 그런 심정을 이해할 수 없어요."

아버지는 폭력의 모델이 되었다. 이혼 후 한때 어머니를 통제하려는 아버지의 싸움 전략은 너무나 강한 인상을 남겨 지역신문에 사건으로 소개될 정도였다. 이와 비슷하게 환자의 공격성 폭발은 통제를 유지하기 위한 무모한 시도였다. 이번 입원 바로 전에 환자가 위협했던 이복누이는 환자가 (부모 역할을 하면서) 어린 동생들을 학대한다는 사실을 지역 내 사회복지 부서를 포함한 여러 사람들에게 이야기해 왔다. 물론 환자는 그런 평가에 동의하지 않았고, 또 다른 집으로 가게 될 것을 두려워하였다. 그는 Cleckley가 말한 '정신이상'을 나타냈는데, 기분을 상하게 한 누이를 극도로 학대한 것이 결국에는 그가 다른 아이들을 학대하고 있다고 비난하는 누이에 대한 서툰 방어였음을 전혀 인식하지 못하는 듯하였다. 면접자가 만일 그의 이복누이를 죽이는 데 성공했다면 무슨 일이 일어났을지를 물었을 때, 그는 "음, 난 교도소에 가는 신세가 되겠지만, 그게 저를 힘들게 하지는 않을 거예요."라고 말하였다. 면접자가 "왜 그렇지요?"라고 하자, 그는 "글쎄요. 그냥 그게 힘들게 하지는 않을 것 같아요."라고 대답하였다. 요컨대 그의 충동적인 공격은 통제를 위한 것이었지만, 그것은 부적응적이었다. 그 행동은 자기보호적인 것이었지만, 무모하리만큼 자기유기적이며 장기적인 관점 없이 취해진 행동이었다.

그가 다량의 약물을 복용했을 때 '걱정하는' 부모는 그에 대해서는 관심을 두지 않은 채, 서로를 비난하는 데 열중하였다. 그는 "전 이 테이블 위에 누워 있고 제 코에 튜브를 넣어 제 위장을 씻어 내는 동안, 부모님은 저기에 앉아서 서로 싸우고 있었죠."라고 말하였다. 소년이 적절한 양육을 받지 못했음은 자신의 아버지에 대한 '존경'을 기술한 부분에서도 드러난다.

T: 특별히 아버지의 어떤 점을 존경하나요?

P: 확실치는 않아요. 단지, 음, 아버지는 항상 내 곁에 있었어요. 음, 뭐 항상은 아니고요, 하지만 대부분의 시간을 아버지는 저와 함께 있으려 했어요. 아버지는 날 위해 뭔가를 했어요.

T: 예를 들어 볼까요?

P: 내가 필요로 할 때마다 아버지는 옆에 있었고 항상 절 도와주었어요.

T: 아버지가 어떻게 도와주었는지 말해 줄 수 있나요? 어떤 예가 있나요?

P: 내 문제를 듣고, 거기에 대해 의견을 제시하고, 내가 해결할 수 있게 도와줘요. 하지만 아시다시피, 아버지는 거짓말을 하고 전체 이야기를 다 해 주지 않는 것과 같은 그런 행동도 제게 했지만, 그래도 아버지는 내가 믿고 존경할 수 있는 얼마 되

지 않는 사람 중 한 분이지요. 가족이나 알고 있는 사람 중 그런 짓을 가장 적게 한 사람이라 할 수 있죠.

T: 그래서 아버지는 가장 믿을 만한 사람이군요.

P: 가족 중에서는 그렇죠.

T: 아버지가 실수한, 당신을 배신했던 예는 어떤 게 있나요?

P: 밤잠을 못 자게 하고 가끔은 새벽 3시까지 제게 말을 했어요. 이혼하고 저를 후견인에게 맡기는 상황으로 몰아넣은 것과 어머니에 대한 얘기를 했고요, 그런데 그런 말이 옳은지 그른지 잘 모르겠어요…. 제가 한때는 평점 A를 받은 적도 있는데요, 이런 모든 일을 하지 않을 수 없게 되고 사람들의 문제를 들으면서 성적이 C, D로 떨어졌어요.

T: 그 모든 집안문제 때문에 마음이 혼란스러웠단 말이군요.

P: 그뿐만 아니라 정말로 공부를 할 시간이 없었어요.

기술적으로 말하면, 이 소년은 나이가 어려서 ASP로 진단할 수 없다. 하지만 그는 ASP의 전조 진단인 품행장애 기준을 만족한다. 품행장애의 진단기준을 그에게 적용해 보면, 그는 사람과 동물에 대한 공격성(때로는 몸싸움을 먼저 시도하였다)을 보였고, 재산을 파괴(의도적으로 타인의 재산을 파괴하였다)하는 데 관여하였으며, 또 심각한 규칙위반(가출, 무단결석을 하였다)을 반복적으로 하였다. 이런 특징이 성인기까지 계속된다면, 그는 다음의 ASP 진단기준을 충족할 것이다. 적법한 행위를 존중하면서 사회적 규범을 준수하는 데 실패한다(기준 1). 반복적인 거짓말과 같은 사기성이 있다(기준 2). 충동적이거나 또는 미리 계획을 세우지 않는다(기준 3). 빈번한 몸싸움이나 폭력과 같이 공격성 및 분노감(irritability)을 보인다(기준 4). 다른 사람에게 상처를 입히거나 학대하거나 또는 절도행위를 하고도 무심하거나 합리화하는 등 양심의 가책이 결여되어 있다(기준 7).

그의 대인행동은 〈표 8-1〉에 나타난 ASP에 대한 서술과 일치한다. 그는 보호자로서 통제를 자신의 것으로 사용하고(**보호**), 책임감을 갖지는 못하였다(**통제**+담을 쌓음). 예를 들면, '형제자매를 돌보는' 역할에 수반된 가혹한 **공격**이 주요 문제였다. 그는 타인에 대해 **비난**하였고, 그들의 현실적인 요구를 **무시**하였다. 그가 자신을 보호하려 한 것일지라도 이복누이에 대한 그의 공격은 위험한 것이었다(*자기보호+자기방치*). 이복누이와 자신에게 무슨 일이 일어날 것인지에 대해서는 관심이 없었다. 그는 아주 어린 나이에 홀로 자신의 길을 갈 능력이 있었다. 통제에 대한 그의 욕구는 통제되는 것에 대한 두려움만큼이나 강렬하였다.

면접에서 발췌된 부분은 그의 발달사가 〈표 8-1〉에서 예상하고 있는 발달경향과 일치함을 시사하고 있다.

1. 소년의 아버지는 아들을 직접 공격하지는 않았지만 사람을 죽일 수 있을 정도의 가혹함에 대한 모델이 되었다. 분별없는 공격성을 학습하는 한 가지 기제는 모방이다.이 소년은 다수의 집에서 머물러야 했고 이로 인해 뭔가 결핍된 양육을 받았을 것이다. 그러나 그는 가족드라마의 중심이었다. 친부모는 자신들의 다툼에 그를 끌어들임으로써 그에게 의존하였다. 이러한 곳에 시간과 관심을 쏟느라 자신의 적절한 발달적 요구를 충족하는 데 실패하였다. 예를 들면, 그는 밤새 아버지로부터 이야기를 듣느라 숙제할 시간이 없었다. 겉으로 친밀해 보이는 부모의 '관심' 은 항상 **무시**에 의해 오염되었다.

2. 이 소년이 이 집에서 저 집으로 옮겨 다닐 때마다 규칙이 변하였다. 그는 때로는 통제를 하기도 했지만 또 가끔은 가혹하고 제멋대로의 통제를 받는 대상이 되기도 하였다. 통제권을 상실했을 때면 그는 굴욕감을 느꼈다. 어머니의 통제에 복종하지 않는다는 이유로 벌인 다툼에 대해 사회복지 부서가 조사에 나섰을 때 무슨 일이 일어났는지 다음과 같이 기술하였다. "엄마는 좋은 여성인 것처럼 행동해요. 나를 위해 모든 것을 했고요. 그러면 사람들은 항상 내가 나쁜 놈이라고 생각하죠. 그래서 당신한테 온 거죠."

3. 약물 과다복용 후에 일어났던 응급실 장면에 대한 그의 서술은 부적절한 돌봄의 전형을 나타냈다. 그의 부모는 그런 심각한 환경에서조차 그의 상태에 관심을 집중하지 않았다. 그들은 그의 약물 과다복용이 누구의 잘못인지 논쟁을 벌일 뿐이었다. 비슷하게, 자신을 위해 아버지가 '함께 있어 준 것' 에 대한 그의 설명은 애처롭게도 명확하였다. 아버지는 그와 대화하고 함께 있었지만, 단지 아내와의 다툼에 대해 소년의 지지를 받고 협조를 요청하기 위한 것이었다. 소년은 스스로를 돌보는 것을 학습하지 못하였다. 만일 이복누이가 죽어서 자신이 감옥에 갔었더라도 크게 문제될 것이 없었을 것이라고 말하였다.

4. 가족에 대한 이 소년의 통제는 터무니없는 것이었다. 적당한 방법이 아니었지만, 그는 이복형제들을 돌보았다. 그는 부모를 보살폈고, 그들의 운명에 영향을 미칠 수 있는 힘을 가지고 있었다. 예를 들면, 부부 다툼이 법정으로 갔을 때 그의 증언은 매우 영향력이 있었다.

사례 2

26세의 한 미혼 남성이 만취상태에서 자살 가능성이 있다고 그의 룸메이트가 판단해 병원으로 이송되었다. 이 환자는 우울하였으며, 차를 몰아 절벽으로 떨어져 자살하려는 생각을 가지고 있었다. 그는 술을 마시면 흐느껴 울고, 자신의 아내를 반복적으로 폭행한 것에 대해 죄책감을 느낀다고 말하였다. 부부는 최근 별거 중이었다. 아내를 보호하기 위해 아내로부터 떨어져 지내라는 법원의 명령을 받았기 때문이다. 이 부부의 싸움의 역사는 길고 복잡하였다. 그는 자신이 다방면으로 그녀를 도와주고 돌보려고 했다고 말하였다. 그는 그녀가 돈으로 자신을 착취한다고 믿고 있었다. 자신의 폭행에 대해 묘사할 때, 그녀가 그를 먼저 공격했으며 그녀는 응분의 대가를 치른 것이라고 설명하였다. 즉, 그녀가 먼저 공격했지만 그로 인해 공격당했을 때는 그를 탓한다는 것이었다. 한때 그는 법원 명령을 어기고 그녀를 폭행하여 수감된 적도 있다.

그의 음주문제는 오랜 역사를 가지고 있었다. 최근에 그는 지역병원에 있는 음주치료 프로그램이 불필요하다고 느끼고는 치료를 그만두었다. "나는 단지 술을 마셨고 아내를 한 대 살짝 때렸을 뿐이다."라고 설명하였다. 이 외에도, "그 장소는 감옥 같았다."라고 말하였다. 그는 또한 자주 '술 마시고 난동을 부리는' 행동을 해 왔다. 때로는 경찰관을 공격하기도 하였다. 투옥 중 한번은 그에게 굴욕감을 주었다는 이유로 AA 음주치료 프로그램 강사를 구타하였다. 자신이 무시당하고 모욕당하는 프로그램에 참석하도록 강요당해 왔다고 주장하는 맞소송을 제기한 후 이 환자에 대한 기소는 기각되었다.

그는 술집 밖이나 그 밖의 장소에서 발견한 사람들을 대상으로 한 조직폭력에 종종 참여하였다고 보고하였다. 자신이 한때 마약 딜러였지만 한 친구가 45달러를 놓고 벌인 싸움에서 살해당한 이후로 그 일을 그만두었다고 말하였다. 그는 "나는 아슬아슬한 삶을 좋아했습니다. 만일 내가 그것을 하기로 마음먹으면 무엇이든 할 수 있죠"라고 말하였다. 자신을 완벽한 싸움꾼이라고 얘기하였으며, 다른 사람을 무섭게 만드는 자신의 능력에 대해 과장된 이야기를 하기도 하였다. 그는 그런 활동을 하는 동안 상당히 많은 돈을 벌었다고 하였다.

최근 그는 우울감, 집중력 저하, 무력감, 낮은 자아존중감, 자살생각 등을 포함하는 부적 증상(vegetative signs)을 보고하였다. 그는 부스파(Buspar, 역주: 항불안제의 일종)를 복용해 왔고 외래상담을 받아 왔는데, 이런 치료는 '무가치한 것'이라고 선언하였다.

그는 과잉행동 아동이었으며, 학습장애를 치료하기 위해 특수교육 프로그램에 배치되었다. 유치원에서부터 9학년 중퇴할 때까지 리탈린(Ritalin, 주의력결핍 과잉행동장애—ADHD—에 쓰이는 약)을 과량복용했다고 진술하였다. 그는 수년 동안 실직상태였으며, 최근 계획은 고졸학력 인정서를 받고 로스쿨에 진학하는 것이다.

이 환자의 아버지는 누구인지 모르는 상태이며, 어머니는 그가 걷기 시작할 때쯤 사망하였다. 그는 조부모가 양육하였으나 그의 말에 따르면 조부모는 그를 원하지 않았다. 어머니의 사망 후 보험금을 받았는데 조부모가 빼앗았다고 느끼고 있었다. 그는 또한 그의 두 형제가 편애를 받았다고 믿었다. 그들이 혼나는 빈도나 강도가 자신에 비해 훨씬 덜하였다. 그들은 종종 값비싼 선물을 받았지만 자신은 아무것도 받지 못하였다. 환자에 대한 처벌은 조부모 두 분 다 행했고 매우 심하였다. 그들은 회초리로 때리고, 끈으로 묶고, 널빤지로 머리를 강타하고, 빗자루로 얼굴을 때리고, 머리카락을 질질 끌고 다녔다. 그의 할아버지가 혼내고 있을 때, 할머니는 옆에서 웃고 있었다. 어느 때는 조부모의 돈을 훔친 것 등의 심각한 위반에 대해 처벌이 가해졌고 또 어느 때는 우연히 행한 사소한 실수에 대해 처벌이 가해졌다. 예를 들면, 피크닉 식탁에 콜라를 엎지른 것에 대해 심한 매질이 가해졌다. 다른 친척들도 그를 때리곤 하였는데, 흔히 그의 연령을 넘어서는 어려운 과제를 그가 잘 해결하지 못한다는 이유로 때리곤 하였다. 그는 '지체아' 또는 '멍청이'라고 불리면서 이에 더해 머리를 강타당하기도 하였다.

어렸을 때 환자는 종종 싸움을 했고 반복적으로 이웃들의 재산을 파손하였다. 몇 번의 법적 마찰이 있은 후에 그는 마침내 양자로 입양되었다. 그곳에서 그는 수양가족의 여자형제와 성관계를 가졌다가 발각되어 강간혐의로 기소되었다.

이 환자는 DSM의 ASP 기준에 부합한다. 그는 15세 이전에 품행장애를 보였고, 사람과 동물에 대한 공격, 재물 파괴, 속임수 또는 절도, 그리고 심각한 규칙위반이 있었다. 결과적으로 그는 다음의 범주에 해당한다. 법에서 정한 사회적 규준을 지키지 못하고(기준 1), 충동적이거나 미리 계획을 세우는 데 실패하며(기준 3), 빈번한 몸싸움이나 폭력에서 드러나는 것과 같이 화를 잘 내고 공격성을 보이고(기준 4), 일정한 직업을 갖지 못하거나 빌린 돈을 갚지 못하는 지속적인 무책임성을 보이며(기준 6), 다른 사람에게 상처를 입히거나 학대하거나 또는 절도행위를 하고도 무관심하거나 합리화하는 등 양심의 가책이 결여되어 있다(기준 7).

그는 또한 ASP의 대인 범주에도 부합된다. 그의 아내와 거리의 다양한 피해자들을 잔인하게 공격하였다(**공격**+<u>담을 쌓음</u>). 그는 통제하면서 감정적으로는 관여하지 않은 채 아내에게 돌봄을 보여 주었다(**보호**+**통제**+<u>담을 쌓음</u>). 그의 아내에 대한 통제는 부적절할 때 이루어진 것(miscued)이었다(**통제**+**무시**). 그의 음주는 자기방치였는데, 근본적으로 자신(*자기보호+자기방치*) 그리고 타인(*자기보호*+**무시**)에 대한 폭력이었다. 그는 **비난**하는 것이 쉽다는 것을 알았고 그의 자율성은 조심스레 보호되었다(<u>분리</u>). 그가 두려워하는 것은 **통제**당하는 것이었고 그가 바라는 것은 자유(**해방**)와 다른 사람을 소유하는 것이었다(<u>복종</u>).

그는 타인에 대한 통제, 자신의 자율성, 양심의 가책 부족이라는 필요기준을 충족하고, 권리나 의존 또는 버려지는 것에 대한 두려움이라는 배제기준을 충족하지 않는다.

대인관계에 대한 발달사는 예상된 요소를 포함하고 있다.

1. 조부모는 극히 가혹했고, 처벌은 놀랄 만큼 일관성 없이 멋대로 이루어졌다. 마찬가지로, 그는 자기정당화를 통해 그리고 심지어는 자부심이 가득한 태도로 자신의 아내와 타인을 공격하였다. 그의 노골적인 '반사회적' 공격성은 그가 인생을 통해 알아온 것 전부였음에 틀림없다.

2. 조부모와 그 자녀들은 조절되지 않은 통제를 행사했고 만성적으로 그를 모욕하고 무시하였다. 그들은 그를 실패하도록 만들고 그를 멍청이, 지체아라고 불렀으며 그러고 나서 그의 부적절함과 '나쁜 구석'을 핑계로 물적 · 인적 조력을 의도적으로 철회하였다. 그는 이에 대해 몹시 화가 나 있었다. 그 결과 중 하나는 그가 무시와 통제에 대해 매우 민감하다는 것이다. 그는 높은 자리에 있는 사람이나 보호시설에 대해 신체적으로 또는 법적으로 공격함으로써 자신을 보호하는 데 무척 재빨랐다.

3. 조부모의 보살핌은 부적절하였다. 예를 들면, 할머니가 널빤지로 그의 머리를 쳐서 의식을 잃은 적이 있다. 그가 다시 의식을 되찾았을 때, 어떠한 대화도 없었다. 그는 단지 집을 떠났을 뿐이었다. 이런 부적절한 처벌과 조롱에도 불구하고, 조부모는 몇 년간 집과 음식, 의복을 제공하였다.

4. 많은 ASP들과 달리, 이 환자는 어린 시절 가정에서 명백한 통제권을 갖지 않았다. 그러나 그는 어머니의 보험금과 관련해서 어느 정도의 통제권은 가지고 있었다. 그 돈이 어떻게 할당되어야 할지 많은 언쟁과 다툼이 있었다. 그가 어머니의 보험회사뿐 아니라 구금제도를 고소하는 데 성공했다는 것에서 알 수 있듯이 성인기에도 돈에 대한 다툼은 계속되었다. 게다가, 아내와의 수많은 싸움은 자신의 돈과 관련된 것이었다. 신체공격의 영역에서뿐만 아니라 법적 공격의 영역에서도 그는 성공적이었다. 그가 자신의 공격성을 자랑스러워하고, 로스쿨에 흥미를 갖는다는 것은 놀랄 일이 아니다.

예상되는 전이반응과 치료적 함의

전이반응

의사는 Lady Macbeth의 정신병에 대해 생각하면서 "이 병은 내 의술로도 고칠 수 없는 병이다."라고 말하였다(*Macbeth*, 5막 1장). Cleckley는 ASP를 효과적으로 다루기 어렵다는 것을 표현하기 위해 셰익스피어 작품의 글귀를 인용하였다. ASP인 사람은 자신의 상호작용 패턴을 변화시키는 데 전혀 흥미가 없으며, 이들로부터 협조를 구한다는 것은 거의 불가능하다는 것이 중요한 문제다. DSM-IV 사례집에 나타난 Cleckley의 Tom 사례는 협조를 얻어 내는 것의 전형적인 어려움을 부각시키고 있다. Tom이 많은 사회적 · 법적 문제를 일으키고 난 후 가족의 친구 중 나이가 많고 경험이 풍부한 한 사람이 Tom을 자동차에 태웠다.

> 그 젊은이는 앞으로 모범적으로 행동할 것을 약속했을 뿐 아니라 추가할 것이 거의 없다고 생각할 정도로 자신의 과거를 분석하고 이야기하였다. … 젊은이의 진실한 모습은 나이 든 상담자에게 감동을 주었는데, 가장 현명한 관찰자가 할 수 있는 것보다도 더 깊고 더 상세하게 자신을 둘러싼 전반적인 상황을 이해하고 있는 것처럼 보였다. 차에서 내리기 직전, 그 신중한 상담자는 매우 낙관적이 되었으며 고무되었다. … [그날 밤 Tom은] 그의 보호를 벗어나 사라졌으며, 다시 감옥에서 모습을 드러냈다(Cleckley, 1995, pp. 95-96).

이와 비슷하게, 친절하고 세심한 심리치료자라도 자신이 책임지겠다고 생각했던 이 상담자처럼 ASP에게 '속을' 가능성이 높을 것이다. 반대로 만일 심리치료자가 거칠고 동정적이지 않다면, ASP는 보살피기로 한 사람이 얼마나 학대적이고 냉담한지를 입증해 보일 것이다. SASB 모형에서 적대적 자율성 수용으로 기술된 근본적인 접근 불가능함은 한 개인이 타인과의 우호적인 접촉을 부인하는 것을 말한다. 적대적 자율성 수용은 외양적 친근함과 복잡하게 얽혀 있어서 잘 드러나지 않지만 언제나 존재하는 주제다. 이는 절친한 친구를 혼란스럽게 하며 실상에 대한 사전정보를 갖고 있지 않은 관찰자는 절대 파악할 수 없는 것이다. ASP를 치료하는 데 큰 도전은 바로 이런 장벽을 뚫는 것이다. 치료자는 사교적인 것처럼 보이지만 심하게 소외되어 있는 ASP와 진실한 관계를 맺고 유대감을 형성하려는 노력을 할 필요가 있다.

ASP의 특징인 적대적 자율성은 이자 간(dyadic) 심리치료의 효과를 심각하게 제한한다. 타인을 신뢰할 수 있도록 ASP를 도와주기 위해서는 더 강력한 방법이 동원되어야 하는데, 자신 또는 타인에게 발생하는 일을 중요하게 여기는 모험을 감행할 필요가 있다.

치료적 함의: 다섯 가지 범주의 정확한 반응

치료를 학습경험으로 보는 시각은 순간순간 범하는 치료자의 실수를 알게 해 준다. 치료 개입은 협력을 증진하는지, 패턴과 그 근원에 대한 학습을 촉진하는지, 부적응적 패턴을 막아 주는지, 변화의지를 강화하는지, 또는 새로운 패턴 사용을 효과적으로 촉진하는지 등의 관점에서 평가될 수 있다. 개입의 효과는 치료자의 의도가 아니라 환자에 대한 실제적인 영향이라는 관점에서 평가된다.

ASP는 개인치료만으로는 잘 반응하지 않는다. 나는 단지 3명의 ASP 환자를 치료한 경험이 있을 뿐이고, 그들이 가진 법적인 문제는 모두 자신의 지역사회에 잘 알려져 있기 때문에 그들에 대해 이야기할 수는 없다. ASP에 대한 매우 다른 치료적 과정과 이 장애에 대한 한정된 경험 때문에, 다섯 가지 범주의 정확한 반응이라는 관점에서 치료를 논하기가 어렵다. 그러나 나는 이 다섯 가지 범주로 기술된 기능이 충족되어야만 성공적인 치료가 될 수 있다고 믿는다.

협력적 관계 증진하기, 패턴 인식 촉진하기, 부적응적 패턴 차단하기

일반적인 대화로는 ASP에 접근할 수 없다. 유일한 방법은 ① 치료받도록 ASP를 강제하는 것 또는 ② 변화과정에 들어가도록 ASP를 유도하는 방법을 찾는 것이다. 대개 법원은 ASP에게 치료 또는 수감 중 하나를 선택하게 함으로써 강제적인 접근을 시도한다. 법원의 명령을 받으면, ASP는 단순히 처벌을 피하기 위해 심리치료를 '받는 척' 할 가능성이 높다.

법원 명령에 따라 이자 간(dyadic) 대화치료로 제한된다면, 치료자는 ASP가 치료를 원하지 않는다 하더라도 그 시간을 최대한 유익하게 보내도록 설득하여야 한다. 다섯 가지의 정확한 개입 중 하나 또는 그 이상을 구현하는 대안적인 경험을 창조해 내는 것이 가능할 수도 있다. 발달심리학자들은 지배(dominance)와 따뜻함(warmth)을 동일시 과정에서 핵심적인 변인으로 주목해 왔다(예: Mussen, Conger, & Kagan, 1971, p. 359). ASP는 지배 또는 따뜻함이 있는 잘 조절되고 일관성 있는 사회화 경험을 하지 못하였다. 그들에게는 이런 것이 필요하다.

ASP에 대한 접근 중에 1970년대 후반부터 1980년대 초반까지 Glenn Shaurette 박사가 남부 캐롤라이나 컬럼비아 재향군인병원에서 실시한 환경치료프로그램이 있다. Shaurette 박사는 성격장애가 있는 사람을 현재 상태 그대로 만날 필요가 있음을 인식하였다. 적대성이라는 기준 위치에서 융통성 없이 반응하는 사람들은 일상적인 도움에 대해 전혀 반응이 없다. Shaurette 박사는 적개심 위치에 있는 ASP들과 관계를 맺고, 이후 협력을 향해 점진적으로 나아가는 방법을 발견하였다. 그는 병원환경의 힘을 공고히 해서 ASP의 대인경험을 (친절하게 그러나 완벽하게) 지배하고자 하였다. 또한 ASP들이 날마다 모든 직원으로부터 동일한 대인 메시지를 받도록 치료계획을 세웠다. 목적은 ASP의 부적응적 패턴을 차단하고, 그들이 퇴원 허락을 받을 수 있도록 패턴을 변화시키는 것이었다.

일반적으로 ASP는 담을 쌓음으로 부호화되는 방식으로 행동하면서 Shaurette 박사의 병동에 왔다. 병동의 일반의사, 심리학자, 간호사, 사회복지사 및 다른 사람들은 며칠 동안 ASP를 혼자 둠으로써(**무시**) ASP의 적개심을 부채질하였다. 그런 다음 병동의 일상을 설명하였고, 이로부터 환자는 행동치료프로그램에 순응하지 않으면 가혹한 처벌이 있다는 것을 배우게 되었다(**비난**). 환자들에게 SASB 모형을 보여 주고, 만일 행동요법 치료계획을 성공적으로 완수하면 초기에 심하게 제한되는 환경이 단계적으로 완화될 수 있음을 알려 주었다. 환자들은 그 계획이 직원들로부터 더욱더 많은 우호성과 자율성을 허용받는 방향으로(**통제**, **보호**, **지지**) 나아간다는 것을 알 수 있었다('Shaurette 원리' 에 대한 더 상세한 내용은 이 책 3장과 Benjamin 등(1986)에 제시되어 있다). Shaurette 박사와 그의 병동 직원들은 ASP들이 고도로 조직화되고 체계화된 이 환경요법에 상당히 반응적이라는 사실을 발견하였다. 환자들은 더 빠르게 퇴원했고, 더 좋은 결과를 보였다.[3] 이 환경 치료계획은 이후 더 정교하게 연구될 가치가 있어 보인다.

ASP로부터 협력을 이끌어 낼 수 있는 다른 방법은 스포츠 영웅을 역할모델로 활용하는 것이다. 품행장애 위험이 있는 아이들과 장차 ASP가 될 사람들은 그런 인물들에게 깊은 인상을 받을 수 있다. 비행을 저지를 위험성이 높은 청소년에게 미치는 스포츠영웅의 영향은 때때로 심금을 울리는 이야기가 되어 널리 알려진다. 비행위험이 높은 청소년이 그런 영웅의 따뜻함과 호의적인 힘을 내면화할 수 있다. 이 영웅의 따뜻함은 내사화 과정에서 핵심이 되며, 결코 꾸며 내거나 인위적으로 만들 수 있는 것이 아니다. 청소년 앞에서 연설을 함으로써 스포츠 영웅의 인간됨이 부각되거나 팬들에게 점수를

---

3) Shaurette 박사는 이 아이디어를 검증하기 위한 공식적인 연구를 수행하려 했지만, 연구기금을 확보하기 전에 입원환자를 담당하지 않는 더 높은 행정직으로 승진하였다.

따는 맥락에서 진행된다면 아마도 진심을 의심받거나 비효과적이게 될 것이다. 스포츠 영웅과 청소년 사이의 진정한 유대는 자발적이고, 개인적이며, 진실한 것이어야 한다. 이런 유대는 스포츠 영웅이 실제적인 근거하에서 그 아이와 동일시하고 진정으로 무엇인가를 주려 할 때 일어날 수 있다.

따뜻함을 알려 주는 또 다른 방법은 ASP를 양육적인 환경에 두는 것이다. 예를 들면, (고양이를 길러 볼 의향이 있는) 수감자에게 고양이를 제공하는 것은 관계에 대한 기본적인 관심을 계발하는 것이 된다. 이는 털이 있는 애완동물이 생리적으로 요구되는 관계에서의 편안함을 제공할 수 있기 때문이다(Harlow & Harlow, 1962 참조). 물론 이러한 개입을 시행할 때에는 ASP가 고양이를 학대하지 않고 충분히 보호할 수 있다는 것이 명확해질 때까지 감독을 해야 한다. 비슷하게, 사회적으로 용인되는 영역에서 이들이 특정 기술을 가지고 있을 때, 이들에게 타인을 가르치는 역할을 맡기면 유대감이 계발될 수 있다. 예를 들면, 엄격한 감독하에서 아동에게 권투나 야구를 가르치는 것은 유대감 형성을 촉진할 수 있다. 이러한 절차는 ASP를 지배와 따뜻함이라는 위치에 두기 위해 상보성 원칙을 활용한다. 고양이나 아동이 보여 준 의존과 신뢰가 ASP로부터 보살핌을 이끌어 낼 수 있다는 것이 기본 생각이다. 그 결과, 이들은 호의적인 상태를 유지할 수 있게 된다. 유사한 개입으로는 수감자에게 말을 돌보게 하는 방법이 있다. 말은 따뜻함을 주고 일관되게 다룰 경우 아주 잘 순종하고 봉사하는 생명체다. 일단 ASP가 무언가를 보살피는 것을 배우면 사회화 가능성이 생긴다.

최근 품행장애 청소년을 다루기 위해 이들을 야생캠프여행에 보내는 것이 인기가 있다. 이 방법은 관리부실과 학대로 몇몇 참가자를 죽음에 이르게 했기 때문에 논란이 되어 왔다. 그러나 원래 이 여행은 흥미롭고, 도전적이며, 말보다는 행동을 요구하기 때문에 아주 좋은 방법으로 보인다. 야외 체험치료의 건설적인 요소들을 확인하고 이를 효율적이고 따뜻하게 실행하면 많은 도움이 될 것이다.

유타대학의 등산가이자 대학원생인 Michael Black은 이 방법을 사용하고 그 결과를 평가하기 위해 SASB의 자기개념 척도를 사용하였다. 그는 행정가를 위한 'ABC'로 알려진 야외체험프로그램의 시간제 고용인이었다. 그는 ABC 프로그램을 차용해서 법원으로부터 심리치료 수행 명령을 받은 8명의 근친상간 가해 남성 집단에게 하루짜리 구조화된 야외도전 프로그램을 실시하였다. 공식적으로 진단받은 것은 아니지만, 이 집단은 ASP, NPD, PAG, 혼합 성격장애자들로 구성되었다. ABC의 구조화된 야외체험에 대한 SASB의 해석은 집단에 대한 존중과 타인과의 유대감을 증진시킨다는 것이다. 집단 의사결정 과정에서 협력은 지배권의 포기를 요구한다. 즉, 의사결정을 수행해 가는 것은 자제와 숙련이 필요하다. ABC 활동은 '눈 감고 타인 의지하여 걷기', '믿고 넘어지기' 와 집단 문제해결 그리고 경험에 대한 집단 토론 등이다. 문제해결에서, 집단은 '산성 구덩이(acid pit)' 에서 두건을 어떻게 꺼낼지를 해결해야 한다. 집단의 모든 사람들은 거미줄을 건드리는 사람 없이 '거미줄' 을 통과해야 한다. 또한 집단은 14피트의 가파른 벽을 모든 사람들이 넘어가는 방법을 찾아내야 한다. '마치 당신의 인생인 것처럼' 눈을 가린 채 줄을 따라 강을 건너고, 바위를 넘고, 숲을 통과할 때 통제 없이 완수하는 것이 더욱 강조된다.

보통의 경우 치료에 참여하는 것을 주저하고 저항하는 이 가해자 집단은 이 경험에 대해서는 매우 즐거워하였다. SASB Intrex 질문지에 있는 자기개념 척도를 실시한 결과 실험집단에서 지각된 자기통제가 유의미하게 증가하였다. 하지만 낮에 조깅을 한 통제 집단에서는 자기개념이 일관되게 변화를 나타내지 않았다. 하지만 1일 ABC 치료의 효과는 한 달 뒤 추후평가까지 지속되지는 않았다. 이 연구는 주의 깊은 진단과 환자의 경험을 공식적으로 코딩한 후 다시 실시될 필요가 있다. 좀 더 조심스럽게 연구를 한다면, 치료 개입에 대한 지각된 차원과 대인 간 및 개인내적 결과 사이의 관계를 정확하게 측정해야 한다. 이후 재현연구에서는 경험의 차원과 기간을 변화시켜서, 가장 관련성이 있는 활동이 무엇인지, 각 경험의 양 및 적절한 순서를 확인해야 할 것이다.

치료의지가 부족한 ASP를 다루어야 하는 임상가는 이와 비슷한 활동을 생각해 볼 수 있다. 주의 깊게 운영되는 집단치료는 유대감 형성과 통제를 위한 강력한 기회가 된다. 치료계획은 해당 지역의 특수성을 활용해야 한다. 유대감 형성과 상호 의존을 촉진할 수 있는 활동이 선택되어야 한다.

어떤 경우에는 ASP의 가족이 치료에 참여할 수 있고 또 기꺼이 참여하려고 한다. 이것이 변화를 위한 강력한 방법이 될 수 있다. 가족이 ASP의 패턴과 깊이 관련되어 있다는 사실이 드러날 수도 있다. 가족 패턴과 ASP의 증상표출 사이의 접점에 대한 직면이 때로는 협력을 이끌어 낼 수도 있다. 나는 한 사례에서 ASP 패턴을 지지하고 있던 가족의 상호작용에 대해 거의 절망스러움을 표현한 적이 있다. 그러고 나서 그 ASP는 가족 내의 변화를 이끌어 내기 위해 자신의 계획을 실행에 옮겼다. 다소 가혹하지만 분명 학대는 아닌 이 방법은 전에 시도해 보지 않은 것이었다. 이 방법은 치료과정에서 가족의 협력을 유도하는 데 확실히 효과적이었다.

부적응적 패턴을 포기하려는 의지 강화하기, 새로운 학습 촉진하기

일단 유대감 형성과 상호 의존이 시작되면, 협력에 대한 전제조건이 충족되는 것이다. 이 시점에서 ASP들은 착취적 생활방식이라는 자기파괴적 속성을 이해할 수 있다. 환자는 자기돌봄, 만족 지연, 타인에 대한 공감과 같은 필요한 기술들을 개발하기 시작한다. ASP 패턴은 전형적으로 연령이 증가하면서 약화된다고 알려져 있다. 만일 이것이 사실이라면, 현재의 분석은 이러한 개선이 애착과 상호 의존을 격려하는 삶의 경험이 축적되는 것과 관련이 있음을 시사한다. 예를 들어, ASP 패턴은 어린이, 그리고 사랑하는 사람들과의 지속적인 경험에 따라 변화될 수 있는데, 어린이와 사랑하는 사람들이 보여 준 따뜻한 상호 의존성은 적대적 무관심이라는 ASP의 기준선에 대한 항생제를 제공하기 때문이다.

NPD처럼 ASP도 'Klute 신드롬'에 특히 취약해 보인다(6장 참조). 만일 가장 선호하는 성적 환상에 대한 SASB 코드가 주요 질환에 대한 SASB 코드와 동일하다면 Klute 신드롬이 존재하는 것이다. 이 이론에 따르면, 성적 만족이 '주요 불평'의 패턴을 강화한다는 것이다. 예를 들면, 과도하게 남성적이고 공격적인 ASP의 경우 다른 사람들보다 성적 속성을 띠는 폭력을 행사할 가능성이 더 높다. 이들 중 몇몇은 가학적 형태의 성행위에 가담한다. 이들은 가끔 코카인 사용과 비교될 수 있는 '최고조'의 상태를 낳는 언어적 또는 신체적 분노를 표현한다. 이들은 코카인과 분노 모두 지배와 성적 쾌감을 증대시킨다고 설명할 것이다. 이런 패턴의 가장 극단적인 형태는 '살인의 황홀경'을 이야기하는 ASP 꼬리표가 붙은 베트남의 참전용사에게서 발견할 수 있다. 이 불행한 사람들 중 몇몇은 몹시 적대적이고 주변의 모든 사람들(군인, 여자, 아동)이 적이었던 동떨어진 환경에 처해 있었다. 이 사람들은 군대에서 살인을 통해 큰 보상을 받았다. 그런 다음, 이들은 이후에는 분명 쓸모없게 된 살인 '직업기술'을 배운 채 다시 사회로 보내졌고 근본적으로 성격이 다른 세상에서 적응하도록 내던져졌다. 이런 사람들에게, 그리고 ASP 행동과 관련된 Klute 연계를 가진 사람들에게는 그 어떤 단순한 사회적 개입도 행동 패턴을 변화시키지는 못할 것이다. 우선, 폭력과 성 간의 연계가 끊어져야 한다. 성애와 폭력 간 연계는 ASP 행동의 '비합리성'을 설명할 수 있는 또 다른 요인이다. 이 주제는 『Seductions of Crime(범죄의 유혹)』(Katz, 1988)이라는 책에 잘 기록되어 있다.

이렇듯 폭력을 성애화(erotization)하는 것이 ASP의 필요조건인지는 분명하지 않다. 이는 단지 ASP의 한 하위집단의 특징일 수도 있다. 가학적 성격장애(Sadistic Personality Disorderbe)[4]로 별도로 진단하는 데 기초가 될 수도 있을 것이다. 본질적으로 이 범주는 임의적인 통제와 무자비한 폭력을 특징으로 한다. 심하게 통제된 가학적 행동은 Cleckley가 ASP의 특징이라고 얘기한 자신에 대한 배려 없는 경멸을 보여 주는 집단이 아닌 다른 집단에 존재한다. 예를 들면, 사탄을 숭배하는 이단적 종교집단 내에는 사회

4) 이는 DSM-III-R의 부록에 기술되어 있었으나 DSM-IV에서는 생략되었다.

에서 기능을 잘하고 매우 존경받는 사람들이 있을 것으로 추정된다. 더 폭력적인 구성원들은 심리적으로 손상되었을 것으로 추정할 수 있다. 좀 더 깊이 연구한다면, 그들만의 특징적인 역사와 소망, 공포 등이 드러날 수 있을 것이다. 타인과의 유대감 형성 및 타인에 대한 공감 형성에 꼭 필요한 경험을 하지 못했다면, 이들은 자신의 현재 습관을 포기할 이유를 발견하지 못할 것이다.

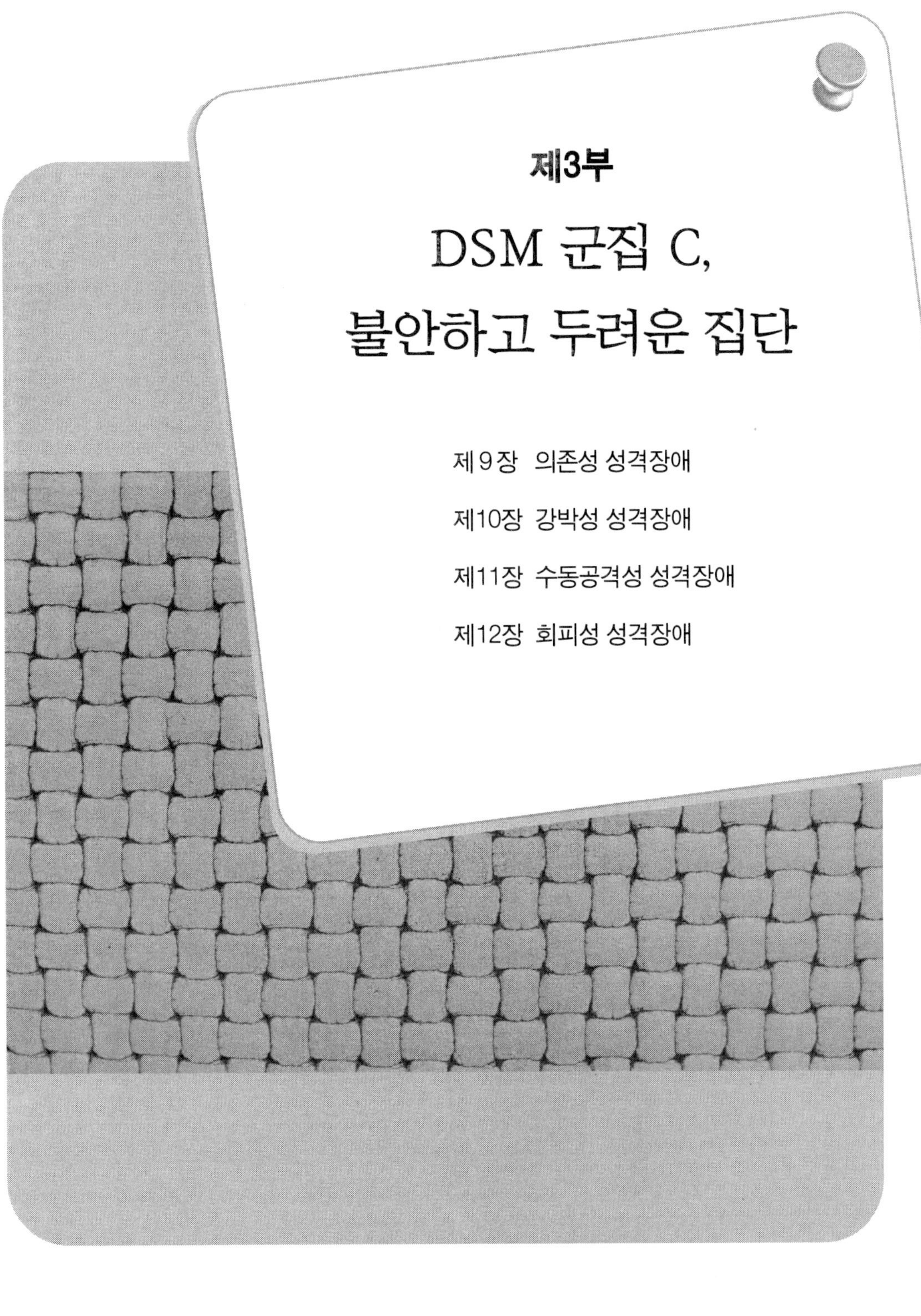

제3부

DSM 군집 C, 불안하고 두려운 집단

제 9 장 의존성 성격장애

제10장 강박성 성격장애

제11장 수동공격성 성격장애

제12장 회피성 성격장애

09

의존성 성격장애

'그 사람이 거기에 있는 한, 모든 것이 잘될 것이다'

■ 문헌 고찰

> Hedda Nussbaum이란 여인이 자신의 여섯 살짜리 입양녀인 Lisa의 죽음으로 인해 그녀의 연인인 Joel Steinberg와 함께 체포된 지 13개월이 지났다. … 그것은 그녀의 인간적 존엄성을 빼앗아 간 한 남자에 대한 그녀의 완벽한 헌신적인 이야기였다. Nussbaum은 법정 증언 첫날, 두 사람이 코카인에 취해 있는 동안 혼수상태로 욕실바닥에 내팽개쳐진 채 누워 있는 힘없고 죄 없는 Lisa의 모습에 대해 증언하였다. Nussbaum이 전화 한 통만이라도 했다면 Lisa를 구했을지 모른다. 그러나 그녀는 자신이 사랑하지만 폭군의 얼굴을 가진 연인 Joel이 화내는 것이 무서워 그러지 못하였다(Hackett, McKillop, & Wang, 1988, p. 59).

온 국민이 TV 생중계를 통해 이런 끔찍하고 무서운 가족폭력의 이야기에 경악하였다. 정신과적 견해는 매우 다양하였다.[1] 왜 Nussbaum이 자신과 아이를 지켜 내지 못했

---

1) Nussbaum이 "수동적 의존성 성격특성, 우울, 불안, 정신장애와 유아성 나르시시즘 경향성(Hackett et al., 1988, p. 61)"이 있다는 증언이 있었다.

는가 하는 질문에 대해서는 그녀가 의존성 성격장애(Dependent Personality Disorder, 이하 DPD)로 고통받고 있다는 것이 최선의 답일 것이다.

> DPD는 Freud의 성격발달 이론에 기초하며, Abraham과 … Glover가 … Freud의 이론에 기초해 개념화한 구강의존형 성격특성과 사실상 같은 의미다. 이들은 대체로 다음과 같은 특성(traits)과 행동군을 보일 수 있다. 그들은 관계 속에서 특히 권위적인 인물을 향해 수동적이고 의존적이며 복종적이다. 그리고 상당한 정도의 지지와 타인의 인정을 요구한다. 또한 버림받는 것에 대한 두려움이 크며 상대적으로 낮은 자아개념을 가지고 있다(Greenberg & Bornstein, 1988, p. 126).

DPD의 관계 패턴은 다른 성격장애 유형에 비해 상대적으로 학술적 논란이 거의 없는 편이다. BPD에 관해 많은 양의 학술논문이 출판된 이유는 BPD가 치료자들에게 심각한 고민을 제공했기 때문이다. DPD가 상대적으로 적은 관심을 받는 이유는 '다룰 만하다' 라고 여겨지기 때문일 수도 있다. 만약 DPD가 많은 전문가에게 고민거리를 준다면 DPD 또한 필연적으로 논란을 일으키는 성격장애 유형 중 하나가 될 것이다.

Livesley, Schroeder와 Jackson(1990)은 최근 DPD에 대한 DSM의 설명을 대인관계 차원에서 두 가지, 즉 애착과 의존성으로 구분하였다. 이들은 문헌에 기초하여 DPD의 특성을 잘 나타내는 문항을 구성하였다. 그 문항을 연속 척도화하고 타당화해서 환자와 정상인들에게 실시하였다. 요인분석 결과 의존성과 애착의 요소들이 독립적으로 존재하였다. 하지만 이들은 DSM의 DPD에 대한 설명에서 의존성 측면은 잘 드러나 있지만, 애착의 측면은 제대로 드러나 있지 않다고 주장하였다(1990, p. 139). 이들은 이러한 성격유형이 Bowlby(1977)가 언급한 초기 아동기의 '불안정 애착' 과 직접적으로 관련이 있을 수 있다고 말하였다. Pilkonis(1988)는 DPD가 불안정 애착의 특성을 가지고 있다는 데 동의하였다.

DPD는 임상적 증후군으로 진단되는 몇몇의 장애와 관련되어 있는데, 특히 우울(Overholser, 1991) 및 신체화 증상(Greenberg & Bornstein, 1988)과 관련이 있다. DPD 그 자체와는 달리, 이러한 임상적 장애들과의 관련성은 상당한 관심과 논의를 불러일으켰다. 몇몇 연구들은 성격장애와 우울 간의 관련성을 밝히고자 노력해 왔다. 그 결과 대부분의 연구에서 DSM에서 설명하는 DPD와 비슷한 성격유형이 우울증과 관련되어 있음을 보여 주었다. 예를 들어, Blatt(1974)는 두 가지 성격유형이 우울증으로 발전할 수 있다고 주장하였다. 그중 하나는 "무기력하고 연약하며, 고갈되는 감정(p. 107)" 과 "위로받고 보살핌 받으며, 도움과 보호를 받고 싶은 욕구(p. 116)" 를 특징으로 한다. 우울한 성격(depressed personality)에 대해 Pilkonis(1988)가 제시한 여러 설명 중 하나는 '과도한 의존성'이었는데, 여기에는 DSM에 제시된 설명과 매우 유사한 내용이 있었다. Pilkonis의 의존적이고 우울한 성격유형은 다음과 같이 요약할 수 있다.

1. 중요한 관계나 사람을 잃을지 모른다는 두려움으로 근심하고 불안해하는 경향이 있다.
2. 타인을 '통제' 하기를 포기하는 경향이 있다.—자신의 능력과 대처자원을 과소평가한다.
3. 관계의 상실로 이어질 수 있는 위험을 무릅쓰지는 않는다.
4. 신념과 행동이 타당한지 결정하는 것을 타인에게 의존한다(1988, p. 148).

DPD에 대한 DSM의 정의[2)]

DSM 정의는 이후 분석의 출발점이 된다.

보호받고자 하는 만성적이고 과도한 욕구 때문에 복종적인 행동과 분리불안을 나타내며, 초기 성인기에 시작해서 다양한 상황에서 나타난다. 다음 중 5개(또는 그 이상)의 증상이 나타난다.

(1) 타인으로부터 과도한 조언이나 확신 없이는 일상의 결정을 내리는 것을 어려워한다.
(2) 삶의 주요한 대부분의 영역까지 자신의 책임을 타인이 대신 떠맡아 주길 원한다.
(3) 승인과 지지를 잃게 될까 두려워 타인의 의견에 반대하지 못한다. 주: 단, 보복에 대한 현실적 두려움은 포함되지 않는다.
(4) 스스로 어떤 일을 주도하거나 수행해 나가는 것이 어렵다(동기나 활력이 부족하다기보다는 판단이나 능력에 대한 자신감이 결여되어 있기 때문에).
(5) 타인의 보살핌과 지지를 받기 위해서는 어떤 일도 서슴지 않고 한다. 심지어 불쾌한 일을 자원하기까지 한다.

---

2) 이 장의 DSM 정의는 DSM-5를 기준으로 하였다.

(6) 스스로 잘해 나갈 수 없다는 과도한 두려움 때문에 혼자 있을 때 불안하거나 무기력해진다.
(7) 친밀한 관계가 끝나면 보살핌과 지지를 얻기 위해 곧바로 또 다른 관계를 맺으려 한다.
(8) 스스로 자신을 돌봐야 하는 상황에 내버려졌다는 비현실적 두려움에 휩싸여 있다.

Morey(1988)는 성격장애로 치료받고 있는 291명의 외래환자 중 22.3%가 DPD 진단기준에 부합한다고 보고하였다. DPD는 상당 수준 BPD(50.8%), AVD(49.2%)와 중복되었다.

발병원인에 대한 가설

발병원인에 대한 가설을 설정하기 위해 SASB 모형을 활용하는 방법을 5장에 기술한 바 있다. DSM에 기술된 DPD 증상 각각을 설명하기 위해 발달사적 특성 네 가지가 제시되었다. 이 장애의 독특한 대인관계 패턴과 대인사를 연결하는 가설을 〈표 9-1〉에 제시하였다. 다음은 이 가설에 대한 좀 더 자세한 설명이다.

1. DPD는 발달주기의 시작이 아주 좋다. 그들은 따뜻한 보살핌과 깊은 관심 속에서 자연스럽게 발달단계를 경험한다. 이것은 유아가 사람들과 유대감을 맺도록 도와준다. 이를 통해 유아는 필요한 것을 필요할 때에 누군가가 항상 제공한다는 것을 학습한다. Freud(1499/1955, p. 11)는 이러한 발달단계를 '구강기'라고 하였다. Erikson(1959, pp. 55-61)은 이 단계를 '신뢰 대 불신'이라고 명명하였다. 전형적인 DPD는 이 첫 단계를 아주 잘 습득한다. 그들은 유아 때부터 양육과 보살핌이 가능한 타인에게 의지할 수 있다는 것을 배웠다.

성인 DPD는 지배적이고 의미 있는 누군가를 한 명 선택해서 신뢰함으로써 이러한 패턴을 이어간다. 이런 신뢰는 죽어 가는 아이를 지켜보는 Nussbaum의 경우에서 알 수 있듯이 모든 이유를 초월해 버린다. 그녀는 "아니야, Joel이 아이를 돌볼 거라고 말했어."라고 자신을 안심시킨다(〈표 9-1〉 참조).

2. DPD의 부모(들)는 발달상 보살피는 것이 더 이상 적절하지 않음에도 불구하고 보살피려는 행동을 그만두려 하지 않는다. 유아의 젖떼기는 실질적으로 중요한 발달단계에 속한다. DPD 자녀를 둔 부모들은 아이가 스스로 뭔가를 하면서 배우도록 허용하지 않고 계속해서 보살피고 보호하려 한다. 젖을 떼는 것을 실패하는 데에는 두 가지 이유

〈표 9-1〉 DPD에 대한 대인관계 요약

과거경험	과거경험의 결과
1. 행복한 유아기, 뛰어난 보살핌(**보호**)	1. 보살핌, 통제를 기대하고 필요로 함 (**보호**, **통제**)
2. 보살핌이 제때에 제공되며 끊이지 않음 (**통제**, **비난**) 자율성 및 권한행사를 연습해 보지 못함 (분리하지 못함) 낮은 자아개념(*자기비난*)	2. 복종적이며 의존적인 행동 (신뢰, 복종, 골냄) 어떤 대가를 치러서라도 자율성(분리)을 회피함 자신을 부적절하다고 봄(*자기 비난*), **비난**을 용인
3. 능력 부족으로 또래에게 조롱(**비난**)받음	3. 부적절하며 무능력하다고 느낌 (*자기비난*)
4. 가능한 다른 과거경험: 지나치게 **통제**하고, 보살펴 주지 않으면서 학대(**비난**, **공격**)하는 부모의 양육태도, 메시지가 복잡하지 않음	4. 1~3단계까지 제시된 내용

요약: 기준 위치는 끊임없이 양육과 지도를 제공하기로 되어 있는 지배적인 타인에 대한 현저한 순종이다. 그것이 학대를 감내하는 것을 의미한다고 하더라도 그 사람과의 연계를 유지하려는 소망을 가지고 있다. DPD는 자신이 무능하다고 믿고 있는데, 이는 지배적인 그 사람이 없으면 살아남을 수 없다는 것을 의미한다.

DPD 기준선 SASB 코드: 신뢰, 복종, 골냄, 무능함에 대한 *자기비난*. 소망: **보호**와 **통제**를 받는 것. 두려움: **무시**당하는 것. 필요조건: 도구적 부적절성에서 기인하는 복종, 거리두기, 양심의 가책 결핍. 배제조건: 의존 관련 합병증(오랜 기간 자율성을 편안해함, 타인에게 양육을 요구함, 상황이 안전할 때만 친밀함, 복종을 강요함, 권위자를 경멸함 등).

가 있다. 첫째, 이런 부모는 의존적인 아이와의 친밀감을 즐기기 때문에 부모가 포기하려 하지 않는다. 둘째, 이런 부모는 '빈 탱크'이론을 믿었을 수도 있다. '빈 탱크'이론에서는 아이가 충분한 보살핌과 관심을 받으면 모든 것이 좋아질 것이라고 주장한다. 또 아이가 좌절을 경험하면 신경증 행동이 뒤따른다고 주장한다. 여기에서의 부모의 역할과 의무는 아이가 필요한 모든 것을 즉각적이고 완벽하게 그리고 지속적으로 제공해 주는 것이다.

불행히도 유아기 이후 끊임없는 보살핌의 제공은 아이를 강하게 만들기보다는 오히려 약하게 만든다. 발달상 더 이상 적절하지 않은 도움과 보살핌의 제공은 아이에 대한 노골적인 통제를 의미한다. 이러한 보살핌이 일반적으로 젖을 떼는 이유기를 넘어서까지 계속된다면 그것은 퇴행으로 이어질 수 있다. 예를 들어, 나이가 들수록 신발 끈을 매는 것에 대한 의미가 달라진다는 것에 주목해 보자. 유아가 신발 끈을 매는 것은 도와주어야 하고 보호해 주어야 하는 일이다. 아이들이 초등학교 1학년이 되면 대부분 신발 끈 매는 것을 배운다. 초등학교 6학년 아동의 신발 끈 매는 것을 도와준다면 이는 분명 부적절하고 창피한 일일 것이다. 특정 행동의 대인관계적 차원은 발달적 맥락에 따라 변화한다. 어떤 맥락에서는 **보호**인 것이 다른 맥락에서는 **통제**가 되고, 또 다른 맥락에서는 **비난**이 된다.

SASB의 상보성 원리에 따르면(3장 참조) 혹독한 양육은 복종을 낳는다. **보호**는 신뢰를, **통제**는 복종을, **비난**은 골냄을 낳는다. 요약하자면, DPD는 가능한 모든 형태의 통제에 종속되기 쉬우며 모든 형태의 복종으로 반응한다. 이들은 자신이 불완전하다고 느끼는데, 스스로 무엇인가를 할 수 없다고 생각하기 때문에 반드시 누군가에게 의존하려 한다. 이들은 혼자라는 것을 대처할 자원 없이 자신이 내버려지는 것으로 여긴다. DPD는 유능한 누군가와 함께 있고 싶어 한다. 그리고 보살핌을 받는 대가가 자신에 대한 학대라 해도 참아낼 것이다.

Nussbaum은 자신의 발달과정과 그에 따른 결과를 간략히 글로 표현하였다. "[나의 어머니]는 나를 위해 모든 것을 해 주기를 원하셨어요. 예를 들면, 여섯 살 때에 양말을 신겨 주는 것까지 …. 아버지는 반대로 항상 '내 말을 들어라. 내가 나이가 많으니까 더 잘 안다.' 라고 말했어요(Hackett et al., 1988, p. 60)." 그녀는 자신의 딸이 욕조바닥에서 의식을 잃고 누워 있을 때 왜 긴급구조를 위해 전화하지 않았는지 설명하였다. " 'Joel이 Lisa를 돌볼 거라고 말했었어요….' 그리고 나는 Joel을 배반하거나 배신하고 싶지 않았어요. 그래서 전화하지 않았어요(Hackett et al., 1988, p. 58)."

3. DPD들은 그들의 무능함으로 인해 또래에게 놀림을 받는다. 이들은 또래에게서 '계집애', '갓난애', '겁쟁이' 라고 불린다. 이런 도구적 부적절감(sense of instrumental inadequacy)이 내면화된다(*자기비난*). DPD들의 낮은 자아개념은 '난 할 수 없어'로 귀결된다. Nussbaum은 "그 결합(아버지와 어머니)이 내 스스로는 아무것도 할 수 없는 존재이며, 어떤 것도 알지 못하는 존재로 느끼게 만들었다. 난 그렇게 키워졌다."라고 회고하였다(Hackett et al., 1988, p. 60에서 인용).

〈표 9-1〉의 발달적 특징 1~3은 "피는 물보다 진하다(Spitzer et al., 1994, pp. 179-180)" 라는 DPD에 대한 DSM-IV 사례집에서도 잘 나타나 있다. DPD는 자기주장을 잘 하지 못하기 때문에 또래에게 괴롭힘을 당하고 '어린애 취급을 받으며 응석받이' 가 된다. 남성 DPD는 어머니가 동의하지 않으면 여자친구와 결혼도 할 수 없다. 그는 '권력을 휘두르는' 어머니를 두려워하면서도 존경한다. 그리고 자신의 판단이 완벽하지 않다고 느낀다.

4. DPD의 발달사에서 드러나는 중요한 차원은 부모의 압도적인 통제다. 그들은 복종 이외의 다른 선택은 알지 못한다. DPD들이 복종적이기는 하지만 그들은 자신과 타인 사이에 분명한 경계를 가지고 있다. 과도한 보호와 보살핌만이 복종하게 만드는 유일한 방법은 아니다. 공공연하게 적대적이며 통제적인 가족 또한 복종적인 태도를 갖

게 한다. 이 장의 후반부에서 논의되는 사례 중 하나는 DPD의 특징인 복종적인 태도를 유발하는 다른 원인들을 설명하고 있다. 분명한 자의식이 있다 할지라도 저항할 수 없는 압도적인 통제가 있다면 DPD가 그 결과로 나타날 수 있다. 만약 통제가 다른 메시지들과 섞여서 복잡한 조합의 형태로 나타난다면, 복종적인 태도만이 DPD의 특성으로 나타나지는 않을 것이다. 정상인 집단, DPD 집단, 그리고 DPD가 없는 정신과 환자집단을 조사한 최근의 연구결과에 따르면, DPD의 부모가 상당히 높은 수준의 통제를 가하는 것으로 나타났다(Head, Baker, & Williamson, 1991).

과거 대인관계 특징과 DSM에 제시된 증상 간 관계

'전형적인 DPD'는 DSM에 제시된 모든 증상을 나타낸다. DSM 진단기준의 1과 2에는 의사결정을 잘 내리지 못하고 책임을 지지 못하는 DPD의 무능력이 설명되어 있다. 스스로 어떤 일을 주도하거나 수행하지 못하는 무능력(기준 4)이 명시되어 있는데, 타인이 이루어 놓은 계획과 의사결정의 일부분이 되는 것 말고는 DPD에게 다른 대안이 없다. 다른 누군가가 모든 것을 떠맡아 주어야 한다는 DPD의 믿음은 적절하지 않은 상황에서도 양보하게 하고(기준 3), 지지받는 것을 잃지 않기 위해 자신이 착취당하고 굴욕당하는 것을 허용하며(기준 5), 지배적인 양육자를 잃어버리게 될까 봐 크게 두려워한다(기준 6, 7, 8).

DPD의 낮은 자아개념은 도구적 부적절감에서 기인한다. 그들은 흔히 자신의 복종적인 모습을 '친절함'과 동일한 것으로 보고 스스로를 '좋은 사람'이라고 생각한다. DPD는 그들 스스로가 악하다거나 벌 받아야 할 존재라고 생각하지 않는다. 그들의 문제는 단지 자신이 '어떻게' 해야 할지를 모른다는 것이다. 그들은 할 수 없을 뿐이다. 자신은 무능력하고, 부적절하며, 무기력하고, 서투르며, 준비되어 있지 않고, 자격미달이라고 생각한다. 그들의 낮은 자아개념은 도구적 부적절감에 대한 내재적 또는 외재적 경멸감이 내재화된 것이며, 도구적 기술을 개발하지 못한 것에 대한 현실적인 평가다.

DPD의 대인관계 요약

다음은 DPD의 대인관계 특성을 요약한 내용이다.

> 기준 위치는 끊임없이 양육과 지도를 제공하기로 되어 있는 지배적인 타인에 대한 현저한 순종이다. 그것이 학대를 감내하는 것을 의미한다고 하더라도 그 사람과의 연계를 유지하려는 소망을 가지고 있다. DPD는 자신이 무능하다고 믿고 있는데, 이는 지배적인 그 사람이 없으면 살아남을 수 없다는 것을 의미한다.

이와 같은 요약은 DPD의 기본 패턴 및 소망에 대한 SASB 코드에 토대를 두고 있다. 〈표 9-1〉에 제시된 코드는 DPD를 규정하는 간편한 방법이다. 기준 위치는 신뢰, 복종, 골냄 그리고 *자기비난*이다. 그들의 소망은 **보호**와 **통제**를 받고, 두려움은 절대적으로 필요한 양육자에게 **무시**받는 것이다.

DPD 노래의 리듬과 하모니는 DPD가 주고받는 대인 및 심리내적 반응의 연쇄에서 나타난다. DPD의 '으뜸음'은 신뢰와 복종이다. 그들의 하모니는 **보호**해 주고 **통제**해 줄 수 있는 누군가와 잘 조화를 이룬다. 만약 거기에 **비난**이 포함되어 있다면, 골내지만 견뎌낼 것이다. 중요한 사람을 잃을지 모른다는 상실의 위협과 자율성(분리)에 대한 압력은 DPD에게 극도의 공포감을 준다. 도구적 부적절감에 대한 DPD의 *자기비난*은 위협에 대처하려는 자신의 의지를 마비시켜 버린다. 이것이 바로 DPD 노래의 리듬과 하모니다.

SASB 코드를 사용할 줄 아는 독자라면 이와 같은 분석을 다른 맥락에도 적용해 볼 수 있다. 예를 들어, 환자가 자신의 우울 증상이 더 심해진다고 불평하는 것은 흔히 있는 일이다. 때때로 이러한 불평은 DPD가 불평하는 방식과 유사하다. 우울 증상에 대한 이런 방식의 불평을 해석하기 위해, 치료자는 우울을 기술하는 환자의 과정을 코드화할 필요가 있다. DPD가 자신의 증상에 대해 불평할 때 치료자에 대한 환자의 과정은 DPD 노래의 특징을 포함하고 있을 것이다. 다음의 예를 살펴보자.

> 만성우울증 환자가 있었다. 의사는 그녀에게 새로운 항우울제를 시도해 보았다. 환자는 호전되지 않은 채 오히려 많은 부작용이 나타났으나 의사에게 이런 부분들을 이야기하지 않았다. 다행히, 의사가 기억을 하고 약물 부작용에 대한 구체적 증후를 물어보았고, 환자가 그러한 증후가 있다고 인정하자 의사는 다른 항우울제를 처방하였다.

> 환자는 자신의 증상을 적극적으로 인정했으나 자발적으로 그러한 정보를 제공하지는 않았다. 의사는 그녀에게 왜 이야기하지 않았는지 물었다. 그녀는 "전 그냥 그게 단지 약물의 효능일 거라고 생각했어요(골냄). 가장 좋은 방법을 당신이 선택했겠지라고 생각했어요(신뢰)." 라고 말하였다.

〈표 9-2〉에 DPD 노래의 기초 사항을 BPD, NPD, HPD 및 ASP 노래의 그것과 비교하여 제시하였다. 〈표 9-2〉에 제시된 대인관계의 기본(도, 레, 미)은 범주들이 어떻게 중첩되는지, 그리고 어떻게 서로 다른지를 정확히 보여 주고 있다. 표에 기술된 내용은 임상가들이 감별 진단을 하는 데 도움을 줄 것이다. 표를 보면 DPD는 복종과 *자기비난*이 특징이다. DPD는 BPD 및 HPD와 마찬가지로 의존성을 보인다. 상대가 우호적이고

〈표 9-2〉 BPD, NPD, HPD, ASP, DPD의 SASB 코드 비교

	BPD	NPD	HPD	ASP	DPD
1. **해방**					
2. **지지**					
3. **적극적 사랑**	×			×*	
4. **보호**					
5. **통제**	×	×	×*	×*	
6. **비난**	×	×	×	×	
7. **공격**	×	×		×*	
8. **무시**		×		×	
1. 분리		×		×	
2. 개방					
3. 반응적 사랑			×*		
4. 신뢰	×		×*		×
5. 복종					×
6. 골냄					×
7. 물러남					
8. 담을 쌓음			×*	×*	
1. *자기해방*					
2. *자기지지*					
3. *적극적 자기사랑*		×*			
4. *자기보호*	×			×*	
5. *자기통제*					
6. *자기비난*		×			×
7. *자기공격*	×		×*		
8. *자기방치*	×	×*		×*	

* 표시는 같은 열에 위치한 코드가 서로 복잡한 조합을 이루어 나타남을 의미함.

지지적인 방식으로 '행동' 할 때만 의존성을 보이는 BPD 및 NPD와는 달리 DPD는 주위 상황과 관계없이 의존적이다. DPD는 NPD와 마찬가지로 자기비판의 경향성을 보이지만 매우 상이한 상황에서 나타난다. NPD는 무조건적인 존중이라는 필요조건이 충족되지 않으면 자기비판의 경향성을 보인다. NPD는 어떤 환경에서도 우월감을 느끼지만 DPD는 항상 도구적 부적절함을 느낀다. DPD는 타인에 대해 적극적인 시도를 하지 않는다는 점에서 극적이고 예측하기 힘든 B군 성격장애들과 구분된다. 〈표 9-2〉를 보면 적극적 시도를 설명하는 부분이 DPD에서는 완전히 비어 있음을 알 수 있다. B군 성격장애에서는 네 가지 진단범주 모두 **통제**와 **비난**을 포함한다. 그중 세 가지는 **공격**을 포함한다. DPD는 B군 성격장애에 해당하는 장애들보다는 분명히 '문제'를 적게 일으키는 장애다.

DSM 진단기준 재검토

DPD에 대한 DSM의 관점이 대인 언어로 번역되었고, DPD 패턴과 관련된 심리사회적 학습의 개요를 제시하였다. 여기에서는 DPD에 대한 대인관계 분석을 직접 DSM과 비교하였다. DSM 기준은 *이탤릭체*로, 대인관계 용어로 표현된 것은 밑줄로, WISPI(1장에서 논의함) 기준은 고딕체로 표시하였다.

보호받고자 하는 만성적이고 과도한 욕구 때문에 복종적인 행동과 분리불안을 나타내며, 초기 성인기에 시작해서 다양한 상황에서 나타난다. 다음 중 5개(또는 그 이상)의 증상이 나타난다.

(1) *타인으로부터 과도한 조언이나 확신 없이는 일상의 결정을 내리는 것을 어려워한다.*

자신을 도구적으로 부적절하다고 생각한다. 자신이 일상적인 생활을 하는 데 필요한 시도들을 강력한 누군가가 주관해 주고 통솔해 주기를 기다린다. 가장 사소한 일상의 결정조차 타인의 의견과 조언을 구한다.

나는 내 자신의 판단을 신뢰하지 못하기 때문에, 스스로 결정을 내리지 못하고 나와 가까운 누군가가 대신 결정해 주기를 기다린다.

(2) *삶의 주요한 대부분의 영역까지 자신의 책임을 타인이 대신 떠맡아 주길 원한다.*

자신의 판단을 존중하지 않으며 자신을 위해 의사결정을 타인이 대신해 주기를 기다리거나 요청한다.

나는 나 스스로 내 인생을 계획하고 감당해 나갈 수 없다고 느끼기 때문에 내 주변의 가까운 사람이 그걸 대신하도록 허용한다.

(3) *승인과 지지를 잃게 될까 두려워 타인의 의견에 반대하지 못한다. 주: 단, 보복에 대한 현실적 두려움은 포함되지 않는다.*

혼자서는 제대로 생활해 나갈 수 없다고 생각하기 때문에 안내와 도움을 요청하는 사람들에게 반대하거나 거절하지 못하고 어떤 것이든 (심지어 잘못됐다고 생각되는 것조차도) 동조하거나 따른다. 중요한 타인에게 적절히 화를 내지 못하는데 그 사람들로부터 나중에 필요한 지지와 보살핌을 제공받지 못할까 두려워서다.

나는 내가 사람들에게 함부로 취급되어도, 나 스스로 뭔가를 할 만큼 충분히 강하지 않기 때문에 여전히 그 사람들을 만족시키려고 노력할 것이다.

(4) *스스로 어떤 일을 주도하거나 수행해 나가는 것이 어렵다(동기나 활력이 부족하다기보다는 판단이나 능력에 대한 자신감이 결여되어 있기 때문에).*

자신은 스스로 어떤 것도 주도할 수 없다고 생각한다. 다른 사람들이 자신보다 뭔가를 더 잘할 거라 믿기 때문에 그들이 주도하기를 기다린다.

난 결코 어떤 것도 스스로 주도할 수 없는데, 그 이유는 다른 사람이 나보다 훨씬 잘하기 때문이다.

(5) *타인의 보살핌과 지지를 받기 위해서는 어떤 일도 서슴지 않고 한다. 심지어 불쾌한 일을 자원하기까지 한다.*

자신의 가장 큰 강점을 '착하다'라고 생각하기 때문에 다른 사람의 계획과 방식이 불합리하더라도 그들이 원하는 것에 동조하고자 한다. 사람들은 복종을 좋아한다고 믿는다. 지나치게 자기를 부정하기 때문에 힘 있는 누군가에게 연결되기 위해 부단히 노력한다.

중요한 타인으로부터 사랑과 보살핌을 받기 위해 누군가가 나를 함부로 대하고 비하하는 것을 허락한다.

(6) *스스로 잘해 나갈 수 없다는 과도한 두려움 때문에 혼자 있을 때 불안하거나 무기력해진다.*

혼자라는 것은 끔찍하다는 생각을 하고 있어서 삶에서 필요한 도움과 보살핌을 받기 위해 타인에게 지나치게 의존하려 한다. 혼자 있는 것을 피하기 위해 관심이 없거나 관련되어 있지 않아도 중요한 사람의 '뒤를 따라 다닌다.'

혼자 있는 것을 피하기 위해 내가 의지하고 있는 사람들이 관여하는 일에 전혀 관심이 없어도 오랫동안 그들을 따라 다닐 것이다.

(7) *친밀한 관계가 끝나면 보살핌과 지지를 얻기 위해 곧바로 또 다른 관계를 맺으려 한다.*

중요한 타인으로부터의 도움이 없이는 자신이 일상적인 생활을 제대로 할 수 없다고 생각한다. 이러한 타인과의 관계가 끊어지면 자신의 삶이 전체적으로 기능하지 못할 것이라고 생각한다.

나와 가장 가까운 그 사람을 잃는다면 일상의 가장 소소한 일조차 제대로 해내지 못할 것이다.

(8) *스스로 자신을 돌봐야 하는 상황에 내버려졌다는 비현실적 두려움에 휩싸여 있다.*

중요한 타인으로부터의 도움과 조언에 절대적으로 의존하며 타인에게 버림받을까 종종 걱정한다.

내가 모든 것을 의지하는 그 사람을 잃을까 봐 많은 시간을 염려 속에 보낸다.

필요기준과 배제기준

이 같은 분석을 통해 각 성격장애의 필요 및 배제 기준을 정의할 수 있다. DPD의 필요조건은 도구적 부적절감과 관련된 복종이다. 많은 성격장애들이 의존성의 모습을 가지고 있는데(신뢰, 복종 또는 골냄), 순수한 형태의 의존성이 DPD의 독특한 점이다.

DPD의 배제기준은 복합적 형태의 의존성이며, 복합적 요소는 매우 많다. DPD는 B군 장애에 해당하는 다양한 행동특성을 보이지 않는다. DPD는 BPD처럼 관심이나 보살핌이 부족하다고 해서 타인을 향해 적극적으로 분노를 표현하지 않는다. DPD는 NPD처럼 다른 사람들이 자신에 대한 칭찬과 입에 발린 말을 하지 않는다고 해서 분노하지 않는다. DPD는 HPD처럼 타인의 지지와 관심을 끌기 위해 노력하지도 않는다. 대신 보살핌을 받기 위해 '주변을 배회하거나' 기다린다. DPD는 ASP처럼 공개적으로 적대적인 행동도 보이지 않는다.

또한 DPD는 상황에 대처하기 위해 상보성의 원리를 사용한다. 자신이 원하는 **보호**

와 **통제**를 받기 위해서 신뢰와 복종을 제공한다. DPD와는 다르게 OCD는 통제하는 것을 좋아한다. 만약 어떤 환자가 사람들이 자신에게 순종적이라고 이야기한다면, DPD의 진단은 배제되어야 한다. PAG가 의존성과 관련되어 있을 수 있지만 의료진을 포함한 권위적 인물에 대해서 적대감을 가지고 있다. 반면, DPD는 타인이 아닌 오직 자기 자신만을 비난한다. DPD와 AVD 간의 구분은 학대받는 것을 허용하는지의 여부로 알 수 있다. DPD는 비난에 대해 상처받을 수 있지만 보살핌을 받기 위해서라면 어떤 학대도 참아 낼 수 있다. 이와는 대조적으로 AVD는 자신에 대해 조금이라도 비난하려는 기색을 감지하면 어디론가 사라져 버린다. DPD는 AVD, SOI, SZT와 달리 자율성이 오랫동안 주어졌을 때 힘들어한다.

사례 예시

사례 1

19세의 이 남자는 심각한 우울증과 자살사고로 세 차례 병원에 입원했었다. 그는 12세 때 처음으로 약물을 과다복용했고 이후 우울증으로 고생해 왔다. 처음에는 3개월 동안 입원해서 다양한 항우울제와 전기충격요법(electroconvulsive therapy, ECT)을 받았다. 그러나 어떤 것도 도움이 되지 않았다. 그다음 해부터는 바륨과 모노아민 산화효소 억제제(monoamine oxidase inhibitors, MAOIs)를 투약했었다. 지금까지 환각이나 다른 정신분열 증상을 보이진 않았지만 자살에 대한 생각으로 가득 차 있었다.

이 환자의 우울증은 그 가족이 '믿을 수 없을 정도로 지지적'이라는 언급과 함께 오로지 생물학적 원인에 의한 우울증 발병 사례로 제시되었다. 의료진은 환자의 아버지와 어머니가 무척 친절하고 환자에 대해 염려가 많은 사람들이라는 점을 들어 가족 스트레스가 우울증의 원인이 아니라고 보았다. 환자 또한 자신의 가족이 매우 따뜻한 사람들이라는 데 동의하였다. 그의 면접에서 발췌한 다음의 내용은 환자가 자신을 얼마나 복종적인 관점에서 보고 있는지 극명하게 보여 준다. 우울증 치료는 그에게 더욱더 사람들에게 다가갈 수 있고, 요구할 수 있으며, 수용할 수 있는 방법을 배우는 것이었다.

T: 열한 살이나 열두 살 즈음에 다루지 못했던 감정들이 있다면 뭐가 있을까요?

P: 음, 그건 뭐 일상의 감정에서부터 단지 기분이 좋지 않은 하루까지 다양할 겁니다. 기분이 좋지 않은 하루를 보냈든 기분 좋은 하루를 보냈든 난 이야기하지 않았을

겁니다. 난 이야기하지 않았을 거예요.

T: 사람들에게 당신의 상태를 알리고 싶지 않았군요.

P: 그래요. 알다시피, 그 시기에 찾아오는 변화들이 있잖아요. 그때 중학교에 입학했는데, 그 나이에 누구에게나 그것은 상당히 큰 변화였죠. 난 그 두려움에 대해 어느 누구에게도 말해 본 적이 없어요. 그리고 사춘기가 시작한다거나 중학교라는 새로운 환경에 익숙해져야 하는 등의 그때 겪었던 다른 많은 변화에 대한 두려움에 대해서도 말해 본 적이 없어요.

T: 당신이 성적(性的)으로 그리고 사회적으로 성숙해지면서 겪은 일에 대해 누군가에게 말을 했어야 했는데 그러지 못했다는 이야기 같네요. 그런가요?

P: 그래요.

T: 당신이 누군가에게 말을 했다면 누구였을까요?

P: 음, 부모님이 제일 먼저였겠죠….

P: 음, 어느 누구도 자기들이 어디로 가는지 모르는 거예요. 중학교에서는 정규시간표가 아닌 모듈단위 학습시간표를 사용하는데 이건 정말 큰 변화였어요. 어느 누구도 그걸 잘 모르는 거예요.

T: 그래서 어떻게 하셨어요?

P: 처음 며칠은 실수를 좀 했죠.

T: 어떻게 하면 도움을 받을 수 있었을까요?

P: 음, 사람들에게 좀 더 적극적으로 다가가서….

T: 당신이 복도를 지나 교실로 가는 중이라면 누구에게 도움을 요청할 수 있었을까요? 어떤 도움을 받을 수 있었을까요?

P: 음, 매우 간단한데. 102호실이 어딘지 몰라 15분씩이나 헤매는 것이 아니라, 그냥 선생님이나 다른 학생에게 물어보는 것이요.

이 DPD 환자의 우울증을 대인관계 측면에서 해석해 볼 수 있는 흔치 않은 기회가 주어졌다. 가족 모두 연구에 참여하기로 동의하였다. 연구계획에 따라 환자(P), 엄마(M), 아빠(F), 의미 있는 다른 사람(SO)이 짧은 역할극에 참여하였다. 이들은 상호작용하는 습관과 정신과적 질환이 어떤 관련성이 있는지를 알아보기 위해 가족 패턴을 분석하는 것에 동의하였다. 상담회기가 SASB 모형으로 코딩되고, 데이터 뱅크[3]에 있는 다양한

3) 이 데이터 뱅크의 사용에 대한 설명은 Benjamin의 논문을 참고하기 바란다(1992, 1994a).

다른 심리검사 자료와 비교되었다(Benjamin, 1989 참조). 이 가족의 실험과제는 Kim이라는 사촌의 간호학교 졸업식 초대장을 받은 가족이 자신들의 반응을 역할극으로 표현하는 것이었다. 환자가 참석을 원하지 않는 것으로 가정하였다. 부드럽지만 무자비한 부모의 통제가 가족 패턴에서 두드러지게 나타났다.

M: 오늘 어떤 편지가 왔는지 봐. Kim의 졸업식 초대장이야.

P: 그래요?

M: 음, Kim이 간호학교를 졸업한대. 그 애가 정말 오랫동안 바라 왔던 일이지. Kim에게는 특별한 행사야. 우리 모두에게도 그렇고.

F: 내용이 뭐야?

M: 어디 보자. 초대장에는 졸업식이 6월 15일 일요일 오후 2시고, 일요일 저녁에 집에서 특별한 파티를 연다고 적혀 있어. Kim의 친척들과 친구들을 초대하나 봐. Kim이 너의 사촌이니까 우리도 다 같이 참석하면 좋을 것 같은데, 네 생각은 어떠니?

P: 전 가고 싶지 않은데요.

SO: 아, 너 Jerry를 볼 건데도. Jerry도 거기 오죠, 그렇죠?

M: 맞아. Jerry는 Kim의 오빠잖아.

P: 또 누가 거기 오는지 알아요?

M: 음, 내 생각으로는 Kim의 할아버지, 할머니, 그리고 Kim의 남자친구, Jerry의 여자친구, 그애들의 가까운 친구 몇 명.

F: 넌 Jerry와 정말 친하게 지내잖아?

P: 맞아요.

SO: Jerry가 전염성 단핵증이 있는데도?

M: 그때쯤이면 뭐 다 낫겠지. 그건 정말 긴 하루이자 긴 여행이 될 거야. 하지만 Kim에게는 매우 중요한 날이라고 생각해. 너도 알다시피, Kim이 간호학교 마치려고 얼마나 많은 시간과 노력을 들였니. 사촌들이 같이 축하해 주는 게 중요할 것 같아.

F: 사랑스러운 Kim.

M: 그 주말에 다른 계획이 있니? 아니면 하고 싶은 다른 일이 있어?

P: 사실 없어요.

SO: 그 주말에 일을 해야 하는 건 아니지?

P: 그렇지는 않아요.

SO: 그럼, 뭐 할거니? 그냥 집에 있으려고?

P: 음, 그보다는 더 나은 걸 하려고요.

SO: 그게 뭔데?

P: 그냥 뭐.

역할극은 그렇게 계속되었다. 부모의 요구에 순종하라는 압력이 부드럽지만 끈질기게 이어졌다. 부모는 졸업식에 가는 것이 얼마나 힘든 일인지는 알고 있었다("긴 하루이자 긴 여행이 될 거야, 하지만…"). 환자는 부모의 요구에 따르라는 압력에 저항하였다. 환자의 가족은 다른 장애(양극성 장애, 분열정동장애 또는 경계선 성격장애)를 가지고 있는 가족들과 달리, 환자가 다른 관점을 가지고 있다는 것을 결코 인정하지 않았다. 가족들은 환자의 '저항' 또는 반대에 대해 논쟁하거나 비난하지 않았다. 그 가족은 결코 보살핌과 통제의 패턴을 벗어나지는 않았다.

면담과 가족역할극은 이 환자가 DSM의 DPD 진단기준 1과 2를 충족하고 있음을 보여 준다. 그는 부모의 도움 없이는 일상적인 것에서부터 중요한 것에 이르기까지 어떤 결정도 스스로 내릴 수 없었다. 이를테면, 대학에서 어떤 강의를 수강해야 하는지도 부모에게 물어보았다. 어떤 일도 스스로 주도하지 못하였다(기준 4). 그는 자신이 충분한 '관심'을 받고 있는지의 여부에만 집착하였다(기준 8). 역할극에서는 부모와 의견대립을 보였다(기준 3은 충족하지 못함). 그러나 그의 '저항'은 부모의 요구에 대한 거절이 아니라 더욱 강화된 부모의 애정 어린 관심을 이끌어 낸다는 점에서 주목할 만하다. 그가 명백히 외로움을 추구한다는 점에서 기준 6, 7의 진단기준 또한 충족하지 못하였다. 십대였을 때 그는 혼자 TV 보는 시간이 많았고 또래와의 접촉기회를 거부하였다. 이러한 사회적 철회가 너무 현저해서 한때 SOI로 진단받았었다. 그러나 어떻게 그처럼 의존적이면서도 자율적인 모습을 둘 다 보일 수 있는지에 관한 의문은 그의 사회적 철회에 대해 부모가 매우 힘들어한다는 사실을 알고 해소되었다. 부모는 그의 사회적 철회에 대해 좀 더 많은 '관심을 기울이는 것'으로 반응하였다. 이러한 반응이 중요했던 이유는 가족으로부터 자신이 필요로 하는 관심을 충분히 받지 못한다는 느낌을 가지면 그가 너무 힘들어했기 때문이다. 그는 자신에 대해 "난 좀 별난 데가 있어요."라고 말하였다. 그 균형을 바로잡아 주는 것은 그의 끝없는 우울증이었다. 우울증이 그가 원하는 지지와 관심을 부모로부터 지속적으로 불러일으켰기 때문이다. 이런 (아마도 무의식적인) 방식으로, 그는 기준 5인, "타인의 보살핌과 지지를 받기 위해서는 심지어 불쾌한 일을 자원하기까지 한다."를 충족한다.

그는 또한 〈표 9-1〉에 요약된 DPD의 대인관계 특성과도 일치한다. 그의 기본 태도는 SASB 코드인 신뢰, 복종, 골냄으로 설명될 수 있다. 이러한 본질적인 복종은 타인이 자신의 문제에 대한 해결의 열쇠를 쥐고 있다는 믿음에서 기인한 것이다. 그는 분명히 혼자 힘으로는 자신의 문제를 해결할 능력이 없다고 생각하였다. 가족역할극에서 혼자 있고 싶어 하는 그의 소망은 애정이 있긴 하지만 무자비하게 가족들의 도전을 받았다. 면접에서 그는 가족의 **보호**와 조언(**통제**)을 원한다는 사실을 분명히 하였다. 그는 **무시**받는 것을 싫어하였다.

그러나 가족역할극에서 이런 통제에 대해 저항하는 모습을 조금 보여 주었다. 역할극에서 그는 집안에 틀어박혀 있고 싶어 하였다(담을 쌓음). 이것은 방에 틀어박혀 TV 보는 것을 좋아하는 그의 과거성향과도 일맥상통한다. 〈표 9-1〉에서는 나타나지 않았지만 사회적 철회와 복종 간의 이러한 갈등은 우울증을 앓고 있는 사람에게서 종종 볼 수 있다(Pilkonis, 1988 등). 의존적이면서도 사회적으로 철회된 이런 성향의 환자들은 대인관계 측면에서 딜레마를 보인다. 어떻게 그토록 누군가를 필요로 하면서 혼자 있는 것에 편안해할 수 있을까?

대인관계 측면에서 두 가지 설명이 가능하다. 하나는 이 사례에 적용할 수 있는 설명인데, 사회적 철회는 보살핌의 감소가 아닌 증가를 의미한다는 점이다. 우울증을 가진 사람에게서 나타나는 사회적 철회에 대한 또 다른 설명은, 고립이 자신의 의지와 상관없이 진행되었으며 감당하기 힘든 통제에 대한 방어수단으로 사용되었을 수 있다는 점이다(3장에 규정된 SASB 안티테제(antithesis)의 원리에 따라). 요약하면, 복종적이고 의존적인 개인은 통제를 원하면서도 어떤 시점에 이르면 자신도 모르게 이런 통제로부터 벗어나고자 한다.

이 젊은 남성의 과거 대인관계 특성은 〈표 9-1〉의 가설 1부터 3에 제시된 패턴과 일치한다. 의료진의 초기 설명에서 두드러지게 드러난 것처럼 그의 의존적 행동은 부모의 애정 어린 통제를 항상 수반하였다. 그는 훌륭한 보살핌을 받았고 또한 보살핌을 기대하였다. 자기 스스로 대처할 수 있는 능력은 거의 보여 주지 않았다. 면접에서 보면, 그는 부모에게 도움을 요청하는 것이 자기를 주장하는 유일한 방식이라고 생각하는 듯하였다. 어렸을 때 또래와의 놀이에는 전혀 참여하지 않았고 대신 집에서 TV 보는 것을 좋아하였다. 그 결과 고등학교 환경에 적응하는 데 필요한 기본적인 사회적 기술을 개발하지 못하였다. 대학시절에는 대학생활의 요구에 완전히 압도당해 전혀 대처할 수 없었다. 역설적이게도, 그의 이러한 '사회적 철회'는 부모의 상당한 관심을 이끌어 내는 역할을 하였다. 이러한 점을 고려하면 그는 '자율성의 향유'라는 배제조건을 진정으로 충족하지 못한다. 그는 다른 배제조건은 드러내지 않았다. 예를 들면, 보살핌에 대한 그의 요구는 간접적이거나 수동적이었다. 그는 부모와 다른 권위자들을 존중했고, 그들을 통제하려는 어떤 시도의 징후도 보이지 않았다. 그에게 의미 있는 중요한 사람들과 의료진, 또는 다른 어느 누구에게도 복종을 요구하지 않았다.

사례 2

다섯 아이의 이 엄마는 자살사고가 있는 주요 우울장애로 인해 반복적으로 입원한 과거력이 있다. 그녀는 1년 내내 두통을 달고 살았고, '아픈 데 지친' 상태였다. 최근 자낙스(Xanax, 신경안정제)를 끊었는데, 그 약을 끊은 후 심한 스트레스를 겪고 있었다. 일상적인 생활을 하는 데 어려움이 있어 모든 의사결정은 지배적인 남편의 몫이었다. 남편은 비판적이고, 까다로우며, 이해심이 없었다. 그녀는 남편 없이 살아갈 자신이 없기 때문에 남편에게 반항하거나 남편을 떠날 생각은 전혀 하지 못하였다. 최근에는 남편이 몸이 아파 아내에게 자신의 일상적인 일을 처리해 달라고 요구하였다. 그러나 그녀는 그렇게 해내지 못하였다.

그녀의 과거는 만성적이고 심각한 성적 학대로 점철되어 있었다. 어머니는 친오빠들과 이웃사람들로부터의 집단 강간을 중단시켜 주었지만, 어머니의 반응은 그녀에게 분노를 퍼붓는 것이었다. 어머니의 '치료'는 화상을 입을 만큼 뜨거운 물로 그녀를 목욕시키는 것이었다. 그 후로 친오빠 한 명이 정기적으로 그녀를 성적으로 학대하기 시작했으나, 그녀는 무서워서 말도 하지 못하였다. 그 오빠는 애완 고양이를 죽이는 것을 보여 주면서 자신의 성적 학대를 발설할 경우 그녀에게 어떤 일이 일어날지를 암시하였다. 아버지도 그녀를 성적으로 학대하였다.

입원 바로 전, 이 환자는 시동생이 자신의 아이들을 성적으로 학대한다는 사실을 알고 심한 충격을 받았다. 그녀의 남편은 시동생을 신고하는 것에 대해 반대하였다. 그녀는 학대당하는 아이들 생각에 마음이 아팠고, 어떤 것도 하지 말라는 남편의 요구에 절망하였다. 그녀는 자신이 꼼짝달싹할 수 없으며, 무기력하고, 어떤 방법도 선택할 수 없음을 느꼈다.

이 사례는 〈표 9-1〉의 가설 4에 나타난 DPD의 다른 경로를 제시한다. 환자를 학대한 오빠, 아버지, 남편 모두 독단적인 통제를 일삼아 왔다. 그녀는 자신이 선택할 수 있는 것은 복종뿐이라고 생각하였다. 그녀의 오빠는 죽인 고양이를 보여 주면서 그녀가 성적 학대 사실을 발설할 경우 어떤 일을 당하게 될지 경고하였다. 이러한 위협으로 그녀는 자신의 운명을 그냥 '받아들이는' 것이 최선이라고 생각하였다. 혼란스럽고 이해하기 어려운 사랑의 메시지는 없었다. 상황은 단순하였다. 그녀는 쉬운 대상이자 노예

일 뿐이었고, 남자들은 그녀의 주인이었다. 그들에게 그녀는 하찮은 존재였다. 그들 없이 그녀는 아무것도 아니었다.

이 여성은 DSM의 DPD 진단기준 1, 2, 4를 충족한다. 혼자 결정을 내리지 못하고 어떤 일도 스스로 주도하지 못하기 때문이다. 또한 그녀는 독단적인 배우자에게 버림받지 않기 위해 또는 인정받지 못할까 봐 자신을 항상 양보하고 격하시키는 행동을 해 왔다(기준 3, 5, 6, 8).

〈표 9-1〉에 명시된 대인관계 특성도 모두 충족하였다. 그녀는 오로지 복종적(신뢰, 복종, 골냄)이었다. 그녀는 보살펴 달라고 비난하거나 요구하지도 않았다. 그저 의존적이고 도움이 필요한 자세를 유지하였다. 혼자서는 어떤 것도 할 수 없다고 생각하며 보살핌(**보호**) 받기를 소망했고, 보살핌을 받지 못할까 봐(**무시**) 두려워하였다.

예상되는 전이반응과 치료적 함의

전이반응

DPD들은 상냥하고 고분고분하며 눈에 띄게 협력적이다. 치료자가 강력하고 유능할수록 DPD들은 더욱 행복해한다. 약을 복용하고, 과제를 완성하며, 서류를 작성하고, 약속을 지키며, 치료비를 지불하는 등 모든 일을 제대로 해낸다. 상태가 호전되어 간다는 이 모든 증거에도 환자의 패턴은 변하지 않고 계속해서 치료자에게 의존한다. 환자와 치료자 모두 동반의존(codependency)적 관계를 발달시킬 만큼 매우 취약하다. 환자는 치료자를 신뢰하고, 존경하며, 협력한다. 치료자는 환자를 보살펴 주고 돌보아 준다. 그러나 아무것도 변하지 않는다. 사례 1에서 환자가 보인 의존적 패턴은 환자와 치료자 사이에서도 유지되었다. 우울증으로 인한 불편함을 제외하고는 이러한 패턴이 무한정 지속될 수 있었다. 조만간 누군가 돈이 떨어지거나 인내심이 바닥날 것이다.

치료적 함의: 다섯 가지 범주의 정확한 반응

협력적 관계 증진하기

앞서 지적한 것처럼, DPD는 치료자에게 우호적이며 협력적인 태도를 취하는데, 그것이 문제다. 치료자로부터 더 많은 그리고 더 나은 도움을 이끌어 내는 것이 DPD의 핵심주제다. '그 주제' 에 반하는 협력은 없다. DPD를 위한 치료의 핵심은 자신의 치료계획을 변경하게 하는 것이다. DPD는 도움이 필요한 자세를 버리고 힘을 기르도록 해야 한다. 사실상 DPD는 평소의 모습이 아닌 정반대의 태도를 시도해 보도록 격려해 줄 필요가 있다. 그들은 복종의 기준선에서 벗어나 어떻게 해야 분리할 수 있는지를 배워야 한다. 그러나 문제는, DPD는 이러한 치료계획에 관심이 없다는 것이다.

패턴 인식 촉진하기

DPD는 따로 떨어져 있는 것을 어리석거나 불가능하다고 생각한다. 과거 과밀착(enmeshment)의 경험 때문에, DPD는 분화된다는 것(differentiated)이 무엇을 의미하는지 잘 모른다. 대인관계에 대한 그들의 시각은 **통제**하거나 혹은 복종하는 것에 제한되어 있다. 통제하는 사람은 공격적이고 잔인할 것이다. DPD는 공격자를 필요로 하지만 자신과 동일시하려고는 하지 않는다. 그보다는 오히려 복종하고 '착하게' 굴 것이다.

DPD는 복종의 반대가 **통제**가 아닌 분리임을 알게 되면 복종의 대안을 고려해 볼 수 있다. DPD는 "나는 그렇게 하고 싶지 않아."(분리)라고 말하는 것과 "너는 그것을 내 방식대로 해야 돼."(**통제**)라고 말하는 것의 차이를 이해해야 한다. DPD가 생각하는 복종이 아닌 다른 유일한 대안은 으스댐인데, 이는 매력적이지 않은 골목대장의 모습이다. 반드시 누군가는 위(**통제**)에 있고 누군가는 아래(복종)에 있어야 한다는 암묵적인 '규칙'을 가진 DPD에게 "나는 그렇게 하고 싶지 않아."라고 말하도록 요구하는 것은 어려운 일이다. 그들에게는 "나는 그렇게 하고 싶지 않아."라고 말하는 것이 다른 사람을 통제하고자 시도하는 것을 의미한다. 분리는 DPD들이 결코 상상할 수 없는 그림이다.

자기주장과 통제 간의 이러한 중요한 구분이 자기주장 훈련의 핵심이다(Alberti & Emmons, 1986 등). 자기주장 훈련을 통해 DPD는 자신이 다른 사람을 통제하려 한다는 느낌을 받지 않고 "나는 그렇게 하고 싶지 않아."라고 말하는 법을 배울 수 있다. 사례 1에서 제시된 가족역할극은 "나는 그렇게 하고 싶지 않아."가 완전히 무시되는 상황을 보여 주었다. 변화의 요소가 환자에서 시작되지만 가족의 변화 또한 중요하다.

부적응적 패턴 차단하기

사례 1에서의 환자는 자신이 잘 기능할 때에만 부모에게 도움을 받는 것이 치료에 도움이 될 것이라는 면담자의 제안을 수용하였다. 이 역설적 제안은 그 환자가 우울하지 않을 때에만 부모가 저녁외식에 데리고 가는 것이다. 그 전까지 부모는 그의 기분을 북돋아 주는 방법으로 이런 제안들을 해 왔다. 환자는 부모가 '관심을 보이는' 조건들을 변경하는 것이 우울증 치료에 효과적일 수 있다는 데 동의했지만 결코 좋아하지는 않았다. 병동 의료진은 면담자의 제안을 이어진 가족회의에서 실행하였다. 가족은 도움을 제공하는 조건들을 이러한 방식으로 바꾸는 데 합의하고 계획을 세웠다. 독립적인 행동을 보상해 줌으로써 의존성의 욕구를 만족시키는 역설적 계획은 특정 증상의 발현을 없앨 수 있다. 그러나 이러한 단기 개입은 보살핌을 받고자 하는 본질적인 욕구를 변화시키기보다는 그것을 이용하는 것이기 때문에 새로운 변화를 이끌어 내지는 못한다. 이후에는 환자의 강한 의존성 욕구를 변화시키고 유능해지고자 하는 바람을 강화하는 데 도움이 되는 추가 개입이 이루어져야 한다.

부적응적 패턴을 포기하려는 의지 강화하기

DPD의 심리치료에서 변화의지란 미묘하고 점진적인 특성을 지니고 있어서 쉽게 설명하기 어렵다. 기본적으로 DPD는 의존성의 패턴을 인식하고 성인 세계에서의 그 대가와 유익함을 평가해 볼 필요가 있다. 그런 다음 대안을 탐구해야 한다. 아래에 요약된 장기치료 사례는 치료의 다섯 단계를 잘 보여 준다.

새로운 학습 촉진하기

다시 말하지만, 배경작업이 완료되면 새로운 패턴을 학습하는 것은 환자에게 비교적 쉽다. 성격장애를 다루는 데 가장 어려운 부분은 환자가 '오랫동안 지속해 온 존재방식' 에 대항하여 싸울 수 있도록 돕는 것이다. 일단 환자가 자신이 왜, 무엇 때문에 이렇게 상호작용하는지 진정으로 알게 되고, 그 패턴의 현재 의미에 직면할 수 있다면 환자는 변화를 결심할 수 있다. 그렇게 되면 새로운 패턴의 실행은 쉬워진다. 표준적인 행동주의 기법들이 매우 유용할 수 있다. DPD는 정서를 알아차리고 표현할 수 있는 방법과 효과적으로 의사소통하는 방법을 즐겁게 학습할 수 있다.

치료의 다섯 단계를 보여 주는 사례

30대 중반의 이 환자는 아직 학교를 다니고 있으며 부유한 부모로부터 매달 상당액의 용돈을 받고 있다. 그는 자신을 무척 좋아하는 몇 명의 여성들과 긴밀한 관계를 맺고 있었다. 불행히도 그가 결혼하고 싶어 하는 사람은 대부분 동성애자이거나 자신보다 상당히 나이가 많은 여성이었다. 치료 첫해에 아버지가 그의 형제들에게 가업을 맡기고 싶어 한다는 사실을 알게 되었다. 반면, 어머니는 그를 무척 좋아하였다. 어린 시절, 어머니는 쇼핑에 그를 데리고 나가 밖에서 점심을 먹곤 하였다. 그들은 오랜 시간 중요하고 긴밀한 주제로 이야기하곤 하였다. 그는 어머니와 '어울리는 것'을 아주 좋아하였다. 어른이 되어서는 기쁜 마음으로 부모를 자주 만나러 갔다.

DSM의 DPD에 대한 진단기준 중 최소 5개가 적용될 수 있다. 이 환자는 직업이나 배우자를 스스로 결정하지 못했고, 이런 문제에 대해 어머니와 아버지에게 도움을 청하는 경향이 있었다(기준 1, 2). 그는 정치 및 경제 문제에 대해 때로는 다른 관점을 가지고 있었지만 가족 중 다른 사람의 의견에 반대하지 못하였다(기준 3). 그는 주도적인 모습을 보이지 못했고, 최저임금을 지급하는 어떤 직업을 선택하고 싶어 했지만 아버지의 압력 때문에 그러지 못하였다. 대신 지역 정치인의 사무실에서 잔심부름을 도왔다(기준 5). 나이 든 한 부유한 여성과의 연인관계가 끝났을 때 망연자실하였다. 관계가 끝난 후 몇 년간 그는 계속해서 그 관계를 회복하거나 대신할 누군가를 찾으려고 노력하였다(기준 7).

이 환자는 DPD의 모든 진단기준을 충족하지는 않는다. 그는 자기 자신을 도구적으로 부적절한 사람으로 보지 않았다. 돈을 버는 활동을 하지 못하는 이유가 '나는 할 수 없다' 가 아닌 '나는 하지 않는다' 였다. 그는 가업에 참여할 자격이 있다고 느꼈지만 자신의 권리를 빼앗긴 것에 대해 아버지에게 대놓고 불만을 표시하지는 못하였다. 그는 가업에서 어떤 위치를 차지할 자격이 있다고 생각하지만 NPD가 보이는 독단적인 오만함이나 자율성을 나타내지는 않았다. 돈을 버는 것에 대해 반항적으로 거부하지만 PAG의 특징인 복수심에 찬 분노와 처벌적 피학성의 모습도 보이지 않았다.

그의 과거 발달사는 〈표 9-1〉의 가설 1~3에 명시된 DPD의 대인관계 특징과 일치하였다. 유아기와 아동기 내내 엄청난 보살핌을 받았다. 부모의 과도한 지지라는 가족 패턴은 성인기에도 사라지지 않았다. 그는 자율성과 유능함이라는 남성의 역할을 받아들이지 못했고 이것이 아버지에게는 상당한 골칫거리였다. 그는 자신에 대한 아버지의 낮은 평가를 내면화하지 못했고 대신 아버지가 허락만 해 준다면 가업에서 자기역할을 할 수 있다고 생각하였다. 하지만 그는 아버지와 형제들의 주변에 있을 때면 항상 무능한 추종자같이 느껴졌고 그렇게 행동하였다. 치료 첫해의 주요 관심사는 보살핌에 대한 기대와 요구였다. 아버지가 그를 계속해서 가업에서 제외시킬까 봐 두려워했고, 그렇게 될 경우 자신이 어떻게 될지도 두려워하였다.

이 사례는 보살핌을 받고자 하는 DPD의 소망을 굳이 자유연상, 꿈 분석 등을 이용해 찾아낼 필요가 없음을 말해 준다. 오히려, 영원한 보살핌에 대한 갈망이 의식적으로 받아들여지고 꾸준하게 추구된다. 보살핌을 받고자 하는 이러한 완벽한 자아동조성은 DPD에게 그것에 대한 포기의지를 갖게 하는 것이 얼마나 어려운지를 알려 준다.

처음에는 치료가 즐겁고 지지적이었다. 환자는 핵심문제를 아버지가 가업에서 자신에게 주요 역할을 주고 싶어 하지 않는 것이라고 보았다. 형제들과의 어려움과 우울증 삽화도 모두 이 주제와 관련이 있었다. 'DPD 패턴'을 깨뜨리기 위한 작업에 앞서 환자가 자신이 무엇을 하고 있는지 좀 더 잘 이해할 필요가 있었다. 자신의 이러한 패턴으로 인해 존엄성과 분별력을 상실한 자신이 어떤 대가를 치르고 있는지 곰곰이 돌아볼 필요가 있었다. 치료자는 지지적이었고, 대체로 그의 지각과 보살핌을 받고자 하는 그의 근원적 욕구를 반영해 주었다.

환자는 자신이 어떻게 다른 사람들과 상호작용하는지 점차 인식했고, 그것을 원가족 내에서 인식한 자신의 패턴 및 가치와 서로 비교, 대조하기 시작하였다. 그는 자신의 일상생활이 어머니와 매우 흡사하다는 사실을 알게 되었다. 어머니의 하루는 자신의 달력 내용에 따라 결정되었다. 비슷하게 그의 하루도 끝없는 수업의 연속과 친구들과의 모임계획으로 이루어졌다. 어머니와 그는 자신의 정체성을 세세한 일상의 스케줄 안에서 찾고 있다는 인식을 같이하였다. 두 사람 다 경제적으로 아버지에게 의존하였다. 그는 가업 참여에 더 이상 집착하지 않게 되었을 때, 유산을 물려받으면 자신이 금전적 고민에서 벗어나 마음 놓고 일상의 일들을 해 나갈 수 있을 것이라고 꿈꾸었다. 치료자는 환자의 치료계획을 '신탁기금 해법'이라고 명명하였다. 그는 이 말을 찬찬히 생각해 보고는 맞다고 동의했지만 여전히 자신의 변화에는 주저하였다. 그에게 신탁기금은 훌륭한 생각인 것 같았다.

그가 학교생활에서 그리고 대인관계에서 힘들어하자 부모는 매달 용돈을 줄이겠다고 위협하였다. 그러자 그는 자신의 생활방식에 대한 불만이 커졌다. 그의 의존성에 대한 부모의 좌절과 허용적이지 않은 부모에 대한 그의 좌절이 서로 부딪치고 있음을 분명하게 보여 주었다. 치료자는 Klute 증후군(6장 참조)의 개념을 소개하였다. 자신의 의존적 태도가 성적 상상 속에서 나타나지 않느냐는 질문에, 그는 성적 환상에 잠길 때 자신은 복종적인 위치에 있다고 밝혔다. 성에 대한 이러한 '망상'적 사고는 매우 위험하다. 그가 스스로 이야기하였다. "곧 경험하게 될 직업세계보다 학교에서 순종하는 것이 더 쉬워요."

바로 직후, 그는 자신을 절대 가업에 '들이지' 않겠다는 아버지의 결정을 전해 들었다. 다음 치료회기에서, 그는 치료 중 Klute 증후군에 대한 이야기가 자신이 좋아하지 않는 뭔가를 생각나게 해서 화가 났었다고 말하였다. 그러나 "그게 좋았다."라고 덧붙였다. 그는 어떤 일이 일어나고 있는지를 잘 반영하는 자신의 꿈 이야기를 해 주었다. "누군가 내 침대를 분리해 놓았어요. 망가져 있지는 않았지만 바뀌어 있었어요. 단지 바뀌었어요. 난 이 꿈이 치료에 관한 것이라고 생각했어요. 무서웠고, 내가 잠에서 깼을 때 심장이 크게 뛰었어요."

그러고 나서 그는 자신의 분노 패턴을 생각해 보고 항상 자신이 반응적이었음을 깨달았다. 한참이나 자기 자신을 아버지와 비교해 보더니 자신이 더욱 적극적일 필요가 있다고 말하였다. 그는 자신의 교육목표를 좀 더 적극적으로 추구해 나가기 시작했고, 결국 대학을 졸업하였다. 여자와의 관계에서도 새로운 태도를 보였다. 그는 "이 문제와 관련해서 내가 뭔가를 할 수 있다는 것을 깨달았어요. 가만히 앉아 '받기' 만 할 필요는 없는 것 같아요. 수동적일 필요가 없어요."라고 말하였다. 그는 여자의 전화를 기다리는 것이 아니라 먼저 행동을 취하기 시작하였다.

남자친구가 있지만 자기가 좋아하는 여자를 위해 자신의 스케줄을 비워 두기보다는 적극적으로 새로운 관계를 만들어 나가기 시작하였다.

치료하는 동안 가족 안팎의 일상 패턴에 관한 이야기가 계속되었다. 때로는 Klute 증후군과 성적 환상 속에서 의존적 태도를 변화시키는 내용도 다루었다. 그는 수동적 환상을 포기하고 좀 더 능동적인 환상을 하는 데 동의하였다. 이 주제가 처음 거론된 후 약 9개월 뒤에 한 치료회기에서 그는 자신의 삶에서 충분한 변화가 일어나지 않고 있다며 불만을 호소하였다. 치료자는 Klute 프로그램에서 어떤 진전이 있는지 물어보았다. 그는 성관계 시 적극적인 성적 환상을 생각했을 때 모든 것이 엉망이 됐다고 항의하였다. 그는 수동적이고 의존적이며 심지어 학대당하는 위치에 있는 자기 자신을 지켜보는 게 얼마나 즐거운지 설명하였다. 자신이 역할을 바꿔 학대하는 사람이 되는 상상을 해야만 하는지 궁금해하였다. 비록 이것이 그의 신념과 도덕성에 반하는 것이었지만 치료에 도움이 될 수 있다고 그는 생각하였다.

치료자는 그의 성적 환상을 변화시키는 프로그램에 Shaurette 원리(3장 참조)를 적용할 것을 제안하였다. 즉, 먼저 가학적인 환상에서부터 시작한다. 그런 다음 이런 적대적이고 적극적인 환상을 점차 더욱 우호적인 방법으로 단계적으로 전환하는 것이다. 현재의 복종과 골냄에서 **공격**과 **비난**의 태도로 역할을 바꿔 가는 것이다. 그러고 나서 자신이 바라는 목표, 즉 자신의 성적 환상을 점진적인 **통제**와 **보호**의 태도로, 그리고 마지막으로 **적극적 사랑**으로 변화를 시도하는 것이었다. 그는 여기에 동의하였다. 다음 치료회기에서 그는 자신이 정체성 위기를 겪고 있다고 말하였다. 자신이 누구인지 세상 속에서 자신이 어떻게 '존재' 하고 있는지 모르겠다고 하였다.

그것이 Klute 증후군에 관해 나눈 그와의 마지막 대화였다. 치료는 몇 개월이 더 진행되었고, 그는 빠른 속도로 가족과 다른 사람들 앞에서 자기주장을 하기 시작하였다. 치료 종료 전 마지막으로 집을 방문했을 때 그는 부모가 아닌 친구들과 지내고 있었다. 그 후, 그는 스스로 무척 관심이 가는 직업을 선택하였다. 치료는 순조롭게 종료되었다.

10
강박성 성격장애

'그러므로 하늘에 계신 너희 아버지가 온전하심같이 너희도 온전하라'

하여 양심의 가책은 늘 우리를 겁쟁이로 만들고
그래서 본래 선명했던 우리의 결단은
창백한 상념으로 던져진 채 병들어 버리고
하늘이라도 찌를 듯 웅대했던 대망도
이것 때문에 그 방향이 어긋나서
행동이라는 이름을 잃고 마는 것이다.

(햄릿, 3막 1장)

■ 문헌 고찰

햄릿은 숙부가 아버지를 죽이고 어머니와 결혼한 것을 알게 된 후, 보복은 하지 못하고 그 생각에 빠져 피폐해져 갔다. 가장 고결한 원칙에 헌신하면서 스스로에게는 지나치게 가혹했던 그가 완벽하게 계획을 세우지 못하는 자신의 무능함으로 무력해져 갔다. 햄릿은 DSM의 강박성 성격장애(Obsessive Compulsive Personality Disorder, 이하 OCD) 진단을 완벽하게 충족하지는 않을 수 있지만 그는 완벽주의, 자신과 타인에 대한 가혹한 도덕적 판단 그리고 자기 불신으로 고통받았다.

Pollack(1987)은 OCD에 대한 현재의 관점에 대해 포괄적인 견해를 제시하였다.

> 강박적인 사람들은 꾸물거리는 경향이 있으며 결단력이 없는 것 같다. 실수를 두려워하고, 걱정이 많으며, 자기불신으로 가득 차 있다. 그들은 끝없는 의무와 책임으로 내몰려 고통받는 듯하다. 그들은 충분히 잘 되어 있는 것만으로는 만족하지 못하고, 원칙과 완벽에 도달하기 위해 반복적인 시도를 하지만 실패로 끝난다. 그들은 틀에 박힌 일을 고수하며, 예측할 수 없고 익숙하지 않은 일에 쉽게 당황한다. 새로움과 변화에 저항하고 회피하는 경향이 있다. … 그들은 순서, 효율성, 규칙과 규율을 엄격하게 고

> 수하는 데 몰두해서, 완벽주의자이자 법률존중주의자처럼 보인다. 사람들은 그들을 완고하고, 고집 세며, 인색하고, 지나치게 억제하며, 상상력이 부족한 사람으로 본다. … 강박적인 사람들은 대인관계에서 차갑고 냉담하게 보일 정도로 격식을 차린다. 그들은 권위주의적이고 통제적이며, 주로 지배와 복종에 따른 관계 패턴을 가지고 있다. 그들은 상사를 존중하고 비위를 맞추기 위해 노력하지만, 수동공격적인 방식으로 몰래 반격을 하기도 한다. 아랫사람들에게는 독재적이고 비판적이다. 또한 가혹한 방식으로 응징을 하기도 한다(pp. 249-250).

DSM은 강박장애를 임상적 증후군과 성격장애로 각각 정의하고 있다.[1] 그 구분은 정신분석학적 전통에 근거해서 어떤 장애가 '신경증적(neurotic)' 혹은 '증상적(symptomatic)' 형태를 띠는지, 그렇지 않으면 '성격(personality)' 혹은 '기질(character)' 의 형태를 띠는지에 달려 있다. 임상적 증후군에서는 강박장애를 매우 구체적인 사고와 강박적 행동들로 묘사한다. 예를 들어, "강박장애가 있는 사람은 규칙을 엄격히 적용하거나, 강박반응으로 반복적인 행동(손 씻기, 정리하기, 확인하기 등)이나 정신적 활동(기도하기, 셈하기, 조용히 단어 반복하기 등)을 하도록" 내몰린다(미국정신의학회, 1994, p. 423). 대조적으로 강박성 성격장애에서는 더욱 일반적이고 만연한 강박적인 상호작용 패턴들로 증상을 묘사한다. 예를 들어, "과제 완성을 방해하는 완벽주의, 즉 지나치게 엄격한 기준이 충족되지 않아 어떤 프로젝트를 완성하지 못하는 것" 을 말한다(진단기준 2 참조).

Freud는 아주 초기에 임상적 증후군에 반영된 강박적 사고와 강박적 충동행동에 대한 글을 썼다(Freud, 1907/1959). 나중에 그는 OCD에 해당하는 설명을 제시하였다. Freud와 후기 정신분석학자들은 OCD를 규칙에 집착하는 '항문기 성격' 의 소유자로 불렀다. 그 사람들은 단정하고, 시간을 엄수하며, 꼼꼼하고, 예의 바르며, 검약하고, 금욕적이며, 완고하고, 높은 도덕적 기준을 가지고 있다. OCD는 복종과 전능감의 패턴을 반복한다(Fenichel, 1945, pp. 278-284). Fenichel에 따르면 항문기적 성격의 소유자들은 되돌리기, 반응형성, 주지화 그리고 고립의 방어기제를 사용하는 것으로 보인다. 그들은 죄책감과 자기비판으로 크게 고통받는다. 강박적 성격장애와 신경증 간의 관계에 대해 Fenichel은 다음과 같이 설명하였다.

---

1) 나는 이 책 전체에서 OCD라는 용어를 성격장애 OCPD 또는 이 진단명을 가진 사람을 지칭하는 것으로만 사용하였다.

> 그러나 강박적 성격(compulsive character)이 강박성 신경증(compulsion neurosis)의 일부분인 강박증상과 동시에 나타나는 것인지, 그렇지 않으면 이러한 성격구조가 강박적 증상을 명확히 차단하는(그리고 대신하는) 것인지는 알 수 없다. 두 유형 모두 가능하다. 증상이 없는 강박적 성격은 퇴행이라기보다는 저지된 진화(an arrested evolution)라고 볼 수 있다(p. 531).

강박장애에서 강박사고를 정신병으로 보는 것은 부적절할 수 있다. 사실상 입원환자들을 대상으로 한 비교적 최근의 조사결과를 보면 "지속적 강박증상이 정신분열증의 좋지 않은 예후를 예측해 주는 강력한 요인인 것 같다(Renton & McGlashan, 1986, p. 437)."라고 보고한다.

강박장애와 OCD에 대한 설명은 문헌에서 서로 연계되어 있다. 임상실제에서 강박장애는 OCD와 반드시 공존하는 것은 아니다. 강박장애 환자 96명을 대상으로 한 연구에서(Baer et al., 1990), 그중 절반 이상이 하나의 성격장애를 가지고 있음을 발견하였다. 그러나 94%가 OCD가 아닌 성격장애 진단을 받았다. "혼재성(Mixed) 성격장애(DSM-III-R에서는 미분류 성격장애)가 가장 빈번히 진단되었고(15%), 다음으로 DPD(12%), HPD(9%), OCD(6%) 순이었으며, SOI, PAR, AVD가 각각 동일한 빈도(5%)로 나타났다(1990, p. 827)." Pfohl과 Blum(1991, p. 373)은 문헌검토를 통해 다음과 같이 결론을 내렸다. "강박장애와 OCD 간의 관련이 명백히 크지 않은데, 안타깝게도 이름의 유사성이 혼란을 일으키고 있다."

특별히 관심이 가는 공존장애는 OCD에서 자주 나타나는 섭식장애다(Rothenberg, 1986). 거식증(Anorexia Nervosa)이 있는 젊은 여성들은 완벽한 몸매를 원한다. 그들은 너무 강하게 자기통제의 태도를 취하기 때문에 자신의 몸과 마음에 대한 통제를 상실해 버린다. 이러한 여성들에게서 OCD의 패턴을 쉽게 찾아볼 수 있다. 그들의 특성은 완벽주의, 지나친 규칙, 세부사항의 완벽한 습득에 대한 집착, 완고함과 경직이다. 대인관계 측면에서 그들은 복종과 지배의 두 가지 모습을 보인다. 이러한 OCD들이 불안과 우울을 공존장애로 가지고 있는 것은 당연하다.

정신분석 이론에 따르면 강박장애 이면의 핵심적인 갈등(신경증과 관련되어 있든 그렇지 않으면 성격특성과 관련되어 있든)은 배변훈련 중에 나타난다. 예를 들어, 완고함이라는 특성은 '자신의 위치를 잡는 것'인데, 그것은 항문기 고착(anal retentiveness)에 해당한다. 부모가 아이의 장(bowel)에 대한 부적절한 통제를 계속하면 이러한 태도가 인생 초기에 형성될 수 있다. Pollack(1987)은 OCD의 특성군을 뒷받침하는 실질적인 증거를 제시하였다. 그러나 그는 OCD와 항문기 성적 충동이나 가학증 간에 관련이 있다고 주장하는 정신분석 이론들을 지지할 만한 증거가 거의 없다고 보고하였다. "선행문헌들과 일관되게 병리적 원인을 설명해 줄 수 있는 확실한 경험적 증거는 거의 없다."

요약하면, 다른 성격장애와 마찬가지로 강박성 장애의 신경증적 측면과 성격특성적 측면이 문헌에서 상당히 논의되었다. OCD는 특정 장애들과 공존할 경향성이 있으며, 그 장애의 정의와 원인에 대해서는 아직 충분한 답을 하기가 어렵다.

OCD에 대한 DSM의 정의

DSM 정의는 이후 분석의 출발점이 된다.

융통성, 개방성, 효율성을 희생한 대가로 규칙, 완벽주의, 정신적 그리고 대인관계에서 통제에 대한 집착이 만성적으로 나타나며, 성인기 초기에 시작되어 다양한 상황에서 나타난다. 다음 중 4개(또는 그 이상)의 증상이 나타난다.

(1) 일의 주된 흐름을 잃을 정도로 세부사항, 규칙, 목록, 순서, 조직화 또는 시간계획에 집착한다.
(2) 과제의 완성을 방해할 정도로 완벽주의 모습을 보인다(예: 지나치게 엄격한 자신의 기준을 충족하지 못하면 프로젝트를 완수할 수 없다).
(3) 여가활동과 우정을 희생하고 일과 생산성에 과도하게 몰두한다(경제적 필요성으로도 설명이 안 된다).
(4) 도덕, 윤리, 가치의 문제에 대해 지나치게 양심적이고, 꼼꼼하며, 융통성이 결여되어 있다(문화적, 종교적 귀속의식에 해당하지 않는다).
(5) 심정적으로 그럴 만한 가치가 없는데도 닳아빠지거나 무가치한 물건을 버리지 못한다.
(6) 자신이 일하는 방식대로 따라 주지 않으면 함께 일하려 하지 않거나 다른 사람에게 일을 맡기기를 꺼려 한다.
(7) 자신과 타인 모두에게 구두쇠처럼 인색하게 군다. 돈은 미래의 재난에 대비하여 저축해야 하는 것이라고 생각한다.
(8) 엄격함과 완고함을 보인다.
('9' 삭제된 DSM-III-R의 기준) 제한된 애정표현

Morey(1988)는 성격장애로 치료받고 있는 291명의 외래환자 중 7.9%가 OCD 진단 기준에 부합한다고 보고하였다. OCD는 상당 수준 AVD(56.5%), NPD(30.4%)와 중복되었다.

발병원인에 대한 가설

발병원인에 대한 가설을 설정하기 위해 SASB 모형을 활용하는 방법을 5장에 기술한 바 있다. DSM에 기술된 OCD 증상 각각을 설명하기 위해 발달사적 특성 세 가지가 제시되었다. 이 장애의 독특한 대인관계 패턴과 대인사를 연결하는 가설을 〈표 10-1〉에 제시하였다. 다음은 이 가설에 대한 좀 더 자세한 설명이다.

1. 개인적 희생이 있더라도 일을 완벽하게 수행하고 규칙을 따르라는 무자비한 강요가 있었다. 따뜻함은 거의 없으며, 완벽과 규칙을 크게 강조한다. OCD는 어린 시절에 완벽을 추구하는 부모의 요구 때문에 아동의 발달 수준이 무시당하였다. 예를 들어, 심리치료 과정 중에 있는 한 OCD는 자신의 어머니가 터무니없이 요구적이고 완벽주의적인 방식으로 손자와 '놀이'하는 것을 보았다. 아직 9개월인 자신의 아이에게 눈금이 새겨진 막대에 크기가 다른 여러 색깔의 플라스틱 원반들을 걸게 하였다. 할머니는 아이에게 원반을 빼내고 재배열하면서, 크기대로 정확히 배열하게 하였다. 정상적인 반응이었다면, 아이가 막대에 원반을 거는 것만으로도 아이와 함께 기쁨의 탄성을 질렀어야 했을 것이다. OCD는 아들과 함께 놀고 있는 어머니를 보면서, 그 자신이 '제대로 못한다' 고 비난받았던 씁쓸한 옛날 기억이 떠올랐다.

'제대로 못한다' 는 비난이 배변훈련 과정에서만 해당하는 것은 아니다. 정상적인 가정에서는 자녀가 부모의 사회화에 대한 요구를 충족시킬 정도로 감각운동 협응능력 및 중추신경체계가 충분히 성숙해질 때까지 특정의 행동기준을 부여하지 않는다. 2~3세 경에 먹기, 배변하기, 옷 입기, 말하기 등을 위해 적절한 형태의 교육이 시작된다. 부모의 요구가 증가할수록, 걸음마를 배우는 유아는 이러한 요구에 순응 또는 반항하거나, 혹은 부모의 행동을 모방하는 실험을 하게 된다. 때로는 완벽하게 수행하고, 때로는 반항심을 보이며, 때로는 '공격자와 자신을 동일시하면서' 유아는 부모의 인내를 시험한다. 어린아이는 식탁의 수저와 포크 등을 '올바르게' 사용하는 데 과도하게 전념한 나머지 오렌지주스가 매일 아침 놓여 있던 대로 수저가 놓인 곳에서 정확하게 북동쪽으로 3도의 방향에 위치해 있지 않으면 어머니에게 불평하기도 한다. 이러한 의미 없는 세부적인 것들에 대한 아이의 집착은 부모의 관점에서 보면 몹시 화나는 일이며 비효율적인 일이다. 이 단계에서 정상적인 유아는 성인 OCD들이 갖고 있는 많은 특성을 보이게 된다. OCD의 관습이나 두려움처럼, 성인의 규칙을 경험한 아이들은 성인의 규칙이 독단적이며 무의미하다고 생각할 것이다. 정신분석가들은 발달과정에서 문제가 생기면 특정 단계의 정상적인 사회적 패턴이 고착되거나 혹은 전 단계로 다시 돌아갈 수 있다고 결론내렸다(A. Freud, 1965).

완벽하게 해내라는 무자비한 부모의 강요는(**통제**+**무시**) 내사(3장 참조)가 되어 성인이 되었을 때 자신과 타인에게서 불안정한 완벽을 추구하는 것으로 나타난다. OCD는 자신의 결함을 곱씹으며, 높은 기준에 따라 더욱 잘하기 위해 끊임없이 노력한다(*자기통제*+*자기무시*). 이를 위해 그들은 권위나 원칙에 지나치게 복종한다(<u>복종</u>+<u>담을 쌓음</u>). 그는 자신을 부모와 동일시하고 타인들도 똑같기를 주장한다(**통제**+**무시**). 만약 가족이 분노를 인정하지 않으면, OCD는 자신의 분노를 통제할 것이다. 반면, OCD가 도덕적으로 정당하게 화가 난 부모를 동일시한다면, OCD 또한 당연히 화를 낼 것이다.

가혹한 도덕주의는 적절한 훈련이라는 이름 아래 고통스러운 것들을 따르도록 요구한다. 한 가지 예는 아동학대를 합법적 형태의 '훈육' 으로 받아들이는 것이다. 또 다른 예는 대의명분이라는 이름 아래 과도한 통제권을 행사하는 지도자를 추종하도록 요구하는 것이다. 타인에 대한 가혹한 비난과 처벌을 행사하는 집단(예: 신 나치주의자)은 타인에 대한 애착과 공감이 특히 빈약한 OCD에게 적절한 환경이 된다. 다른 한편으로 보다 덜 강박적이면서, 덜 엄격하며, 보다 더 잘 적응하는 OCD는 특정 직업에 적합한 기술을 가질 수 있다. 여기에는 옳고(합법적) 그른(불법적) 것을 확인하는 법조계가 해당한다. 또한 권위에 대한 복종과 명령이 중요한 군대도 해당한다. 그리고 마지막까지 작은 오류라도 제대로 찾아내지 못하면 전체적인 실패로 이어지는 컴퓨터 프로그래머도 해당한다.

차갑고 통제적인 부모의 행동과 이상에 대한 동일시가 OCD 행동의 원형이다. 이러한 이유만으로 OCD 패턴이 발생하는 것은 아니다. OCD 어머니에게서 나타나는 또 다른 임상적 발견은 그들이 어린 시절에 방치된 경험이 있으며, 어린 시절 가족의 구조적인 결함을 보완하기 위해 노력한다는 것이다. 그들은 자녀에게 자신의 어린 시절보다 더 좋게 관찰하고 감독하기 위해 OCD 패턴을 채택한다. 불행히도 그들은 균형적인 양육을 경험해 보지 못했기 때문에 자신이 가지고 있는 사용권한을 적절히 조절하지 못하고, 아동의 발달적 요구도 고려하지 못한다. 어린 시절에 방치된 경험이 있는 OCD 소유자인 어머니가 부모의 권위적인 모습을 내면화하는 것이 아니라, 대개 비슷한 대인관계 양식(즉, 복종과 완벽주의에 대한 헌신을 요구하는)을 가지고 있는 어떤 제도나 기

〈표 10-1〉 OCD에 대한 대인관계 요약

과거경험	과거경험의 결과
1. 개인의 희생을 무릅쓰고라도 일을 정확하게 수행해 내고, 규칙을 따르라는 무자비한 강요가 있음(**통제**+**무시**)	1. 타인에 대한 배려가 없는 지배(**통제**+**무시**) 규형 잡힌 자아개념을 방해하는 완벽주의(*자기통제*+*자기무시*) 권위와 도덕적 대의명분을 존중하며 기본적으로 비사교적임(복종+담을 쌓음)
2. '끔찍한 아이' 라고 여겨짐, 완벽하지 않았을 때는 벌을 받고, 성공했을 때는 보상을 받지 못함, 형제들이 완벽하게 해내지 못했을 때 처벌받는 것을 지켜봄, 권한은 없고 책임만 있음(**비난**)	2. 완벽에 이르지 못하고 실패한 자신과 타인을 벌하고 폄하함(*자기비난*, **비난**), 실수에 초점이 맞추어져 있음
3. 개인적으로 참여해 본 적 없이 규칙을 배움(담을 쌓음과 **통제**+**무시**)	3. 순종적이지만 개인적으로 접근하기가 쉽지 않음(복종+담을 쌓음) 따뜻한 감정을 억제(*자기통제*+**무시**)

요약: 실수나 완벽하지 못하다는 비난을 두려워한다. 규칙에 대한 추구가 대인관계에서 타인에 대한 배려 없는 통제와 비난을 만들어 낸다. OCD는 통제와 권위 및 원칙에 대한 맹목적인 복종의 모습을 번갈아 나타낸다. 여기에는 감정의 억제, 가혹한 자기비판, 자신에 대한 무시뿐만 아니라 과도한 자기수양이 있다.
OCD 기준선 SASB 코드: 둔감한 통제(**통제**+**무시**), 자폐적인 복종과 고립(복종+담을 쌓음), 자기를 부정하는 자기통제(자기통제+*자기무시*). 자신(*자기비난*)과 타인(**비난**)에 대해 비판적. 소망: *자기통제*와 복종. 두려움: **비난**과 *자기통제*의 상실(*자기해방*). 필요조건: 불합리한 통제, 완벽에 대한 헌신. 배제조건: 무책임한 행동, 과도한 감정표현, 권위에 대한 경멸.

관과 동일시한다.

OCD 패턴을 만들어 내는 부모(그리고 기관)는 높은 도덕적 목표 아래 자제력과 완벽을 주입하려고 노력한다. 예를 들어, 크리스천 교리의 핵심적인 부분은 "우리가 신이 되도록 하기 위해 신은 인간이 되었다."이다. 신이 우리 안에 있기 때문에, 크리스천은 완벽에 이르도록 끊임없이 이야기를 듣는다. 예수는 "하늘에 계신 너희 아버지가 온전하심같이 너희도 온전하라(마태복음 5:48)."라고 말하였다. 이러한 높은 이상에 대한 순응이야말로 매일의 삶 속에서 완벽을 추구하는 OCD의 의식적 동기다.

2. OCD로 발전하는 사람들은 완벽하게 해내지 못했을 때 처벌을 받았으며, 성공에 대해 보상받지 못하였다. 그들이 할 수 있는 최선은 비판이나 처벌을 피하는 것이다. 예를 들어, 아이가 설거지를 해 놓았을 때, 더러운 부분이 발견되지 않으면 특별한 언급이 없다. 자신의 방청소를 깨끗하게 잘 했다 해도 그것은 해야 되는 일이기 때문에 인정받지 못한다. 기본적으로 잘한 일에 대해 칭찬하지 않는다. 부모는 흰 장갑을 끼고 손이 닿지 않는 곳의 아주 조그마한 먼지까지 찾아낸다. 실수에 초점을 크게 두고, 성공에 대해서는 약간의 인정도 없다.

흔히 부모는 OCD가 기본적으로 '끔찍한 아이'라고 생각한다. 부모는 완벽한 수행만이 성격적으로 '타고난' 결함을 보완할 수 있다고 믿는다. 기본적으로 아이들은 탐욕스러우며, 참을 수 없을 정도로 귀찮은 존재라는 교훈을 체득하고 있는 어떤 OCD는 "나는 내 성취에 대해서는 인정받았지만, 내 '존재감(is-ness)'에 대해서는 그렇지 않았다."라고 설명하였다. 그 집에서는 항상 꾸중을 들어야 할 일이 있었으며, 부모는 아이를 때려서라도 다시는 나쁜 짓을 못하게 하는 것이 자신의 역할이라고 생각하였다. 가혹한 처벌이 독선적으로 이루어진다. 기본적인 결함을 만회하기 위해 높은 기준들에 순응하도록 아이에게 요구한다. 그 아이는 그것을 견뎌 내기 위해 모든 것이 제대로 되었는지 그리고 일정한 기준 이상을 달성했는지 매번 확인하는 것을 학습하게 된다. 이것은 필연적으로 자신과 타인에 대한 끊임없는 통제를 가져온다.

완벽한 통제를 추구하도록 이끄는 또 다른 시나리오는 사랑받지 못하는 형제 중에 누군가가 완벽하지 못했을 때 심하게 맞는 것을 목격한 경우다. OCD로 발전할 가능성이 높은 사람은 그와 같은 운명에 처하지 않기 위해 실수를 저지르지 않으려고 노력한다. OCD로 발전하는 또 다른 경우는 가족 내의 일과 가족구성원이 모든 점에서 완벽하도록 책임지는 사람이다. 그 동기는 분노에 차 있는 알코올중독이나 다른 역기능적 모습을 가지고 있는 부모가 '폭발하지' 않도록 하기 위해서다.

재앙을 피하기 위해 가사를 완벽하게 해내려는 이 아이에게 책임은 크지만 주어진 권한은 거의 없다. 예를 들어, 세탁이나 설거지가 깨끗하지 않다는 이유로 아버지가 어머니를 죽이려는 것을 막으려고 아이가 노력할 수 있다. 미래의 OCD는 아버지가 화를 내지 않도록 하기 위해 모든 것을 완벽하게 해 놓으려고 종종걸음으로 갈팡질팡 다녔을지 모른다. 강박장애에서 발견되는 어떤 의식과 묘한 생각은 위태로운 상황에서 대처방법이 거의 없을 때 통제권을 획득하기 위한 시도일 수 있다. 그러한 의식이 집안 상황을 통제하는 데 효과적이라고 아이가 믿게 될 정도로 그러한 증상들은 강화된다. 다른 한편으로 통제권을 높여 줄 것이라고 여겨지는 대인관계 행동들은 OCD의 성격특성이 될 것이다.

성공에 대해서는 보상받지 못하고 완벽하지 못한 것에 대해 많은 처벌을 받으면 나중에 성인이 되었을 때 실수와 자기비판에 초점을 두게 된다. 무엇을 하든 완벽하지 못할 거라고 예상하면서도, 불확실하고, 우유부단하며, 무능력하기 때문에 완벽해질 필요가 있다고 생각한다. 확인해 보고 또 확인해 보고, 계획해 보고 또 계획해 보는 OCD는 항상 준비하고 걱정한다. 성공에 대해 한 번도 인정받아 본 적이 없기 때문에 그들은 '도착점'에 이르렀다는 것을 느끼지 못한다. '사악한 자들에게는 휴식이 없고', 잘된 일에 대해서도 만족이 없다. OCD는 자신의 '존재감'에서 기쁨을 찾지 못한다.

3. 강한 통제를 사용하는 가정에서는 따뜻함이 거의 없다. 포옹, 수용, 웃음이 거의 없다. 애정을 모델링할 기회가 없으며 위험한 것으로 여긴다. 감정을 늘 통제할 수는 없다. 합리성은 통제와 결합되어 있기 때문에, OCD는 거기에 높은 가치를 두고 '정서적으로 느끼지 않으려고' 노력한다.

따뜻함이 결여된 상태로 완벽을 요구하면 나중에 성인이 되었을 때 개인적으로 부적합한 상황에서도 사회적 완벽함을 추구하게 된다. 이러한 초기 학습은 감정을 부적절하게 억제하도록 한다. 그나마 좋은 소식은 OCD의 가족에서는 통제가 애정과 혼동되지 않는다는 것이다. 사랑의 잘못된 표현도 없다. 다른 성격장애를 가지고 있는 사람들에게서 나타나는 것처럼, 아이와의 밀착도 없다. 다른 정신질환이 없는 순수한 형태의 강박성 성격장애자에게서도, 아이는 부모와 분리되어 있으며, 정체성의 혼란은 없다. OCD 아동이 완벽하지 못하면, 그렇게 엉망으로 만든 장본인은 아이 자신이다.[2] 그 실패의 책임이 아이 자신에게 있지 부모에게 있지 않다는 의미다.

과거 대인관계 특징과 DSM에 제시된 증상 간 관계

'전형적인 OCD'는 DSM에 제시된 모든 증상을 나타낸다. 완벽하도록 강요받는 과거는 세부적인 것과 규칙에 대한 집착(기준 1), 과제 완성을 저해하는 완벽주의(기준 2), 그리고 여가생활을 희생하고 일에 대한 과도한 몰두로 이끈다(기준 3). 완벽을 추구하는 데 통제의 필요는 타인이 자신의 방식에 복종하지 않으면 자신이 직접 일을 해 버리는 고집을 피우게 한다(기준 6). 완벽의 추구는 지나치게 양심적이며 융통성 없는 꼼꼼함과 같은 도덕적 판단주의로 나타난다(기준 4). 완벽한 통제의 추구는 다시 필요하게 될 경우를 대비해서 무가치한 것까지 저축해 두는 비합리적인 모습으로 나타난다(기준 5). 부모로부터 경험했던 통제에 대한 집착, 따뜻함의 결여, 자제력의 강조는 인색함(기준 7), 그리고 엄격함과 완고함(기준 8)으로 나타난다. DSM-IV에서는 DSM-III-R의 기준 5인 제한된 애정표현을 삭제하였다. 이것은 따뜻함의 결여와 자제력에 높은 가치를

---

2) 더욱 심각한 대안 패턴을 설명하기 어렵다. R. D. Laing(1970)이 쓴 시를 통해 명료하게 요약된 내용을 볼 수 있다. "엄마가 내게 잔혹하다고 느끼는 것은 좋지 않다, 그러면 좋지 않다/ 엄마는 내게 잔혹하다/ 그러나 그녀는 단지 친절하라고 잔혹한 것이다/ 나는 그녀가 잔혹하다고 생각한다/ 그녀가 나를 벌줄 때/ 왜냐하면 나는 그녀에게 잔인했기 때문에/ 나는 그녀가 나에게 잔혹하다고 생각한다/ 왜냐하면 나를 벌주었기 때문에/ 그녀가 잔혹하다고 생각하기 때문에/ 나를 벌주었기 때문에/ …생각 때문에(p. 12)."

두었기 때문이다.

OCD의 대인관계 요약

다음은 OCD의 대인관계 특성을 요약한 내용이다.

> 실수나 완벽하지 못하다는 비난을 두려워한다. 규칙에 대한 추구가 대인관계에서 타인에 대한 배려 없는 통제와 비난을 만들어 낸다. OCD는 통제와 권위 및 원칙에 대한 맹목적인 복종의 모습을 번갈아 나타낸다. 여기에는 감정의 억제, 가혹한 자기비판, 자신에 대한 무시뿐만 아니라 과도한 자기수양이 있다.

이와 같은 요약은 OCD의 기본 패턴 및 소망에 대한 SASB 코드에 토대를 두고 있다. 〈표 10-1〉에 제시된 코드는 OCD를 규정하는 간편한 방법이다. 기준 위치는 타인에 대한 배려 없는 지배(**통제**+**무시**), 권위와 도덕적 명분에 대한 냉혹한 집착(복종+담을 쌓음), 완벽에 대한 균형 잡히지 않는 헌신(*자기통제*+*자기방치*)이다. OCD는 자기비판(*자기비난*)뿐만 아니라 분노(**비난**)를 표출할 능력이 있다. 그는 **비난**의 대상이 되고 *자기통제*를 잃어버릴까 봐(즉, *자기해방*) 두려워한다(3장 참조). OCD는 비극적 인물이다. 완벽하고자 하는 자신의 소망을 이루기 위해 매우 열심히 일하는 OCD는 즐거움을 추구하는 사람들과 잘 어울리지 않는다. 완벽의 추구는 외롭다.

OCD 노래의 리듬과 하모니는 OCD가 주고받는 대인 및 심리내적 반응의 연쇄에서 나타난다. OCD의 '으뜸음'은 타인에 대한 배려 없는 통제(**통제**+**무시**), 자폐적 복종(복종+담을 쌓음), 그리고 자기를 부정하는 자기통제(*자기통제*+*자기방치*)로 이루어진다. 이것은 필연적으로 OCD가 자신과 타인을 지나치게 통제하며, 권위적 인물과의 관계에서는 비굴한 모습일 수 있다는 것을 의미한다. 복종의 태도에서 거만함으로 재빠르게 바뀌는 모습은 정신과 병동에 입원하는 OCD에게서 잘 드러난다. 그들은 입원 여부를 결정하는 위원회의 소속위원들에게 복종적이고 '친절'하지만, 입원 후에 환자들 및 병원 소속 '직원들'과의 관계에서는 거만하고 아주 무례한 태도를 보인다.

OCD는 쉽게 복종하는 사람과는 잘 지낸다. 대단한 권위나 지위를 가진 사람으로부터 자신의 계획에 따르도록 요청받았을 때, 그것은 OCD에게 아름다운 음악처럼 듣기 좋은 소리다. 그러나 그럴 만한 지위에 있지 않으면서 통제하려는 사람들과는 상당한 불화를 겪는다. OCD는 자신의 일을 제대로 하지 못하는 사람들은 언제든지 **비난**할 태세를 갖추고 있다. 특히 반항적이거나(예: PAG), 조직화가 안 되어 있는(예: BPD) 사람들과 이런 일이 발생한다. 이것이 바로 OCD 노래의 리듬과 하모니다.

SASB 코드를 사용할 줄 아는 독자라면 이와 같은 분석을 다른 맥락에도 적용해 볼 수 있다. 예를 들어, 환자가 자신의 우울 증상이 더 심해진다고 불평하는 것은 흔히 있는 일이다. 때때로 이러한 불평은 OCD가 불평하는 방식과 유사하다. 우울 증상에 대한 이런 방식의 불평을 해석하기 위해, 치료자는 우울을 기술하는 환자의 과정을 코드화할 필요가 있다. OCD가 자신의 증상에 대해 불평할 때 치료자에 대한 환자의 과정은 OCD 노래의 특징을 포함하고 있을 것이다. 다음의 예를 살펴보자.

> 한 환자는 자신이 우울증을 가지고 있다는 사실을 알게 되는 데 많은 시간이 걸렸다. 그는 자신이 좀 더 잘 조직화할 수 있는 능력이 있다면 그 문제를 제대로 처리했을 거라고 생각하였다. 그러나 우울증의 징후가 계속되었고, 어느 날 갑자기 그는 자신이 우울하다는 사실을 받아들였다. 그러고 나서 그는 약물처방을 받으려고 했으나, 의사용 약품편람(PDR)을 찾아보고는 우울증 약이 부작용이 있을 수 있다는 것을 알게 되었다. 우울증은 계속되었다. 그는 의사의 처방전을 의심하며 항우울제 약물에 관한 최근의 논문들을 출력해서 의사에게 보냈다. 적절한 약물을 찾지 못한 데에 좌절한다. 그는 다음 단계에 무엇을 해야 할지 몰라 의사의 의견을 존중하다가도 더 나은 조치를 취하지 않는 의사의 행동을 비난하였다.

〈표 10-2〉에 OCD 노래의 기초 사항을 앞에서 논의되었던 다른 장애들의 그것과 비교해 놓았다. 이 표를 보면 OCD는 극적이고 예측하기 힘든 B군의 모든 장애(BPD, NPD, HPD, ASP)와 마찬가지로 **통제**와 **비난**을 사용한다. BPD, NPD, ASP와 같이 OCD는 자신의 사회적 욕구를 제대로 읽지 못하거나 간과하는 경향성이 있다. BPD와 ASP처럼 OCD는 타인의 욕구에 대해서 민감하지 못할 수 있다. 이렇게 중첩되는 부분이 있지만, OCD의 강한 *자기통제*는 B군 성격장애 진단을 받은 사람들에게서 나타나는 무모함과는 극명한 대조를 이룬다.

OCD의 패턴은 복종과 통제가 결합된 HPD의 성향을 닮았다. 그러나 HPD의 특징인 호감을 주는 의존성은 상당히 두드러진 것이지만 통제는 은밀한 형태로 드러나고, OCD의 통제는 눈에 띄는 특성이지만 의존성은 은밀한 형태로 드러난다. OCD(남성)와 HPD(여성)가 서로 만나 결혼에 성공하는 것은 드문 일이 아니다. 서로의 두드러진 특성이 상호 보완적 역할을 하기 때문이다. OCD는 외견상 '지배하고 싶어 하며', HPD는 의존하고 싶어 한다. 그러나 HPD는 은밀한 형태로 (정서적) 주도권을 쥐고 있으며,

〈표 10-2〉 BPD, NPD, HPD, ASP, DPD, OCD의 SASB 코드 비교

	BPD	NPD	HPD	ASP	DPD	OCD
1. **해방**						
2. **지지**						
3. **적극적 사랑**	×			×*		
4. **보호**						
5. **통제**	×	×	×*	×*		×*
6. **비난**	×	×	×	×		×
7. **공격**	×	×		×*		
8. **무시**		×		×		×*
1. 분리		×		×		
2. 개방						
3. 반응적 사랑			×*			
4. 신뢰	×		×*		×	
5. 복종					×	×*
6. 골냄					×	
7. 물러남						
8. 담을 쌓음			×*	×*		×*
1. *자기해방*						
2. *자기지지*						
3. *적극적 자기사랑*		×*				
4. *자기보호*	×			×*		
5. *자기통제*						×*
6. *자기비난*		×			×	×
7. *자기공격*	×		×*			
8. *자기방치*	×	×*		×*		×*

* 표시는 같은 열에 위치한 코드가 서로 복잡한 조합을 이루어 나타남을 의미함.

OCD는 자신의 정서적 욕구를 충족하기 위해 HPD에게 의존한다.

OCD는 DPD와 마찬가지로 타인을 존중하는 능력을 가지고 있다. 하지만 좀처럼 어떤 것도 주도하려 하지 않는 DPD와는 다르게 OCD는 통제하는 것을 좋아한다.

〈표 10-2〉의 대인관계의 기본(도, 레, 미)은 범주들이 서로 어떻게 중첩되며, 그리고 서로 어떻게 다른지 정확히 보여 주고 있다. 표에 기술된 내용은 임상가들이 감별 진단을 하는 데 도움을 줄 것이다.

DSM 진단기준 재검토

OCD에 대한 DSM의 관점이 대인 언어로 번역되었고, OCD 패턴과 관련된 심리사회적 학습의 개요를 제시하였다. 여기에서는 OCD에 대한 대인관계 분석을 직접 DSM과 비교하였다. DSM 기준은 *이탤릭체*로, 대인관계 용어로 표현된 것은 밑줄로 WISPI(1장에서 논의함) 기준은 **고딕체**로 표시하였다.

융통성, 개방성, 효율성을 희생한 대가로 규칙, 완벽주의, 정신적 그리고 대인관계에서 통제에 대한 집착이 만성적으로 나타나며, 성인기 초기에 시작되어 다양한 상황에서 나타난다. 다음 중 4개(또는 그 이상)의 증상이 나타난다.

(1) *일의 주된 흐름을 잃을 정도로 사소한 세부사항, 규칙, 목록, 순서, 조직화 또는 시간계획에 집착한다.*

실수에 대한 처벌을 피하려고 지나치게 조심한다(반복, 세부적인 것에 대한 과도한 주의집중, 혹은 반복 확인). 자신의 지나친 완벽주의에서 오는 지연과 불편함 때문에 타인들이 매우 힘들어한다는 사실을 알지 못한다.

나는 항상 규칙을 정확하게 준수하며 내가 완벽한 적임자라고 확신한다.

(2) *과제의 완성을 방해할 정도로 완벽주의 모습을 보인다(예: 지나치게 엄격한 자신의 기준을 충족하지 못하면 프로젝트를 완수할 수 없다).*

자기대화(self-talk)는 비판적이며 지나치게 요구적이다. 그래서 뭔가를 반복해서 해야 한다. 이러한 완벽주의는 그 일이 아직 끝나지 않았다는 것을 의미하며, 그 일이 마무리되어야 완벽주의를 포기할 수 있다.

나는 종종 프로젝트를 마무리하지 못할 정도로 그 일의 세부적인 것에 너무 집착한다.

(3) *여가활동과 우정을 희생하고 일과 생산성에 과도하게 몰두한다(경제적 필요성으로도 설명되지 않는다).*

절박하게 돈이 필요하지 않은데도 주말을 포함해 하루 열두 시간 이상 일을 한다. 주말에 소풍을 가거나 저녁시간에 아무것도 하지 않고 가만히 앉아 쉴 수 있다는 생각을 하지 못한다. 결코 '시간낭비' 를 하지 않는다. 잠시의 짬이라도 항상 일을 들고 다닌다. 친구와 함께 시간을 보낸다면, 그것은 공식적으로 계획된 활동(스포츠를 포함해서)일 때다. 완벽한 수행을 강조한다. 휴가 때도 일거리를 가지고 가지 않으면 매우 불안해한다.

나는 유희나 재미에 관심이 거의 없는 '일 중독자'다.

(4) *도덕, 윤리, 가치의 문제에 대해 지나치게 양심적이고, 꼼꼼하며, 융통성이 결여되어 있다(문화적, 종교적 귀속의식에 해당하지 않는다).*

자신과 타인에게 매우 엄격하고 가혹한 기준을 강요한다. 실수를 했을 때는 무자비한 자기비판을 한다. 권위와 규칙을 존중하고, 권위, 규칙 혹은 원칙대로 정확히 한다. 원칙을 바꾼다거나, 정상참작의 경우는 없다. 자신의 도덕적 원칙을 엄격히 따른다. 예를 들어, '돈을 빌리지도 않으며 빌려 주지도 않는다'는 신념을 가지고 있어서 궁핍한 친구에게 단돈 천 원도 빌려 주지 않는다.

도덕적 원칙을 따르는 것이 그 어떤 것보다 중요하다.

(5) *심정적으로 그럴 만한 가치가 없는데도 닳아빠지거나 무가치한 물건을 버리지 못한다.*

물건을 분류해서 보관해 두고 완벽한 순서대로 정리해 놓기를 좋아한다. 특별한 생각이 없으면서 진짜 무가치한 물건까지 이렇게 한다. '만약을 대비해' 보관해 두었던 오래된 가치 없는 물건을 누군가 없애려고 하면 화를 낸다.

언젠가 필요할지 몰라 오래되고 가치 없는 잡동사니도 버릴 수가 없다.

(6) *자신이 일하는 방식대로 따라 주지 않으면 함께 일하려 하지 않거나 다른 사람에게 일을 맡기기를 꺼려한다.*

일이 많아 부담이 되어도(예: 가족식사를 준비하거나 조립라인에서 세 사람 몫의 일을 하거나), 다른 사람들은 제대로 못할 거라는 신념 때문에 다른 사람의 도움을 받으려 하지 않는다. 특정 과제의 세부사항까지 자신이 원하는 방식대로 다른 사람들이 정확히 하기를 요구한다. 예를 들어, 세상에는 잔디를 깎거나, 설거지를 하거나, 쓰레기를 버리거나, 개집을 짓는 데 단지 한 가지 방식만이 존재한다고 생각한다.

일을 제대로 진행하기 위해서, 대개는 내 방식대로 사람들이 일을 하도록 요구한다. 일을 제대로 진행하기 위해서, 대개는 내가 직접 그 일을 한다.

(7) *자신과 타인 모두에게 구두쇠처럼 인색하게 군다. 돈은 미래의 재난에 대비하여 저축해야 하는 것이라고 생각한다.*

선물(혹은 시간, 돈)을 줄 때는 '조건이 따른다.' 수령인은 선물 제공자의 도덕, 규칙,

원칙을 따라야 한다(또는 따르길 기대한다). 사람들은 표준에 부응해야 하며, 열심히 일을 해야 하고, 스스로 자립해야 한다고 생각한다. 타인에게 시간, 돈, 선물을 제공하면 그 사람의 상황을 너무 쉽게 만들어 주고 '못된 성품을 갖게 할 수 있다' 고 생각한다.

나는 선물 주는 것을 반대하는데, 못된 성품을 길러 줄 수 있기 때문이다.

(8) *엄격함과 완고함을 보인다.*

한 가지 '바른' 방식으로만 일하는 것에 과도하게 신경을 쓰다 보니 다른 사람의 생각을 접할 기회가 전혀 없다. 사전계획이 지나치게 신중해서 변화를 고려하지 못한다. 자신의 관점에 너무 매몰되어 있어서 세상에는 다른 방식이 존재한다는 것을 인정하지 못한다.

나는 일을 어떻게 하는지 알고 있다. 그래서 다른 사람이 어떤 이야기를 하든지 간에 내 방식을 주장한다.

('9' *삭제된 DSM-III-R의 기준) 제한된 애정표현*

다른 사람들이 웃으며 행복해할 때(예: 공항에서 애인에게 작별할 때) 뻣뻣하게 굳어 있으며 형식적이다.

그 내용이 무엇이든 내가 완벽하게 이야기할 수 있다고 확신할 때까지는 자제한다.

필요기준과 배제기준

이 같은 분석을 통해 각 성격장애의 필요 및 배제 기준을 정의할 수 있다. OCD의 필요기준은 과제를 수행할 때 나타나는 완벽에 대한 몰두와 비이성적인 지배욕구다. 배제기준은 ASP와 BPD에서 항상 나타나는 무책임한 행동, HPD와 BPD의 무절제한 감정표현, PAG에서 볼 수 있는 권위에 대한 경멸과 저항을 포함한다.

사례 예시

사례 1

30대 중반의 이 기혼남성은 자동차 정비공이다. 직장과 집에서 지속적인 무기력증이 있으며 자살사고와 함께 우울증의 징후가 있어서 병원을 방문하였다. 다양한 약물을 시도했지만, 도움을 주지 못하였다.

환자는 자신이 어렸을 때부터 아버지의 완벽에 대한 요구와 강렬하고 비판적인 언어폭력에 지배받아 왔다고 기억하였다. 그가 어렸을 때, 아버지는 아들의 능력을 신뢰하면서도 완벽하게 수행하는 데 실패했을 때는 아들을 비난하곤 하였다. 그는 그 요구를 충족시키기 위해 매우 노력했지만, 어떤 부분에서는 항상 실패하였다. 칭찬은 없었고, 성과가 좋지 못했을 때에는 비난받았다. 그가 할 수 있는 최선은 아버지에게 흠 잡히지 않는 것이었다. 아버지가 그에게 하는 말들은 그를 정신적으로 황폐화시켰다. 그는 아버지에게 비난받기보다 차라리 엉덩이를 두들겨 맞기를 원하였다. 감정표현이 허용되지 않았고, 애정은 거의 없었으며, 아버지는 아들이 울 때에는 크게 나무랐다.

그는 아버지와 동일시를 해서, 아버지와 똑같이 자신의 자녀들(특히 큰아들)에게 배려 없는 지배욕구를 보였다. 그는 집에 도착하면, 차에서 내리자마자 소리를 지르는 것으로 시작하였다. 아이들이 자신이 맡은 집안일을 끝내 놓지 않으면 야단치고 벌을 주었다. 아내는 그의 군대식 태도에 동의하지 않고 '강하게 반대하였다.' 그녀는 아이들에게 아버지가 말한 것을 반드시 할 필요가 없다고 말하면서 그들을 보호해 주었다. 아내는 그에게 "여유를 좀 가져."라고 이야기했고, 아이들에게 미안한 감정을 느낄 때는 그들의 집안일을 대신해 주었다.

환자의 가족생활에는 즐거움이 없었다. 가족의 행복을 위한 그의 계획은 완벽하고 대단히 구조화된 조건들로 가득 짜여 있는데, 그 내용은 자신이 다니는 엄격한 교회의 가르침을 따르는 것이었다. 그가 생각하는 '완벽한 가족' 은 자녀를 통제하는 아버지였다.

환자 자신에 대한 가혹한 판단은 자살사고에서 드러난다. 그는 자신이 사라지면 가족이 더욱 행복할 거라고 느꼈다. 그는 어렸을 때 만약 아버지가 죽는다면, 가족 모두가 더 나은 삶을 살 거라고 생각하곤 하였다. 아버지에 대한 분노는 강렬했지만, 결코 직접적으로 표현하지는 못하였다. 단지 최근에, 그는 자신의 공격성을 수동적으로 표현할 수 있는 한 가지 방법을 찾아냈다. 그는 아버지의 사업체에서 어떤 프로젝트를 열심히 진행하고 있었다. 아버지는 '감독자'의 위치에 있었기 때문에 자유롭게 자신을 비난하였다. 얼마 후, 그는 아버지가 그런 비난을 그만두거나 중지하지 않는다면 그 프로젝트가 마무리되지 않은 복잡한 상황에서 회사를 나가버리겠다고 위협하였다. 이 방법은 성공적이었다. 그때 환자는 정말 아버지를 살해하고 싶은 욕구가 자신에게 있다는 것을 깨닫고 겁이 났다.

이 환자는 DSM의 OCD 진단기준을 충족한다. 그의 완벽주의는 직장에서의 업무처리를 방해하였다. 업무를 잘하기는 하지만 실수에 대한 두려움 때문에 일의 진행속도가 느렸다. 일이 제대로 됐는지 확인하기 위해 여러 차례 되돌아가서 상황을 점검해야 했다. 완벽한 가족에 대한 생각이 아내와 서로 달라 마찰을 일으켰다(기준 2). 그는 각종 목록과 시간계획에 사로잡혀 있었는데, 특히 자녀들이 해야 하는 일에 집착하였다(기준 1). 그는 가족들이 자신의 방식을 따르기를 주장하였다(기준 7). 그는 여가활동과 친구들과의 관계를 희생해 가며 완벽에 헌신하였다(기준 3). 애정을 표현하는 것은 그에게 쉬운 일이 아니었다(삭제된 DSM-III-R의 기준 5).

SASB의 대인관계 코드(〈표 10-1〉 참조) 역시 이 환자를 잘 설명해 준다. 그는 자신이 다른 사람들을 통제하려고 한다는 사실에 무감각하였다(**통제**+**무시**). 그는 현재 아내에게 비참할 정도로 순종하고 있다(<u>복종</u>+<u>담을 쌓음</u>). 그는 '완벽하기' 위해 엄청난 양의 에너지를 사용하였다(*자기통제*+*자기방치*). 자신에게 (<u>복종</u>하는) 완벽한 가족을 통솔하는 완벽한 아버지(*자기통제*)가 되기를 강력히 원하였다. 그는 자신에 대한 통제력을 잃는 것(*자기해방*)과 아버지를 살해하고 싶은 충동을 느끼는 것에 두려움을 가지고 있다.

〈표 10-1〉의 발병가설 또한 이 환자에게서 확인되었다. 1. 그의 아버지는 맥락에 상관없이 비판적이며 완벽한 수행을 요구하였다. 2. 이 환자가 할 수 있는 최선은 비난을 피하는 것이었다. 그는 자신이 '나쁜 사람'이라고 느끼고 있었다. 3. 정말 중요한 부모로부터의 칭찬도 애정도 없었다. 이러한 경험의 결과는 분명하게 드러났다. 1. 아버지로부터 학습한 통제적이고 비판적인 자녀양육 태도를 환자는 자신의 자녀들에게 그대로 반복하였다. 2. 그는 자신과 아이들을 완벽하지 못한 실패자로 비하하였다. 3. 그는 정서적으로 억제되고 냉담하였다. 환자는 완벽에 대한 몰두와 과도한 통제욕구라는 OCD의 필요기준을 충족하며, 배제기준은 아무것도 충족하지 않았다(무책임, 과도한 감정표출, 권위에 대한 경멸).

환자가 처음 병원에 왔을 때 아내에게 복종하는 모습이 눈에 띄는 특징이어서 의대생들과 레지던트들은 그를 DPD로 생각하였다. 그는 병원에 들어왔을 때 아내로부터 거의 모든 사항에 대한 조언과 지시를 받았다. 최근에 요리를 배우거나 집안일에 더욱 적극적으로 참여하라는 아내의 요구가 늘어나면서 그가 혼란스러워했다는 사실이 상담 중에 분명히 드러났다. 가사 역할 분담에 대한 그의 생각은 자신이 소속된 교회의 교리와 원가족에 의해 형성되어 있었는데, 남편이 우위에 있고 아내는 집안일을 책임져야 한다고 생각하였다. 그러나 아내는 드러내놓고 그가 원가족에서 경험했던 이러한 역할모델을 비난하였다. 그는 아버지처럼 되기를 원하지 않았기 때문에, 아내와 남편에 대한 이러한 전통적인 관점을 버리는 데 동의하였다. 그러나 그가 상상할 수 있는 것은 단지 통제하거나 아니면 복종하는 것이었다. 아버지가 그랬던 것처럼 통제하거나,

어머니가 그랬던 것처럼 복종하는 것이다. 그에게 의존성은 자신이 희망하는 것을 얻지 못했다는 패배를 의미하며, 자신이 소망하는 완벽한 가족에 대한 그림이 파괴되었음을 의미한다. 그래서 그는 우울하였다.

사례 2

그녀는 다섯 아이를 둔 59세의 이혼녀다. 자신의 심리치료사의 제안에 따라 병원을 방문하였다. 자살을 계속해서 생각해 왔던 그녀는 최근에 항우울제를 과다복용하였다. 그러나 죽을 만큼 충분한 양의 약물을 먹지 않은 게 두려워서 즉시 구토제와 물을 먹고는 뱉어 냈다. 자신이 자살을 제대로 실행하지 않아 '식물인간'으로 생을 마감하게 될까 걱정하였다. 치료는 원하지 않았고, 병원에 머무는 것도 원하지 않았다. 그녀는 그냥 죽고 싶어 하였다.

그녀는 체중감소, 불면, 자살사고, 쾌락의 상실, 초조, 다양한 신체화 증상을 포함하여 신체기능 부전 징후를 나타냈다. 두통과 비뇨기과 증상도 있었다. 그녀는 과거에 발륨을 과다복용한 적이 있었다. 그녀의 첫 번째 우울증은 최근 삽화가 일어나기 15년 전에 전기충격요법을 통해 성공적으로 치료되었다. 5년 전의 두 번째 전기충격요법은 도움이 되지 않았다. 그때는 남편이 주요 문제였다고 그녀는 말하였다. 두 번째 입원과 일련의 전기충격요법 치료 후에, 환자는 정신이 '멍해졌다'고 말하였다. 그녀는 '옛날의' 자기 자신으로 최근에 돌아가고 있지만 여전히 전기충격요법 치료를 받기 전 만큼의 기억력을 회복하지 못하였다.

스스로를 완벽주의자라고 묘사하는 환자는 자신이 자녀들의 삶을 망쳐 놓았다고 말하였다. 그녀는 자녀들의 일상을 지배했으며, 자녀들이 계속해서 집을 깨끗이 청소하도록 요구하였다. 자녀들은 매일 여러 번에 걸쳐 가구에 윤을 내고, 화장실의 때를 닦아야 하였다. 그녀는 자녀들이 가구를 더럽히지 못하도록 가구에 손을 대는 것을 금지하였다. 포옹도 없었고 다른 어떤 따뜻한 표현도 거의 없었다. 모든 에너지가 모든 것을 절대적으로 완벽하게 만드는 데 쓰였다. 그녀는 누구를 위한 것이라는 질문을 받았을 때 재미있는 질문이라고 생각하였다. 잠깐의 침묵 뒤에, 그녀는 청결에 몰두한 이유가 남편과 교회를 위한 것이라고 말하였다. 그녀는 두 번째 전기충격요법 치료 후에 자신의 강박적인 깔끔함이 극복되었다고 설명하였다. 불행히도, 이러한 '치료효과' 뒤에 그녀는 너무 지저분하다는 불평을 남편으로부터 들었다. 남편은 그녀가 집안 청소문제에서 '중간 지점'을 찾기를 원하였다. 그녀는 자신이 항상 어느 한쪽의 극단에 있어야 한다고 느꼈다.

그녀의 완벽주의는 완벽주의자였던 아버지와의 관계에서 시작되었다. 아버지는 그녀에게 많은 요구를 하였다. 친구들과 놀 시간도 거의 없이 그녀는 집안을 돌봐야 하였다. 예를 들면, 오빠 방을 청소해야 할 때 그녀는 적개심을 느꼈다. 그녀는 오빠가 왜 스스로 자기 방을 청소하지 않는지 궁금하였다. 그녀의 아버지는 매우 비판적이었고, 자신의 요구를 관철하기 위해 신체적 처벌을 사용하였다. 그는 버드나무를 사용해서 호되게 때리곤 하였다. 그녀는 완벽하기 위해 노력한 결과 여러 차례 처벌을 피할 수 있었다. 자주 심하게 맞는 오빠를 보면서 자신도 잘하지 않으면 이런 일이 일어날 수 있다는 것을 깨달았다. 아버지는 한 번도 그녀가 한 일을 인정해 준 적이 없다. 그녀가 할 수 있었던 최선의 것은 처벌을 피하는 것이었다는 치료자의 설명에 그녀는 고개를 끄덕였다. 그녀가 하고자 노력하는 것에 대해서 기쁨도, 인정도 없었다. 완벽하기 위해 노력했던 이유는 오직 맞지 않기 위해서였고, 그녀가 살아남는 방식이었다.

그녀의 아버지처럼, 그녀의 남편도 요구적이었으며 언어폭력을 행사하였다. 그녀는 남편이 자신을 지배하고 착취한다고 느꼈다. 남편은 다른 사람들 앞에서 그녀를 조롱거리로 만들었다. 자녀들은 자주 그녀에게 아버지와 헤어지라고 설득했지만, 그녀는 그 결혼을 유지하는 게 자신의 의무라고 생각하였다. 그럼에도 불구하고 최근 우울삽화가 시작되기 바로 전에, 남편은 집을 나가서 여자친구와 함께 살겠다고 선언하였다. 이혼은 심각한 경제적 어려움을 그녀에게 주었고, 많은 빚과 약간의 재산만이 남겨졌다. 교회 지도자의 권유에 따라 그녀는 보험회사에서 지급되는 과거 치료비의 보험금 수령인을 남편으로 하였다. 남편은 그 보험금을 자신을 위해 써 버렸고, 이제 치료비 청구서의 해결은 그녀의 책임이 되었다. 그녀는 자신이 자살사고를 느끼지 않을 때에는 무기를 들고 남편에게 접근해서 남편을 살해하려는 강한 충동을 느꼈다.

그녀에게 재발성 주요 우울장애와 OCD 진단이 내려질 수 있다. 환자는 자신과 자녀들이 집안청소와 관련하여 결코 도달하기 어려운 완벽주의(기준 2), 조직화에 대한 집착(기준 1), 그녀가 일하는 방식을 다른 사람들이 복종하도록 요구하는 비합리적인 주장(기준 7), 여가활동 및 친구들과의 교류 없이 집안일에 대한 과도한 헌신(기준 3), 지나치게 양심적이며 융통성 없음(기준 4), 그리고 제한된 애정표현(삭제된 DSM III-R의 기준 5)을 보였다.

이 사례 역시 SASB의 대인관계 코드로 설명될 수 있다. 환자는 다른 사람에 대한 배려심 없는 지배(**통제+무시**), 남편 또는 교회와 같이 권위에 대한 완전한 복종(<u>복종+담을 쌓음</u>)을 나타냈다. 그녀는 이상적인 완벽함에 도달하기 위해 자신을 헌신했고(*자기통제+자기방치*), 다른 사람도 그렇게 하기를 원했다(<u>복종</u>). 완벽에 도달하는 데 실패할 경우 자기 자신(*자기비난*)과 타인(**비난**)을 벌하였다. 그녀는 자신에 대한 통제를 상실하고 이혼한 남편을 살해할까 봐 두려워하였다(*자기해방*).

환자의 대인관계 내력도 〈표 10-1〉과 일치한다. 1. 그녀의 아버지는 어떤 희생을 무릅쓰더라도 제대로 수행하고, 복종하도록 무자비한 강요를 시도하였다. 2. 완벽함에 도달하는 데 실패했을 때 처벌이 있었지만, 성공에 대한 보상은 없었다. 3. 가족 내에서 사람들 간의 따뜻함이 없었다. 예상되는 결과는 분명하다. 1. 그녀는 그녀 자신과 타인에게서의 완벽함을 추구하는 데 불균형적이다. 남편이 돈 관리를 못하는 사람이라는 것을 잘 알고 있으면서도 교회의 제안대로 보험금으로 받는 치료비를 남편 앞으로 양도하였다. 2. 그녀는 자신을 심각하게 비하했는데, 심지어 자살을 시도하는 자신의 능력조차 의심하였다. 3. 그녀는 개인적으로 다가가기가 쉽지 않고, 따뜻하지 않으며, 반응적이지 않다.

예상되는 전이반응과 치료적 함의

전이반응

심리치료에서 OCD는 치료자를 존중하고 싶어 하며, '완벽한 환자'가 되기를 원한다. OCD는 만약 치료자가 자신에게 '긴장을 풀고', 감정을 표현하며, 자기통제를 그만두길 원한다고 생각하면 겁을 먹게 된다. 치료자의 지혜를 존중하고 싶은 소망과 자기통제를 잃어버릴지 모른다는 두려움 사이에서 갈등하게 된다. OCD가 자기 자신을 자유롭게 탐색하고, 정서를 탐색하고 표현하는 것을 배우는 것은 아주 어려운 일이다.

OCD가 이러한 갈등을 다루는 한 가지 방식은 자신의 일을 더욱 열심히 함으로써 치료받을 시간을 만들지 않는 것이다. 다른 접근방식은 심리치료와 관련된다고 생각되는 모든 일의 세부일지를 만드는 것이다. 그리고 그 메모나 목록이 도움이 되지 않는다고 생각되면, 자기 자신에 대해서 혹은 치료에 대해서 매우 비판적이 된다. 치료자가 제시하는 개입에 대해 합리적인 근거나 자료 등을 요구하면서 치료를 통제하려는 OCD도 있다. 어떤 OCD는 자신이 좋아하는 치료기법을 가져와서, 치료자의 선호와는 상관없이 그 방식을 사용하기를 요구하면서 전이를 나타낼 가능성도 있다. OCD가 가져온 기법은 치료자에게 상당한 통제권을 허용하는 접근방법(예: 최면술)일 것이다. 치료자가 '빈 화면(blank screen)' 같은 접근이나 순수하게 '로저스식의 인간중심적 치료'의 반영적 입장을 선택하면, OCD는 치료에서 구조가 결여되었다고 생각하며 화를 낼 것이다.

환자는 개방과 자발성을 강조하는 접근방법에 불편함을 느낀다.

OCD에게 전이문제는 자신과 타인에 대한 과도한 통제와 원칙에 대한 비참한 복종이라는 대인관계 패턴과 관련되어 있다. 적대감은 통제와 서로 밀접한 관계에 있기 때문에, OCD는 항상 분노 직전의 상태에 있다. 그들의 분노는 모든 것이 완벽해야 한다는 욕구에서 발생한다. 어떤 OCD는 자신의 분노를 부모나 고용주의 역할에서 오는 정당한 것으로 보고 자신의 삶에서 당당하게 이 문제를 해결한다. 또 어떤 OCD는 자신의 분노를 매우 억제하는 경향이 있는데 그의 가치체계에서는 분노를 완벽하지 못하다는 증거로 보기 때문이다.

치료적 함의: 다섯 가지 범주의 정확한 반응

치료를 하나의 학습경험으로 보는 시각은 순간순간 범하는 치료자의 실수를 알게 해준다. 치료 개입은 협력을 증진하는지, 패턴과 그 근원에 대한 학습을 촉진하는지, 부적응 패턴을 막아 주는지, 변화의지를 강화하는지, 또는 새로운 패턴 사용을 효과적으로 촉진하는지 등의 관점에서 평가될 수 있다. 개입 효과는 치료자의 의도가 아니라, 환자에 대한 실제적인 영향이라는 관점에서 평가된다. 만약 OCD에 대한 개입의 효과가 정당한 분노 혹은 비참한 복종이라면, 그 개입은 잘못된 것이다. 학습의 과정을 잘 이해하는 치료자라면 OCD가 자신과 타인에 대해 더욱 개방적이고 따뜻해지도록 도움을 주는 구조를 제공하려고 할 것이다.

협력적 관계 증진하기

권력다툼의 상황에서 협력은 불가능하다. OCD는 상당히 밀착되어 있을 가능성이 높고, 치료과정에서 통제에 대한 태도가 일관되지 않을 것이다. 때때로 OCD는 치료를 통제하기를 원하기도 하지만, 어떤 때에는 치료자가 통제해 주기를 원한다. 권력다툼이 없는 진정한 협력은 자발적으로 일어나지 않는다. 그러나 OCD는 합리성을 중요하게 생각하기 때문에 SASB 모형에서 제시하는 대인관계 패턴과 그들의 특성에 잘 반응할 수 있다. OCD는 **통제**, <u>복종</u> 그리고 *자기통제*에 따라 자신을 쉽게 이해한다. 그들은 SASB 모형에서 제시하는 **지지**, <u>개방</u> 그리고 *자기지지*와 같은 행동의 묘사에 감탄한다. OCD에게 분리와 우정에 대한 설명은 태양계에서 해왕성의 달 트리톤의 관계와 같다.[3] 강하게 밀착되어 있는 OCD에게 우호적 분화라는 개념은 내가 살고 있는 곳이 아닌 전

---

3) 1989년 8월 보이저 2호가 보내온 자료로 해왕성의 이국적이고 익숙하지 않은 달이 처음으로 상세하게

혀 다른 우주에서 온 것처럼 익숙하지 않을 것이다. 그러나 OCD가 자신에 대한 설득력 있는 설명과 함께 어떻게 그리고 왜 자신에게 이러한 패턴들이 생겼는지 합리적인 설명을 듣게 되면, 협력에 관해 관심을 보일 것이다. 그는 우호적인 차별화를 적대적 통제의 반대개념으로 지적 수준에서 이해할 것이다. 개방과 따뜻함이라는 목표가 공유되면, OCD는 자신의 감정을 경험하고 자신의 관계방식을 변화시키는 데에 초점을 둘 것이다. 학습의 과정이 쉽지는 않다.

패턴 인식 촉진하기

인생 초기의 학습결과와 현재의 어려움 사이의 관계에 대한 설득력 있는 탐색만으로 도움이 될 수 있다. OCD는 자신에 대한 깊은 동정과 공감을 마치 아이가 하는 것처럼 개발해 나갈 필요가 있다. 부부치료는 OCD의 패턴을 작업할 때 특히 강력하다. 서로 보완적인 상호작용 패턴 때문에, OCD는 간혹 DPD(복종과 보완적), HPD(알코올중독에서 드러나는 강제적인 의존성), PAG(철회 및 익숙한 비판과 관련된 의존성과 보완적), 혹은 신뢰를 실험하는 PAR(연약하면서 강렬한 의존성을 보임)과 결혼한다.

결혼생활의 패턴은 부부의 성생활에서 분명하게 드러난다. OCD에게 권력다툼은 성생활을 지배하는 것이다. 여성 OCD는 통제를 포기할 의지도 없으며, 포기할 수 없기 때문에 오르가슴을 느끼지 못할 것이다. 남성 OCD는 아내가 통제에 복종하지 않음으로써 실패를 경험할 수 있다. 그는 OCD의 법칙을 생각할 것이다. "만약 내가 통제하지 못한다면, 당신이 통제해야 한다." 치료자는 배우자가 성적으로 만족하지 못한 이유가 상이한 성적 선호 때문일 수 있다는 점을 이야기해 줌으로써 OCD의 이분법적인 지각을 완화시켜 줄 수 있다. 지난 밤 성적 쾌감을 느끼지 않았다 하더라도 배우자는 환자를 여전히 사랑한다. 지배가 아닌 분화로 배우자의 성적 만족의 거부를 재구조화해 줌으로써 결혼생활에서 권력다툼을 감소시킬 수 있다.

규칙 준수에 대한 OCD의 집착에는 역설적 기법을 적용해 볼 수 있다. 치료자는 OCD에게 결혼생활에서 부부가 자주 싸우는 주제(예: 섹스, 돈, 함께 시간 보내기)에 대해 파트너와 협력해서 '규칙'을 개발하도록 '명령' 할 수 있다. 이러한 협상은 OCD 스스로 통제를 포기하는 데 도움을 준다.

모습을 드러냈다. 그것이 태양계의 모습과는 많이 달라서, 트리톤의 모습을 지나가는 별에서 포착한 것으로 생각하였다.

부적응적 패턴 차단하기

부부의 권력다툼을 중단시키고자 한다면 성치료 프로그램(sexual treatment programs)이 분명 효과적일 수 있다. 성치료 프로그램에서는 일반적으로 누가 무엇을 누구에게 그리고 언제 할 것인지에 대해 일시적인 통제권을 치료자가 행사한다. 이러한 개입과 함께, 치료자가 통제권을 행사하면서 결혼생활 속의 권력다툼을 필연적으로 중단시킬 수 있다. 사전에 처방된 성 역할 실습을 해보면서 성생활이나 다른 영역에서 더욱 균형 잡힌 상호작용 패턴(예: **지지** 사랑과 개방)을 배울 수 있다.

OCD는 습관적으로 자기억제를 하기 때문에 감정차단을 중지하는 법을 배울 필요가 있다. 따뜻한 정서를 경험하고 통합하는 것을 배우는 것이 중요한 치료목표다. 한 OCD는 자신의 어머니가 손자에게 청량음료 캔을 두 개째 주는 것을 거절하는 것을 보고서 왜 자신이 비판적인 자기억제 습관을 가지게 되었는지 알 수 있었다. 어머니는 아이의 식욕이 너무 좋아서 줄일 필요가 있다고 설명하였다. 환자는 자신에게 익숙한 교훈 하나가 손자에게 전달되고 있다는 것을 깨달았다. "너는 근본적으로 탐욕스럽고 나쁘다. 너의 타고난 성향을 억제해라."

감정의 인식과 표현이 치료의 중요한 목표이지만, 치료자는 일반적인 감정표현을 격려하는 데 신중해야 한다. 예를 들어, 첫 번째 사례에서 환자는 입원 수년 전에 치료자로부터 아버지에 대한 '자신의 분노에 접촉하도록' 권유받았다. 환자는 바로 그 치료장면에서 도망가 버렸고, 나중에 다시 입원하게 되었을 때 그 이유를 설명하였다. 아버지에 대한 자신의 분노를 밖으로 표출하면, 아버지를 죽였을지도 모른다는 것이다. 감옥에 가기는 싫었기 때문에 치료장면을 떠나야 했다고 환자는 밝혔다.

그렇지만 환자는 자신이 얼마나 아버지로부터 인정받고 싶어 했는지를 아버지에게 알릴 수 있는 가족모임을 열자는 제안에 관심을 보였다. 아버지로부터 사랑받고 싶어 하는 깊은 곳의 소망은 완벽해지고자 하는 욕구의 동인이었다. 이 환자가 아버지의 비판을 얼마나 두려워했는지 아버지 또한 알아야 한다. 통제와 완벽에 대한 환자의 집착에는 애착에 대한 시도가 밑바탕에 있었다. 입원해 있는 동안, 그의 우울증은 아버지와 '의사소통을 향상시키자' 는 생각이 들 정도로 향상되었다. 만약 통제를 통해 완벽에 다다를 필요성이 줄어들면 OCD의 분노는 사라질 것이다. OCD가 더 이상 다른 사람을 완벽하게 만들 필요가 없어지면, 그들에게 화를 낼 필요도 없다.

OCD의 근원에 있는 사랑에 대한 소망을 발견하기란 쉽지 않다. 예를 들어, 첫 번째 사례 환자의 경우, 사랑받고 싶은 욕구와 더불어 아버지를 처벌하고 싶은 욕구가 모두 존재한다. 사실, 그 환자는 아버지에게 "당신이 나와 가족들에게 했던 일을 생각해 보세요. 이제 나와 우리가 고통받았던 것처럼 당신도 고통받아야 해요."라고 말하고 싶었다. 치료회기에서 환자가 수용했던 이러한 처벌에 대한 욕구는 Freud의 타나토스(Thanatos)를 생각나게 한다. 이 관점에서는 누군가 고통받기를 원하는 사람은 사실 근본적인 파괴성을 표현하고 있다는 것이다. 여기에서는 우리가 기초적인 근원적 파괴적 에너지에 따라 행동한다는 관점에 반대한다. 대신 분노는 공간과 재화의 배분을 위해 단순히 원시사회에서부터 진화되어 왔다고 생각된다. 그러나 재화는 자신과 사랑하는 사람들을 돌보기 위해 필요한 것이다. 환자가 사랑하는 사람에게 분노했을 때, 처벌하고자 하는 소망 그 아래에는 사랑에 대한 소망이 깔려 있다. 분노했던 대상이 고통받고 처벌을 받은 후에야, 오랫동안 주지 않은 사랑을 주려는 소망이 있다.

OCD가 사랑에 대한 소망 때문에 사람을 죽이고 싶을 정도로 복수심으로 가득 차 있다는 사실은 이해하기 어려울 수 있다. 결국, 복수를 통해 죽임을 당한 사랑하는 사람은 다음 생에서는 바르게 행동할 것이다. 더불어, 살인자는 뒤에 남겨진 많은 사람들의 삶을 향상시킬 수 있다. 예를 들어, 첫 번째 환자의 자살생각은 그가 없어진다면 가족들이 더욱 잘 살 것이라는 '사랑' 의 마음에서 생긴 것이다. 환자는 자신의 아버지가 죽으면 평화와 행복이 가족에게 찾아올 것이라는, 복수심으로 가득 찼던 자신의 소망을 떠올렸다. 아버지는 거부했던 자살(즉, 압제자의 붕괴)을 자신은 행함으로써 자녀들에게 호의를 베풀 수 있다고 느꼈다. 환자가 자살하려고 하는 것은, 환자가 자신의 아이들에게 보이는 행동 안에 살아 숨 쉬는 아버지의 모습을 죽이려는 것을 의미한다. 자살은 아버지에 대한 분노의 표현이자 현재의 가족들에게 주는 사랑의 선물이다. 다시 말하면, 모든 정신병리는 사랑의 선물이다(Benjamin, 1993b).

OCD에게 자주 나타나는 불안은 보통 완벽에 이르기 위해서는 피할 수 없는 실패에 대한 두려움에서 발생한다. 분노 및 우울과 마찬가지로, 불안 그 자체를 치료의 목표로 표현할 필요는 없다. 대신, 통제와 완벽을 추구하라는 근원적 요구가 치료의 목표가 되어야 한다. 살아남기 위해 완벽할 필요가 없다면, 완벽하지 못한 것을 두려워할 필요는 없다.

부적응적 패턴을 포기하려는 의지 강화하기

무자비하게 비판적인 부모로부터 인정받고 싶어 하는 환자의 소망이 많은 장애를 만들어 낸다. 가끔 환자들은 접근하기 어려웠던 부모와 화해를 하고 싶은 마음에 가족상담을 희망하곤 한다. 나는 이러한 보편적 환상이 임상적 환경에서 실현된 적을 본 적이 없다. 가끔, 서로를 이해할 수 있는 부분이 생기기도 하지만, 그것은 단지 부모 자신의 내면화나 핵심적인 가족구성원에 의해 상황이 더욱 악화될 뿐이다. 때로는 목표가 바뀌어야 한다. 자신을 분노하게 했거나 자신과 소원했던 부모와 화해하고 싶은 꿈을 포기할 필요가 있다. 그 환상으로부터 해방되었을 때, 성격이 재구성될 수 있고 영구히 변화될 수 있다.

부모가 그렇게 했던 데에는 그들만의 이야기가 있고, 이유가 있음을 기억하는 것이 좋다. 만약 현재의 발병원인에 관한 이론들이 '나쁜 부모' 를 재판하는 데 사용된다면 그것은 잘못된 것이다. 이 책에서 발병원인을 제시했던 이유는 치료자가 환자의 장애에서 패턴을 발견할 수 있도록 하기 위해서다. 이러한 이해는 환자가 자신의 적응방식이 얼마나 고리타분하고 옛날 것인지 알아차릴 수 있는 성숙한 관점을 개발하는 데 사용되어야 한다. 환자는 그 증상들이 한때는 기능했으나 이제는 더 이상 효과적이지 않다는 점을 이해해야 한다. 앞에서 언급된 2명의 환자 모두 완벽주의의 추구는 자신의 아버지에게 대처하는 방법이었다. 일단 그들이 원인을 이해하고, 과거의 상황을 현재와 비교할 수 있다면, 과거의 오랜 과제를 버리는 것을 보다 잘할 수 있다. 필요한 관점을 획득할 수 있는 한 가지 방법으로는 어린아이처럼 자신에게 공감해 줄 수 있고, 그 옛날의 부모에게 공감해 줄 수 있는 능력을 계발하는 것이다.

새로운 학습 촉진하기

OCD 패턴의 핵심을 다루는 데 도움이 되는 단기 개입방법이 있다. 예를 들어, Beck과 그의 동료들(1979)의 인지치료를 사용하면 OCD의 제한된 초점과 엄격히 이분법적인 인지양식을 구체적으로 다룰 수 있다(Shapiro, 1965). OCD와 흔히 함께 나타나는 주요 우울장애에 대한 Beck과 그의 동료들의 치료방법에는 전반적이며, 절대적이고, 도덕적이며, 불변하고, 되돌릴 수 없는 자기비판을 포기하게 만드는 방법이 제시되어 있다. 이에 대한 대안은 자신과 타인을 '다차원적' 이며, 상대적이고, 비(非)판단적이며, 되돌릴 수 있다는 관점을 갖게 해 주는 것이다. 상황, 시간, 특정 행동의 차원에서 이러한 고려가 가능하다(Beck et al., 1979, p. 15). OCD가 이러한 새로운 인지양식을 완벽주의보다 더욱 나은 방법으로 고려하게 된다면, 이때 건설적인 변화가 가능할 것이고 OCD의 근원적 가치와 본질적인 제휴를 할 수 있다.

구조화된 결혼이나 가족 '놀이' 를 통해 정상적인 사회화 기술을 소개할 수 있다. 그러나 그러한 '놀이치료' 가 효과적이려면 그것만의 본질적인 매력에 따라 끌림이 있어야 한다. 가족놀이가 치료자나 배우자의 소망에 대한 항복으로 OCD에게 경험되어서는 안 된다. 재미있고 사랑스러운 신체접촉을 포함하는 가족게임이 OCD의 재활을 촉진할 수 있다. 자녀를 양육하는 여성 OCD는 부드러운 신체접촉을 경험할 가능성이 더욱 높다. 어린아이들은 안아 주는 것을 좋아하며, 반드시 무언가를 성취해야 할 필요가 없는 활동에 참여하는 것을 즐거워한다. 부모 역할을 하면서, OCD는 긴장을 누그러뜨리고, 따뜻하며, 항상 과업지향적이지 않은 것을 무심결에 배울 수 있다. 치료자들은 이러한 기회를 이용해서 OCD가 자신의 자녀양육에서 이러한 부분을 기꺼이 받아들이도록 도와줄 수 있다.

단기 개입이 가끔은 문제 패턴의 선택된 측면을 다룰 수 있다. 그러나 재구조화를 통해 변화에 이르는 신뢰할 만한 지름길은 알려져 있지 않다. 다양한 맥락에서 상호작용 패턴을 학습하고 재학습하는 데에는 오랜 시간이 걸린다. 성격장애에 관한 좋은 책을 읽거나, 주말에 열리는 참만남 집단에 참여하거나, 또는 카리스마 있는 치료자와 상담을 한다고 해서 성격을 재구성할 수는 없다. 그러한 간단한 만남을 통해 중요한 변화를 기대하는 것은 비현실적이다. 짧은 시간에 스키를 잘 탈 수 있거나, 바이올린을 연주한다거나, 복잡한 기술을 익히기를 기대할 수는 없다. 대인관계와 심리내적 기술을 전달하는 약물도 없을 뿐더러 미분 방정식을 풀 수 있는 방법을 주입해 줄 만한 약물도 없다. 만약 에너지가 부족하다면, 약물이 이를 증진시킬 수는 있다. 환청 때문에 마음이 심란하다면, 약물이 이를 해결해 줄 수 있다. 수행불안이 있다면, 약물이 마음을 가라앉힐 수는 있다. 그러나 훌륭한 현실 검증능력과 사회성 기술이라는 기본적인 프로그램 목표는 관심과 연습을 통해서만 달성할 수 있다. 그러한 재구조화는 변화에 대한 의지가 있을 때에만 가능하다.

다른 많은 장애와 마찬가지로, OCD에서도 변화과정에서 전이(관계)와 통찰(인식, 반응, 내면화에 대한 인지 재구조화)이 중요하다. 통찰을 통해 OCD는 통제에 대한 욕구를 내려놓고 실수나 오류에 대해 좀 더 편안해지는 기회를 가질 수 있다. OCD의 요구를 정확하게 인지하고 그에 반응할 수 있는 양육자, 즉 심리치료사와의 긍정적 경험을 함으로써 이러한 기회가 향상될 수 있다.

11

수동공격성 성격장애: 미분류 성격장애

'심리치료는 별 도움이 안 돼'

우울증으로 오랫동안 여기 오고 있지만 별로 나아진 게 없어요. 여기 오는 길에 의사들의 메르세데스 벤츠가 주차장에 가득 차 있는 걸 보았어요. 작년에 의료비로 5,000달러 이상을 지불했고, 나는 한 시간에 300달러도 벌지 못하며, 벤츠를 타고 다닐 여유도 없어요. 크게 실망했죠. 정말로 치료를 중단할까 싶어요(군인병원의 어떤 환자).

■ 문헌 고찰

계속되는 입원치료로 차트는 두꺼워지고, 도움받고자 하는 시도는 항상 비참하게 실패한다. 이 환자는 의사의 권유에 따라 '모든 종류의 약물치료'를 시도해 보았지만 '상황은 그저 악화될 뿐이었다.' 좌절하고 무기력해진 이 환자는 '멍청한 의사(관리자, 사장, 부모) 증후군'이라 이름 붙일 수 있는 이 패턴을 그저 참아낼 뿐이다. 적개심이 간접적으로 표출된다. 환자는 예약 때문에 방문했고 그저 의사의 권고를 따를 뿐이다. 특정한 누군가를 대놓고 공격하는 것은 아니다. 그럼에도 불구하고 환자가 상당히 고통받고 있다는 메시지는 분명하다. 그들의 어려움은 직장의 일보다도 개인사에 더 많은 관심을 갖는 사람들이 서투르고 충분한 지식 없이 다룬 데서 온 것이다.

이러한 사람들은 외견상 순종적이고 상냥해 보이지만, 사실상 적대적이고 비판적이다. 자신이 부당하게 대우받는다고 호소하며, 고통을 과시함으로써 자신의 불평이 타당하다고 말한다. 이러한 패턴에 대해 권위자, 조력자, 혹은 부모가 보이는 일반적인 반응은 그 사람들의 성격에 따라 조금씩 다르지만, 가까스로 화를 억누르는 것이다. 지배를 받는 사람들은 쉽게 '함부로 다루어진다.' 환자, 종업원 또한 청소년들은 사실상 학대받기 쉬운 위치에 있다. 학대가 아닌 것처럼 위장된 학대의 두 가지 예는, 의심스러운 의료적 치료행위나 수동공격성 성향이 있는 종업원들에게 있을 수 없는 가혹한 응징적인 최후통첩을 보내는 것이다.

수동공격성(Passive Aggressive)이라는 이름은 1945년 '성숙하지 못하고', 무기력하며, 수동적인 저항을 보이는 군인을 설명하기 위해 국방성이 처음으로 사용하였다(Millon, 1981; McCann, 1998). 이 용어는 DSM의 여러 개정판에서 다양한 수정을 거쳐왔다. 수동공격성 성격장애(Passive Aggressive Personality Disorder, 이하 PAG)에 대한 기술은 DSM에서 가장 논란이 컸다. 신뢰도가 취약이었다. 많은 특성들(traits)이 연구에서 고려되었다. McCann(1988)의 목록에는 기대의 충족에 대해 완고하게 저항하는, 골이 나 있는, 미루는, 업무장면에서 비효율적이며 일관되지 않은, 우울하고 의기소침한, 냉소적이고 의심이 많으며 신뢰하지 못하는, 오해받고 인정받지 못한다는 느낌, 화를 표현하고 싶은 소망에 대해 모순되고 갈등되는, 다른 사람들에게 호감을 주고 수용되고 싶어 하면서도 거부적인, 의존적인 것에 대해 죄책감을 갖는, 요구가 충족되지 않는 것에 대한 좌절로 분노하는, 충동적인, 조작적인 등의 특성이 포함되었다.

Millon은 PAG를 주로 반대행동 경향(oppositionalism)에 따라 정의하는 DSM-III 특별위원회의 결정에 찬성하지 않았다. 그는 동료에게 이 정의에는 양가감정(ambivalence)과 짜증을 잘 냄(irritability) 역시 포함되어야 한다고 말하였다(Millon, 1981, p. 245). 수동공격적인 사람들은 "의존적으로 묵묵히 따르면서도, 자기주장에는 독립적이다." 그들은 짜증을 잘 내고, 쉽게 좌절하며, 타인에게 오해받고 인정받지 못한다고 느낀다. DSM-III-R 특별위원회는 Millon의 의견을 고려해서 짜증을 잘 냄과 분노를 묘사하는 진단기준을 DSM 개정에 포함하였다. DSM-IV의 정의는 Millon의 관점을 더욱 완벽하게 반영하고 있다. DSM-IV에는 양가감정, 질투심, 오해받고 인정받지 못하는 것에 대한 불만, 그리고 개인의 불행의 대상을 묘사하는 진단기준이 포함되었다. 두 번째 이름인 거부적 성격장애(Negativistic Personality Disorder, NEG)가 이러한 변화를 나타내기 위해 추가되었다. DSM-IV의 7개 기준 중 5개가 속은 부글부글 끓고 있지만 가까스로 분노를 억누르는 내용과 관련되어 있다. 한 가지 다른 기준은 양가감정에 대한 Millon의 관점을 묘사하고 있으며, 또 다른 하나는 수행요구에 대한 저항이라는 DSM-III-R의 관점을 그대로 사용하고 있다. DSM-IV의 PAG에 관한 특별위원회 의장이었던 Millon(1993)은 PAG와 아동기 반항장애를 구분하기 위해 조치가 필요했다고 설명하였다.

DSM-IV는 많은 진단기준을 바꾸었을 뿐만 아니라 PAG를 부록 B로 보냈다. 다음 조건에 해당하는 PAG와 기타 다른 진단범주들이 부록 B에 있다.

> … DSM-IV의 공식적인 진단범주 또는 축으로 포함하기에는 정보가 충분하지 않음… 진단기준 세트 안에 포함된 문항, 역치(thresholds), 지속기간은 이 장애의 연구에 관심이 있는 연구자나 임상가에게 하나의 공통된 언어를 제공하기 위해서다…. 연구자들이 가능하다면 대안적인 진단문항, 역치, 지속기간을 연구하는 것이 바람직하다(미국정신의학회, 1994, p. 703).

그러한 변화들에 대해서, 실행그룹의 회의록(미국정신의학회, 1991b)에는 다음과 같이 쓰여 있다.

> 거부적 성격: 이 장애에 대한 경험적 연구는 거의 없지만, 이 장애에 대해 더 많은 연구가 필요하다는 점과 PAG보다 더 강한 성격유형을 나타낸다는 점에서 고려되었다. 이 장애가 PAG의 특성 중 일부를 포함하고 있기 때문에, 우리 실행그룹은 NEG가 부록(PAG가 괄호 안에 표기될 것이다)에 포함되어야 하며, PAG를 DSM-IV에서 제외시킬 것을 공식적으로 제안한다.

DSM-IV 최종안에서는 PAG라는 처음 이름이 그대로 사용되었다. 나는 진단문항을 수정하도록 요청한 DSM-IV의 제안을 받아들여 이 장애의 일반적이면서도 임상적으로 중요한 특성에 대한 설명을 계속해 나갈 것이다. 나는 이 장애를 정의하는 데 양가감정과 잠재적 분노, 질투심을 강조한 Millon의 의견에 동의한다. 그러나 내가 추가하고 싶은 부분은 DSM-III-R에서 언급된 것처럼 잠재적 분노와 양가감정이 대개는 수행에 대한 요구에서 비롯된다는 사실이다. 나의 견해는 DSM-IV가 수행요구를 받는 맥락의 중요성을 무시하지 않았나 생각한다. 또한 수동공격성이라는 반응의 연속선상에서 공격성의 측면을 지나치게 강조한 듯하다. 마지막으로, 제대로 돌보아 주지 않는 조력자를 처벌하고자 하는 암묵적 소망이 고려되어야 한다.

내가 가지고 있는 자료들은 실제적이다. 나는 성격장애 전문가로서 병원에 연계되어 오는 사람들을 치료해 왔는데 그들 중 대다수가 다른 성격장애도 지닌 것으로 의심되었다. 이는 대부분이 만성이며, 일반적이고 일상적인 치료에 반응하지 않았다는 것을 의미한다. 이 중 약 3분의 1이 PAG였다. DSM-IV가 이 장애를 부록으로 격하시킨 것은 실수라고 생각한다. 그 이유는 다음과 같다. ① 심각한 우울증이나 성적 학대(존재하거나 존재하지 않는)의 후유증과 같이 고통스럽고, 희생이 큰 장애를 더 힘들게 만든다.[1] ② 개입이 수동공격성 패턴에 직접적으로 초점을 두지 않을 경우 도움이 되지 않거나 심지어 악화될 수 있다.

임상가가 PAG를 판별하고, 그것을 치료에서 직접적으로 다루어 주는 것이 중요하다. 그렇지 않으면 다른 노력들은 차라리 아무것도 안 하는 것보다 더 좋지 않다. PAG의 패턴을 알게 되면 임상가가 불필요한 행정적인 문제에 직면할 가능성을 줄일 수 있다. PAG는 높은 직급의 권위자에게 자신의 치료에 대해 불평하고, 치료비 지불을 회피하며, 조금의 기회라도 주어지면 치료서비스 제공자들을 법적으로 고소하려는 경향이 있다. 그들은 논리의 기준, 일관성, 진실을 말하는 것에 대해 언제든지 마음 놓고 어길 수 있다. 그들은 학대받는다는 인식에서 벗어날 수 있고, 그리고 보상받으려는 노력이 도덕적으로 정당하다고 느끼면 무엇이든 할 수 있다. 논리의 아주 미묘한 위반을 다룬 예시가 사례 1에 제시되어 있다.

조력자를 처벌하고자 하는 근원적 선호를 정신분석학자들은 '구강 가학성'이라는 이름으로 처음 제시하였다(Fenichel, 1945, pp. 62-66). 구강 가학성이라는 정신분석적 개념의 대인관계적 측면은 치아가 나오면서 유아가 씹고 깨무는 것을 통해 관찰할 수 있다. 깨물기는 치아가 잇몸 조직을 뚫고 나올 때의 고통을 덜어 준다. 또한 유아가 딱딱한 음식을 먹기 시작할 수 있도록 해 준다. 엄마의 가슴이 깨물리는 일은 처음에는 우연히 일어난다. 대부분의 엄마는 아기가 깨물면 그만하도록 적절하게 피드백한다. 그러나 이를 오므리는 것을 학습하지 못한 아기는 가슴을 깨무는 데서 다른 곳으로 전이한다. 양육자를 신뢰하고 받아들이는 것과 공격하는 것 사이에서 오락가락하는 유아의

---

1) 최근에 나는 상세하게 절차화된 치료과정에 따라 치료가 이루어지는 '최신의 기법'으로 몇몇 성적 학대 사례가 다루어진 것을 본 적이 있다. 이 치료과정에서는 학대가 일어났다는 것을 환자가 인정하고, 학대자를 대면해서 고백할 것을 요구하며, 학대자가 응당 치러야 할 자신의 분노를 받아들일 것을 요구하고, 그 학대자가 사과하고, 보상하며, 필요하다면 영원히 '접근금지'를 포함한 어떤 조치를 수용하도록 요구하는 것이 포함되었다. 이 사례들의 치료결과는 좋지 않았다. 이유는 다양하였다. 치료과정의 내용이 PAG의 핵심주제를 불러일으켰기 때문에 상황이 더욱 악화되었다. 때로는 성적 학대가 핵심주제가 아니었다. 때로는 성적 학대가 핵심주제였으나, 직면과 비난은 도움이 되지 않았다. 중요하지만 논쟁이 될 만한 이 주제는 이 책의 범위를 넘어 선다. 그러나 나는 치료 제공자들이 각 사례를 개별적으로 평가해야 한다고 본다. 신뢰할 만한 연구로 타당화된 것이 아닌 '매뉴얼화된' 접근방식을 모든 사례에 일률적으로 적용하지 않기를 바라는 것이다. 이 책에서 설명된 진단과 치료계획의 원리들은 치료자가 개별 사례 단위로 치료를 하는 데 도움이 될 것이다. 이러한 노력은 4장에서 제시된 준거들을 충족해야 한다. 핵심 주제에 대한 정확한 진단에 근거해서 개입방안이 이루어져야 하며, 그 개입은 환자의 반응에 의해 평가되어야 한다. 개입에서는 다섯 가지 정확한 반응 중 하나 혹은 그 이상의 반응을 다루어야 한다. 만약 학습이 눈에 띄게 이루어지지 않거나, 치료 중에 우울, 자살성향, 기능상의 어려움 등(단기기간을 넘어서)이 증가하는 것으로 나타난다면, 그 치료는 잘못된 것이다.

모호함은 결국 엄마에 대한 가혹한 처벌로 끝을 맺는다. 결국 '젖을 먹이는 손을 공격하는' 패턴은 예측 가능하다. 그것은 피학적(masochistic)인 행동이며 동시에 가학적(sadistic)인 행동이다. 이 장애를 가진 사람들의 고통은 계속되어 잔혹하고 소홀한 보호자를 비난하게 될 정도로 확대된다. 자극의 목적과 치료자의 분노에 찬 역전이를 Reich(1949)는 다음과 같이 설명하였다.

> … 그의 자극은 나를 경직되게 만들고 나를 화나게 만들고자 하는 시도였다. 그러나 그것은 단지 그 행동의 피상적 의미일 수 있다. 흔히 심층적인 의미가 간과되는데, 피학주의자가 죄의식에 대한 보상으로 (자신에 대한) 처벌 그 자체를 추구한다는 믿음은 잘못되었다. 사실상 그것은 처벌의 문제가 결코 아니고, 치료자나 자신의 원형인 부모를 나쁜 사람으로 보고 "당신이 나를 얼마나 함부로 다루어 왔는지 봐라." 하고 비난하며 그 비난을 합리적으로 정당화시킬 수 있는 행동으로 자극하는 것이다. 자기학대적 성향이 있는 사람을 치료하는 데 이러한 자극행동은 예외 없이 치료자가 겪는 큰 어려움 중 하나다. 이런 의미를 알아내지 못하고서는 한 단계 더 앞으로 나아가지 못한다…. 이 자극은 특히 실망감을 준 대상을 향해 있다. 그 대상은 강렬하게 사랑을 받았던 대상과 실제로 그 아이의 사랑을 충분히 만족시키지 못하거나 실망시킨 사람이다(pp. 223-224).

도움 제공자를 처벌하는 것이 피학주의자의 핵심주제라는 점에서 이 장애는 환자와 치료서비스 제공자 모두에게 매우 치명적이다. PAG의 패턴을 인식하여 현명하고 동정어린 치료계획을 세운다면 모두에게 도움이 될 것이다.

PAG에 대한 DSM의 정의

DSM 정의는 이후 분석의 출발점이 된다.

A. 적절한 수행에 대한 요구에 거부적인 태도와 수동적 저항이 만성적으로 나타나며, 성인기 초기에 시작되어 다양한 상황에서 나타난다. 다음 중 4개(또는 그 이상)의 증상이 나타난다.

(1) 일상적인 사회적 · 직업적 업무수행에 수동적으로 저항한다.

(2) 타인으로부터 이해받지 못하고 인정받지 못하는 것에 대해 불평한다.
(3) 골이 나 있으며 따지기 좋아한다.
(4) 권위에 대하여 비합리적인 비판과 경멸을 한다.
(5) 운이 좋아 보이는 사람들을 질투하고 적개심을 드러낸다.
(6) 개인적인 불운을 과장해서 지속적으로 불평한다.
(7) 적대적인 반항과 뉘우침 사이를 오락가락한다.

B. 주요 우울증 삽화 중에 발생하지 않으며 기분부전 장애에 의해 설명되지 않는다.

DSM-IV는 화나고 골이 나 있는 것을 특징으로 크게 강조한다. 수동공격성의 수동적인(저항적인) 측면을 독자들에게 상기시키기 위해 DSM-III-R의 기준을 재검토해 보았다.

적절한 사회적 그리고 직업적 수행에 대한 요구에 수동적인 저항을 만성적으로 나타내며, 성인기 초기에 시작되어 다양한 상황에서 나타난다. 다음 중 5개(또는 그 이상)의 증상이 나타난다.

(1) 꾸물거리며 지연시킨다. 예를 들어, 해야 할 일을 미뤄서 마감시간을 맞추지 못한다.
(2) 하고 싶지 않은 일을 하도록 요구받을 때 시무룩하고 짜증내거나 따진다.
(3) 정말 하고 싶지 않은 일은 고의로 늑장을 부리거나 일을 서투르게 처리한다.
(4) 정당한 근거 없이 다른 사람들이 자신에게 비합리적인 요구를 하고 있다고 항의한다.
(5) '잊어버렸다' 고 말하면서 책임을 회피한다.
(6) 다른 사람들이 생각하는 것보다 자신은 더 잘하고 있다고 생각한다.
(7) 일이 더욱 잘될 수 있도록 다른 사람이 조언을 하면 분개한다.
(8) 분담해서 맡은 일을 해내지 못해 다른 사람들의 노력에 재를 뿌린다.
(9) 권위자의 위치에 있는 사람들을 비합리적으로 비판하고 경멸한다.

DSM-III-R 기준 중 단 2개의 기준(2, 9)만이 DSM-IV에서 강조하는 분노에 초점을 맞추고 있다. 그 외 2개의 기준(4, 7)은 수행요구에 대한 분노를 설명하고 있으며, 나머지는 수행요구에 대한 단순한 저항을 나타낸다.

Morey(1988)는 성격장애로 치료받고 있는 291명의 외래환자 중 12.4%가 PAG의 진단기준에 부합한다고 보고하였다. PAG는 상당 수준 NPD(50%), BPD(36.1%), HPD(33.3%), AVD(33.3%), PAR(30.6%), DPD(30.6%)와 중복되었다. PAG와 여섯 가지 다른 성격장애들과의 이와 같은 현저한 중복은 DSM-III-R에서 제시된 PAG의 특징이 대부분 다른 성격장애에도 존재하는 특징이라는 것을 의미한다. 이게 바로 이 장애가 재정의되고, 부록으로 강등된 이유 중 하나다.

발병원인에 대한 가설

PAG의 발병원인에 대한 가설을 설정하기 위해 SASB 모형을 활용하는 방법을 5장에 기술한 바 있다. DSM에 기술된 PAG 증상 각각을 설명하기 위한 발달사적 특성 세 가지가 제시되었다. 이 장애의 독특한 대인관계 패턴과 대인사를 연결하는 가설을 〈표 11-1〉에 제시하였다. 다음은 이 가설에 대한 좀 더 자세한 설명이다.

1. 발달주기는 긍정적으로 시작된다. 지지적이고 양육적인 부모와 일관된 신뢰관계를 형성한다. 그 결과 PAG는 계속해서 애정 어린 보살핌을 기대하게 된다. 충분히 보살핌을 받지 못한 것에 대해 분노한다면 그 보살핌의 혜택을 크게 누려 보았음에 틀림없다. 정말 보살핌을 받지 못한 아이라면 자발적으로 그것에 대해 불평할 수 없을 것이다. 그 아이는 아마도 "엄마가 좋았는데… 언젠가 엄마가 만들어 준 쿠키가 생각나요."라고 말할 것이다. '파리(Paris)에 가 본 적'이 있는 PAG는 일만 힘들게 하고 돌봐 주지도 않으며 재미도 없는 '농장에 떨어진 것' 에 화를 낸다.

2. 유아기 초기의 따뜻한 보살핌이 돌연히 사라지고 수행에 대한 불공평한 요구를 받는다. PAG의 원형적 경험은 어린 동생이 태어나면서 이제껏 받아 왔던 많은 관심을 갑작스럽게 잃어버리는 첫째 아이의 경험이다. "너는 이제 컸잖아, 옷을 혼자서 입어야지. 저녁식사 준비와 집안 청소도 이젠 도와줘야 해." 지난날의 관심과 배려가 사라지고 대신 이처럼 수행에 대한 요구를 받게 된다. 이러한 기대는 가혹하고, 지나치며, PAG의 정당한 요구에도 눈감아 버린다. 예를 들면, PAG는 일상의 가사에 대한 의무뿐만 아니라, 가족과 관련된 일을 오랜 시간 해 왔을 수 있다. 집안의 특별한 일은 항상 PAG에게 맡겨졌다. 이런저런 이유로 형제들은 과도한 의무로부터 제외되었다. 이러한 과업수행으로 PAG는 자신에게 정말 필요한 또래와의 놀이시간을 갖지 못하게 된다. 이와 같은 차별적인 대우는 자신이 부당한 대우를 받는다는 인식을 갖게 하였다. 이런 것들이 PAG를 분노하게 만들고 더욱 운이 좋은 사람들(형제들)을 질투하게 만든다(골

〈표 11-1〉 PAG에 대한 대인관계 요약

과거경험	과거경험의 결과
1. 보살핌을 받는 유아(**보호**)	1. 보살핌받기를 기대(**보호**)
2. 수행에 대한 불공평한 요구와 함께 갑작스러운 보살핌의 상실(**통제+무시**)	2. 권력에 민감, 보호자와 권위자를 배려가 없고 무능하며 소홀하다고 생각함(**통제+무시**) 박탈감을 느낌, 공평하지 않음에 대해 골냄, 분노하고 시기함(골냄+**비난**)
3. 분노, 자율성(분리) 또는 복종과 과제수행의 실패에 대해 가혹한 처벌(**공격** 또는 **비난**)	3. 응징의 필요(골냄+**비난**) 자해는 권위자/보호자에 대한 고발임(*자기공격*+**비난**) 표면상 순응하지만, 사실상 수행에 대한 요구에는 저항함(복종+담을 쌓음 또는 분리)

요약: 어떤 형태의 권력이든지 간에 배려하지 못하고 소홀한 것으로 보는 경향성이 있으며, 더불어 권위자나 보호자는 무능하고, 불공정하며, 잔혹하다는 믿음을 가지고 있다. PAG는 요구나 제안에 거부하지 않고 따르는 듯하지만, 그 일을 수행해 내는 데에는 실패한다. 부당한 대우에 대해 불평하며, 더 나은 대우를 받는 타인을 시기하고 분개한다. 그들의 고통은 무관심하고 소홀한 보호자나 권위자를 고발하는 것과 같다. PAG는 어떤 형태로든지 통제받는 것을 두려워하며 다시 보살핌 받기를 소망한다.

PAG 기준선 SASB 코드: 순응적 회피(복종+담을 쌓음 또는 분리). 질투심에 찬 억압된 비난(**비난**+복종 또는 골냄). 고발적 피학성(*자기공격*+**비난**). 소망: 보살핌의 회복(**보호**). 두려움: 통제에 대한 두려움이 있으며, 통제를 항상 무심하고 독단적인 것으로 봄(+**무시**). 필요조건: 수행요구에 대한 순응적 저항. 배제조건: 복잡하지 않은 단순한 복종, 생산성에의 헌신.

냄+**비난**).

이들은 성인이 되면 권력에 민감해진다. PAG는 권위자나 보호자를 잔혹하고 부당하게 요구적이며, 소홀하고 불공평하다고 본다(**통제**+**무시**). 갑작스러운 보살핌의 상실과 불공평한 요구를 받으면서 PAG는 박탈감을 느끼고, 자신이 부당한 대우를 받고 있다고 불평하게 된다. PAG의 전형적인 불평은, 자신은 돈이 거의 없는 반면, 그럴 만한 자격이 없는 사람들이 너무 많은 돈을 가지고 있다는 것이다.

3. 분노를 표현했을 때 매우 가혹한 처벌이 있었다. 부모의 보살핌이 사라지면서 좌절을 하고, 또래와 어울리는 것도 어려워지면서 PAG는 분노할 만하다. 그 결과 어른이 되었을 때 분노를 간접적으로 표현하게 된다. PAG에 대한 DSM-IV의 설명은 적개심의 표출을 지나치게 강조한다. 내 개인적인 견해로는 적개심이 대인관계의 다른 메시지들과 복잡한 조합으로 나타나기 때문에 잘 알기 어렵다는 것이다. 예를 들어, PAG는 치료자의 치료적 견해를 좋아하지 않으면서도 그 견해에 따라 치료를 받는다. 이렇게 되면 효과적인 치료가 이루어질 수 없기 때문에 곧 그 치료계획이 잘못되었고 유용하지 않음이 '분명해진다.' 마찬가지로, 고통과 괴로움으로부터 벗어나기 위해, 자살행동이

증가할 수 있지만 어떤 점에서 그것은 앙갚음이다. 달리 말하면, 자신이 공격받지만 동시에 다른 사람도 공격받는다는 것을 의미한다. 그 분노는 간접적이며, 피학적이다.

어떤 자율적인 행동이 부모의 관심사를 방해했을 경우 가혹한 처벌이 있었다. 학교에서 우수한 학생이 되는 것은 부모님의 체면을 세워 주는 행동이기 때문에 PAG는 학교에서 잘하라는 이야기를 들었을 수 있다. 그래서 자신이 다른 사람에 비해 눈에 띄게 잘할 수 있는 영역을 선택하면, 그 행동은 공격을 받는다. 예를 들어, 한 PAG는 가족농장에서 오랜 시간 훌륭히 일을 해 온 것에 대해 충분히 보상을 받아 왔다. 그는 공학적 재능이 있어서 설계 및 엔지니어링에 관한 전공으로 장학금을 받고 집에서 멀리 떨어진 도시로 가게 되었다. 하루는 그가 학교에서 집으로 돌아왔을 때, 그가 만들어서 침대 밑에 보관해 두었던 모형들이 부서져 있었다. "그것들을 여기에 둘 만한 공간이 없다."라고 아버지는 설명하였다. 그 PAG는 그 메시지를 정확하게 이해하고 집을 떠나지 않았다. 그는 아버지의 직접적인 관심사만을 위해 일을 해야 하는 것이다. 혼란스럽고 화가 난 그는 장학금을 포기하였다. 그는 잔인한 아버지와 함께 싸울 준비를 하고 농장에 남았다.

자율적인 행동에 대해 처벌을 받고 그 결과 또한 분노처럼 간접적으로 표현되어야 한다. 처음에는 순종적이지만, 결국 PAG는 소진되고, 모든 요구를 만족시키는 것을 포기한다. 지치고 화난 그는 은밀하게 반항할 수 있는 방법을 찾기 시작한다. 그는 부모의 요구에 직접적으로 저항하지는 않는다. 그렇지만 그 일을 완성하는 데 지나치게 꾸물꾸물하고 느릿느릿하게 처리한다. 아니면 그 일을 결함이 있는 채로 대충 처리한다. 당연히, PAG들은 전반적으로 치료비 전액을 지불하지 않았거나 지불을 게을리할 가능성이 높을 것이다. 반항순종 패턴은 PAG의 유일한 대처기제로 보인다. 필연적으로, 성인으로서 수행의 실패는 피학적인 결과로 끝을 맺는다.

과거 대인관계 특징과 DSM에 제시된 증상 간 관계

'전형적인 PAG'는 DSM에 제시된 모든 증상을 나타낸다. 잔인하고 무관심한 부모로부터 사회적 · 직업적 상황에서 수행에 대한 요구를 받았을 때 PAG는 화를 잘 냄과 따지는 모습을 보인다(기준 3). 합리적이지 않은 요구를 따르지 않았을 경우 가혹한 처벌을 받았던 오랜 경험이 수행에 대한 은밀한 거절(기준 1)과 모호함(기준 7)으로 행동하도록 만들었다. PAG는 자신의 노력을 인정받지 못하고, 자신이 부당하게 대우받았다고 느낀다(기준 2, 5). 이는 보호자와 권위자에 대한 지속적인 실망(기준 6)과 경멸(기준 4)

을 불러일으켰다. 요컨대, 비정상적인 요구와 함께 가혹한 처벌이 뒤따르고 이에 대해 분노와 불복종을 간접적으로 표현한다(모든 기준). DSM-IV가 주로 분노의 측면을 강조하는 반면, DSM-III-R은 불복종을 강조하였다.

PAG의 대인관계 요약

다음은 PAG의 대인관계 특성을 요약한 내용이다.

> 어떤 형태의 권력이든지 간에 배려하지 못하고 소홀한 것으로 보는 경향성이 있으며, 더불어 권위자나 보호자는 무능하고, 불공정하며, 잔혹하다는 믿음을 가지고 있다. PAG는 요구나 제안에 거부하지 않고 따르는 듯하지만, 그 일을 수행해 내는 데에는 실패한다. 부당한 대우에 대해 불평하며, 더 나은 대우를 받는 타인을 시기하고 분개한다. 그들의 고통은 무관심하고 소홀한 보호자나 권위자를 고발하는 것과 같다. PAG는 어떤 형태로든지 통제받는 것을 두려워하며 다시 보살핌 받기를 소망한다.

이와 같은 요약은 PAG의 기본 패턴 및 소망에 대한 SASB 코드에 토대를 두고 있다. 〈표 11-1〉에 제시된 코드는 PAG를 규정하는 간편한 방법이다. PAG의 기준 위치는 회피로 완결되는 순응(복종+담을 쌓음 또는 분리), 비난으로 완결되는 분노에 찬 순응(**비난**+골냄), 박해자를 고발하는 피학성(*자기공격*+**비난**)에 있다. 무심하며 독재적인 통제를 두려워한다(**통제**+**무시**). **보호**받는 것에 대한 소망을 가지고 있다.

PAG 노래의 리듬과 하모니는 PAG가 주고받는 대인 및 심리내적 반응의 연쇄에서 나타난다. PAG의 '으뜸음'은 반항적인 순응이다(복종+담을 쌓음). 동의하지만 동의하지 않는 이러한 패턴은 수동공격성의 '수동적인' 측면이다. DSM-IV에서 가장 명백하게 명시되어 있는 적개심은 비난으로 이루어진 순응이다(골냄+**비난**). 다양한 피학적 모습은 비난이 수반되는 자기파괴행동을 포함한다(*자기비난*+**비난**). 복종은 가장 고음(高音)에 해당한다. 복종이 암시하는 흔쾌한 승낙은 반항과 비난이라는 부조화적인 주제를 함께 가지고 있다.

Millon(1981)과 DSM-IV는 PAG의 모순적 모습들이 상이한 시기에 나타난다고 주장하였다. 내 견해는 PAG가 동시에 두 가지 모습을 자주 보인다고 생각한다. PAG는 자신이 '예'라고 말하는 것은 '아니요'를 의미한다는 것을 알고 있다. 자신이 고통받을 때, 그것은 박해자의 잘못이며 자신의 고통에 대해 보상을 받을 것이라고 느끼고 있다.

PAG의 패턴은 시간을 두고 다른 모습이 순차적으로 나타나는 다중 인격장애자처럼 해리나 억압과 관련되어 있지 않다. 오히려 PAG의 메시지는 전형적으로 복잡하면서도 동시적으로 전달된다.

PAG의 모습은 OCD의 모습과 상호 보완적이다. SASB 모형에 따르면, 이렇게 반항적인 순응(복종+담을 쌓음)은 OCD의 무심한 통제(**통제+무시**)와 완벽한 조화를 이룬다. 불행히도, OCD의 기준선인 무심한 통제는 PAG에게는 최악의 두려움을 불러일으킨다. 궁극적으로, PAG는 고통을 통해 OCD를 비난한다(*자기공격*+**비난**). PAG와 OCD가 서로 만나 결혼을 하게 되면 적개심으로 이루어진 밀착을 지속적으로 보일 것이다. 이것이 바로 PAG 노래의 리듬과 하모니다.

SASB 코드를 사용할 줄 아는 독자라면 이와 같은 분석을 다른 맥락에도 적용해 볼 수 있다. 예를 들어, 환자가 자신의 우울 증상이 더 심해진다고 불평하는 것은 흔히 있는 일이다. 때때로 이러한 불평은 PAG가 불평하는 방식과 유사하다. 우울 증상에 대한 이런 방식의 불평을 해석하기 위해, 치료자는 우울을 기술하는 환자의 과정을 코드화할 필요가 있다. PAG가 자신의 증상에 대해 불평할 때 치료자에 대한 환자의 과정은 PAG 노래의 특징을 포함하고 있을 것이다. 다음의 예를 살펴보자.

어떤 환자가 우울증으로 인한 입원치료를 수년간 여러 차례 받아 왔다. 모든 방법을 다 써 보았다. 전기충격 요법도 받아 보았다. 모든 항우울제, 모노아민 산화효소 억제제들, 리튬, 심지어 몇몇 신경이완제를 포함한 많은 약물을 처방받았다. 때때로 처음에는 효과가 있는 것처럼 보였지만, 어떤 것도 오래가지는 않았다. 환자는 그 병의 압박을 참아 냈다(골냄). 하지만 도움을 주지 못하는 의사의 무능함에 대해서 불평하였다(**비난**).

그가 가장 최근에 만난 의사는 임상실험 연구 중에 있는 새로운 항우울제를 투여하였다. 환자는 연구에 참여하는 데에는 동의했지만 처방대로 약을 복용하지 않았다. 약을 먹고 나면 기분이 나빠져서 그는 스스로 복용하는 약의 분량을 조절했다고 설명하였다(복종+담을 쌓음). 그러나 이 약이 약간의 효험이 있는 것 같아서, 그는 계속해서 실험에 참가하기를 요청했고, 처방대로 정확하게 약을 복용하는 데 동의하였다. 2주 후, 의사는 환자의 아내로부터 남편의 심각한 자살사고로 입원이 필요하다는 전화를 받았다. 환자는 의사의 연구를 존중해서 처방대로 정확하게 약을 복용했다고 말하였다(골냄+**비난**). 그러나 그는 자신이 전보다 더 안 좋아졌다고 느꼈다(*자기공격*+**비난**). 의사는 그를 다시 입원시키고 임상연구에서는 제외하였다.

<표 11-2>에 PAG 노래의 기초 사항을 앞에서 논의되었던 다른 장애들의 그것과 비교해 놓았다. 표에서 보듯이 PAG는 BPD, HPD, NPD, ASP, OCD와 마찬가지로 **비난**의 습성을 가지고 있다. 그러나 PAG의 **비난**은 뭔가 다른, 대개는 순응과 복잡한 조합으로 항상 이루어져 있다. PAG는 불안하고 두려운 C군(DPD, OCD) 성격장애들과 마찬가지로 복종의 성향이 있다. PAG의 복종은 오로지 적개심과 분노로 가득 차 있는 반면(골냄), DPD의 복종은 '깨끗하고' 우호적(신뢰)이다. PAG는 HPD, ASP, OCD와 마찬가지로 타인과 적대적인 분리 패턴을 근원에 가지고 있다(담을 쌓음). BPD와 HPD처럼 PAG는 자살경향성을 명백히 가지고 있다(*자기공격*). PAG는 아주 쉽게 OCD와 혼동되는데, 두 장애 모두 적개심으로 가득 찬 밀착 패턴을 가지고 있다. 그러나 OCD와는 다

<표 11-2> BPD, NPD, HPD, ASP, DPD, OCD와 PAG의 SASB 코드 비교

	BPD	NPD	HPD	ASP	DPD	OCD	PAG
1. **해방**							
2. **지지**							
3. **적극적 사랑**	×			×*			
4. **보호**							
5. **통제**	×	×	×*	×*		×*	
6. **비난**	×	×	×	×		×	×*
7. **공격**	×	×		×*			
8. **무시**		×		×		×*	
1. 분리		×		×			×*
2. 개방							
3. 반응적 사랑			×*				
4. 신뢰	×		×*		×		
5. 복종					×	×*	×*
6. 골냄					×		×*
7. 물러남							
8. 담을 쌓음			×*	×*		×*	×*
1. *자기해방*							
2. *자기지지*							
3. *적극적 자기사랑*		×*					
4. *자기보호*	×			×*			
5. *자기통제*						×*	
6. *자기비난*		×			×	×	
7. *자기공격*	×		×*				×*
8. *자기방치*	×	×*		×*		×*	

* 표시는 같은 열에 위치한 코드가 서로 복잡한 조합을 이루어 나타남을 의미함.

르게 PAG는 공개적으로 타인을 통제하지는 않는다. PAG는 ASP, BPD, NPD에서 보이는 강렬한 분노(**공격**)를 공개적이고 직접적으로 표현하지는 않는다.

〈표 11-2〉의 대인관계의 기본(도, 레, 미)은 범주들이 서로 어떻게 중첩되는지, 그리고 서로 어떻게 다른지 정확히 보여 주고 있다. 표에 기술된 내용은 임상가들이 감별 진단을 하는 데 도움을 줄 것이다.

DSM 진단기준 재검토

PAG에 대한 DSM의 관점이 대인 언어로 번역되었고, PAG 패턴과 관련된 심리사회적 학습의 개요를 제시하였다. 여기에서는 PAG에 대한 대인관계 분석을 직접 DSM과 비교하였다. DSM 기준은 *이탤릭체*로, 대인관계 용어로 표현된 것은 밑줄로 WISPI(1장에서 논의함) 기준은 고딕체로 표시하였다.

A. 적절한 수행에 대한 요구에 거부적인 태도와 수동적 저항이 만성적으로 나타나며, 성인기 초기에 시작되어 다양한 상황에서 나타난다. 다음 중 4개(또는 그 이상)의 증상이 나타난다.

(1) *일상적인 사회적 · 직업적 업무수행에 수동적으로 저항한다.*

(집과 직장에서 또는 내담자로서) 과제나 요청을 받아들이며, 곧 시작할 것이라고 말하지만 결코 시작하지 않는다. '잊어버린다.' 과제를 수행하는 데 너무 오래 걸리거나, 혹은 서투르게 일을 처리해서 기여의 의미가 없다.

사람들이 나에게 압력을 가할 수 없다는 것을 보여 주기 위해, 나는 상황이 더욱 악화되게 하거나, 신속하게 일을 처리할 수 있음에도 불구하고 일을 지연시킨다.

(2) *타인으로부터 이해받지 못하고 인정받지 못하는 것에 대해 불평한다.*

다른 사람들은 만족하지 않지만 (집에서, 직장에서 혹은 내담자로서) 자신의 수행의 질과 양에 대해 만족한다. 다른 사람들이 부당하게 자신을 비난한다고 불평한다. 자신의 노력이 인정받지 못했다고 말한다. 불공평함으로 자신이 큰 손해를 보았다고 이야기한다.

직장, 집 혹은 학교에서 내가 열심히 하고 있지 않다고 말하는 사람들은 그것이 말도 안 되는 터무니없는 이야기라는 것을 알아야 한다. 내가 얼마나 많은 일을 했는지 그 사람들은 모른다.

(3) *골이 나 있으며 따지기 좋아한다.*

그가 하는 일이 더욱 생산적이 될 수 있도록 누군가 조언을 하면 분개한다. 요청받은 일을 하지만 제대로 해내지 못한다. 요청한 내용에 대해 충분히 '내용을 알지 못한 것으로' 드러나며, 불공평함으로 자신이 큰 손해를 보았다고 말한다.

내가 하고 싶지 않은 일을 사람들이 하도록 강요하면, 그 일을 하긴 하지만 그들이 얼마나 잘 못하고 있는지 말할 것이다.

(4) *권위에 대하여 비합리적인 비판과 경멸을 한다.*

권위를 가지고 있는 사람들이 '엉망으로 만들어 놓았다' 고 불평한다. 그들 때문에 큰 불편함과 과도한 비용 또는 심각한 손해가 야기되었다고 주장한다. 자신의 고통이 권위자나 보호자의 부족함 때문에 발생했다고 주장한다. 잘못을 인정하고 보상해 주기를 원한다.

나는 규칙을 따르지만, 권위자들은 무능하고 불공평하며 부패해 있다고 생각한다.

(5) *운이 좋아 보이는 사람들을 질투하고 적개심을 드러낸다.*

자신은 불공평하게 일을 하도록 요구받는 반면, 다른 사람들은 얼마나 관대하게 대우받고 있는지를 지적한다. 다른 사람은 사실 더 적게 일하면서 인정과 보상은 더 많이 받고 있다고 말한다. 자신이 응당 받아야 할 노력의 대가를 갈취당했다고 느낀다.

직장(학교)에서 잘 지내고 있지만, 노력한 만큼의 합당한 승진을 하지 못하고 있다(성적을 내지 못하고 있다).

(6) *개인적인 불운을 과장해서 지속적으로 불평한다.*

공평하지 않음에 대해 불평한다. 내가 오랫동안 열심히 일해 왔기 때문에 충분한 보상을 받을 만하지만 아무도 인정해 주지 않는다. 더욱이 마음에 드는 것은 항상 다른 사람의 차지다.

불공평하게도 사람들은 내가 다른 사람들보다 더 많은 일을 하기를 요구한다.

나는 이제껏 합당한 내 몫을 받아 보지 못하였다.

(7) *적대적인 반항과 뉘우침 사이를 오락가락한다.*

동의하면서 동시에 동의하지 않는다. 의존적이면서 반항적이다. 도움에 의지하며 의무를 제대로 해내지 못한 것을 슬퍼한다.

누군가 내게 터무니없는 일을 요청하면, 그 사람에게 폭발한다. 이후에 나는 미안하다고 이야기하고 그 일을 하기로 한다.

B. 주요 우울증 삽화 중에 발생하지 않으며 기분부전 장애에 의해 설명되지 않는다.

필요기준과 배제기준

이 같은 분석을 통해 각 성격장애의 필요 및 배제 기준을 정의할 수 있다. PAG의 필요기준은 순종적 반항이라는 패턴이다. 거부주의의 핵심특징은 수행에 대한 요청을 받으면 그 자리에서는 동의하지만 실행에 옮기지 않는다. 분노가 있기는 하지만, 나는 이 문제를 정의하는 데 분노가 결정적 요소라고 생각하지 않는다. PAG에 대한 배제기준은 OCD에서 발견할 수 있는 생산성에 대한 헌신이다. 또한 환자가 복잡하지 않은 순종적 패턴을 보여 준다면, 그는 PAG가 아닐 수 있다. PAG는 동의한다고 말은 하지만, 실은 동의하지 않는다는 것을 행동으로 보여 준다.

사례 예시

사례 1

여러 종류의 마약을 복용해 오던 18세의 대학생이 소도시의 병원에서 지난 3일 동안 의식불명 상태로 있다가 대학병원으로 이송되었다. 그녀가 안정을 되찾자 정신과 병동으로 옮겨졌는데, 그곳에서 다음에 기술된 면접이 이루어졌다.

그녀는 고등학교 때부터 우울 증상을 보이기 시작하였다. 10학년이 되었을 때, 남자 친구 문제로 어머니와 갈등이 생긴 후에 자살하겠다는 메모를 남겼다. 그때 그녀는 정신과 치료를 받으라는 제안을 거절하였다. 고등학교 때 어머니가 직장에 다녔기 때문에 자신이 집안일을 해야 했던 것에 대해 그녀는 상당한 분노를 표현하였다. 그녀의 아버지는 수년 전에 집을 나갔다. 그녀에게는 어린 동생들이 있었는데, 그들은 집안일을 도우라는 요구를 받지 않았다. 그녀는 자신이 정신과 병동에 있는 것에 대해 분노와 적개심이 더욱 커졌다.

지난 3년 동안 우울 증상을 간헐적으로 겪으면서 자존감과 집중력이 떨어졌다. 이전의 자살시도 때에는 기분부전 장애로 진단되었다. 집안일과 학교과제에 대해 순종과 저항이라는 높은 수준의 모호성 때문에 PAG가 그녀의 퇴원기록에 추가되었다.

SASB의 '연못이론(pond water theory)'은 한 사람의 패턴을 코드화하면 그 사람의 성격구조를 밝혀낼 수 있음을 보여 준다. '찻잔' 몇 잔에 해당하는 대인관계의 패턴들이 '연못'에 해당하는 총체적인 대인관계의 모습을 대표하는 표본을 제공해 준다. SASB 부호화는 때때로 치료자와 환자 사이에 주고받는 첫 몇 마디로 진단을 내릴 수 있다. 환자의 세계관과 이러한 지각에 대한 환자의 반응이 접촉의 첫 순간부터 드러나는 것이다. 이 환자와의 다음 면접은 '연못이론'을 아주 잘 설명해 주고 있다. 그녀는 자신의 자살시도의 심각성을 명랑하게 부정하면서 시작하였다. 그녀는 남자친구의 부모님과 어머니의 불공평한 요구에 대해 분노하고 있었다. 치료자에 대한 그녀의 반응은 PAG의 기준 위치를 보여 주었다. 그녀는 치료자의 질문에 순수하게 잘 따랐다(복종). 동시에 치료자가 어리석으며 자신의 이야기를 제대로 따라오지 못하고 있다는 '증거'를 제공하였다(**비난**). 더욱이 치료자가 이해하기 힘든 모호한 질문들로 자신을 혼란스럽게 하는 것은 학대에 가깝다고까지 말하였다. 면접의 한 부분이 끝나는 시점에 치료자는 분명히 화가 난 듯하였다.

PAG의 모순적인 입장(동의하면서 반항하는 것, 순응하기 위해 화를 억누르면서도 비난하는 것)은 그들이 논리적이지 못하다는 것을 의미한다. PAG는 태연하게 논리적인 맥락의 전환을 시도한다. 이러한 논리의 탈선이 너무나 순수하고 유쾌하게 이루어져서 오히려 듣는 사람이 자신의 현실성을 검증하는 질문을 하게 된다. 그녀는 자살시도가 있었는지에 대한 질문과 자살시도가 이루어진 때가 언제였는가에 관한 질문 사이에서 맥락이 오락가락하였다. 그녀는 때때로 뻔뻔하게 방금 말한 것도 무시해 버렸다.

P: 글쎄요. 나는 학교에 다니고 있지만, 내가 원하는 것이 학교를 가는 것인지 아니면 다른 건지 모르겠어요. 남자친구의 부모님은 내가 학교에 가길 원했다고 생각해요. 결국 이런 일이 일어났지만…. 나는 그들과 이야기를 했는데, "Ann, 우리는 네가 학교에 가든 안 가든 크게 상관하지 않는다." "네가 뭘 하든 우리는 너를 사랑해."라는 말을 들었어요.

T: 남자친구의 가족들은 설령 당신이 학교에 가지 않더라도 수용하겠네요.

P: 네, 그들이 그럴 거라곤 저도 생각 못했죠.

T: 그게 전부인가요? [집중치료실에서 방금 나온 환자는 모든 것이 다 좋아졌기 때문에 지금 집에 가야 한다고 말하였다.]

P: 당신도 알잖아요. 집에는 내가 하기 싫은 많은 일이 기다리고 있어요. 집에 가고

싫진 않지만 그 문제로 엄마와 이야기를 해 봤는데, 엄마는 나와 타협하고 싶어 한다고 추측했어요. 왜냐하면 내가 모든 집안일과 내가 생각하기에 공평하지 않은 일까지 다 해야 했거든요. 나는 엄마랑 이 문제에 대해 결코 이야기해 본 적이 없었는데, 결국 하게 됐어요. 엄마는 "Ann, 네가 진작 말을 해 주었으면 좋았는데." 라고 말했어요.

T: 너무 많은 집안일을 해 왔군요. 그리고 당신은 학교도 그만두길 원했네요. 당신은 이 문제에 대해 어느 누구와도 상의할 수 없었군요. 당신이 자살을 시도하니까 이제야 그 사람들은 당신과 이야기하고 싶어 하네요?

P: 그들은 항상 이야기하고 싶어 했어요. 내가 결코 어떤 기회도 주질 않았죠. 아시잖아요, 나는 그들에게 어떤 것도 요구하지 않았어요.

T: 사실인가요? [치료자는 청소년기의 이 환자가 집안일을 하기 싫다고 왜 어머니에게 말하지 않았는지 궁금하였다.]

P: 네, 사실이에요. 왜냐하면 내가 그들에게 결코 이야기하지 않았기 때문에. 나는 당연하다고 생각해요. 이해돼요.

T: 이전에도 자살에 대해 생각해 본 적이 있나요?

P: 아니요, 없어요. 나는 단지 출구가 없다고 생각했어요. 바보같이.

T: 이전에는 절대 자살을 시도해 본 적이 없다는 얘기죠?

P: 없어요.

T: 내가 듣기론 과거에 당신이 고등학교 1학년 때 남긴 어떤 메모를 보고 누군가가 충격받았다고 말하던데, 내가 잘못 알고 있나요?

P: 고1 때요?

T: 네.

P: 저는 모르겠어요. 기억이 나질 않아요.

T: 2학년 때인가요? [면접이 자살시도 여부에서 자살시도 시점으로 바뀐다.]

P: 어떤 메모를 남겼는지 기억나지 않아요. [화제가 다시 치료자의 원래 질문인 자살시도 여부로 되돌아간다.]

T: 지금까지 그런 메모를 쓴 적이 없나요? [치료자도 환자를 따라 화제를 전환한다.]

P: 예, 그렇지 않아요.

T: 그러니깐 당신은 이전에도 결코 자살에 대해 생각한 적이 없었네요. [여기서 논쟁의 여지가 있다. 치료자는 자신이 이해한 게 정확한지 확인해 본다.]

P: 음, 생각해 본 적은 있지만 실제 심각한 적은 없었어요.

T: 어떤 메모도 전에 쓴 적이 없나요?

P: 기억이 안 나요. 설령 어떤 메모를 남겼다 하더라도요.

T: 나는 이 이야기가 어떻게 시작됐는지 궁금해요. 수수께끼네요.

P: 고등학교 때든, 언제든 메모를 썼는지 전혀 기억이 나질 않아요.

T: 내가 이런 질문을 했을 때 기분이 어땠어요? 꽤 무거운 질문이지요. 당신이 이전에 자살에 관한 메모를 남겼는데, 그것을 기억하지 못하는 것으로 나는 이해하고 있어요. 이것에 대해 어떤 기분이 드나요? [치료자는 자살시도가 언제였는지를 묻는 질문으로 계속해서 다시 돌아가는 '미끼'를 무시하고 전이의 상호작용에 대한 논의로 바로 들어간다.]

P: 잘 모르겠어요.

T: 어떤 기분인지 잘 모르겠나요?

P: 글쎄요, 잘 모르겠어요. 나는 그런 걸 쓴 것 같지 않아요. 내가 그런 걸 썼다고 어디서 들었는지 모르겠네요. [환자는 관련 없는 질문을 끈질기게 계속하는 치료자에게 '압박'당하고 있었다.]

T: 좋아요. 잘못된 생각을 하고 있는 나에게 화가 나진 않나요?

P: 그렇진 않아요.

T: 그러나 지금 이 이야기를 하는 당신의 관점은 무엇이죠? 단지 어디에선가 아니면 뭔가가 실수가 있었음에 틀림없다는 것인가요?

P: 글쎄요. 당신은 어디에선가 이러한 정보를 얻었겠죠. 나는 당신이 그것을 어디에서 얻었는지 궁금해요. [환자는 낯선 면접과정에 지금 당혹스러워한다.]

T: 네, 당신 가족으로부터 그러한 정보를 얻었어요.

P: 고1 때래요? [지금의 질문은 자살시도 여부가 아니라 언제에 관해서다.]

T: 그게 어떤 학년이든, 학년은 중요하지 않아요!

이 젊은 환자의 경우 PAG에 대한 DSM의 진단기준을 충족한다. 의심할 여지없이 일상의 과제들에 대해 수동적으로 저항했고(기준 1), 희생당하고 인정받지 못하는 것에 대해 불평하였다(기준 2). 또한 형제들과 비교해서 자신이 불공평하게 다루어지는 것에 대해서 분명히 분개하였다(기준 6). 그러나 그녀의 적개심 수준은 DSM-IV에서 기술된 불평과 비교했을 때 억제되어 있다. 그녀는 부정했지만, 병원의 의료진을 경멸했으며(기준 4), 그녀의 집안일에 대해 따지고 드는(기준 3) 미묘한 신호들이 있었다. 이 환자에게는 PAG에 대한 초기 정의가 더욱 적절할 수 있다. 왜냐하면 적개심을 더욱 성공적으로 억누르는 특징을 가지고 있기 때문이다.

이 환자는 PAG의 대인관계 특성을 아주 잘 충족하였다. 그녀는 치료자의 질문에 순종적이지만, 동시에 핵심질문에는 반응하지 않았다(복종+담을 쌓음). 그녀는 치료자가 이해하기 힘들고 어쩌면 자기를 매도하고 있다고 전달하면서도 면접과정을 참아 냈다(골냄+**비난**). 예를 들어, 그녀는 '존재하지 않는다는' 이전의 자살메모에 대한 치료자의 관심에 당황하였다. 그녀는 대화내용을 잘 따라오지 못하는 치료자를 견뎌 냈고, '관련 없는' 내용을 끈질기게 다루는 것을 이해하지 못하였다. 이러한 패턴은 세상에 대한 그녀의 인식에서도 분명하였다. 그녀는 자신의 집안일과 학교과제가 불공평하다고 생각하였다(**통제**+**무시**). 자신이 가장 힘이 드는 집안일을 한다는 사실에 크게 분노하였다. 그녀의 자살시도는 자신의 말에 아무도 귀 기울이지 않는다는 것에 대해 또는 공평하게 대우받지 못한다는 것에 대한 분명한 메시지다(*자기공격*+**비난**). 그녀는 어머니로부터 그리고 남자친구의 가족들로부터 보살핌 받기를(**보호**) 원하였다. 그녀는 그들의 통제를 두려워하였고, 면접을 하는 동안 그녀의 스타일은 순종적인 저항이라는 PAG의 필요조건을 확실히 보여 주었다. 그녀는 복잡하지 않은 순종 혹은 생산성에의 헌신이라는 배제조건을 보여 주지 않았다.

이 환자의 과거는 〈표 11-1〉에 제시된 병리적인 패턴을 잘 반영하고 있다. 그녀의 아버지는 아이들이 매우 어렸을 때 가족을 떠났다. 어머니 혼자서 아이들을 키웠고, 어머니는 우울증을 여러 차례 겪었다. 어머니는 감당하기 힘들었을 것이고 당연히 가장 큰 아이에게 집안일을 도와달라고 요청했을 것이다. 그러나 이러한 추측을 확인할 만한 정보가 전혀 없다. 분노와 자율성에 대한 가족의 태도를 알 수 있는 정보도 없다.

사례 2

다음 사례는 OCD의 진단도 가능한 사례로서, 병원 의료진이 제시한 것이다. 이 사례는 관련되어 있지만 상이한 OCD와 PAG의 감별 진단을 하는 데 이 책에서의 접근방법이 어떻게 도움이 될 수 있는지를 보여 준다.

> 26세의 이 기혼 남성은 강박적으로 몸을 깨끗이 하고 단정히 몸단장을 하며, 자신의 몸을 꾸미고 옷 정리를 하는 문제로 병원을 방문하였다. 이 습관은 10년 전부터 시작되었으며 지난 2년간 더욱 심해졌다. 때때로 자신의 용모를 '다듬는 데' 하루 14시간이 소요되었다. 이 문제로 아내가 집을 나가고 이혼을 생각할 정도로 결혼생활에 문제가 되었다. 그는 지난 2년 동안 외래치료를 받으면서 부스파(BuSpar), 토프라닐(Tofranil) 그리고 프로작(Prozac)을 처방받아 복용하였다. 하지만 어떤 것도 도움이 되지 않았다. 그는 상냥했고, 매우 잘생긴 데다가 아주 깔끔한 사람으로 소문이 나 있었다. 자신의

옷이나 혹은 외모의 어떤 부분에 흠이라도 생기면 매우 당혹해하였다. 그는 대학을 중퇴하고 무직상태였다.

그는 자신이 완벽하지 않은 부분이 있다는 것을 알게 되면, 완벽해지도록 그 부분을 '손 볼' 필요가 있다고 말하였다. 어머니와 아내 둘 다 그의 잘생긴 외모에 큰 가치를 두었다. 최근 들어 자신의 이런 습관을 없애려고 애쓴 탓에 이런 습관이 더욱 악화되었다고 그는 설명하였다. 이제 그런 에피소드는 마지막일 것이며, 앞으로는 좋아지기 위해 노력해야 한다고 생각하였다. 결국, 시간이 지나면서 그는 기분이 안 좋아졌고, 사람을 만나고 싶어 하지 않았다. 그는 자신의 강박적 몸단장이 16세 때 시작되었다고 생각하였다. "그때가 사회적 요구가 증가하고 어떤 직업을 갖게 될지 결정해야 하는 중요한 시기였기 때문이다. 중요한 의사결정을 내려야 했고, 부담이 큰 시기였다."

아내는 그가 직업을 가지기를 원했고 더욱 사교적이 되기를 바랐다. 그녀는 특히 자신과의 관계에서 그가 거리를 두는 것을 힘들어하였다. 그녀는 '룸메이트' 도 이보다는 더 친밀할 것이라고 불평하였다. 환자는 결혼생활이 행복하지 않았다. 아내는 남편의 몸치장에 대해 '바보 같은 짓'이라고 이야기하면서 그가 왜 그렇게 하는지 이해하고 싶었다. 아내는 자주 남편의 모든 활동에 대해 자세히 알고 싶어 하였다. 그는 그녀가 판단적이라고 느꼈다. 그녀는 남편에게 좀 더 생산적일 필요가 있고 '영원히 이렇게 빈둥거릴 수'는 없다고 말하였다. 이 몸단장 습관은 서로가 즐거웠던 휴가 중에는 일시적으로 사라졌다. 그러나 또 다른 휴가에서는 사라지지 않았다. 그 휴가는 그의 취향이 아닌 그녀의 취향에 맞춘 휴가였다. 그는 자기 자신을 '유순하다' 고 묘사하였다. 그는 '결코 아니다'라고 말하지 않고 언제나 '함께하려고 노력했다' 고 말하였다. 만약 아내가 좋아하지 않는 것을 자신이 제안했다면, 그는 '그 제안을 거둬들였을 것'이다.

그는 '독특한' 가정에서 성장하였다. 아버지는 그가 5세 때 돌아가셨고 어머니 혼자 아이들을 양육하였다. 어떠한 다툼도 없었고, 그 스스로도 대개는 조용하기를 원하였다. 어머니는 항상 집안일과 숙제하는 것에 대해서 잔소리를 하였다. 체벌은 없었지만, 끊임없이 '언제나 잔소리, 잔소리, 잔소리, 말, 말, 말이었다.' 그가 그 일을 다 마쳤다 하더라도, 어머니는 불평했을 것이다. 그는 일을 다 마치고도 어머니에게 말하지 않았는데, '어머니는 나 스스로 그 일을 했다기보다는 자신이 통제를 했기 때문에 그 일을 했다고 생각할 수 있기' 때문이다. 그는 "고맙습니다."라고 말하는 것을 힘들어하였다. 고마움을 표현해야 하는 사람의 소망이 그가 순종하는 것을 의미했기 때문이다.

이 환자는 완벽주의(기준 2), 세부적인 것에 몰두(기준 1), 그리고 호의에 대해 제한된 표현(삭제된 DSM-III-R의 기준)과 같은 OCD의 몇 가지 특성을 가지고 있다. 그러나 그에게는 OCD의 대인관계 필요조건인 타인이 자신의 방식대로 일하기를 주장하는 항목의 특성이 결여되어 있다. 그는 자신의 일에 헌신적이지 않고 윤리적이거나 도덕적이지도 않다(기준 4). 요약하면, 그는 일반적으로 자신과 다른 사람에게서 완벽을 추구하기보다는 반응적이고, 저항적이며 위축되어 있다.

이 환자에게는 OCD보다 PAG를 설명하는 진단기준들이 더욱 적합하다. 그는 다른 일자리를 찾는 데 실패했을 때에도 느릿느릿하였다. 그는 자신이 원하지 않는 일은 '형편없이' 일처리를 하였다(기준 1). 아내가 사회적인 활동에 참여하라고 요청했을 때 부루퉁하며 불평했고, 몸단장하는 습관을 줄이라는 제안에는 화를 냈다(기준 3). 자신이 일자리를 찾고 더욱 사회화되길 아내가 원하자 터무니없는 요구를 한다고 생각하며 항의하였다(기준 2). 그는 자신의 사회적 단점들에 대해 사과했지만, 더 나은 결혼생활을 위한 '의사소통 기술' 을 개발하기 위해 부부상담에 가자는 아내의 요청은 거절하였다(기준 7). 그는 의사, 직장상사 그리고 아내를 교묘하게 비난하고 존중하지 않았다(기준 4).

〈표 11-1〉에는 이 환자에게 잘 적용될 수 있는 PAG의 대인관계 특징이 요약되어 있다. 강박적인 몸단장 그 자체는 그의 용모가 완벽해야 한다는 아내와 어머니의 소망에 대한 순응을 보여 준다. 그 소망에 관여되어 있으면서도, 그는 자신을 자랑해 보이고 싶었던 그들의 계획을 완전히 훼손시켜 버렸다(복종+담을 쌓음). 최근의 악화는 그가 몸단장하는 습관을 그만두어야 한다는 아내의 계획 때문에 일어났다(골냄+**비난**). 때때로 자신의 피부를 지나치게 문지름으로써 그들의 잔소리와 허풍이 해롭다는 것을 보여 주었다(*자기공격*+**비난**). **통제**에 대한 두려움과 **보호**받고 싶어 하는 그의 소망은 분명하였다. 필요조건인 순종적 반항의 태도를 보였고, 분명히 복잡하지 않은 단순한 복종이나 생산성에의 몰두라는 배제조건은 충족시키지 못하였다.

수행에서는 압도적인 실패를 보였다. 그의 잘생긴 얼굴과 아름다운 용모는 그의 통제자들(어머니와 아내)에게는 무척 가치 있게 여겨지는 특징이지만 그를 쇠약하게 하는 심리적 증상의 매개역할을 하였다. 그는 완벽한 용모를 유지하는 데 자신을 헌신하였다. 그렇게 하면서 용케도 일자리를 찾고 사회적이 될 것을 바라는 그들의 요구에 저항하였다. 그가 아름다워야 한다는 그들의 소망에 대한 그의 강렬한 순응은 그들을 무기력하고 화나게 만들었다.

예상되는 전이반응과 치료적 함의

전이반응

고전적인 PAG의 전이 패턴은 치료적 제안에 (어느 정도) 순응한 후에 그것은 매우 형편없는 제안이었고 비참하게 실패했다고 의기양양하게 선언하는 것이다. PAG는 도움을 요청하고 난 후 도움을 주면 그에 반항하고 그것 때문에 고통받는 것으로 프로그램되어 있다. Perry와 Flannery(1982)는 이러한 장애를 가진 전형적인 환자는 "치료에 참여하고자 하는 확고한 의지를 가지고 있으나, 이후에 자신에게 적응적이고 친사회적 행동을 가르치려는 치료자의 시도에 저항하며 은밀하게 방해한다."라고 하였다(p. 164). Reich(1949)가 이야기한 것처럼, PAG의 목표는 더 나아지는 것이 아니라 '분석가를 나쁜 사람으로 만드는 것'이다. 실패를 보여 줌으로써 "당신이 나를 얼마나 비참하게 대하고 있는지 보라." 하고 말하는 게 목적이다.

> "내가 얼마나 비참한지 보세요. 제발 날 사랑해 주세요." "당신은 나를 충분히 사랑하지 않고 있어요. 나를 비참하게 대하고 있어요." "당신은 나를 사랑해야 해요. 나는 당신이 그렇게 하도록 만들 거예요. 그렇지 않으면 나는 당신을 괴롭힐 거예요." 자기학대적인 고문, 자기학대적인 불평, 분노와 고통, 이 모두가 지나치지만 결코 만족될 수 없는 (가상이든 실제든) 사랑의 요구에 대한 좌절로 그들 자신을 설명한다(Reich, 1949, p. 225).

다음에 제시한 재발성 주요 우울장애로 진단받은 한 PAG의 최근 면접을 보면 PAG에게 보복이 어떤 역할을 하는지 확인할 수 있다. 그녀는 우울과 자살시도로 몇 차례 입원한 적이 있다. 과거에 많은 종류의 약물들을 복용했지만 일시적 효과뿐이었다. 현재의 입원은 남자친구와 쇼핑도 하고 영화도 보았던 매우 즐거웠던 어느 토요일에 촉발되었다. 자정 무렵 남자친구가 떠난 후, 그녀는 화장실로 가서 자신의 손목을 그었고 팔에서 피가 흐르는 것을 아주 만족스럽게 지켜보며 앉아 있었다. 그녀가 피가 흐르는 것을 지켜보고 있을 때, 어머니가 욕실로 들어왔고 곧바로 병원으로 데리고 왔다.

면접이 시작된 후 첫 30분은 적대적인 관계보다는 협력적인 관계를 형성하는 데 사용되었다. 쇼핑을 했던 그날, 남자친구는 그녀에게 집을 나와 자신과 함께 살자는 제안을 하였다. 남자친구의 제안은 그녀를 아주 불안하게 만들었는데, 그와 함께 살게 되면 그녀는 자신의 시간과 공간에 대한 통제권을 잃을지 모른다고 생각했기 때문이다. 통제에 대한 그녀의 민감함은 자신과 매우 애착되어 있던 아버지와의 관계에 뿌리를 두고 있었다. 아버지는 성공한 사업가였지만 자녀양육에는 매우 엄격한 분이셨다.

P: 나는 그녀를[엄마를] 바보처럼 대했어요. 할 수 있다면 어떻게 해서라도 그녀를 바보라고 느끼게 만들고 싶었어요.

T: 음, 만약 당신이 어머니를 적절히 존경하지 않았다면 어머니께서 아버지에게 당신의 건방진 말에 대해 훈계하도록 했겠네요. 이 말이 맞나요?

P: 네, 그런 것 같네요. 기본적으로요.

T: 어머니가 어떤 바보 같은 행동을 했을까요?

P: 거의 모든 것이요. 엘렉트라 콤플렉스 때문이에요. 나는 아빠랑 사랑에 빠졌고 엄마를 질투했죠. 그래서 나는 엄마가 바보라고 느끼게 만들었어요…. 글쎄요, 잘 모르겠어요.

T: 그렇다면 당신을 가장 심하게 벌주었던 아버지에게 아주 가까운 감정을 느끼고 있네요. 아버지에 대해서는 많은 사랑과 엄격한 양육이라는 두 가지 혼합된 모습이 있네요. 그리고 질투하는 어머니와의 싸움.

P: 네.

T: 어떤 감정을 느끼고 있는지 말할 수 있겠어요?

P: 음, 잘 모르겠어요. 나에게 이렇게 이야기했어요. "나는 엄마가 싫어. 진짜, 엄마가 싫어." 그리고 엄마는 "네가 어떻게 이럴 수 있니?"라고 말하는 것 같았고, 나는 "당신이 평생 싫었어요."라고 생각했어요.

T: 음, 아주 오래전부터 있어 왔네요. 당신이 이러한 자살시도를 한 후에 아버지는 어떻게 반응했나요?

P: 충격을 받으셨죠.

T: 어떻게 아시죠? 아버지가 뭐라고 말을 했기에 충격받았다는 것을 알았죠?

P: 아버지의 독특한 목소리가 있어요. 난 알 수 있어요. 아버지는 '아무것도 할 수 없었기 때문에' 좌절했어요.

T: 아버지가 무엇을 할 수 없기 때문에 좌절했나요?

P: 아버지는 나를 위해 무엇을 해야 할지 몰랐어요.

T: 음, 아버지는 당신을 도와주고 싶어 했네요. 당신이 적극적으로 자신을 해하는 것에 대해 아버지는 어떤 기분이 들었을까요? 알고 있나요?

P: 안 좋죠. 특히 나는 전에는 아주 완벽했었거든요. 정말이에요, 거의 모든 것이.

T: 음, 모든 부모가 원하는 이상적인 자녀였네요. 자살시도로 아버지가 갖고 있던 좋은 이미지가 깨졌겠어요.

P: 그래요. '당신이 말한 것처럼 내 인생에서 이러한 문제들이 있었지만, 내가 고등학교 1, 2학년이 되었을 때는 모든 것이 정말 좋아졌고, 아버지도 마침내 모든 문제가 이제 끝났다고 생각했어요. 모든 것이 좋았어요. 그런데 지금 이런 혼란이 다시 생긴 거죠.

T: 음, 아버지는 어려움에서 벗어났다고 생각했는데 지금은 상황이 훨씬 심각해진 거네요.

P: 네.

T: 당신의 고등학교 생활이 엉망이었을 때 아버지는 당신에게 매우 화가 났다고 느꼈어요? 아니면, 단지 걱정이었을까요? 아니면 무엇이죠?

P: 어… (웃음) 그는 약간 화가 났어요. 맞아요. 2학년 마지막 무렵이었어요. 그는 약간 화가 났었어요. 음, (웃음) 그러고 나서 3학년 때 나는 또 그랬어요. 아버지는 익숙해진 것 같았어요. 그는 성적 문제로 내게 고함친 적이 없어요.

T: 결국 아버지는 당신의 일은 당신 책임이라는 사실을 받아들인 거네요.

P: 네.

T: 남자친구도 받아들여야 하는 거네요. 그게 당신을 힘들게 했나요? 이렇게 연결해 볼 수 있을까요?

P: 글쎄요, 그것들은 서로 다른 시기에 일어났어요.

T: 네, 그러나 우리가 이야기 나눴던 그 패턴들은 다른 관계에서도 계속해서 반복될 수 있어요. 나는 당신이 과도하게 통제받고, 부당하게 처벌받았다고 생각해요. 수행에 대한 높은 요구였죠. 그리고 당신은 통제받는 것에 대해 진정으로 아픈 부분이 있어요. 그리고 뭔가를 수행해야 하는 것에 대해서도요. 이 말에 웃는군요?

P: 하, 맘에 들어요. 꽤 산뜻하게 들리는데요.

T: 정확한 설명처럼 들리나요?

P: 글쎄요, 네.

T: 좋아요. 당신은 주변에서 밀어붙이거나 강요당하는 것에 대해 정말 민감해요. 주로 집에서 그런 일이 일어났죠. 그것이 지금 애정관계에서 나타나고 있는 거예요. 남자친구가 아파트를 구해서 당신에게 이사 들어오라고 했을 때처럼요. 이 이론은 아마도 좀 더 무모하지 않은 방식으로 자기를 정의하는 데 도움이 될 거예요. 억눌리지 않고, 과잉통제받지 않는 방법이 무엇이었을까요? 내 추측이지만 그것이 바로 우울이었겠죠. 다소 무모하지 않은 방법으로—내 말은 자살이 통제받지 않을

수 있는 한 가지 방법이었다는 거죠. 불교신자들의 이야기처럼 처음부터 다시 시작하는 것이 아니라면 [환자는 불교신자이지만 그녀의 아버지는 독실한 개신교도다.] 그러면 당신은 도망갈 출구가 전혀 없는 거니까요. (매우 긴 침묵) 당신의 생각은 어떤가요? 약간 즐거워하는 것처럼 보이는데요. 맞나요?

P: 흥미롭네요. 맞는 것 같아요.

T: 좋아요. 여기서 유일하게 다른 잃어버린 고리는 당신이 자기 자신에게 해를 입히면서 얻는 즐거움이 분명히 있다는 거죠. 당신이 어느 정도는 그것을 즐기는 게 사실이죠?

P: 때로는요.

T: 그것을 탐색해 보죠. 벌을 받을 때 당신이 어떤 느낌인지 기억할 수 있나요? 당신이 허리띠로 맞을 때요. 당신이 거기에 어떻게 대처했는지 기억이 나세요?

P: 나는 울었어요. (웃음)

T: 물론 울었겠죠. 그러나 이러한 일이 자주 일어나면 사람들은 그것을 견뎌 내는 방법을 생각하고, 대처할 수 있는 심적 준비상태를 개발하죠. 그것을 이겨 내는 방법이요. (매우 긴 침묵)

P: 글쎄요, 내가 한 가지 생각할 수 있는 것은—글쎄요… 이것이었을 수도 있어요. 음, 내가 상처받을 때 나는 기뻤어요. 아버지가 뭔가를 한 것이기 때문이죠. 그리고 그것은 그에 대한 벌점이에요.

T: 음, 그래서 당신의 상처는 하나님과 다른 사람들에게 당신이 아버지에게 벌점을 주고 있는 것을 보여 주는 거네요. 당신이 상처받은 모습은 아버지가 잘못하고 있다는 것을 보여 주는 거군요.

P: 네.

T: 당신의 상처는 당신의 박해자에 대한 일종의 고발이네요?

P: 기분이 좋지는 않지만.

그러고 나서 환자는 간호사와 의사가 앉아 있는 방을 돌아보며 자살시도가 아버지와 관련이 있다는 것을 부인하였다. "나는 아버지에게 상처를 주기 위해 자살을 하진 않았어요."라고 그녀는 이야기하였다. 치료자도 이것은 그녀가 외래 심리치료에서 생각해 보고 이야기해 볼 수 있는 하나의 아이디어라고 물러섰다. 우울증의 역동적인 목적이 잠시 의식화되었지만, 바로 부인되고 억제되었다.

면접의 하이라이트는 PAG와 치료자 사이에 존재하는 거대한 모순된 규칙이다. 환자의 무의식적 목적은 치료상황이 더욱 악화되어서 그것을 핑계로 치료자를 비난하는 것이다. 그 환자는 불공평하게 요구당하고 도움받지 않기를 기대한다. 만약 치료자가 수행실패와 비난에 대한 주제를 직접적으로 다룬다면, 환자에게 굴욕감과 창피를 주는 것이며 더욱 거부주의를 강화할 것이다. 만약 치료자가 그러한 패턴을 다루지 않는다면, 의미 있는 어떤 치료과정도 발생하지 않았을 것이다. 결국 PAG는 자신이 원하는 것을 얻는 데 실패할 것이다.

치료적 함의: 다섯 가지 범주의 정확한 반응

치료를 하나의 학습경험으로 보는 시각은 순간순간 범하는 치료자의 실수를 알게 해 준다. 치료 개입은 협력을 증진하는지, 패턴과 그 근원에 대한 학습을 촉진하는지, 부적응 패턴을 막아 주는지, 변화의지를 강화하는지, 또는 새로운 패턴 사용을 효과적으로 촉진하는지 등의 관점에서 평가될 수 있다. 개입의 효과는 치료자의 의도가 아니라 환자에게 미치는 실제적 영향이라는 관점에서 평가된다. 만약 한 PAG에 대한 개입의 효과가 순응적 반항이나 응징의 필요라면, 그 개입은 실패한 것이다.

협력적 관계 증진하기

환자와 협력적인 관계를 발전시키는 것은 PAG의 치료에서 가장 큰 도전이다. 협력적 관계로 발전하기 위한 첫 번째 조건은 전이 패턴을 불러일으킬 수 있음을 인식하는 것이다. PAG의 역동을 명확하게 이해하면 치료자가 개인적으로 상처받는 것을 피할 수 있으며, 치료자를 처벌하고자 하는 행동에 저항할 수 있다. 이것은 매우 중요한데, 왜냐하면 PAG는 자기충족적 예언에 대해 많은 연습을 해오기 때문이다. 그들은 소홀하고 잔혹한 보호자에게 상처받기를 기대하는데, 그 행동이 '반격'과 불공평한 대우를 만들어 내는 듯하다.

자신이 고통받는 것이 자기 안의 무의식적인 목표라는 것을 알았다고 해서 환자가 불행을 즐기거나 추구한다고 비난해서는 안 된다. 이러한 비난은 치료가 효과적이지 않아 치료자가 견디기 어려운 것 그 이상을 의미하지 않는다. 치료과정으로 비난이 사용되는 장애는 거의 없다.

비난이 아니라 패턴에 대한 지식이 이정표로 사용될 수 있다. 치료자가 성격장애의 적응적 특성을 이해하고 이를 환자의 현상학(phenomenology)을 탐색하는 가이드로 활용할 수 있다. 가능한 연결성을 이해함으로써 치료자는 반영하고 확장시킬 진술문을 선택할 수 있으며, 어떤 것을 무시할지 알 수 있다. 치료자는 환자에게 패턴에 대해 말하지 않고 패턴을 환자의 언어로부터 끄집어내야 한다. 앞의 면접에서 PAG는 자신이 상처받는 것을 기뻐하였다. 그것은 아버지가 '뭔가 잘못했다' 는 것을 의미하기 때문이라고 하였다. 복수라는 생각은 그녀에게서 나왔지, 치료자로부터 나온 것이 아니다. 치료자는 정확하게 그리고 공감적으로 그녀의 경험을 반영해 줌으로써 이러한 통찰이 나올 수 있는 조건을 만들어 주었을 뿐이다. 그럼으로써 그녀가 왜 고통 속에서 기쁨을 발견했는지에 대한 문제를 해결할 수 있었다. 그녀가 그 통찰을 재빠르게 거두어들이긴 했지만, 그러한 방어는 지속되는 심리치료 과정에서 문제가 되지 않는다. 학습은 평탄치 않은 과정이다. 예를 들어, 한 골퍼가 자신의 학습과정에서 계속적으로 이어질 많은 회기는 잊어버린 채 초기에 대단했던 하루만을 즐거워할 수 있다. PAG는 압력에 대해 지극히 예민하기 때문에 PAG와 작업을 할 때에는 내담자에 따라 치료과정의 차이를 이해하고 이를 허용하는 것이 특히 중요하다.

우울해지기를 원하거나 그렇지 않으면 고통받기를 원하는 환자를 비난할 것이 아니라 치료자는 전이과정을 설명해 줄 수 있다. 일반적으로 다음과 같이 진행된다. "내가 보기에는 어떤 패턴이 있는 것 같아요. 지난 3주 동안 당신이 우울하지 않도록 도와주기 위해 우리는 계획을 함께 [목록화하여] 세웠어요. 매번 어떤 것은 제대로 되지 않았어요 [계획마다 되풀이되었어요]. 당신은 매번 실패가 마치 기쁜 소식인 양 내게 상황이 더 악화되었다고 말했어요. 이것에 대해 탐색해 볼까요? 우리 사이에 일어났던 과정에 대해 당신이 어떻게 느끼는지 탐색해 볼 수 있을까요?" '실패한' 치료과정에 대한 이런 검토가 '치료는 도움이 되지 않는다' 는 예상된 전이 패턴을 이끌어 낼 것이다.

그러고 나서 치료자는 그 메시지가 제대로 전달되었는지 확인해야 한다. "좋아요, 최고의 치료자를 만나 보세요. 전혀 도움이 안 되는 전체가 다 바보 같은 이런 제안을 할 겁니다. 똑같은 옛날이야기를 반복해서 하겠죠." 치료자가 이러한 부정적인 전이 패턴에 대해 언급하지 않는다면, 그것이 더 이상 '거부' 되지 않을 때까지 그것은 그저 악화될 뿐이다. 환자로부터 치료자가 바보 같으며 전혀 도움이 되지 않는다는 이야기를 분명히 들었을 때, 그때가 이 패턴이 익숙한 것인지 물어보아야 할 시기다. "전에도 이런 일이 있었나요?" 이 질문은 아마도 초기 치료과정에서나 직장 또는 결혼상황에서 패턴과 관련된 참조할 만한 정보를 줄 것이다. 현재의 패턴을 명료화한 후, 누군가가 도움이 될 줄 알았는데 실패로 끝난 환자의 과거상황들을 치료자가 물어봄으로써 그 주제를 계속해서 탐색해 볼 수 있다.

머지않아 불공평하게 요구적이었던 원가족이 주제로 드러날 것이다. 이것이 명확해질 때, 핵심적인 역할을 했던 부모와 치료자에 대한 감정 사이의 유사점을 이끌어 낼 수 있다. 사람은 과거에 유사한 역할을 했던 사람을 보았던 그 시각으로 현재의 사람을 보는 경향이 있다는 것을 설명해 줌으로써 부정적인 전이가 축소될 수 있다. PAG와 이러한 패턴을 논의하는 것이 중요하다. 그렇지 않으면 치료과정에서 그러한 패턴은 계속 반복될 뿐이고, 만족스럽지 않게 치료가 조기 종결될 것이다.

PAG가 가학적이고 피학적인 패턴을 둘 다 가지고 있기 때문에, 자기애적이거나 또는 피학적인 특징 중 어느 하나를 가지고 있는 치료자가 이들을 치료하는 것은 큰 도움이 되지 못한다. PAG에게서 학습의 대부분은 전이과정에서 일어난다. 치료과정은 오래된 파괴적인 패턴을 깨뜨릴 수 있는 방법을 학습할 기회다. 이러한 관점에서, 거부적 전이는 치료과정에서 학습의 기회로 환영할 만한 것이다. 치료자를 착취적인 권력자로 잘못 지각하는 핵심주제를 논의할 수 있는 기회다.

패턴 인식 촉진하기

전이가 드러날 때, 치료자는 강력한 분노에 직면하더라도 흔들림 없이 확고한 상태로 있어야 한다. 다음은 3년 동안 이루어진 치료의 축어록이다.

> 30대 중반의 한 전문직 남성이 치료를 받으러 왔다. 고등학교 마지막 해에 첫 번째 자살시도가 있었고, 지금까지 세 번의 자살시도 전력이 있었다. 두 번째 자살시도 이후 나이가 있는 부드러운 남자 치료자를 만나 성공적인 심리치료를 경험하였다. 그 후 환자는 장학금을 받고, 물리학도로서 학업에서 좋은 출발을 하였다. 그러나 그가 맡은 업무에서 어떤 문제로 연인관계였던 상사와 다툼이 있었고 상사는 결국 그를 해고하였다. 그 후로 지속적인 우울증과 함께 자살시도가 나타났다. 그는 클리닉에서 두 번째 치료를 받았지만, 가장 도움을 받은 부분은 항우울제의 처방이었다. 그는 계절성 우울증을 치료하기 위해 세 번째 치료를 받았다. 매년 10월 또는 11월에 절망과 무기력에 빠져들며 권총자살을 생각하였다. 그러한 상태가 다음 해 4, 5월까지 지속되었다. 또한 그는 대인관계에서 주의해야 할 만한 습관을 가지고 있다는 것을 알게 되었다. 예를 들어, 범칙금을 내지 않은 수백 개의 주차위반 영수증과 돈을 제때 내지 않아 이를 독촉하는 사람들 때문에 매일매일이 문제였다. 여자와의 관계형성은 쉽게 시작하지만 지속되지가 않았다. 청결하지 않아서 룸메이트와 자주 다투었고, 결국 최근에 혼자 살기로 결심하였다.
>
> 그는 항우울제 약물치료를 위해 의뢰되었고, 치료가 시작되었다. 길고 복잡한 과거를 이야기하면서 정서적으로 무감각하게 이어 나갔다. 겨울의 계절성 우울증이 계기가 되었다. 치료는 도움이 되지 않았다! 그의 자살사고와 함께 치료자를 폭력적으로 공격하는 꿈을 꾸었고, '치료받지 못하고 쫓겨나는' 두려움을 가지고 있었다.
>
> 어느 정도 논의하고 상당한 이해가 이루어진 후에 그의 어머니, 아버지와 함께 가족

회의를 1회 가졌는데, 그 내용은 녹음을 하였다. 그의 어머니가 지금은 양심의 가책을 받는 것처럼 보였지만, 그의 청소년기에 그녀가 보인 태도와 행동에 대한 그녀의 솔직한 이야기는 그가 얼마나 잔인하면서도 애정 없이, 소홀히 다루어져 왔는지를 놀라울 정도로 분명하게 보여 주었다.

[M=어머니, P=환자, T=치료자]

M: … 애들이 어렸을 때는 안아 주는 게 정말 쉬웠어요. 근데 애들이 크니까 그게 생각보다 어렵다는 것을 알았어요. 나와 애들 사이에 신체적인 접촉이 있었다면 사랑받는다는 느낌을 갖는 데 도움이 되었을 거라고 생각해요.

P: 요즘은 엄마가 더욱 좋아져요. 내가 엄마를 정말 싫어했던 때가 있어요.

M: 그랬을 거야. 나도 역시 너를 좀 싫어했지.

P: 네. 엄마는 몹시 불쾌해했죠.

M: 그랬었지.

P: 왜 그랬어요?

M: 글쎄, 내가 중요하다고 생각했던 모든 것에 대해서 너는 반항적이었지. 네가 잘못된 방향으로 가고 있다고 난 생각했어. 네 친구들이나 네가 하고 싶어 하는 것들이 너에게 이롭지 않다고 생각했어.

P: 어떤 게요?

M: [그의 친구들과 활동에 대해서 불평한다.] 내가 생각하기에 중요하다고 생각했던 것들이 내 개인적인 생각이었는지 모르겠다. 너는 학교에서 줄곧 잘해 왔는데 언제부턴가 성적이 곤두박질치기 시작했어. 모르겠다. 나는 네가 정말 잘못된 방향으로 가고 있다고 느꼈어. 이런 문제를 어떻게 다루어야 하는지 방법을 몰라서 내 자존심에 상처가 되었지. 내 기억으로는 어렸을 때 난 부모님이 내게 원하는 건 뭐든지 다 했던 아이였기 때문에, 정말 어떻게 다루어야 할지 몰랐어…. 나는 언제나 내 아이들이 완벽하길 원했고, 그들이 할 수 있는 것보다 그 이상이길 기대했어. [심지어 그녀의 아들이 학교에 있을 때조차 감시에 가까울 정도로 세부적인 것에 개입을 하였다. 그가 학교에서 무엇을 입었고, 무엇을 했는지, 그리고 어떤 말을 했는지 불시의 점검결과를 전화로 자주 물어볼 수 있는 교사 친구가 있었기에 가능한 일이었다.] 자녀양육을 더 잘할 수 있는 부모 양육기술이 내게는 절대적으로 많이 부족했다고 처음으로 인정하는구나.

T: 글쎄, 그런 걸 배울 만한 곳은 많지 않아요.

M: 그래. 네가 갓난아이를 집으로 데려올 때 아이를 담을 작은 가방도 없었어. 불행

하게도 말야.

T: 도움이 될 수 있겠네요. 적어도 엄마라는 입장에서 이런 갈등과 긴장했던 순간의 감정을 이야기하네요. 어떤 식으로든 말로 표현할 수 있다면, 이것에 대해 더 들어 보고 싶어요.

M: 글쎄요, 나는 계속 화가 나 있었어요.

T: 화가 났군요.

M: 음… 우리는 조그마한 지역에 살았는데, 특히 남편의 위치 때문에 [그는 시장이었다.] 우리 아이들에게 기대하는 어떤 행동에 대한 기준이 있다고 느꼈어요. 결과적으로 당신도 알다시피 내가 터무니없는 것을 기대했지만요. 되돌아보면 나는 정말 완벽을 기대했었어요. 하지만 그걸 얻지 못했고, 그것이 날 화나게 만들었어요.

T: 당신은 그것을 주로 침묵으로 표현했나요? 분노의 침묵이요?

M: 음. 그랬던 거 같네요. 그렇게 하거나 아니면 소리를 지르거나요.

T: 무엇에 대해 소리를 질렀어요?

M: 글쎄요…, 확신컨대, 그 아이의 방 청소, 모르겠어요. 늦게 들어오는 것. 기억이 많지 않아요. 단지 전체적인 느낌만 남아 있어요. 정말 비참한 시기였어요. 그 어느 누구도 즐겁지 않았을 거예요…. John, 널 싫어하지는 않았어. 네가 하는 행동을 정말 싫어했지. 네가 죽었으면 했어. 나는 그것으로부터 성장하길 원했었지. 그리고 믿지 않겠지만 정말 네가 가는 방향에 대해 걱정했었어. 정말이야. 내가 말했듯이, 내가 정말 원한 건 결혼해서 아이를 갖고 행복하게 사는 것이었기 때문에 그렇게 되지 않았을 때 나는 정말로 이걸 어떻게 해야 할지 몰랐어. 그건 내 자존심에 큰 타격이었어.

환자는 이 회의가 어머니에 대한 자신의 증오심을 다시 불러일으켰다고 말하였다. 치료계획은 분화를 촉진하는 현재의 관점을 얻기 위해 녹음테이프를 들어 보는 것이었다. 그러나 그 테이프는 과거로부터의 감정을 너무 생생하게 되살려서 1년 이상 다시 넣어 두었어야 했다. 단지 이것으로 즉각적인 도움이 되었던 것은, '실제적인 것'을 보고 나서 그가 (여성)치료자를 두려워하지 않게 되었고 요구받는 것으로도 느끼지 않았다는 점이었다.

환자의 겨울 우울증과 자살사고는 계속적으로 증가하였다. 불행히도 그 이전 해들과는 다르게 여름이 되어도 좋아지지 않았다. 그다음 1년 반 동안, 환자는 자신이 불공평한 감시하에 있으며, 불합리한 요구를 받고 있다는 자신의 감정 패턴을 반복적으로 보이기 시작하였다. 그는 점차 우울증이 증가했고, 자신의 업무를 제대로 해내지 못하면서 특정 상사들과 다투기 시작하였다. 그는 해고의 위협에 시달렸고, 결국 큰 회사의 연구부서에서 해고되었다.

비슷한 저항 패턴이 치료비 지불과 관련해서도 나타났다. 불행히도 치료자는 치료비 지불을 조정하는 데 문제가 있는 아주 큰 조직에서 일하고 있었다. 치료자가 속한 기관이 환자 계좌에 채권추심을 결정하기까지 치료자는 환자의 계좌상태에 대한 어떤 정보도 얻지 못하였다. 결과적으로 치료가 진행되고 1년 반이 지나서야 치료자는 이 환자가 매우 큰 금액의 치료비를 한 푼도 지불하지 않았다는 것을 알게 되었다. 물론 환자는 자신이 심각하게 처벌받고 더 이상 치료받는 것을 거절당할 것이라고 생각하였다. 환자가 '자신의 발등을 자신이 찍은 격이 되었다는 것'을 치료자는 확실히 알 수 있었다. 그는 자신의 몇 안 되는 지지자들 중 하나를 자극하였다. 그는 공포에 차 있었고 후회하였다. 또한 자신이 치료자로부터 공격을 받는 것이 아니라 지속적인 지지를 받았다는 사실에 압도되었다. 치료자는 '손실을 줄이기 위해' 치료를 중단하는 결정을 내리는 것이 하나의 방법이었겠지만, (적은 금액이더라도) 정기적으로 치료비를 지불하겠다는 조건으로 치료를 계속하는 것으로 결정하였다. 그는 이 계약을 지킬 수 있었다.

부적응적 패턴 차단하기

지금까지 설명한 이 환자는 반항에 대한 충동에 깊게 사로잡혀 있었다. 그는 치료자가 개인적으로 큰 대가를 치렀음에도 치료자가 자신의 업무를 수행하도록 치료자를 자극하는 강력한 방법을 찾았다. 치료비에 대한 논의가 이번 치료에서 중요한 것으로 드러났다. 치료자가 개인적으로 상당히 의지를 상실했는데도 불구하고 여전히 도와주려고 할 때, 그는 세상을 보는 관점을 바꿔야 하였다. 이러한 만남이 있은 후에, 환자는 자신의 패턴과 그 패턴의 원인을 찾는 과정에 더욱 적극적으로 협조하기 시작하였다.

PAG들 자체가 너무 복잡한 사람들이어서 역설적 개입은 위험하다. 유머도 마찬가지다. 이러한 의사소통은 그 사람이 아닌 그 사람의 병적인 측면을 뒤흔드는 부정적인 메시지를 포함하고 있다. PAG는 의사소통에서 드러나는 권력, 적대성 그리고 소홀함을 개인적인 학대로 볼 것이다. 우호적인 맥락에서 주의 깊게 한 언급일지라도 PAG는 가장 비호의적인 해석으로 이해한다. 어떤 다른 형태보다도 PAG와의 작업은 상당한 인내, 가장 단순하게 '순수함'의 유지, 그리고 명백하게 우호적인 언급이 필요하다. 이러한 환자들은 재미가 없다. 치료자가 완벽하게 수행해 내야 한다! PAG는 다른 사람들보다도 치료자를 고소할 가능성이 더 높다. 예를 제시할 수 있지만, 그렇게 하는 것조차 두렵다.

부적응적 패턴을 포기하려는 의지 강화하기

PAG 치료의 2단계가 시작되기 전에 3단계와 4단계는 부분적으로 숙달되어야 한다. PAG의 패턴은 그 주제가 (치료자가 학대적이거나 무능하다는 것을 증명하기 위해 자신이 고통받는) 사라지기 전까지는 자신들의 패턴을 알아차리지 못한다. 그러나 패턴과 그 원인에 대한 재인식이 이러한 주제를 포기하게 하는 의지를 강화할 수 있는 과정의 일부분이 될 수 있다. PAG의 치료에서는 그 과정들이 분명하게 구분되지 않는다.

앞에서 언급된 그 환자는 치료비에 대해 논의 후, 현재 사람들에 대한 자신의 왜곡과 과도한 반응에 대해 더 많은 호기심을 갖게 되었다. 치료를 받고 3년째 되던 해에, 환자의 우울증은 좋아졌다. 그는 자살사고 없이 가족치료 회기에서 녹음한 내용을 들을 수 있게 되었다. 그것을 들으면서 자신의 패턴을 인식하게 된 것이 그의 오래된 두려움과 소망으로부터 거리를 두도록 만들었다. 큰 성공을 거두고 자신이 존경했던 동생에 대한 자신의 증오심을 탐색하였다. 그는 어머니의 목표는 자신이 상처받는 것이라고 믿었으며, 자신이 고통받는 만큼 어머니도 고통받았으면 하는 복수심으로 가득 찬 소망을 가지고 있었던 자신을 정확하게 알게 되었다.

여전히 그는 부모님으로부터 재정적인 도움을 요청했고 또 받아 왔다. 그리고 그들로부터 사랑받기를 원하였다. 그는 자신의 어머니를 상처받기 쉬운 사람으로 보기 시작했고, 복수에 대한 생각과 부모님의 사랑을 회복하고 싶은 소망 둘 다를 포기하기로 결심하였다. 그는 원가족이 성인으로서 사랑을 찾을 장소가 아님을 깨달았다. 그리고 여성과의 관계가 상당히 개선되었다.

새로운 학습 촉진하기

McCann(1988)에 따르면, 자기주장 훈련(assertiveness training)이 간접적 저항에 대한 PAG를 위한 치료적 선택이 될 수 있다. Perry와 Flannery(1982) 또한 자기주장 훈련을 제안하였다. 그들은 '분노와 좌절을 확고하지만 재치 있게 표현할 수 있고, 또한 애정과 관심을 표현할 수 있는 능력을' 가르치는 것을 목표로 한다. "주장 훈련에는 자신의 방식대로 하기 위해 강압적인 위협이나 처벌을 사용하는 것을 포함하지 않는다(p. 164)."

주장 훈련에서는 PAG의 잘못된 복종이라는 기본 패턴을 직접적으로 다룰 수 있다. 그러나 다른 성격장애자들처럼 PAG에게도 '명백한' 개입은 필요한 예비작업이 끝날 때까지는 성공하지 않을 것이다. PAG는 자신의 패턴을 바꾸는 것을 생각하기 전에 고통이라는 주제(agenda of suffering)를 포기해야 한다. 패턴 변화는 환자가 그 모든 것이 서로 조화를 이루는 방법을 학습하기 전까지는 일어나지 않을 것이다. 일단 예비작업이 잘 진행되면 새로운 패턴이 나타날 수 있다. 다음 사례는 일단 기초 작업이 완성되고 나면 어떻게 상황이 변화할 수 있는지를 보여 준다.

치료의 세 번째 해에 환자는 계속 향상되었다. 해고당하고 난 후, '의무의 유기'라는 자신의 패턴을 아주 작게 반복했던 다른 직업을 구하였다. 이번에도 해고되었는데, 구체적인 이유가 없었다. 이 부당한 대우는 서류작업의 마무리를 과도하게 미룬다는 그에 대한 소문 때문이었다. 그다음 직업에서 그는 굉장히 성공적이었고, 심지어 사랑도 받았다. 그는 치료를 멈추고 몇 년 동안 이 일을 계속해 나갔다. 점차적으로 빚도 갚아 나갔고, 자신의 늘어나는 통장 잔고에 매우 놀랐다. 우울증의 발현이 감소하고 자주 나타나지 않게 되면서, 그는 날이 갈수록 행복함을 느꼈다.

12

회피성 성격장애

'누가 내게 관심을 가지는지 지켜볼 뿐이야'

문헌 고찰

1969년 Theodore Millon은 처음으로 '회피성 성격(avoidant personality)'을 하나의 진단적 범주로 제안하였다(Millon, 1982 참조). 회피성 성격장애(Avoidant Personality Disorder, 이하 AVD)는 1980년 DSM-Ⅲ에서 공식적인 진단범주로 인정받았다. Millon은 AVD를 "소극적(passively)인 것에 반대되는 개념으로서, 적극적으로 사회적 관계를 싫어하며(1982, p. 298)", 불쾌감을 느끼고, 자기비판적이며, 외로워하고, 의심이 많으며, 창피를 당할까 두려워하고, 과민하다고 설명하였다. Millon은 적극적으로 거리를 두는 이러한 성격유형이 과거 문헌에서도 언급되었음을 지적하였다. 그는 이러한 성격유형을 Bleuler의 정신분열증에 대한 초기 가설, Fairbairn의 분열성 성격, Kohut의 자기애적 성격, Schneider의 쇠약증 성격에 관한 이론, Kretschmer의 과도한 심미성, Fenichel의 공포증 성격, Horney의 고립형 성격과 비교하였다.

Millon은 특히 적극적으로 거리를 두는 회피성 성격과 소극적으로 거리를 두는 분열성 성격의 정신분열증과의 관계에 관심을 가졌다. "연구자들이 계속해서 정신분열증에 대해 일치되지 않고 모순된 결과를 발견하는 이유는, 상당 부분 적극적으로 거리를 두는 성격과 소극적으로 거리를 두는 성격 사이에 존재하는 기본적인 차이를 인식하지 못한 데에서 기인할 수 있다(1982, p. 298)." Millon이 말하는 이러한 모순된 결과란 일부 보고서에서는 각성저하, 동기저하, 무감각을 정신분열증 환자의 특징으로 설명하는 반면, 또 어떤 보고서에서는 과잉각성, 과잉동기, 과민한 특징으로 설명한다는 것이다. Millon은 각성저하 및 과잉각성과 같은 두 가지 패턴 모두 정신분열증 환자에게서 존재하며, 두 가지 모두 발견될 수 있다고 결론 내렸다(1982, p. 297). DSM-Ⅲ 특별 위원회에서는 Millon의 제안에 따라 적극적 분리와 소극적 분리를 구분하고, 각각의 설명에 해당하는 두 가지 진단범주를 새로 만들어 AVD와 SOI로 명명하였다.

이론적 그리고 경험적 논쟁은 계속되었다. Livesley와 West(1986)는 DSM-Ⅲ가 DSM-Ⅱ의 분열성 범주를 세 가지 새로운 범주(SOI, AVD, SZT)로 구분했는데, 이는 적절하지 않은 구분이라고 주장하였다. 그들은 Millon의 적극적 또는 소극적인 사회적 철회에 대한 구분이 DSM-Ⅲ의 SOI와 AVD에 대한 구분에 근거한다는 점에 주목하였다. 이들은 이러한 구분이 단순히 "정서적 개입에 대한 동기와 능력의 결함 여부"에만 근거한다고 주장한다(p. 59). 이들은 DSM-Ⅲ의 구분이 역사적으로 타당화된 분열성 성격의 개념을 잘못된 방향으로 이끌어 가고 있다고 비난하였다. Livesley와 West는 (DSM-Ⅱ에서 정의된) Kretschmer의 분열성 성격에 대한 개념을 설명해 주는 한 사례를 제시하였다. 이 환자는 한쪽 극단의 둔감성(DSM-Ⅲ의 SOI)과 다른 한쪽 극단의 과도한 민감성(DSM-Ⅲ의 AVD) 사이의 긴장 속에 붙들려 있었다. 이들은 "하나의 연속선상에 위치한 분포의 양극단을 별개의 유형으로 구분함으로써(Kretschmer가 설명한), DSM-Ⅲ가 SOI와 AVD의 개념을 역사적으로 오도하고 있다(p. 61)고 주장하였다. Livesley, West와 Tanney(1985)도 이와 비슷한 주장을 하였다.

Livesley와 동료들의 의견에 대하여, Akhtar(1986)는 AVD가 SOI와는 다른 별개의 진단범주로 구분될 필요가 있다는 Millon의 제안을 지지하는 임상적 견해를 제시하였다. Akhtar는 "강박적 신경증이 자아동조성(ego-syntonic)을 강조하는 성격학(characterology)에서는 강박적 성격으로 불리는 것처럼, 공포 신경증(phobic neurosis)은 회피성 성격으로 불린다."라고 주장하였다(p. 1061). 이러한 맥락에서 DSM-Ⅲ-R 특별위원회는 DSM-Ⅲ의 진단기준을 개정하였다. DSM-Ⅲ-R에서, AVD는 "'공포증 성격(phobic character)' 으로, 당황하는 모습을 보일까 두려워하고, 사회적 상황에서 과묵하며, 일상에서 경험할 수 있는 어려움을 미리 과장하는 경향이 있다. … DSM-Ⅲ-R에서는 구체적이지 않았던 애정과 인정의 욕구에 대한 기준을 삭제하였다(Trull, Widiger, & Frances, 1987, pp. 770-771)." 이러한 개정작업을 통해 AVD와 SOI를 구분하는 데 성공하였다. Trull 등(1987)은 AVD는 "과민하고 부끄러워하며 불안해하는 반면, SOI는 무관심하고 냉담하며 차갑다고 제안한다. 그러나 그 둘 간의 감별 진단은 분열성 진단을 받은 환자 중 아주 극소수만이 다양한 임상장면의 결과와 일치하기 때문에 사실상 논란의 여지가 있다(p. 770)."

그러나 이러한 제안은 AVD와 SOI의 구분에 관한 논쟁에 대해 새로운 문제를 초래하였다. DSM-Ⅲ-R에서 AVD와 일반화된 사회공포증(Generalized social phobia)을 구별하는 것이 어려워진 것이다. Millon(1991, p. 356)은 AVD와 사회공포증 간의 중복문제가 DSM-Ⅲ-R 위원회로 인해 발생되었다고 주장하였다. 그는 그 둘 간의 구분이 다음과 같이 가능하다고 제안하였다.

> 사회공포증은 사회적 상황에 대한 지속적인 공포와 즉각적인 불안으로 정의될 수 있는 불안장애다. …회피성(avoidant)이 본질적으로 사람과 관련된 문제라면, 사회공포증은 주로 상황에서의 수행과 관련된 문제다.

DSM-Ⅳ에서는 Millon의 주장을 받아들여 사회공포증을 수행불안에 따라 정의하였다. 이 장애에 대한 처음 2개의 진단기준은 다음과 같다.

> A. 하나 혹은 그 이상의 사회적 혹은 수행상황에 대한 현저하고 지속적인 두려움. 친숙하지 않은 사람들이나 타인으로부터 주시받는 상황에서 자신의 행동으로 인해 창피를 당하거나 당황하는 모습을 보일까 봐 (혹은 불안증상을 보일까 봐) 두려워한다. … 사회공포증은 주로 상황에서의 수행과 관련된 문제다.
>
> B. 두려워하는 사회적 상황에의 노출은 대개 불안을 유발하는데, 그것은 상황과 관계가 있거나 상황이 원인이 되는 공황발작(panic attack)으로 나타난다.
>
> 세부유형
> 일반형: 공포가 대부분의 사회적 상황에서 나타나는 경우(또한 AVD의 부가적 진단을 고려한다)(미국정신의학회, 1994, pp. 416-417)

Millon의 제안처럼 사회적 수행은 사회공포증과 AVD를 구별하는 기준이 될 수 있다. 그러나 일반화된 사회공포증 또한 AVD와 중복되는 문제를 가지고 있다. 일반화된 사회공포증의 대인관계 패턴은 여전히 AVD와 비슷하다. 두 가지 모두 창피와 거절에 대한 두려움으로 사회적 접촉을 피하거나 스스로를 억제하는 경향이 있다. DSM-Ⅲ-R에서의 중복문제는 경험적으로도 입증되었다(예: Turner, Beide, Bordern, Stanley, &

Skodol, 1993; Jansen, Arntz, Merckelback, & Mersch, 1994; Stein, Hollander, & Skodol, 1993). Widiger(1992)는 일반화된 사회공포증과 AVD가 "서로 중복된 구인으로서 역기능의 심각성에서 단지 사소한 차이가 있을 뿐이다."라고 주장하였다(p. 343). DSM-IV 진단기준이 적용된 자료를 활용한 연구들이 나온다면 앞으로 도움이 될 것이라 생각한다. 그러나 DSM-IV 사례집의 저자들은 '얼간이'란 제목 아래 사회공포증 환자 사례를 다음과 같이 기술하였다.

> 이 환자의 증상이 AVD와 상당히 중복되기 때문에 일반화된 사회공포증 장애를 진단할 때 자주 문제가 발생한다. Leon은 사회적 불편함, 부정적 평가에 대한 두려움, 그리고 삶 전반에서 두려움과 겁에 질린 모습의 패턴을 확실히 보여 주었다. 그는 가까운 친구들도 없었고, 중요한 대인관계상 접촉이 필요한 활동을 회피하고, 사회적 상황에서 과묵하였다. 비난에 쉽게 상처받는 것은 물론, 아마 상대가 자신을 좋아한다는 확신이 서지 않으면 사람들과 만나는 것을 회피하려 했을 것이다. 그래서 우리는 AVD로도 진단을 내렸다(DSM-IV, p. 664). 향후 연구에서는 AVD와 일반화된 사회공포증이 동일한 장애에 대해 단지 상이한 관점을 반영하고 있는지 좀 더 명확히 구분할 필요가 있다(Spitzer et al., 1994, p. 126).

DSM-III-R의 AVD에 대한 정의는 일반화된 사회공포증뿐만 아니라, DPD와도 중복된다. Trull 등(1987)은 84명의 입원환자에게 구조화된 성격면접 질문지(Personality Interview Questions)를 사용하여 면접자료를 수집하였다. 그들은 "회피성 장애에 관한 문항들이 의존성 장애의 진단기준과 공변(共變)했으나 분열성 장애의 진단기준과는 공변하지 않았다."라고 보고하였다(p. 767). Morey(1988)는 또한 DSM-III-R의 AVD와 DPD 진단기준 간의 공변량이 SOI와 SZT 간의 공분산보다 더 크다는 것을 발견하였다. Morey는 AVD와 DPD가 서로 중복될 뿐만 아니라, 외래환자인 291명의 성격장애 환자 중 27.1%가 AVD로 진단될 수 있음을 발견하였다. 그는 AVD와 몇몇 다른 성격장애들 간의 공변량을 보고하였다. 만약 주요 진단이 AVD로 내려졌다면, 44.3%는 BPD로, 40.5%는 DPD로, 39.2%는 PAR로서의 진단조건도 충족하였다. 이 자료는 의존성 특성을 가진 사람들(BPD, DPD)이 사회적 철회의 특성을 가진 사람들(SOI와 SZT)보다 두 배 이상 AVD로 진단될 수 있음을 보여 주고 있다. Millon(1991)은 AVD와 DPD의 구분이 "사회적으로 서투르며 개인적으로 매력적이지 않다."라는 회피성 장애의 진단기준을 준거로 하면 가능하다고 주장하였다(p. 361).

요약하면, 연구들에서는 AVD와 SOI 간의 구분이 어렵지 않다는 것을 제시하고 있다. SOI는 임상장면에서 비교적 드물기 때문에 그 구분이 사실상 중요하지 않다. 그러나 AVD와 DPD 간의 구분은 문제점이 많다. 회피성 특성과 의존성 특성이 서로 관련되어 있으며, 회피성 패턴이 지나치게 일반적이라는 문제점들이 WISPI의 첫 타당화 연구에서 확인되었다(Klein et al., 1993). 1,200명의 표집(환자 300명, 일반인 900명)에 대한 요인분석 결과 '불안정 회피(insecure avoidance)' 라는 첫 번째 요인이 도출되었다. 그 요인을 구성하는 문항의 36%는 WISPI 회피성 성격척도(Avoidant Personality scale) 문항이었고, 23%는 WISPI 의존성 성격척도(Dependent Personality scale) 문항이었다. 그 첫 번째 요인에서 가장 높은 요인 부하량을 보여 준 다음의 문항은 분산의 19.5%를 설명하였다.

> 내 주변에 다른 사람들이 있을 때 그들이 나를 인정할 것인지 확신이 서지 않기 때문에 매우 긴장한다(부하량 = .856).
>
> 나의 가장 큰 두려움은 거절당하는 것이기 때문에 사람들 눈에 띄지 않으려고 한다(부하량 = .819).
>
> 다른 사람들이 나를 무시하고 거절할 수 있기 때문에 그들이 나에 대해 많은 것을 아는 것을 원치 않는다(부하량 = .811).

WISPI 자료는 상당히 많은 수의 환자들과 정상인들이 거절이나 창피당하는 것에 대한 두려움으로 자기노출과 사회적 관계를 제한하고 있음을 보여 주고 있다. 이러한 대인관계 공포증은 Millon이 처음에 제안한 것처럼 정신분열증과는 관련이 없을 수 있다. 오히려, AVD의 특징인 거부나 창피를 회피하기 위한 사회적 철회가 광범위한 패턴일 수 있다. 노출에 대한 회피는 몇몇의 성격장애와 사회공포증의 주요 특성일 수 있다.

AVD에 대한 DSM의 정의

DSM 정의는 이후 분석의 출발점이 된다.

사회활동의 제한, 부적절감, 부정적 평가에 대한 과민성이 만성적인 패턴이며, 성인기 초기에 시작해서 다양한 상황에서 나타난다. 다음 중 4개(또는 그 이상)의 증상이 나타난다.

(1) 꾸중, 비난 혹은 거절에 대한 두려움으로 중요한 대인관계가 요구되는 직업활동을 회피한다.
(2) 호감을 주고 있다는 확신이 서지 않으면 사람들과 관계를 맺으려 하지 않는다.
(3) 창피와 조롱을 당할까 두려워서 친밀한 사람들과만 제한적으로 관계를 가지려 한다.
(4) 사회적인 상황에서 비난받거나 거절당할 것이라는 생각에 사로잡혀 있다.
(5) 자신에 대한 부적절감으로 새로운 대인관계 상황에서 위축된다.
(6) 자신이 사회적인 관계에서 서투르고, 개인적인 매력이 없으며, 남들에 비해 열등하다고 생각한다.
(7) 쩔쩔매는 모습을 들킬까 봐 새로운 활동이나 개인적 위험이 뒤따르는 일을 시도하지 않는다.

발병원인에 대한 가설

AVD의 발병원인에 대한 가설을 설정하기 위해 SASB 모형을 활용하는 방법을 5장에 기술한 바 있다. DSM에 기술된 AVD 증상 각각을 설명하기 위해 발달사적 특성 네 가지가 제시되었다. 이 장애의 독특한 대인관계 패턴과 대인사를 연결하는 가설을 〈표 12-1〉에 제시하였다. 다음은 이 가설에 대한 좀 더 자세한 설명이다.

1. DPD와 PAG처럼 AVD도 발달 초기에 적절한 보살핌과 사회적 유대감을 경험한다. 생애 초기의 이러한 좋은 경험은 AVD에게 애착의 토대가 되며 다른 사람들과 비슷한 수준의 사회적 관계에 대한 소망을 갖게 한다.

2. AVD가 될 가능성이 높은 사람은 인상적이고 기억에 남을 만한 사회적 이미지를 구축하기 위해 혹독하게 부모로부터 통제받았을 가능성이 높다. 가족이 아닌 타인의 의견에 대해 가치를 높이 평가한다. AVD는 조심스럽게 존경받을 만한 사회적 이미지를 개발해야 했을 것이다. 눈에 보이는 자신의 결점들은 자신뿐만 아니라 가족에게도 큰 창피와 모욕을 준다. AVD가 성인이 되면 직장이나 학교에서 적절히 업무를 수행해 낼 만큼 사회화되지만, 여러 사람 앞에서의 노출은 매우 염려한다. 자신이 사람들에게 어떻게 비춰지는지가 큰 고민이며, 창피나 굴욕을 당하는 실수를 하지 않기 위해 자신을 강하게 통제하고 억제한다.

칭찬받을 만해야 한다는 훈계를 들으면서, 자신의 실패나 단점을 무시하는 조롱을 받아 왔다. 만약 아이가 과체중이거나 신체적 결함이 있다면, 그 결함 때문에 가족들에

〈표 12-1〉 AVD에 대한 대인관계 요약

과거경험	과거경험의 결과
1. 발달 초기의 애정 어린 보살핌 (**적극적 사랑**, **보호**)	1. 사회적 접촉과 보살핌을 소망 (**적극적 사랑**, **보호**)
2. 사회적 이미지를 만들어 나가도록 **통제**받으며, 실패는 조롱거리가 됨(**비난**)	2. 당혹감을 피하기 위해 자기통제(*자기통제*) 불안한 자아상(*자기비난*) 창피함에 대해 극단적으로 민감함
3. 결점과 관련된 강요된 자율성 (**비난**+**무시** → **공격**)	3. 차단된 상태로 있지만 남을 만족시키기 위해 노력(골냄+담을 쌓음): 안전을 요구 비난을 모방한 폭발
4. 외부인에 대한 위험신호, 사회적 철회를 지지 (담을 쌓음)	4. 외부인에 대한 편집증적인 두려움(물러남), 가족에 대한 충성

요약: 창피와 거절에 대한 강한 두려움이 있다. 자신이 결함이 있다고 느끼면, 예상되는 당혹감을 회피하기 위해 움츠려 있거나 사회적으로 자신을 억제한다. AVD들은 사랑과 인정에 대해 강한 욕구를 가지고 있지만, 상당히 엄격한 테스트를 통해 안전을 보장해 줄 수 있는 소수의 사람들과만 친밀한 관계를 유지한다. 때때로 AVD는 자제력을 잃고, 강한 분노를 표출한다.

AVD 기준선 SASB 코드: 물러남, 담을 쌓음, 골냄, **비난**, *자기통제*, *자기비난*. 소망: **적극적 사랑**과 **보호**를 받는 것. 두려움: **비난**과 더불어 **무시**받는 것(**공격**과 동일함). 필요조건: 방어적 철수, 인정받고 싶은 욕구. 배제조건: 정서적 분리, 외로움의 회피, 도구적 부적절함, 일관된 수행의 실패.

게 끊임없이 잔인한 놀림을 받아 왔을 것이다. AVD가 반복되는 놀림을 받고 자라면, 성인이 되었을 때 자기비판적이고, 낮은 자아개념을 갖게 된다. 조롱과 무시가 내면화되어 창피를 당하는 것에 매우 민감해진다.

3. 창피는 흔히 회피, 배척, 제외, 강요된 자율성과 관련이 있다. AVD는 자신의 결점 때문에 가족이 야외로 즐거운 소풍을 갈 때에도 종종 집에 남겨져 있거나, 중요한 가족 모임에서 혼자 제외될 수 있다. 예를 들어, 과체중의 AVD는 가족모임에서 '자신이 소파를 움푹 들어가게 할까 봐' 바닥에 앉아야 했다. 어떤 AVD는 나쁜 행실 때문에 어두운 지하실에 갇혀 있을 수 있다. 이러한 거부를 경험하면 성인이 되었을 때 거절과 창피를 당할까 미리 염려하여 사회적 철회 행동을 보이게 된다. 때때로 AVD는 남을 기쁘게 하려고 하는데, 이를 아무도 모르게 시도한다. AVD가 발달 초기 긴밀한 유대감을 형성했다는 사실은 그들이 정서적 애착을 원하며, 관계 맺고 싶어 한다는 것을 의미한다. 이러한 소망은 창피에 대한 강한 두려움과 갈등을 일으킨다. 결과적으로, AVD는 사회적 접촉을 원하지만 모험을 하기에 안전하다는 충분한 증거가 없는 한 시도하지 않는다.

개인적으로 DSM의 AVD 진단기준에 분노폭발을 추가해야 한다고 생각한다. AVD

는 창피를 주고 거부적이었던 가족구성원과 자신을 동일시해서, 상당히 명령적이고 비판적이 된다. 대개는 이러한 면을 억누르고 있지만, 자신이 창피 당했다고 생각되면 크게 분노하는 경향이 있다는 것을 임상가는 알아 두어야 한다.

4. 미래의 AVD를 가족이 조롱하고 거부하지만, 조롱과 거부 역시 가족이 지지의 중요한 원천이라는 메시지를 전달한다. 가족에 대한 충성은 어떤 것과도 비교할 수 없을 정도로 중요하다. 가족 이외의 사람들은 AVD를 거부할 것처럼 말하는데, 내용은 이렇다. "너는 결함이 있기 때문에 가족이 아니면 어느 누구도 너를 좋아하지 않을 거야. 그러니까 우리와 함께 있어야 돼. 여긴 안전해." 가족들이 말하는 바깥세상의 두려운 거부가 가족 내에서 연출되고 있다는 사실을 그들은 알지 못하고 있다. AVD를 둔 어떤 비판적인 어머니는 그 환자가 '낯선 사람' 인 치료자에게 가족의 비밀을 이야기하는 것을 중단하지 않는다는 이유로 문자 그대로 유언장에서 그 환자를 빼버렸다.

강한 비난이 무시와 연결되었을 때 공격으로 인식된다는 이론적 개념(Kaslow, Wamboldt, Wamboldt, Anderson, & Benjamin, 1989)이 여기에서 적용된다(3장 [그림 3-9] 참조). 다시 말해, 창피와 모멸감을 느끼면서 거절을 당하면 이를 치명적인 공격으로 받아들인다는 것이다. 이런 강렬한 공격에 대해 강한 물러남과 사회적 철회로 반응한다. 타인이 자신을 찬찬히 살핀 후 우호적이지 않은 판단을 내릴 것이라는 AVD의 확신은 분명히 대인관계에서 편집증적인 패턴에 해당한다. 집에서는 안전할 것이라는 (잘못된) 약속 때문에 결국 친한 사람들에게 불편하게 의존하는 현상이 나타난다.

과거 대인관계 특징과 DSM에 제시된 증상 간 관계

'전형적인 AVD'는 DSM에 제시된 모든 증상을 나타낸다. 거의 모든 DSM 기준은 예상되는 창피함과 거절에 대한 회피성 방어의 모습을 기술하고 있다. 비난과 거절에 대한 이러한 두려움은 기준 4에 직접적으로 묘사되어 있다. 호감을 주고 있다는 확신이 서지 않으면 사람들과 관계를 맺으려 하지 않고(기준 2), 사회적 접촉이 필요한 직업활동을 회피하며(기준 1), 창피를 당할까 두려워서 말이 없고(기준 3), 자신이 열등하다고 느끼며(기준 6), 창피를 당할까 두려워서 새로운 일을 시도하지 않고(기준 7), 대인관계 상황에서 행동을 억제한다(기준 5).

AVD의 대인관계 요약

다음은 AVD의 대인관계 특성을 요약한 내용이다.

창피와 거절에 대한 강한 두려움이 있다. 자신이 결함이 있다고 느끼면 예상되는 당혹감을 회피하기 위해 움츠려 있거나 사회적으로 자신을 억제한다. AVD들은 사랑과 인정에 대해 강한 욕구를 가지고 있지만, 상당히 엄격한 테스트를 통해 안전을 보장해 줄 수 있는 소수의 사람들과만 친밀한 관계를 유지하려 한다. 때때로 AVD는 자제력을 잃고, 강한 분노를 표출한다.

이 요약은 AVD의 기본 패턴 및 소망에 대한 SASB 코드에 토대를 두고 있다. 〈표 12-1〉에 제시된 코드는 AVD를 규정하는 간편한 방법이다. AVD의 기준 위치는 물러남, 담을 쌓음, 골냄, **비난**, *자기통제*와 *자기비난*으로 이루어져 있다. **적극적 사랑**과 **보호**받고 싶어 하는 소망을 가지고 있다. **비난**받고 **무시**받는 것을 두려워하며, 비난이 무시와 연결되었을 때 이는 굉장한 **공격**으로 경험된다.

AVD 노래의 리듬과 하모니는 AVD가 주고받는 대인 및 심리내적 반응의 연쇄에서 나타난다. AVD의 '으뜸음'은 물러남, 담을 쌓음 그리고 *자기비난*이다. 공격이나 창피함을 회피하기 위해, AVD는 자신에 대한 비난을 '참고(골냄)', 자신의 감정을 억누른다(*자기통제*). 상보성의 원리에 따르면 AVD는 타인과의 상호작용에 의해 **비난**, **무시** 그리고 **공격**의 그림을 그려 간다. AVD가 때때로 자제력을 잃고 **비난**을 하면, 사람들은 AVD를 더욱 거부하거나 무시하게 된다. 이러한 상보적이고 반응적인 공격은 AVD의 두려움에 기반한 철회성향을 더욱 강화한다. 한편, AVD의 **적극적 사랑**과 **보호**에 대한 강한 소망은 엄격한 테스트를 통해 안전을 보장해 줄 수 있는 소수의 사람들에게만 극도로 충성하게 만든다. 이것이 바로 AVD 노래의 리듬과 하모니다.

SASB 코드를 사용할 줄 아는 독자라면 이와 같은 분석을 다른 맥락에도 적용해 볼 수 있다. 예를 들어, 환자가 자신의 우울 증상이 더 심해진다고 불평하는 것은 흔히 있는 일이다. 때때로 이러한 불평은 AVD가 불평하는 방식과 유사하다. 우울 증상에 대한 이런 방식의 불평을 해석하기 위해, 치료자는 우울을 기술하는 환자의 과정을 코드화할 필요가 있다. AVD가 자신의 증상에 대해 불평할 때 치료자에 대한 환자의 과정은 AVD 노래의 특징을 포함하고 있을 것이다. 다음의 예를 살펴보자.

한 환자가 어느 날 저녁, 의사가 처방해 준 지속성 우울증 약물을 과다복용하였다. 그녀는 그 의사를 무척 좋아했고 존경하였다. 그녀의 고양이가 울음을 멈추지 않는 것을 궁금하게 여긴 이웃사람이 혼수상태가 된 그녀를 발견하였다. 그 이웃이 환자의 유일한 친구였다. 자살시도를 한 그날 아침, 그녀는 의사에게서 자신이 성격장애를 갖고 있는 게 아닌지 의심스럽다는 이야기를 들었다. 그녀는 의사의 이 같은 생각에 대단히 창피했지만, 속으로는 그에 동의하였다. 그녀는 크게 당황하며 그 의사가 이제부터는 자신을 완전히 바보 같은 사람으로 여길 것이라고 확신하였다. 의사가 자신을 더 이상 치료하지 않을 것이라고 생각하였다. 그 의사를 신뢰하는 데 아주 오랜 시간이 걸렸기 때문에, 그녀는 지금 이 의사가 자신을 거부할지 모른다는 사실에 무척이나 화가 났다. 그러나 자신의 분노를 의사에게 표현하지 못하리라는 것 또한 알고 있었다. 그 의사를 다시 보고 굴욕을 느끼느니, 차라리 여기서 모든 것을 끝내기로 결심하였다.

〈표 12-2〉에 AVD 노래의 기초 사항을 앞에서 논의되었던 다른 성격장애들의 그것과 비교해 놓았다. 표에서 보듯이 AVD는 DPD 및 PAG와 마찬가지로 적대적 복종(골냄)의 경향성을 보인다. AVD는 DPD, OCD, NPD와 마찬가지로 *자기비난*에 취약하며, OCD와 마찬가지로 *자기통제* 성향도 보인다. OCD와 PAG뿐만 아니라, 극적이고 예측하기 힘든 B군의 모든 성격장애와 마찬가지로 분노를 표출(**비난**)할 수 있는 능력을 가지고 있다. 담을 쌓음에 대한 AVD의 선호는 뚜렷하다. 대조적으로 HPD, ASP, OCD, PAG는 차단을 우정이나 복종의 형태로 가장함으로써 자신의 사회적 비접근성을 감추는 경향이 있다.

〈표 12-2〉의 대인관계의 기본(도, 레, 미)은 범주들이 서로 어떻게 중첩되는지, 그리고 서로 어떻게 다른지 정확히 보여 주고 있다. 표에 기술된 내용은 임상가들이 감별 진단을 하는 데 도움을 줄 것이다.

〈표 12-2〉 BPD, NPD, HPD, ASP, DPD, OCD, PAG와 AVD의 SASB 코드 비교

	BPD	NPD	HPD	ASP	DPD	OCD	PAG	AVD
1. **해방**								
2. **지지**								
3. **적극적 사랑**	×			×*				
4. **보호**								
5. **통제**	×	×	×*	×*		×*		
6. **비난**	×	×	×	×		×	×*	×
7. **공격**	×	×		×*				
8. **무시**		×		×		×*		
1. 분리		×		×			×*	
2. 개방								
3. 반응적 사랑			×*					
4. 신뢰	×		×*		×			
5. 복종					×	×*	×*	
6. 골냄					×		×*	×
7. 물러남								×
8. 담을 쌓음			×*	×*		×*	×*	×
1. *자기해방*								
2. *자기지지*								
3. *적극적 자기사랑*		×*						
4. *자기보호*	×			×*				
5. *자기통제*						×*		×
6. *자기비난*		×			×	×		×
7. *자기공격*	×		×*				×*	
8. *자기방치*	×	×*		×*		×*		

* 표시는 같은 열에 위치한 코드가 서로 복잡한 조합을 이루어 나타남을 의미함.

DSM 진단기준 재검토

AVD에 대한 DSM의 관점이 대인 언어로 번역되었고, AVD 패턴과 관련된 심리사회적 학습의 개요를 제시하였다. 여기에서는 AVD에 대한 대인관계 분석을 DSM과 직접 비교하였다. DSM-5 기준은 *이탤릭체*로, 대인관계 용어로 표현된 것은 밑줄로, WISPI(1장에서 논의함) 기준은 **고딕체**로 표시하였다.

사회활동의 제한, 부적절감, 부정적 평가에 대한 과민성이 만성적인 패턴이며, 성인

기 초기에 시작해서 다양한 상황에서 나타난다. 다음 중 4개(또는 그 이상)의 증상이 나타난다.

(1) *꾸중, 비난 혹은 거절에 대한 두려움으로 중요한 대인관계가 요구되는 직업활동을 회피한다.*

사람들에게 무시당하고 창피를 당하게 될까 봐 조롱받을 가능성이 있는 대인관계 접촉이나 누군가가 "이 (회피적인) 사람을 어떻게 다루어야 할지 모르겠어."라고 말할 가능성이 있는 그 어떠한 일에도 참여를 거부한다.

나는 창피당할 수 있기 때문에 사람들과 함께 있어야 하는 직업이나 사회적 상황을 회피한다.

(2) *호감을 주고 있다는 확신이 서지 않으면 사람들과 관계를 맺으려 하지 않는다.*

타인을 비판적이고 거부적인 사람으로 보기 때문에, 그렇지 않다는 것을 입증해 주는 엄격한 시험을 통과하기 전까지는 사람들과 관계를 맺으려 하지 않는다. 예를 들어, 치료장면에서 AVD는 치료자가 보호적이고 지지적이라는 확신이 들어야만 치료과정에 참여한다. 그들은 거절당할까 두려워 반복적이고 충분한 지지와 보살핌이 있을 때에만 비로소 단체활동에 참여할 수 있다.

나는 어딘가에 '참여하고' 싶지만 다른 사람들이 나를 인정하고 나를 원하는 것이 정말 분명해질 때까지 항상 참여하기를 기다린다.

(3) *창피와 조롱을 당할까 두려워서 친밀한 사람들과만 제한적으로 관계를 가지려 한다.*

자신이 무시당하거나 거절당할 수 있다는 두려움에 사회적인 상황에서 말을 하지 않으며, '눈에 띄지 않으려 한다.' 자신이 무슨 말을 해도 "틀렸어."라고 말할 것 같아서 아무 말도 하지 않고 입을 다물어 버린다.

나는 바보처럼 보이거나 곤경에 빠질까 두려워서 학교나 회사에서 아무 말도 하지 않는다.

(4) *사회적인 상황에서 비난받거나 거절당할 것이라는 생각에 사로잡혀 있다.*

창피나 무시당할 것이라는 생각에 사로잡혀 있어서 누군가 조금이라도 이런 눈치를 보이면 매우 민감하게 알아차린다. AVD는 보호자가 조금이라도 귀찮아 하면 민감하게 반응하여 자신이 성가시게 할 수밖에 없는 이유와는 상관없이 자기 자신에 대해서 언짢아한다. 조롱이나 멸시를 암시하는 미묘한 단서에도 심각하게 반응한다. 누군가가 조금이라도 반대나 비판을 하면 극도로 상처를 받는다. 자제력을 잃으면 분노를 표출할 수 있다.

나는 매우 민감해서 약간의 반대나 비난에도 쉽게 상처받는다.

(5) *자신에 대한 부적절감으로 새로운 대인관계 상황에서 위축된다.*

여러 가지 이유로 아동기 내내 정상적인 또래관계 발달이 제대로 이루어지지 않았고, 이러한 패턴이 성인기에도 계속되고 있다. 한 명의 아주 친한 친구가 있을 수 있으나, 이것이 가족 이외의 유일한 사회적 접촉이다. 가족구성원만을 신뢰하며, 성적 관계까지는 아니더라도 매우 강한 유대관계로 이루어진 가까운 친구가 한두 명 있다.

좋은 친구들이 더 있었으면 하지만 가족이 아닌 매우 소수의 사람만 알고 있다. 내 마음을 열 수 있을 정도로 안전하다고 느끼려면 긴 시간이 필요하다.

(6) *자신이 사회적인 관계에서 서투르고, 개인적인 매력이 없으며, 남들에 비해 열등하다고 생각한다.*

무시당하거나 창피를 당할 때, 얼굴이 붉어지거나 울음이 터져 나오지 않을까 두려워한다. 그런 자신의 모습을 사람들은 조롱하며 마음에 들어 하지 않을 것이라고 생각한다.

나는 쉽게 얼굴이 붉어지거나 울음을 터뜨리는 게 걱정되어 사회적 활동을 제한한다.

(7) *쩔쩔매는 모습을 들킬까 봐 새로운 활동이나 개인적 위험이 뒤따르는 일을 시도하지 않는다.*

사회적 거절에 대한 두려움이 커서 다가올 사회적 행사에 대한 불안으로 몸이 아플 수 있다. 약간의 신체증상이나, 다른 미비한 서류상의 문제를 핑계로 행사에 참여하는 것을 회피한다.

나는 주의를 기울이지만 종종 예상하지 않은 당황스러운 상황이 벌어질 수 있기 때문에 새로운 일이나 활동을 시작하기를 꺼린다.

('8' 내가 DSM에 추가하기를 제안하는 기준) *창피나 무시를 받았다고 생각이 들면 때때로 엄청난 분노를 표출한다.*

거절과 창피에 대한 '분노의 공'이 차오르면, AVD는 분노의 반격을 가하고 싶은 충동을 끊임없이 억누른다. 화를 참지 못하면 원인 제공자에게 엄청난 분노와 거절을 나타낸다.

내 안에 숨겨 놓은 분노에 대한 자제력을 잃게 될까 두려운 순간이 있다.

DSM-Ⅲ-R(기준 5, 6, 7)과 비교했을 때 DSM-5의 몇몇 진단기준은 구체성이 떨어진다. 현재 DSM-5의 모든 기준은 부적절함에 대한 감정과 창피에 대한 두려움에서 야기된 사회적 침묵을 단순히 재진술하고 있을 뿐이다.

필요기준과 배제기준

창피, 공격 그리고 거절에 대한 두려움에서 야기된 방어적 철회와 인정받고 싶은 소망이 AVD 진단의 필요조건이다. SOI처럼 정서적 분리가 있거나 DPD 및 BPD처럼 외로움을 회피하기 위한 필사적인 시도가 있었다면 AVD 진단의 배제조건에 해당한다. 직장이나 학교에서 수행능력이 매우 떨어지는 BPD와는 다르게 AVD는 대개 직장에서 유능하다. 도구적 부적절성을 갖고 있는 DPD와도 다르다.

대인관계 측면에서 AVD와 사회공포증 사이의 감별 진단은 사회적 철회 상태에서 어떤 일이 발생했는지 주목해 보면 가능하다. 사회공포증 환자는 강력하고 의미 있는 누군가와 함께 있을 가능성이 높다. 공포증 환자와 배우자 모두 안타깝게도 공포증 때문에 사회적 활동의 참여가 불가능하다. 이와는 반대로 AVD는 결혼할 가능성이 없으며, 집에 혼자 있는 것에 만족하거나 심지어 안도감을 느낀다.

AVD는 학교나 직장에서의 업무를 제대로 수행해 내는 능력을 가지고 있다는 점에서 PAG와 다르다. PAG와 AVD 둘 다 발달 초기에 적절한 보살핌을 받았지만, 가혹한 처벌과 요구에 노출되었을 수 있다. 그것에 대한 반응은 둘 다 자율적이다(그리고 둘 다 우울증에 취약하다). 결정적 차이는 PAG에 대한 요구와 처벌이 업무수행과 관련되어 있다면, AVD에 대한 요구와 처벌은 사회적 이미지 및 인정 여부와 관련되어 있다는 것이다. 결과적으로 PAG는 업무수행 능력에 문제가 있으며, AVD는 사회적 관계에 참여하는 능력에 문제가 있다.

사례 예시

사례 1

35세의 한 미혼 여성이 자살충동으로 병원에 입원하였다. 신체질환으로 인한 합병증이 과거에 있었으며, 수술을 받기도 하였다. 그녀는 6년 동안 심리치료를 받아 왔다.

현재의 위기는 그녀와 야간 교대근무를 함께했던 아주 가까운 친구의 갑작스러운 자살에서 시작되었다. 신체적 기능부전 징후로 그녀가 처방받은 항우울제가 반응하지 않았고, 때때로 공황발작을 보였다.

이 환자는 더 많은 친구를 사귀기 위해 자신이 좀 더 개방적이어야 한다고 느꼈다. 그러나 그녀는 창피함과 거절에 대한 두려움으로 다른 사람들에게 다가가는 것을 어려워하였다. 그녀는 사람들이 자신을 좋아하지 않을 것이라고 확신했고, 이로 인해 다른 사람을 신뢰하기까지 아주 긴 시간이 걸렸다. 그녀는 자신의 자문면접에 학생들이 함께 참석했다는 사실을 매우 창피해하였다.

그녀와 어머니의 관계가 비록 통제와 무시로 가득 차 있긴 했지만, 입원 후 어머니로부터 더 많은 '관심'을 받게 되었다는 사실에 그녀는 매우 기뻐하였다. 그녀는 또래와 정상적인 놀이 기회를 가지지 못하였다. 가족은 항상 '더 나은 것을 찾기 위해' 자주 이사를 다녔다. 끊임없는 이사로 그녀는 친구가 거의 없었고, 어린 시절 내내 외로움을 느꼈다.

네 아이 중 맏이인 그녀는 8세 때부터 동생들을 뒷바라지해야 했는데, 어머니가 식물병리학을 공부하기 위해 다시 대학생활을 시작했기 때문이었다. 어머니는 대부분의 시간을 공부와 직장 업무로 보냈다. 그녀는 매일 청소하고, 음식을 만들어야 하며, 어린 동생들을 돌보아야 했고, 어머니의 공부 또한 도와야 했다. 그녀의 어머니는 자신이 암기해야 할 개념의 목록을 그녀에게 읽게 하였다. 그녀가 목록을 읽을 때면, 어머니는 그녀의 발음을 지적하였다. 그 단어들은 여덟 살짜리에게는 어려운 것이었고, 그녀는 최선을 다했지만 '충분하지 않았다.'

그녀의 어머니는 아버지가 충분한 돈을 벌어오지 못하는 것이 불만이었다. 어머니는 가족들이 '남들에게 뒤처질까 봐' 초조해하였다. 어머니는 그녀나 다른 가족에게 자주 "좀 없어져 버려."라고 말하였다. 그녀는 이 이야기를 치료자에게 털어놓으며 죄책감에 빠졌다. 왜냐하면 어머니가 외부사람들에게 가족에 관한 이야기는 하지 말라고 경고했기 때문이다. 그녀는 스스로 자신 안에 큰 분노가 들어 있음이 느껴진다고 말하였다. 치료자가 그녀에게 그 분노가 통제와 관련되어 있는지, 아니면 거리를 두는 것과 관련되어 있는지 물었을 때, 그녀는 재빨리 "거리를 두는 것이요. 이것이 더 안전하거든요."라고 대답하였다. 분노 아래에는 두려움이 있었다. 심지어 타인의 거절에 상처받는다는 생각에 더욱 겁을 먹고 있었다.

이 환자는 AVD에 대한 DSM의 진단기준 중 5개를 충족하고 있다. 그녀는 비판과 거절에 쉽게 상처받는다. 예를 들어, 자문면접 자리에 학생들이 참석해 있는 것을 보고 창피함을 느꼈다(기준 4). 그녀에게는 가족 외에 단 한 명의 친한 친구만이 있을 뿐이었다(기준 5). 자신이 호감을 주고 있다는 확신이 서지 않으면 병원에 입원해 있는 동안이나 다른 곳에서도 사람들과 어울리려 하지 않았다(기준 2). 그녀는 부적절하거나 바보 같은 말을 하게 될까 두려워서 사회적 상황에서 아무 말도 하지 않고 입을 다물어 버렸다(기준 3). 그녀는 직장업무에서의 사회적 요구를 줄이기 위해 야간 교대근무를 하였다(기준 1).

이 사례 역시 SASB 대인관계 코드(〈표 12-1〉 참조)로 설명할 수 있다. 이 환자의 생활양식은 물러남, 담을 쌓음이 특징이다. 자문면접 때 창피함을 느꼈다는 그녀의 말은 골냄과 **비난**으로 설명될 수 있다. 그녀는 자기 내부의 '분노의 공'을 표현하지 않았다(*자기통제*). **비난**과 **무시**에 대한 두려움으로 자신에 대해 불안해하였다(*자기비난*). 그녀는 자신에게 **적극적 사랑**과 **보호**를 제공해 줄 수 있는 친구를 갖고 싶었다. 이러한 방어적 철회와 인정에 대한 소망은 AVD의 필요조건을 충족시킨다. 그녀는 정서적 분리, 외로움으로부터의 회피, 도구적 부적절함, 혹은 계속되는 직장에서의 업무수행 실패와 같은 배제조건은 어떤 것도 충족시키지 않았다.

〈표 12-1〉을 통해 발병원인에 대한 가설을 확인할 수 있다. 환자는 어머니가 학교로 다시 돌아갈 때까지는 자신이 받았던 보살핌과 관심에 만족하였다. 돈 문제로 인한 부모의 갈등 때문에 살고 있는 동네의 이웃사람들에게 어떻게 비춰질지 걱정을 하였다. 더 나은 인생을 살아보고자 하는 어머니의 소망 때문에 가족들은 계속해서 이사를 다녔다. 어머니는 매번 남편과 아이들에게 모멸감을 주면서 더 잘하도록 충고하였다. 어머니가 세상에 나가 다소 색다른 분야에서 신분상승을 할 수 있도록 그녀는 어머니를 대신해서 집안일을 해야 했다. 불행히도 순순히 집안일을 하면서 어머니의 공부를 도왔던 그녀의 노력을 어머니는 무시하였다. 그녀와 그녀의 형제들이 '좀 없어져 버렸으면' 하는 어머니의 소망은 그들에게 거절감을 안겨 주었다. 잦은 이사와 과도한 집안일 때문에 그녀는 또래와의 접촉이 불가능했고, 이는 사회성 발달에 지장을 주었다. '낯선 사람들'과 함께 중요한 일을 논의하는 것을 반대하는 강한 명령은 그녀가 세상에 대해 편집증적인 관점을 갖도록 만들었다.

사례 2

18세의 이 대학생은 16세 이후로 몇 차례 약물을 과다복용한 적이 있다. 상당한 체중감소 후 신체적 기능부전 징후가 증가하면서 이번에는 자살을 시도하였다. '모든 사람들의 머릿속에서 사라져야' 했다고 그녀는 자살시도에 대해 이야기하였다.

그녀는 육상과 트랙경기에 탁월하여 운동선수 장학금을 받고 대학을 다녔다. 그녀는 대학에 가면 자신이 운동을 아주 잘하기 때문에 인정받고 관심을 받을 것이라고 생각하였다. 그렇지만 불행히도 그런 일은 일어나지 않았다. 그녀는 여행 중에 선수들이 방을 함께 써야 한다는 점과 아무도 그녀에게 관심을 가져 주지 않는다는 점 때문에 소속팀과 여행하는 것을 싫어하였다. 거절당했다고 생각했을 때 그녀는 위축되었고, 팀원들과의 대화도 피하였다. 연습 때나 회의 중에 울음을 터뜨렸는데, 이것 때문에 그녀는 몹시 당혹스러웠다. 그녀는 소속되기를 간절히 원했지만 그녀의 위축된 반응은 또래로부터 소외감을 더욱 증가시켰다. 그럼에도 그녀는 자신의 철학을 고수하였다. "사람들이 나와 함께 있고 싶어 한다는 걸 내가 확신할 수 있도록 사람들이 먼저 내게 왔으면 해." 그녀는 자신이 화가 났을 때 사람들에게 이야기하지 않았다. "누가 내게 관심을 가지는지 지켜볼 거야." 가장 최근의 약물 과다복용 사건 바로 전의 팀 여행에서 그녀는 '혼자 남겨진 것'에 대해 몹시 분노하였다. 그녀는 "모든 팀원이 나를 싫어해요."라고 말하였다. 팀원들이 자신의 자살시도 소식을 듣고 자신이 매우 화가 났었고, 그들이 자신의 말을 듣지 않았다는 사실을 깨달았으면 하였다.

집에서는 성(sex), 돈, 그리고 그녀에 대한 문제로 부부싸움이 끊이지 않았었다. 16세에 그녀는 집을 나와 자신의 가장 친한 (단지 가까운) 친구와 지내기로 결심하였다. 이로 인해 가족 내 한바탕 소동이 벌어졌고, 부모님은 상담을 받게 되었다. 전반적인 상황이 좋아진 후, 그녀는 집으로 돌아오는 것에 동의하였다. 불행하게도, 잠깐 상황이 좋아진 다음 부모님은 또다시 싸우기 시작하였다. 그녀가 운동에 매진하지 않는다거나, 공부를 열심히 하지 않는 것에 대해 아버지는 화를 냈다. 그녀는 어머니가 오빠와 훨씬 더 가까워 보이기는 했지만 자신을 옹호해 준다고 느꼈다. 계단 맨 위에 서서 부모님이 싸우는 소리를 듣고 있던 그녀는 싸움을 멈추게 하기 위해 아래층으로 내려가곤 하였다. 그녀가 나타나면 아버지는 그녀를 쫓아버렸지만, 계단 맨 아래로 내려갔을 때는 싸움을 멈추었다. 그러면 그녀는 안도하며 위층으로 올라갔다.

이 환자는 육상경기와 학업에서의 우수한 성적에 대한 자신의 공을 부모님과 코치들이 가로채고 있다고 생각하였다. 그녀의 아버지는 자신이 연습하라고 압박하지 않았다면 그녀가 그렇게 잘하지 못했을 거라고 말하였다. 이러한 아버지의 생각은 만약 딸이 잘하면 그건 아버지의 공이고, 만약 딸이 못하면 그건 딸의 몫이라는 것을 의미한다. 마치 그녀가 자기를 찾을 수 있는 유일한 방법은 자신의 실패에 의해서만 가능하다는 것과 같았다. 자신이 우울하기 때문에 사람들이 자신을 좋아한다고 생각하였다. 그녀는 전혀 호전될 기미가 보이지 않았다. 자신이 호전되면 어느 누구도 자신에게 관심을 보이지 않을 거라고 생각했기 때문이다.

그녀는 어머니와 아버지가 심하게 싸운 후 자신의 운동경기에 '아주 사이좋게' 나타나는 것에 매우 분노하였다. 이러한 모습을 본 친구들과 선생님들은 그녀의 가족이 얼마나 그녀에게 지지적인지 감탄하였다. 사실 그녀의 부모님은 그녀가 이기적이고 버릇이 없으며 오직 자기 자신만을 생각한다고 계속해서 말해 왔다. 그녀는 자신의 방에서 꼼짝 않고 있음으로써 이러한 고통스러운 충돌을 피하려고 애썼다. 하지만 그녀의 부모님은 그녀가 이렇게 움츠려 있는 것을 못마땅해하였다. 그들은 그녀가 가족들과 좀 더 가깝게 지내길 원하였다. 그녀는 가족으로부터 내쫓기면서도 동시에 가까이 머물러 있으라는 명령을 받았다.

이 환자는 AVD에 대한 DSM의 진단기준 중 4개를 충족하고 있다. 그녀는 사회적 상황에서 비난받거나 거절당할 것이라는 생각에 사로잡혀 있었다(기준 4). 그녀에게는 가족 외에 단 한 명의 친한 친구가 있었다(기준 5). 그녀는 호감을 주고 있다는 확신이 서지 않으면 사람들과 어울리려 하지 않았다(기준 2). 그녀는 팀의 다른 사람들 앞에서 울음을 터뜨리는 것 때문에 자신이 서투르고 부적절하다고 느꼈다(기준 6).

또한 환자는 AVD의 대인관계 특성을 잘 반영하고 있다. 그녀는 창피함(**비난**)과 거절(**무시**)을 두려워하였다. 그녀는 사랑받고 싶어 했으며(**적극적 사랑**), 소속되기(**보호**)를 원하였다. 그녀는 불안해했고(*자기비난*), 방어적 철회(<u>물러남</u>, <u>담을 쌓음</u>), <u>골냄</u>, 그리고 *자기통제*의 모습을 보였다. 또 공공연하게 팀원과 부모님에 대해 **비난**하였다. 하지만 몇 명의 선택된 안전한 사람들과는 친밀하게 지내려고 하였다. 그녀가 보이는 방어적 회피 패턴과 인정받고 싶은 소망은 AVD의 필요조건이다. 그녀는 〈표 12-1〉에 제시된 어떤 배제조건도 충족하지 않았다. 가족에게 강한 애착을 보였고, 그녀의 사회적 철회행동은 반사회적이지 않았다. 그녀는 혼자 있는 것을 견뎌 낼 수 있었기 때문에 HPD나 BPD를 가지고 있지 않았다. 그녀가 보여 준 도구적 유능함은 DPD와는 관련이 없음을 보여 준다. 운동과 학업에서의 뛰어난 성취를 고려했을 때 PAG와의 관련도 없는 듯하다.

이 환자의 사례는 〈표 12-1〉에 제시된 AVD의 발병원인에 대한 가설 일부를 지지하였다. 그녀는 운동과 학업에서 보살핌과 지지를 받았다. 그녀의 가족은 이웃사람들에게 좋은 모습으로 보이기 위해 많은 투자를 하였다. 운동과 학업에서 열심히 하지 않았다는 이유와 '이기적이고 버릇없다'는 이유로 그녀는 무시와 조롱을 당하였다. 가족 이외의 사람들이 얼마나 위험한지 많이 강조하지는 않았지만, 그녀는 가족에게 더욱 충성하도록 요구받았다. 발병원인에 대한 한 가지 가설은 지지되지 않았다. 그녀의 회피성 패턴은 예상되는 고통으로부터 벗어나기 위한 불가피한 선택이 아니라 오히려 부모님이 싸우는 현장에서 벗어나기 위한 적극적인 선택이었다. 하지만 부모님의 싸움은 멀리서 관여하는 AVD 패턴을 조장하였다. 위층이 철회를 위한 안전한 피난처를 제공했지만, 그곳은 아래층에서 부모님의 싸우는 소리가 들리는 거리였다. 이런 흔하지 않은 상황은 AVD 패턴과 일치한다. 환자가 무대의 양끝에 서 있어도, 무대의 중앙에서 무슨 일이 일어나고 있는지 상세하게 알 수 있다. 그녀가 16세 때 가족으로부터 물러나면서, 부모님에게 상담을 받도록 요구하였다. 이것은 그녀의 철회가 얼마나 자기보호적이며 강력한지를 보여 준다. 불행히도, 그녀의 또래집단은 그녀의 철회에 대해 반응하지 않았다. 거리를 두려고 하면서도 '무대 중앙'에서 무슨 일이 일어나는지 집중하고 있는 그녀의 이런 패턴은 적응에 더 이상 도움이 되지 않았다.

예상되는 전이반응과 치료적 함의

전이반응

AVD들은 자신에 대해 많은 것을 노출하기를 꺼린다. 이들은 자아개념이 낮아서, 자신이 말하는 것이나 행동하는 것에 대해 치료자가 인정하는지 매우 주의 깊게 살피며 걱정한다. 억제하려는 성향도 있지만 치료자가 듣고 싶어 하는 말은 무엇이든 하려고 애쓰기도 한다. AVD는 자신이 무시와 공격을 받았다고 느끼면 과민하게 반응하며, 치료자로부터 쉽게 상처받기도 한다. AVD는 보호받기를 강하게 원하지만 치료자의 암시("당신이 그걸 하려는 걸 내가 알고 있다고 생각하지 않으세요?")에 의해 무시받거나 모멸감을 받을 가능성이 크다. AVD는 자신이 상처를 받은 것이 치료자의 도움을 제공하려는 노력 때문이라고 말하지 않는다. 다만, 그 상처는 AVD가 '폭발하거나' 돌연히 치료를 중단할 때까지 상처가 깊어 갈 뿐이다. 만약 치료자가 '안전시험'을 통과하는 데 성공하면, AVD는 매우 확고하면서도 성실하게 치료관계를 형성해 나갈 것이다. 치료자가 AVD의 '주요 타인' 으로서 역할을 하면, 사회성 훈련을 위한 학습이 제대로 이루어지지 않을 위험이 따를 수 있다. 치료자는 치료적 관계가 '대인관계에서의 진통제' 역할이 아닌, 학습을 위한 토대로 어떻게 활용되어야 하는지 염두에 두어야 한다.

치료적 함의: 다섯 가지 범주의 정확한 반응

협력적 관계 증진하기

AVD들은 일반적인 환자들이 보이는 태도를 특별히 강렬하게 지니고 있다. 그들은 인정받고 사랑받기를 원하지만 낮은 자아개념과 창피를 당할까 두려워 '자제하게 된다.' AVD를 치료할 때는 '일반' 치료자가 '일반' 환자를 치료하듯이 하면 된다. AVD는 '전통적인' 치료자의 관대한 행동, 즉 정확한 공감과 따뜻한 지지에 잘 반응한다. 공감과 지지는 조금이라도 판단이나 거절의 징후 없이 전달되어야 한다. AVD가 점차 친밀함과 부적절한 감정, 또는 죄책감과 수치심을 치료자와 나누면, 치료자는 안전한 안식처가 되어 줄 수 있다. 치료자의 온화하며 판단적이지 않은 수용적인 모습은 AVD가 자신을 수용할 수 있도록 도와준다. 치료관계가 강화되면서, 환자는 자신의 패턴을 탐색할 수 있게 된다.

AVD는 자신이 원가족에게 경험했던 굴욕과 학대를 치료자에게 이야기하는 것이 가족에게 충실하지 않은 것이라 여길 수 있다. 이러한 신념은 치료에 전념하는 것을 방해한다. 가족들이 치료자, 치료과정, 그리고 치료에 참여하고자 하는 환자의 선택을 무시하거나 조롱하는 것은 환자의 이 같은 마음을 더욱 부추긴다. 앞서 언급했듯이, AVD를 둔 어떤 어머니는 환자가 치료를 중단하는 것을 거부했다는 이유로 문자 그대로 자신의 유언장에서 환자를 빼버렸다. 이러한 압박은 자연스럽게 AVD들이 치료자와 치료과정에 대해 의심하게 만들고, 나아가 치료를 거부할 가능성을 높인다. 치료자가 계속해서 따뜻한 이해와 지지의 태도를 보이면 AVD의 이러한 염려는 사라질 수 있다.

AVD의 치료에서 치료자의 따뜻함과 보호적인 태도는 아무리 강조해도 지나치지 않는다. 나는 한 정신과 레지던트를 AVD의 치료장면에 초대한 적이 있다. 그때 레지던트가 보인 '직면' 에 대한 환자의 반응은 이러한 환자들이 얼마나 민감한지를 잘 드러내는 좋은 예가 되었다. 나는 그녀가 자기비난을 자신에 대한 약간의 동정으로 바꾸어 나갈 수 있도록 도와주는 작업을 1년이 넘게 해 오고 있었다. 그녀의 주요 주제는 헌신적인 그녀에 대해 냉혹하고 비판적이었던 어머니와의 관계였다. 자신의 어머니가 얼마나 지나치게 비판적이고 요구적이었는지 탐색을 막 시작했을 때, 레지던트는 "그런데 당신은 지금까지 당신 어머니의 입장에서 생각해 본 적이 있나요?"라고 물었다. AVD가 눈물을 계속 흘리더니 침묵하였다. 치료회기가 끝난 후, 나는 그 레지던트에게 그 질문은 다른 상황에서는 도움이 될 수도 있겠지만, 지금 이 상황에서는 도움이 되지 않았다고 설명하였다. 나는 그 레지던트에게 이 사례에 대해 충분히 숙지하지 못해서 자신이 그렇게 질문했었다고 환자에게 말하도록 하였다. 그녀가 어머니와 관계를 탐색하는 과제에서 중요한 단계를 거치고 있음을 그가 그녀에게 알려 주길 원하였다. 그러나 그는 그것을 거절했고, 나는 그를 이 사례에서 제외시켰다. 그런 후 환자에게 왜 그 레지던트가 2회기에 참석하지 않았는지 설명해 주었다. 그녀가 심리치료 장면에서 그녀의 어머니에 대해 다시 언급하기까지는 2년여의 시간이 필요하였다.

패턴 인식 촉진하기

치료자는 AVD에게 무비판적인 지지를 보내야 한다. 치료의 중요한 첫 단계는 치료자를 신뢰하도록 하는 것이다. 그러나 치료자의 지지만으로 끝나서는 안 된다. AVD는 선택된 소수의 사람들과 관계 맺는 방법을 잘 알고 있기에, 치료자가 단순히 그들 중 한 명이 될 수도 있기 때문이다. 만약 그렇게 되면, 기본적인 회피성 패턴은 다루지 못한 채 그대로 남아 있게 된다. 전반적인 변화는 환자가 자신의 패턴이 미치는 영향을 이해하고 변화를 결심했을 때 가능하다.

부부치료(couple therapy)는 AVD가 자신의 패턴을 이해하고 패턴을 바꾸는 것에 관심을 갖도록 도와준다. AVD의 결혼이나 혹은 동거관계는 삼각관계의 형태를 띤다. 예를 들어, 독신의 어떤 AVD는 결혼한 부부의 '두통거리'가 될 수 있는데, 그 부부 중 한 명과 비밀스러운 성적 관계를 가지고 있을 수 있기 때문이다. AVD는 이미 성적 파트너가 있는 사람과 성적인 관계는 아니지만 매우 친밀한 관계를 맺을 수 있다. 기혼의 AVD는 비밀스러운 불륜관계에 있을 수 있다. 또 알코올이나 일과 같이 뭔가에 광적으로 몰두해 있는 사람과 성적인 관계를 맺고 있을 수 있다. AVD는 이성애자로 알려져 있지만 실제로는 양성애자일 수 있는 사람과 성적인 관계를 맺고 있을 수 있다. 이러한 삼각관계 패턴은 친밀감을 주면서, 동시에 대인관계에서 일정한 거리를 두게 한다. 삼각관계에서는 거절을 당하고 공개적인 창피를 당하더라도 어느 정도 위안을 받을 수 있다. 삼각관계 내에서는 두 사람 간의 관계가 깨져도 굴욕이나 창피함은 거의 없기 때문이다. 이런 식의 관계가 위험하다는 것은 모두가 알고 있다. 그러나 이러한 삼각관계는 AVD들이 쉽게 철회할 수 있는 환경을 만들어 준다.

부부치료에서는 삼각관계 내에서의 기존의 관계(예: AVD와 배우자, 또는 AVD가 다루고 싶어 하는 대상)를 우선적으로 다룰 수 있다. 부부치료는 핵심 파트너에게 거절당한 AVD의 인식을 다루는 것으로 시작할 수 있다. 치료자는 좀 더 가까워지기를 거부하는 배우자의 의지를 향상시킬 만한 제안을 한다. 예를 들어, AVD는 잊히거나 배신당하는 것에 대한 강한 두려움으로 '배우자에게 이런저런 심부름을 시키면서' 배우자를 시험할지 모른다. 만약 AVD가 도움을 요청하거나 자신을 안심시킬 수 있는 더 나은 방법을 배울 수 있다면, 배우자가 뒤로 물러날 확률이 조금은 줄어든다. 예를 들어, AVD를 갖고 있는 아내가 자신의 남편에게 퇴근길에 저녁 찬거리를 사오라고 요구한다. 반항적인 남편은 그날 밤 집에 3시간 더 늦게 도착하는 것으로 반응할지 모른다. 주장훈련(assertiveness training)은 AVD를 갖고 있는 아내가 어떻게 남편에게 '압력을 가하지 않고' 자신이 원하는 것을 요구할 수 있는지 보여 준다. 그 결과 부부간의 협력이 증진될 수 있다.

돈의 배분, 성(性), 시간, 여가활동의 선택, 집안일(청소, 요리, 아이 돌보기) 하기, 대금 청구서 지불하기 등의 일상적인 결혼생활에서도 유사한 개입이 가능하다. AVD와 그 배우자는 협력적 태도가 보다 나은 해결책을 제시해 줄 수 있음을 배워야 한다. 비난, 불평으로 가득 찬 승낙, 공격이나 철회보다 협력이 더 효과적일 수 있다. 만약 AVD가 현재 커플작업을 할 수 있는 상황이 아니라면 그들이 새로운 관계를 맺도록 도와주어야 한다. 어머니와 아버지를 제외하고는 모든 사람들과의 접촉에서 완전히 고립되어 있던 어떤 AVD는 스스로 최상의 치료계획을 개발하였다. 그녀는 강아지 한 마리를 샀고, 강아지와의 상호작용에 대한 세세한 이야기를 하면서 많은 치료회기를 보냈다. 강아지와 함께 있으면서 그녀는 지배, 복종, 접촉의 위로, 반항, 그리고 분리된 공간의 필요 등과 같은 상호작용의 기제에 대해 배우기 시작하였다. 강아지가 자라자 데리고 산책을 나가게 되었고, 강아지는 그녀가 이웃사람들과 접촉할 수 있는 기회를 가져다주었다. 바람을 쐬기 위해 밖으로 나왔을 때, 그녀는 자랑스럽게 자신의 개의 매력과 못된 행동에 대해 이야기하곤 하였다. 얼마 후, 그녀는 이웃의 모임에 초대받아 참석하기 시작하였다. 마침내 그녀는 자기가 직접 모임을 열어 사람들을 초대하게 되었다. 그녀는 몇 명의 여자들과 우정을 쌓아 나갔고, 자신이 만났던 남자들에 대한 끔찍한 기억을 나누기조차 하였다. 불행히도, 그녀는 다른 도시로 이사를 가면서 자신의 심리적 건강을 돌보아 주었던 곳을 떠나게 되었다. 그녀가 사회화의 다음 단계에서도 성공했는지는 알지 못한다.

부적응적 패턴 차단하기

AVD와 배우자와의 부부치료에서, 치료자는 통제되지 않은 채 '쓰레기 같은 내용이 쏟아져 나오는 것'으로부터 배우자를 보호하는 것이 중요하다. 치료자는 창피를 주려는 시도를 막아야 하고, 치료적 장면이 새로운 패턴을 익힐 수 있는 안전한 장소임을 확신시켜 주어야 한다. AVD가 이전의 삼각관계에서의 밀애나 불륜을 '고백하는' 것은 도움이 되지 않으며 심지어 큰 해가 될 수 있다. 한편, AVD가 누군가와 비밀스러운 삼각관계를 계속해 나가면서 관계 향상을 위한 치료에 참여하는 것은 적절하지 않다. AVD는 비밀스러운 불륜관계를 유지하는 데에 관심이 많을지 모르는데, 그 이유는 중요한 배우자와의 관계 개선 노력이 잘 되지 않았을 경우 '대비책'이 될 수 있기 때문이다. 치료자는 이러한 관계방식이 바로 AVD 패턴의 핵심임을 분명히 할 필요가 있다. 부부치료에 참여하면서 비밀스러운 불륜관계를 유지하는 것은, 환자가 여전히 술을 마시면서 알코올 의존치료에 참여하는 것과 같다. 임상적 경험에 비추어 보면 이러한 상황에서 치료의 성공률은 낮다.

이론적으로는 회피하고 싶은 사회적 상황에 대한 둔감화 기법이나 사회성 향상을 위한 점진적 접근법과 같은 기본적인 행동주의 기법을 조심스럽게 시도해 봄으로써 AVD의 패턴을 차단할 수 있다. 유감스럽게도, AVD에게 점진적 접근법으로 이성과 관계 맺는 법을 가르치려는 노력은 실패할 확률이 높다. AVD의 패턴은 자신이 사회적 접촉을 피하고 고립된 상태로 남아 있도록 요구하는 가족의 명령에 대한 무의식적 충성에 기인한다. AVD는 개인 심리치료를 통해 자신이 관계의 상호작용에서 항상 주변으로 숨게 되는 이유를 알게 된 후에야 '세상 밖으로 나오는 것' 에 대해 살펴볼 준비가 가능할 것이다. 그런 후에야 AVD는 행동주의 기법으로부터 도움을 얻을 수 있다.

확실하지는 않지만, 나는 AVD들이 치료자가 되고 싶어 한다는 인상을 받았다. 아마도 치료자는 사회적으로 허용된 안전한 거리에서 친밀감에 접근할 수 있기 때문일 것이다. 물론, 환자가 공격을 하거나 무시할 때 AVD를 갖고 있는 치료자는 곤경에 빠질 수 있으며, 이때 과잉통제나 '거리' 에 대한 치료자의 기본적 규칙을 제시함으로써 부적절하게 반응하기 쉽다. 치료자의 역할에 대한 가정은 AVD의 패턴을 보다 긍정적으로 변화시키는 데 도움을 주지 않는다. 치료자의 역할은 '안전한' 거리를 보장해 주면서, AVD의 고도로 통제된 친밀감에 대한 패턴을 허용해 주는 것이다. 치료자가 되고 싶어 하는 AVD의 이러한 경향은 치료자도 내담자가 되어 집중적인 심리치료 경험이 필요하다는 일반적인 기준을 받아들인다면 차단될 수 있다.

부적응적 패턴을 포기하려는 의지 강화하기

대부분의 다른 유형의 성격장애자와 마찬가지로 AVD의 가장 어려운 과제는 현재의 회피성 패턴이 주는 이득을 단념하고, 새로운 패턴을 개발하기 위해 뒤따르는 위험을 감수하겠다고 결심하는 것이다. 철회가 가져다주는 안전과 외부세계를 모험해야 한다는 공포는 AVD가 새로운 패턴을 개발하는 것을 매우 어렵게 만든다. 자신이 결함이 있거나 부족한 사람이라고 비난과 무시를 받아왔으면서도, 자신을 비난했던 부모나 형제들에게 충성하도록 설득당해 왔다는 사실을 AVD가 이해하는 것만으로는 충분하지 않다. 이러한 통찰만으로는 좀 더 마음의 문을 열고 비판이나 거절의 위험을 감수하라고하며 AVD를 충분히 안심시키지 못한다. 이해 그 자체만으로는, 마치 수영을 못해 난파선에서 익사할 뻔했던 사람에게 미해군의 특수부대원이 되라고 이야기하는 것 정도밖에 유용하지 않다. 한편, AVD는 도움이 되고 보호적인 가르침 속에서 상당한 안심을 하게 되면, 고립이라는 보호막에서 점차 벗어나 새로운 패턴을 배워 나갈 수 있을 것이다.

새로운 학습 촉진하기

'쓰레기 같은 내용이 쏟아져 나오거나' 혹은 '비방하는 것' 을 치료자가 차단해 줄 수 있다는 점에서 안전한 집단치료는 AVD가 새로운 패턴을 학습하는 데 상당히 도움이 될 수 있다. 이런 통제된 집단치료 장면에서는 AVD가 참여해도 안전하다고 느낄 때까지 차단된 채로 남아 있을 수 있는 안전한 환경을 만들어 준다. 안전한 개인치료처럼, 집단 안에서도 새로운 기술을 안전하게 개발할 수 있다. 집단이 자신의 결점을 수용할 수 있다는 것을 배운 AVD는 스스로를 수용할 수 있을 것이다. 이러한 경험을 한 후에 정상적인 사회성 발달이 뒤따를 수 있다.

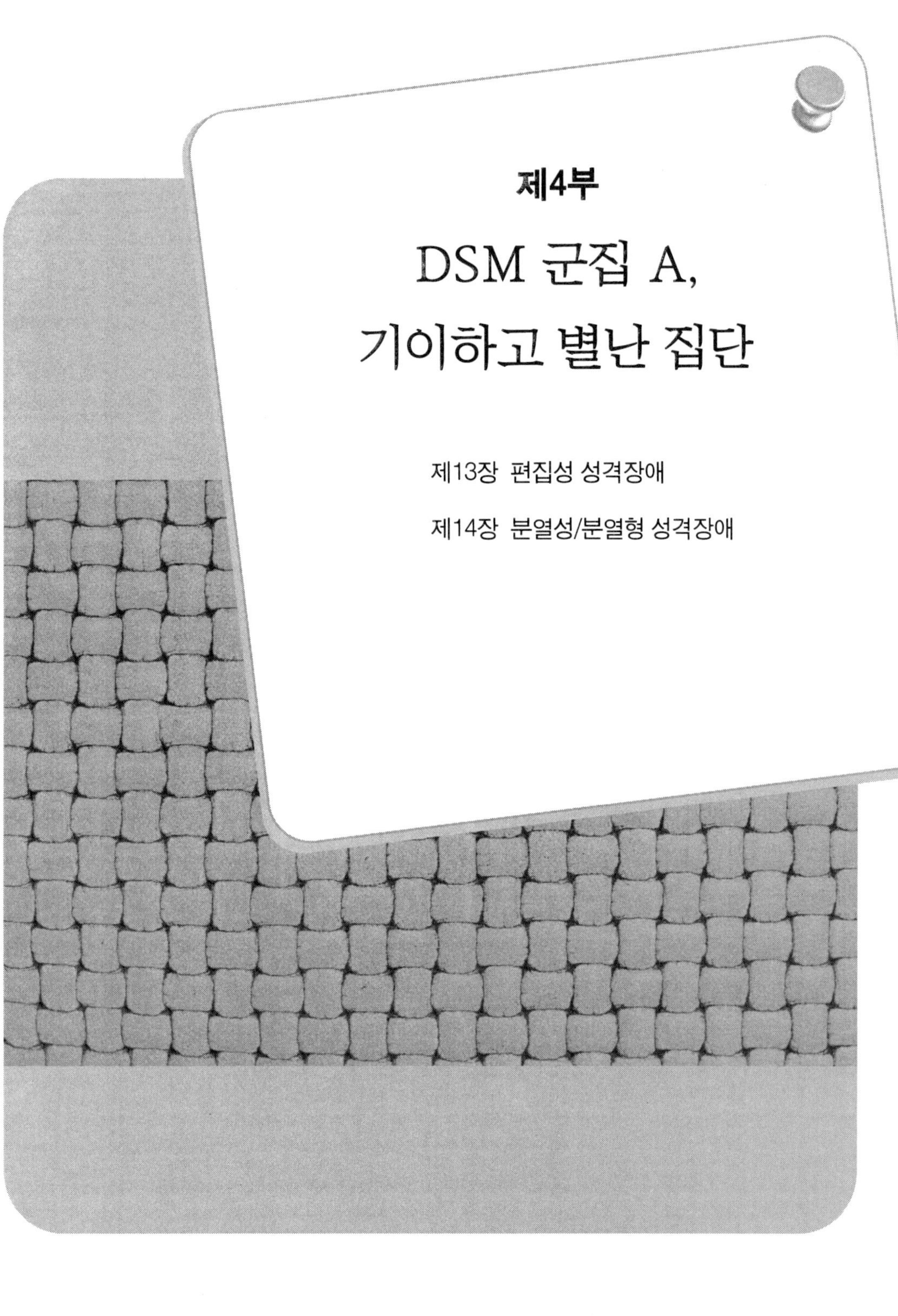

제4부

DSM 군집 A, 기이하고 별난 집단

13

편집성 성격장애

'편집증적이라는 것이 당신을 실제로 해치려는 사람이 아무도 없다는 것을 의미하는 것은 아니다'

문헌 고찰

> 고등법원 합의 재판부 의장이었던 Schreber 박사는 정신적 혼돈 상태이거나 신체적인 억제 능력, 지적 능력이 손상된 것처럼 보이지 않았다. 그는 침착해 보이고 기억력도 훌륭하였다. 그는 여전히 상당한 지식을 보유하고 있으며 이를 적재적소에 활용하고 있는 것처럼 보였다. … 그의 전반적인 상태에 대해 모르는 사람은 Schreber 박사가 뭔가 기이하다는 것을 전혀 눈치채지 못했을 것이다(Schreber를 조사한 Weber 박사, Freud에서 인용, 1911/1959, p. 393).

편집증의 이론에 대한 Freud의 유명한 설명은 Schreber 박사의 사례에 기초를 두고 있다. Schreber는 두드러지게 드러나는 정신장애(disorder)의 징후가 없었던 뛰어난 판사(앞의 인용에서 지적했듯이)였다. 그는 정치학, 과학 그리고 예술 분야에 관심을 가지고 있었다. 그런데 Schreber 박사는 자기 자신은 이미 죽었고 부패하고 있으며, 자신의 시체는 온갖 혐오스러운 방식으로 취급당했고 자기는 악마의 놀잇감이었으며, '영혼의 살인자' 라고 불렀던 전 주치의 Flechsig로부터 학대당하고 만신창이가 되었다는 갖가지 망상으로 괴로워하였다.

Schreber는 편집증이었을 뿐만 아니라 자신이 해를 당하는 것에 대해 광범위한 공포를 가지고 있었다. 또 '조발성 치매(dementia praecox, 조현병의 구 용어)'에서 발견되기도 하는 사고장애(thought disorder)의 한 형태를 나타내기도 하였다. 그뿐만 아니라, Freud는 편집증이 "비록 조현병의 주요 증상과 함께 복합적으로 드러나기도 하지만 반드시 독립적인 임상유형으로 다루어져야 한다."라고 주장하였다(1911/1959, p. 463). 편집증과 조현병을 구별하고 확장시켜 온 DSM-IV[1]에서는 세 가지 종류의 편집증을 구별하여 설명하고 있다. ① 망상장애, 질투형, ② 조현병, 망상(편집), ③ 편집성 성격장애(Paranoid Personality Disoder, 이하 PAR)[2]가 있다. 망상장애나 조현병이 증상에 대한 정확한 묘사와 설명에 더 치중하는 데 반해, PAR은 개인의 오래 지속되는 상호작용 유형(style)의 특징을 강조한다. DSM에 따르면, 환자의 편집성향이 만약 사고장애의 주요 증상을 포함하고 있다면, 임상장애의 진단명을 붙이는 것이 더 적합하다고 주장한다.

임상 실제에서는 망상장애에서 설명하는 편집증의 증상과 PAR의 증상이 상당히 중복되거나 공존한다. 망상장애와 PAR을 감별하기는 매우 어렵다(Bernstein, Useda, & Siever, 1993). DSM-IV[3]의 망상장애의 정의를 살펴보면 다음과 같다.

A. 적어도 1개월 동안 기괴하지 않은 망상(즉, 미행당한다거나, 누군가 독약을 먹인다거나, 감염되었거나, 누군가 멀리서 자신을 사랑한다거나, 배우자나 연인이 부정하다거나, 질병에 걸렸다는 등 실생활에서 일어나는 상황 포함)이 나타난다.

B. 망상의 영향이나 파급효과를 제외하고는 기능이 현저하게 손상된 상태가 아니고, 행동이 눈에 띄게 이상하거나 기괴하지 않다.

세부유형(주된 망상 주제를 근거로 다음의 아형으로 분류된다.)

질투형: 자신의 성적 파트너가 부정하다는 망상

피해형: 자신이(또는 자신과 가까운 사람이) 악의적으로 대우받고 있다는 망상

(미국정신의학협회, 1994, p. 301)

Freud는 개인의 발달과정이 손상을 입는 시점에 따라서 조발성 치매(dementia

---

1) DSM-5에서는 PAR을 정신분열 스펙트럼 장애 및 성격장애로 중복 분류하였다.

2) 이 책에서의 일관성과 명료화를 위해, 약자 'PAR' 은 편집성 성격장애(Paranoid Personality Disorder) 또는 이 장애로 진단받은 사람만을 지칭하는 데 사용하기로 한다.

3) DSM-5에서는 망상장애의 세부유형이 세분화되고, 정신분열증 기준 A가 충족된 적이 없어야 한다는 기준이 새롭게 추가되었다.

praecox) 또는 조현병과 편집증이 구별된다고 주장하였다. 그는 조현병(즉, Schreber의 질병에서의 환각적 특징)을 편집증보다 더 생애 초기의 고착에서 기인된 것으로 보았다(Freud, 1911/1959, p. 464). Freud는 편집증을 자아 이질적인 동성애적 소망에 대한 방어기제의 결과라고 역동적으로 해석하였다. 이런 발상에 대한 비판을 미리 예견한 Freud는 다음과 같이 말하였다.

> 편집증이 성적인 원인에 의한 장애인지는 결코 명백하지 않다. 반대로, 편집증의 원인에서 놀랍도록 현저한 특징은 특히 남성에게서, 사회적으로 창피당하는 것과 경멸(무시)이다. 그러나 조금만 더 깊이 들어가면, 이러한 사회적인 상처 안에서 진정한 작동요인은 정서적 측면에서의 동성애적 요인이 기여하는 부분에 있음을 알 수 있다(1911/1959, p. 445).

Freud는 확신에 차서, 편집증의 동성애적 기원에 대한 자신의 이론을 지지할 만한 두 번째 사례를 이후에 출간하였다(1915/1959, pp. 150-161). 그는 이성애적인 사랑을 하는 와중에 병이 난 한 여성의 사례에 자신의 이론을 적용하였다.

Freud는 편집증과 동성애 간의 관련성을 설명하면서, 리비도는 자신의 몸을 자기성애적(autoerotic)인 대상으로 선택함으로써 시작된다고 주장하였다. 두 번째 단계는 자기 외의 다른 대상, 그러나 동성인 대상의 선택과 관련된다. 마지막 단계는 이성(heterosexual) 대상 선택과 관련된다. Freud는 두 번째 단계를 '자기애(narcissism)' 로 명명했고, 동성 대상의 선택은 이 단계에서의 고착을 의미하는 것이라고 믿었다(1911/1959, p. 446). Freud는 동성애적 충동에 저항하기 위한 투쟁이 피해망상, 색정광(erotomania), 질투 그리고 과대망상증과 같은 편집증의 가장 중요한 특징을 설명한다고 주장하였다.

Freud에 따르면(1911/1969, pp. 448-449), 투사는 편집증의 피해망상에서 가장 주된 방어기제다. 성적 매력에 대한 금지된 감정에서 시작되어, '나는 그를 사랑해' 라는 감정은 '나는 그를 증오해' 라는 감정으로 변형(transformation)된다고 하였다. 그 후에 '나는 그를 증오해' 라는 내적 지각 또는 감정은 '그는 나를 증오하고 해치려고 해' 라는 외적인 지각으로 대체된다. 이렇게 외부에서 지각되는 증오는 자신의 미움을 오히려 정당화한다(이러한 지각된 증오—나를 해치려 하고, 증오하는 것—는 대신에 내가 그를 미워하는 것을 정당화한다). 그러므로 무의식적인 감정, 즉 사실은 추동적인 힘(motive force)은 이러한 감정을 외적인 지각의 결과로 보이게 만든다. "나는 그를 사랑하지 않아-나는 그를 미워해, 왜냐하면 그가 나를 해치려고 하니까." 색정광(Erotomania)은 이런 이

치로 설명이 된다. "나는 그를 사랑하지 않아–나는 그녀를 사랑해. 그녀가 나를 사랑하는 것을 알고 있어. 나는 그를 사랑하지 않아–나는 그녀를 사랑해. 왜냐하면 그녀가 나를 사랑하니까."

Freud의 '알코올중독자들의 질투망상' 연구에서는 임상적 관찰을 통해 질투망상에 대하여 다음과 같이 언급하였다. "술을 마시면 억제된 것이 풀리고 승화시켰던 것을 제자리로 되돌린다(p. 450)." 여성에 대한 실망 때문에 흔히 남성이 술을 마시게 된다고 Freud는 말하였다. 남성은 주로 "가정에서 자기 아내로부터는 얻을 수 없는 정서적 만족감을 줄 수 있는 남성동료들과 술을 함께 마시며 시간을 보낸다." 이런 남성 동료에게 매력을 느끼는 자신을 발견하게 되면, 알코올중독자들은 " '그 남자를 사랑하는 것은 내가 아니야. 그를 사랑하는 건 그녀야'라는 이유를 대면서, 그는 자신이 끌리는 모든 남성과의 관계에서 여성들을 의심한다." 여성들의 질투망상도 남성의 경우와 '똑같다'고 Freud는 주장하였다.

편집증의 과대망상 특징은 자아의 성적 과대평가의 결과라고 하는데(p. 451), 이 또한 마찬가지로 동성애에 저항하려는 방어기제다. 이는 "나는 전혀 사랑하지 않아–아무도 사랑하지 않아."라는 생각과 같은 것이다. 리비도는 어디에도 갈 곳이 없어져서 자아에 고착이 되고, 정상적으로는 사랑하는 한 대상을 위해 존재하는 자아가 과대평가 되는 결과를 낳는다. 과대망상은 PAR이 타인으로부터 멀어지도록 직접적으로 영향을 미친다. 예를 들어, Schreber는 세상이 끝나고, 사람들은 '서로를 돌보지 않는 기묘한 기계(contraption)' 가 된다고 생각하였다.

Freud가 동성애[4)]에 대해 특별한 편견을 가진 것은 아닌 듯하지만, 편집증에 대한 그의 분석은 동성애는 질병이라고 주장하는 사람들이 활용하게 되었다. 동성애의 성격에서 편집적 측면을 찾기가 어렵지는 않지만, 이에 대한 또 다른 설명도 있다. 이에 대해 가장 간명한 대안적 설명은 그가 동성애를 지나치게 폄하했다는 것이다. 동성애자가 처음부터 의심이 많지 않았더라도, 의심하게 되는 기회는 많다. Colby(1977)는 Freud의 해석을 지지하기보다 동성애자의 편집증은 잘못된 것이라고 논박하였다. 만약 편집증이 금지된 소망에 대한 저항에 기초를 두고 있다면, 동성애적 충동을 드러내놓고 수

4) Freud는 심리적 어려움을 겪고 있는 동성애자의 어머니에게 모든 사람은 양성애적이라며 그녀를 안심시키는 글을 썼다. Schreber의 사례에서, Freud는 다음과 같이 언급하였다. "일반적으로 모든 인간은 전 생애를 걸쳐서 이성애와 동성애적 감정 사이를 오간다. 그리고 한쪽 성향에서의 좌절 혹은 실망은 한 사람을 반대의 성적 경향으로 유도할 수도 있다(p. 428)." 그리고 Schreber가 51세에 정신병이 발병한 이유에 대해서는 다음의 인용구절에서 더 자세히 서술하였다. "여성뿐만 아니라 남성도 '갱년기'의 영향을 받을 수 있으며, 갱년기의 시작과 더불어 질병에 특히 취약해질 수 있다(p. 430)."

용하는 사람들은 동성애적 충동에 반한 방어기제로부터 생겨나는 증상을 어떻게 보여주는가 하는 의문이 바로 그 증거가 된다고 하였다.

이처럼 Freud의 편집증에 대한 이론은 논쟁거리다. DSM의 저자들은 특정 이론을 택하지 않으므로, 편집증과 동성애 간의 어떠한 관계도 언급하지 않았다. 특히 동성애 인권운동가들과의 논쟁 후에, APA(미국정신의학회)는 동성애는 정신질환이 아니라는 것을 투표로 결정하였다(Spitzer, Williams, & Skodol, 1980, p. 152).

DSM-III에서는, 동성애는 환자가 자신의 선택에 만족하지 못할 경우에 한해서 이를 자아이질적 동성애(Ego-Dystonic)라고 언급하고 있다. DSM-III-R에서는 자아이질적 동성애는 특정한 진단명 없이, 미분류 성기능장애(sexual disorder NOS)라는 범주에 포함되어 있다. DSM-IV의 색인에는 아예 동성애 자체가 언급되어 있지 않다. 다만, 성정체감 장애(Gender Identity Disorder)와 복장도착성 물품음란증(Transvestic Fetishism)의 측면을 설명하는 데 동성애라는 단어가 쓰이는 것을 볼 수 있다. 동성애자로서 개인의 심리적 어려움, 예를 들어 자신의 성적 지향성(sexual orientation)에 관한 지속적이고 현저한 고통을 겪는 경우는 미분류 성기능장애(sexual disorder NOS)로 분류가 될 수 있을 것이다(American Psychiatric Association, 1994, p. 538).

성적이고 정치적인 부분은 제쳐 두고, 이 책에서 접근은 PAR의 특징인 SASB 코드의 대인관계적 패턴에 대한 것이며 SASB 원리를 사용해서 전형적인 발달력을 추론해 내는 것이다. 타고난 기질에 더해서, 발달력은 개인이 동성애이건 이성애이건, 남자 또는 여자이건 간에 PAR을 예측한다. PAR은 성적 행동에 연루되는 신체부분과 상관없이 대인관계적 상호작용의 차원(dimensionality)에 따라 유지된다.

Lemert(1962)는 사회적 환경이 어떻게 편집성 증상을 유지 또는 심지어 더 악화시키는지를 흥미롭게 설명하였다. Lemert는 가족, 직장 관계자, 고용주, 변호사, 경찰, 의사, 공무원(관리), 그리고 기타 여러 사람과의 장기간의 면접을 통해 자료를 모았다. 연구 대상자들은 소송에 연루된 또는 이미 병원에 입원한 PAR들이다. Lemert는 타인이 지각하는 PAR의 특징을 다음과 같이 간결하게 정리하였다.

1. 암묵적인 규칙보다 구두로 전달되는 가치나 내용을 우선시함으로써 주류 집단의 가치와 규범을 무시함. 배신에 대한 반응으로 드러내는 충성심의 결여와 약자를 괴롭히고 위협함.
2. 자신이 특권을 갖지 못한다고 간주하면 집단의 암묵적인 구조를 무시함. 자신이 원하는 목표를 성취하기 위해 공식적인 방법에 위협을 가하거나 또는 바람직하지 않은 수단에 호소함(p. 6).

PAR에 대한 조직적인 집단의 반응은 증상을 악화시키는데, 그 이유는 PAR이 "행동이 불확실한 애매모호한 사람… 비공식적인 권력구조를 까발리려는 위협을 하기 때문에 신뢰할 수 없는 사람"으로 보이기 때문이다.

1. 그 자신과 타인과의 상호작용 또는 그가 있는데서 다른 사람들끼리의 상호작용도 피상적인 겉치레일 뿐임.
2. 타인들이 자신을 명백하게 회피함.
3. 집단의 상호작용에서 PAR의 구조적 배제(p. 6).

Lemert는 PAR이 '까다롭고', '완고한' 사람으로 보이며, 결국 PAR은 '위험한' 사람으로 지각된다고 하였다. 사람들은 '도덕적으로 부당한' 방식으로 PAR을 어르고, 비위를 맞춰 주며, 맞장구를 치고, 교묘히 피하며, 따돌리고, 배제하며, 소외시키고, 교묘하게 조작하려고 공모한다(p. 9). 그리고 이러한 사람들의 반응은 PAR이 대인관계의 문제에 대처하기 어렵게 만든다.

> 편집증적인 개인이 과장되게 눈에 띄는 것과 동시에, 편집증자를 배제하려는 사람들과 내심 한패인 사람들 사이에서 그에 대한 이미지의 왜곡이 가장 두드러진다.
>
> 편집증적인 개인의 육체적인 힘의 세기, 크기, 교활함, 분노폭발의 일화들은 그가 위험하다는 사실에 집중적으로 초점이 맞추어지면서 과장된다. …이에 대한 우리의 해석은, 편집증적인 개인의 위험성에 대한 지각은 실제적인 신체적 두려움에서 나온 것이라기보다 편집증자가 보여 주는 조직적인 위협과 편집증자에 반대하는 사람들의 집단적 행동을 정당화하려는 욕구에서 나온 것이라고 할 수 있다(p. 13).

> 편집증이 어떤 사람들에게 삶의 방식이 된다면, 과대망상과 박해망상으로 가득 찬 매우 까다롭고 의심이 많은 이 편집증자는 조직과 공동체에서 주변인으로서 기능하게 될 것이다. 하나는 희생양의 기능인데, 놀림감이 되거나 사람들이 "다음에 그 사람이 어떻게 할까 궁금해."라고 생각하게 만듦으로써 억측성 험담의 주인공이 된다. 이런 희생양 역할에서, 편집증자는 그 자신에게 직접적으로 향하는 공격성과 비난에 의해 조직 내에서 주류 집단을 오히려 똘똘 뭉치게 하며 그 집단 구성원들의 동질감과 일치감을 강화하는 데 일조할 수 있다(p. 17).

Lemert의 연구는 발달 초기에 시작되는 성격장애가 어떻게 유지되고, 또는 성인기의 가족과 공동체에 따라 더 악화되는지를 이해할 수 있는 탁월한 원형을 제공하고 있다.

PAR에 대한 DSM의 정의

DSM의 정의는 이후 분석의 출발점이 된다.

다른 사람들의 동기를 악의적으로 해석하는 것과 같은 광범위한 불신과 의심이 초기 성인기에 시작되어 다양한 상황에서 다음 중 4개(또는 그 이상)의 증상이 나타난다.

(1) 충분한 근거 없이 타인이 자신을 착취, 상해 또는 속인다고 의심한다.
(2) 친구나 동료의 충성심이나 신의에 대한 부당한 의심에 사로잡힌다.
(3) 정보가 자신에게 반해서 악의적으로 사용될 것이라는 확인되지 않은 두려움 때문에 터놓고 얘기하기를 꺼린다.
(4) 온정적인 말이나 사건을 자신을 폄하하거나 위협하려는 의미가 감추어져 있는 것으로 해석한다.
(5) 원한을 지속적으로 품는다(즉, 모욕, 상해 또는 경멸을 용서하지 않음)
(6) 자신의 성격이나 평판에 대한 공격(남들에게는 공격으로 보이지 않는)을 지각하면 즉각적으로 화를 내며 반격한다.
(7) 정당한 이유 없이 배우자나 성적 파트너의 정절에 대해 반복적으로 의심한다.

주: 만약 편집성 성격장애가 조현병의 발병보다 먼저 있었다면 괄호에 '병전'이라고 쓴다. 예: 편집성 성격장애(병전).

Morey(1988)는 성격장애로 치료받고 있는 291명의 외래환자 중 22.0%가 PAR 진단 기준에 부합한다고 보고하였다. PAR은 상당 수준 BPD(48.4%), AVD(48.4%) 그리고 NPD(35.9%)와 중복되었다. Morey의 연구에 따르면 다른 정신장애들과 마찬가지로 PAR도 다른 정신장애들과 중복되는 경향이 높다. 다른 장애들과의 중복은 '기묘하고' '괴팍하게' 보이는 패턴들에만 한정되지는 않는다.

발병원인에 대한 가설

발병가설을 설정하기 위해 SASB 모형을 활용하는 방법은 5장에 기술한 바 있다. DSM에 기술된 PAR 증상 각각을 설명하기 위해 발달사적 특성 네 가지가 제시되었다. 이 장애의 독특한 대인관계 패턴과 대인사를 연결하는 가설을 〈표 13-1〉에 제시하였다. 다음은 이 가설에 대한 좀 더 자세한 설명이다.

1. 가학적, 모욕적, 통제적인 부모의 양육이 있었다. 일반적으로 그 자신이 학대를 당한 적이 있는 PAR의 부모는 올바른 부모 역할에 대해 믿을 수 없을 만큼 엄격한 생각을 가지고 있으며 더할 나위 없이 잔인하다. 이후 PAR이 될 사람에 대한 부모의 공격은 BPD와 ASP의 발달력에서 흔히 발견되는 혼돈되고 무질서한 형태의 적대감과는 다르다. 아동을 향한 부모의 적대감은 돌처럼 차가운 냉혈한과 같으며, 정당한 분노(righteous indignation)를 이행하는 것이다. 아동은 근본적으로 사악하고 나빠서 억제가 필요하고 징벌받아 마땅하다는 메시지가 전달된다. 잔인한 처벌은 철저히 정당화되고,

〈표 13-1〉 PAR에 대한 대인관계 요약

과거경험	과거경험의 결과
1. 가학적 **공격**, **비난**, **통제**, 가족 비밀을 누설한 이유로 처벌을 받음	1. **공격**받을 것 같으면, 증오에 찬 철회(<u>물러남</u>), 비밀유지(<u>담을 쌓음</u>), *자기 통제*를 함 타인을 **통제**, 비난하고 경멸(**비난**), 그리고 학대(**공격**)하기 위해 부모와 동일시함, 가족에 대한 강한 충성심
2. 의존(<u>신뢰</u>)에 대해 가혹한 처벌(**공격**), 실수로 상처를 입혔을 때 공격당함	2. 지독한 독립(<u>분리</u>) 상대를 **통제**할 수 없을 때 친밀한 관계를 회피
3. 명백히 드러나는 또는 은밀한 부당한 비교(**비난**), 오래 지속되는 원한	3. 배제와 경멸에 민감함(**비난**+**무시**), 원한을 동반
4. 사람들의 접근이 닿지 않는 상태로 있으면서(<u>담을 쌓음</u>) 제한된 권능감에 보상을 받음(**통제**)	4. 독립(<u>분리</u>), 과제에 유능함(**통제**), 대인관계에서 극도의 철회(<u>담을 쌓음</u>)

요약: 타인이 나를 해치려 하거나 비난하기 위해 공격할 것이라는 두려움이 있다. 타인이 지지해 주거나 이해해 주기를 소망한다. 지지를 받지 못하면, 타인이 PAR을 그냥 내버려 두기를 바라거나 타인이 복종하기를 희망한다. 기준 위치는 담을 쌓고, 분리된 채 지내는 것, 그리고 자기를 최대한 엄격하게 통제하기다. 위협을 받으면, PAR은 적대적인 방식으로 물러서거나 오히려 상대방을 통제하기 위해 공격하거나 또는 거리를 유지하려고 한다.

PAR 기준선 SASB 코드: **통제**, **비난**, **공격**, <u>물러남</u>, <u>담을 쌓음</u>, <u>분리</u> 그리고 *자기통제*. 소망: **지지**와 확인을 받으려 함. 확인받는 것에 실패할 때 타인들은 **해방**(emancipate)시키거나 또는 <u>복종</u>해야 함. 두려움: **공격**, **비난**을 받는 것. 필요조건: 실제로 그렇지 않은데도 해를 끼칠 의도로 지각함. 배제조건: 유기(버려짐)에 대한 걱정, 권위적인 대상에 대한 방어.

'합리적'이고 '타당한' 방식으로 이행된다.

채찍, 벨트, 회초리, 머리빗 또는 주먹을 휘두르는 폭발과 극심한 감정적 동요가 수없이 강렬하게 반복되었다. 부모는 매우 세심하고 철저한 방식으로 그리고 '아이가 사람들에게 보여 줄 수 없는 부분'에 처벌을 가한다. 아이가 가족에 대해 자랑스럽게 느끼도록 조종한다. 가족에게 충성심을 가지도록 훈계하며, 가족 이외의 사람에게 가족 안에서 일어나는 '일' 에 대해 말하지 않도록 가르친다.

Schreber 박사의 아버지가 당대의 소아과학 교재의 결정판을 쓴 존경받는 의사였던 사실은 매우 흥미롭다. Schreber 박사의 아버지는 부모들에게 자녀훈육에 아주 잔인한 방법을 사용하도록 조언하였다. 아동이 자위를 하거나 타인 앞에서 보기 흉한 행동을 하는 것을 방지하기 위해 극악무도한 방법을 사용하도록 권하였다.

이렇게 무서운 엄격한 부모 양육의 결과, PAR은 아주 가까운 사람들에게서조차 학대당할 것을 예기하게 된다. 그의 기준 위치는 두려움과 증오에 찬 물러남, 비밀유지, 그리고 불신이다. PAR의 두려움과 철회(위축)는 학대에 따른 것이지만 그들은 부모를 동일시하기도 한다. PAR의 공포는 다음 세대[5]가 쉽게 모방하는 것처럼 보인다. 부모의 통제도 내면화된다. PAR들은 예기치 않은 일이 일어나는 것을 방지하기 위해 자기 자신을 강하게 통제한다. PAR은 부모의 과도한 적대적 행동을 동일시한다. 불쾌하게 통제적이고, 독선으로 판단적(self-righteously judgmental)이며, 타인을 자발적으로 학대하려 한다.

2. 자라서 PAR이 된 사람에 대한 학대는 초기 영아기부터 시작되었다. 아기는 가장 행복한 순간조차도 무자비하게 다루어졌으며, 울면 맞았다. 이는 비효과적인 개입으로써 아이의 인지적 처리능력이 실제보다 훨씬 더 뛰어나고 더 의도적이라고 생각하기 때문에 발생하는 것이다. 미래의 PAR의 부모는, 부모가 뭔가 잘못한 것을 책망하려고 우는 '작은 어른' 으로 아기를 인식한다. 아기의 울음을 자신들이 무언가를 하도록 만드는 명령으로 여긴다. 부모는 자신들의 이런 지각에 아기를 매섭게 체벌하는 것으로 '반응한다.' 이러한 영유아에 대한 부적절한 기인은 정상적인 양육기제를 방해하는 결과를 낳는다. 만약 아동이 넘어지거나 다치면, 부모는 아동을 얼러 주기보다 때리고 혼을 낸다. 만약 아동이 동네에서 곤란한 일에 처하면, 부모는 "무슨 짓을 한거니?" 라고

---

5) 위험에 대한 무서움과 민감성은 영장류에게는 사전에 프로그래밍된 것일 수 있다. 어린 원숭이는 나이 먹은 원숭이가 특정 뱀을 두려워하는 것을 한 번 보는 것만으로도 학습이 이루어지며, 학습된 두려움은 일평생 지속된다(Washburn & Hamburg, 1965). 생물학적 적응논리에 따르면, 부모의 공포와 적대적인 움직임은 유·아동에게 깊은 인상을 주며 다른 어떤 행동 패턴보다 더 강력하게 모방을 부추긴다.

물을 것이다. 더 큰 아이가 울고 있으면 "울어야 할 이유가 있니?"라는 반응을 보이는데, 이는 만약 울음을 멈추지 않으면 이로 인한 구타가 있을 것을 암시한다. 이와는 반대로 침묵하고 있으면 "너는 지나치게 예민하다."라는 이유로 혼이 날 것이다. 미래의 PAR에게 위로나 안락은 없으며, '나쁜' 아이에게는 휴식이란 없다.

PAR은 말할 필요도 없이 울지 않고, 징징거리지 않으며, 아프거나 다쳤을 때조차 도움을 청하지 않고, 신뢰하지 않는 것을 재빨리 배운다. '멀리 떨어져 있는 것'이 최선의 방법임을 아주 어린 나이부터 배운 것이다. "부서진 장난감이 있으면, 그냥 부서진 채로 두고, 혼자서 처리하는 것이 훨씬 더 안전하다."라고 설명한다.

이런 훈련의 결과 PAR은 극도로 독립적이 된다. 그들은 자기가 통제할 수 있는 경우가 아니면 친밀함을 회피한다.

3. 미래의 PAR은 가족 내에서 은밀하게 또는 명백히 부당하게 비교당하는 사람이었다. 여러 이유로 희생양으로 선택된[6] 미래의 PAR은 못되고, 독단적이며, '거만하고(stuck up)', 고집불통이며, 성을 잘 내고, 과민하며, 까다로운 사람으로 보인다. 아동의 무능력, 게으름에 대해 비난하는 것이 아니라, 주로 아동의 부적절한 또는 과도한 적개심이나 자율성 또는 지배성이 잘못이라고 야단친다. 이런 잘못은 중대한 것이므로 정당한 법 절차 없이 시행되는 장기적이고 가혹한 부모의 처벌을 '정당화' 한다. 예를 들어, 한 PAR이 서커스에 가기 위해 여름 내내 열심히 일해서 돈을 모았다. 서커스를 보러 가는 날 아침, 어머니는 찬장에서 깨진 접시를 발견하고 PAR이 깨뜨렸는지 물어보았다. PAR은 아니라고 대답했지만 어머니는 거짓말을 했다는 이유를 들어, 머리빗으로 가혹하게 엉덩이를 때리고 서커스에 가지 못하게 하였다. 다른 형제들에게는 접시를 깨뜨렸는지 물어보지도 않았을 뿐만 아니라 그들은 서커스에 가도록 허락하였다. 다른 이유가 있을 거라고는 전혀 고려하지 않았다. PAR은 부엌일에 책임이 있으며, 만약 뭔가 잘못되면 PAR이 뭔가 했기 때문이라는 생각이 명백하였다. 나중에, PAR은 상당히 비판적인 말로 어머니의 기분을 거슬리게 해 성나게 하였다. 이에 대해 PAR이 계속해서 사과를 하고 자신이 한 말을 취소하려고 했음에도 어머니는 2년 동안이나 PAR과 말조차 하지 않았다. 편집증적 가족에게서 원한은 오랫동안 지속된다.

부모는 흔히 PAR의 형제들을 분명하게 선호한다. 형제들에게 눈에 띄게 더 많은 특권, 사랑, 인정을 준다. 미래의 PAR이 마치 눈앞에 없는 사람처럼 취급하면서 그에 대

---

6) 어떤 부모는 아주 어릴 때부터 출생 순서, 성별, 싫어하거나 특별히 사랑하는 형제와 신체적으로 닮았다든가 하는 이유로 특별한 역할을 아동에게 부여한다. 만약 부모가 아동을 초기의 박해자를 위한 대리인으로 본다면, PAR과 희생양 역할은 더욱 조장된다.

해 부정적으로 말한다. 성인이 되었을 때 PAR은 몰래 귓속말을 하거나, 창피를 주거나, 배척당하는 것에 무척 예민하거나 분노하게 된다. 그들은 자기 형제들과 대등한 것처럼 보이는 동료(또래)들이 불공평하게 특권을 갖는 것에 특별히 예민하다. 자신의 가족에서처럼, PAR은 다른 사람에게 쉽게 원한을 품으며, 이 원한은 오래 지속된다. 상대적으로 현재 자신이 처한 현실에서 지지를 거의 받지 못하면, 세상은 원래 자신에게 적대적이라고 굳게 믿는다.

DSM에서는 언급되지 않았지만, PAR도 아주 선택적으로 강렬하고 친밀한 관계를 맺을 수 있다. 이런 관계 내에서, PAR은 극도로 의존적이고 비정상적인 신뢰를 드러낸다. '자기 편'이라고 여기는 소수의 사람들에게 PAR은 맹목적이면서 심지어 부적절해 보이기까지 하는 충성을 바친다.

4. PAR은 '사람들로부터 거리를 두고 단절'하면서도 다른 사람들을 돕는 능력에 대해 보상을 받았다. 즉, 만약 PAR이 뭔가 해 달라는 어떤 요구도 하지 않은 채 부모 역할을 도맡아서 잘 해내면, 학대의 가능성은 현저히 줄어들었다. PAR은 집안이 굴러가게 하기 위한 일을 떠맡고, 학교에서도 모범적으로 잘 해 나갈 가능성이 높다. 한 PAR이 설명하기를, "아버지가 취했을 때, 아버지를 부축해 드리고 칭찬을 받았으며, 난 어머니의 파수견이었어요."라고 하였다. 나머지 가족들이 카드게임을 하고 쉬는 동안 PAR은 설거지를 해야 했고, 잔디를 깎아야 했으며, 장을 봐야 했을 수 있다. 따라서 대부분의 PAR은 자신의 공헌에 대해 인정받기를 갈망하였다.

그러나 돌아오는 것은 냉소적인 칭찬과 더 심한 요구뿐이어서, PAR의 분노와 소외감은 해가 갈수록 증폭되었다. 성인이 된 PAR은 변호사, 경찰, 의사와 같은 지배적인 위치의 사람이 될 것을 기대 받았을 가능성이 높다. 부모들은 PAR에게 잘 해내야 한다는 기대와 지지를 보냈고, PAR은 그 기대와 지지에 맞추어 잘 해냈다. 그러나 PAR이 위험을 무릅쓰고 자신에게 할당된 일을 제대로 해내지 않으면, 쫓겨나거나 창피를 당하였다. PAR은 '나쁜 종자' 였다. 그들이 유능하다 하더라도, 좋은 사람이거나 사랑스러운 사람이 되는 건 결코 불가능하였다. 선량함과 사랑스러움은 타인의 전유물일 뿐이다. PAR은 유능해지는 것을 배웠으며, 주류 집단으로부터 분리되어 독립적으로 존재하였다.

성인이 된 후에도 이런 패턴은 지속된다. 자율적인 환경과 지위에서 PAR은 잘 기능한다. 드러나지 않는 오래된 패턴은 두려움과 함께 원한과 소외를 지속적으로 유발한다. 대개 인정과 보상을 받으려는 PAR의 급박하고, 고압적이며, 건방지고, 고집불통의 요구에 무서운 공격이 촉발되며 소외는 더욱 심화된다. 앞에서 인용했던 Lemert(1962)의 묘사는 커뮤니티에 의해 PAR의 편집증적 예민성이 어떻게 악화되는지를 구체적으로 보여 준다.

요약하자면, PAR은 외롭고 증오에 차 있으면서 타인의 미움을 사며, 겁에 질려 있으면서 또 위협을 가하는 인물이다. 강력한 개입을 할 수 있지만, PAR은 정의를 위해 또는 복수를 위한 임무수행을 제외하고는 대부분 조용히 숨어서 지낸다. 만약 조현병이 있다면, 문제는 더욱 복잡해진다. Schreber 박사는 자기 자신, 신, 유명한 의사였던 그의 아버지, 그리고 Flechsig 박사라는 여러 인물 간의 경계를 넘나들었는데, 이는 조현병의 세계에서 흔히 발견되는 아동과 부모 사이의 구분이 불분명해지는 특징과 비슷하다. 정신과 의사 R. D. Laing은 이런 가족들의 특징적인 패턴을 한 편의 시로 전달하려 하였다. 그의 저서 『Knots(매듭)』에는 한 사람의 생각이 누구에게 속해 있는 것인지에 대한 혼란을 선과 악의 주제와 관련해서 묘사한 문구가 있다.

> 나의 어머니는 나를 사랑하지 않는다.
> 나는 기분이 나쁘다.
> 그녀가 나를 사랑하지 않아서 나는 기분이 나쁘다.
> 내가 기분이 나빠서 나는 나쁜 사람이다.
> 내가 나쁜 사람이라서 나는 기분이 나쁘다.
> 그녀가 나를 사랑하지 않아서 나는 나쁜 사람이다.
> 내가 나쁜 사람이라서 그녀는 나를 사랑하지 않는다(Laing, 1970, p. 9).

자기를 정의하는 데 느끼는 이런 혼란에 관해서는 나중에 더 논의하겠다.

과거 대인관계 특징과 DSM에 제시된 증상 간 관계

'전형적인 PAR'은 DSM에 제시된 모든 증상을 나타낸다. 가학적이고, 경멸적이며, 통제적인 부모의 양육력은 PAR로 하여금 타인들이 자신을 착취하고 손상을(기준 1) 입힐 것이라고 예측하게 만든다. PAR은 우호적인 사건을 위협적인 것으로 지각하고(기준 4), 사적인 것이 드러나는 것을 두려워한다(기준 3). 쉽게 분노하는 부모를 동일시한다(기준 6). 다른 가족구성원과 불리하게 비교당하고, 악의적인 타깃이 되었던 경험이 PAR이 사람을 신뢰하기 어렵게 만든다(기준 2, 7). 이런 발달력은 원한을 유지하게 하는 데 일조한다(기준 5).

PAR의 이런 부적응적인 패턴이 대개는 좋은 행동들의 바다에서 섬처럼 가끔 등장하는 것임을 DSM에서는 언급하지 않고 있다. 집에서는 분노에 차 있고 의심이 많은 편집증적인 의사가 병원에서는 매우 친절하고 사랑이 가득한 사람일 수 있다. 유능함과 탁월한 수행에 관심이 있는 것은 OCD의 특성과 비슷하다. PAR과 OCD가 임상적으로 공존한다는 것은 오랫동안 잘 알려져 왔지만 성격장애 진단의 정의에서 이런 내용이 입증된 것은 아니다. Morey(1988)에 따르면, 단지 7.8% 정도만 PAR과 OCD를 함께 나타낸다고 하였다. DSM-III의 기준을 다시 보면, PAR의 질서정연함과 순종, 권능 등에 대한 관심이 OCD의 그것과 비슷하다.

PAR은 알코올과 약물남용, 특히 '권력과 통제감을 주는(dominance) 약물'에 매우 취약하다고 믿는다. 즉, 알코올, 코카인, 암페타민과 같은 약물은 남용자들에게 강한 권력과 통제감을 주는 것으로 알려져 있다. **통제**를 위한 욕구로 조직된 성격은 중독에 취약하다. 이런 약물은 현실에서 지배성과 우월감을 느끼게 해 주는 사회적인 복잡함이나 기술을 사용자가 직접 행동으로 옮기지 않아도 자신이 원하는 그런 느낌을 쉽게 전해 준다. 즉, '우월감, 지배형 약물' 은 비록 착각이기는 하지만 권력(통제)으로의 지름길을 제공하는 것처럼 보인다. 약물을 사용하는 동안 무모해질 수 있으나, 약물이 없으면 오히려 강력한 자기통제를 보인다. 약물남용에 빠져 있을 때, PAR은 확실히 자기억제를 못하는 듯하다.

PAR의 대인관계 요약

다음은 PAR의 대인관계 특성을 요약한 내용이다.

> 타인이 나를 해치려 하거나 비난하기 위해 공격할 것이라는 두려움이 있다. 타인이 지지해 주거나 이해해 주기를 소망한다. 지지를 받지 못하면, 타인이 PAR을 그냥 내버려 두기를 바라거나 타인이 복종하기를 희망한다. 기준 위치는 담을 쌓고, 분리된 채 지내는 것, 그리고 자기를 최대한 엄격하게 통제하기다. 위협을 받으면, PAR을 적대적인 방식으로 물러서거나 오히려 상대방을 통제하기 위해 공격하거나 또는 거리를 유지하려고 한다.

임상에서 보면, PAR은 두 단계가 있는 것처럼 보인다. 초기 버전은 두려워하고, 철회/위축된 타입이 포함되며, 이후 버전에는 분노하고, 거만하며, 강제적인 행동이 더해진다. 초기 단계는 불안장애에서 나타나는 것과 비슷하다. 두 번째 타입에서는 불안이 분노와 분개로 대체되거나 가려진다.

이 요약은 PAR의 기본적 패턴 및 소망에 대한 SASB 코드에 토대를 두고 있다. 〈표 13-1〉에 제시된 코드는 PAR을 규정하는 간편한 방법이다. PAR의 기준 위치는 **통제**, **비난**, **공격**, 물러남, 담을 쌓음, 분리 그리고 *자기통제*다. PAR의 소망은 **지지**를 받는 것이지만, 그렇지 못하면 **해방**되거나 또는 복종하는 것이고 두려움은 **공격**당하거나 **비난**받는 것이다.

PAR 노래의 리듬과 하모니는 PAR이 주고받는 대인 및 심리내적 반응의 연쇄에서 나타난다. PAR의 '으뜸음'은 물러남, 담을 쌓음 그리고 분리로 구성된다. 상보성의 원리에 의한 이런 성향은 **공격**, **무시** 그리고 **해방**을 이끌어 낸다. 타인이 PAR을 배제하고 **공격**한다면 PAR이 하는 가장 최악의 예상이 맞아떨어지는 것이다. 상대방이 자신을 바로 공격할 것이라고 확신하면 즉각적으로 타인을 **공격**하고 **비난**하기 위해 움직이거나 상황을 **통제**하려고 할 것이다. PAR은 지지받기를 정말 원하지만, 그렇지 못할 경우 타인이 복종하거나 혹은 **해방**되는 것만으로도 만족할 것이다. 이것이 바로 PAR 노래의 리듬과 하모니다.

SASB 코드를 사용할 줄 아는 독자라면 이와 같은 분석을 다른 맥락에도 적용해 볼 수 있다. 예를 들어, 환자가 자신의 우울 증상이 더 심해진다고 불평하는 것은 흔히 있는 일이다. 때때로 이러한 불평은 PAR이 불평하는 방식과 유사하다. 우울 증상에 대한 이런 방식의 불평을 해석하기 위해, 치료자는 우울을 기술하는 환자의 과정을 코드화할 필요가 있다. PAR이 자신의 증상에 대해 불평할 때 치료자에 대한 환자의 과정은 PAR 노래의 특징을 포함하고 있을 것이다. 다음의 예를 살펴보자.

> 환자는 항우울제를 시도해 보자는 의사의 처방을 거부하였는데, 왜냐하면 약물치료는 실패의 징표로 느껴지고 궁극적으로 그것이 해가 될 것이라고 보았기 때문이다. 환자의 우울감 증가를 상당히 염려하는 의사는 약물치료의 주된 부작용이 사실 매우 드문 현상이라고 그를 설득하였다. 의사는 그에게 최소한 몇 주 동안이라도 약을 먹어보라고 권하였다. 그는 매우 불안해하며 오히려 의사가 약물처방으로 어떤 이익을 얻는 것이 아닌지 의심하였다. 그는 그 의사가 제약회사의 주식을 보유하고 있는지 알아봐야겠다고 요구하였다. 그는 최신의 항우울제에 대한 문헌과 의료재정에 대해 이야기하였다. 장시간의 논쟁 후에 결국 그는 약물치료를 거부하였고 자기 문제는 자신의 방식으로 해결할 수 있다고 말하였다.

〈표 13-2〉에 PAR 노래의 기초 사항을 앞에서 논의되었던 다른 성격장애들의 그것

과 비교해 놓았다. 표에서 보듯이 PAR이 **통제**하고 **비난**하려는 경향이 있는 것은 극적이고 예측하기 힘든 B군(BPD, NPD, HPD, ASP)의 장애들과 비슷하다는 점이 나타난다. PAR의 **공격**성은 BPD, NPD, ASP와 비슷하다. PAR의 위축(물러남)과 담을 쌓는 태도로 드러나는 강한 철회 성향은 AVD의 특징과 유사하다. 마지막으로 **통제**, **비난**과 *자기통제*의 경향은 OCD와 비슷한데, 두 집단 모두 개인적으로 친해지기 매우 어렵다(담을 쌓음). OCD와 PAR은 중첩되는 특징이 많지만 두 장애는 중요한 점에서 매우 다른 양상을 보인다. 예를 들어, PAR과 달리 OCD는 중요한 단서들을 늘 **무시**하고, 권위에 복종하며, *자기비난*, *자기방치*하는 경향이 있다. '상황이나 타인을 무시(tuning out)' 하기보다는, PAR들은 항상 정확하고 예리하게 무슨 일이 일어나고 있는지에 초점을 맞추

〈표 13-2〉 BPD, NPD, HPD, ASP, DPD, OCD, PAG, AVD, PAR의 SASB 코드 비교

	BPD	NPD	HPD	ASP	DPD	OCD	PAG	AVD	PAR
1. **해방**									
2. **지지**									
3. **적극적 사랑**	×			×*					
4. **보호**									
5. **통제**	×	×	×*	×*		×*			×
6. **비난**	×	×	×	×		×	×*	×	×
7. **공격**	×	×		×*					×
8. **무시**		×		×		×*			
1. 분리		×		×			×*		×
2. 개방									
3. 반응적 사랑			×*						
4. 신뢰	×		×*		×				
5. 복종					×	×*	×*		
6. 골냄					×		×*	×	
7. 물러남								×	×
8. 담을 쌓음			×*	×*		×*	×*	×	×
1. *자기해방*									
2. *자기지지*									
3. *적극적 자기사랑*		×*							
4. *자기보호*	×			×*					
5. *자기통제*						×*		×	×
6. *자기비난*		×			×	×		×	
7. *자기공격*	×		×*				×*		
8. *자기방치*	×	×*		×*		×*			

* 표시는 같은 열에 위치한 코드가 서로 복잡한 조합을 이루어 나타남을 의미함.

며, 자기 자신만의 독립된 입장을 고수하고, 타인을 비난하며, *자기보호*를 한다. BPD와의 감별에서, BPD가 자율과 독립을 두려워하는 것에 반해 PAR은 자율과 독립을 편안해한다는 점이 기본적으로 다르다.

독립(자율)이 편안하다는 PAR의 특징은 간절히 어딘가에 속하기를 갈망하는 AVD와 구별되는 부분이다.

〈표 13-2〉의 대인관계의 기본(도, 레, 미)은 범주들이 서로 어떻게 중첩되는지, 그리고 서로 어떻게 다른지 정확하게 보여 주고 있다. 표에 기술된 내용은 임상가들이 감별진단을 하는 데 도움을 줄 것이다.

DSM 진단기준 재검토

PAR에 대한 DSM의 관점이 대인 언어로 번역되었고, PAR 패턴과 관련된 심리사회적 학습의 개요를 제시하였다. 여기에서는 PAR에 대한 대인관계 분석을 직접 DSM과 비교하였다. DSM 기준은 *이탤릭체*로, 대인관계 용어로 표현된 것은 밑줄로, WISPI(1장에서 논의함) 기준은 **고딕체**로 표시하였다.

다른 사람들의 동기를 악의적으로 해석하는 것과 같은 광범위한 불신과 의심이 초기 성인기에 시작되어 다양한 상황에서 다음 중 4개(또는 그 이상)의 증상이 나타난다.

(1) *충분한 근거 없이 타인이 자신을 착취, 상해 또는 속인다고 의심한다.*

아주 가까운 사람들을 포함해서 거의 모든 사람이 아무 이유 없이 아무 때나 갑작스럽게 자신을 공격할 것이라고 믿는다. 특정한 타인에게서 자신이 돌이킬 수 없이 깊은 상처를 받았다고 느끼는데, 그 사람은 심지어 PAR을 인식조차 못하고 있는 경우도 있다.

확률이 매우 적은 경우라도 어떤 사람들은 나를 부당하게 착취할 것이다.

(2) *친구나 동료의 충성심(loyalty)이나 신의에 대한 부당한 의심에 사로잡힌다.*

사람들을 신뢰하거나 믿지 못하기 때문에 친구 또는 동료들이 충성심을 보이면 매우 놀라워한다. 친구 또는 동료들과 갈등이 생겼을 때 그들이 자신을 공격할 것이라고 기대하거나 또는 아무런 갈등이나 문제도 인식하지 못한다. 친구들이나 동료들이 자신을 해치거나 배신을 도모한다는 것을 아무 증거도 없이 확신한다.

다급할 때 문제를 해결하기 위해 타인에게 의지할 만큼 바보는 아니다.

(3) *정보가 자신에게 악의적으로 사용될 것이라는 확인되지 않은 두려움 때문에 터놓고 얘기하기를 꺼린다.*

타인이 자신의 사적인 정보를 빼내서 사용할 것이라고 생각하기 때문에 자신을 감춘다. 도움을 주려는 의도에서 물어보는 질문에도 대답하기를 거부하거나 자신의 사소한 부분에 대해 '무슨 상관이냐며' 말하기를 거절한다.

내가 무슨 생각을 하건 어떤 감정을 느끼건 다른 사람들이 상관할 문제가 아니다. 비록 다른 사람들이 도움을 주려고 한다 해도 말이다.

(4) *온정적인 말이나 사건을 자신을 폄하하거나 위협하려는 의미가 감추어져 있는 것으로 해석한다.*

별 생각 없이 무심코 내뱉은 말에 비판받았거나 공격당했다고 느끼면, 사람들이 자신을 상처 주려는 것이라고 확신한다. 타인들은 비판 또는 공격으로 보이는 것 이외에 아무 말이나 행동도 하지 않는다고 느낀다. 예를 들어, 새로운 물건(차, 옷, 개인적인 물품)에 대해 칭찬하는 사람들이 있으면, 칭찬하는 사람들이 자신을 이기적인 사람으로 여긴다고 믿는다. 만약 성취에 대해 칭찬받으면, 타인이 자신에게 더 잘, 더 많이 하라고 압력을 가하려는 것으로 느낀다. 만약 누군가 도와주려고 하면, 이에 대해 자기가 그 일을 혼자서 잘 해낼 수 없다는 이유로 사람들이 자신을 비판하는 것으로 여긴다.

나는 아주 작은 징후도 포착해서 사람들을 쫓아낼 수 있을 만큼 영리하기 때문에 타인들은 결코 나를 속일 수 없다.

(5) *원한(grudge)을 지속적으로 품는다(즉, 모욕, 상해 또는 경멸을 용서하지 않음)*

작은 '범죄'에도 엄청난 처벌을 받아야 한다. 예를 들어, 누군가 아주 바빠서 요청에 즉시 답을 주지 못하면, 그 사람이 얼마나 무능한지에 대해 사람들에게 오랫동안 말하고 다닐 것이다. 만약 친구나 동료들이 자신에 대해 나쁜 말을 한다면, 그 사람에 대한 엄청난 보복공격을 할 것이며, 적대적인 태도를 아주 오랫동안 유지할 것이다.

만약 사람들이 나를 배신한다면, 그에 대한 대가를 확실히 지불하도록 할 것이며, 절대 호락호락 봐주지 않을 것이다.

(6) *자신의 성격이나 평판에 대한 공격(남들에게는 공격으로 보이지 않는)을 지각하면 즉각적으로 화를 내며 반격한다.*

경멸, 공격, 부정적인 것을 재빨리 발견하며, 그에 대해 아주 오랜 복수로 반응한다. 만약 누군가가 조금이라도 성가신 티를 내면 오해받았거나 착취당한다고 생각해서 맹렬하고 고도로 집중된 분노로 반응한다. 공격의 대상으로부터 자신이 공격당할 뻔했다고 믿기 때문에 합리화할 필요도 없이 잔혹한 공격을 가한다.

사람들로부터 조금이라도 무시당한다고 느껴지면, 그들을 몹시 비난하고 덤벼들어서 다시는 나를 무시하지 못하도록 한다.

(7) *정당한 이유 없이 배우자나 성적 파트너의 정절에 대해 반복적으로 의심한다.*

친밀한 사람들을 완벽하게 통제하기를 원하는데, 왜냐하면 그들이 눈곱만큼의 기회만 주어져도 자신을 배신하든가 또는 누군가 다른 사람이 애인이나 친구를 '훔쳐 가려'고 해도 자신은 저항할 수 없다고 믿기 때문이다.

어떤 사람들은 기회만 주어진다면 내 배우자나 애인을 훔쳐 가려 할 것이므로 내 배우자나 애인을 계속 단속해야만 한다.

('8' *삭제된 DSM-III의 기준, 다시 복원해도 좋을 것 같다) 합리적인 행동에 대한 긍지*

망상에 대해 염려할 때만을 제외하면 거의 대부분 인지적으로 잘 기능하며, 자기통제에 가치를 두고 감정을 표현하는 것을 평가절하한다.

나는 감정을 마구 터트리는 사람들이 어리석다고 믿는, 매우 합리적인 그러나 잘 말하지 않는 사람이다.

주: 만약 편집성 성격장애가 조현병의 발병보다 먼저 있었다면 괄호에 '병전'이라고 쓴다.
예: 편집성 성격장애(병전).

필요기준과 배제기준

이 같은 분석을 통해 각 성격장애의 필요 및 배제 기준을 정의할 수 있다. PAR의 진단을 위한 필수기준은 위험과 해가 없는데 있다고 기대하는 것이다. 그리고 배제기준은 ① 유기에 대한 걱정(BPD와 NPD의 특징)과 ② 권위에 대한 복종이다.

사례 예시

사례 1

자녀가 있는 35세의 기혼 남성이 집중력의 문제로 병원에 왔다. 그는 "정신이 마음대로 작동을 하지 않아요. 뇌와 신체가 서로 따로 놀아요. 육체는 저곳에 있는데, 마음(정신)은 다른 데 있어요."라고 하였다. 그의 집중문제는 학창시절부터 시작되었다. 저학년 때 그의 학업수행은 들쑥날쑥하였다.

그런데 그는 "내가 마음을 쏟으면 나는 잘할 수 있었어요."라고 말하였다. 그는 오랫동안 불안했었다고 하면서 학교에서 "가만히 앉아 있을 수 없었다."라고 하였다.

주의 집중의 문제로 자신과 타인들을 위험에 빠뜨릴 가능성 때문에 그는 직장을 잃었다. 그는 이전 직장에서 '불만스러웠던 동료'에 대한 생각이 자주 떠올랐다. 이 상사는 그를 괴롭히고 학대하곤 하였다. 이전 직장에서 그는 매우 효율적이고 성실했는데, 이 때문에 사람들이 자신을 별로 좋아하지 않았다고 믿었다. 목수로서 그는 매우 헌신적으로 열심히 일했는데, 이런 태도는 대개 다른 목수들이 쉽고 편하게 일하는 게으른 분위기와는 아주 달랐다. 그는 자신의 정치적, 종교적 노선이 다른 사람들과 달라서 그 직장에 자신이 잘 맞지 않았다고 말하였다.

'불만스러운 동료'가 험담과 폭력적인 행동으로 자신을 지속적으로 괴롭히려 했다는 사실을 세세하게 전하였다. 예를 들어, 차 바퀴에 구멍을 내서 바람이 빠지게 한다든지 그의 집 유리창을 깬다든지 하는 일들이었다. 그는 동료가 '자신을 괴롭히기 위해 왜 그 정도까지 했는지' 이해가 되지 않는다고 하였다. 그 직장동료 때문에 환자는 너무나 힘들어했는데, 동료가 자신에게 저지른 학대에 대해 직장상사가 아무런 조치도 취하지 않았다는 사실 때문에 그 상사에게도 마찬가지로 분노하였다.

과거로부터 빠져나오기 위해 술, 코카인 그리고 마리화나를 사용하였다. 현재의(두 번째) 아내를 만났을 때 그는 술과 약물 사용을 끊었다. '일주일에 6개들이 맥주 한 팩' 정도까지 술 마시는 양을 줄였다. 그는 자신의 살해경향을 부인하기는 했지만, 만약 누군가가 자신의 차를 망가뜨리는 것을 붙잡거나 자기 집 마당을 침입하면 총을 사용할 수도 있다고 하였다. 이 환자가 받아들여 자기 것으로 만든 내사된 태도는 매우 잔인하고 징벌적이었다. 그는 자기 자신을 무능력하고 '멍청한 놈'이라고 불렀다. 그는 의도적으로 자신에게서 즐거움을 박탈하였다. 예전에 그는 자기통제를 잘했으나 최근에는 우유부단해졌다고 하였다.

환자는 현재 실직상태이며 지난 1년 동안 경제적으로 매우 곤궁했다고 하였다. 그의 두 번째 결혼도 깨질 위기에 처해 있었다. 그와 아내 사이는 매우 '소원' 하다고 하였다. 직업을 바꾸려고 이전에 했던 결정에 대해, 그는 자기 아내 탓을 하였다. 또 그는 아내에게 '쌀쌀맞은 태도를 취했으며', 며칠씩 말을 하지 않을 때도 있었다. 그의 이런 거부적 태도를 아내는 무척 싫어했고, 남편을 안아 줌으로써 화해를 하려고 시도하곤 하였다. 때로 아내의 시도가 먹히기도 했지만, 대부분 그의 '냉담한 태도' 는 그가 마음을 먹어야지만 끝이 났다. 그는 아내가 직장에서 다른 남자에게 반한 것 같은 행동을 했다고 주장했지만 아내는 이를 부정하였다. 그는 아내가 자신의 '유일한 친구' 라고 하였다. '완전 응석받이로 키운' 어린 딸을 제외하면 그가 신뢰하는 사람은 한 사람도 없다고 하였다.

가족에게 돈을 벌어다 주는 것이 이 환자에게는 무척이나 중요했기 때문에, 보수가 좋고 보험 등의 사원에 대한 복지혜택이 좋은 직업을 찾고 싶어 하였다. 그러나 그는 '자신이 원하는 것을 정확히 집어서 말할 수' 는 없었다.

환자의 첫 번째 결혼은 순전히 성관계를 중심으로 한 관계였으며 폭력으로 끝이 났다. 집에서 그가 차를 고치기 위해 차를 들어 올리는 잭을 사용하여 4개의 블록 위에 차를 올려놓았다. 그가 차 아래에서 작업을 하려고 누워 있을 때 아내와 그는 말다툼을 시작하였다. 그녀가 분노에 차서 망치로 4개의 블록 중 하나를 쳐서 쓰러뜨리자, 차는 아래 누워 있던 환자 위로 내려앉았다. 그는 자세한 것을 기억하지는 못했지만, 차에 깔리고 난 후 의식이 돌아왔던 것을 기억하였다. 그녀가 위자료문제를 복잡하게 하지 않고 이혼을 해 준다는 조건으로 그녀를 폭행죄로 고소하지 않기로 합의하고 끝이 났다.

환자의 어머니와 아버지는 그에게 매우 폭력적이었다. 그의 어머니는 규칙적으로 회초리와 벨트로 그의 엉덩이에 매질을 하였고 그의 방으로 쫓아 보냈다. 벌을 받을 거라는 생각만으로도 그는 두려워하였다. 마침내 그는 바지 속에 잡지를 넣어서 매질로부터 자신의 엉덩이를 보호하는 것이 효과가 있음을 깨달았다.

그의 어머니는 '아이들은 생각이 없고, 책임감도 없는' 존재라고 믿었으며, 그와 형제들을 늘 '돼지새끼들'이라고 불렀다. 물론 어머니는 규칙적으로 집안 청소를 깔끔히 했고 음식도 잘하였다. 어머니가 아버지와 말다툼을 할 때 그는 어머니 편을 들었으며 "엄마는 그 정도로 나쁘지 않아요."라고 아버지에게 설명하곤 하였다.

아버지는 머리빗으로 그가 울음을 터뜨릴 때까지 때렸다. 그의 아버지는 할 수 있는 한, 아이들은 많은 고통을 경험해야 한다고 하였다. 아버지의 처벌방법은 아이들의 모든 존엄성을 완전히 제거하는 것이었다. 한번은 어머니와 아버지가 아이들이 너무 더럽다고 말다툼을 하며, 아버지가 더러운 속옷을 그의 입에 물렸다. 어머니의 벌과 마찬

> 가지로 아버지에게서 엉덩이를 맞게 될 것이라는 사실이, 맞는 것 자체보다 더 끔찍한 일이었다고 말하였다. 아버지는 그를 '멍청한 놈'이라고 불렀다. 아버지의 눈에 그는 언제나 '일을 제대로 못하는' 아이였다. 그는 잘했다는 말을 들어 본 적이 없고, 잘못되었다는 말만 들었다. 아버지는 그와 형제들을 끊임없이 비교하곤 하였다.
>
> 환자에게는 세 명의 남자형제와 한 명의 여자형제가 있었다. 남자형제들은 여동생이 가장 좋아하는 장난감을 BB탄을 쏘아 맞히는 것으로 위협하였다. 그는 아버지가 어머니와의 관계에서 보여 준 모습을 모델링해서 남자형제들이 행동화하였다고 설명하였다. 그는 물건을 훔치는 등의 행동을 하면서 동네를 배회하며 돌아다녔다. 형제들이 그를 경멸하고 '잘못을 깨우치게 하기 위해' 두들겨 팼기 때문에 그는 형제들을 두려워하였다. 형제들은 여전히 그를 인격적으로 모독했는데, 그가 가족 중에 유일하게 성공한 사람이기 때문이었다. 환자는 아내, 집, 아이들도 있고 최근까지 직업도 있었기 때문이었다. 형제들과 달리 환자는 약물남용도 하지 않았다. 그런데 이제 그가 실패했으니 형제들이 의기양양해할 것이라고 믿었다. 자신이 더 형편없어지는 것이 그들의 인정을 얻어 내는 방법이었다.

환자는 DSM의 모든 기준에 맞기 때문에 PAR 진단이 내려질 만하였다. 그는 타인이 자신을 착취하고 해할 것이라고 생각하였다(기준 1). 그는 신의를 믿지 못했고(기준 2), 자신의 비밀을 털어놓는 것을 주저하였다(기준 3). 그는 친절한 말 속에서도 숨겨진 혹은 위협적인 의미를 감지하였다. 면담자는 환자가 면담자를 비판적이고 적대적으로 지각하는지를 확인해야 하였다. 그래서 이 면담의 목적과 방법에 대해 재차 설명을 해 주자 환자는 협조적이 되었다(기준 4). 그는 원한을 품고 있었고(기준 5), 무시당한 느낌을 쉽게 받았으며 그러면 곧장 반격을 하였다(기준 6). 또한 그는 배우자의 정절을 의심하였다(기준 7).

이 환자는 PAR에 대한 대인관계적 기술에도 맞아떨어졌다. 그는 타인이 **공격**할 것을 과도하게 염려했으며, 이에 대해 물러남, 담을 쌓음, 분리로 반응하였다. 그는 가족들을 **통제**하였다. 그는 공격자와 동일시하는 PAR의 단계까지 발전하지는 않았으며, 그보다 갈등을 해결하는 방법으로 담을 쌓거나 분리되는 것을 선호하였다. 그는 아내에게 자신이 무슨 생각을 하는지 무엇을 느끼는지 이야기하는 것을 몹시 힘들어하였다(*자기통제*). 그는 **지지**받기를 원했으나, **해방**을 누리는 것에 만족하였다. 타인이 자신을 해치려는 의도가 있는지에 대한 그의 광범위한 지각은 PAR의 필요기준을 충족하는 것이었다. 또한 그는 배제기준인 외로움에 대한 공포 또는 권위에 대한 복종은 충족하지 않았다.

환자의 생애 초기에 학습된 것은 〈표 13-1〉에 제시된 모든 요인을 포함하였다. 1. 환자의 부모와 형제들은 만성적으로 가학적, 경멸적, 통제적이었다. 2. 처벌이 특별히 의존 때문에 가해진 것인지는 명확하지 않지만 매우 잔인한 처벌이었다. 독립성(자율성)은 권장되었고, 남자형제들은 동네 이웃들뿐만 아니라 여동생에게도 적대적인 못된 장난을 서슴지 않았다. 3. 환자와 다른 형제들을 잔인하게 비교했고, 그 결과인 환자의 질투와 경쟁심은 성인기까지 지속되었다. 4. 가혹하게 유능함을 강조하였다. 청결을 강조하면서 어머니는 "아이들은 생각이 없고 무책임하다."라고 말하였다.

요약하면, 이 환자는 대인관계와 DSM 기준을 모두 충족하였다. 발달사를 살펴보면 가까운 사람들조차 자신에게 상처 입힐 것이라는 학습경험을 환자가 수없이 많이 겪었음을 알 수 있다. 그는 모든 것을 통제해야 하거나 거리를 유지하는 것이 가장 안전하다는 것을 배웠다.

사례 2

자매를 둔(한 명은 친딸, 나머지 한 명은 남편의 전처 딸) 40세 기혼 여성을 남편이 병원에 데리고 왔다. 남편에 따르면, 환자는 남편의 전처 소생 딸과 남편이 음모를 꾸며서 환자 자신을 없애려 한다고 믿고 있다고 하였다. 더 구체적으로 말하면, 남편과 남편의 딸(전처 소생)이 근친상간 관계에 있다고 생각하였다. 남편은 환자가 그의 딸과의 순수한 대화를 오해하고 있다고 하였다. 환자는 직장에서도 비슷한 어려움을 겪고 있는데, 그녀는 자기 동료들이 자기에게 적대적이라고 느낀다고 남편은 말하였다.

환자는 근친상간에 대해서는 자신의 생각이 맞다고 느끼고 있으나 자신이 이러지도 저러지도 못하는 곤경에 처했다고 생각하였다. 만약 그녀가 기소하지 않으면, 자신이 어린 시절 근친상간 학대로 유기되었던 것처럼 양녀(남편의 전처 딸)를 버릴 수도 있었을 것이라고 생각하였다. 반대로 그녀가 기소를 하면, 그녀의 친딸이 도리어 집에서 나갈지도 모른다고 생각하였다. 그녀는 특히 첫 번째 결혼의 이혼소송 중에 친딸의 양육권을 잠시 빼앗긴 적이 있어서 아이를 잃을지도 모른다는 특별한 두려움을 느끼고 있었다.

환자는 우울하고, 식욕이 없으며, 기분이 가라앉아 있고, 과민하며, 불면증을 앓고 있었다. 그러나 자살이나 타살을 생각하고 있지는 않았다. 그녀는 자신이 늘 불안했다고 말하였다. 그녀는 신체화 문제, 즉 두통과 목통증(산재에 의한 이차적인 통증일수도 있는), 천식, 위궤양, 궤양성 대장염 등을 앓았다. 몇 년 전에 그녀는 알코올과 여러 약물남용의 재활 프로그램을 성공적으로 마친 경험이 있다. 입원했을 때, 그녀는 대체로 기분이 좋았으나 어느 때는 초조해했고 분노하였다. 병원직원들이 자신을 방해하고 좌절시킬지도 모른다고 걱정했었다.

그녀는 1년 정도 심리치료를 받았으며 첫 번째 결혼에서 심리적인 학대로 고통받았던 경험을 탐색하기 시작하였다. 사실 그녀는 신체적, 성적으로 학대했던 남자친구와의 깊은 관계 이후에 다른 사람과 첫 번째 결혼을 하였다. 첫 번째 남편은 그녀를 신체적, 성적으로 학대하지는 않았다. 그와는 약물과 알코올 남용을 일삼았는데, 그가 현실을 파악하는 그녀의 능력을 망가뜨렸다는 것을 최근에야 깨달았다. "그가 내 정신을 망가뜨렸어요."라고 그녀가 말하였다. 예를 들면, 그는 자신이 바람을 피우고서는 오히려 환자에게 정절을 지키지 않았다고 의심했다고 하였다. 그녀는 "모든 것이 나에게 적대적이고 나를 공격해요."라고 말하였다. 그런데 그녀는 첫 번째 남편을 무척 사랑했다고 말하였다. 결혼생활을 유지하기 위해 애썼고 오랫동안 그와의 사이가 다시 좋아지게 하려고 갖은 애를 썼다고 말하였다.

그녀는 두 번째 남편이 자기에게 처음에 친절하게 대해서 결혼하게 되었다고 말하였다. 두 번째 남편은 돈을 직접 관리하였다. 그녀는 여름휴가와 같은 모든 일을 자신이 혼자서 떠맡아 처리해야 한다고 생각하였다. 그들의 친밀감은 주로 싸움을 통해서만 느낄 수 있었다고 하였다. 가장 중요한 것은, 그녀는 두 번째 남편이 첫 번째 남편처럼 '자신을 미치게 만들' 것인지에 대해 혼란스러워하였다. 두 번째 남편에게 자신이 학대받았던 일을 얘기했는데, 그가 이런 사실들을 오히려 자신에게 불리하게 '이용했다고' 말하였다. 그녀는 그에게 자신의 과거에 대해 얘기한 것을 후회했고 "그의 말을 들을 필요가 없어."라고 자신을 다독였다.

남편이 남편 딸을 성적으로 학대했다고 환자가 의심해서 발생하는 부부간의 논쟁을 보면, 환자가 사실이 무엇인지 제대로 파악하기 어려워하고 혼란스러워한다는 것을 알 수 있다. 환자의 남편과 그의 딸은 두 사람 사이에 성적인 것이 개입되었다는 것을 부인하였다. 딸의 부적절한 부위를 만진 것은 아닌지 남편 딸과 이야기를 나눈 후 딸이 침실에 자물쇠를 채웠다고 환자가 이야기하였다. 그녀는 남편과 딸의 부적절한 관계의 진실을 밝힐 증거를 찾고 있었다. 또한 그녀는 직장에서 동료들과 사이가 좋지 않았으며 상사가 그녀를 지지해 주지 않는다고 느꼈다. 그녀는 직장을 그만두기를 원했으며 남편이 자기에게 직장을 계속 다니라고 말하지 않았으면 하였다.

환자는 아주 고통스러운 어린 시절을 보냈는데, 그때를 기억하거나 말하는 것을 완강히 거부하였다. "기억하고 싶지 않아요. 기억하기에 너무 고통스럽고, 그래서 그 기억 속으로 되돌아가고 싶지 않아요. 그냥 앞으로 나가고 싶어요."라고 말하였다. 그녀의 친부는 근친상간 행동으로 인해 가족에게서 강제로 내쫓겼다. 그러나 그녀는 자신이 친부에게 성학대를 당했던 것을 부인하였으며 오히려 양부와 더 문제가 많았다고 믿고 있었다. 양부는 알코올중독자였으며 한번은 환자의 다리를 부러뜨린 적도 있었다. 그녀는 지금까지 살짝 다리를 절었다. 그녀의 양부는 질투심과 소유욕이 강했으며, 아무 저항도 하지 않는 그녀의 어머니를 자주 '두들겨 팼다.' 부모의 싸움에 대한 반응으로 그녀는 '자기 세계 속에' 머물러 있었다. 그녀는 자주 두려워하였다. 한번은 그녀의 어머니가 위험을 알리려고 그녀와 형제들에게 집 밖으로 나가라고 술집에서 전화를 하기도 했었다. 그때 양부는 집에 와서 그들을 총으로 쏘려고 했었다고 하였다.

양부는 그녀가 집안일을 하도록 요구하였다. 양부는 그녀를 "게으르고, 아무짝에 쓸모없는 년."이라고 말하곤 하였다. 다른 형제들은 집안일에 대한 아무런 책임이 없었으며, 따라서 당연히 혼날 일도 없었다. 한번은 양부가 그녀를 추행하려고 했는데, "엄마나 딸이나 같은지 보려고" 했었다고 말하였다. 그녀의 어머니는 오히려 이 말을 믿지 않았으며, 그녀는 집에서 도망쳐 언니 집에 머물렀다고 하였다. 그녀는 깊이 상처를 입었고 "오랫동안 엄마는 왜 나를 믿어 주지 않았는지 이해하려고" 했었다고 말하였다.

환자에게 큰오빠는 매우 중요한 사람이었다. 그녀는 그를 무척 사랑하고 존경했으며 여전히 그의 말이나 행동에 매우 큰 영향을 받았다. 그에 대해 긍정적인 감정을 가지고 있었지만 그녀는 큰오빠도 화가 나면 폭발했었다고 말하였다. "그는 우리 모두에게 못되게 굴었어요." 한번은 "남동생을 땅에 내팽개쳐 팔을 부러뜨린 적도 있었다."라고 하였다. 그는 자주 그녀를 때렸고 그녀가 '말을 너무 많이 한다'고 비난하였다. 그래서 그녀는 침묵을 지키는 것을 배웠고 다른 사람에게 도움을 청하지도 않았다.

환자는 DSM에 있는 PAR 기준을 충족하였다. 그녀는 남편과 직장동료들이 자신을 착취하고 해를 끼칠 것이라고 생각하였다(기준 1). 그녀의 남편, 아이들, 직장동료, 병원의 직원들까지 충성심과 신의를 의심하였다(기준 2). 그녀는 남편과 면담자에게 모든 얘기를 털어놓기를 주저했는데, 그 이유는 그들이 자신의 정보를 자신에게 불리하게 이용할 것을 두려워했기 때문이다(기준 3). 그녀는 남편과 남편의 딸이 친절하게 말해도 그 말 속에 숨겨진 위협적인 의미를 확실하게 알았다(기준 4). 최근 몇 년 동안 그녀는 '내가 사람들을 해치려고 한다고 그들이 생각하기 때문에 그들이 나에게 복수를 할 것이라는 생각에 지쳤' 으며, 그래서 그들에게 원한을 품고 있었다(기준 5). 그녀는 화가 나면 즉각 반응하였고(기준 6), 배우자의 정절을 의심하였다(기준 7).

환자는 PAR에 대한 대인관계적 설명에도 적합하였다. 그녀는 **공격**과 **비난**을 상당히 두려워하였다. 근친상간에 대한 그녀의 걱정에 대해 사람들이 지지해 주기를 원했으며 직장에서 자신이 일을 잘하고 있다는 **지지**를 받기 원하였다. 가족 내에서 그녀는 자신을 당황스럽게 만드는 상황을 통제하기 위해 애를 썼다. 가족상황을 **통제**하기에 역부족이라고 느끼자 그녀는 사람들로부터 담을 쌓고, 분리하였다. 직장에서는 동료들이 '게으르다' 며 비난하자 위축(물러남)되고, 담을 쌓았으며, 분리를 계획하였다. 그녀가 남편들에게 처음에 복종하는 경향은 PAR들이 가까운 특정한 사람에게만 보여 주는 신뢰로 볼 수 있는데, 이는 DSM에는 언급되어 있지 않은 내용이다. 그녀가 정당하다고 느끼는 분노폭발(**공격**)을 제외하면 그녀는 대개 *자기통제*를 유지하였다. 그녀는 PAR의 광범위한 상해위협의 필요조건을 가지고 있었으나 배제조건에는 충족되지 않았다. 그녀는 외로움을 두려워하지 않았으며, 비록 두 명의 남편에게서 사랑을 얻기 위해 그들의 말을 따랐지만 일반적으로 권위에 무조건적으로 경의를 표하며 복종하지는 않았다.

이 책에서의 분석은 그녀의 두 번째 남편과 그의 친딸 간의 근친상간 관계가 사실인지 아닌지에 대해 따로 조사하는 것을 포함하지 않았다는 것을 밝힌다. 그러나 임상가는 환자의 의심이 단순하게 정신장애의 산물이라고 가정해 버려서는 안 된다. 환자가 염려하는 것을 충분히 탐색할 필요가 있다고 지지해 주어야 한다. 치료과정에서 임상가는 어쩌면 지속적인 근친상간 학대가 이루어지고 있을 가능성에 대해 보고해야 할 윤리적인 의무가 있다는 사실 때문에 생각이 복잡해질 수 있다. 이 환자가 걱정하는 지속적인 근친상간이 사실이라 할지라도, 그녀는 다양한 상황에서 지속적으로 드러나는 그녀의 사고 패턴으로 인해 PAR로 진단내릴 수 있다. 이 사례야말로 "편집증적이라는 것이 당신을 실제로 해치려는 사람이 아무도 없다는 것을 의미하는 것은 아니다."라는 말의 뜻을 보여 준다.

이 환자는 〈표 13-1〉에 기술된 대인관계적인 측면을 모두 경험하였다. 1. 그녀는 양부로부터의 공격에 만성적으로 취약했으며 아마도 그녀의 오빠들의 공격에도 취약했던 것 같다. 2. 그녀는 근친상간으로부터 자신을 보호하기 위해 어머니에게 도움을 요청했으나 배신당하였다. 그녀의 오빠는 그녀가 계속 '말을 한다면' 가만두지 않을 것이라고 위협하였다. 양부는 그녀가 집안일을 제대로 해 놓지 못하면 심하게 벌을 주었다. 도움을 청하지 말라는 강한 훈계도 있었다. 그녀는 보호받지 못했고, 그녀의 행동에 대한 모진 요구를 받았다. 그녀의 의존욕구는 전혀 충족되지 않는 듯하였다. 3. 그녀의 양부는 부당하게 그녀와 다른 형제들을 비교하였다(그녀의 어머니와도 마찬가지로 비교하였다). 사람들이 원한을 품는 것을 보고 자랐을 가능성도 있다. 그녀 자신도 자기가 당한 근친상간에 대해 어머니가 믿어 주지 않았던 일로 인해 어머니에 대해 평생 지속될 원한을 갖고 있었다. 4. 부모들끼리 싸움을 하면 그녀는 '자신만의 작은 세계에 숨어서 지내는' 방식으로 사람들로부터 거리를 유지하려 하였다.

예상되는 전이반응과 치료적 함의

전이반응

PAR은 치료과정을 자신이 통제하려는 욕구가 있으며 치료자를 신뢰하지 않는 경향이 있다. 치료자는 PAR이 치료자의 비판에 '극도로 예민할' 수도 있다는 것을 예상해야 하며, 언제든지 치료를 그만두고 싶어 한다는 것을 염두에 두어야 한다.

동시에, PAR은 치료자에 대해 매우 비판적이다. 그러므로 상당 기간 PAR을 지지하고 확신시켜 주는 것이 필요하다. 무엇보다 신뢰를 구축하는 것이 최우선이다.

치료적 함의: 다섯 가지 범주의 정확한 반응

협력적 관계 증진하기

PAR과의 치료에서 가장 중요한 문제는 환자-치료자 간의 협력적인 유대관계를 맺는 것이다. 이런 치료적 협력관계가 한번 형성되면 환자의 편집증은 사라지기 시작한다. 모욕과 학대에 길들여진 PAR은 치료자조차 비판적, 판단적이며, 자신의 '사소한 실수'를 찾아내는 데 관심이 있다고 본다. PAR은 자기가 치료자를 '미치게 만드는' 사람이라고 치료자가 생각한다고 믿으며, 치료자는 참을성이 없고 환자가 '치료를 그만두고 떠나가 주기를' 원하는 사람이라고 여긴다. PAR에게서 병의 원인이 되는 가설을 탐색하는 것은 쉽지 않은데, 왜냐하면 PAR은 '낯선' 치료자에게 가족과 관련된 일을 자발적으로 얘기하려는 의지가 없기 때문이다. PAR은 타인에게 가족에 대해 비밀을 털어놓는 것은 가족을 배신하는 것이라고 믿으며, 누군가를 돌보려는 것은 어쩔 수 없이 다른 사람을 상처 입히게 되는 것이라고 생각한다. PAR은 가족으로부터 받는 스트레스에서 벗어나 안전한 천국을 찾고 싶은 욕구와 가족에 대한 충성심을 지키고 싶은 마음 사이에서 갈팡질팡한다. PAR의 이런 양가감정에 치료자는 흔들리지 않고 확고한 태도를 보일 필요가 있다. 치료자는 환자에게 긍정적인 확신을 주고 PAR이 다시 자신에게나 타인에게 가혹하지 않도록 돌보아야 한다. PAR이 신뢰하기 시작한 후, 치료자가 한 번이라도 자신에게 집중하지 않거나 들은 것을 잊어버리거나 하면 PAR은 깊이 상처받는다. 쌓아 가던 신뢰는 몇 달 또는 몇 년씩 정체되어 머물러 있을 수 있다. 치료자가 아무런 강요, 비판 또는 유화정책을 쓰지 않고 치료 초기 단계에서와 같은 인내와 상냥한 태도를 지속적으로 보여 주는 것이 몹시 필요하다.

망상장애, 의심형으로 진단받은 여성이 병원에 입원해 있는 동안 진행했던 면접에서 협력관계의 발달과정을 볼 수 있다. 다음에 인용된 부분은 4장에서 설명된 방법이 어떻게 정신증과 편집증적인 환자를 일시적으로 제정신 상태로 '안정'시킬 수 있는지를 보여 준다. 면접자는 환자가 이치에 맞는 생각을 하고 있다는 가정에서 출발하였다. 면접자가 환자의 관점에서 세상을 보려고 노력하면서 협력적인 관계가 발전하였다. 전이반응에 대해 주의를 기울였다. 환자는 면접자와의 관계에서도 자신의 편집증적 패턴을 나타냈다. 면접자가 공포심을 증폭시키는 은유를 사용하자, 환자는 생애 초기 경험을 직접적으로 재경험하여 보다 생생한 감정을 드러내기 시작하였다(환자가 일련의 정신병적 연상을 하면서 자신이 강의나 연구 목적으로 이 면접을 녹음하도록 허락했음을 언급하고 있다는 것에 주목할 필요가 있다).

T: 그래서 당신은 당신의 세계를 바꾸고 싶다는 거죠? [환자가 말문을 연 것에 대한 반응으로]

P: 그렇죠.

T: 여기에 어떤 문제가 있나요?

P: 그들의 여러 측면을 알게 되는 것이 나는 싫어요.

T: 무슨…?

P: 음, 그러니까– 가끔 아주 사악한 패턴을 보게 돼요.

T: 어떤 패턴이요?

P: 그 패턴의 예를 들어 보라는 말인가요?

T: 네.

P: 그러니까, 우리 주위의 어떤 사람들은 연구나 교수(강의) 테크닉을 이용해서 도시 전체를 일부러 파괴하려고 해요.

T: 아, 그렇군요. 내가 당신을 해칠 것 같은가요?

P: 잘 모르겠어요.

T: 글쎄요. 뭐가 걱정이 되시나요? 당신의 기분은….

P: 궁지에 몰려 벌을 받는 기분은 아니지만, 어쩐지 내가 조심해야 할 것 같아요. 가끔 머리를 짜서 아이디어를 떠올리고 세세한 방법 등을 생각해 내지만 결국 엉뚱한 사람들 손에 들어가서 엉뚱한 사람들이 사용하는 걸 보기도 하죠.

T: 글쎄요, 얼마나 잘못 쓰였을지….

P: 음… 글쎄요. 저, 변종바이러스가 만들어져서 이것이 다른 나라에 옮겨지고, 또 음식으로 들어가서 사람들을 죽일 수 있는 급성 종양을 만들어 낼 수도 있잖아요. 자

기 연구결과를 사람들을 파괴하거나 돈을 버는 데 이용하려는 사람에게 파는 그런 사람들도 있잖아요.

T: 그럴 때 당신의 느낌은…?

P: 목 뒷부분, 등을 주먹으로 강하게 얻어맞아 봤어요?

T: 아니요. 당신은?

P: 있어요.

T: 언제 그런 일이 일어났죠?

P: 오, 길을 걷다가. 나는—아마도—어떤 사람들이 당신에게 마약을 주거나 당신 머리를 때리거나 할 때 일어나는 거 같아요. 그들이 당신을 어디로 데리고 가서 파티를 위해 당신을 써먹는 거죠.

T: 당신은 그런 일에 자신이 정말 취약하다고 느끼는 것 같네요… 그….

P: 맞아요.

T: 아무 경고도 없이 당신이 갑작스럽게 폭력적인 공격을 당할 수도 있다고 느끼는군요.

P: 그것이 꼭 폭력적이 아닐 수도 있어요. 왜냐하면 사람들은 아주 교묘하게 이용하기도 하고, 어쩌면 외계물질이나 외계인 같은 것이 내부에서 폭발할 수도 있고….

T: 내부에서 무엇처럼 폭발한다고요?

P: 외계 생명체처럼요. 내 말은 사람들은 다른 사람들을 파괴하기 위해서 그런 아주 교묘한 책략을 쓴단 말이죠.

T: 당신은 내가 미묘한 방식으로 당신을 파괴할 것처럼 느끼나요?

P: 아니, 아니요. 당신은 그저 전반적으로 내가 어떻게 느끼는지, 내 주변에 대해 어떻게 느끼는지를 물어봤을 뿐이잖아요.

T: 그렇군요….

P: 그리고 내가—만약—내가 사람들의 마음을 알 수 있는 곳에 있고, 같이 작업하고 있고, 나는 그들이 아주 파괴적인 짓을 하는 사람들임을 알고 있고, 그런데 나는 그들의 패턴을 자꾸 보게 되고, 나는 내가 그들이 무슨 짓을 하고 있는지를 알고 그들의 마음을 읽을 수 있다는 것을 또 그들이 알게 되는 것을 두려워하는 거죠. 그런 직감이 드는데 내가 어떻게 해야 할지 모르겠어요.

T: 지금 현재 우리(면접자)에 대한 당신의 직관적인 느낌은 어떤 것인가요?

P: 당신들은 모두 아주 친절하고, 아주 예의 바른 사람들인 것 같아요. 잘 모르겠어요. 내가 무슨 말을 하길 원하죠? 나는 당신들 중 아무도 잘 몰라요.

T: 여기 있는 모든 사람을 만나 보고 싶어요?

P: 그래요.

T: 좋아요. 돌아가면서 자기 이름과 여기서 어떤 일을 하는지 말할 수 있어요. 내가 먼저 내 이름을 말하면 돌아가면서 말할까요? [약 12명의 의대생과 직원이 자신을 소개하였다.]

T: 좋아요. 여기 있는 사람들이 누군지 알았죠. 우리는 당신이 느끼는 공격받을 것 같은 느낌에 대해 얘기하고 있고 당신은 누군가로부터 갑작스럽게 뒤에서 맞는 것, 폭력적인 공격, 또는 아주 미묘한 공격 등을 걱정하고 있군요. 당신이 걱정하고 있는 것이 정확한 것인지….

P: 네, 그것이 바로 내가 여기, 온 이유예요. 나는 며칠 동안 잠을 자지 못했고 이상한 소리를 들었어요. 그런데 그런 소리를 들었다고 정말 귀신 잡는 사람에게 전화해서 오라고 할 수는 없었어요.

T: 도움을 줄 수 있는 사람이 아무도 없었군요.

P: 네, 아무도 없었어요. 이웃을 찾아가서 잠시 그곳에 있기도 했지만, 거기서조차 안전하게 느껴지지 않았고 밤새 잠을 잘 수 없었어요.

T: 그랬군요.

P: 독감에 걸려서 아무것도 할 수가 없는—그냥—마치 아무것도 할 수 없는 것 같아요.

T: 당신은 무엇 때문에 두려움에 질리는 건가요? 누군지도 모르는 막연한 사람들이 두려운가요?

P: 네. 파란 사과가 3개 담긴 접시를 들고 돌아다니는 어떤 사람을 두려워한다는 게 상상이 되세요? 아시다시피, 그런 이미지들이요. 만약 그것들 중 반은 빨간 사과인데 백설공주 이야기에서처럼 당신이 독이 든 쪽을 베어 먹을 수도 있잖아요.

T: 글쎄요, 그건 사악한 어머니에 관한 얘기인데요.

P: 네, 그렇죠?

T: 나도 그렇게 생각해요.

P: 글쎄요. 그런 사람이 있었던 것 같아요. 잘 모르겠지만.

T: 당신의 어머니와는 사이가 어땠나요?

P: 글쎄, 잘 지내죠. 그런데 늘 여러 명의 어머니가 있었죠. 게다가 여러 명의 아버지도 있었죠. 그래서 저는 열여섯 살에 집을 떠났고, 독립하기에는 너무 어린 나이였어요.

T: 집을 떠나기에는 너무 어린 나이였네요. 어떻게 그런 어린 나이에 독립하게 되었죠?

P: 글쎄, 저는–좀 폭력적인 그리고 아주 통제적인 환경에서 자랐는데 거기서 잘 지내

지 못했어요. 아마도—한 가지는—음, 사실 내 아버지가 폭력적이었어요.

T: 아버지가요?

P: 네. 그중 몇 가지는 성격적인 것일 수도 있고 거의 대부분은 아버지가 사고를 당해서 머리를 심하게 다쳐서인 것 같아요. 그들은 아무것도 몰라요. 이게 바로 사람들이 연구나 강의로 아는 것과 자신의 연구와 강의가 사람들과 환경에 어떤 영향을 미치는가 하는 것 사이에서 균형을 잡기가 어려운 부분인 거죠. 어떤 것들이 당신에게 미치는 영향과 감정 간의 균형 말이에요. 아버지는 가끔 우리 모두를 한 줄로 세워 놓고 때렸어요. 엄마를 차 밖으로 집어던지는 것도 봤어요. 계단에서 나를 내던진 적도 있고, 계단에서 발로 차서 굴러떨어진 적도 있고, 배를 발로 찬 적도 있어요. 아버지가 오빠 다리를 부러뜨린 적도 있어요. 오랜 기간 그런 환경에 처해 있었고 헤쳐 나가려고 애썼지만 그런 상황을 이상하게 여겨 더 조사해 보려는 의사가 한 명도 없었다는 것이 오히려 더 무서운 일이죠. 이웃들이 경찰을 부른 적이 있기는 했어요. 한밤중에 아버지가 나를 깨워서 두들겨 패고, 내가 해야 하는데 다 끝내지 못한 일을 마저 다 하도록 밤새 잠을 못 자게 한 적도 많아요. 잘 모르겠어요. 나는 그의 기대에 맞춰서 모든 일을 반드시 다 해내야만 했는데, 나는 아버지가 기대하는 그런 사람이 아니었어요. 어떤 의미에서 아주 역기능적인 문제가정에서 자랐던 거죠. 내 생각에는, 그때부터 신경과학 분야에 대해 공부를 하게 되었어요. 뇌손상이 심했던 사람들이 그런 폭력적인 행동을 할 수도 있다는 것을 이해해요. 게다가 아버지는 자기가 했던 어떤 일도 기억을 못한다는 것도 이해해요. 하지만 인간이 균형 있는 행동을 하게 만드는 뇌의 한 부분에 상처를 입어서 자신이 그런 행동을 하는 것이라고 아버지가 말할 때면 정말 더 무서워요. 그래서 더 이상 그런 것들을 감당할 수 없어서 어린 나이에 집을 나오게 된 거 같아요.

아버지가 자신의 가족에게 미친 영향에 대한 동정 어린 얘기를 털어놓은 이후에 환자는 사고장애로 보이는 증상을 더 이상 보이지 않고 면접을 잘 마쳤다. 면접자가 PAR의 기본 태도인 물러남을 반영해 주고, "당신은 무엇 때문에 두려움에 질리는 건가요? 누군지도 모르는 막연한 사람들이 두려운가요?"와 같이 환자가 예측할 수 있는 **공격**에 대해 떠오르는 연상을 질문하자 환자의 생각은 점차 제정신으로 돌아오기 시작하였다. 환자는 백설공주 이야기에서 나오는 치명적인 부모에 대한 은유로 대답을 하였다. 그러자 면접자는 명백한 상징을 가지고 대인관계적 영향을 설명하였다. "글쎄요, 그건 사악한 어머니에 관한 얘기인데요." 바로 그다음에 환자는 아버지의 잦은 폭력적인 공격에 대해 명확히 설명하였다. 그녀는 면접이 끝날 때까지 계속 아버지의 폭력과 나머지

가족들의 경험이 자신의 자기개념과 인생의 선택에 어떻게 영향을 미쳤는지에 대해 탐색하였다.

치료자들은 적대적이고 논쟁적인 PAR이 어떻게 변해 가는지 기억해야 한다. 치료자는 항상 친절하고 지지적이면서, 전문가로서 법적, 윤리적 지침으로부터 벗어나지 않도록 주의 깊게 경계해야 한다.

> 한 PAR은 치료 노트를 보겠다고 주장하면서 치료를 시작하였고, 알코올 남용을 완강하게 부인하면서 알코올문제를 적지 말 것을 요구하였다. 그리고 그는 치료자에게 더 이상 치료 노트를 적지 말라며 억지를 부렸다. 치료자는 치료 노트를 적지 말라는 환자의 요구를 거절하였지만, 치료 노트 파일은 철저히 비밀유지가 된다고 환자를 재차 안심시켰다. 이후 치료자는 치료 노트에 최소한의 내용만 적기로 합의를 하였으며 치료 회기 중이 아니라 세션이 끝난 후에 적을 것이라고 얘기하였다.
>
> 결국 가족과 이웃이 환자의 알코올 남용 문제가 더 이상 손을 쓸 수 없게 심각해졌다고 보고하자 치료는 종결될 수밖에 없었다. 만약 환자가 알코올 남용 치료 프로그램을 위해 자발적으로 입원하지 않는다면 환자에게서 건설적인 변화는 일어나지 않을 것이라고 치료자는 생각하였다. 환자는 술을 끊는 데 도움이 되는 AA(금주모임)에 참석함으로써 치료자의 생각을 따랐다. 그러나 환자는 계속 술을 먹었고, 결국 이런 문제로 환자는 가정과 직장에서 엄청난 대가를 치러야 하였다. 이 상황에서, 환자는 치료자에게 치료 노트를 보여 달라고 격분해서 요구하였다. 환자의 생각에는 치료 노트가 부적절하며, 치료자가 자기를 착취했음을 증명하는 것이었다. 환자는 자기가 치료비를 지불했지만, 심리치료 서비스는 제대로 받지 못했다고 주장하였다.

패턴 인식 촉진하기

PAR은 자신이 원하는 대로 상대방이 자기를 **지지**하고 확신을 주기를 강요하는 경향이 있다. 그들은 복종과 지지(긍정적 확인)를 혼돈할 수 있다. 예를 들어, 어느 PAR은 직장에서 자신과의 논쟁에서 진 슈퍼바이저(상사)가 자신에게 계속 적대적인 행동을 하자 어리둥절하였다. 그는 다음과 같이 생각하였다. "내가 언쟁에서 당신을 이겼어. 그러면 당신은 나를 존중해야만 해. 당신이 나를 존중한다면, 나를 좋아해야만 해."

PAR은 타인의 공격과 학대적인 통제를 기대하는 것이 어린 시절의 경험에서 기인한 것이고 따라서 이해할 만한 것임을 알 필요가 있다. 그 후에 그는 모든 환경과 상황이 다 똑같은 것은 아니기 때문에 자신의 예측이 항상 맞는 것은 아니라는 것을 인정해야 한다. PAR은 자신의 회피, 통제 그리고 '예측 보복' 의 방어기제가 오히려 타인의 공격과 소외를 유도해 낸다는 것을 이해해야만 한다. 이렇게 PAR이 자신의 패턴을 깨닫는 데 가장 걸림돌이 되는 것은, 치료자를 믿는 것을 주저하는 것이며 가족에 대한 비밀을 털어놓는 배신행위에 대해 잔혹한 처벌을 받게 될지도 모른다는 공포다.

PAR은 부드럽고 강압적이지 않은 안아 주기(holding)인 '접촉위안'(Benjamin이 1968에 개관한 Harlow 논문 참조)이 절대적으로 필요하다. 비언어적인 위안은 원가족의 신체적 학대에 대한 잠재적인 해독제다. Midelfort(1957)는 치료계획의 일부분으로 편집증 어머니를 둔 영아나 어린 자녀들을 병원에 데려오도록 하여 성공적으로 접촉위안을 활용하였다. 그는 아기와의 접촉과 안아 주는 행동이 어머니의 편집증 회복을 촉진하였다고 보고하였다. 어머니가 PAR이건 아니건 간에, 수 세기 동안 영유아와의 접촉과 관계는 어머니를 회복시키고 재사회화시키는 것으로 알려져 왔다. 아이 양육에 처음부터 긴밀하게 참여하는 남자들은 접촉 안정감으로부터 회복되는 도움을 얻었다.

부드러운 위로(soothing)가 필요한 PAR은, 만약 그의 배우자가 우호적이고 지지적이라면 부부치료에서 이러한 욕구가 충족될 수도 있다. 자비로운 배우자의 행동은 무척 중요하며, PAR의 경향성과 행동 패턴에도 불구하고 배우자를 쉽게 무시하거나 떠나가도록 하지는 못할 것이다. 배우자가 과거에 일이 너무 많거나 출장(여행) 등을 핑계로 부부간의 관계를 회피하려고 했던 상황에 있었다면 이 기법은 상당히 효과적이다. PAR이 점차 덜 통제적이고 공격적이 되면서, 그는 따뜻하고 즐거운 사람으로서 얻을 수 있는 보상을 발견하게 될 것이다.

개인 치료자가 환자를 신체적으로 안아 주어서도 안 되고 그럴 수도 없지만(PAR들은 아마 아무도 이를 허용하지 않겠지만), 치료자는 '말로 안아 주기(verbal holding)'를 사용할 수 있다. 한창 싸우고 있는 PAR에 대한 정확한 공감, 그의 성취에 대한 진실한 지지, 그리고 이해적인 지지는 본보기가 된다. '말로 안아 주기'를 건설적으로 유지하도록 하기 위해서 또한 PAR의 패턴이 지속되는 것을 피하기 위해 치료자는 PAR을 성나게 자극해서 그의 주의를 끄는 것이 필요하다. 예를 들어, PAR은 자신의 상사를 치료에 데려와서 상사가 지금까지 얼마나 비판적이었는지에 대해 치료자가 직접 이야기할 것을 원할 수도 있다. 직장상사는 자신의 잘못을 인정해야 한다. 그런데 치료자가 환자의 이런 계획에 동의하는 것은 도움이라기보다는 해가 되기 쉽다. 대안으로서, 치료자는 다음과 같이 말할 수 있다. "만약 당신이 상사를 치료에 참여시키고 싶고 그가 동의한다면, 이는 당신이 그에 대해 어떻게 느끼는지를 알리는 기회로 삼을 수 있을 것 같아요. 또한 상사의 시각에서 들을 필요도 있겠지요. 이런 것들이 아마도 우리가 치료에서 무엇을 더 다루어야 할지를 배우게 해 줄지도 모르겠군요." 현실을 부드럽게 직면하게 하는 맥락 안에서 이렇게 지지해 주는 것이 바로 언어적인 안아 주기(verbal holding)를 포함하는 것이다. 지지 속의 일부분인 현실 직시가 PAR에게는 위협적으로 느껴질 수도 있으므로, 치료자는 자신이 언제 뒤로 물러나야 하는지를 말해 주는 징후를 세심하게 지켜보아야 한다. 치료자의 직면으로 생겨날 수 있는 일과 환자에게 필요한 지지와 확인 사이에서 균형을 유지하는 것은 쉽지 않다.

PAR은 자신이 두려워하거나 상처받는 느낌을 받는다고 해서 치료자, 배우자 또는 상사가 실제로 자신을 공격했다는 의미가 아닐 수 있음을 알아야 한다. PAR은 이를 깨닫고 그만두어야 한다. 때로 PAR은 자신을 학대했던 사람이 얼마나 두렵고 끔찍했었는지를 깨닫는 것 자체만으로 도움이 된다. 학대하는 부모는 자녀들에게 세상은 위험하고 재앙이 목전에 다가와 있다고 가르친다. 사실은 PAR의 부모 자신이 공포로 마비되어서 제대로 기능하지 못하는 부모였다는 것을 PAR이 깨닫는 것은 피해자인 PAR이 공포로부터 자신을 분리해 낼 수 있도록 해 준다.

부적응적 패턴 차단하기

성격장애자들은 자신의 부적응적인 패턴을 만들어 낸 것과 유사한 상황이나 사람과 접촉했을 때, 이런 패턴들이 더욱 심해진다는 것을 깨달을 수 있다. 예를 들어, 한 PAR이 다음과 같이 말했다. "엄마가 우리 집에 오실 때면 제가 남편에게 더욱 거리를 두게 돼요. 그런 행동 패턴을 바꾸고 싶어요." 자신을 학대했던 원가족 구성원에 대한 분노는 그로 인해 생겨난 부적응적인 패턴을 저지하는 데 동원되었다. 마찬가지로, 부모가 더 예뻐했던 형제에 대해 환자가 분노하고 있다면, 치료자는 오히려 환자가 부모로부터 소외되었던 것에서 얻은 이득이 있는지 찾아보도록 유도할 수도 있을 것이다. 소외되고 밀려났던 PAR은 파괴적인 가족체계 내에서 오히려 소외됨으로써 이득이 있었다는 것을 깨달을 수 있다. 부모에게서 예쁨을 받았던 형제들은 오히려 희생양이 되어 분리되어 나간 PAR보다 더 문제를 가질 수도 있다. 어느 PAR은 이렇게 말했다. "[엄청난 사랑을 받았던] 언니를 증오했는데, 오히려 언니가 사랑을 받은 덕분에 나는 자유로울 수 있었다. 엄마가 언니에게 집착했기 때문에 내가 떠날 수 있었던 거죠."

대부분 PAR들은 치료자의 진심에 잘 반응하는데, 특히 전이문제에서 더 그렇다. PAR은 아마도 가족 내에서 간접적인 모멸과 비난을 받은 적이 있기 때문에 만약 치료자가 치료에서 불편한 마음이 들면, 이런 마음을 매우 신중하고 건설적으로 표현하는 것이 가장 좋다. 예를 들어, PAR은 치료시간이 끝날 무렵 치료자에게 위협하듯이 화를 내면, 다음 치료시간에 자기가 화를 낸 일로 치료자가 겁에 질렸는지 아닌지 알고 싶어한다. 이런 궁금증에 대한 적절한 반응은 다음과 같다. "글쎄, 맞아요. 지난 시간 끝부분에 걱정이 되었어요. 그런 일이 다시 일어난다면, 즉시 치료시간을 끝내야 할 것이고 이전과 다른 방법이 있는지 찾아봐야 할 것 같아요. 아마 저는 동료들에게 도움을 요청해야 할 수도 있고, 어쩌면 다른 장소에서 만나야 할 필요가 있을 수도 있겠네요." 만약에 환자가 그 '다른 장소'가 무엇을 의미하는 것인지 질문을 한다면, 치료자는 다른 장소란 환자의 분노를 담아 주는 데 도움이 될 만한 장소(예를 들어 입원병동)라고 대답할 수 있다.

살해성향이 있는 PAR들은 치료자 자신이 타깃이 되건 아니건 간에, 어떤 치료자에게나 매우 어려운 환자다. 치료자가 환자의 살해목표가 된다면, 동료를 컨설턴트 또는 보조치료자로 치료에 초대해서 환자의 전이를 분산시키는 것이 중요하다. 동시에, 치료자는 잠재적으로 살해성향이 있는 PAR 사례로 인한 어려움을 감수하는 동료에게 도움이 되어야 할 의무가 있다. 살해성향이 있는 환자의 경우, 그들이 충동적으로 행동화할 가능성이 있는지를 지속적으로 그리고 세심하게 평가해야 한다. 정신증적 증상 등이 위험한 징후가 될 수 있다. 특정 살인목표가 확실한 것, 분노가 증폭되는 것, 끊임없이 반복해서 강렬한 분노가 끓어오르고 적대적인 행동을 계획하는 데 초점을 두는 것, 술 또는 약물 남용, 항정신증(antipsychotic) 약물치료 거부, 목표물이 되는 사람이나 환경의 자극을 받아 화가 나는 것 등이 바로 위험한 징후다. 이 중에서 연관되는 것이 있다면 치료자는 목표물인 희생자에게 이를 알려서 경고를 해야 하는 의무가 있다. 비밀보장을 준수하지 않고 이를 폭로하는 것이 치료관계에 부정적인 영향을 미치기는 해도, 약속과 헌신에 대해서도 충분히 고려해야 한다.

만약 PAR(또는 다른 누구라도)이 자녀들을 학대한다면, 치료자는 이런 상황에서도 마찬가지로 아이들을 보호해야 하는 의무가 있다. 미국에서는 각 주마다 아동학대에 관한 다른 법령과 치료규정이 있다. 치료자는 전국적인 윤리와 법적 지침뿐만 아니라 현 지역에서의 법령 또한 지키고 따라야만 한다. 법적인 한도 안에서 치료자는 환자의 지속적인 지지자이자 보호자가 되어야 한다. 동시에, 치료자는 환자의 부적응적인 패턴을 직면시키지 않고 환자가 부적응적인 패턴을 계속하도록 내버려 두는 것은 환자를 지지하는 것도, 보호하는 것도 아님을 깨달아야 한다. PAR이 아이나 타인을 학대한다면, 치료자는 자살문제와 같은 방법으로 이를 다루어야 한다. 학대상황이 더 심각해지면, 치료동맹이 깨어지더라도 학대의 위험에 대해 알려야만 한다. 그러나 가능하면 치료에서의 협력관계를 통해 환자의 부적응 패턴을 변화시키도록 계속 노력하는 것이 좋다. '협력 방식'에서 '법적인 방식'으로 전환하는 정확한 시점을 결정하기는 쉽지 않다. 문제는 한번 법적인 방식으로 전환하는 단계를 밟기 시작하면 다시는 치료관계가 예전과 같아질 수 없을 것이다. 치료의 비밀보장 약속을 지키고 난 후, 또는 아동학대 보고서가 제출되고 난 후에도 환자의 문제(자살, 학대)는 다시 되풀이될 것이다. 그러므로 환자와 치료자 간의 협력이 심각하게 붕괴되었다고 해도 치료작업은 계속되어야 한다.

미국의 여러 주에서는 치료과정에서 학대를 언급하기만 해도 즉시 이를 보고해야 하는데, 이는 불행한 일이다. 이러한 규정이 오히려 결정적인 학대상황에 대해 논의하는 것을 막거나 치료에서 타협하게 하거나 혹은 치료가 조기 종결되게 만든다. 학대에 대해 반드시 보고해야 하는 법령이 오히려 학대자가 치료를 조기 종결해 버리게 만든다는 보고가 있다(Berlin, Malin, & Dean, 1991). 따라서 법이 치료자에게 학대에 대해 의무적으로 보고하도록 규정지은 것은 바뀌어야 한다는 것이 내 생각이다. 그보다는 치료자들이 자격이 되는 동료들로 구성된 정식 패널에 이런 문제를 보고하도록 하는 것이 더 효과적이라고 본다. 이 패널은 복잡하게 얽힌 문제의 중요성을 고려하고, 어떤 행동을 취할 것인지 합의에 이르도록 한다. 예를 들어, 치료관계의 긍정적인 측면의 장점을 평가해 보도록 한다. 만약 환자가 치료자를 신뢰한다면, 치료자도 환자를 신뢰할 것이고 따라서 건설적인 결과가 나올 확률이 크게 늘어난다. 좋은 동맹관계가 형성되어 있다면, 학대사건의 빈도는 점점 줄어들고 병원 치료를 받아야 할 정도의 신체적인 손상을 낳는 분노폭발도 줄어들며, 따라서 치료자가 강압적인 법적 조치를 고려해야 할 필요성도 줄어들 것이다. 환자와 함께 문제를 해결해 나가고자 하는 치료자의 진심, 돌봄, 침착함, 주의 깊음, 뚜렷한 헌신은 모두 PAR이 위기상황에 있을 때 절대적으로 도움이 된다. 이 전문가 패널이 사례에 대한 합의를 이루지 못한다면, 즉시 보고하는 것이 필연적이다. 또한 이러한 상황이 만족스럽게 해결될 때까지 지속적으로 모니터해야 한다.

누군가를 학대하는 PAR에게 치료를 계속 받는 것이 허락된다면, PAR 자신이 학대받았을 때 느낀 감정을 떠올려 보도록 돕는 것 자체가 치료에서 도움이 될 것이다. 치료자의 공감적 지지로 PAR은 학대당한 자기 자식의 마음에 대한 공감이 생겨날 수 있을 것이다. 자신이 아이였을 때 고통스러운 경험에 대해 스스로 동정과 연민을 가져보는 것이, PAR이 자기 자녀를 위한 적절한 양육이 어떤 것인지 생각해 보는 동기가 될 수 있을 것이다. 판단적이고 학대하는 PAR을 이해하지 못하는 치료자는 PAR의 치료에 꼭 필요한, 진심어린 따뜻함을 제공해 주지 못한다. 이러한 치료자는 오히려 PAR에게 '도움을 주면서 경멸(폄하)하는 것으로' 해석될 수 있는 복합적인 이중 메시지를 전달하는 위험을 범할 것이다. 교만하고 어딘지 모르게 생색내는 것 같은 도움은 환자를 오히려 혼란스럽게 만든다. 이런 태도는 환자로 하여금 낮은 자존감을 내면화하도록 만들며, 따라서 환자를 분노하게 하거나 오히려 소외시키는 것일 수 있다.

부적응적 패턴을 포기하려는 의지 강화하기

PAR이 지금까지와는 다른 패턴의 행동을 시도하는 것을 안전하다고 느껴야만 소외, 적대적인 통제, 원한을 지니는 것, 공포와 같은 부적응적 패턴을 포기하려고 할 것이다. PAR은 어린 시절의 통제적이고 공격적인 인물과 어느 정도 분리가 되어야만 한다. 배우자 또는 자녀들과의 접촉이 주는 편안함과 안정감은 치료자의 일관성, 신뢰와 더불어 PAR에게 도움이 될 것이다. 자신이 증오했던 부모처럼 자기가 행동하고 있다는 것을 PAR이 깨닫는다면, 학대적인 PAR의 패턴이 달라질 수도 있을 것이다. 패턴의 변화에 대한 양가감정 또한 있을 수 있다. 따라서 환자의 학대적인 부모에 대해 단순하게 비판함으로써 환자를 지지하려 하지 않도록 치료자는 세심한 주의를 기울여야 한다. PAR은 학대적인 부모에게 충성을 다할 뿐만 아니라 그들을 동일시해 왔기 때문이다. 그러므로 자신의 부모에 대한 공격은 자기가 부모를 배신하고 있다는 PAR의 죄책감을 부추길 뿐만 아니라, PAR 자신을 공격하는 것으로 느낄 수 있다.

일단 배우자 또는 치료자와 관계에서 새롭고 안전한 기지가 형성되면, PAR은 어린 시절의 파괴적인 패턴과 신념에서 분리되는 방향으로 자신의 분노를 바꾸어 놓을 수 있다. 이를 위해서 PAR이 자기 가족과 물리적으로 거리를 둘 필요는 없다. 예전과 비슷하게 그들과의 관계를 유지할 수도 있다. 오히려 변해야 하는 것은 PAR이 학대적인 부모로부터 지지와 확신을 얻으려고 한 부분이다. 학대적인 부모가 PAR을 멸시하고 내쫓을 때, 그들이 무엇 때문에 자신에게 그렇게 혹독하게 대하는지 알아차릴 필요는 있지만 그들의 태도와 행동을 '진지하게 마음에 새길' 필요는 없다.

어머니에 대한 분노의 생각들을 (말은 아니고) 자꾸 연습해 봄으로써 어머니로부터 분리개별화되는 과정을 시작한 PAR이 있다. 남편이나 아이들에게 분노를 되새겨 왔던 자신을 깨닫자, 그녀는 자신의 생각에서 어머니를 깨끗이 지워 버리는 환상을 그려 보는 것으로 패턴을 바꿀 수 있었다. 대부분의 다른 PAR들처럼 그녀는 공격자를 동일시하기보다 오히려 공격자로부터 분리개별화되는 것이 필요하였다. 이러한 분노의 방향 재설정(rechanneling)은 PAR에게 가장 중요한 변화의 단계가 될 수 있다. 그러나 이는 매우 어려운 일이다. 증상이 아주 심각한 한 PAR 여성은 엄청나게 성공한 그러나 잔인한 아버지에 대해 동일시하였는데, 아버지가 돌아가시고 나자 그녀의 증상은 더욱 심해졌다. 한 치료시간에, 그녀는 남편과 친구들을 향한 자신의 편집증적 공격이 실은 아버지를 연옥(purgatory)에 잡아 두려는 시도였음을 인정하였다. 그녀가 아버지의 방식을 포기함으로써 삶과 연결된 아버지의 끈을 자신이 잘라 버리면, 분명 아버지는 지옥으로 떨어질 것이라고 생각하였다. 문제해결의 실마리가 되었던 치료시간에, 그녀는 다음과 같이 말함으로써 회복의 기미를 미미하게 보였다. "몸조심하세요. 아버지, 당신은 이제 혼자네요." 그러나 불행하게도 그녀는 이런 태도를 계속 유지할 수 없었고, 이후 치료시간에 변함없이 아버지와의 관계에 대한 어떤 얘기도 더 이상은 하지 않으려 하였다. 안타깝게도 그녀는 자신의 불행과 소외의 고통스러운 지옥으로부터 회복하지 못하였다.

Sweet와 Johnson(1990)은 지속적으로 분노하는 PAR의 패턴을 포기하는 데 도움을 줄 수 있는 놀라운 대안을 제안하였다. 치료자들은 불교 명상기법의 활용이 3명의 환자의 강렬한 분노감정을 일소하는 데 도움이 되었다고 설명하였다. 이 기법은 'meditation-enhanced empathy training(MEET)'이라고 하는데, 불교에서의 공감과 친사회적인 태도를 가르치는 것이다. 이 치료자들은 친애('사랑')와 함께 자율과 분리독립('detachment')의 불교적인 태도를 전달하기 위해 SASB 모형의 용어를 사용하였다.

이 치료자들이 예로 든 사례는, 만성 폭력성 편집증 노인에 대한 것이다. MEET를 사용한 단기치료 후 환자의 증상은 의미 있는 개선을 보였으며 3년 후 추수확인에서도 치료효과가 드러났다. MEET 기법은 매우 어려운 사례에서도 극적인 성공과 치료 효과를 보장한다.

MEET 기법에서는 가족과 관련된 대화, 환자의 패턴에 미친 원가족의 영향에 대한 어떤 통찰도 요구하지 않는다는 것이 특징이다. 대인관계 패턴에서 원가족을 고려하는 것은 환자가 변화하고자 하는 의지를 갖게 하는 경우에만 유익하다. 이해와 통찰 자체는 변화 자체를 이끌어 내지 않는다. 다만 원가족에 대해 논의하는 것이 필요한 이유는 과거경험에 대한 정확한 논리적 분석으로 원가족에 대한 환자의 오래된 충성심을 바꿀 수 있기 때문이다. 과거경험에 대한 자각은 부적응적인 패턴을 만들어 낸 과거의 무의식적인 소망과 두려움을 바꿀 수 있는 선택의 여지를 준다. 만약 어떤 것(또는 사람)이 오래된 파괴적 충성심을 대체하게 만든다면 정신장애 패턴의 유아기적 근원을 이해하려는 욕구는 없어질 것이다. 한결같고 애정이 깊은 배우자에 대한 새로운 충성심이나 설득력 있는 종교에의 귀의만으로 충분하다. MEET 기법의 사례에서, 종교적인 맥락(불교)과 두 남성 치료자에 대한 강력하고 긍정적인 전이감정은 더욱 긍정적인 내사를 창조해 내는 데 도움을 주었다.

새로운 학습 촉진하기

모든 성격장애에서 그렇듯이, 새로운 학습은 치료의 첫 네 단계 안에서 싹튼다. 일단 이것이 숙달되면, 치료의 마지막 단계에서 필요한 나머지 학습도 상대적으로 실행되기 쉽다. 치료의 마지막 단계에서 PAR에게 실제 현실세계(사회)에서 다정한 행동이 타인으로부터 친근한 반응을 이끌어 낸다는 아이디어를 시험해 보도록 하는 것은 즐거운 일이다. 칭찬과 친애를 받아들이는 기적은 PAR에게는 두렵지만 유쾌한 일이다. 아이들을 통제하고 비난하는 것보다 인정해 주는 것이 즉각적인 보상이 된다는 것은 누구나 공감한다. 믿음은 신뢰를 가져온다는 깨달음은 불안을 불러일으키면서도 PAR이 처음으로 작은 평화를 느끼도록 한다.

14
분열성/분열형 성격장애

'자리를 차지하고 있지만, 여기 있는 것이 아닌' - SOI
'내가 미친 것인지 알아야겠어' - SZT

[분열성 성격장애]

■ 문헌 고찰

> 분열성 성격의 행동 패턴은 수줍음, 과-예민성, 은둔, 친밀함 또는 경쟁적인 관계의 회피, 기행으로 나타난다. 자폐적 사고를 보이지만 현실인식 능력은 가지고 있다. 백일몽의 특징을 보이고 적대감 및 일상적인 공격성을 표현하지 못한다. 이런 환자들은 고통스러운 경험이나 갈등을 경험하면 명백하게 유리(detachment)하는 반응을 보인다 (American Psychiatric Association, 1968, p. 42).

분열성 성격장애(Schizoid Personality Disorder, 이하 SOI)에 관한 DSM-II에서 인용한 이 정의는 DSM-III, DSM-III-R 그리고 DSM-IV에 와서는 AVD, SZT, SOI의 세 범주로 나누어졌다. 이 세 범주 모두 사회적 관계로부터의 철수와 고립이라는 대인관계적 속성을 가지고 있다. 현재 SZT 범주는 기이한 지각, 사고 그리고 행동의 특징으로 다른 두 범주와는 구별된다. 이는 극단적인 사회적 철회의 형태로서 정신분열증과 아주 흡사하다. AVD와 SOI는 지각의 왜곡이나 기이한 사고의 특징을 가지고 있지 않다. AVD로 진단되는 사람은 사회적으로 관계를 맺고 그들이 사람들로부터 환영받는 존재임을 기꺼이 확인하고자 한다. SOI로 더 잘 설명되는 사람들은 사회적 관계를 원하지도, 필요로 하지도 않는다. AVD와 SOI의 차이는 적극적 혹은 소극적 분리라는 Millon의 아이디어에서 나왔다. Millon(1982)에 따르면, SOI는 수동적 분리, 즉 타고난 낮은 반응성(hyporesponsiveness)으로 설명된다. 12장에서, Millon의 새로운 AVD 범주에 대한 이론적 그리고 경험적인 논쟁을 이미 살펴보았으며, 임상환자들에게서 발견할 수 있는 AVD의 예도 제시되었다. 이 장에서는 SOI와 SZT를 살펴볼 것이다.

SOI들은 임상장면에서 매우 드물게 관찰된다(Pfohl, Coryell, Zimmerman, & Stangl, 1986, p. 27; Morey, 1988, p. 574; Kalus, Bernstein, & Siever, 1993). 또한 SOI가 독립된 진단범주로 구별될 정도의 사람들이 존재하는지조차 확실하지 않다.

또는 SOI를 가진 사람이 존재하는 것은 사실이지만, 이들이 거의 임상적인 도움을 청하지 않을 가능성이 있다. DSM-III, DSM-III-R 그리고 DSM-IV로 개정되는 데 기여한 것은 Millon[1)]의 이론이다. Millon(1969)에 따르면, 3개의 결정적인 차원 또는 '양극단(polarities)'이 이 성격을 설명한다고 하였다. 즐거움 대 고통, 자기 대 타인 그리고 적극성 대 수동성이다. 병리는 이 양극단 성격에서의 불균형의 결과라고 하였다. SOI와 AVD는 3개의 양극단으로 정의된다(Millon, 1986). 고통 또는 쾌락을 경험하지 못하며, 자기 또는 타인으로부터 만족감을 얻지 못한다. 이 둘은 사회적으로 철회할 때 적극적으로(AVD) 하느냐 또는 소극적으로(SOI) 하느냐 하는 점에서 다를 뿐이다. SOI 범주는 Millon의 이론적 개념을 구성하는 데 필요했기 때문에 구색을 맞추기 위해 발전되었다. 따라서 그의 이론에 따르면 쾌락이나 고통을 느끼는 능력이 부족하고, 자기 또는 타인으로부터 즐거움을 느끼지 못하며, 수동적(소극적)으로 기능하는 사람들이 SOI라고 하였다.

---

1) Millon(1982)은 175문항의 참-거짓으로 응답하는 'Millon Clinical Multiaxial Inventory(MCMI)' 검사를 개발했는데, 이는 DSM-III에 나오는 11개의 성격장애를 정의해 준다. 또한 9개의 임상적 증상척도와 1개의 타당도 척도를 포함한다. 1986년에 나온 개정판은 반응세트 측정척도(measures of response sets)를 포함시켰다. DSM-III-R의 부록 A에 추가된 2개의 패턴과 일치하는 새로운 성격장애 척도인 가학적 성격장애(Sadistic Personality Disorder)와 자기패배적 성격장애(Self-Defeating Personality Disorder)를 추가하였다. Millon은 MCMI가 DSM-III 성격장애의 측정도구라고 주장하였지만 여러 학자들이 이 주장에 이의를 제기하였다(Widiger & Frances, 1985, 1987; Widiger & Sanderson, 1987).

SOI에 대한 DSM의 정의

DSM 정의는 이후 분석의 출발점이 된다.

A. 사회적 관계로부터 유리되고 대인관계 상황에서 제한된 정서표현의 광범위한 양상이 성인 초기부터 시작되어 다양한 상황에서 다음 중 4개(또는 그 이상)의 증상이 나타난다.

(1) 가족의 일원이 되는 것을 포함해서, 친밀한 관계를 바라지도 즐기지도 않는다.
(2) 거의 항상 혼자 하는 활동을 선택한다.
(3) 타인과 성경험을 갖는 일에 거의 흥미가 없다.
(4) 흥미 있는 활동이 거의 없다.
(5) 부모형제 외에는 친밀한 친구나 흉금을 털어놓을 수 있는 사람이 전혀 없다.
(6) 타인의 칭찬이나 비판에 무관심해 보인다.
(7) 정서적으로 냉담하거나 유리되어 있으며, 단조로운 정동을 보인다.

B. 정신분열증, 정신증 양상이 있는 기분장애, 기타 정신장애 또는 광범위 발달장애의 경과 중에만 나타나는 것이 아니고, 일반적인 의학적 상태의 직접적인 생리적 효과로 인한 것이 아니다.

주: 만약 분열성 성격장애가 정신분열증이 발병보다 먼저 있었다면 괄호에 '병전'이라고 쓴다. 예: 분열성 성격장애(병전)

Morey는 DSM-III 기준을 사용했을 때 단지 1.4%의 샘플만이 SOI 진단기준에 부합되는 데 반해, 같은 샘플을 DSM-III-R 기준을 적용하면 11.0%로 증가한다고 보고하였다. SZT로도 진단 내릴 수 있는 경우에는 SOI로 진단 내릴 수 없다는 배제기준이 DSM-III에는 있었지만 DSM-III-R에서는 삭제되었다. 따라서 DSM-III-R에서는 SZT와의 공병 진단이 가능해졌다. Morey는 291명의 연구 참여자에게 DSM-III-R 진단기준을 적용한 결과, SOI는 AVD(53.1%), PAR(46.9%) 그리고 SZT(37.5%)와 중복되었다.

발병원인에 대한 가설

발병원인에 대한 가설을 설정하기 위해 SASB 모형을 활용하는 방법을 5장에 기술한 바 있다. 그러나 불행히도, 나는 SOI 사례를 한 번도 임상 실제에서 본 적이 없어서 5장에서 말한 방법을 SOI의 경우에 그대로 적용할 수는 없을 것 같다. 이 책에서 논의한 다른 정신장애를 위한 발달적 가설은 임상경험으로 검증된 것이다. 그러나 SOI의 경우, 정신장애에 대한 발달적 가설은 전적으로 이론적이며 임상 사례의 예가 없다.

대인사를 SOI의 특징적인 대인관계 패턴으로 연결시킬 수 있는 가설은 〈표 14-1〉에 요약되어 있다. 다음은 이 가설에 대한 좀 더 자세한 설명이다.

1. SOI는 규율을 중시하며 격식을 차리는 가정에서 자랐다. 사회적인 형태에 대한 훈육을 포함한 아동의 신체적, 교육적인 요구는 가정 내에서 충족되었다. 부모는 아마도 자녀가 독립적인 성인으로서의 적절한 기능을 성취하도록 훈육하였을 수 있다. 가족의 명예를 드높이고 인정을 얻는 것과 같은 다른 과제가 자녀에게 부여되지는 않았다. 자녀에게 부여되는 부모의 기대는 기본적인 사회적 역할을 수행해야 한다는 정도의 기초적인 것에 국한되었다. 그러나 가정생활은 아마도 무미건조했을 것이다. 결과적으로 SOI는 성인으로서의 역할을 수행하는 데 충분하게 사회화되었으나, 타인들로부터 상당히 유리되어 있었을 것이다.

2. 아마 가족 내에서나 다른 곳에서도 따뜻함, 놀이 혹은 사회적·정서적 상호작용은 많지 않았을 것이다. 대체로 SOI는 혼자 방에 들어가서 독서, 우표 수집 또는 블록 맞추기 같은 질서정연하고, 고독하고, 조용한 일에 몰두하는 것을 누군가로부터 보고 배웠을 것이다. 이렇게 사회적으로 철회하는 부모와 동일시함으로써 SOI들은 타인으로부터 아무것도 기대하지 않을 뿐 아니라 아무것도 주지 않게 된다. Millon이 말한 것처럼, SOI는 자기에게도 타인에게도 애착을 가지지 않았다. 사회화되었지만, 전혀 사교적이지 않다.

SASB 모형은 SOI의 사회적, 정서적 소외가 이들의 백일몽과 연관되었을 수 있다고 예측한다. 달리 말하면, 타인으로부터의 무시는 자기 안에 내재화되어서 *자기방치*로 발달되었을 것이다. 그러나 내면화할 복잡한 메시지가 많지 않았기 때문에 SOI의 백일몽은 특별히 이상할 필요가 없다. 그러므로 현재 SOI에 대한 DSM 진단기준에서 환상은 포함되지 않는다.

어떤 맥락에서건 내가 SOI를 알고 지낸 적이 있는지 그려 보려고 애를 썼는데, 뉴욕주의 북부지역에서 보낸 어린 시절의 농부들이 기억난다. 그들은 긴 시간을 밭과 농장

〈표 14-1〉 SOI에 대한 대인관계 요약

과거경험	과거경험의 결과
1. 신체적, 교육적인 요구가 충족되었지만 지나치게 형식에 치우친 질서정연한 가정(**통제**)	1. 일을 위해 사회화됨
2. 가족 내에서나 또는 다른 곳에서도 정서적인 온기는 없으며 사회적인 접촉도 최소한이었음(**무시**)	2. 사교적이지 않으며, 소외를 편하게 여김(담을 쌓음) 타인의 친밀한 접근을 밀어냄(**무시**) 환상(백일몽)에 몰두(*자기방치*)

요약: 타인에 대한 두려움이나 소망이 없다. 기준 위치는 능동적, 수동적인 자율성과 관련된다. 사회적인 자각과 기술은 덜 발달되었지만 SOI는 사회적으로 꼭 필요한 도구적 기술을 가지고 있으며, 공식적인 사회적 역할(부모, 상사, 종업원)에 상응하는 기대를 충족시킬 수 있다. 결혼은 할 수 있으나 친밀함을 발달시키지는 않는다. 환상에 적극적으로 몰입하지만, 환상이 반드시 기이한 것은 아니다.

SOI 기준선 SASB 코드: 적극적인 거리두기(**무시**)와 소극적인 거리두기(담을 쌓음) 그리고 *자기방치*. 소망: 없음. 두려움: 없음. 필요조건: 사회적 철회(다각적 접근-다양한 사회적 상황에서 철회함). 배제조건: 강한 정서, 기행, 복합적으로 교묘하게 속이는 기술, 유기(버림받음)에 대한 두려움, 사랑과 수용에 대한 소망, 통제에 대한 욕구.

에서 일하였고, 오로지 아침, 점심, 저녁을 먹고 잠을 자기 위해서만 집으로 돌아왔다. 언제나 서로 말을 거의 하지 않았고, 때로 혼자서 투덜거리며 중얼거렸다. 그들이 입을 열고 말을 하기 시작해도 문장을 끝맺지는 않았다. 확실히 그들은 자신들만의 생각 속으로 빠져들곤 하였다. 그들이 소나 다른 동물들에게 말을 하는 것을 듣기란 어렵지 않았다. 동물들과의 '대화' 중에 그들은 소리 내어 웃기도 하였다. 공교육 체제 속에서 그들은 모범적으로 잘해냈으나, 농부로서 그들은 최소한도의 성공만을 하였다. 그들은 신문을 읽지만 어떤 논평도 하지 않았다. 가족들이 모이면 그들은 잠이 들기 일쑤였다. 그들은 대부분의 시간을 텔레비전을 시청하며 보냈을 것이다. 그들 중 몇몇은 결혼을 했지만 그들이 아내나 아이들을 언급하는 것을 본 적이 없다. 그들은 모두 남자였다.

과거 대인관계 특징과 DSM에 제시된 증상 간 관계

'전형적인 SOI' 는 DSM에 제시된 모든 증상을 나타낸다. 사회적, 정서적 소외의 맥락에서 도구적 적절성을 가지고 있는가 하는 점이 SOI의 모든 증상에서 다 나타나야 한다. 대인관계 접촉은 극히 적고(기준 2), 비밀을 털어놓을 만한 막역한 친구도 거의 없다(기준 5). 정서적 기술은 위축되어 있고, 친밀한 관계에 대한 욕구가 없으며(기준 1), 칭찬 또는 비난에 무관심하고(기준 6), 타인과의 성에 대한 욕구가 없다(기준 3). 쾌락과 즐거움을 느끼지 못하고(기준 4), 정서적으로 냉담하다(기준 7).

SOI의 대인관계 요약

다음은 SOI의 대인관계 특성을 요약한 내용이다.

> 타인에 대한 두려움이나 소망이 없다. 기준 위치는 능동적, 수동적인 자율성과 관련된다. 사회적인 자각과 기술은 덜 발달되었지만 SOI는 사회적으로 꼭 필요한 도구적 기술을 가지고 있으며, 공식적인 사회적 역할(부모, 상사, 종업원)에 상응하는 기대를 충족시킬 수 있다. 결혼은 할 수 있으나 친밀함을 발달시키지는 않는다. 환상에 적극적으로 몰입하지만, 환상이 반드시 기이한 것은 아니다.

이 요약은 SOI의 기본 패턴 및 소망, 두려움에 대한 SASB 코드에 토대를 두고 있다. 이 성격장애가 정말 존재한다면, SOI는 임상 사례의 경험적 자료에 의한 근거가 뒷받침되지 않고 직접적으로 SASB의 이론적 모델로 설명되는 유일한 성격장애가 될 것이다. 이 성격장애를 특정한 개념적 모델의 영역에 배정하는 절차는 Leary가 처음으로 예증하였다(1957, p. 233). Leary의 아이디어는 Wiggins(1982, p. 212), Kiesler(1986, p. 577), 그리고 몇몇(2장 참조)이 더 발전시켰다. 이 책에서의 분석은 SASB 모형에 직접적으로 배치시키기에는 대부분의 성격장애가 대인관계적으로 지나치게 복잡하다고 설명하고 있다. 그러나 SOI가 존재한다면, 이는 아마도 이 같은 분석에서 예외가 될 수 있을 것이다. SOI의 대인관계적 특징은 **무시**, <u>담을 쌓음</u> 그리고 *자기방치*로 간결하게(복잡하지 않게) 설명이 된다. 이 점들은 모두 'SASB 모형의 10시 방향 지점'에 위치한다([그림 3-9] 참조).

SOI 노래의 리듬과 하모니는 SOI가 주고받는 대인 및 심리내적 반응의 연쇄에서 나타난다. SOI의 '으뜸음'은 <u>담을 쌓음</u>과 **무시**다. 이러한 태도는 타인들도 SOI에게 똑같이 담을 쌓고 무시하도록 만들 것이다. 친밀함을 원하는 배우자가 SOI를 부부치료에 데리고 올 수 있다. SOI는 그러한 요구에 당황스러울 것이다. 그 또는 그녀는 이혼하겠다는 위협에 그다지 놀라지 않을 수도 있다. 이것이 바로 SOI 노래의 리듬과 하모니다.

이전 장에서 항우울제의 처방에 대해 각 성격장애자들의 다양한 반응방식에 대한 대인관계적 분석이 있었다. 그러나 SOI는 안전함을 느낄 만한 거리가 유지되고 정서적으로 유리되어 있으면 우울해지지 않는다. 만약 SOI가 우울하다면, 그는 자신이 우울하다는 것을 모르고 있을 것이다. 생명력의 징후가 없다는 것 자체가 항우울제 처방이

〈표 14-2〉 BPD, NPD, HPD, ASP, DPD, OCD, PAG, AVD, PAR, SOI, SZT의 SASB 코드 비교

	BPD	NPD	HPD	ASP	DPD	OCD	PAG	AVD	PAR	SOI	SZT
1. **해방**											×*
2. **지지**											
3. **적극적 사랑**	×			×*							
4. **보호**											
5. **통제**	×	×	×*	×*		×*			×		×*
6. **비난**	×	×	×	×		×	×*	×	×		
7. **공격**	×	×		×*					×		
8. **무시**		×		×		×*				×	
1. <u>분리</u>		×		×			×*		×		
2. <u>개방</u>											
3. <u>반응적 사랑</u>			×*								
4. <u>신뢰</u>	×		×*		×						
5. <u>복종</u>					×	×*	×*				×*
6. <u>골냄</u>					×		×*	×			
7. <u>물러남</u>								×	×		×
8. <u>담을 쌓음</u>			×*	×*		×*	×*	×	×	×	×*
1. *자기해방*											
2. *자기지지*											
3. *적극적 자기사랑*		×*									
4. *자기보호*	×			×*							
5. *자기통제*						×*		×	×		×
6. *자기비난*		×			×	×		×			
7. *자기공격*	×		×*				×*				
8. *자기방치*	×	×*		×*		×*				×	×

* 표시는 같은 열에 위치한 코드가 서로 복잡한 조합을 이루어 나타남을 의미함.

SOI에게 소용없다는 것을 말해 준다. SOI의 기본적인 음표를 〈표 14-2〉에 나와 있는 다른 장애들의 음표와 비교해 볼 수 있다. 표에서 보면 SOI의 패턴은 단순하다는 것이 독특한 점이다. SOI는 가능한 모든 경우에서 담을 쌓는다. 복합적인 위치나 태도는 없다. 세 가지 기본적인 코드(**무시**, <u>담을 쌓음</u>, 자기방치)를 가지고 있는 다른 장애들은 ASP와 OCD다. SOI처럼 ASP와 OCD도 사회적으로 유리되어 있으나 SOI는 사회적으로 기능적이라는 점에서 다르다. SOI는 **통제**에서도 분노와 흥미가 결여되어 있다.

〈표 14-2〉의 대인관계의 기본(도, 레, 미)은 SOI가 다른 범주들과 얼마나 중첩되는지 또 얼마나 다른지도 보여 준다. 이런 설명은 임상가들이 감별 진단을 하는 데 도움을 줄 것이다.

DSM 진단기준 재검토

SOI에 대한 DSM의 관점이 대인 언어로 번역되었고, SOI 패턴과 관련된 심리사회적 학습의 개요를 제시하였다. 여기에서는 SOI에 대한 대인관계 분석을 직접 DSM과 비교하였다. DSM 기준은 *이탤릭체*로, 대인관계 용어로 표현된 것은 밑줄로, WISPI(1장에서 논의함) 기준은 고딕체로 표시하였다.

사회적 관계로부터 유리되고 대인관계 상황에서 제한된 정서표현의 광범위한 양상이 성인 초기부터 시작되어 다양한 상황에서 다음 중 4개(또는 그 이상)의 증상이 나타난다.

(1) *가족의 일원이 되는 것을 포함해서, 친밀한 관계를 바라지도 즐기지도 않는다.*
SZT와 반대로 SOI는 결혼이나 가족구성원의 형식적인 역할에 관심이 있으나, 함께 시간을 보내거나, 자기노출을 하거나, 배우자에게 성적(sexually)으로 집중하는 등의 친밀함을 포함하는 것은 아니다.
나는 사람들과의 사회적 모임에서 잡지나 책 등을 읽고 있는 것으로 알려져 있다.

(2) *거의 항상 혼자 하는 활동을 선택한다.*
필요한 경우가 아니라면 타인이 안중에 없는 것처럼 보인다. 단지 그 자신이 맡은 역할을 할 뿐이고, 주어진 과업을 해내지만 사회적 접촉에 대한 어떤 욕구도 없다.
나는 대개 모든 것을 혼자서 한다.

(3) *타인과 성경험을 갖는 일에 거의 흥미가 없다.*
사회화되기는 했지만 사교적이지 않다. 역할은 적절히 수행하지만, 그는 성(sexuality)에 대한 관심과 진심에서 우러난 사회적인 유대감(bonding)을 갖지 않는다.
성은 나에게 중요하지 않다.

(4) *흥미 있는 활동이 거의 없다.*
SOI는 사회적 단서에 집중하지 않기 때문에 사회적 상호작용, 정서적 반응의 미묘함을 파악하는 발달된 감각은 거의 갖고 있지 않거나 약하게 가지고 있다. 이들은 정말 '사람들이 안중에 없다.'

어떤 사람, 어떤 것에도 강렬한 감정을 느끼지 않는다.

(5) *부모형제 외에는 친밀한 친구나 흉금을 털어놓을 수 있는 사람이 전혀 없다.*

사회적 접촉은 역할(예: 아버지, 형, 직장에서의 파트너)이 요구하는 것에 제한되어 있다.

가족 한두 사람을 제외한 다른 사람들과 가까워질 필요를 전혀 못 느낀다.

(6) *타인의 칭찬이나 비판에 무관심해 보인다.*

기꺼이 기능을 하지만 타인들로부터의 사회적 단서(실마리)를 읽기 위해 필요한 기술이나 관심은 결여되어 있으며, 칭찬이나 비난과 같은 사회적인 보상물에 영향을 받지 않는다.

타인이 나에 대해 어떻게 생각하는지에 전혀 영향을 받지 않는다.

(7) *정서적으로 냉담하거나 유리되어 있으며, 단조로운 정동을 보인다.*

공식적으로는 옳지만 사회적 단서를 주고받는 기술은 부족하다. 예를 들어, 부부치료를 받으러 온다면, 문제가 무엇인지를 몰라 당황해할 수 있다. 그(그녀)는 더 친밀해지기 위한 배우자의 소망을 이해하는 능력이 결여되어 있다. 인간관계에서 '블랙홀' 처럼 보인다–누군가가 신호를 보내도 흔적도 없이 영원히 사라지고 만다.

내가 무엇을 하고 있는지 놓치기도 하고 내 주위에서 무슨 일이 일어나고 있는지 집중하지 않는다.

필요기준과 배제기준

SOI를 위한 진단기준은 사회적 무관심 및 고립과 관련이 있다. 누가 더 중요하지도, 덜 중요하지도 않다. 여러 맥락에서 접근하는 것이 적절해 보인다. 한 가지 방식이나 맥락에서가 아니라 모든 맥락에서 담을 쌓는데, 이것이 바로 이 장애를 정의하는 데 필요한 기준이다.

SOI에서 사회적 철회가 필요기준이라는 것은 결국 여러 개의 배제기준이 있다는 것을 의미한다. 사회적 철회 이외의 다른 메시지가 담겨 있다면 SOI라고 진단 내릴 수 없다. 즉, PAR, BPD, HPD, NPD의 강렬한 정서, SZT의 기이함, ASP와 HPD의 복잡하고 교묘한 조종기술, BPD와 DPD에서 발견할 수 있는 유기(버림받음)에 대한 두려움, AVD에서 볼 수 있는 애정과 수용에 대한 소망, 그리고 BPD, NPD, HPD, ASP, OCD,

PAR에서 볼 수 있는 통제하려는 욕구 등이 그 예가 될 수 있다.

사례 예시

정신과 환자들 중에서 사회적으로 철회하고, 사회적 접촉에 대한 관심이 결여되어 있으나 기이하고 이상한 것은 아닌 경우를 찾기란 매우 어렵다. 확실한 것은 이런 패턴을 보이는 사람들은 논리적으로 자기 자신을 환자로 정의하지 않으므로 병원에서 이들을 만나기란 쉽지 않다는 것이 사실이다. SOI들이 치료를 받으러 오는 이유는 매우 적을 것이다. 그들은 사회적으로 철회하고, 사회적인 관계 맺기를 원하지 않으며, 분노, 두려움 또는 우울로 고통받지 않는다. 나는 DSM에 나와 있는 SOI 진단기준에 부합하는 환자를 본 적이 없다. DSM-IV의 사례집에도 SOI의 사례는 나와 있지 않다.

예상되는 전이반응과 치료적 함의

SOI의 발달적 가설을 확인하고 정교화할 수 있는 자료나 SOI에 대한 심리사회적 치료에 대한 논의에 사용할 만한 임상경험이 없다.

[분열형 성격장애]

문헌 고찰

문헌 연구에 따르면, 분열형 성격장애(Schizotypal Personality Disorder, 이하 SZT)는 정신분열증보다 증상이 약한 일종의 변형으로 간주되었다. 그런 의미에서 PAR도 SZT와 정신분열증의 연속선상(spectrum)에서 증상의 심각도가 한 단계 낮은 경우일 수도 있고 아닐 수도 있다는 견해가 있다(Siever, 1992; Bernstein, Useda, & Siever, 1993). Siever, Bernstein과 Silverman(1991, p. 178)은 SZT와 정신분열증 간의 관계를 다음과 같이 정리하였다. "SZT는 현상학적, 유전적, 생물학적인 측면에서는 치료성과, 치료에 대한 반응, 특징 등에서 정신분열증과 상관관계가 있다는 강력한 주장이 늘어나고 있다. 연구자들은 "중추신경계 도파민의 역기능이 SZT에게서 나타나는 정신증 같은 증상과 관련이 있음"을 확인할 수 있다고 하였다(Siever et al., 1993, p. 149). 주로 유전적 결함에 따른 것으로 믿어져 온 정신분열증과 SZT가 유사하다는 점은 SZT가 성격장애라기보다 임상적 증후군에 더 가까울 수 있다는 점을 시사한다. 한편, SZT가 정신분열증의 성격장애라고 보는 관점이 있다. 정신분열증으로부터 SZT를 감별해 내는 것뿐만 아니라, SZT와 BPD를 구분하는 것이 진단 관련 주요 딜레마다. 두 장애 모두 사고장애(thought disorder)로 고통받는 사람들을 포함한다. SZT라는 진단범주가 필요한 이론적 근거와 이유에 대한 문제는 Spitzer, Endicott과 Gibbon(1979)의 「경계선적 성격과 경계선적 정신분열증 간의 경계를 넘어서」라는 논문에서 논의하고 있다.

> 비록 '경계선' 이라는 용어는 문헌에서 여러 다양한 용어(조건, 증후군, 성격, 상태, 특징, 패턴, 조직화, 정신분열증)를 위한 형용사로서 사용되어 왔지만, 이 영역에 관심을 가지는 최근 연구자들과의 개인적인 접촉이나 문헌 고찰로 밝혀진 것은 현재 사용되는 '경계선' 이라는 용어가 활용의 범위를 포괄하는 두 가지 중요한 방식이 있다는 것이다. 첫 번째는 불안정하고 취약한 성격특성이 상대적으로 지속되는데, 이는 치료성과와 상관이 있다. 이 개념을 사용하는 예는 Gunderson과 Singer의 글에서 '경계선 환자' 에 대해 말한 것과, Kernberg의 '경계선 성격 조직' 에 대한 글에 반영되어 있다.
>
> 두 번째는 만성 정신분열증을 포함한 스펙트럼 장애와 유전적으로 상관이 있다는 가

정과 시간의 경과에도 대체로 변함이 없는 특정 정신병리적 특징의 설명에 사용되었다. Wender, Kety, Rosenthal과 그 동료들이 정신분열증의 유전 대 환경의 영향에 대한 연구에서 '경계선적 정신분열증' 용어를 사용한 예가 있다.

SZT로부터 BPD를 어떻게 구분해 낼 것인가를 결정하기 위해서 Spitzer와 그의 동료들은 이 두 장애에 대한 관점을 대표하는 사람들을 면접하였다. 한 집단은 BPD가 정신분열증의 연속선상에 있다고 믿는 사람들이었다. 나머지 한 집단은 BPD는 독특한 성격장애이며 정신분열증과 특별히 상관없다고 믿는 사람들이었다. 면접에 따르면, '안정적이지 않은 성격'을 위한, 그리고 SZT의 핵심적인 특질을 묘사하기 위한 두 부분의 문항 세트가 만들어졌다. 두 부분의 문항 세트는 명망 있는 이론가들의 임상적 판단을 준거로 하여 타당화되었다. 이 세트들은 다시 APA의 회원 800명을 대상으로 교차 타당화하였다. 이 타당화 연구에 참여한 임상가들은 연구를 위해 자신의 환자 중 두 명을 선발하였다. 한 명의 연구대상은 "경계선 성격, 경계선 성격 조직 또는 경계선 정신분열증의 진단에 타당" 한 사람이며, 다른 한 명의 연구대상은 통제 대상(control subject)으로서 "문제의 심각도가 중등도부터 고도 정도인, 그러나 정신증으로도, 경계선 범주로도 진단이 내려지지 않은 사람" 이었다(Spitzer et al., 1979, p. 20).

각각의 진단문항이 '불안정한 성격' 과 SZT를 구별하고 통제집단과 SZT 특징을 가지고 있는 사례를 구분해 내는지 확인하기 위해 다양한 통계적 검증을 실시하였다. 연구자들은 두 가지 타입을 확인했고, 그 두 가지 타입이 상호 배타적이지 않다는 결론을 내렸다. "경계선이라고 여겨지는 환자들 중 대략 과반수 정도가 안정적이지 못한 성격과 분열형 성격을 위한 진단기준 둘 다를 충족한다고 하였다(Spitzer et al., 1979, p. 24)." 이 연구의 결과는 DSM-III에서의 SZT와 BPD를 정의하는 방향이 되었다. 그 영향으로, SZT는 정신분열증의 성격적 변형이라는 개념이 형성되었다. 따라서 BPD는 '안정적이지 않은 성격'으로 더 잘 그려지는 다른 성격장애 유형으로 볼 수 있을 것이다(Widiger, Frances, Spitzer, & Williams, 1988, p. 792).

McGlashan(1987)은 장기적으로 추수확인 연구를 통해 이 두 장애를 위한 DSM-III의 정의를 연구하였다. 문항분석에 따르면, 기이한 의사소통, 의심/편집증적인 생각, 사회적 고립이 SZT의 특징이라고 하였다. BPD의 '핵심적인 DSM-III 증상'은 불안정한 관계, 충동성 그리고 자기파괴적 행동이었다. 그는 두 성격장애와 정신분열증을 비교하기 위해 동일한 환자 샘플을 사용하였다(McGlashan, 1986). 그 결과, SZT와 정신분열증은 SZT와 BPD보다 더 유사하다고 주장하였다.

McGlashan(1986)은 "장기적인 추수작업에 따르면, SPD(즉, SZT)는 BPD가 아니라

S(정신분열증, Schizophrenia)와 더 비슷해 보인다."라고 보고하였다.

McGlashan(1986)의 연구에서 SZT와 정신분열증이 둘 다 존재할 경우가 정신분열증 혼자 존재할 때보다 치료성과가 더 좋다는 전혀 기대하지 않았던 당혹스러운 결과가 도출되었다. 보통은 성격장애가 동시에 존재할 때 결과가 나쁠 것으로 예측한다. McGlashan은 "성격적인 병리가 S(정신분열증)의 병리적인 부분을 '격리시키거나', '견제해서 봉쇄하는' 역할을 하는 것이 아닐까?"라고 생각하였다(1986, p. 333).

SZT를 정의하는 데 인지적/지각적 기준(마술적 사고, 망상적 사고, 정기적으로 재발하는 환상, 기이한 이야기, 편집증적 생각) 아니면 사회적/대인관계적 기준(사회적 소외, 부적절하게 친밀한 관계, 사회적 불안)이 더 유용한지에 대한 논쟁이 지속되었다. Widiger, Frances와 Trull(1987)이 자료를 검토하고 논의를 진행하였다. 이 연구자들은 맥락에 따라 진단적 단서의 유용성이 달라진다고 결론을 내렸다. 연구자들에 따르면, 임상집단에서 SZT 진단을 내리기 위해서는 인지적/지각적 기준이 더 적절하다는 것을 발견하였다. 즉, 임상집단에서는 인지적 기준을 진단준거로 삼았을 때 SZT가 다른 장애들과 중복되는 경향이 더 적었다고 주장하였다.

SZT는 저용량의 신경안정제로 치료가 잘 된다(Hymowitz, Frances, Jacobsberg, Sickles, & Hoyt, 1986; Schulz, Schulz, & Wilson, 1988). SZT에게 사고장애가 가장 두드러진다는 점이 여러 연구자들로 하여금 이 장애가 정신분열증과 상관이 있다는 주장에 동의하도록 만들었다.

SZT에 대한 DSM의 정의

DSM의 정의는 이후 분석의 출발점이 된다.

A. 친밀한 대인관계에 대한 고통, 그러한 관계를 맺는 제한된 능력에서 드러나는 사회적 대인관계에서의 손상, 인지적 · 지각적 왜곡, 기이한 행동 등 광범위한 양상이 성인 초기에 시작되어 여러 가지 상황에서 다음 중 5개(또는 그 이상)의 증상이 나타난다.

(1) 망상적 사고를 한다(관계 망상은 제외).
(2) 행동에 영향을 미치는, 하위 문화의 기준에 맞지 않는 괴이한 믿음이나 마술적 사고를 한다(예: 미신, 천리안에 대한 믿음, 텔레파시나 육감, 소아나 청소년에서 보이는 기이한 환상이나 집착).

(3) 신체적 착각을 포함한 유별난 지각경험이 있다.
(4) 기이한 사고와 언어를 보인다(예: 애매하고, 우회적이며, 은유적이고, 지나치게 자세하게 설명하거나 또는 편견이 심함).
(5) 의심이나 편집적인 사고를 한다.
(6) 부적절하거나 제한된 정동을 보인다.
(7) 기이하고 엉뚱하거나 특이한 행동이나 외모를 드러낸다.
(8) 직계가족 외에는 가까운 친구나 마음을 털어놓을 수 있는 사람이 없다.
(9) 과도한 사회적 불안이 친밀해져도 줄어들지 않고, 이는 자신에 대한 부정적인 판단 때문이라기보다는 편집적인 두려움 때문이다.

B. 장애가 정신분열증, 정신증적 특징을 지닌 양극성 장애 또는 우울장애, 기타 정신증적 장애 또는 자폐 스펙트럼 장애가 나타나는 동안에만 나타나는 것이 아니다. 기타 의학적 상태로 인한 생리적인 영향 때문에 발생하지는 않는다.

주: 만약 분열형 성격장애가 정신분열증의 발병보다 먼저 있었다면 괄호에 '병전'이라고 쓴다. 예: 분열형 성격장애(병전).

Morey(1988)는 성격장애로 치료를 받고 있는 291명의 외래환자 중 9.3%가 SZT 진단기준에 부합한다고 보고하였다. SZT는 상당 수준 AVD(59.3%), PAR(59.3%), SOI(44.4%), BPD(33.3%) 그리고 NPD(33.3%)와 중복되었다.

발병원인에 대한 가설

발병원인에 대한 가설을 설정하기 위해 SASB 모형을 활용하는 방법을 5장에 기술한 바 있다. DSM에 기술된 SZT 증상 각각을 설명하는 발달사적 특성 네 가지가 제시되었다. 이 장애의 독특한 대인관계 패턴과 대인사를 연결하는 가설을 〈표 14-3〉에 제시하였다. 다음은 이 가설에 대한 좀 더 자세한 설명이다.

1. 부모는 자녀가 하면 벌을 받을 만한 행동을 자기들도 똑같이 하면서 자녀들이 그런 행동을 하면 처벌한다. 예를 들어, 거의 집에 들어오지도 않는 아버지가 자녀가 집에 없다는 이유로 때리는 것이다. 부모는 함께 있지 않을 때조차, 자녀에 대해 결정적으로 중요한 무언가를 '알고 있다'고 하기 때문에 그들은 비합리적인 암시를 하는 모델

이 된다(**통제**+담을 쌓음+**해방**). 부모는 자녀를 처벌하는 이유가 되는 그 행동을 자신들은 태연하게 함으로써 자녀의 현실 검증력을 서서히 손상시킨다.

성인이 된 후에 SZT는 특별한 경로를 통해 '지식'의 패턴을 모방한다. SZT는 자기가 타인에게 영향력을 행사할 수 있는 능력과 놀라운 지식을 가지고 있다고 주장한다. 그런 정보는 '먼 곳에서' 전해져 오는 것이다. 예를 들어, 육감, 텔레파시를 가지고 있다고 주장하는 SZT는 자기가 타인에게 영향을 줄 만한 사건에 대한 정보를 가지고 있다고 간주한다. SZT는 그런 정보를 타인들이 원하면 그들의 이익을 위해 쓸 수 있도록 그들에게 제공한다. 예를 들어, SZT 점쟁이들은 고객에게 자신이 제공하는 정보에 주의를 기울이라고 강조하지 않는다. 고객이 자기에게 꼭 맞는 것이라고 여길 경우에 은밀하고 중요한 정보가 제공된다. SZT는 개인적으로 타인들과 유리되어 있다.

2. 집안일에 대한 의무에서 부모는 자녀에게 부적절하게 기대한다. 이런 기대는 자녀의 인생이 걸릴 만큼 무거운 것이다. 예를 들어, 딸은 모든 집안일과 요리를 다 해야만 했는데, 왜냐하면 그녀는 자기 존재 자체가 타인에게 극도의 스트레스가 된다는 말을

〈표 14-3〉 SZT에 대한 대인관계 요약

과거경험	과거경험의 결과
1. 자율성의 측면에서 보면, 부모는 자녀의 근거 없는 독립(자율)에 대해 자녀를 비난함(예를 들어, 집에 들어오지도 않는 아버지가 자녀가 항상 집에 있지 않다는 이유로 때린다)(**비난**+**무시**+분리)	1. 멀리 떨어져서도 독심술 텔레파시 또는 다른 특별한 방법을 통해 자신은 타인에 대해 '알고 있다'고 주장함(담을 쌓음+**통제**+**해방**)
2. 자녀가 하는 일(수행)에 인생 자체가 걸릴 만큼의 부적절한 기대가 부여됨(**통제**+복종+**무시**)	2. 분리되어 있으면서 통제할 수 있는 종교의식(rituals)을 따름(예를 들어, 마술적인 의례 등)(담을 쌓음+**통제**+복종)
3. 자녀의 사적인 경계의 침범을 포함하는 심한 학대(**공격**, **통제**)	3. 편집증적 철회(물러남) 공격자를 잠재적으로 동일시하는 것을 억제하기 위한 *자기통제*(**공격**), 약간은 투과가 가능한 경계
4. 홀로 있음(담을 쌓음)은 안전한 천국임	4. 두드러지는 사회적 철회(담을 쌓음)와 자폐성(*자기방치*)

요약: 공격적, 굴욕적인 통제에 대한 공포가 있다. 타인이 SZT를 홀로 내버려 두기를 염원한다. SZT의 기준 위치는 적대적인 철회와 자기방임 사이의 한 지점이다. SZT들은 그 자신이 직접적(텔레파시) 또는 간접적(의례를 통한 통제)으로 행사할 수 있는 마술적인 영향력을 가지고 있다고 믿는다. 대개 SZT들은 멀리 떨어져서 '힘'을 행사한다. 공격적인 감정을 자각하기는 하지만 대부분 그 감정들을 억누른다.

SZT의 기준선 SASB 코드: 자폐적 통제의 망상(담을 쌓음+**통제**+**해방** 또는 담을 쌓음+**통제**+복종), 담을 쌓음, 물러남, *자기방치*, *자기통제*. 소망: **해방**을 얻고자 함. 두려움: **공격**, **비난**을 받는 것. 필요조건: 사회적 철회, 자폐적 통제를 포함하는 사고장애. 배제조건: 자율에 대한 두려움, 사회적 규범을 경시함, 의존 요구.

들어 왔기 때문이다. 즉, 그녀가 집안일을 돕지 않으면 그녀의 어머니가 심장마비에 걸릴지도 모른다는 말을 들어 왔다. 이렇게 해서 자녀는 전적으로 미약한 자기 존재 자체가 타인에게 터무니없이 파괴적인 힘을 미친다는 것을(자신이 집안일을 돕지 않으면 어머니가 심장마비에 걸리게 된다는 식) 배우게 된다.

아이는 자신이 반듯하게 행동하고 사람들이 기대하는 것을 다 할 경우에는 나쁜 결과만큼은 피할 수 있다는 것을 배웠다. 이렇게 위협적이고 이상한 조건 속에서 아이에게 주요한 책임을 부여함으로써, 부모는 아이의 현실을 철저히 부인하고 무시하였다. 그토록 막중한 역할을 맡도록 명령하는 것을 통해서 부모는 부적절하게 통제적이면서 자신들에게 경의를 표하도록 만들었다(**통제**+복종+**무시**).

그래서 상보성의 원리는 아이가 부적절한 방식으로 타인을 통제하면서 또 한편으로 복종하도록 만들었다(담을 쌓음+복종+**통제**). 이는 독단적인 특정 절차나 의례(제례)에 대한 복종을 통해 힘을 행사하려는 역설적인 경향으로 성인기까지 지속되었다. 그러면서 SZT는 동시에 타인으로부터 유리된 채 남아 있다. 예를 들어, 영혼(spirits)과의 소통으로 매개자의 역할을 수행하는 SZT는, 존재하는 모든 것은 영혼이 원하는 것에 대해 복종하기를 요구한다. 이는 복합적이고 불가해한 명령에 무기력하게 복종하는 동안 타인에 대한 엄청난 영향력을 갖게 되었던 아동기로부터 비롯된 익숙한 패턴이다.

3. 장기간의 심한 학대경험(**공격**)은 성인 SZT에게 편집증적 철회(물러남) 경향을 심어 주었다. 또한 자신이 대개 공격적인 부모와 동일시하려는 경향을 가지고 있음을 깨닫게 된다. 보통 SZT들은 자기 스스로를 억제하고(*자기통제*), 비난하지 않는다. 이들은 자신이 타인으로부터 침범당하고, 외부의 힘에 의해 괴롭힘을 당하는 것에 매우 취약하며, 자신의 분노를 의식적으로 억제한다.

4. 친구와 놀거나 또는 다른 이유로 집 밖에 있는 것을 강하게 금지하는 명령이 있었다. 동시에, 혼자 있는 것은 SZT에게는 안전한 천국으로 느껴질 것이다. 집에만 갇혀 있는 미래의 SZT가 될 아이는 부모와의 '갈등영역'에서 탈출하기 위해서는 자기 방에 혼자서 며칠을 보내는 것이 허락된다. 아이는 학대적인 부모를 '귀찮게 하지' 않아야 한다는 것을 배운다(담을 쌓음). 집을 떠나는 것에 대한 부모의 금지는 SZT들의 사회성 발달을 방해한다. 친구와의 놀이의 결핍과 혼자 있는 것이 안전한 천국으로 느껴지는 조건하에서 담을 쌓는 것이 더욱 강화되며 환상과 다른 형태의 *자기방치*[2]의 발달이 촉진된다.

---

2) *자기방치*에 대한 더 자세한 논의를 보기 위해서는 3장과 부록의 〈표 A-3〉을 참조하기 바란다. 자기 자신과 이런 방식으로 관계하는 것은 자기자극(self-stimulation)의 다양한 형태와 현실과의 접촉상실을 포함한다고 볼 수 있다.

과거 대인관계 특징과 DSM에 제시된 증상 간 관계

'전형적인 SZT'는 DSM에 제시된 모든 증상을 나타낸다. 몇 가지 DSM 기준 중에 사고장애가 두드러지는 것이 특징적인데, 기이한 신념 또는 마술적 사고(기준 2), 이상한 지각 경험(기준 3), 기이한 사고와 언어(기준 4) 등이다. 사고장애는 대체로 개인의 생화학적 결함에 의한 직접적인 결과라고 알려져 왔다. 그러나 유전적 결손이 사고장애의 원인이건 아니건, 이 책에서의 분석은 SZT 사고장애의 특정 유형은 어린 시절의 학습의 결과로 형성된 것이라고 제안한다. SZT들은 그 자신이 타인을 돕거나 또는 해칠 수 있는 강력한 힘을 가졌다는 말을 들으며 자랐다. 이들은 어른들을 방해하지 않아야 했는데, 친구와 놀면서 어른들을 방해하지 않는 것이 아니었다. 혼자 조용히 있으면서 어른들을 방해하지 않아야 했던 SZT들은 사회적 소외의 신세가 되어 혼자만의 공상에 더욱 몰두하였다. SZT의 사고장애에 대한 코드들은 가족 안에서 경험한 것의 코드와 같다. 마술적 신념, 기이한 지각경험, 그리고 기이한 사고 패턴들은 전지전능감, 맹종, 유리의 복합물이다. 세계 내에서의 자기에 대한 기이하고 복합적인 관점은 똑같이 복합적이고 '기이한' 정동과 상관이 있다(기준 6).

SZT의 편집성은 만성적이고 침략적인 학대로 더욱 발달하였다. 망상적 사고(기준 1)와 의심 또는 편집성 사고(기준 5)는 SZT의 대인관계력을 고려했을 때 충분히 이해할 만하다. SZT는 부모의 삶(인생)을 책임져야 했으며, 동시에 극심한 심리적, 육체적 그리고 성적 학대의 대상이었다. SZT는 또래와의 놀이를 통해 정상적인 사회적 기술을 습득할 수 있는 기회를 전혀 갖지 못하였다. 또래로부터 상호작용을 통해 적절한 피드백을 받는 것이 결핍된 SZT는 '기이한' 행동이나 용모를 갖게 되었다. 자율성과 또래와의 놀이에 대한 금지령은 SZT가 보이는 친구의 결핍(기준 8)과 사회적 불안(기준 9)이라는 증상을 충분히 설명하고 있다.

SZT의 대인관계 요약

다음은 SZT의 대인관계 특성을 요약한 내용이다.

공격적, 굴욕적인 통제에 대한 공포가 있다. 타인이 SZT를 홀로 내버려 두기를 염원한다. SZT의 기준 위치는 적대적인 철회와 자기방임 사이의 한 지점이다. SZT들은 그

> 자신이 직접적(텔레파시) 또는 간접적(의례를 통한 통제)으로 행사할 수 있는 마술적인 영향력을 가지고 있다고 믿는다. 대개 SZT들은 멀리 떨어져서 '힘'을 행사한다. 공격적인 감정을 자각하기는 하지만 대부분 그 감정들을 억누른다.

이 요약은 SZT의 기본 패턴 및 소망에 대한 SASB 코드에 토대를 두고 있다. 〈표 14-3〉에 제시된 코드는 SZT를 규정하는 간편한 방법이다. SZT는 자폐적 통제(담을 쌓음+**통제**+**해방** 또는 담을 쌓음+**통제**+복종)를 수반한 망상을 보인다. 게다가 단순한 물러남, 담을 쌓음, *자기방치*, *자기통제*를 나타낸다. 이들의 소망은 아무도 방해하지 않고 혼자 있는 것(**해방**)이고, 두려움은 타인의 **비난** 또는 **공격**이다.

SZT 노래의 리듬과 하모니는 SZT가 주고받는 대인 및 심리내적 반응의 연쇄에서 나타난다. SZT의 '으뜸음'은 자폐적 통제다(담을 쌓음+**통제**+**해방**). 현실 접촉을 무시하는 사람이나 SZT에게 지나치게 깊이 관여하려 하지 않으면서 복종하고 경외하는 사람과 SZT들은 잘 어울린다(**무시**+복종+분리). 점쟁이를 믿어 주는 고객들은 이러한 '관여하지 않으면서 복종하고 경외하는' 사람들의 아주 이상적인 예다. 자폐적 통제의 특징 중 또 다른 방식은 담을 쌓음+**통제**+복종이다. SZT들은 원하는 효과를 얻기 위해 일종의 의식을 따른다. 또, 그들은 의식에 복종하지만, 현실과 SZT를 **무시**하는 사람들과 잘 어울린다.

SZT는 자기 자신을 잘 돌보지 않는 경향이 있다. 왜냐하면 어린 시절 방치되었던 경험이 *자기방치*로 내면화되어 있는 것이다. 그러나 그들은 PAR보다는 공격자를 덜 동일시한다. 대신, *자기통제*하거나 분노를 억제할 것이다. 물러남 또는 담을 쌓는 SZT의 편집증적 태도는 타인으로부터 **공격** 또는 **무시**를 이끌어 낸다. SZT의 두려워함, 자기를 돌보지 않음, 기이함, 분노의 억제 등의 특징은 SZT를 쉽게 학대자의 타깃으로 만든다. 이것이 바로 SZT 노래의 리듬과 하모니다.

SASB 코드를 사용할 줄 아는 독자라면 이와 같은 분석을 다른 맥락에도 적용해 볼 수 있다. 예를 들어, 환자가 자신의 우울 증상이 더 심해진다고 불평하는 것은 흔히 있는 일이다. 때때로 이러한 불평은 SZT가 불평하는 방식과 유사하다. 우울 증상에 대한 이런 방식의 불평을 해석하기 위해, 치료자는 우울을 기술하는 환자의 과정을 코드화할 필요가 있다. SZT가 자신의 증상에 대해 불평할 때 치료자에 대한 환자의 과정은 SZT 노래의 특징을 포함하고 있을 것이다. 다음의 예를 살펴보자.

> 환자는 우울증의 무기력한 증상을 명백하게 가지고 있었지만, 이런 증상들이 자신의 생일에 별이 일렬로 정렬한 결과라고 믿고 있었다. 그럼에도 불구하고 그녀는 주로 자

> 신의 과민증상을 조절하는 데 도움이 되는 항우울제를 여러 번 복용하였다. 그러면서 그녀는 약물의 효과가 별로 없었다며, 약물치료에 순응하지 않고 이랬다 저랬다 변덕을 부렸다. 침술치료와 특별한 약재로 만든 보조식품을 더 선호하였다. 특별한 형태의 해가 지는(석양) 모습을 바라보는 것도 효과가 있다고 하였다. 그녀는 자신이 특정한 '에너지계'에 있을 때 우울증이 더 심해진다고 믿었기 때문에 의사는 그녀가 사고장애가 아닌지 의구심을 가졌다.

〈표 14-2〉에 SZT 노래의 기초 사항을 앞에서 논의되었던 다른 성격장애들의 그것과 비교해 놓았다. 표를 자세히 보면, SZT는 OCD와 여러 특징을 공유하고 있음을 알 수 있다. 두 장애 모두 다른 특징들과의 복합적인 조합에 사용되는 **통제**에 관련이 있고, 사회적 맥락과 별개로 복종하며 개인적으로는 담을 쌓는다. OCD는 규율과 권위에 절대 복종하고 경외하는 반면, SZT는 적당한 제례의식과 절차에 대한 그 자신의 고유한 생각에 '복종' 한다. 두 장애 모두 통제와 자기결정에 엄청난 비중의 투자를 하며, *자기통제*를 한다. 그러나 OCD는 통제와 복종에서 명백하게 대인관계적이다. 반대로, SZT는 통제와 복종에서 망상적 방식이 기준 위치다.

SZT는 PAR과 여러 특징을 공유한다. 두 장애 모두 주류로부터 강하게 물러남과 담을 쌓음을 보여 준다. 그들의 소외에도 불구하고, 두 장애 모두 자기 자신(*자기통제*)뿐만 아니라 타인을 **통제**하는 것을 좋아한다. 그러나 SZT와 달리 PAR은 타인을 **공격**하기 쉽다. PAR이 지독히 독립적인 반면, SZT는 복잡한 복종과 존경을 더 할 수 있다.

〈표 14-2〉의 대인관계적 분석에 따르면, SZT와 BPD는 둘 다 **통제**와 *자기방치*를 선호한다. 그러나 BPD는 독립을 두려워하는 반면(**무시**), SZT는 자율적인 기준선(물러남과 담을 쌓음)에 있으면서 여전히 **해방**되기를 소망하고 있다는 점에서 두 장애는 서로 아주 다르다. 대인관계적 분석은 DSM-Ⅲ와 그 후속판이 SZT와 BPD를 구분하는 데 성공하였다는 주장이 타당함을 보여 준다. SZT는 여전히 정신분열증과 더 비슷하므로 잘 감별해야 할 필요가 있다.

〈표 14-2〉의 대인관계의 기본(도, 레, 미)은 각 범주들이 서로 얼마나 중첩되어 있는지, 또 서로 얼마나 다른지도 보여 준다. 이런 설명은 임상가들이 감별 진단을 하는 데 도움을 줄 것이다.

DSM 진단기준 재검토

SZT에 대한 DSM의 관점이 대인 언어로 번역되었고, SZT 패턴과 관련된 심리사회적 학습의 개요를 제시하였다. 여기에서는 SZT에 대한 대인관계 분석을 직접 DSM과 비교하였다. DSM 기준은 *이탤릭체*로, 대인관계 용어로 표현된 것은 밑줄로, WISPI(1장에서 논의함) 기준은 고딕체로 표시하였다.

A. 친밀한 대인관계에 대한 고통, 그러한 관계를 맺는 제한된 능력에서 드러나는 사회적 대인관계에서의 손상, 인지적·지각적 왜곡, 기이한 행동 등 광범위한 양상이 성인 초기에 시작되어 여러 가지 상황에서 다음 중 5개(또는 그 이상)의 증상이 나타난다.

(1) *망상적 사고를 한다.*

자신이 타인의 마음을 읽거나 감지해 내거나, 예측할 수 있는 특별한 힘을 가지고 있다고 느낌. 사악한 힘을 제거/처벌하기 위해 또는 상해로부터 자신과 타인을 보호하기 위한 능력에 초점을 두는 경향이 있음.

표면적으로 전혀 관계가 없어 보이는 대상 또는 사건들 간의 관련성이 앞으로 무슨 일이 일어날지를 내게 말해 준다.

(2) *행동에 영향을 미치는, 하위문화의 기준에 맞지 않는 괴이한 믿음이나 마술적 사고를 한다(예: 미신, 천리안에 대한 믿음, 텔레파시나 육감, 소아나 청소년에서 보이는 기이한 환상이나 집착).*

영향력을 행사하는 마술적인 힘을 소유하고 있는 것뿐만 아니라, 타인은 접속 불가능한 자료를 모을 수 있는 감각적인 힘을 자신이 가지고 있다고 믿는다. 독심술과 예지력이 그 예다. SZT는 자기 자신보다 타인들에게 종종 해를 입지 않게 하거나 이익을 얻을 수 있는 맥락을 제시해 줌으로써 자신이 타인에 대해 마술적인 통제력을 가지고 있다고 믿고 있다. 때로 SZT는 자기 자신의 파괴성을 자제하기 위해 마술적인 생각을 사용하지만, 사실 그 목적은 보호하기 위한 것도 있다. 직접적으로(누군가가 화장실을 가야 한다는 생각을 하면 그 사람이 바로 화장실을 간다), 또는 마술적인 제례의식(특정한 상해를 피하기 위해 특별한 대상이나 물건을 세 번 걸어서 지나감)을 통해 간접적으로 마술적 영향력이 이행될 수 있다.

나는 생각만으로 다른 사람들이 어떤 일을 하도록 만들 수 있다.

(3) *신체적 착각을 포함한 유별난 지각경험이 있다.*

어떤 일이 일어나든지 분리되어 있으며 힘을 가지고 있다는 느낌에도 불구하고, SZT는 외부의 압도적인 힘에 직면했을 때의 무기력감에 따른 위협을 느낀다. 자기의식이 약한 것이 SZT가 정신분열증 환자들과 비슷해 보이게 만든다. 그러나 SZT가 대체로 자기효능감, 상황을 마술적으로 '통제' 하는 감각이 보존되어 있다는 점에서 이들의 사고장애는 정신분열증과는 다르다.

나 자신으로부터 분리되거나 나 자신의 바깥에 있는 것 같은 기묘한 느낌을 가질 때가 있다.

(4) *기이한 사고와 언어를 보인다(예: 애매하고, 우회적이며, 은유적이고, 지나치게 자세하게 설명하거나 또는 편견이 심한).*

만일 면접자가 자신을 침범한다고 느끼면, SZT는 아주 이상한 것은 아니지만 의미가 잘 통하지 않는 말로 반응한다.

나는 사물을 보는 나만의 다른 방식이 있어서 타인과 의사소통을 잘하지 못한다.

(5) *의심이나 편집적인 사고를 한다.*

SZT의 편집성은 세밀하게 조사당하고 비판받는 느낌에 제한되어 있으며, 이에 대한 그들의 반응은 예술적으로 철수하거나 마술적인 보호를 기원하는 것이다. 반대로, PAR은 적대적인 철수 또는 공격성을 드러낼 것이다.

나는 대부분의 사람들이 나에 대해 비난하고 비판할 것이라고 여긴다.

(6) *부적절하거나 제한된 정동을 보인다.*

어떤 사건에 대한 SZT의 관점은 대개 현실을 바탕으로 한 것이지만, 그 사건에 대한 해석은 현실적이지 않다. 일어난 사건과 그들의 해석 간의 차이는 부적절한 정동으로 드러날 수 있다. 이에 대한 예는 로르샤흐 검사의 9번(IX) 카드에 대한 반응에서 드러난다. "크게 굽이치고 떠다니는 구름처럼 다른 모양을 하고 있어요. 저는 구름을 좋아해요. 구름은 엄청나게 멋진 것 같아요." 제한된 정동과 사회적 상징(기호)에 대한 상호성의 결여는 사회적 항목 9에서 기술된 사회적 불안의 결과를 낳는다.

내 감정은 다른 사람들의 것과 다르고, 나는 내 감정을 유지한다.

(7) *기이하고 엉뚱하거나 특이한 행동이나 외모를 드러낸다.*

SZT는 바깥세상을 거부하면서, 분리된 채 독자적으로 살아가기로 결심한다. 어린 시절에는 이런 특징이 흔히 과도하게 TV를 보거나, 혼자서 음악을 듣거나 하는 방식으로 드러난다. 만약 이런 철회가 지나치게 오랜 기간 철저하게 이루어졌다면, 그는 사회적 규범으로부터 뒤떨어질 것이고 개인적인 위생, 옷 입기, 사회적 고정관념에 대한 자기만의 고유한 법칙을 발달시킬 것이다.

무엇인가를 할 때 어떤 사람들은 이상하다고 여기는 나만의 특정한 방식이 있는데, 나는 나만의 방식이 효과적이라고 생각한다.

(8) *직계가족 외에는 가까운 친구나 마음을 털어놓을 수 있는 사람이 없다.*

SZT는 타인과 분리됨, 그리고 타인과 다른 존재라는 예리한 느낌을 가지고 있다. 이런 감각은 타인과의 일상적인 의사소통이 달갑지도, 가능하지도 않다고 믿게 한다.

다른 사람들을 이해하는 것이 어렵고, 그들도 나를 이해하기 어려워한다. 왜냐하면 나는 그들과 아주 다르기 때문이다.

(9) *과도한 사회적 불안이 친밀해져도 줄어들지 않고, 이는 자신에 대한 부정적인 판단 때문이라기보다는 편집적인 두려움 때문이다.*

비합리적인 근거(즉, 어떻게 하든 그 일은 일어날 것이고 SZT들은 그 이유를 알 수 없어 혼란스러워할 것이다)로 무시당하거나 창피당할 것이라 여기기 때문에, SZT는 새로운 사회적 상황에서 극도로 불안해하며 불편함을 느낀다. '이상한' 혹은 타인과는 다른 사람으로(존재 자체만으로 무시를 당하는 존재) 보이는 경험을 회피하기 위해 차라리 혼자 있기를 선호한다. 사회적 상황에서 억지로 반응을 해야 할 때, SZT는 당혹스러워한다. 자신이 어떻게 해야 하는지를 알고 있는지 또는 자신이 적절한 행동을 할 수 있을지에 대해 확신이 없다.

나는 반드시 해야 할 때는 어쩔 수 없이 사람들과 상호작용하지만, 그렇지 않다면 그들과 다르다고 느끼고 그냥 '맞지 않는다' 고 느껴져서 사람들과 어울리지 않고 혼자 있는다.

B. 장애가 정신분열증, 정신증적 특징을 지닌 양극성 장애 또는 우울장애, 기타 정신증적 장애 또는 자폐 스펙트럼 장애가 나타나는 동안에만 나타나는 것이 아니다. 기타 의학적 상태로 인한 생리적인 영향 때문에 발생하지는 않는다.

주: 만약 분열형 성격장애가 정신분열증의 발병보다 먼저 있었다면 괄호에 '병전'이라고 쓴다. 예: 분열형 성격장애(병전).

필요기준과 배제기준

이 같은 분석을 통해 각 성격장애의 필요 및 배제 기준을 정의할 수 있다. SZT의 진단을 위한 필요기준은 사회적 철회와 DSM에서 사고장애를 기술하는 기준들과 같은 자폐적 통제다. SZT 진단을 내리지 않는 기준은, BPD에서 찾을 수 있는 자율에 대한 불편함과 ASP에서 볼 수 있는 사회적 규범에 대해 우쭐대며 경시하는 것이다. SZT는 자기 자신을 있는 그대로 수용하려 할 것이다. 자율적이고 독립적인 것을 편안해하는 SZT는 BPD, DPD, HPD의 특징인 강요적인 의존성 또는 도움을 강요하는 행동은 전혀 보이지 않는다.

임상증후군과 성격장애 간의 공병을 논의하는 것은 이 책의 범위를 벗어나는 것이다. 대인관계 분석을 통해 SZT가 침투 가능한 경계를 갖고 있으면서도 정신분열증 환자들보다 훨씬 더 타인과 분리되는 자기의식을 유지한다는 점을 확인한 것은 주목할 만한 일이다.

사례 예시

사례 1

36세로 이혼을 한 세 아이의 어머니가 병원에 와서, "내가 미친 것인지 아닌지 알아야겠어요."라고 말하였다. 그녀의 전남편은 그녀가 미쳤다고 주장하였다. 그녀는 자신이 미치지 않았다는 것이 입증된다면, 십대인 딸에 대해서 걱정하고 있는 것이 타당할 것이라고 생각하였다.

입원했을 때, 그녀는 딸들이 마술을 사용해서 자신이 어디에 있는지를 남편에게 이야기할 수 있다고 생각했기 때문에 망상을 지니고 있다고 적혀 있었다. 그녀는 자신이 다른 사람들을 그냥 쳐다보기만 해도 그들의 '마음을 읽을 수 있다' 고 믿었다. 그녀는 무시할 수 없는 '특별한 감지능력'을 자신이 가지고 있다고 주장하였다. 그러면서 남편이 만나는 여자의 목소리를 자기 집 안에서 들었다는 근거 없는 주장을 하였다. 그녀는 남편의 여자의 물건을 화장실에서 보았다고 말하면서 자기 집 안에서 남편이 그 여자와 정사를 벌였다는 '증거가 있다' 고 하였다.

환자는 병원에 있는 동안 항정신병 약물치료에 효과를 보였다. 이 환자는 이전에 항우울제 과다복용, 알코올과 암페타민 남용 치료를 받은 적이 있다. 그녀는 비서인 자기 직업을 무척 싫어한다고 말했으며, 직장에서 자신은 '변덕스럽고 괴짜 같은' 행동을 했었다고 하였다. 그녀는 교사가 되기 위해 학교를 다시 다니고 싶다고 하였다.

환자는 18세에 결혼을 했고 이번에 입원하기 2년 전에 이혼하였다. 그녀의 남편은 자주 취해 그녀를 '강타하고, 발로 차고, 칼을 사용하기도 하는' 등 폭행을 했다고 하였다. 그는 종종 다른 사람들 앞에서 그녀를 창피 주고 무시하였다. 남편이 때릴 때 만약 그녀가 울면, 남편은 자기 마음을 약하게 만들기 위해 우는 것이라고 더욱 비난했기 때문에 그녀는 더 이상 울지 않게 되었다. 더 심한 경우는, 그녀가 울면 '배신하려 한다'는 이유를 들면서 더 심하게 때렸다. 건설현장 인부였던 남편은 가끔 일을 했고, 일을 하지 않을 때는 '그녀에 대해 탐문하며 돌아다녔다.' 그녀는 남편이 자신을 미치게 만들려고 화장실 안에 다른 여자를 숨겨 두고 있다고 하였다. 그녀가 미치면 남편은 아무런 책임감 없이 그녀를 제거해 버릴 수 있기 때문이었다. 그녀는 남편의 '뻔뻔스러움을 증오' 한다고 하였으며, 결혼이 깨지게 만든 남편을 비난하였다. 그녀가 부정하다는 이유로 남편이 폭행하는 것에 신물이 난다고 하였고, 결국에는 다른 사람을 만나기로 결심하고 남편을 배신하였다. 그러나 그녀는 결과적으로 자신의 간통으로 인해 이혼하게 된 것을 후회하였다.

환자는 세 아이들과 함께 살고 있으며, 막내 아이가 자신이 막내의 나이에 했던 것과 똑같은 행동을 한다고 걱정을 하였다. 막내딸은 하루종일 자기 방에 처박혀 있고, 친구도 하나 없으며, 라디오 볼륨을 한껏 크게 해서 듣고 있다고 하였다.

환자의 발달력을 보면, 방임, 착취, 학대가 두드러졌다. 그녀가 네 살 때 어머니가 중증 심장병에 걸렸다. 몇 차례의 연이은 수술 끝에 어머니는 어린 환자에게 매우 의존하게 되었다. 어머니는 집안일로 학교에 있는 그녀를 불러내곤 하였다. 게다가 그녀는 자기보다 나이가 많은 형제들이 있음에도 불구하고 모든 집안일, 요리 등을 책임져야만 하였다. 그녀의 할아버지가 집안일을 모두 다 해야 하는 것이 그녀의 특별한 임무라는 이상한 '논리' 로 설득해서 그녀는 부모 역할을 수용하였다. 할아버지는 그녀가 집안일을 다 했을 때만 어머니와 집에서 함께 살게 해 주겠다고 하였다. 집안일을 다 하지 않으면 그녀의 존재 자체가 부담이 되어서 어머니가 심장병으로 죽을 수도 있다는 것이 이유였다. 그녀가 집에 살지 않을 때조차 청소나 장보기 같은 것을 누군가 다른 사람이 해야 하는 일이라고 여기지 않았다. 그녀의 형제자매들이 집안일을 함께 나누어서 할 수도 있다는 가능성을 전혀 고려하지 않았다.

환자가 유아일 때 집에 들어온 양아버지는 학대적이고 알코올문제가 있었다. 그는 환자의 어머니와 자주 싸웠고, 그럴 때마다 환자는 적대적인 분위기에서 벗어나기 위해 자기 방에 틀어박혀 있었다. 이런 자기방어는 전혀 성공적이지 못하였다. 게다가 모든 집안일을 다 해야 하는 엄청난 의무에 더해서, 그녀는 양아버지의 성적 대상이 되어야 하였다. 그녀에게 양아버지는 두 얼굴의 사람인 것처럼 보였다고 말하였다. 한쪽은 술 취하지 않은 친절하고 좋은 얼굴이고, 다른 한쪽은 술에 취한, 너무 끔찍해서 생각조차 하고 싶지 않은 모습이라고 하였다. 그녀는 자신이 이 관계로부터 상처를 입었을 수 있다는 것을 인정하기는 하였으나, 그 상처에 대해 말하고 싶어 하지 않았다. 그녀는 양아버지가 취했을 때 어떤 모습인지에 대해 말하는 것을 꺼렸는데, "그 모습이 진짜라는 사실을 받아들이고 싶지 않기 때문"이라고 하였다. 더구나 이제 와서 그 일에 대해 말하는 것이 양아버지를 변화시킬 수 없기 때문에 앞으로도 말하지 않을 것이라고 하였다.

결혼 기간 내내 환자는 거의 남편보다는 양아버지 그리고 어머니와 계속 함께 살았다. 그녀가 결혼하고 난 후에도 양아버지는 기이한 방식으로 그녀를 통제하였다. 그는 결혼한 환자가 혹시라도 강간범을 만나거나 하면 안 되므로, 매일 밤 늦은 시각에는 집에 있어야 한다고 주장하였다. 이와는 완전히 모순되게 자기의 미혼인 친딸은 그녀가 원하면 마음대로 자유롭게 다닐 수 있게 고삐를 풀어 주었다. 이에 대해 환자는 "양아버지가 자신을 너무 사랑했으며 조심스럽게 자신을 지켜 주었다."라고 설명하였다.

환자는 면접자가 고통스러운 주제를 너무 많이 건드린다고 느껴져서 면접을 조기에 끝내 버렸다. 양아버지가 술에 취했을 때 그녀와 양아버지의 관계, 어머니로서의 기능을 제대로 하는 어머니를 한 번도 가져 본 적이 없다는 사실, 그리고 오랜 기간 학대적인 결혼생활을 한 끝에 다시 누군가와 애착을 형성하는 것에 대한 두려움 등이 고통스러운 주제였다. 평소 억제해 왔던 눈물이 거의 날 뻔했지만 그녀는 "오늘은 이것으로 충분하다."라고 말하면서 방을 나갔다. 이런 행동들은 적대적이지 않았으며, 그녀는 자신이 감당할 수 있는 것과 감당할 수 없는 것을 알고 있었다. 그녀의 방어는 신체적인 철회였고, 면접자는 그녀가 철회를 원할 때 존중해 주는 것이 중요하다고 느꼈다. 환자는 이러한 주제들에 대해 나중에 다시 얘기해 보는 것이 도움이 될 것 같다는 의견에 동의하였다.

DSM의 진단에 따르면 이 환자는 SZT인데, 그 이유는 환자가 망상적 사고(기준 1), 기이한 신념(기준 2), 이상한 지각경험(기준 3), 가까운 또는 심금을 털어놓을 만한 친구가 거의 없고(기준 8), 편집적 사고(기준 5), 제한된 정동(기준 6)을 가지고 있기 때문이다. 그녀는 자신이 분노를 억제해야 할 필요가 있다고 언급했으며, 딱 한 번 분노를 통제하지 못했던 적이 있다고 하였다. 그녀의 용모는 아주 평범하지 않았지만 그렇다고 아주 이상하지도 않았다.

〈표 14-3〉에 제시된 대인관계적인 설명 또한 이 환자의 사례에 적합하다. 그녀는 사회적 철회의 기준선을 지키고 있다(물러남 또는 담을 쌓음). 그녀는 자신에게 타인들을 마술적으로 통제할 수 있는 특별한 능력(**통제**+**해방**+담을 쌓음)이 있으며, 이런 능력이 자기 아이들에게도 똑같이 있다고 믿었다. 그녀는 자기 자신은 방치하고 자신의 분노는 의식적으로 자제하였다. 자신이 하고 싶은 대로 할 수 있도록 자유로워지기를 원하면서, 타인으로부터 공격받을 것을 두려워하였다. 그녀는 사회적 철회와 자폐적 통제, 망상적 신념과 같은 SZT 진단을 위한 필수기준을 충족하였다. 그러나 배제기준에는 적합하지 않았다. 그녀는 혼자 있는 것을 두려워하지 않았을 뿐 아니라 의존성을 보이지도 않았다. 또한 자신의 사회적인 '일탈'을 자랑스러워하는 대신, 그것을 걱정하였고, 그것을 고치기 위한 방법을 찾기 위해 병원에 찾아왔다.

그녀의 발달력은 발병원인 가설과 거의 맞아떨어졌다. 그녀의 양아버지는 그녀의 자율성을 심하게 억압하였다. 자주 집을 비웠을 뿐만 아니라 뻔뻔스럽게 부정을 저질렀던 그녀의 남편은 근거 없이 그녀가 부정하다며 심하게 벌을 주었다. 어린아이였을 때, 그녀는 절박한 죽음으로부터 그녀의 어머니를 보호하고 집안일을 모두 책임져야만 하였다. 그녀는 오랫동안 술에 취한 양아버지의 근친상간적 학대로 인해 자신의 개인적인 경계를 침범당해 왔다. 어린 시절 그녀는 '방해가 되지 않도록' 혼자서 방 안에 틀어박히는 것이 가장 안전한 천국이라는 것을 깨달았다. 또 그녀는 또래 친구들과 거의 만나지 않았다. 그럼에도 불구하고 적절한 사회적 기술을 발달시켰다. 아마도 그녀가 어린 나이에 결혼을 하고 남편 친구들과의 관계에 노출된 것이 비교적 적절한 사회적 기술을 발달시키는 데 도움이 되었을 것으로 짐작된다.

사례 2

38세의 미혼 백인 여성은 교회 사람들로부터 전문적인 도움을 받는 것이 좋겠다는 조언을 받았다. 그녀는 병원에 와서 "모든 것이 다 잘못된 것인지 알고 싶다. 내가 해왔던 방식이 마음에 들지 않는다."라고 말하였다. 그녀의 아파트 안에 있는 사악한 영이 그녀 자신을 팔도록 꼬드기고 있다고 믿고 있었는데, 이 끔찍한 생각은 '자기의 생각'이 아니라고 말하였다. 아무튼 이것이 그녀를 가장 괴롭히는 일이었다. 외래환자를 위한 심리치료만을 권했으나, 그녀는 입원을 선택하였다. 그 이유는 "내가 그들보다 훨씬 더 괜찮고, 아주 똑똑하다는 것을 그들에게 보여 주고 그들을 놀라게 하기 위해서"였다. 분명한 것은 만약 그녀가 도움이 필요하다고 '그들이' 생각한다면, 그녀는 가능한 한 최대의 그리고 최상의 도움을 얻어야 한다는 것이었다.

그녀는 이전에 입원한 적이 있다. 4년 전, 항우울제 복용을 시도하였고, 사회복지기관에서 6개월 동안 심리치료를 받았다. 어린 시절 이후, 그녀는 산만하고 느린 파장 및 비정상적인 폭발적 파장과 관련이 있는 간질대발작을 앓아 왔다. 그녀는 지금도 근육수축과 간헐적인 근육경련을 겪고 있지만, 지난 몇 년 동안 간질발작은 일으키지 않았다.

그녀는 자살과 자해에 대해서는 부정하였다. 자해하고 싶어질 때는 "피크닉을 가거나, 새를 바라보거나, 친구에게 전화를 걸었다."라고 설명하였다. 그녀는 환청을 들은 적은 없다고 하였으며 속담을 아주 잘한다고 하였다. 그러나 "내 좌뇌와 우뇌는 분리되어서 서로 다른 방향으로 가려는 것 같다. 한쪽 뇌는 어떤 것을 보기를 원하고, 다른 한쪽 뇌는 그것에 이름을 붙이기를 원한다. 그런데 나는 그 둘[어떤 것의 이미지와 이름]을 연결시킬 수가 없다."라고 설명하면서, 자신이 기능하는 데 어려움을 겪고 있다고 말하였다. 그녀는 사람들이 자기 말을 귀담아듣지 않거나 무시당한다고 느끼는 식으로 '사실을 곡해하는' 경향이 있는데, 이 때문에 곤란을 겪고 있다고 하였다. 사실, 이 면접 중에 한번은 사악한 영이 그녀의 아파트에 있다고 믿는 것과 관련해서 면접자가 '의도적으로 그녀를 깔보고 오판한다' 고 환자는 느꼈다. 그녀는 갑자기 난폭하게 면접자의 노트를 움켜쥐고는 바닥으로 던진 후 방을 나갔다.

조금 지나서, 그녀는 돌아와 사과하였고 음식 알레르기 때문에 잠시 생각을 잘못했다고 설명하였다. 그녀는 아마도 점심에 먹은 옥수수 때문에 자신이 면접 중에 자제력을 잃은 것이라고 생각하였다. 그녀는 자신의 양아버지가 옥수수로 위스키를 만들었기 때문에 옥수수에 정서적 반응을 가지고 있었다. 양아버지가 술 때문에 황달이 생긴 것과 똑같이 그녀는 당근으로 인한 황달증상이 있다고 덧붙였다.

환자는 양아버지와 매우 친하다고 느꼈으며, 그와의 관계에서 명확한 경계가 없었다. 양아버지가 수술을 받았을 때, 그녀는 아무 이유 없이 극심한 통증을 느꼈다. 그녀는 자신이 타인들과도 친밀한 관계를 맺고 있다고 믿었다. 예를 들어, 친척들과 자기 사이에서 어떤 일이 생길 때마다 친척들이 말을 해 주지 않아도 자신의 몸이 느낄 수 있다고 덧붙였다. 그녀는 자동차 사고를 겪었을 때 '죽은 자기 자신을 보았는데' 당시 유체 이탈되는 경험을 하였다고 말하였다. 그녀는 자기 몸에서 빠져 나와서 자동차 옆에서 있는 어머니를 보았다고 하였다. 두 남자가 그녀의 몸 위로 허리를 굽히고 있었다. 그녀는 얼른 자기 몸으로 돌아가서 그들이 자신을 용서하기를 바랐는데, 왜냐하면 그녀가 자기 몸을 이탈했을 때 어머니에게 "당신을 증오해."라고 말했었기 때문이다. 몇 년이 지난 후, 어머니가 돌아가시던 날 밤에 환자는 가구들이 부딪히면서 내는 소리 때문에 집안에 사악한 영혼이 있다고 느꼈다. 그것들이 사악한 영혼이라고 확신한 이유는 "천사들은 절대 시끄러운 소리를 내지 않기 때문"이라고 하였다. 이런 수많은 마술적인 사고들은 그녀가 독립된 자아정체감을 유지하면서도 타인의 사고와 감정을 마치 자신이 느끼는 것처럼 극도로 가깝게 느끼는 그녀의 특성과 관계가 있었다.

환자의 알코올중독자 양아버지는 직업을 유지하기 어려웠고, 그래서 가족들은 자주 이사를 다녔다. 그녀는 수많은 성학대와 신체적 학대사건을 보고하였다. 양아버지가 종종 그녀와 오빠를 벌거벗긴 채 때렸다고 보고하였다. 양아버지는 그녀가 발작을 일으킬 때도 가끔 강간을 하였다. 양아버지는 그녀의 오빠더러 그녀에게(예를 들어, "내 안경을 벗겨." "이걸 해.") 명령을 내리도록 하거나, 그녀를 무시하고 상처 주는 말을 하도록 시켰다. 그녀의 오빠는 양아버지의 말을 절대 복종했는데 "안 그러면 양아버지가 자기를 죽일 수도 있다고 생각했기 때문"이라고 하였다.

양아버지에 대한 고통스러운 기억은 그를 향한 애정, 긍정적인 감정들과 함께 섞여 있었다. 예를 들어, 환자는 양아버지와 숲에 가는 것을 좋아하였다. 그녀는 꽃과 새를 소중하게 여겼다고 말하였다. 그녀는 아직까지도 숲에서 집으로 돌아가는 길에 트럭의 뒷자리에서 깨어나던 것을 '끔찍하게 고통스러운 것으로' 기억하였다. 그 무렵, 그녀의 어머니가 결국 이런 일들을 '알아내고' 양아버지와 환자가 숲에 가는 것을 금지하였다. 그녀는 양아버지와 좋은 시간을 가질 수 있는 기회를 잃어버리게 된 것을 불행하게 생각하였다.

환자는 양아버지에게 희생자, 친구, 성적 파트너였을 뿐만 아니라 부모 역할까지 해야 했다. 때때로 그녀는 양아버지가 숨겨 놓은 위스키병을 쏟아 비워 버림으로써 그의 음주문제를 통제하려고 시도하였다. 양아버지가 취해 잠들게 만들어서 통제하려고 의도적으로 위스키를 주었던 때도 있었다. 양아버지는 그녀가 고른 '고양이'와 친해지기 시작하면서 '상당히 안정되었다.' 돌이켜 생각해 보니 양아버지가 직접 자기 손으로 고양이를 고르게 하는 것이 좋았을 것 같다고 그녀는 생각하였다. 자기가 '잘못' 고른 고양이가 양아버지에게 그렇게나 도움이 되었다면, 그가 직접 선택했을 때는 얼마나 더 도움이 되었겠냐고 생각하였다.

환자의 어머니는 자주 아팠고, 양아버지는 '그녀를 난폭하게 멸시하며 심하게 괴롭혔다.' 아이 앞에서 부부는 자주 싸웠다. 어머니의 병은 그녀가 양아버지를 떠나지 못하게 만들었다. 그녀의 주치의는 그녀가 "이혼을 감당하기에는 건강이 너무 좋지 않다."라고 말했기 때문이다. 환자는 자기 어머니가 양아버지의 학대로부터 자신을 지켜주지 못했다고 느꼈지만, 어머니가 "나를 돌보려고 엄청나게 애를 썼다."라고 말하였다.

환자는 약물, 알코올, 심지어 담배도 하지 않았다. 그녀는 타인을 해하려는 의도가 없었는데, 왜냐하면 그녀는 자기가 분노할 때마다 자기 자신을 멈추었다고 설명하였다. 그녀는 만약 다시 신체적인 위협을 받는다면, 호신술을 사용할 것이라고 경고하였다. 교회 목사님을 제외하고는 배우자도 가까운 친구도 없다고 하였다. 어렸을 때, 여자친구들과 노는 일은 그녀를 '어지럽고 구역질나게' 하는 것이었다고 말하였다. 그녀의 한 친구는 그녀가 근친상간의 희생자임을 알고 난 후, 근친상간에 대한 영화를 함께 보러 가서 '그녀의 불행을 고소한 듯이 바라봄' 으로써 그녀를 배신하였다. 그녀는 2년제 전문대학을 졸업했지만 해고당하지 않고 오래 근무할 만한 능력은 없었다. 그녀는 자신이 직장에서 늘 '거리낌 없이 솔직하게 비판하는' 사람이었다고 설명하였다. "잘못된 것을 보면 나는 그들에게 바로 말하였다."

DSM의 진단에 따르면 이 환자는 SZT인데, 그 이유는 환자가 기이한 신념과 마술적인 사고(기준 2), 이상한 지각경험(기준 3), 의심과 편집적 사고(기준 5), 부적절하고 제한된 정동(기준 6), 괴이한 행동(기준 7), 그리고 가까운 또는 심금을 털어놓을 만한 친구가 거의 없다(기준 8)는 증상을 가지고 있기 때문이다.

〈표 14-3〉에 제시된 대인관계적 설명 또한 이 환자의 사례에 적합하다. 그녀는 사회적으로 철회하였으며(<u>물러남</u> 또는 <u>담을 쌓음</u>), 명백하게 망상적이었다. 그녀의 사고장애는 사회적 세계로부터의 분리(<u>담을 쌓음</u>)와 개인적 선택(**통제**)의 주제를 포함하고 있다. 개인적인 자유(**해방**)를 원했으며 수치와 굴욕(**비난** 또는 **공격**)에 매우 과민하다. 그녀는 사회적 철회와 멀리서 거리를 둔 채 통제하는 것에 대한 망상이라는 SZT 진단의 필수적인 기본 특징을 보였다. 그녀는 자율을 두려워하지 않으며 요구적인 의존을 보이지 않았다. 기꺼이 자기주장을 하였지만 사회적 규범을 비웃지 않았다. 오히려, 그녀는 교회의 원칙을 기꺼이 따르는 헌신적인 추종자였다는 것을 열성적으로 증명하고자 하였다.

SZT의 전형적인 발달력에 대한 SASB 가설 또한 확인되었다. 1. 양아버지는 그녀의 여성스러움과 강렬한 관계를 맺었지만, 그녀가 여성이라고 하는 사실로 그녀를 경멸하고 모욕하였다. 2. 양아버지의 그녀에 대한 부적절한 의존이 그녀가 양아버지의 음주문제에 책임을 지도록 만들었다. 그녀는 자신과 다른 가족구성원을 양아버지의 알코올중독성 분노폭발로부터 보호하려고 애를 썼다. 3. 명백하게 극도로 심한 학대가 있었다. 그녀의 간질은 병인이 밝혀지지 않았지만, 극심한 여러 형태의 학대로 초래된 뇌손상에 의한 것일 가능성이 있다. 4. 학대는 자주, 한 명 이상의 가족구성원에 의해 행해졌으므로, 혼자 있는 것이 그녀에게 가장 안전하였다.

두 사례에서 보이는 SZT의 경향성은 정신분열증의 진단기준과 중첩된다. 각 사례는 정신분열증의 여러 전징(前徵)/잔여 증상을 보여 주었다. 사회적 소외, 직업인 또는 학생으로서 두드러진 기능적 손상, 부적절한 정동, 기이한 신념들, 그리고 이상한 지각적 경험 등이 있었다. 그러나 두 사례 모두 정신분열증의 진단기준에 완전히 맞지는 않았는데, 그 이유는 두 사례 모두 급성 정신증적 삽화를 보이지 않았기 때문이다. 더구나 환각 또는 정상적인 기능으로부터 급격한 퇴행의 증상도 보이지 않았다. 두 사례에서 각 여성들은 강한 독립된 자기의식을 유지하고 있었다. 이는 자기와 타인 간의 경계를 극도로 혼란스러워하는 정신분열증적 원형과는 완전히 다르다.

예상되는 전이반응과 치료적 함의

전이반응

SZT와의 심리치료에서 첫 번째 과업은 극심한 사회적 불안과 편집증으로부터 살아남을 수 있는 치료적 관계를 형성하는 것이다. SZT는 치료자를 공격자 또는 굴욕감을 주는 사람으로 보고, 안전을 위해 거리를 두려고 하기 쉽다. SZT들은 자신이 치료자의 마음을 읽을 수 있다고 믿거나 텔레파시나 다른 마술적인 수단을 사용하여 치료자에게 영향을 줄 수 있다고 믿는다. 또는 SZT들과의 관계로 인해 치료자에게 해로운 일이 일어날지도 모른다고 걱정을 한다. SZT는 학대적이고 착취적인 관계(또는 활동)에 관여하거나, 이 관계를 지속함으로써 자기가 가장 좋아하는 일은 오히려 방치한다. 이러한 학대적인 관계에 있는 상대방은 SZT의 치료에 대해 '의심하거나' 아예 적극적으로 치료를 방해할 것이다.

SZT들은 다른 성격장애를 가진 사람들에 비해 사고장애로 인한 어려움을 겪을 가능성이 매우 높다. SZT의 사고장애는 '원래 그들이 그렇게 타고난' 것으로 많은 사람들에게 보일 수 있다. 만약 그렇다면, 심리사회적 방법을 가지고 성격을 재구조화하는 작업은 거의 불가능할 정도로 어려울 것이다. 그러나 적어도 심리치료가 SZT 환자들이 현실을 왜곡할 때, 스스로 자각하는 것을 배우는 데 도움을 줄 수 있다. 치료 도중, 환자들은 미량의 신경안정제가 필요할 수도 있다. 일반적인 지지와 도움이 사회적인 학습과 더불어 SZT에게 도움이 될 수도 있다. 예를 들어, 가능한 한 SZT들이 학대적이지 않은 애정관계를 경험하고 이런 관계를 추구하려는 노력을 지지해 줌으로써 그들의 사회적 철회를 줄여 나갈 수 있을 것이다. 직장을 구하고 전문적인 훈련을 받게 하는 등의 직설적인 상담이 도움이 된다. 성학대를 받은 환자에게는 성적인(sexual) 재활(rehabilitation) 치료를 받도록 격려해 주어야 한다.

성격 재구조화 심리치료가 시도된다면, 오랜 기간이 걸릴 것이다. SZT들은 학대적인 양육자와의 파괴적 관계의 찌꺼기를 다루는 방법을 배워야 한다. 강렬한 양가감정과 현실 검증의 혼란은 SZT들이 기본적인 대인관계 패턴을 변화시키는 것을 무척이나 어렵게 만들 것이다.

치료적 함의: 다섯 가지 범주의 정확한 반응

협력적 관계 증진하기

치료자는 SZT의 과민성을 환자의 판단에 맡기고 존중함으로써 그들이 작업동맹을 맺기 시작하는 것을 도울 수 있다. 사례 1에서, 환자가 면접을 조기 종결함으로써 필요한 거리를 확보하고자 할 때 면접자가 이를 허용하였다는 점은 매우 중요하다. 환자는 면접에서 나눈 대화가 너무 강해서 그것으로 "오늘은 충분하다."라고 말하였다. 게다가 SZT들에게는 적당한 거리를 유지하는 것이 필요하다는 것을 면접자가 존중할 뿐만 아니라, SZT가 모욕감을 느끼는 경향을 가지고 있음을 정확하게 깨닫고 기다려 주어야 한다. 특히 SZT의 망상과 같이 민감한 주제에 대해서는 여러 번 캐묻지 않아야 한다. 사례 2의 환자의 예를 들면, 사악한 영혼이 그녀의 아파트에 있다고 믿는 것과 같은 주제에서도 특히 그렇다. 사악한 영혼이 압도적으로 느껴질 때 환자가 무엇을 할 수 있었는지를 면접자가 질문하자 그녀는 자기 자신을 통제할 수 없어서 노트를 구겨 던지고 방을 박차고 나갔다. 환자는 망상에 관한 면접자의 질문을 자신이 사악한 영혼을 두려워하는 것을 비난하는 것과 같은 것이라고 생각하였다. 다행히도 이 일이 있기 전에 면접자가 충분히 자신을 이해해 주었다고 느꼈던 환자는 자발적으로 다시 돌아와서 면접을 마치고자 하였다. 만약 면접자가 환자의 과민성의 정도를 예측하고 첫 번째 질문에서 답을 끌어내는 데 실패한 후 그 주제에 대해 더 이상 이야기하지 않았다면 그녀의 자기통제력 상실은 피할 수 있었을지도 모른다.

치료 초기에 치료자는 SZT가 상담시간 약속을 깨려는 욕구나 치료시간 동안 자기 마음대로 하려는 욕구에 대해 편안하고 여유 있게 대처해야 할 것이다. 만약 이런 방식으로 적절한 거리와 통제가 허용되지 않는다면, SZT들은 모든 치료과정으로부터 도망가려 할 것이다. 점차 치료자는 공감적 경청, 정확한 반영 그리고 일관성과 같은 보통의 기술을 가지고 SZT들과 관계를 맺어 나갈 수 있다. 시간이 지난 후, 마술적인 생각으로 당면 문제를 처리하려는 것을 포기할 수 있는 충분한 신뢰와 통찰을 발달시키고 정상적인 방법을 배우는 것에 동의하는 것이 자신에게 오히려 이득이 됨을 알아차릴 것이다.

치료자와 협력하는 것을 배우는 과정에서 SZT는 착취적이지 않은 보호와 양육을 경험하고 내면화할 수 있게 된다. 초기의 양육자와 달리, 치료자는 환자에게 치료자 자신을 돌보라고 요구하지 않는다. 치료자는 치료에서 초점을 유지하고 지지적인 주의를 기울임으로써 완전하게 일관적일 수 있다. 이러한 새로운 경험은 SZT에게 교정적 경험이 된다.

패턴 인식 촉진하기

SZT는 자신이 정말 무기력할 수밖에 없었던 학대 상황에서 자신에게 부여된 비현실적인 책임감이 자신의 마술적인 사고의 원인이 되었다는 것을 알아야 한다. 그런 기이한 어린 시절의 상황이 SZT에게 자신이 터무니없이 엄청난 힘과 영향력을 가지고 있다고 여기게 만들었다. 편집증과 사악한 혼잣말 또한 초기 학습과 관계가 있을 수 있다. 사례 2에서 환자는 자기 아파트에 있는 사악한 영혼에 대한 자신의 두려움과 공포가 자신과 양아버지와의 관계에서 만들어진 패턴을 따르고 있다는 해석을 받아들였다. 사악한 영혼은 '그녀가 아닌 것' 들을 하기를 원하였다. 아버지 또한 그녀를 강간하면서 마찬가지였다. 그녀는 양아버지가 자신을 묘지로 데리고 가서 무서운 이야기를 했던 것을 덧붙이며 그 해석에 동의하였다. 양아버지는 그녀를 위해 지은 놀이집에 해골을 걸어 주었다. 이런 맥락을 보면, 사악한 영혼이 그녀를 사로잡아서 그녀 자신을 팔아버리도록 만들 것이라는 그녀의 공포스러운 마술적 사고가 전혀 이상하지 않았다. 그녀의 사랑하는 양아버지는 예측할 수 없는 '사악한' 태도를 사칭해서 그녀를 사로잡아 나쁜(성적인) 일을 하도록 만들었다. 그는 또한 사악한 영혼과 죽음에 대한 그의 걱정을 그녀에게 전가하였다. 그녀가 어른이 되어서도 계속 똑같은 방식으로 세상을 보는 것은 당연한 일이다.

SZT들은 대부분 자기가 학대받은 경험을 알고 있고, 그런 경험들에 대해 어느 정도 자세히 얘기를 할 수 있다. 그런데 그들은 학대 자체에 대해서는 어떤 감정도 느끼지 않을 때가 많다. 대부분 극심한 학대 희생자들처럼 SZT들도 학대를 경험한 다른 사람들을 공감하고 연민을 표현할 기회를 처음으로 가짐으로써 자신의 정서를 탐색할 수 있을 것이다. 다른 비극적인 인물들에 대한 얘기를 함께 나누어 보는 것도 도움이 된다. SZT들은 학대받은 다른 사람들의 경험에 대한 자신의 반응을 탐색함으로써 자기 자신의 학대와 관련된 정서로 돌아갈 수 있다.

비슷한 상황에 있는 타인을 위한 깊은 동정심을 드러내는 맥락 안에서, SZT는 자기 자신의 상황에 대해 똑같이 이해하기 시작한다. 자기 자신에 대한 동정심과 더불어 성숙한 관점을 가짐에 따라 자신을 모질고 가혹하게 대하려는 의지는 점차 줄어든다.

SZT를 어린아이로 동정하고 연민을 보이는 것은 위험하다. 여전히 학대자와 동일시하고 있는 SZT의 어떤 부분에 대해 치료자와 SZT 모두 취약하다. 학대자를 비난하는 것은 금지된 배반행위이므로 이에 대한 죄책감, 처벌받을지 모른다는 두려움과 같은 다루기 힘든 반응이 있을 수 있다. 치료자는 이런 양가적인 영향력을 인식하고 있어야 하며, 학대자에 대한 환자의 충성심이 변화하는 것을 직면했을 때 흔들리지 않고 확고하게 버텨 주어야 한다. 때로 환자는 공격자를 동일시할 수도 있다. 이 경우 환자는 희생자의 위치에 있었던 자신에 대해 공감을 하면 변화가 가능할 수도 있을 것이다. 그러고 나서 자신이 학대자를 배신한 것을 지각하면서 느끼게 되는 분노와 SZT 자신이 학대자에게 순종했다는 죄책감이 뒤이어 따라올 수 있다. 이후에 SZT는 이 모든 감정을 자극한 치료자에게 화가 날 수도 있다. 환자의 태도와 행동의 범위는 매우 광범위할 수 있다. 치료자는 환자의 이런 변화에 대해 인내심을 잃거나 변화를 방해하거나 저지해서는 안 된다. 환자의 순간순간 변화무쌍하며 강렬한 감정에 치료자가 굴복당하지 않는 것이 중요하다. 만약 치료자가 지속적으로 자비롭고 온화하며 확고하고 안정적일 수 있다면, 환자는 치료자의 보살핌을 내면화할 수 있으며 정상적인 사회화의 학습을 계속해 나갈 수 있을 것이다. SZT는 자신의 능력을 확인받고 타인으로부터 착취당할 필요가 없다는 것을 아는 것이 특히 필요하다.

부적응적 패턴 차단하기

다른 수많은 환자들과 마찬가지로, SZT와도 치료자는 아슬아슬한 줄타기를 해야 한다. 치료관계를 보존하기 위해 부적응적인 낡은 패턴을 참고 인내해 주는 것과 그것들을 차단하고 막아야 하는 것 사이에서 균형을 유지해야 한다. NPD, AVD, PAR과 마찬가지로 SZT도 아주 미약한 배신, 경멸 또는 위험의 징후만 느껴도 치료를 그만두고 도망가려는 경향이 아주 높다. 초기에 거의 위협적이지 않은 지지를 해 주고 그 후에 천천히 치료관계가 허락할 수 있는 만큼의 강도로 부적응적인 패턴을 자각하도록 압박하는 것이 가장 좋은 순서다.

지지적인 치료적 개입은 SZT가 현실을 왜곡할 때 자신이 어떻게 이를 자각해야 하는지를 가르쳐 줌으로써 의식적으로 정신증적 사고과정을 차단하도록 도움을 준다. 현실왜곡이 일어날 때, SZT는 스스로 '지금, 여기' 에 더 근거해서 생각할 수 있도록 새로운 자기-지시어(self-talk)를 배울 수 있다. 궁극적으로, 그가 과거를 돌이켜 봄에 따라 어린 시절 자신이 비현실적으로 현실을 해석하도록 배운 것이 현재 자신의 부적응적인 패턴 형성에 어떻게 기여했는지를 알 수 있게 된다.

치료관계는 자기 자신과 타인과의 관계를 탐색할 수 있는 안전한 기지 역할을 해 준다. 또한 치료장면에서 배울 수 있는 기회를 제공해 준다. 환자의 마술적인 수단에 치료자가 상해를 입을지도 모른다고 환자가 걱정을 한다면, 이러한 환자의 사고 패턴은 치료 안에서 다루어질 수 있을 것이다. 즉, 치료자가 환상이 발생할 수 있는 진실을 조금이라도 인정해 준다면, 이후에 환자는 점차 자신이 두려워하는 사건은 일어나지 않는다는 확신을 가질 수 있을 것이다. 예를 들어, 환자의 학대적인 부모에 대한 얘기를 한 것 때문에 치료자가 병이 날지도 모른다고 걱정을 할 수 있다. 또 치료자는 언제라도 병이 날 수 있다는 것을 인정한다. 만약 그렇다면 치료 중에 나눈 대화내용 때문이라기보다 면역기능이 약해져서라든지 다른 병의 원인에 노출이 된 결과로 병에 걸릴 확률이 더 높다. 게다가 치료관계가 허락한다면 치료자는 환자의 두려움 이면의 더 깊은 두려움을 탐색하도록 격려할 수 있을 것이다. 아마도 환자는 치료자에 대한 의존성이 생겨날수록 더 무서워할 것이다. 그는 치료자가 사라지거나 아니면 자신의 믿음을 배신할 것을 걱정할 수도 있다.

부적응적 패턴을 포기하려는 의지 강화하기

SZT의 강력한 자기의식은 정신분열증적일 때보다 심리치료에 잠재적으로 더 잘 반응할 것이라는 점을 말해 준다. 그럼에도 불구하고 SZT는 여전히 타인을 신뢰하고 자신의 경계를 정의하는 데 가장 어려움을 느낀다. 성격의 재구조화가 일어나려면, 어린 시절의 학대자에 대한 충절을 지키면서도 자기 자신과 타인을 마술적으로 보호하려는 소망을 반드시 변화시켜야 한다.

BPD나 다른 학대 피해자들과 마찬가지로, SZT는 그들의 무의식적인 소망과 연결된 행동 또는 자살생각을 해석하는 것이 도움이 될 수도 있다. 이런 모순적인 얘기가 예가 될 수 있다. "그[학대했던 아버지]가 지금 당신이 자기 자신을 벌주는 것을 보게 된다면 틀림없이 무척 행복해하시겠군요. 이것은 당신이 아버지를 사랑하고 아버지와 함께 영원히 있고 싶어 한다는 걸 증명해 주는 것이네요." 만약 이 해석이 정확하고 환자가 잘 들을 수 있게 전달된다면, 환자는 자신의 정신장애의 두드러진 특징(모순)과 직면하게 될 것이다. 이런 모순을 완전히 자각한다면, 환자는 새로운 선택을 위한 기회를 갖는 것이다.

학대자로부터 심어진 공포와 내면화된 소망에 반항할 때 느끼게 되는 정신적 공포를 견디는 것은 쉽지 않다. 정확한 반영과 깊은 공감은 SZT가 회복하기 위해 자신의 의지를 활성화하는 것을 도울 것이다. SZT는 이와 같은 치료자의 명확하고 진실한 이해를 내면화할 수 있다. 그러고 나서 그는 자신과 타인에 대해 생각하기 위해 더 나은 방법이 있을 수 있음을 생생하게 그릴 수 있게 된다.

새로운 학습 촉진하기

이 장애가 워낙 심하기 때문에 SZT가 자신의 패턴을 재구조화할 수 있을 것이라는 제안은 다소 의심스러울 수 있다. 앞에서 언급한 것처럼, SZT의 사고장애는 유전적인 손상에 근거한 것을 반영하는 것일 수도 있다. 만약 그렇다면, SZT의 기본적인 패턴을 변화시키는 데 심리사회적인 치료적 개입만으로는 힘들 듯하다. 이 책에서의 분석은 SZT들의 사고장애의 특정 내용과 생애 초기의 학습경험 간에 명백한 상관관계가 있음을 밝히고 있다. SZT의 사고장애가 단지 유전으로 사전에 프로그래밍 된 증상인지 혹은 대인관계력에서의 경험들이 직접적으로 점차 장애를 형성시킨 것인지 밝히기는 어려운 것 같다. 그럼에도 불구하고, 과거 사회적 학습과 현재의 사고장애 간의 관련성을 배우고 이해하는 것은 환자를 지지하기 위한 것이든 혹은 환자의 성격 재구조화를 돕는 것이든 간에, 심리사회적 치료적 개입을 진행하는 데 도움을 줄 수 있다.

제5부

발 산

제15장 범주 중복, 잔여 범주, 기타 쟁점 사항

15
범주 중복, 잔여 범주, 기타 쟁점 사항

'모든 증상에는 이유가 있다'

성격장애에 대한 준거들은 더 많이 조사할 필요가 있는데, 현재 임상장면에서 활용되는 것과 얼마나 일치하는지, 임상집단과 비임상집단을 얼마나 분류하는지, 그리고 궁극적으로 외부 준거(병의 경과, 치료에 대한 반응, 가족력, 실험실에서의 검증 등)와 비교해서 얼마나 타당한지를 결정해야 한다(Siever & Klar, 1986, p. 287).

■ 중복문제

Thomas Widiger(예: Widiger, 1989)는 서로 구별되는 범주들로 성격장애를 정의하기 위한 시도 자체에 대해 특별히 이의를 제기하였다. 그는 다음과 같이 주장하였다.

> 두 범주 중에서 한 가지를 선택해야만 하는데, 사실은 둘 다 잘 적용된다. 경계선 성격장애와 연극성 성격장애 두 가지 증상 모두를 보이고 있는 환자에 대해서 이를 구별하려고 시도하는 것과 유사하다. 따라서 어느 쪽을 선택해도 작위적으로 보일 수밖에 없으며, 사실 이것은 차원적인 변인에 대해서 범주적인 명칭을 부여하려고 시도하는 것이다(1989, p. 79).

DSM-IV의 연구자였던 Widiger는 성격장애의 진단기준의 정의에서 중복문제의 심각성을 깊이 절감하였다. 그는 범주들로 성격장애를 정의하려는 노력은 폐기되어야 한다고 주장하였으며, 기초가 되는 차원들의 정도에 대한 프로파일의 개념으로 성격장애가 정의되어야 한다고 주장하였다. 가장 널리 쓰이고 유용한 DSM 성격장애의 검사도구인 MCMI(Millon, 1982, 1987)를 만든 Millon은 중복문제를 해결하기 위해 프로파일

방법을 사용하였다. MCMI는 각 DSM의 진단기준에 대한 환자의 반응을 비교한 분석표를 임상가에게 제공한다. BPD, HPD, ASP와 같은 몇몇 장애의 경우, MCMI 검사결과에서 '절단점(cutoff)'보다 더 높은 점수를 나타낼 수도 있다. 이러한 분석표의 범주적 해석은 환자가 3개의 범주에 속하며, BPD, HPD, ASP의 세 장애를 동시에 가지고 있다는 것을 말해 준다. Widiger는 이러한 불편한 결과가 나온 이유는 성격장애들이 서로 구분되는 범주로 이해했기 때문이라고 지적하였다. Millon은 프로파일을 사용함으로써 잘못된 결론, 즉 몇 개의 차원에서 '절단점' 이상의 점수를 취득한 사람들이 복수의 서로 다른 장애를 가지고 있다는 어리석은 결론을 내리는 것을 피하고 있다.

MCMI 검사에서 Millon의 '차원' 은 성격장애 그 자체[1]다(몇몇 임상적 장애를 포함하고 있다). Widiger는 요인분석 방법으로 추출된 차원들을 사용하는 것을 선호하였다. 성격특성 이론에 대한 방대한 학술연구들에 대한 세심한 조사 후에, Widiger는 성격은 NEO-5 성격검사(Costa & McCrae, 1988)에 의해 설명될 수 있다고 주장하였다. 이런 차원적 접근은 한 사람이 신경성, 외향성, 경험에의 개방성, 친화성, 성실성의 5차원에서 각기 어느 정도인지를 설명해 준다. Widiger는 다음과 같이 설명하고 있다.

> 경험적 연구는 성격장애 병리의 개념화와 분류를 위해 차원적 모델을 선호한다. 경험적 연구는 정상적인 성격 기능의 분류를 위해 5-요인 모델을 선호한다. 이는 5-요인 모델의 관점에 따라 성격장애가 분류되고 이해된다는 것을 제안하는 것이 자연스럽고 합리적임을 보여 준다.
>
> DSM-Ⅲ-R의 성격장애에 대한 5-요인 대안이 가지는 실질적인 한계점은 아마도 다양한 차원과 그 양상을 위한 정통한 치료법과 임상적 함의가 없다는 점일 수 있다. 강박적, 연극성, 반사회적, 분열성, 경계선 성격장애의 치료에 대한 수많은 책, 학술논문들이 있지만 과도한 성실성, 외향성, 적대성, 내향성, 신경성에 대한 치료법은 매우 드물다. …임상가들은 5-요인 성격특질 용어에 익숙하지 않아서 적어도 초기에 치료 계획을 수립하는 데 어려움을 겪을 가능성이 높다. 그래서 추가적인 경험과 훈련이 필요하다는 것을 예상할 수 있다. …그러나 임상가들은 회피성, 경계선, 연극성 성격장애를 치료하는 것보다 한 개인이 충동적, 자기의식적, 불신, 자기주장을 못하고, 지나치게 순종적이거나 특별한 상황에서 특정 감정을 느끼는 부적응적인 경향성의 정도를 감소

---

1) 비록 MCMI 프로파일은 DSM 범주를 차원으로 사용하고 있지만, Millon은 그 자신만의 진짜 차원 모델을 사용하여 DSM 장애들에 대한 그의 개념을 발전시켰다. AVD에 대한 장에서 언급한 것처럼, 그의 이론적 모델(Millon, 1969)은 능동적 대 수동적, 쾌락 대 고통, 자기 대 타인 등의 차원을 포함하고 있다.

시키려는 노력의 일환으로 치료를 개념화하는 것이 훨씬 더 효과적이라는 것을 발견할 것이다(Widiger, 1993, p. 87).

성격장애의 정의는 갈림길에 서 있는 것 같다. 학문적인 심리학으로 대변되는 한쪽에서는 성격을 차원적으로 묘사하고 있다. 정신의학의 DSM으로 대변되는 다른 쪽에서는 성격을 범주로 표현하고 있다. 범주적 접근은 과학적(학문적)인 영역에서는 그다지 대접받지 못하였다. 모순되게도, 이 책에서는 SASB가 차원적 모형임에도 불구하고 DSM의 범주적 접근을 옹호하고 있다. SASB 모형의 기초가 된 차원의 타당성은 확인적 요인분석으로 검증되었다(Benjamin, 1974, 1984, 1988, 1994a). 성격장애를 범주로 설명하기 위해 SASB 차원 모형을 사용함으로써 이 책에서는 혼성 모델을 예로서 인용하였다. SASB 차원 모형은 3장에서 나왔으며 이후의 장에서 SASB 모형을 DSM의 범주에 적용하였다.

SASB 이론은 성격장애의 사회적 병인론에 대한 추론[2]을 이끌어 내기 위해 그리고 치료적 개입을 제안하기 위해 사용되었다.

임상 실제에서 사회적 상호작용의 모델을 사용할 때 시간의 차원을 포함한 것은 매우 중요하다. 양가감정, 불안정성, 경직성을 설명하기 위해서는 대인관계적인 태도의 변화율에 대한 내용이 필요하다. 예를 들어, BPD는 치료자가 그들을 **무시**하는 것처럼 보이면 재빨리 치료자를 **공격**하고 **비난**하는 모드로 바꿀 수 있으며 *자기공격*과 *자기비난*의 모드로 바뀐다. 만약 BPD들이 내면화된 학대적 인물로부터 분리된 자기 자신의 모습을 보게 된다면, 위와 같은 극적인 변화를 보여 줄 것이다. BPD의 이런 '불안정성'은 SASB 모형에 따른 매우 구체적인 용어로 설명된다. BPD와 달리 PAR의 반응 패턴은 매우 경직되어 있다. 그들은 타인을 **공격**과 **비난**의 관점으로 보고, 이에 대해 물러남과 담을 쌓음으로 반응한다. 압박감을 느끼면 PAR의 **비난**과 **공격**은 더욱 증폭될 수 있다. 그러나 이들은 같은 조건하에서 그다지 다양하게 반응하지 않는다. 시간의 차원은 PAR의 '경직성'을 BPD의 '불안정성'으로부터 구분해 내는 데 유용하다.

성격의 범주들을 정의하기 위한 SASB에 기초를 둔 혼합 모델은 3장에서 소개된 음

---

2) 분석이 전적으로 연역적인 것은 아니다. 임상적 관찰을 성문화하고, SASB 예언적 원리를 확인하였다. 예를 들어, 학대를 받은 아동이 학대를 일삼는 성인이 된다고 가정하면, 유사성의 원리가 적용된다. 만약 이런 아동들이 학대적인 배우자를 선택한다면 이는 계속해서 희생자 역할로 남아 있는 것이며, 상보성의 원리가 적용된다. 이 책에서는 주어진 성격장애를 위해 임상적 자료에 적합한 예언적 원리를 선택하였다. SASB 모형은 주어진 상황에 적용할 수 있는 원리를 사전선택하는 것을 허용할 정도로 개발된 것은 아니다.

악 모델과 일치한다. 3장의 음악 모델에서 말한 '노래'는 기본적인 차원을 참조한 이론에 따라 정의된 범주다. 음악에서, '노래'는 음표와 리듬(소리의 파장과 시간)의 복잡하고 특별한 조합으로 정의된다. 이 책에서는 DSM에 따라 이름이 붙은 열한 가지 성격장애의 '리듬과 하모니'를 밝히고 있다. 음표의 자연스러운 조합을 말할 때 음악에서는 규칙이 있고 음표의 조합 안에서도 자연스러운 진행의 법칙도 있다. 노래는 흔히 이러한 규칙을 따른다. 그러나 규칙으로부터의 일탈 또한 노래에 고유함과 독특성을 부여할 수 있다. 마찬가지로, 이 책에서의 분석을 통해 각 성격장애[3]의 특징적인 기본 음표와 상호작용적인 진행과정을 제시해 준다.

SASB 차원들을 가지고 DSM 범주를 분석하려면 DSM에 있는 임상적인 지혜를 활용해야 한다. DSM 위원회에 소속된 전문가들이 성격장애를 기술하였다. 그러한 설명은 임상경험에서 생겨난 자연적인 범주다. DSM 특별 전담반은 과학적 법칙에 따른 범주의 분류를 시도하였다. 진단기준들은 현장검증과 수정을 거친 것이었다. 그러나 이 진단기준들은 신뢰할 만한 진단 결정[4]을 내리기에 충분한 정보를 개별 임상가들에게 제공해 주지 못하였다.

이 책에서 DSM 성격장애 범주들은 임상적인 구성타당도를 가진다고 가정하고 있다. 신뢰도에 문제가 발생하는 것은 범주를 정의하려고 시도하는 어리석음 때문이라기보다는 설명이 적절하지 못하기 때문이다. 가령, 앞에서 Widiger(1989)가 언급했던 BPD와 HPD가 중복되는 예를 고려해 보자. 두 장애 각각의 특징과 추천할 만한 치료적 개입을 5장과 7장에서 살펴보았다.

〈표 7-2〉에서 SASB 명칭 또는 음표들을 그들의 기준 위치를 표시하는 데 사용하여 BPD와 HPD를 비교하였다. 표를 살펴보면, BPD와 HPD 모두 **통제**와 **비난**의 음표들로 소리를 내는 경향이 있음을 보여 준다. 두 장애 모두 신뢰를 드러내며, *자기공격*[5]에 연루됨을 보여 준다. SASB 명칭에(그들의 소망과 두려움에 대한 명칭을 덧붙여서) 따르면 BPD와 HPD 둘 다 의료진에게 강압적 의존성을 드러내는 임상 실제를 반영하고 있다.

---

3) 머지않아 은퇴를 해야 할 시기에 들어감에 따라, 나는 다른 중증 정신장애와 성격장애의 치료를 위한 저렴하면서도 매우 우수한 연구센터를 시작할 수 있기를 소망한다. 이러한 연구센터에서, 아마도 나는 이 책에서의 아이디어들을 적절하게 검증하기 위해 필요한 복합적이고 장기간 운용되는 연구 프로그램과 훈련을 주도할 것이다.

4) 특히 신뢰도가 문제가 있는 것으로 판명된 범주 또는 '정치적'으로 논쟁의 여지가 된 범주는 DSM 최신판 부록 A에 포함되어 있다. DSM-III-R에서, 위와 같이 논쟁이 된 범주들은 가학적 성격장애, 자기파괴적 성격장애, 후기황체기 불쾌기분장애(Late Luteal Phase Dysphoric Disorder) 등이 포함된다. DSM-IV의 부록 A에는 17개의 장애를 포함하고 있다. 이 장의 뒷부분에서 새로운 범주인 우울성 성격장애에 대해 특별히 관심을 가지고 더 자세히 논의할 것이다.

두 장애 모두 따뜻하고 우호적일 수 있지만, 아무것도 제대로 해 주지 않는다는 터무니없는 이유로 의료진을 공격할 것이다. 두 장애 모두 자살 또는 다른 위기를 극적으로 만들어 내는 경향이 있고, 제대로 기능하게 되면 결국 버림받고 재앙에 이를 것이라고 생각한다. 그리고 마침내, 돌봐 주는 사람(양육자)이 자신에게 충분히 '주의를 기울이지' 않는다고 지각하면 자살행동을 보일 것이다.

이러한 강력한 유사성에도 불구하고, 대인관계적 패턴, 그들이 만들어 내는 '노래'는 결정적으로 서로 다르다. HPD의 *자기공격*은 정신내적(intrapsychic)인 사건과 대인관계에서 전달하려는 메시지가 융합된 것과 달리, BPD의 자기공격은 정신내적 사건이다. BPD들은 완전히 무모하게 통제 불가능해지고, 비합리적으로 자기 자신을 공격하며, 누군가 구원해 주기를 요구하지만 도움에 의지하지 않는다. HPD는 잘 짜이고 계획된 각본대로 행동하며, 돌봐 주는 사람(양육자)이 자신을 구해 줄 능력과 자발적인 의지를 가지고 있음을 상대적으로 확신한다. BPD의 자살경향성은 내적인 것이며 근본적으로 자폐적이고, 때로 정신증적 착란사건이기도 하다. 이에 반해 HPD의 자살경향성은 대인관계적이고 상대를 조종하려는 교묘한 속임수다. 자살의 패턴에서 둘 사이의 차이는 BPD와 HPD의 대인관계적 패턴의 일반적인 차이를 보여 준다. 두 장애 간의 차이를 구별하는 것은 임의적인 것이 아니다. 이는 실제 임상사례의 구조에 대한 SASB의 명칭으로 확인되었다. 각 성격장애의 기준 위치를 비교, 대조한 〈표 14-2〉에서 HPD의 위치는 복합적인 형태로 드러나는 경향이 있음을 보여 준다. HPD는 통제하려는 것과 우호적으로 예민하게 잘 받아들이는 것이 혼재되어 있으며, 의료진을 신뢰하면서 동시에 조정하려고도 한다. 이와는 반대로, 어떤 상황에서도 BPD의 패턴은 단순하고 명료하다. 때로 BPD가 단순히 의료진을 강렬하게 신뢰하기도 한다. 그러나 이후에 그들의 돌봄에 조금의 흠이라도 발견되면, BPD는 더 잘 보살필 것을 강압적으로 요구하기 위해서 상대를 평가절하하는 무시무시하고 지독한 분노로 급작스럽게 전환한다. 달리 표현하자면, HPD가 화음을 연주하는 동안 BPD는 그냥 주요 음을 차례대로 큰 소리로 외치는 것과 같다. HPD가 부르는 노래의 화음과 같은 구조는 HPD가 자기 통제를 무모하게 포기해 버리지는 않을 것을 보장한다. HPD는 분노하거나 자살하려 할 때에도 애착과 관련된 음표를 항상 포함하고 있다. HPD의 다소 작은 무모함과 어떤 형태로든 애착을 일관되게 보존하는 것은 이 패턴을 상대적으로 '덜 심각하게' 만든다고 할 수 있다.

---

5) 7장에서, DSM-Ⅲ-R에서 언급된 HPD의 자살경향성을 삭제했음을 말하였다. 이는 BPD와 HPD 간의 중복을 줄이기 위한 비이론적인(atheoretical) 노력에서 이루어진 것이다. 그러나 나는 오히려 HPD들이 자살행동에 연루될 수 있다는 DSM-Ⅲ에서 내렸던 임상가들의 합의에 동의한다.

요약하면, BPD와 HPD는 매우 비슷해 보이지만 그럼에도 불구하고 서로 확실히 구별된다. 둘 다 의료진에게 '더 잘 보살펴 달라고' 강압적으로 요구하지만, 두 장애가 만들어 내는 패턴은 같지 않다. 그 장르에 익숙하지 않은 사람에게는 잃어버린 사랑에 대한 노래들이 다 똑같이 들릴 것이다. 즉, 잘 훈련된 귀를 가진 사람만이 비슷한 주제(잃어버린 사랑)에 대한 노래에서 차이점을 발견할 수 있다는 것이 중요하다. 성격장애에서는 이런 차이가 매우 중요한데, 왜냐하면 결국 다른 치료적 개입이 필요하기 때문이다. 이론적 분석은 전이 패턴을 구체화하도록 하며, 특히 구체적인 증상이 치료적 개입의 목표가 되도록 하고, 이에 따라 구체적인 학습목표가 성취될 수 있도록 한다.

불신 또는 과도한 순응과 같은 행동적 증상이나 기질에 단순하게 초점을 맞추는 것은 성격장애 치료를 성공으로 이끌지 못할 것이다. 내사와 관련된 동기를 언급하지 않고 BPD의 충동성을 감소시키려고 애쓰는 치료자의 노력은 실패할 것이다. 성격장애에 대한 본 이론은 이들을 위한 심리치료가 행동이나 버릇의 변화를 꾀하는 것보다 훨씬 더 많이 개입해야 한다고 제안하고 있다. 단순히 행동에 대한 치료적 개입을 수행하는 것은 열이 나는 환자에게 치료를 위해 원인을 찾아보는 것이 아니라 그저 이마에 얼음주머니를 올려놓는 것과 같을 수 있다. 이면에 감추어진 소망이나 두려움을 변화시키지 않고서는 단순히 행동은 변화하지 않을 가능성이 높다. 어려운 변화를 이루어 내기 위해 환자와 치료자가 협력하도록 하기 위해서는 성격장애에 대한 통일성 있는 이론적인 관점이 필요하다.

음악학교는 이론 훈련과 전문적인 기술 숙달을 격려함으로써 음악가의 전문적인 기술의 습득을 엄청나게 진척시킬 수 있다. 마찬가지로, 성격장애에 대한 효과적인 이론은 치료자가 치료적 개입을 선택하고 수행하는 데 도움을 줄 수 있다. 그런데 이론이 없다면 직관에 기초한 수년간의 학습이 필요할 수도 있다. 음악가처럼 치료자들도 관련된 타당한 이론에 기초한 치료실습을 수없이 오랜 시간 동안 할 필요가 있다. 치료자 훈련생은 경험이 있는 수련감독자로부터 지속적이고 건설적이며 구체적인 도움을 받아야 한다.

DSM의 성격장애의 정의에 이 대인관계적 분석을 적용하려는 임상가나 연구자들에게 이 책의 부록이 매우 유용할 것이다. 부록은 DSM의 정의를 담은 조항들과 관련된 현재와 과거의 대인관계 패턴의 중요 특징을 포함하고 있다. 요약에 이어, 각 장애를 정의하는 데 필요한 구체적인 SASB 코드의 고찰과 진단을 위한 필수기준 및 배제기준을 추천하고 있다. 장애의 중복문제는 부록에 나온 정보를 사용하여 이해할 수 있을 뿐만 아니라 이를 최소한으로 줄일 수 있을 것이다. 일단 적절한 성격장애 진단이 이루어지면, 독자는 예상되는 전이문제에 대한 상세한 정보를 구하기 위해 해당 장으로 돌아가서 어떤 치료적 개입이 추천되는지 알아볼 수 있다.

■ 미분류 성격장애

비록 11개의 성격장애가 많이 알려져 있지만, 다른 성격장애도 존재한다. 자주 발생하지 않아서 DSM 위원회에서는 이들을 목록에 포함시키지 않았다. DSM의 부록 B는 흔하지 않거나 명확하지 않은 패턴을 설명하고 연구하는 기회를 제공하고 있다. 그러나 사실 부록 B에 포함된 것들보다 훨씬 더 많은 성격장애가 있다. 이것들은 미분류 성격장애로 명명될 수 있다. 미분류 범주는 DSM에서 설명된 성격장애 범주 중 어떤 것과도 똑같지 않지만 만성적인 부적응적 성격특성을 보이는 사람들을 일컫는다. DSM-Ⅲ에서는 미분류 성격장애 범주에 특별한 하위범주를 분류해 놓았는데, 이를 혼재성 성격장애라고 하였다. 혼재 범주는 한 가지 이상의 성격장애의 두드러지는 특징을 보이는 사람들을 포함한다. DSM-Ⅲ-R과 DSM-Ⅳ에는 이 범주가 삭제되었으나, 임상적으로는 여전히 의미가 있다.

Morey(1988)는 상당히 많은 수의 환자들이 DSM-Ⅲ의 혼재 또는 미분류 성격장애의 진단을 받게 된다고 보고하였다. 생각보다 적은 수의 환자들이 11개의 표준 성격장애 중 하나로 진단받는 이유는 명명법이 잘못되어 있기 때문이라고 간주되어 왔다. Morey는 그가 연구한 성격장애 환자의 29% 이상이 이 잔여 범주 중 하나에 해당된다고 보고하였다. 명명법을 고안해 낸 사람들은 더 많은 사람을 포함시키기 위해 정의를 바꿀 경우 중복문제가 더 심각해진다는 불편한 현실에 직면해 있다. 한 문제가 해결되면 다른 문제가 악화된다. DSM-Ⅲ-R에서 더 많은 사람들에게 진단명을 부여했지만, Morey는 중복의 비율이 더 심해졌음을 발견하였다. DSM-Ⅲ에서 환자의 36.4%[6]가 2개 이상의 진단이 내려진 것에 비해, DSM-Ⅲ-R에서는 51.9% 사람들에게 2개 또는 그 이상의 진단을 내렸다. Morey는 "DSM-Ⅲ-R을 사용함으로써 성격장애로 진단 내리는 것이 약간 증가했지만, 이는 중복된 진단이 훨씬 더 증가하는 대가를 치른 결과다."라고 결론을 내렸다(1988, p. 575).

본 이론에서는 미분류(NOS) 잔여 범주를 합리적으로 다루기 위한 방법을 제시하고

---

6) 이런 결과는 DSM-Ⅲ의 진단 제외 기준을 무시해서 얻어진 것이다. 만약 이런 규칙에 주의를 기울였더라면 DSM-Ⅲ는 중복의 문제가 덜 일어났을 수 있다. 그리고 DSM-Ⅲ와 DSM-Ⅲ-R 간의 차이도 더욱 두드러졌을 것이다.

있다. 어떤 사람이 2개의 성격장애의 특징을 한꺼번에 보인다면(DSM-Ⅲ의 성격장애, 혼재성), 이전 장의 발병원인 가설에서 논의되었던 발달적 경험의 여러 부분이 반드시 포함되어야 할 것이다. 흔한 예로 PAR과 NPD가 혼재되어 나타나는 상황을 살펴보자. 이 둘의 조합에서 NPD 측면은 NPD의 발달과 일치되는 경험을 제공한 맹목적으로 사랑을 쏟는 어머니를 둔 남성환자에게서 발견할 수 있다(6장 참조). PAR 부분의 경우, 유전적 소인을 타고난 개인이 PAR이 되는 길은 아동을 학대하는 잔인하고 질투심 많은 아버지에 의해 촉진되었을 수 있다(13장 참조). NPD는 친밀한 여성들과의 관계에서 대부분 정체를 드러낸다. PAR은 남성 권위자들과의 관계에서 명백하게 드러난다. 혼재성 성격장애의 치료는 6장과 13장에서 각기 추천하는 것을 참고하면 될 것이다.

'상습범'은 혼재성 성격장애를 가진 사람의 또 다른 예가 될 수 있을 것이다. Cleckley(1955)는 ASP들이 '상습범' 들보다 훨씬 '멍청하고' 무모하기 때문에 진정한 범죄자 타입이 아니라고 주장하였다. ASP와 달리, 상습범들은 발각되거나 처벌을 피하기 위해서 자기 자신을 보호하려는 노력을 정말 잘 조직화할 것이다.

사무직 상습범에 대한 혼재성 진단명(mixed label)은 ASP에서 볼 수 있는 소외의 패턴과 NPD에게서 볼 수 있는 영리한 자기고양(self-enhancement)의 패턴 둘 다 포함할 수 있다. 이러한 경험들은 '모든 사람이 나를 위해 존재' 한다고 여기는 태도를 더욱 부추긴다(치료 실제에서 이러한 혼재성을 본 적은 없다. 나는 '상습범' 또는 '사악한 인간' 들과의 심층적인 임상면접을 해 볼 기회가 없었다).

혼재성 성격장애의 사례

다음은 BPD와 OCD의 혼재성 양상을 보여 주는 사례다. 거의 일어나기 어려운 이 두 장애의 조합은 가족을 위한 생활환경의 갑작스러운 변화로 일어났을 가능성이 있다.

> 38세의 기혼 백인 여성이 만성적인 우울, 자살생각으로 병원에 오게 되었다. 그녀는 병원에 입원하는 것은 실패를 의미하는 것이라고 느꼈다. 16년 전 대학생이었을 때, 약물 과다로 처음이자 유일하게 심각한 자살시도를 했었다. 그녀는 다시는 자살시도를 하지 않으리라 스스로에게 약속했으나, 자살생각이 반복적으로 계속 일어났다. 또한 자해경향이 계속 남아 있었다. 이번에 입원했을 때, 체중증가 문제에 심각하게 사로잡혀 있었으며 그녀의 증상은 거의 거식증(폭식과 토하는 행동에 이은 극도의 음식 섭취 제한)의 진단기준에 맞았다.
>
> 환자는 남편이 매우 지지적이며 무척 인내심이 많은 사람이어서 지난 12년간의 결혼

생활은 아주 성공적이었다고 말하였다. 그녀는 남편이 왜 그녀 곁에 머무르려 하는지에 대해 전혀 이해하지 못하였다. 남편에 대한 그녀의 유일한 불평거리는 그가 때때로 꾸물거린다는 것이었다.

어머니는 그녀의 정신세계에서 누구보다 큰 존재로 많은 비중을 차지하고 있었다. 간단히 말하자면, 그녀의 어머니는 그녀가 십대가 될 때까지 무시하고 방치하였다. 그 후에 그녀의 아버지가 죽었고, 어머니가 편애한 그녀를 괴롭히던 오빠는 결혼을 하였다. 그녀는 혼자 남겨져서(그녀는 '진퇴양난'이었다고 하였다) 어머니를 돌봐야만 하였다.

그러자 어머니는 그녀를 눈에 띄게 방치하던 태도에서 급작스럽게 적대적인 친밀감을 드러내는 것으로 태도를 바꾸었다. 예를 들어, 아버지가 죽기 전에 그녀는 친척들에게 물려 입은 옷밖에 입지 못했었다. 아버지가 죽은 후, 어머니는 그녀에게 옷을 사 주기 위해 쇼핑을 데리고 나갔다. 어머니는 가족들을 먹여 살리기 위해 직장을 나가야만 하였다. 이제 어머니는 그녀를 무시하는 것에서, 그녀가 집안일을 모두 하기를 기대하였다. 그녀는 어머니가 일을 마치고 집에 올 때 저녁을 식탁에 차려 놓아야만 하였다. 고등학교 때 집안일을 하느라 시간이 없어서 친구들과 어울려 놀 수가 없었다. 어머니는 "뭐 하나 제대로 하는 게 있니?" 또는 "미쳤니?" 라며 그녀가 한 모든 일에 대해 가차 없이 비판을 하였다. 그녀는 자기 자신이 '암적인 존재' 라고 느꼈다고 하였다.

환자는 집안에 갇혀서 엄청난 일을 해야만 하는 것에 대해 분노하였다. 고등학생일 때 그녀는 더 많은 책임을 져야 했고 자유는 거의 없었다. 일을 하면 할수록 더 많은 일을 해야 했기 때문에 너무나 불공평하게 느껴졌다. 그녀는 자신의 상황에 대해 자신은 아무것도 할 수 있는 것이 없다고 느꼈으며, 어머니의 요구에 순응하였다. 자신의 무력감에 대해 생각할 때마다 그녀는 슬프고 분노를 느꼈고 자해하고 싶었다고 하였다. 그러나 어머니가 그녀의 자해행동에 대해 알게 된다면 자신을 비난할 것이라고 믿었다. 어머니는 모든 고통은 그녀 자신이 초래한 것이니 상처받고 고통스러워 마땅하다고 말할 것 같았다.

환자는 어머니가 아프면 자신도 아프다고 믿었다. 어머니와의 이런 밀착된 관계는 그녀의 어머니가 수술을 받은 후 어머니를 돌볼 때 확실하게 드러났다. 어머니가 고통스러워하는 것을 볼 때마다 자신도 똑같이 육체적인 고통을 경험하였다. 그러나 진정한 돌봄은 일방적인 것이었다. 오히려 그녀의 어머니는 자기가 필요할 때 외에는 그녀와 거리를 두었다.

환자는 아버지와도 매우 친밀하다고 느꼈다. 아버지가 죽기 전 9개월 동안, 그녀는 아버지의 곁을 지켜야 했고 그의 요구를 다 받아 주어야 하였다. 아버지는 늘 그녀에게 행복한 얼굴을 보이라고 "기운 내."라는 말을 하였다. 그녀의 오빠들 중 한 명은 그녀를 종종 주먹으로 때렸다. 그녀가 이 일에 대해 아버지에게 도와달라고 할 때마다 아버지는 단지 싸우는 건 좋지 않은 것이라고 말로 타이를 뿐이었다. 좋은 관계라고 여겼던 것이 결국 안 좋은 관계였음이 밝혀질까 봐 두려워하면서 그녀는 아버지와의 관계를 탐색하는 것을 주저하는 것처럼 보였다. 예를 들어, 괴롭히는 오빠로부터 환자를 보호하지 못한 아버지에 대해 환자를 방치한 것이라고 면접자가 설명했을 때, 그녀는 이 의견에 반대하였다. 그녀는 자신이 아버지와 무척 가까웠으며, 사실상 아버지의 보모 역할을 했던 기간에 자신이 아버지의 어깨를 주물러 준 것을 회상하였다. 그러나 그 일 말고는 그녀는 아버지를 돌보았던 9개월 동안에 대해 별로 기억하는 것이 없었다. 그 기간에 성적 학대가 있었을 가능성이 있었으나, 그녀는 그렇지 않다고 대답하였다. 치료자가 최면치료를 통해 기억을 상기시켜 보려 했으나 확실한 것은 아무것도 드러나지 않았다. 그녀는 여전히 아버지와 깊은 애착관계를 유지하였으며, 그가 죽은 것은 그녀가 그를 '충분히 사랑하지 않았기 때문' 이라고 주장하였다.

환자는 화려한 가게의 점원으로 일하는 것을 좋아하였다. 그러나 심하게 비판적이고 요구적인 동료가 있었는데, 그 사람은 그녀에게 어머니를 떠오르게 만들었다. 그녀는 직장에서 아주 일을 잘했으나, 그녀의 어머니는 끊임없이 직장을 그만두고 대학을 가서 더 좋은 직장을 구하라는 압력을 넣었다. 그녀의 어머니는 학비를 대 주겠다고 제안했지만, 그녀는 아무 관심이 없었다. 그녀의 목표는 자신의 남편, 가족과 행복하고 즐겁게 지내는 것이었다.

입원해 있는 동안 환자의 자해 삽화를 세심하게 조사해 보니 다음과 같은 순서로 일어난다는 것이 드러났다. ① 병원 직원 중 한 명이 환자의 최근 공황발작에 대해 얘기하는 대신 환자에게 TV를 보러 가야 한다고 말했을 때, 환자는 자신이 거절 또는 유기당할 것을 지각함, ② 자기비난("나는 도움을 받을 가치가 없어. 아무도 신경 쓰지 않아. 그래서 나도 신경 쓰지 않아."), ③ 자해(그녀는 입원실 안에서 깨진 유리 조각을 찾아서 손목을 긋기 시작하였다), ④ 불안이 줄어들고 안심함("사라졌어."), ⑤ 무감각("다 씻어 버렸어. 아무 감정도 없어. 잊어버렸어."). 즉, 자해행동은 거절당할 것을 지각한 데서 일어난 불안의 삽화를 '중단하는(close the books)' 것과 같은 역할을 하였다. 이는 5장의 BPD의 자해 삽화에서 설명한 것과 같은 전형적인 과정이다.

병원에 입원하기 전에, 환자는 억압되었던 '내면 아이' 를 찾는 것을 강조한 외래 심리치료를 받았다. 이 접근은 어린 시절 사진을 찾아보도록 하고, 아이로서 자기 자신을 그려 보고 돌보며, '내면 아이' 를 그녀가 왜 죽이려 했는지를 이해하기 위해 과거의 기억들을 돌이켜 보도록 하는 여러 기법이 포함되어 있다. 치료의 목표는 그녀 자신에 대해 이전과는 다른, 더 건설적인 관점을 발달시키는 것이었다. 그녀는 이런 치료적 개입에 대해 오히려 어린아이였던 자기 자신에 대한 혐오감과 비난이 더욱 강렬해졌다고 주장하였다.

환자는 자신의 자해행동, 낮은 자존감 그리고 우울 증상이 바로 그녀 어머니가 자신에 대해 얘기한 것과 얼마나 일치하는지를 반영하고 있다는 점을 말하고 싶어 하였다.

앞에서 언급한 것처럼, 어머니는 그녀를 '암적인 존재', '미친' 것으로 칭했으며, 아무것도 제대로 하는 것이 없다고 비난하였다. 그녀의 우울한 혼잣말은 그녀의 어머니가 그녀를 대할 때 보여 주었던 믿음을 반영하는 것이었다. 심지어 그녀 자신이 유산했을 때 느꼈던 슬픔조차 어머니와의 갈등과 밀접한 관련이 있었다. 그녀의 어머니는 그녀가 유산한 것은 그녀가 처음에 입양을 원했기 때문이라고 말하면서 그녀를 공격하였다. 어머니는 그녀가 '아기를 지키려는' 의지가 없었다며 화를 내었다.

환자의 자살강박과 자해가 어떻게 그녀의 어머니에게 고통을 주는 처벌이자 '사랑의 선물' 인지에 대한 고통스러운 대화가 이루어졌다. 그녀에게 사랑은 이런 것이다. "당신은 이런 방식이 나를 위한 것이라고 생각하죠? 좋아요, 나도 동의해요. 그렇게 하죠. 당신의 이런 방식에 내가 동의하면 당신은 나를 인정하고 사랑해 줄 건가요?" 환자의 자살은 어머니에 대한 자신의 '궁극적인 희생' 을 증명해 줄 것이라고 말하였다. 면접자는 환자가 어머니에게 자신의 사랑을 그런 방식으로 보여 주는 것을 지속하기를 원하는지 생각해 볼 필요가 있다고 제안하였다. 그녀는 자신의 자기파괴적인 행위의 대한 재구조화에 대해 심각하게 생각해 보는 것처럼 보였다.

이 사례의 환자에게는 주요 우울증과 혼재성 성격장애 진단이 내려질 수 있을 것이다. 그녀는 OCD와 BPD의 특징을 모두 가지고 있다. OCD의 특징은 극단적인 자기구속, 어머니의 명령에 복종, 주어진 과업을 완벽하게 완수하는 수준 등을 포함한다. BPD의 특징은 자해, 아버지에 대한 이상화, 어머니에 대한 평가절하 등을 포함한다. 그러나 환자의 증상은 성격장애 진단기준을 충족할 만한 정도는 아니었다. 이론적으로는 BPD의 특징은 손위 형제에 의한 신체적 학대와 아버지에 의한 성적 학대의 가능성 등이 동반된 어린 시절 지속적인 부모의 방임으로부터 기인된 것이다. 환자의 고통중독 증상은 그녀의 어머니가 자신이 고통받기를 원한다는 지각에 의해 더 증폭된 것일 수 있다. 그녀는 어머니가 더 사랑했던 오빠로부터 수시로 학대를 받았다. 어머니가 그녀의 오빠를 훌륭하다고 생각했고, 그런 오빠가 자신에게 고통을 주었다면 이 고통은 틀림없이 좋은 것이라고 생각했을 수 있다. 환자의 어머니가 방임과 유기의 태도에서 환자에게 가혹하게 요구하는 태도로 바뀌었을 때, 비로소 환자는 어머니로부터 수용되고 사랑받을 기회를 갖게 된 것이다. 어머니가 요구한 '규칙'이 '고통을 참는 것'에서 '완벽하게 일을 해낼 것' 으로 바뀌었을 때, 이 환자의 패턴은 BPD의 노래에서 OCD의 노래로 전환되었던 것이다. 공존하는 우울증은 어머니의 눈에 찰 만큼 환자 자신이 잘 해낼 수 없을 것이라는 지각에서 더욱 심해졌을 것이다. 그녀는 자신의 위치를 바꾸는 데 무기력하였다.

치료는 환자가 어머니로부터 분리 개별화되도록 돕는 것에 초점이 맞추어져야 하며, 이렇게 되면 그녀는 자기 자신에 대한 보다 더 적절한 관점을 발달시킬 수 있을 만큼 자유로워질 것이다. 최근의 '내면 아이' 에 대한 회상과 동정적인 치료는 명백하게 내사된 그 내면 아이의 공격성을 이끌어 내었다. '암적인 아이' 라고 환자에게 내사된 어머니의 신념체계를 활성화하는 데 치료가 활발히 사용된 것으로 보였다. 환자 성격의 재구조화의 핵심은 이러한 파괴적인 내사를 변환시키는 데 있을 것이다. 환자는 자신에 대한 어머니의 파괴적인 신념으로부터 분리되고, 자신을 더 잘 돌보려고 할 필요가 있다.

환자의 자기파괴가 어머니와의 부적절한 친밀감의 한 형태라는 생각을 더 발달시킴으로써 이러한 방향전환이 이루어질 수 있을 것이다.

이 목표를 위해서 어머니와 면담을 해 보는 것을 고려할 수도 있다. 관계에 대한 생생한 본보기로서 어머니와의 면담을 고려하는 것이 효과적인 기법이 될 수 있을 것이다. 면담 후 개인치료 시간에 환자가 자신의 어머니와의 관계에 대한 보다 객관적인 관점을 발전시키는 데 도움을 주기 위해서 면담내용을 녹음한 것이 사용될 수도 있다(4장 참조). 이런 연습이 환자가 어머니와 분리 개별화하는 것을 극적으로 촉진하기도 한다. 적대적인 환자의 분리 개별화는 환자의 복지를 최우선으로 여기는 치료자와의 정서적 유대를 통해 촉진될 수도 있다.

오래된 내면화로부터 분리가 어느 정도 진행되고 나서, '내면 아이' 의 이미지를 떠올리는 치료적 기법을 다시 한 번 해 본다면 더 나은 치료결과를 얻을 수도 있을 것이다. 그 시점에, 그녀의 '내면 아이' 를 위한 자연스럽고 적절한 깊은 동정심과 애정 어린 양육방법을 찾도록 환자를 돕는 것에 치료목표가 계속해서 맞추어질 수 있다. 어머니와의 동일시가 약해졌을 때, 그녀의 '내면 아이' 를 위한 깊은 동정심과 돌봄이 바람직한 결과를 낳을 가능성이 더 높아질 것이다. 분화가 없다면 환자가 스스로에게 동정심을 갖는 것에 대해 어린 시절 내사된 부분이 끊임없이 환자를 공격하고 조롱할 것이다.

미분류 성격장애의 사례

또 다른 잔여 범주인 미분류 성격장애(PD NOS)에는 전형적인 DSM 유형과는 상당 부분 다른 발달상의 학습을 경험한 사람들이 포함되어 있다. 지역적 · 문화적 차이에 따라 적지 않은 숫자의 환자가 DSM의 진단기준과 다른 패턴을 보일 수 있다. DSM의 진단기준으로는 확인되지 않는 패턴이지만 미국의 남서부 지역에서 상대적으로 흔하게 볼 수 있는[7] 사례가 다음에서 제시될 것이다. 이 패턴은 중서부 로키산맥 지역에 위치한 병원에 온 우울한 기혼 여성들로부터 흔히 볼 수 있다. 나는 이 패턴을 '오즈의 마법사' 증후군이라고 부른다. 오즈의 마법사처럼, 이런 패턴을 보이는 여성들은 타인을 위한 수단으로 기능함으로써 자신의 힘을 정의하고 키운다. 그들은 자기 자신의 정체감을 누군가의 어머니 또는 누군가의 배우자로 정의한다. 이들의 일거수일투족은 자녀 양육에 대해 어리석고 불필요하게 간섭하는 이전 세대들로부터 감독당하고 통제당한다. 오즈의 마법사인 이들은 슈퍼맨이나 마찬가지다. 이들은 가족 내에서 서로 적대적인 사람들 간의 불화를 해결하기 위해 어떻게 해야 할지 궁리하며, 심지어 불화가 존재한다는 것을 인정하려고도 하지 않을 것이다. 충성심, 계획과 책략, 삼각화가 흔히 일어난다. 이들은 자신의 가족 내에서 반드시 평화가 유지되어야 하며, 환상적이고 존경할 만한 자신의 가족 이미지가 반드시 유지되어야 한다고 생각한다.

이들이 속한 문화는 뚜렷하게 가부장적이며, 따라서 여성들은 이런 문제들을 간접적으로 풀어야만 한다. 여성들에게 솔직성은 허락되지 않으며, 이들의 견해는 선천적으로 신빙성이 결여된 것으로 치부된다. 가족의 비밀유지를 위한 신성한 의무는 이들이 가족공동체 밖에서 사회적 지지를 구하지 못하게 하였다. 이런 여성들은 대개 정신과적 도움을 구하지 않는다. 병원에서 이들을 볼 수 있는 경우는 이들이 더 이상 대처할 수 없을 지경에 이르렀을 때뿐이다. 압도당하고, 덫에 걸린 것 같으며, 무기력하고, 의지할 곳은 아무 데도 없는 것 같은 느낌에 더해 이들은 심한 우울 증상을 보인다.

세 자녀의 어머니인 28세 기혼 여성은 음식을 먹을 수 없는 것과 관련된 불수의적 구토와 심각한 체중감소를 이유로 시어머니가 병원에 의뢰하였다. 그녀의 우울 증상은 1년 전쯤 셋째 아이를 난산으로 매우 힘들게 출산하였던 때부터 시작되었다.

환자는 자신의 생각에 대해 좀 더 확신을 가지려면 스스로를 더 잘 이해해야 할 필요

7) 이런 패턴은 문화의 차이로 상당 부분 지지된다. 이 패턴은 종교적인 신념이 없는 사람들에게서도 발견될 수 있다.

가 있다고 말하였다. 그녀는 독립적으로 생각하는 법을 배우고 싶고 '자기 자신에 대해 책임감' 을 갖고 싶다고 말하였다. 타인들의 인정에 너무 많이 의존해 왔으며, '모든 사람들의 기대치에 맞추어 그들을 즐겁게 만들어 주려는' 것에 지나치게 초점을 맞춰 왔다고 말하였다. 면접이 끝날 무렵, 이런 딜레마를 재구성하였다. 자기 확신을 갖고 싶은 소망과 자기 확인에 반대되는 항구적인 금지명령(definitive injunction) 사이에서 일어나는 끝없는 갈등으로 그녀는 고통을 겪었다. 그녀의 시댁 식구들은 그녀가 시어머니처럼 되기를 원하였다. 그녀가 만약 시댁 식구들이 원하는 대로 시어머니처럼 된다면, 그녀는 남편의 스케줄과 선호도에 절대적으로 맞춰야만 하였다. 남편이 요구하는 어떤 일에도 '순하게' 순종해야 했고, 그의 기호에 맞춰 주어야 했으며, 남편의 모든 행동을 너그러이 봐줄 뿐만 아니라 모든 일이 언제나 다 잘 되고 있다고 가족들을 안심시켜야 하였다. 이에 반해 또 다른 한편으로 그녀는 가족들로부터 절대 용납되지 않을 자기만의 계획과 생각을 가지고 있었다.

다음에서 보여 줄 사건이 바로 전형적인 것이다. 할아버지가 부활절 저녁식사에 2시간을 늦었다. 아이들은 배고프고 지쳐 짜증을 내기 시작하였다. 할머니는 모든 것이 원만히 진행되도록 하였다. 결국 부활절 저녁식사가 끝나고 아이들은 지치고 지겨워져서 다투기 시작하였다. 할아버지는 가족모임 시간이 흡족하지 않아 언짢아하였다. 할머니는 할아버지에게는 변명을 하고, 아이들을 즐겁게 만들어 주려고 애를 쓰며, '행복한' 가족모임에 모두가 다 만족하도록 해야 할 책임이 자신에게 있는 것처럼 노력하였다.

이와 같은 가부장적인 장면은 불공평해 보이며 환자를 화나게 만들었다. 그녀는 권력을 공평하게 행사하는 것이 더 나은 대안이라고 생각하였다. 그녀와 비슷한 생각을 가지고 있는 시누이(sister-in law)는 자신의 생각대로 행동을 하였다. 자기 남편에게 자신의 생각을 더 많이 주장하였다. 가족들은 이 시누이가 남편을 '들볶는' 행동을 싫어하고 비난하였다. 게다가 환자 남편의 사촌들 중에 두 명은 그들의 남편들끼리 사이가 좋지 않아서 두 사람이 서로 말도 섞지 않았다. 환자는 '남편 들볶는 사나운 아내' 로 보이고 싶지도 않았고, 가족 내에서 불화를 일으키고 싶지도 않았다.

남편은 자신의 원가족으로부터 전해 내려온 수많은 신념들을 지지하였다. 그러면서도 그는 아내와 함께 자기 자신만의 독립된 라이프스타일을 찾고 싶어 하였다. 그렇지만 자녀양육에 대해 두 사람의 의견이 맞지 않을 때면 아내가 아니라 대개 자기 어머니 편을 들었다. 환자가 입원을 하기 전에, 둘째 아이를 양육하는 문제로 끊임없이 의견대립이 있었다. 환자는 셋째의 난산으로 인해 신체증상들이 점점 더 악화되었다. 그러나 몸이 나아지자 다시 남편과 시어머니의 주장과 생각에 무조건 순종해야 하였다.

시댁 식구의 강압적이고 침범적인 통제와 간섭에 대해 환자는 분노를 느꼈다. 그녀는 자녀양육에 무능력하고 자기 생각이라고는 없는 순종적인 존재가 되든지 아니면 남편을 들볶는 사나운 아내가 되든지 둘 중에 하나를 선택해야 한다고 느꼈다. 그녀는 선택의 여지가 없다고 보았으며, 압도당했고 우울하였다. 갈등이 겉으로 드러나지 않도록 하는 것이 무엇보다 중요했기 때문에 배우자들은 상대방의 마음을 읽으려고 애를 써야 하였다. 이상적인 것은 항상 상대방이 원하는 것을 미리 알아서 추측하는 것이었다. 미루어 짐작하는 패턴은 결국 실제로 일어나는 것에 대한 감각을 상실하게 하였다. 환자는 자신이 원하는 것을 말하지 못하였다. 그녀는 남편과 드러내 놓고 공정하게 타협하지 못하였다. 그녀는 자기 자신의 욕구나 주장은 아무것도 하지 않은 채, 사실이 어떻든 간에 다른 사람의 생각으로부터 자신에게 부과된 행복을 만들어 내기 위해 애를 썼다. 환자의 원가족 안에서 배운 것은 환자의 이런 패턴을 더욱 부채질하였다. 그녀의 어머니는 아버지에 대해 뒤에서 험담과 불평불만을 하였다. 그녀는 아버지에 대해 불평하는 어머니의 말을 들어 주고 지지해 주어야 했다. 그녀의 어머니는 부적절하고 무능력해 보이는 '척하였다.' 그렇게 하면 어머니는 '아프기' 때문에 환자가 어머니의 권력, 힘이 되어 주어야만 했던 것이다. 예를 들어, 환자는 장애가 있는 형제를 돌보아야 하는 책임을 떠안게 되었다. 그녀의 아버지가 심장마비를 일으킨 후에 환자는 유일하게 가족이 함께 모일 수 있도록 할 책임이 자신에게 있다고 느꼈다. 면접 중에 그녀는 지난 몇 년 동안 자신이 책임감 있게 일을 해냈다는 것에 자부심을 가지고 있다고 말하였다. 그러나 그녀는 눈물을 글썽이며 자신은 그저 '평범한 다른 아이들처럼 되기를' 원했었다고 말하였다.

부모의 훈육은 아주 엄하지는 않았지만, 그녀의 남자형제들에게 화를 내는 것은 엄격히 금지되었다. 아버지는 대부분 '죄책감을 유발하는' 방식의 훈육을 하였다. 아버지는 "네가 화를 터트릴 때 보면 참 멍청하고 우스꽝스럽다."라는 식으로 말을 하곤 하였다. 그녀의 아버지는 자신이 환자의 마음을 읽을 수 있다고 여기면서, 그녀가 미안하다고 말을 할 때 사실은 진심으로 미안해하지 않는다고 짐작하여 말하였다. 부모는 그녀의 현실과 감정까지 정의하고 통제하려고 하였다. 이런 패턴은 이후 그녀의 시댁 식구들에게서도 반복되었다.

환자는 자기 자신이 일을 아주 잘 해내는 사람으로 알려져 있다고 말하였다. 모든 사람을 행복하게 해 주기 위해서, 그녀는 자기 어머니, 아버지, 남편 그리고 자녀들에게까지 유일한 한 사람이 되어야만 하였다. 그러나 그녀 자신은 어디에도 없었다. 그녀는 자기 자신은 정신적, 정서적으로 사라져 버렸다고 느꼈고, 이제 신경성 식욕부진증 수준으로까지 체중이 줄어들어서 육체적으로도 자기가 사라져 버리고 있다고 느꼈다.

이 환자에게는 주요 우울증과 함께 '오즈의 마법사' 증후군(미분류 성격장애)으로 진단이 내려졌다. 모든 사람이 그들 자신에게는 부족한 무언가를 환자가 제공해 주거나 증진시켜 주기를 기대하였다. 마치 오즈의 마법사처럼 무대의 뒤편에 숨어서 연기와 거울로 멋진 환상을 창조해 내지만, 환자 자신은 매우 취약한 존재가 되어 갔다. 타인들이 그들 자신을 위해 그녀가 마법사가 되어 주기를 원했던 것에 맞추어 그녀의 '정체감'이 형성되었다. 그녀의 이런 패턴은 DSM의 어떤 범주에도 적합하지 않았다. 이 환자는 타인의 요구에 맞추어 일을 해낼 수 있었으므로 PAG는 아니었다. DPD도 아니었는데, 왜냐하면 실제로 매우 높은 수준의 기능을 유지하고 있었고 기술적으로도 능숙하였기 때문이다. 그래서 오히려 다른 사람들이 그녀에게 의존하였다. 그녀는 자신의 증상에 대해 자각하고 있었으므로 전환증상(conversion reaction)은 보이지 않았으며 자신의 자아 이질적인 감정과 갈등에 대해 명확하게 표현할 수 있었다. 음식을 먹는 것에 대한 그녀의 고통은 굶주림에 대한 정상적인 반응일 수 있을 것이다. 그녀는 전형적인 신경성 식욕부진증(anorexia)의 자기제한(self-restricting) 경향, 높은 수준의 수행 수준, 완벽주의적 경향을 모두 가지고 있었으나, 그녀의 내적 갈등을 섭식문제 하나로만 표출하지는 않았다. 그녀에게 아마도 더 나은 선택의 여지가 있었다면 지금과 같은 상황을 선택하지는 않았을 것이므로 그녀는 자기파괴적 성격은 아니었다. 자신에게 잘해 주는 사람들이나 도움을 주려는 시도를 훼손하지는 않았으므로 쾌락 회피적 성격은 아니었다.

개인치료와 부부치료를 지속하라고 권고하였다. 남편도 원가족으로부터 분리되기를 원하는 것처럼 보였다. 남편은 부부관계 내에서 권력을 더 평등하게 재분배하기 위한 가능성을 자발적으로 탐색해 보려 하였다. 자기주장적인 것(자신의 관점에 대해 명확하게 말하는 것)과 지배적인 것(타인이 자기 관점을 수용하도록 무조건 강요하는 것) 간의 세심한 차이를 배우는 것이 도움이 될 수 있을 것이다. 지배적인 것은 '잔소리 심한 여자' 또는 '남편 쪼아 대는 여자' 로 낙인찍힐 수 있지만 주장은 위엄과 예의를 갖춘 것이다. 남편은 자녀양육에 대한 자신의 생각을 표현할 때 덜 강압적으로 말하는 법을 배우도록 도움을 받을 수도 있다. 남편은 자기 생각대로 하라고 아내에게 명령을 내리고 그의 명령에 따르기를 기대하는 것을 그만둘 수 있을지도 모른다. 그 대신, 좀 더 건설적인 대화를 나눔으로써 상대방의 관점에 대해 진심으로 이해하게 될 수도 있다. 그러면 두 배우자 모두가 최종 대안에 대해 편안하게 여기게 됨으로써 논쟁이 해결될 수도 있을 것이다.

가족 내 의사결정에서 동등하게 의견을 낼 수 있는 방법을 서로의 이해 속에서 새롭게 탐색해 봄으로써 원가족으로부터의 영향에서 잠시 벗어날 수 있다. 개인치료에서, 환자는 자신의 자아정체감을 더욱 발달시키는 데 주력할 수도 있다. 그녀는 마음속 깊은 곳에 '나쁘고' 부적절한 자기(self)가 있다고 느끼고 있었다. 이런 느낌은 아마도 타인들의 환상에 따라 자기를 드러내야 했던 내면화된 신념에서 나온 것으로 본다. 이 신념으로는 원가족에 뿌리를 둔 자기(self)는 '나쁜' 자기로 정의될 수 있다. 자아정체감 발달을 권장하는 사회화과정 내에서의 자신의 경험을 탐색하는 것은, 환자에게 '오즈의 마법사'가 되라는 타인들의 요구를 거절하기 위해 꼭 필요한 성숙하고 독립적인 성인으로서의 관점을 제공해 줄 수 있다.

모든 증상에는 이유가 있다

혼재성 성격장애 사례와 미분류 성격장애의 사례도 11개의 성격장애 장에서 기술된 '발병원인 가설' 부분으로부터 발전된 원리를 따르고 있다. 즉, 관찰된 대인관계적 증상과 생애 초기의 학습 간에 합리적으로 일치하는 점이 있다. 기본적인 가정은 다음과 같다. '모든 증상에는 다 이유가 있다.' 혼재 모델은 DSM의 범주들을 기술하기 위해 SASB 차원을 사용하며 개인의 기질을 형성하는 사회적 학습에 대해 가정한다.

만약 한 사람의 기질과 사회적 학습경험이 일반적으로 드러나는 패턴과 일치한다면 그녀의 장애는 DSM의 범주 중 하나에 적합할 수도 있다. 만약 그녀의 경험이 일반적이지 않다면, 그 결과는 DSM에서 요약된 범주에 맞지 않을 수도 있을 것이다. 어떤 환자의 사회적 학습은 DSM의 전형적인 범주 중 어떤 것에도 맞지 않을 수 있다. 그럼에도 불구하고 DSM 범주에 대한 정의와 설명은 상당수의 사람들을 설명하는 데 임상적으로 유의미하게 사용되는 한 유용하다. 혼재성 성격장애와 미분류 성격장애 범주의 필요성이 표준화된 범주들의 잠재적인 유용성과 타당성을 무효화하는 것은 결코 아니다. 대다수 문화 안의 사람들은 11개의 표준화된 범주의 노래에 맞을 것이다. 몇몇 사람들이 완전히 다른 노래를 부른다고 하더라도 11개의 잘 알려진 노래가 존재하지 않는다고 결론 내리지는 않는다.

■ 성격장애와 임상적 증후군의 관계: 새로운 접근

DSM-IV에서는 축 II에서 '축 I' 범주를 소개하고 있는데, 우울 성격장애가 그것이다. DSM-IV Options Book(American Psychiatric Association, 1991a)에 따르면, 우울성 성격장애를 소개하고 있는 이유는 기분부전 장애(Dysthymic Disorder)의 '비특이성'과 축 I과 축 II를 연결하는 우울 '스펙트럼' 장애들이 존재할 수 있다는 인식 때문이다.

A. 우울한 생각과 행동의 광범위한 양상이 성인 초기에 시작되어, 다양한 상황에서 다음 중 5개(또는 그 이상)의 증상이 나타난다.

(1) 낙담, 침울함, 음산함, 즐겁지 않음, 불행감이 일반적으로 지배적인 정동이다.
(2) 부적절감, 무가치함 그리고 낮은 자존감과 같은 신념이 자기개념의 중심이다.
(3) 자기를 향해 비판적, 비난적, 경멸적이다.
(4) 걱정이 많고 생각을 골똘히 한다.
(5) 타인을 향해 부정적, 비판적 그리고 판단적이다.
(6) 비관적이다.
(7) 죄책감 또는 후회하는 경향이 있다.

B. 주요 우울증 삽화 동안에 발생하지 않으며 기분부전 장애로 더 잘 설명되지 않는다.

DSM-Ⅲ 출간 이후, 많은 연구에서 성격장애가 전형적으로 임상 증후군을 동반한다는 사실을 다루어 왔다. 반대로, 만약 우울증, 불안 또는 사고장애 등이 성격장애를 동반한다면 성격장애를 동반하지 않을 때보다 예후가 더 나쁠 것이다(Docherty, Fiester, & Shea, 1986). 이 새로운 진단적 범주는 우울증의 '성격적 변형' 을 정의함으로써 공존문제에 접근할 것이다.

새로운 범주인 우울성 성격장애는 다른 장애들과 마찬가지 방식으로 대인관계 구조로 분석될 수 있다. 다음의 설명은 SASB 모형으로 묘사되는 적대적 과밀착의 모든 양태를 포함한다. 이는 3장에서([그림 3-12], 〈표 3-2〉, 〈표 3-4〉, 〈표 3-6〉 참조) 설명되었고 다음의 〈표 15-1〉에서 다시 재고되었다. SASB 모형에서 지적하고 있는 것은(〈표 3-9〉 참조) 〈표 15-1〉에 나타난 적대적 융합에 대한 자세한 설명을 간략히 요약하고 있다(**비난**, <u>골냄</u>, *자기비난*). 이에 대한 더 자세한 설명과 다른 SASB 모형의 분류표시는 이 책의 부록(〈표 A-3〉 참조)에 나와 있다.

〈표 15-1〉의 대인관계적 설명에서는 DSM-Ⅳ에서 말하는(예: 낙담, 침울함, 음산함, 즐겁지 않음, 불행감, 골똘히 생각하는 것, 걱정이 많은 것, 비관적인) 우울한 정동을 직접적으로 언급하지는 않는다. 그러나 나는 특정 정동은 특정한 사회적 행동과 연관된다고 생각한다. 나의 저서(1986, p. 632)에 정동 모델의 첫 번째 초안이 나와 있다. 이에 더해 나는 특정한 사회적 행동은 전형적으로 특정한 인지적 양식을 동반한다고 믿고 있다. 인지에 대한 대응 모델도 나의 저서에 나와 있다(1986, p. 633). 정동 모델의 최근 원고에서 정동은 '복수심에 불타는, 오만한, 활력에 찬, 겁먹은, 굴욕당한, 무기력한' 과 같은

적대적 과밀착의 총체적인 범위 내의 온갖 감정들과 관계가 있다고 제안한다. 또한 인지적 양식은 적대적 과밀착의 '종결, 판단적, 세부묘사에 치중, 경험에 가까운, 제약된, 타인을 공경하는' 등과 연관이 있다. 나는 이론적인 근거를 토대로 '비관적, 괴롭고 쓰라린, 무정한, 역겨워하는' 과 같은 감정들은 적대적 과밀착보다는 적대적 자율성과 더 연관된다고 생각하였다. 우울성 성격장애에 대한 DSM-IV의 설명에는 '비관적'이라는 형용사를 포함하고 있다. 정동 모델[8]이 잘못된 것인지, DSM이 '비관적' 이라는 설명을 삭제해야 하는지 또는 DSM이 우울성 성격의 설명을 위해서 적대적 철회를 설명하는 대인관계적 준거조항을 덧붙여야 하는지에 대해 확신은 없다.

사회적 철회 및 그와 연관된, 비관적 정동이 DSM-IV의 우울성 성격장애에 반드시 포함되어야 하는가에 대한 의문은 잠시 접어 두고, 이번 편은 적대적 과밀착과 관련해서 SASB 모형이 지적하고 있는 부분에 따라 설명이 가능할 것이다. 이 모형에서는 우울성 성격장애를 가진 개인이 우선 비난하기, 골내기 그리고 자기비판적이라고 제시하고 있다. 또한 이들이 '복수심에 불타고, 굴욕당하며, 그리고 자기비판적'이라는 것이 정동 모델에 따라 동시에 추가될 수 있다. 그리고 이들이 '판단적, 제한된 그리고 자기비난적'인 인지적 양식을 가지고 있다는 것이 인지 모델에 따라 동시에 적용될 수 있다.

정동과 인지 양식을 위한 구조적 모델의 서론은 임상적 증후군의 대인관계적 구조에 대한 논의의 가능성으로 시작할 것이다. 왜냐하면 임상적 증후군들은 대부분 정동과 인지에서의 장해를 바탕으로 하기 때문이다. 나는 그런 모든 증상은 함께 진화되어 온 것이며, 서로 매우 긴밀하게 대응되어 있다고 믿는다. 나의 이러한 믿음은 사회적 행동(성격장애)의 장해를 정동과 인지 장해(임상적 증후군)로부터 DSM이 분리한 것에 대해 도전하는 것일 수 있다. 성격적 대인관계적 패턴은 성격적 정동 및 인지와 연관되어 있다고 제안할 수 있다. 행동, 정동 그리고 인지의 영역에서 문제가 공존한다는 것은 진단 내리기 까다로운 문제에서도 발견할 수 있으며, 정신의학과 심리학이 행동, 정동, 인지를 모두 합한 영역보다는 한 가지 영역에 대해 연구를 해 왔다는 것에서도 알 수 있다. 그러나 인간에게서 행동, 정동, 인지는 함께 발달되어 온 것이며 그들의 공존은 피할 수 없는 것이다.

가까운 미래에 이 책에서 성격장애를 분석하는 데 사용한 것과 같은 방법으로 임상적 증후군을 분석한 결과를 발표할 기회가 있기를 희망한다. 임상적 증후군에 대한 분석이 어떻게 이루어질 수 있는지 '우울증' 에 대한 가설 개념을 간략하게 소개하고자 한

---

8) 펜실베이니아 대학의 Paul Crits-Christoph와 스워스모어 대학(Swarthmore College)의 Amy Demorst는 정동 모델이 적절하게 개정되고 타당화될 수 있는지에 대한 탐색이 이미 시작되었다고 하였다.

〈표 15-1〉 적대적 과밀착의 세 측면(표 3-2, 3-4, 3-6)에서 우울성 성격장애라는 새로운 범주에 대한 DSM의 설명을 위한 SASB 분류표시

통제	**공격** 0. **무력하게 만드는 공격** 1. **위협적으로 접근** 2. **훔침**(rip off), **유출**(drain) 3. **처벌, 복수함** 4. **망상**(delude), **전환**(divert), **오해**(mislead) 5. **고발, 고소**(accuse), **비난**(blame) 6. **깎아내림**(put down), **우월한 듯 행동함**(act superior) 7. **침범, 봉쇄**(block), **제한, 규제** 8. **강제 집행**(enforce), **순응** 9. **관리, 통제**
복종	물러남 0. 자포자기한 저항 1. 경계하는, 두려워하는 2. 지나치게 희생하는 3. 징징거리며 우는 소리하는, 방어하는, 정당화하는 4. 이해 못하고 동의함 5. 진정시키다(appease), 허둥대다(scurry) 6. 골내다(sulk), 이용하다(act put upon) 7. 무관심한, 심드렁한 순응 8. 규칙을 준수함, 적절한 9. 굴복하다, 항복하다
자기통제	*자기공격* 0. *자기를 고문, 멸절시킴* 1. *자기를 향해 협박* 2. *소모, 과중한 부담을 느끼는 자기* 3. *복수심에 불타서 자기를 처벌* 4. *자기기만, 자기전환(divert self)* 5. *죄책감, 비난, 나쁜 자기* 6. *회의적인, 자기를 깎아내림* 7. *자기를 제한, 제지함* 8. *적절한 행동을 하도록 강요* 9. *자기통제, 관리*

다. 다음에서 우울증의 정의를 DSM-IV에 제시된 우울성 성격장애와 같은 변형으로 제한하지는 않았다.

만약 성격과 우울이 가설적인 구성개념이라면, 진단평가에 환자의 관점이 매우 중요할 것이다. 나는 성격과 우울이 타당한 가설적 구성개념이며, 이를 통해 병인 기질(predisposing) 모델들을 검정해 볼 수 있다고 믿는다. 우울증은 자신이 무기력하고, 아무것도 할 수 없으며, 오도 가도 못하고, 압도당했으며, 도움을 얻기 위한 의지가 전혀 없다고 환자가 지각하는 것에서 시작된다고 기대한다. 나는 또한 애착 대상의 상실을 지각했을 때, 또는 자기비난을 증가시키는 사건이 생겼을 때 우울증이 발생할 가능성이 더 높아진다고 믿고 있다. 우울한 기질에 대한 이런 관점은 Seligman(무기력), Blatt(자기비난), Beck(인지 양식), Bowlby(대상 상실) 그리고 다른 학자들(Sullivan, Mischel)의 가설들로부터 형성된 것이다. 어떤 성격은 무기력하고 외롭거나 나쁜 것에 대한 지각경향을 더 많이 가지고 있으며, 따라서 이들은 우울해지기가 더 쉽다. 그러나 또 어떤 성격은 이런 방식으로 지각하는 성향이 없어도 그들이 자기 자신을 심하게 비판하는 상황에 처했거나 압도당하거나 깊이 사랑하는 대상을 상실한 경험을 했을 때 우울해질 수 있다.

무기력, 자기비난 그리고 대상 상실에 대한 민감성 경향을 측정하는 도구들은 우울증과 관련된 '성격' 의 측면을 포함하고 있는 것으로 간주될 것이다.

DSM에서 언급하고 있는 정동 우울반응(체중감소, 눈물이 글썽함, 수면장해 등)은 '우울증' 을 나타내는 것으로 여겨진다. '성격' 과 '우울증' 둘 다 이들을 정의하는 데 사용되는 검사도구가 측정하는 것보다 더 많은 것을 의미하는 가설적 구성개념 또는 전체다. 이런 입장은 연구자들에게 우울과 무기력, 자기비난 또는 대상 상실의 측정 간의 연관성을 예측하는 연구에 대해 생각해 보도록 할 것이다. 다음에서 병의 소인(기질) 모델을 바탕으로 한 예측의 예를 제시하였다. 순종적인 성격은 지배적인 성격보다 더 많은 우울 삽화를 겪을 것이다. 순종적인 성격은 우울할 때 심지어 더 복종적이 된다. 자기비난적인 사람은 우울해질 가능성이 더 많고(자기비난은 분노에 찬 복종의 태도의 내사와 상관이 있다), 우울한 사람은 더 자기비난적이 된다. 지배적인 성격의 사람은 자신의 지배성을 드러내지 못하게 막는 상황 스트레스에 처하면 우울 삽화를 더 겪을 수 있다. 그러나 사회적 역할과 상황에 따라 지배성을 성공적으로 조절할 수 있는 지배적 성격을 가진 사람은 우울 삽화를 덜 느끼게 된다. 대상 상실에 대해 예민한 사람은 거부를 더 많이 지각하고, 그렇게 되면 우울해진다. 이 경우, 사회적 철회는 기질적 특성보다는 우울한 조건(상황)에 대한 반응이라고 볼 수 있다. 의존적, 연극성, 수동공격적 성격장애들과 함께 DPD들은 더 우울해지는 경향이 있는데, 이 성격장애자들이 의존기질을 공유하고 있기 때문이다. BPD는 대상 상실을 지각할 때 더 우울해지는 경향이 있다. AVD는 거부당했다고 느낄 때 자기비난적이 되는 경향성 때문에 우울에 취

> 약하다. 자기애적 그리고 강박적 성격장애자들은 그들이 통제할 수 없거나 '완벽하지' 못하면 쉽게 자기비난에 빠지기 때문에 우울에 취약하다. 반대로, 편집성, 반사회적, 분열 성격장애자들은 우울해지는 데 저항한다. 왜냐하면 이들은 자율적인 것을 편안해하기 때문에 타인의 거부나 의존에 민감하지 않다. 또 자기비난적이지도 않다.
>
> 사람들은 타고난 기질, 외부상황에 압도당하는 데 대한 반응, 또는 기질과 상황의 상호작용 때문에 무기력하게, 자기비난적으로, 혹은 버림받은 것처럼 느낄 수 있다. 기질적 소인은 유전 또는 경험 혹은 둘 다에 의해 결정될 수 있다. 기질적 소인 모델의 '뇌의 문제' 측면을 '환경이 입력한' 측면으로부터 완전히 구별해 내기 위해서는 개인의 자기와 환경에 대한 관점의 발달과 관련해서 아주 세심하고 계속적인 분석을 할 필요가 있다(Benjamin, 1993a, pp. 124-125).

문헌 연구를 통해 우울증의 두 가지 심리사회적 측면이라고 해석한 것들은 적대적 과밀착과 일치한다. 이 두 가지는 무기력과 자기비난이다. 세 번째는 적대적 자율성(〈표 3-2〉, 〈표 3-4〉, 〈표 3-6〉에서 나온 대로)과 부합하는 대상 상실이다. 우울증은 기질과 상황의 적절한 조합이 주어졌을 때, 이 세 가지 중 어떤 것에 의해서도 발병할 수 있다. 본 분석을 통해 성격장애가 왜 우울증의 예후를 더 나쁘게 만드는지를 설명할 수도 있을 것이다. 무기력, 자기비난, 대상 상실에 대한 민감성과 같은 소인은 여러 성격장애를 특징짓는다. 성격장애의 일부분으로서 이런 우울경향을 가진 사람들은 우울증에 필연적으로 매우 취약할 수밖에 없다.

치료자를 위한 추신

나는 이제 성격장애자에게는 자신만의 이유가 있다는 느낌을 독자들이 더욱 확고하게 가지게 되었을 것으로 기대한다. 많은 사람들은 고통스러운 삶을 살았고, 그들이 가진 장애의 패턴은 그들이 고통에 나름대로 적응하려고 했던 시도를 반영한다. 불행하게도, 이 때문에 이 패턴들은 부지불식간에 고통을 지속시키는 원인이 되기도 한다. 효과적인 치료자들은 그들의 삶에 대한 적응의 시도로 인한 패턴이 어떻게 서로 맞아떨어져서 오히려 고통을 지속시키는 데 공헌하고 있는지를 환자가 발견할 수 있도록 공감적으로 도울 것이다. 이러한 환자들의 통찰은 건설적인 치료관계의 힘에 더해서, 결국에는 환자 자신을 활력 있는 선택의 지점으로 몰고 가는 역할을 할 것이다. 한번 그 지점으로 간다고 해도, 환자들은 장애의 친숙한 '안전감'에 필사적으로 다시 돌아가려

할 수도 있다. 혹은 '오랜 궁리 끝에 단행' 할 수도 있고, 오래된 방식의 포기에 흔히 동반되는 극심한 불안을 견디고 현재에 더 적절한 패턴을 천천히 형성해 나가는 것을 시작할 수도 있다.

다음의 사례에서 수많은 입원(한번은 7개월이나 지속된 적이 있는)에 대한 자문을 구하기 위해 나에게 의뢰된 환자의 경험에 대해 알아보기로 하자.

T: 우울증의 원인이 무엇이라고 생각하시나요?

P: (화가 나서) 심리적 외상에서 비롯된 것이라고 생각해요. 학대. 어머니의 죽음. 이전의 다른 학대경험들. 제 우울증은 심각한 거라고 봐요. 그런데 그들은 나에게 경계선 성격장애 진단을 내리면서 우울증의 가능성을 제외시켰어요. 하지만 저는 정말 우울하거든요. 우울해지면 뭣 때문에 그런지 딱 집어낼 수가 없어요. 아무것도 할 수가 없어요. 제가 아홉 살인가 열 살 때부터 계속 이랬어요. 유전적인 문제예요. 또 치료를 위한 병원의 프로그램에 대해서 저는 너무 화가 나요. 그들은 제가 스스로 상처를 내거나 약물을 과다복용할 때마다 제가 단지 타인들을 조종하려는 것일 뿐이라고 말해요. 그들은 제가 이런 것들을 깨달아서 제 행동을 바꿔야 한다고 말해요.

T: 그런 행동들을 어떻게 바꿀 수 있죠?

P: 그냥 딱 그만두어야 하는 거죠. 사람들은 제가 성격장애를 가졌기 때문에, 선택은 내가 할 수 있는 거라고 했어요. 감정에 대해 말하는 것은 그냥 사람들을 교묘하게 조종하는 것일 뿐이에요. 행동이 중요한 거죠.

이 예를 읽고 어떤 독자도 성격장애 진단을 '환자를 비난하기 위해' 사용하지 않기를 바란다. 이 환자는 성격장애 진단을 받는다는 것이 결국 자신의 자기파괴 성향이 그녀의 선택이고 잘못임을 의미하는 것으로 이해하였다. 이 환자는 병원 측과 막을 수 없는 힘 대결을 계속해 왔는데 증상이 호전되지 않는 것에 대해 그녀는 '어쩔 수 없다' 고 하고, 병원 측에서는 그녀가 '안 하려고 하는 것'이라고 서로 대립하였다. 그녀는, 나도 여러 번 들어 본 적이 있는 이분법에 대해 설명하였다. 임상적 장애는 환자의 '잘못' 이 아니지만, 성격장애는 환자의 잘못이라는 식의 이분법이다. 임상적 증후군에 대해서는 동정심과 지지를 하며 치료하려 하지만 성격장애는 '엄격한 사랑(tough love)' 이 더 적합하다는 것이다. 이 환자는 성격장애 진단을 대체할 임상적 증후군 진단을 원하였다.

어떤 임상가도 임상적 증후군 또는 성격장애 진단으로 환자를 비난하는 실수를 저질러서는 안 된다. 정신장애에서 개인이 자신의 행동을 선택할 수 있다고 가정할 때, 그 선택의 역할을 환자를 야단치는 것으로 사용해서는 절대 안 된다. 비록 환자의 '의지'가 행동의 결정인자일 수 있지만, 이런 선택의 강요에 환자는 응답을 못하기도 하고 응답하지 않기도 한다. 치료가 세심하게 잘 진행되어 갈 때, 그리고 통찰과 치료적 관계 둘 모두 강력할 때만이 환자는 진정으로 선택의 갈림길에 설 수 있는 것이다.

한 사람이 산 속에 요리조리 쌓여 있는 거대한 모굴(스키 탈 때 점프할 수 있도록 다져 놓은 눈더미) 사이를 잘 빠져나가기 위해 필사적으로 스키를 배우고 싶어 하였다. 그는 간절히 원했지만 잘할 수 없었다. 강사는 그에게 어떻게 하면 잘할 수 있는지 말해 주었지만, 그는 강사의 말대로 하기가 어려웠다. 그가 원하는 것을 할 수 있게 되려면 그 전에 엄청나게 많은 것을 해야만 한다. 수많은 의식 수준에서의 생각들은 전의식과 무의식의 수준까지 들어가야만 했는데, 왜냐하면 그는 강사의 수많은 지시를 한꺼번에 모두 다 기억할 수는 없기 때문이다. 예를 들면, '산을 내려가는 방향을 계속 지속하기', '무릎으로 충격을 흡수하기', '체중을 하강방향 스키에 실을 것' 등등이다. 그가 원하는 것을 할 수 있게 되기까지 수많은 움직임과 강사의 지시는 '제2의 본능' 이 되다시피 해야 한다. 그뿐만 아니라 무의식적인 것들 중 몇 가지는 의식적이 되어야만 한다. 예를 들어, 만약 두려움이 있다면 그는 엉덩이를 뒤로 뺄 것이고, 그러면 체중이 부적절하게 분배되는 결과가 초래된다는 것을 배워야 한다. 만약 그의 형이 스키를 아주 잘 탄다면 그는 결코 형을 능가할 수 없을 것이라고 느낄 것이다. 이런 믿음은 스키를 잘 탈 수 있는 법을 배우는 데 방해가 될 뿐이다. 필수적인 태도를 갖추기 전에, 그는 자신의 이런 내적 갈등을 해결해야 한다. 그런 다음 연습에 연습을 거듭해야 한다.

이제 스키강사가 학생에게 "만약 이번에 제대로 못하면 네가 제대로 하지 않기를 선택했기 때문이야."라고 말하는 것을 상상해 보자. 학생은 강사의 이런 말이 전혀 도움이 되지 않는다는 것을 발견할 것이다. 아마도 학생은 이렇게 대답할 것이다. "만약 산속에서 스키를 잘 타려는 것이 선택의 문제이기만 하다면, 나는 분명히 잘할 수 있을 텐데." 마찬가지로, 자신의 성격장애 진단을 싫어하는 환자가 "내가 스스로 자해하고 약물을 과다복용하지 않기 위해 선택할 수만 있다면, 나는 틀림없이 그러지 않을 텐데."라고 말할 것이다.

진단 및 감별 지시어 요약

이 책의 명제는 DSM의 성격장애가 세 가지 독립적인 근원적 차원으로 잘 설명될 수 있다는 것이다. 그것은 ① 대인관계적 초점, ② 사랑-증오(또는 친밀감-적대감), ③ 과밀착-분화다. 자기와 타인에 대한 환자의 설명을 들을 때 임상가가 이 차원을 사용한다면, 장애가 어떤 것인지 알아낼 수 있을 것이다. 또한 1장에서 언급한 중첩과 경계의 문제가 상대적으로 줄어들 수 있을 것이다. 이 부록에서는, 각 DSM의 성격장애를 DSM의 관점에서 재고하고 이에 대한 대인관계적 해석을 제시하고자 한다.

사랑-증오 그리고 과밀착-분화의 차원에 기초를 두고 있는 SASB 모형은 이 책에서 사용하고 있는 대인관계적 설명을 위한 용어를 제공하였다. 〈표 A-1〉에서 각각의 성격장애를 위한 기준 위치를 개관하였다. 행동의 변화를 위해서는 반드시 먼저 변화가 일어나야 하는, 그리고 대인관계적 패턴을 구성하고 유지하는 근원적 소망과 두려움에 대해서는 〈표 A-2〉에서 다시 개관하였다. 〈표 A-1〉과 〈표 A-2〉는 [그림 3-9]에 나와 있는 SASB의 군집을 기초로 한 것이다. 독자들은 SASB 명칭의 의미 요약을 위해 〈표 A-3〉을 언급하는 것이 유용하다고 여길 수도 있겠다.

현재의 방법으로 성격장애의 진단명이 내려지기 위해서는 모든 필수 대인관계적 기준에 부합해야 하며, 이전 장들에서 언급했고 〈표 A-4〉에 요약되어 있는 배제기준에는 해당되지 않아야 한다. 또한 환자는 DSM 진단기준의 필수조항에도 모두 부합해야 한다. 다음에서는 진단과정의 '조율'에 대해 보여 준다. 〈표 A-1〉은 성격장애 범주들이 얼마나 중첩될 수 있는지를 보여 주고 그 성격장애들이 대인관계에서 얼마나 다를 수 있는지를 나타낸다. 각 성격장애 간의 차이점은 각각의 특징적인 노래의 차이점에 비교할 수 있다. 모든 노래는 기본적인 음표가 박자와 구성에 따라 다른 것처럼 기본 음표에 따라 분석될 수 있다. 관련이 있는 범주들은 중요한 속성을 공유하고 있으나, 그럼에도 불구하고 핵심적인 차이점도 가지고 있다.

이 책에서의 방법을 사용하여 대인관계적 진단을 내리는 것이 중요한 이유가 있다. 이 책에서 말하는 대인관계적 진단기준에 환자가 부합하면, 이 책에서 제안하는 치료적 개입방안이 그 장애에 틀림없이 유용할 것이다. 환자의 대인관계적 패턴의 근원과 목적에 대한 가설은 환자에게 자기 자신이 자기 및 타인과 관계 맺는 방식을 깨닫게 하

〈표 A-1〉 기준 위치를 위한 SASB 명칭의 비교

	BPD	NPD	HPD	ASP	DPD	OCD	PAG	AVD	PAR	SOI	SZT
1. **해방**											×*
2. **지지**											
3. **적극적 사랑**	×			×*							
4. **보호**											
5. **통제**	×	×	×*	×*		×*			×		×*
6. **비난**	×	×	×	×		×	×*	×	×		
7. **공격**	×	×		×*					×		
8. **무시**		×		×		×*				×	
1. 분리		×		×			×*		×		
2. 개방											
3. 반응적 사랑			×*								
4. 신뢰	×		×*		×						
5. 복종					×	×*	×*				×*
6. 골냄					×		×*	×			
7. 물러남								×	×		×
8. 담을 쌓음			×*	×*		×*	×*	×	×	×	×*
1. *자기해방*											
2. *자기지지*											
3. *적극적 자기사랑*		×*									
4. *자기보호*	×			×*							
5. *자기통제*						×*		×	×		×
6. *자기비난*		×			×	×		×			
7. *자기공격*	×		×*				×*				
8. *자기방치*	×	×*		×*		×*				×	×

* 표시는 같은 열에 위치한 코드가 서로 복잡한 조합을 이루어 나타남을 의미함.

는 데 사용할 수 있다. 환자의 패턴과 그 근원에 대한 임상가의 이해는 환자의 전이문제를 예측하고 이해하도록 만든다.

임상가들이 이런 지식을 가지고 있다면 성격장애 환자들이 자주 감정을 부추기는 도발을 할 때 협력적이고 방어적이지 않은 태도를 유지하는 데 도움이 될 것이다.

4장에서는 기존의 일반적인 치료적 접근을 설명하였다. 간단하게 설명하자면 심리사회적 치료는 5개 정도의 위계적 단계로 구성되어 있다. ① 환자와 치료자 간의 협력적 관계 발달, ② 환자는 자신의 대인관계 및 심리내적 패턴을 인식하게 됨(패턴이 어디에서 시작되었고 무엇을 위한 것인지를 인식), ③ 오래되었으나 현재 존재하는 부적응적 패턴을 차단함, ④ 변화에의 의지가 활성화됨, ⑤ 새로운 대인관계적 및 심리내적 패턴을 배움. 일반적이라는 것은, 이론적 접근이나 학파와 상관없이 위에서 말한 5단계로 성공적인 심리치료를 설명할 수 있다는 것을 의미한다.

새로운 패턴을 배우는 심리치료의 마지막 단계가 사실 가장 쉬운 단계다. 그러나 이 책에서는 상대적으로 환자가 새로운 패턴을 배우도록 어떻게 돕는지에 대해 적게 언급하고 있다. 새 패턴을 배우도록 하기 위해 잘 알려져 온 여러 치료적 기법을 사용할 수 있다. 정서표현을 촉진하기, 의사소통 기술을 증진하기, 자기주장성을 강화시키기, 자기지시적 행동조절을 가르치기, 더 나은 인지양식 조절을 가르치기 등이 포함된다. 성격장애 환자들은 불행하게도 '치료 불가능' 하다고 알려져 왔다. 이런 비관적인 견해는 임상가들이 더 좋은 방법을 가르치려고 시도하면서 치료를 시작할 때 종종 발생하는 치료적 실패에 기반을 두고 있다. 그러나 전통적인 정신분석가들은 환자들의 숨겨진(무의식적인) 소망과 두려움을 밝혀내지 못하면 건설적인 성격구조의 변화는 일어나지 않을 것이라고 가정한다. 그러므로 일반적인 대인관계적 치료의 처음 4단계는 성격 변화를 준비하려는 노력에서 가장 중요한 부분이다. 만약 첫 4단계에서 성공적인 타협이 이루어진다면, 성격장애자의 건설적인 성격 변화는 가능하다고 본다.

■ 경계선 성격장애

대인관계 요약과 전이의 예

요약: 버림받는 것을 끔찍이 두려워하고, 구원자(애인이나 양육자) 가까이에 있으면서 보호와 돌봄을 원한다. 기준 위치는 양육자에 대한 우호적 의존이지만, 만일 양육자나 애인이 충분히 제공해 주지 못하면(충분할 수가 없다) 적대적 통제로 돌변한다. 양육자

가 겉으로는 그렇지 않지만 내심 자신이 의존하고 요구하는 것을 좋아할 것이라고 믿는다. 행복과 성공의 징후가 나타나면 내면화된 악의적 대상이 자아를 공격한다.

이런 대인관계적 기본 패턴, 소망, 두려움은 BPD[1]와의 치료적 관계에서도 나타날 것이다. 다음에서 BPD와의 전이문제의 예를 살펴보자.

> 한 환자는 항우울제의 처방에 잘 반응하였다(치료자 **보호**, 환자 신뢰). 우울 증상이 다시 나타나자 환자는 의사가 복용량을 충분히 모니터하지 않고 있다고 불평하거나 자

〈표 A-2〉 소망(W)과 두려움(F)에 대한 SASB 명칭 비교

	BPD	NPD	HPD	ASP	DPD	OCD	PAG	AVD	PAR	SOI	SZT
1. **해방**				W					W		W
2. **지지**									W		
3. **적극적 사랑**		W	W					W			
4. **보호**	W	W	W		W		W	W			
5. **통제**		F		F	W		F				
6. **비난**		F				F		F	F		F
7. **공격**								F	F		F
8. **무시**	F	F	F		F			F			
1. 분리											
2. 개방											
3. 반응적 사랑											
4. 신뢰											
5. 복종		W		W		W			W		
6. 골냄											
7. 물러남											
8. 담을 쌓음											
1. *자기해방*						F					
2. *자기지지*											
3. *적극적 자기사랑*											
4. *자기보호*											
5. *자기통제*						W					
6. *자기비난*											
7. *자기공격*											
8. *자기방치*											

1) 본문에서와 마찬가지로 알파벳 첫 글자를 딴 약자는 'XYZ 진단' 또는 'XYZ를 지닌 사람'을 의미한다. 이 책 본문의 첫 부분에서 이 약자들이 의미하는 것을 밝혔다.

〈표 A-3〉 SASB 명칭의 의미에 대한 상세 설명

1. **해방** ① 크게 걱정하지 않고, 상대방이 원하는 것이라면 무엇이든지 그것을 하게 하거나 되도록 내버려 둔다. ② 크게 염려하지 않고, 상대방이 자유롭게 무언가를 하도록 내버려 둔다.
2. **지지** ① 상대방이 자유롭게 말하도록 하고, 두 사람이 일치하지 않을 때조차 따뜻하게 이해하려고 한다. ② 상대방을 좋아하며 비록 그들의 의견이 맞지 않을 때조차 그 사람의 관점을 보려고 애쓴다.
3. **적극적 사랑** ① 상대방에게 행복하고, 부드럽고 아주 사랑스럽게 다가가며, 상대방이 원하는 만큼 가까이 있도록 초대한다. ② 상대방이 원하는 것처럼 보이면 사랑과 배려가 가득하게 상냥히 다가간다.
4. **보호** ① 호의를 가지고 상대방을 가르치고 보호하고 돌본다. ② 무척 애정이 깊은 방식으로 상대방에게 어떻게 해야 하는지를 도와주고 안내해 주고 보여 준다.
5. **통제** ① 모든 것을 질서 정연하게 하기 위해 모든 일을 통제하며, 상대방이 자신의 규칙을 따르도록 만든다. ② 모든 것이 맞게 되어 가는지 확인하기 위해 상대방에게 무엇을 어떻게 해야 하는지 정확하게 말해 준다.
6. **비난** ① 상대방을 경멸하고 비난하고 처벌한다. ② 상대방의 방식이 잘못되었고, 벌받아 마땅하다고 말한다.
7. **공격** ① 상대방에게 미칠 영향에 대해 걱정하지 않고, 심하게 증오에 차서 파괴적으로 상대방을 공격한다. ② 상대방에게 어떤 일이 일어났는지 배려하지 않고, 가능한 한 최악의 방법으로 무시무시하게 공격한다.
8. **무시** ① 두 번 생각하지 않고, 상대방을 아무런 배려 없이 무시하고 돌보지 않고 버린다. ② 아무 생각 없이 상대방을 경솔하게 잊어버리고, 중요하지 않게 생각해 버린다.

1. <u>분리</u> ① 자신의 마음을 알고 있으며 상대방으로부터 분리되어 독립적으로 '자기만의 것을 한다.' ② 자신이 무엇을 생각하는지에 대해 명확하게 감지하고 있으며, 상대방으로부터 분리되어 스스로 선택한다.
2. <u>개방</u> ① 자신만의 생각과 감정을 상대방에게 명확하고 편안하게 표현한다. ② 상대방에게 자신의 생각과 감정을 평온하고 솔직하게 말한다.
3. <u>반응적 사랑</u> ① 상대방과 함께 가능한 한 자주 자유롭게 놀고 즐기고 휴식을 취한다. ② 상대방과 함께 있는 것을 기뻐하고 즐거워하며 편안해한다.
4. <u>신뢰</u> ① 상대방으로부터 배우고, 상대에게 의지하며, 상대방이 제공하는 것을 받아들인다. ② 상대방을 믿고 의지하며, 상대방이 제공하는 것을 기꺼이 받아들인다.
5. <u>복종</u> ① 상대방이 무엇을 원하든 그가 원하는 대로 생각하고 행동한다. ② 상대방의 의견에 따르고 소망하는 것에 순응한다.
6. <u>골냄</u> ① 골내고 노발대발하면서도 상대방이 원하는 것을 서둘러서 한다. ② 씁쓸히 분개하면서도 상대방이 원하는 것을 마지못해 받아들이고 서둘러 한다.
7. <u>물러남</u> ① 상당한 두려움과 증오를 느끼며, 상대방으로부터 숨거나 도망가려 한다. ② 혐오와 두려움으로 가득 찬 채 사라지려 하거나, 상대방으로부터 벗어나려 한다.
8. <u>담을 쌓음</u> ① 상대방으로부터 스스로를 차단하고 전혀 반응하지 않는다. ② 상대방으로부터 자기를 고립시키고 자기 자신만의 세계에 머무르려고 한다.

1. *자기해방* ① 고민이나 생각 없이, 내가 하고 싶은 것이 있으면 한다. ② 내가 하고 싶은 것이 있으면 하고 미래에 대해 걱정하지 않는다.

2. *자기지지* ① 개인적인 장점뿐만 아니라 단점을 자각하고, 있는 그대로의 자신을 편안하게 여긴다. ② 장점뿐만 아니라 단점을 인식하면서 있는 그대로의 자신을 좋아하고 수용한다.
3. *적극적 자기사랑* ① 자신을 상냥하고 애정을 깃들여 소중히 여긴다. ② 자신에게 정말 친절하고 깊은 애정을 가지고 감사하며, 자신을 가치 있게 여긴다.
4. *자기보호* ① 자신을 발전시키고, 돌보며, 부양하는 데 에너지를 쏟는다. ② 자신을 정말 잘 돌보고, 자신을 위해 최선을 다한다.
5. *자기통제* ① 내가 제대로 일을 하는지 확신을 얻기 위해 나 자신을 엄격하게 통제하고 주시한다. ② 완벽해지기 위해 모든 일을 정확하고 옳게 하도록 나 자신을 밀어 붙인다.
6. *자기비난* ① 나 자신을 비난하고 스스로 경멸함으로써 벌을 준다. ② 잘못한 것, 열등한 것에 대해 스스로를 비난한다.
7. *자기공격* ① 어떤 일이 일어날지 생각해 보지 않고, 자신을 미워하면서 거부하고 파괴한다. ② 어떤 일이 일어날지 생각해 보지 않고, 무모하게 스스로를 공격하고 화가 나서 자신을 거부한다.
8. *자기방치* ① 나 자신을 돌보지 않고, 방치하며, 때로 완전히 멍한 상태로 있다. ② 나는 나 자신을 배려 없이 내버려 두고, 비현실적인 꿈의 세계에서 정신을 놓고 있을 때가 종종 있다.

주. Benjamin(1988; [SASB 척도] 문항 Intrex 간편형의 1, 2판). 유타대의 저작권, 1995.

〈표 A-4〉 대인관계적인 필요기준과 배제기준 요약

장애	필요기준	배제기준
BPD	유기에 대한 두려움이 있고, 두려움을 보호와 양육을 강요함으로써 다룸, 행복 또는 성공 후에 뒤따르는 자기파괴	장기간의 외로움을 인내함
NPD	자기 중요성에 대한 과장된 자기의식, 특권의식	무모하게 자기를 돌보지 않음
HPD	강압적인 의존성	행복 또는 성공에 뒤따르는 자기파괴
ASP	타인을 통제하려는 욕구와 독립심, 분리, 자책의 결여	유기에 대한 두려움, 특권의식, 의존성
DPD	도구적 부적절감으로 인한 복종	의존성으로 인한 문제(자율성에 대해 오랫동안 편안해함, 양육에 대한 요구, 안전한 상황에서만 친밀감을 느낌, 복종할 것을 주장함, 권위자에 대한 경멸 등)
OCD	비합리적인 통제, 완벽에의 몰두	무책임한 행동, 과하게 정서적임, 권위에 대한 경멸
PAG	수행요구에 대한 순응적 반항	단순하게 존중하는 태도, 생산성에의 몰두
AVD	방어적 철회, 수용에 대한 소망	정서적 분리, 혼자 있는 것을 피함, 도구적 무능력, 수행의 지속적인 실패
PAR	아무 의도가 없을 때조차 해를 끼칠 의도를 지각함	유기에 대한 걱정, 권위에 대해 경의를 표함
SOI	사회적 철회(다각적 접근)	단순한 사회적 철회 이외에 다른 것도 없음
SZT	사회적 철회, 자폐적 통제를 암시하는 사고장애	자율성에 대한 두려움, 의존을 요구함, 사회적 규범을 무시하는 것을 자랑스러워함

기 친구의 의사가 최근 그 친구에게 처방한 새로운 약을 의사가 자신에게는 처방하지 않는다고 불평한다(치료자 **무시**). 이 환자는 자신이 학교를 3일 동안 나가지 않았으며(*자기방치*), 잘못된 이 약을 과다복용했다고 털어놓았다(BPD *자기공격*, 치료자를 **비난**). 의사는 새로운 약을 처방하고, 어떻게 하고 있는지를 매일 전화로 보고할 것을 환자에게 요구하였다(**보호** + 복종).

DSM의 대인관계적 해석

'전형적인 BPD' 는 DSM에 제시된 모든 증상을 나타낸다. 버림받음은 내면화되고, 그래서 BPD는 분별없이 행동하기도 한다(DSM 기준 4, 자기손상적 충동성). 방치의 내면화와 이와 관련된 지루한 혼자됨과 위험 또한 공허감을 초래할 수 있다(기준 7). 버림받는 것에 대한 공포는 그와 관련된 외상 및 나쁜 사람에서 기인할 수 있다(기준 1). 가족 내 극도의 혼돈은 불안정성 및 그 강도를 설명한다(기준 2, 6). 유명한 BPD의 분노는 지각된 버림받음에서 시작되고, 버림받음의 반대, 즉 사랑을 강제하기 위한 의도를 지닌다(기준 8). 자해는 학대의 반복이거나 내면화된 **공격**자를 달래려는 노력이다(기준 5). 정체성 혼란은 BPD가 분화나 자기정의(self-definition) 또는 행복감을 나타낼 때 BPD를 **공격**하는 대상을 내면화한 결과다. 자기태업은 내면화된 학대자로부터 자신을 보호하기 위한 장치다. 이런 개인 발달특성은 BPD의 정체성 혼란을 모두 포괄하여 설명한다(기준 3). 편집증적 증상은 **공격**이 다시 발생한다는 경험이 반영된 것이다. 새로운 항목으로 추가된 해리는 외상적 스트레스 사건 중에 '벗어난(tune out)' 학습의 결과다. 해리는 어느 한 맥락에서는 이러해야 하고, 또 어느 맥락에서는 완전히 달라야 한다는 지시에 따라 더욱 강화된다. BPD는 한 맥락에서는 성적 접촉에 참여해야 하고 다른 맥락에서는 정숙한 아이여야 한다. 만약 BPD가 과거에 일어났던 일이 진짜 일어났던 일이라는 것을 기억한다면, 자신 또는 다른 누군가가 크게 다치게 될 것이다. 두 역할(가해자의 성적 파트너와 순진한 아이)은 전적으로 양립 불가능한 것이다(기준 9).

DSM은 BPD 진단을 위해 기준 항목 중 5개 또는 그 이상의 항목에 부합되는 것을 요구한다.

BPD 진단 시 필요기준에 대한 기술어는 다음 두 가지다. ① BPD에게 보호와 보살핌을 제공하기로 되어 있는 사람들에게 적극적인 관심을 기울임으로써 버림받는 것에 대한 두려움을 다스림, ② 행복하거나 잘 되어 가는 일에 대한 자기태업이다. 배제기준으로 고려될 수 있는 것은 오직 한 가지로, SOI, PAR, NPD에서 보이는 자율성에 대한 장기간의 편안함이다. 그런 편안함을 보여 주는 환자는 BPD의 특징이라 할 수 있는 버려지는 것에 대한 민감성을 가질 수 없다.

감별 진단

Morey(1988)에 따르면, BPD와 적어도 30% 정도 중첩되는 것으로 보이는 범주들 간의 감별 진단은 다음과 같이 이루어질 수 있다.

- BPD와 HPD(36.1%): 〈표 A-1〉과 〈표 A-2〉에 따르면, 두 범주는 **통제**, **비난**, 신뢰, *자기공격*의 특성을 공유한다. BPD와 HPD 둘 다 기준 위치는 의존성 요구다. 게다가 그들의 소망은 (**보호**)이며 두려움은 (**무시**)라는 점이 같다(그러나 HPD는 **적극적 사랑**의 소망도 가지고 있다). 두 범주의 차이를 말해 주는 유용한 방법은 성공에 직면했을 때의 BPD의 자기파괴 경향에서 찾는 것이다. 버려지거나 무심함을 지각했을 때 두 장애 모두 자살 제스처를 나타낼 수 있다. 그러나 HPD의 반응은 대인관계적이며 상대방으로 하여금 더 많은 것을 제공하도록 강요하는 의도를 지니고 있다. BPD의 반응은 좀 더 안으로 향하며, 현실접촉이 결여되어 있고, 자기처벌적이다.
- 두 장애는 돌봄을 강요하는 방식 또한 다르다. HPD는 대개 의존적이면서 동시에 통제적이지만, BPD는 여러 시점에서 동일한 입장을 취할 가능성이 많다. 즉, HPD는 대개 신뢰와 **통제**, 그리고 동시에 **비난**이 합쳐져 있다. 이와 반대로 BPD는 한순간에 명백히 신뢰하고 다음에 갑작스럽게 **비난**(적대적 통제)한다. 대체로 HPD는 맹목적으로 대인관계 과정을 통제하려는 경향이 있다. BPD는 그 순간의 내적 조건에 더 좌우된다. HPD의 통제는 그 또는 그녀가 대체로 높은 수준의 기능을 하고 있다는 것을 의미한다.
- BPD와 AVD(36.1%): 〈표 A-1〉과 〈표 A-2〉에 따르면, 두 범주는 **비난**의 특성과 **보호**받고 싶은 소망을 공유한다. 뚜렷한 차이는 독립에의 의지에서 나타난다. AVD의 기준 위치는 물러남과 담을 쌓음이다. BPD는 버림받을 것을 지각하면 분노에 찬 반응으로 적대적 철회를 잠시 보이지만 오래 가지는 않으며, 이런 패턴이 기준 위치는 아니다. 두 범주 간의 가장 핵심적인 차이점은 BPD는 혼자 있는 것을 회피하려는 욕구가 있는 반면, AVD는 혼자 있는 것을 인내할 수 있다는 점이다. AVD는 또한 BPD보다 더 *자기통제*적이다.
- BPD와 PAR(32%): 〈표 A-1〉과 〈표 A-2〉에 따르면, 두 범주는 **통제**, **비난**, **공격**의 SASB 코드를 공유한다. AVD와 그랬던 것처럼 가장 큰 차이점은 홀로 있음에 대한 이들의 반응이다. PAR은 혼자 있는 것에 대해 인내할 뿐만 아니라 사실은 혼자 있는 것을 소망한다. BPD는 완전히 반대로 혼자 있는 것을 못 견딘다. PAR은 또한 BPD보다 더

*자기 통제*적이다.

• BPD와 DPD(34%): 〈표 A-1〉과 〈표 A-2〉에 따르면, 두 범주는 신뢰의 특징, **보호**의 소망, **무시**에 대한 두려움을 공유한다. 중요한 차이점은 DPD는 **통제**, **비난** 또는 **공격**함으로써 돌봄을 강요하지 않는다는 점이다. 이런 **공격**적 행동이 특징적이라면 DPD는 진단에서 제외된다.

• BPD와 NPD(30.9%): 〈표 A-1〉과 〈표 A-2〉에 따르면, 두 범주는 4개의 기본 코드를 공유한다. **통제**, **비난**, **공격**, *자기방치*다. 또한 **보호**에의 소망과 **무시**에 대한 두려움도 일반적으로 가지고 있다. NPD는 성공했을 때 자기 자신을 파괴하지 않는다는 것이 가장 중요한 차이점이다. 다른 차이점은 BPD는 돌봄을 강요하지만 NPD는 특권의식을 느끼며 특별대우를 해 주기를 기대한다. 마지막으로 BPD는 혼자 남겨지는 것을 극도로 피하지만 NPD는 분리되기를 선택할 수 있다.

자기애성 성격장애

대인관계 요약과 전이의 예

요약: 타인으로부터의 사랑, 지지, 우러러봄에 대한 강한 소망과 함께 비판이나 무시당하는 것에 대해 극단적인 취약성을 지니고 있다. 기준 위치는 자기에 대한 무조건적 사랑과 추정에 근거한 타인에 대한 통제다. 지지가 철회되거나 완벽함의 결여에 대한 작은 증거라도 있으면 자기개념은 저하되어 심한 자기비난으로 이어진다. 공감이 완전히 결여되어 다른 사람을 경멸하고 자기를 경쟁자보다 우위에 둔다.

이런 대인관계적 기본 패턴, 소망, 두려움은 치료적 관계에서도 나타날 것이다. 다음에서 전이문제의 예를 살펴보자.

어떤 환자가 신경계 정밀검사를 마칠 때까지는 항우울제를 시도하지 않겠다고 거부하였다(**통제**). 그는 우울과 관련된 종양에 관한 기사를 읽은 적이 있다. 자신이 그 경우에 해당할지 모른다고 생각하였으며(*적극적 자기사랑 + 자기방치*), 이에 대한 진단비를 병원이 청구하지 않기를 기대하였다(**보호** 소망). 그는 의료진이 무엇인가를 발견했을 것이라고 생각하였다. 의사는 뇌종양이 있다는 증거를 발견하지 못하였다. 그래서 우선 항우울제를 단기간 시도해 보자고 하였다. 환자는 격분해서(**공격**, **비난**) 의사가 사려 깊지 않고 무능하다고 말하였다. 그는 다른 병원을 찾아보겠다고 선언하였다(분리). 담당 의사와 병원을 상대로 소송을 제기하지 않은 것을 다행으로 생각하라고 하였다. 그는 병원에 있는 사람들이 자신의 생각에 놀라워하고 있다는 것을 결코 알지 못했다(**무시**).

DSM의 대인관계적 해석

'전형적인 NPD' 는 DSM에 제시된 모든 증상을 나타낸다. 무조건적 사랑과 찬사를 지속적으로 받으면 DSM 기준 중 몇몇을 충족시키는 행동이 나타나게 된다. 과장된 자기중요감(기준 1), 상류층 주요 인사들과의 관계 욕구(기준 3), 무한 성공이라는 공상에 집착(기준 2), 지속적인 관심과 찬사에 대한 욕구(기준 4), 거만하고 건방진 행동(기준 9) 등을 보인다. NPD에게 찬사를 보낼 때의 사심 없는 마음은 공감의 결여(기준 7)를 부추긴다. 순종적인 양육은 착취성(기준 6)과 특권의식(기준 5)을 불러일으킨다. NPD는 완벽할 것이라는 기대에 따른 부담감 때문에 그런 이미지를 위협하는 것에 민감하다. 이는 건방짐(기준 9) 및 부러워함(기준 8)과 관련된 행동을 강화한다. DSM은 NPD 진단을 위해 기준 항목 중 5개 또는 그 이상의 항목에 부합되는 것을 요구한다.

이 같은 분석을 통해 각 성격장애의 필요 및 배제 기준을 정의할 수 있다. NPD의 필요기준에 대한 기술어로 제안되는 것은 ① 과장된 자기중요감과 ② 특권의식이다. NPD의 자기중요감과 특권의식은 자신에 대한 무분별함을 미리 막아 준다. 그래서 ASP에서 보이는 '자신을 고려하지 않는 행동'이 NPD의 배제기준이 된다.

감별 진단

Morey(1988)에 따르면, NPD와 적어도 30% 정도 중첩되는 것으로 보이는 범주들 간의 감별 진단은 다음과 같이 이루어질 수 있다.

• NPD와 BPD(46.9%): 앞에서 논의된 BPD와 NPD 참조.

• NPD와 HPD(53.1%): 〈표 A-1〉과 〈표 A-2〉에 따르면, 두 범주는 **통제**, **비난**의 기본 코드를 공유한다. 또한 **적극적 사랑**과 **보호**에 대한 소망과 **무시**에 대한 두려움을 가지고 있다. NPD의 필요기준인 특권의식이 HPD에게서는 볼 수 없다. NPD는 최고가 되기를 기대하며 최고로서 특권의식을 느끼기를 원하는 데 비해, HPD는 BPD처럼 돌보아 주기를 강요한다. HPD는 또한 NPD보다 홀로 있는 것을 편안하게 여기지 않는다.

NPD와 AVD(35.9%): 〈표 A-1〉과 〈표 A-2〉에 따르면, 두 범주는 **비난**과 *자기비난*을

공유하고 있다. **비난**과 **무시**에 대한 두려움뿐만 아니라 **적극적 사랑**과 **보호**에 대한 소망을 함께 가지고 있다. 그러나 NPD는 공공연한 **공격**을 드러내고 타인을 적극적으로 없애 버리려는(**무시**) 의지를 가지고 있다는 점에서 두 범주는 서로 다르다. 반대로, AVD는 물러나고 담을 쌓으면서 반동적으로 철회한다. 두 범주 모두 *자기비난*을 하지만, AVD는 지속적으로 보잘것없는 자기개념을 가지고 있다. 이에 반해 NPD는 *적극적 자기사랑*을 유지하려는 경향성을 가지고 있다는 점에서 크게 차이가 난다.

• NPD와 PAR(35.9%): 〈표 A-1〉과 〈표 A-2〉에 따르면, 두 범주는 **통제**, **비난**, **공격** 특성을 공유한다. 그러나 두 범주의 소망은 다르다. PAR은 **지지** 또는 **해방**을 추구하지만, NPD는 **적극적 사랑**과 **보호**를 소망한다. 두 범주 모두 **비난**을 두려워한다. PAR은 누군가가 자신을 공격하지 않을 때도 공격하는 것으로 지각하는 조직화된 경향성을 가지고 있다는 점에서 NPD와 다르다. NPD는 **적극적 사랑** 또는 보호를 해 주지 않을 때도 사랑과 보호로 지각하는 경향이 있다. PAR은 철회(물러남, 담을 쌓음)하려는 경향이 매우 강한 데 반해, NPD의 자율성(독립성)은 보다 더 중립적이다(분리).

연극성 성격장애

대인관계 요약과 전이의 예

요약: 무시당하는 것을 매우 두려워하고, 누군가 강한 사람을 자신의 매력과 즐겁게 하는 능력으로 통제해서 그로부터 사랑받고 보호받고 싶은 욕구가 강하다. 기준 위치는 우호적 신뢰인데, 원하는 보호와 사랑을 제공하라고 은밀히 강요하는 것을 수반한다. 부적절한 유혹적 행동과 조작적인 자살시도가 그러한 강요의 예다.

이런 대인관계적 기본 패턴, 소망, 두려움은 치료적 관계에서도 나타날 것이다. 다음에서 전이문제의 예를 살펴보자.

정기적인 상담회기 이외에 별도로 약속해서 만났을 때 환자가 밝은색의 옷을 입고는 웃으며 상담실로 들어온다(반응적 사랑). 환자는 우울증 때문에 계속 고통받고 있다고 얘기한다(신뢰). 환자는 자신의 남편이 병원 의사이며 그녀가 나아지는 것을 고대하고 있다는 점을 상기시켰다(**통제**). 의사는 적절한 약을 찾느라 노력하였지만 증상에 대한 모호한 진술(담을 쌓음) 때문에 문제를 평가하기가 어려웠다.

DSM의 대인관계적 해석

'전형적인 HPD' 는 DSM에 제시된 모든 증상을 나타낸다. DSM의 많은 항목은 연예인, 즉 '전시품'이라는 자기정의와 직접적으로 관련되어 있다. 이러한 항목에는 유혹적인 행동(기준 2), 신체적 매력에 대한 지나친 관심(기준 4), 관심의 중심이 되려는 욕구(기준 1), 그리고 처음 보는 사람들로부터 친밀한 사람으로 인정받으려는 욕구가 포함된다(기준 8). 즉, 어떤 사람이 연예인이라면 그 사람은 매력적이어야 한다. 이는 같이 있는 사람들의 환호가 있으면 확인된다. 이러한 연기자 역할은 또한 변화무쌍하며 경박한 정서표현(기준 3)뿐만 아니라 과장된 정서표현(기준 6)과 밀접한 관계가 있다. 피상적이고 조마조마한 가정에서 이런 행동이 잘 나타난다. 유능함에는 집중적인 인지과정이 필요한데, HPD의 경우 초점이 없는 인상적 대화방식(기준 5)은 비유능함을 매력적이게 보여야 할 필요 때문에 나타난 것일 수 있다. 피암시성(기준 7)은 보살핌을 부르는 비유능함의 다른 형태라고 할 수 있다. DSM은 HPD 진단을 위해 기준 항목 중 5개 또는 그 이상의 항목에 부합되는 것을 요구한다.

HPD의 필요기준은 강제적 의존성이라는 기준 위치다. HPD의 배제기준은 성공이나 행복 후에 이어지는 자기파괴다.

감별 진단

Morey(1988)에 따르면, HPD와 적어도 30% 정도 중첩되는 것으로 보이는 범주들 간의 감별 진단은 다음과 같이 이루어질 수 있다.

• HPD와 BPD(55.6%): 앞에서 논의된 BPD와 HPD를 참조.

• HPD와 NPD(54%): 앞에서 논의된 NPD와 HPD를 참조.

• HPD와 AVD(31.7%): 〈표 A-1〉과 〈표 A-2〉에 따르면, 두 범주는 **비난**과 담을 쌓음의 특징을 공유한다. 두 범주 모두 **적극적 사랑**과 **보호**에 대한 소망과 **무시**에 대한 두려움을 가지고 있다. 두 범주 간의 가장 명백한 차이는 HPD가 관심과 돌봄을 강요하는 데 반해, AVD는 만약 상대방으로부터 받아들여지지 않을 것 같으면 철회한다는 점이다. AVD는 의지하려고 할 때 무척 긴장하는 데 비해(골냄), HPD는 대개 아주 따뜻하며 편안하게 의지한다(반응적 사랑과 신뢰). AVD는 적대적인 방식(물러남과 담을 쌓음)으로 철회하는 것을 선호한다.

• HPD와 DPD(30.2%): 〈표 A-1〉과 〈표 A-2〉에 따르면, 두 범주는 신뢰의 태도를 공유하고, **보호**받기를 소망하며, **무시**당하는 것을 두려워한다. 그러나 이 둘 간에는 극적

으로 다른 점이 있다. DPD는 모든 면에서 의존적이다(신뢰, 복종, 골을 냄). 상대방이 적대적이냐 아니냐에 상관없이 이들은 대개 의존적이다. 이에 반해, HPD는 담을 쌓을 수 있으며 자기가 필요한 대로 애정과 돌봄을 달라고 강요(**통제**, **비난**)함으로써 학대에 저항할 것이다.

반사회성 성격장애

대인관계 요약과 전이의 예

요약: 타인을 통제하려는 부적절하고 조절되지 않는 욕구가 있는데, 이러한 욕구는 적극적으로 관여하지 않는 방식으로 실행된다. 독립하려는 강한 욕구가 있고, 보통 경멸의 대상인 타인들로부터 통제당하는 것을 거부하는 욕구가 있다. 통제 또는 독립에 대한 욕구를 뒷받침하기 위해 공격을 기꺼이 사용한다. ASP는 대개 우호적이고 사교적인 것처럼 보이지만, 그 우호성은 보통 거리두기(detachment)라는 기준 위치를 늘 동반한다. ASP는 자신 또는 타인에게 무슨 일이 일어날지에 대해 무관심하다.

이런 대인관계적 기본 패턴, 소망, 두려움은 치료적 관계에서도 나타날 것이다. 다음에서 전이문제의 예를 살펴보자.

> 환자는 의사에게 프로작(항우울제)을 처방해 줄 것을 졸랐다. 환자는 의사가 시중에서 되팔 수 있는 이 약을 오용할까 걱정하고 있음을 알고 있었다. 이 환자는 더 이상 약으로 문제를 일으키지 않을 것이라고 의사에게 장담하였다(**통제**+담을 쌓음). 자신은 새사람이 되었고, 동반된 우울증을 조절해서 다시는 사고치지 않기 위해 이 약이 필요하다고 말하였다. 의사가 자신을 이해할 수 있는 특별한 능력을 가졌다는 것을 그는 알아차렸다. 의사가 생각하는 것이 일어나지 않도록 매우 유념하고 있다고 덧붙였다(**적극적 사랑**+담을 쌓음). 이러한 이유로, 의사의 신뢰를 저버리는 일은 꿈도 꾸지 않아야 했다. 환자는 처방된 대로만 약을 사용해야 했다. 3개월 후, 의사는 의사자격면허 위원회로부터 온 질문에 답변해야 했다. 환자는 의사의 처방 서명을 교묘하게 모사했던 것이다. 그는 날짜와 용량을 바꾸어서 가까운 동네의 여러 약국에서 수차례 약을 타 냈다(*자기보호* + *자기방치*). 그는 프로작을 거래하고 있었던 것이다.

DSM의 대인관계적 해석

'전형적인 ASP'는 DSM에 제시된 모든 증상을 나타낸다. 방임적 또는 부적절한 양육은 자신과 타인에 대한 가짜 애착(pseudo-attachment)을 초래한다. 돌보지 않거나 부적절한 돌봄은 내사와 동일시 등의 기제를 통해 자신과 타인에 대해 무모해지게 만든다(기준 5). 이런 부적절한 유대와 더불어 아이는 예측 불가능하고 가혹한 부모의 공격에 지속적으로 노출됨으로써 결국에는 높은 수준의 공격성을 갖게 된다(기준 4). 이런 **공격**성은 **통제** 또는 거리를 유지하려는 욕구와 연관되어 있다. 다른 사람과의 연결 부재 및 일관된 훈육의 결여는 양심의 형성을 막는다(기준 7). 빈약한 양심은 가족을 **통제**해 온 이력과 결합하여 ASP에게 사회적으로, 법적으로 규범을 따를 필요가 없다고 가르친다(기준 1). 또한 이런 두 가지 요소는 사기성(deceitfulness)을 갖게 하고(기준 2), 일이나 재무 관련 문제에 대해 예측 불가능하고, 책임지고 행동하지 않으려는 성향을 갖게 한다(기준 6). 충동성, 무책임함 그리고 미리 계획을 세우지 못하는 것(기준 3)은 다음과 같은 교훈을 학습한 결과이기도 하다. '매우 구체적이고 즉각적인 방식으로 그 순간의 요구를 충족시키는 것만이 믿을 수 있는 것이다.' DSM은 ASP 진단을 위해 기준 항목 중 3개 또는 그 이상의 항목에 부합되는 것을 요구한다. 그리고 만 15세 이전에 발생한 품행장애의 증거가 있어야 한다.

ASP로 추천되는 필요기준은 다음 두 가지다. ① 타인에 대한 **통제**욕구와 자신에 대한 자율성 욕구, 그리고 ② 애착 실패와 양심의 가책 결핍이다. 첫 번째 것은 DSM에 직접적으로 서술되어 있지는 않다. 그러나 면접자가 ASP의 관점에 주의를 기울인다면 이런 차원들이 존재해야만 한다. 양심의 가책이 결핍되어 있는지 그 여부를 평가하는 데 임상가는 ASP가 속이는 것에 능숙하다는 사실을 기억할 필요가 있다. ASP는 죄책감과 양심의 가책에 대해 과장되게 얘기할 수 있지만 사실은 전혀 그렇지 않다. 오랜 기간에 걸쳐 보여 준 일관성 있는 공감적, 비착취적 행동에서 진실성이 검증된다.

ASP에 대한 배제기준은 특권의식, 의존성 그리고 유기에 대한 두려움을 포함한다. 전형적인 ASP에서는 이러한 타인과의 과밀착이 거의 발견되지 않는다.

감별 진단

Morey(1988)에 따르면, ASP와 적어도 30% 정도 중첩되는 것으로 보이는 범주들 간의 감별 진단은 다음과 같이 이루어 질 수 있다.

• ASP와 NPD(55.6%): 〈표 A-1〉과 〈표 A-2〉에 따르면, 두 범주는 **비난**과 **공격**을 포

함하는 가능한 모든 형태의 **통제**의 특징을 공유한다. 두 범주는 타인을 거부할 때(**무시**), 그리고 혼자 있을 때(분리) 마음이 편하다. 두 범주의 가장 큰 차이는 소망과 두려움이다. ASP는 자유롭게 남겨지거나(**해방**) 타인이 복종하기를 원하고, **통제**를 두려워한다. 반대로 NPD는 복종뿐만 아니라 **적극적 사랑**과 **보호**를 원한다. NPD는 **비난** 또는 **무시**뿐만 아니라 **통제**도 두려워한다. NPD는 애착을 기반으로 하는 데 반해, ASP는 타인과 관계 자체를 맺으려는 열망이 없으며 거리를 두고서 무심한 위치에 있는 것을 선호한다. ASP는 타인이 어떻게 생각하든 상관하지 않지만, NPD는 온화한 추앙과 존경을 원한다. ASP는 타인을 **통제**하는 것, 자기 자신의 자유, 그리고 물질적 이익을 추구한다.

• ASP와 PAG(50.0%): 〈표 A-1〉과 〈표 A-2〉에 따르면, 두 범주는 **통제**에 대한 두려움뿐만 아니라 **비난**, 담을 쌓음, 분리의 경향을 공유한다. 그러나 두 범주의 소망은 상당히 다르다. PAG가 **보호**받기를 원하는 것에 비해, ASP는 자유(**해방**)를 원한다. ASP는 신경을 거의 안 쓰는 데 비해 PAG는 자신들을 돌봐 줄 것이라고 기대했던 타인들과 적대적 과밀착 관계로 엮인다. 누군가가 마구 이래라 저래라 하는 것을 회피하려 하기 때문에 PAG는 ASP처럼 아주 무책임하게 보일 수도 있다. 그러나 PAG가 어떤 일에 실패하는 것은 권위에 대한 굳센 저항의 결과이지 결코 사회화의 결여에 의한 것은 아니다. ASP와 달리, PAG는 그래도 때로 순전히 순응(복종, 골냄)하기도 한다. PAG는 ASP에 비해 명백히 **공격**하거나 완전히 관심 없어 하지(**무시**) 않는다. 마지막으로 PAG는 *자기공격*적인 경향이 있지만, ASP는 그렇지 않다.

• ASP와 BPD(44.4%): 〈표 A-1〉과 〈표 A-2〉에 따르면, 두 범주는 **적극적 사랑**, **통제**, **비난**, **공격**, *자기보호*, *자기방치*를 보여 주는 능력을 공유하고 있다. 그러나 두 범주의 소망은 거의 정반대다. BPD는 **보호**를 받고 싶은 것에 초점이 맞추어져 있으며 **무시**당하는 것을 극도로 두려워한다. 이와는 완전히 정반대로 ASP는 독립(**해방**)을 추구하며 타인이 복종하는 것을 당연시한다. 요약하자면, ASP는 자신의 자유를 가장 소중하게 여기지만, BPD는 따뜻한 과밀착을 갈망한다. 이런 차이가 의미하는 것은 ASP는 기준위치로 자율성을 선호함으로써 구별되며, 이런 기준 위치는 BPD 진단에서는 배제기준이 된다는 것을 의미한다. ASP의 '우정'은 무심함과 복합적으로 결합되어 나타난다. BPD의 따뜻함은 '순수한, 백지와 같은' 것이지만 견고하고 일관된 것은 아니다. 방임 또는 거부의 실낱 같은 징조만 보여도, BPD의 따뜻함은 보통 즉각적인 **공격**으로 전환된다.

• ASP와 HPD(33.3%): 〈표 A-1〉과 〈표 A-2〉에 따르면, 두 범주는 **통제**, **비난** 그리고 담을 쌓음과 함께 따뜻함을 보여 준다. 두 범주는 가장 최악의 전형적인 남성과 여성의

모습이라는 고정관념으로 구체화될 수 있다. 가짜 온정과 권력(ASP), 그리고 가짜 의존성(HPD)이다. 두 범주 모두 겉으로 드러나지 않는 숨겨진 무심함에 상처받고 괴로워하며 대인관계 현안을 '일로 처리해 버리는' 경향이 있다. 두 범주 간 가장 큰 차이점은, HPD의 경우 온정적인 의존성(반응적 사랑과 신뢰)을 나타낼 수 있는 반면, ASP의 경우에는 타인을 무자비하게 **공격**하는 것에 초점을 두려 한다는 것이다.

의존성 성격장애

대인관계 요약과 전이의 예

요약: 기준 위치는 끊임없이 양육과 지도를 제공하기로 되어 있는 지배적인 타인에 대한 현저한 순종이다. 그것이 학대를 감내하는 것을 의미한다고 하더라도 그 사람과의 연계를 유지하려는 소망을 가지고 있다. DPD는 자신이 무능하다고 믿고 있는데, 이는 지배적인 그 사람이 없으면 살아남을 수 없다는 것을 의미한다.

이런 대인관계적 기본 패턴, 소망, 두려움은 치료적 관계에서도 나타날 것이다. 다음에서 전이문제의 예를 살펴보자.

> 만성우울증 환자가 있었다. 의사는 그녀에게 새로운 항우울제를 시도해 보았다. 환자는 호전되지 않은 채 오히려 많은 부작용이 나타났으나 의사에게 이런 부분들을 이야기하지 않았다. 다행히, 의사가 기억을 하고 약물 부작용에 대한 구체적 증후를 물어보았고, 환자가 그러한 증후가 있다고 인정하자 의사는 다른 항우울제를 처방하였다. 환자는 자신의 증상을 적극적으로 인정했으나 자발적으로 그러한 정보를 제공하지는 않았다. 의사는 그녀에게 왜 이야기하지 않았는지 물었다. 그녀는 "전 그냥 그게 단지 약물의 효능일 거라고 생각했어요(골냄). 가장 좋은 방법을 당신이 선택했겠지라고 생각했어요(신뢰)."라고 말하였다.

DSM의 대인관계적 해석

'전형적인 DPD'는 DSM에 제시된 모든 증상을 나타낸다. DSM 진단기준의 1과 2에는 의사결정을 잘 내리지 못하고 책임을 지지 못하는 DPD의 무능력이 설명되어 있다.

스스로 어떤 일을 주도하거나 수행하지 못하는 무능력(기준 4)이 명시되어 있는데, 타인이 이루어 놓은 계획과 의사결정의 일부분이 되는 것 말고는 DPD에게 다른 대안이 없다. 다른 누군가가 모든 것을 떠맡아 주어야 한다는 DPD의 믿음은 적절하지 않은 상황에서도 양보하게 하고(기준 3), 지지받는 것을 잃지 않기 위해 자신이 착취당하고 굴욕당하는 것을 허용하며(기준 5), 지배적인 양육자를 잃어버리게 될까 봐 크게 두려워한다(기준 6, 7, 8).

DPD의 낮은 자아개념은 도구적 부적절감에서 기인한다. 그들은 흔히 자신의 복종적인 모습을 '친절함'과 동일한 것으로 보고 스스로를 '좋은 사람'이라고 생각한다. DPD는 그들 스스로가 악하다거나 벌 받아야 할 존재라고 생각하지 않는다. 그들의 문제는 단지 자신이 '어떻게' 해야 할지를 모른다는 것이다. 그들은 할 수 없을 뿐이다. 자신은 무능력하고, 부적절하며, 무기력하고, 서투르며, 준비되어 있지 않고, 자격미달이라고 생각한다. 그들의 낮은 자아개념은 도구적 부적절감에 대한 내재적 또는 외재적 경멸감이 내재화된 것이며, 도구적 기술을 개발하지 못한 것에 대한 현실적인 평가다.

DPD의 필요조건은 도구적 부적절감과 관련된 복종이다. 많은 성격장애들이 의존성의 모습을 가지고 있는데(<u>신뢰</u>, <u>복종</u> 또는 <u>골냄</u>), 순수한 형태의 의존성이 DPD의 독특한 점이다.

DPD의 배제기준은 복합적 형태의 의존성이며, 복합적 요소는 매우 많다. DPD는 B군 장애에 해당하는 다양한 행동특성을 보이지 않는다. DPD는 BPD처럼 관심이나 보살핌이 부족하다고 해서 타인을 향해 적극적으로 분노를 표현하지 않는다. DPD는 NPD처럼 다른 사람들이 자신에 대한 칭찬과 입에 발린 말을 하지 않는다고 해서 분노하지 않는다. DPD는 HPD처럼 타인의 지지와 관심을 끌기 위해 노력하지도 않는다. 대신 보살핌을 받기 위해 '주변을 배회하거나' 기다린다. DPD는 ASP처럼 공개적으로 적대적인 행동도 보이지 않는다.

또한 DPD는 상황에 대처하기 위해 상보성의 원리를 사용한다. 자신이 원하는 **보호**와 **통제**를 받기 위해서 <u>신뢰</u>와 <u>복종</u>을 제공한다. DPD와는 다르게 OCD는 **통제**하는 것을 좋아한다. 만약 어떤 환자가 사람들이 자신에게 순종적이라고 이야기한다면, DPD의 진단은 배제되어야 한다. PAG가 의존성과 관련되어 있을 수 있지만 PAG는 의료진을 포함한 권위적 인물에 대해 적대감을 가지고 있다. 반면, DPD는 타인이 아닌 오직 자기 자신만을 비난한다. DPD와 AVD 간의 구분은 학대받는 것을 허용하는지의 여부로 알 수 있다. DPD는 **비난**에 대해 상처받을 수 있지만 보살핌을 받기 위해서라면 어떤 학대도 참아 낼 수 있다. 이와는 대조적으로 AVD는 자신에 대해 조금이라도 비난하려는 기색을 감지하면 어디론가 사라져 버린다. DPD는 AVD, SOI, SZT와 달리 자율성이 오랫동안 주어졌을 때 힘들어한다.

감별 진단

Morey(1988)에 따르면, DPD와 적어도 30% 정도 중첩되는 것으로 보이는 범주들 간의 감별 진단은 다음과 같이 이루어질 수 있다.

• DPD와 BPD(50.8%): 앞에서 논의된 BPD와 DPD를 참조.

• DPD와 AVD(49.2%): 〈표 A-1〉과 〈표 A-2〉에 **따르면**, 두 범주는 골냄과 *자기비난*의 경향성, 그리고 **보호**받고 싶은 소망과 **무시**에 대한 두려움을 공유하고 있다. AVD는 타인을 **비난**하려고 하지만 대인관계에서 철회(물러남과 담을 쌓음)한다는 점에서 DPD와 가장 큰 차이가 있다. DPD는 자율적이지도 않고 먼저 타인에게 행동을 개시하지도 않는다. 이들은 항상 타인의 행동에 대해 반응만 할 뿐이며, 단지 복종한다.

강박성 성격장애

대인관계 요약과 전이의 예

요약: 실수나 완벽하지 못하다는 비난을 두려워한다. 규칙에 대한 추구가 대인관계에서 타인에 대한 배려 없는 통제와 비난을 만들어 낸다. OCD는 통제와 권위 및 원칙에 대한 맹목적인 복종의 모습을 번갈아 나타낸다. 여기에는 감정의 역제, 가혹한 자기비판, 자신에 대한 무시뿐만 아니라 과도한 자기수양이 있다.

이런 대인관계적 기본 패턴, 소망, 두려움은 치료적 관계에서도 나타날 것이다. 다음에서 전이문제의 예를 살펴보자.

> 한 환자는 자신이 우울증을 가지고 있다는 사실을 알게 되는 데 많은 시간이 걸렸다. 그는 자신이 좀 더 잘 조직화할 수 있는 능력이 있다면 그 문제를 제대로 처리했을 거라고 생각하였다. 그러나 우울증의 징후가 계속되었고, 어느 날 갑자기 그는 자신이 우울하다는 사실을 받아들였다. 그러고 나서 그는 약물처방을 받으려고 했으나, 의사용 약품편람(PDR[2])을 찾아보고는 우울증 약이 부작용이 있을 수 있다는 것을 알게 되었다.

우울증은 계속되었다. 그는 의사의 처방전을 의심하며 항우울제 약물에 관한 최근의 논문들을 출력해서 의사에게 보냈다. 적절한 약물을 찾지 못한 데에 좌절한다. 그는 다음 단계에 무엇을 해야 할지 몰라 의사의 의견을 존중하다가도 더 나은 조치를 취하지 않는 의사의 행동을 비난하였다.

DSM의 대인관계적 해석

'전형적인 OCD'는 DSM에 제시된 모든 증상을 나타낸다. 완벽하도록 강요받는 과거는 세부적인 것과 규칙에 대한 집착(기준 1), 과제 완성을 저해하는 완벽주의(기준 2), 그리고 여가생활을 희생하고 일에 대한 과도한 몰두로 이끈다(기준 3). 완벽을 추구하는 데 **통제**의 필요는 타인이 자신의 방식에 복종하지 않으면 자신이 직접 일을 해 버리는 고집을 피우게 한다(기준 6). 완벽의 추구는 지나치게 양심적이며 융통성 없는 꼼꼼함과 같은 도덕적 판단주의로 나타난다(기준 4). 완벽한 **통제**의 추구는 다시 필요하게 될 경우를 대비해서 무가치한 것까지 저축해 두는 비합리적인 모습으로 나타난다(기준 5). 부모로부터 경험했던 **통제**에 대한 집착, 따뜻함의 결여, 자제력의 강조는 인색함(기준 7), 그리고 엄격함과 완고함(기준 8)으로 나타난다. DSM-IV에서는 DSM-III-R의 기준 5인 제한된 애정표현을 삭제하였다. 이것은 따뜻함의 결여와 자제력에 높은 가치를 두었기 때문이다. DSM은 OCD 진단을 위해 기준 항목 중 4개 또는 그 이상의 항목에 부합되는 것을 요구한다.

실수에 대한 가혹한 처벌과 성공에 대해 아무런 보상도 주지 않는 것은 OCD가 사소한 실수를 저지를까 봐 두려워하고 성공에 대해서는 아무런 느낌이 없다는 것을 의미한다. 실수를 저지를까 봐 그리고 맡은 일을 제대로 끝내지 못할까 봐 두려워하는 것은 과업을 마무리 짓는 것에 우선해서 세부사항에 집착하게 만든다(기준 1). 이는 때로 우선순위에 대해 계속 강박적으로 되새기도록 하며, 이로 인해 오히려 우유부단하게 결정을 내리지 못하도록 만든다(DSM-IV에는 삭제된 DSM-III-R의 기준 5).

OCD의 필요기준은 과제를 수행할 때 나타나는 완벽에 대한 몰두와 비이성적인 지배욕구다. 배제기준은 ASP와 BPD에서 항상 나타나는 무책임한 행동, HPD와 BPD의 무절제한 감정표현, PAG에서 볼 수 있는 권위에 대한 경멸과 저항을 포함한다.

---

2) 역주: PDR(Physicians' Desk Reference)은 현재 처방되어 판매되고 있는 약에 제시된 제약회사의 약물에 대한 정보(약의 포장 박스 안에 들어있는 안내문)를 안내해 주는 인터넷 사이트 또는 CD-ROM을 말한다. 제조회사, 약의 이름, 약물의 화학적 정보, 효과, 부작용, 경고 등을 모두 포함하는 포괄적인 정보를 얻을 수 있다.

감별 진단

Morey(1988)에 따르면, OCD와 적어도 30% 정도 중첩되는 것으로 보이는 범주들 간의 감별 진단은 다음과 같이 이루어질 수 있다.

- OCD와 AVD(56.5%): 〈표 A-1〉과 〈표 A-2〉에 따르면, 두 범주는 **비난**, 담을 쌓음, *자기비난*, *자기통제*뿐만 아니라 **비난**의 표적이 되는 것에 대해 두려워하는 경향을 공유하고 있다. 이러한 유사성에도 불구하고, 두 범주의 소망은 매우 다르다. OCD는 **통제**를 원하고 AVD는 사랑을 원한다. OCD는 타인이 복종하기를 추구하고 *자기통제*를 엄격하게 지킨다. AVD는 **적극적 사랑**과 **보호**받기를 원한다. 소망에서의 이러한 차이는 근본적인 행동의 차이와 관련이 있다. OCD는 뚜렷하게 **통제**하는 것을 보여 주며 존경하는 권위자에 대해 복종할 것이다. AVD는 기준으로 여기는 애착행동을 보여 줄 수 있을 정도로 안전한 상황이 되기 전까지는 철회(물러남, 담을 쌓음)할 것이다.
- OCD와 NPD(30.4%): 〈표 A-1〉과 〈표 A-2〉에 따르면, 두 범주는 **통제**, **비난**, **무시**, *자기비난*, *자기방치*의 경향을 공유하고 있다. **비난**에 대한 두려움, 타인이 복종하기를 소망하는 것도 공유하고 있다. 그러나 부가적인 소망과 두려움은 두 범주 간에 서로 다르다. 예를 들어, NPD는 타인으로부터 **적극적 사랑**과 **보호**받기를 원하지만 OCD는 그렇지 않다. NPD는 **무시**당하는 것을 두려워하지만, OCD는 그렇지 않다. OCD는 *자기해방*을 두려워하지만, NPD는 자기해방을 두려워하지 않는다. OCD는 완벽에의 추구로 똘똘 뭉쳐 있는 데 반해, NPD는 자기들이 이미 완벽하다고 느낀다(*적극적 자기사랑*). 스스로 혼자서 지내는 것을 편안하게 느끼기 때문에 NPD는 분리를 원하는 데 반해, OCD는 우월한 대상에 대해 복종하고자 한다.

수동공격성 성격장애(부정적 성격장애)

대인관계 요약과 전이의 예

요약: 어떤 형태의 권력이든지 간에 배려하지 못하고 소홀한 것으로 보는 경향성이 있으며, 더불어 권위자나 보호자는 무능하고, 불공정하며, 잔혹하다는 믿음을 가지고 있다. PAG는 요구나 제안에 거부하지 않고 따르는 듯하지만, 그 일을 수행해 내는 데에는 실패한다. 부당한 대우에 대해 불평하며, 더 나은 대우를 받는 타인을 시기하고 분개한다. 그들의 고통은 무관심하고 소홀한 보호자나 권위자를 고발하는 것과 같다. PAG

는 *어떤 형태로든지 통제받는 것을 두려워하며 다시 보살핌 받기를 소망한다.*

이런 대인관계적 기본 패턴, 소망, 두려움은 치료적 관계에서도 나타날 것이다. 다음에서 전이문제의 예를 살펴보자.

> 어떤 환자가 우울증으로 인한 입원치료를 수년간 여러 차례 받아 왔다. 모든 방법을 다 써 보았다. 전기충격 요법도 받아 보았다. 모든 항우울제, 모노아민 산화효소 억제제들, 리튬, 심지어 몇몇 신경이완제를 포함한 많은 약물을 처방받았다. 때때로 처음에는 효과가 있는 것처럼 보였지만, 어떤 것도 오래가지는 않았다. 환자는 그 병의 압박을 참아 냈다(골냄). 하지만 도움을 주지 못하는 의사의 무능함에 대해서 불평하였다(**비난**).
>
> 그가 가장 최근에 만난 의사는 임상실험 연구 중에 있는 새로운 항우울제를 투여하였다. 환자는 연구에 참여하는 데에는 동의했지만 처방대로 약을 복용하지 않았다. 약을 먹고 나면 기분이 나빠져서 그는 스스로 복용하는 약의 분량을 조절했다고 설명하였다(복종+담을 쌓음). 그러나 이 약이 약간의 효험이 있는 것 같아서, 그는 계속해서 실험에 참가하기를 요청했고, 처방대로 정확하게 약을 복용하는 데 동의하였다. 2주 후, 의사는 환자의 아내로부터 남편의 심각한 자살사고로 입원이 필요하다는 전화를 받았다. 환자는 의사의 연구를 존중해서 처방대로 정확하게 약을 복용했다고 말하였다(골냄+**비난**). 그러나 그는 자신이 전보다 더 안 좋아졌다고 느꼈다(*자기공격*+**비난**). 의사는 그를 다시 입원시키고 임상연구에서는 제외하였다.

DSM의 대인관계적 해석

'전형적인 PAG'는 DSM에 제시된 모든 증상을 나타내다. 잔인하고 무관심한 부모로부터 사회적·직업적 상황에서 수행에 대한 요구를 받았을 때 PAG는 화를 잘 냄과 따지는 모습을 보인다(기준 3). 합리적이지 않은 요구를 따르지 않았을 경우 가혹한 처벌을 받았던 오랜 경험이 수행에 대한 은밀한 거절(기준 1)과 모호함(기준 7)으로 행동하도록 만들었다. PAG는 자신의 노력을 인정받지 못하고, 자신이 부당하게 대우받았다고 느낀다(기준 2, 5). 이는 보호자와 권위자에 대한 지속적인 실망(기준 6)과 경멸(기준 4)을 불러일으켰다. 요컨대, 비정상적인 요구와 함께 가혹한 처벌이 뒤따르고 이에 대해 분노와 불복종을 간접적으로 표현한다(모든 기준). DSM-IV가 주로 분노의 측면을 강조하는 반면, DSM-III-R은 불복종을 강조하였다. DSM은 PAG 진단을 위해 기준 항목 중

4개 또는 그 이상의 항목에 부합되는 것을 요구한다.

PAG의 필요기준은 순종적 반항이라는 패턴이다. 거부주의의 핵심특징은 수행에 대한 요청을 받으면 그 자리에서는 동의하지만 실행에 옮기지는 않는다. 분노가 있기는 하지만, 나는 이 문제를 정의하는 데 분노가 결정적 요소라고 생각하지 않는다. PAG에 대한 배제기준은 OCD에서 발견할 수 있는 생산성에 대한 헌신이다. 또한 환자가 복잡하지 않은 순종적 패턴을 보여 준다면, 그는 PAG가 아닐 수 있다. PAG는 동의한다고 말은 하지만, 실은 동의하지 않는다는 것을 행동으로 보여 준다.

감별 진단

Morey(1988)에 따르면, PAG와 적어도 30% 정도 중첩되는 것으로 보이는 범주들 간의 감별 진단은 다음과 같이 이루어질 수 있다.

• PAG와 NPD(50%): 〈표 A-1〉과 〈표 A-2〉에 따르면, 두 범주는 **비난**과 분리에의 의지, 그리고 **보호**에의 소망과 **통제**에 대한 두려움을 공유하고 있다. 그러나 NPD는 이런 공통적인 부분보다 더 많이 원한다. 타인들은 반드시 복종해야 하며 **적극적 사랑**을 보여 주어야 한다. 중요한 것은 기준 위치가 서로 다르다는 것인데, PAG는 복종하는 경향이 있지만 적대적인 방식으로 복종하며 골을 낸다. NPD는 뚜렷하게 **공격**하며 타인을 거부하는데(**무시**) PAG는 그렇지 않다. NPD는 *적극적 자기사랑*을 보이지만 PAG는 그렇지 않다. NPD는 자기 자신을 사랑하고 타인들도 그렇게 해 주기를 기대한다. 자신이 하고 싶은 대로 한다. 기대한 대로 되지 않으면 놀라고 격분한다. 반대로 PAG는 배신감과 소외감을 느낀다. PAG는 보상을 원하지만 얻지 못할 것으로 보는데, 분노를 직접적으로 드러내지도 않는다.

• PAG와 BPD(36.1%): 〈표 A-1〉과 〈표 A-2〉에 따르면, 두 범주는 **비난**과 *자기공격*의 기준 위치를 공유하고 있으며 **보호**에의 소망도 가지고 있다. 그러나 두 범주가 두려워하는 점에서는 서로 아주 다르다. PAG는 독립적인 것이 가능하며 **통제**에 아주 민감한 반면에, BPD는 **무시**당하는 것을 두려워한다. BPD는 변화무쌍하게 행동하고 태도가 급변한다. PAG는 복종과 자율, 우호적인 것과 적대감의 복잡한 조합을 드러낸다. 두 범주 모두 치료자를 비난하고 자살과 자기파괴적 행동을 한다. 그러나 이런 자기 파괴적 행동의 목적과 양식은 서로 다르다. BPD는 자신이 원하는 돌봄과 애정을 강요하기 위해 무질서하고 혼란스러우며 격렬한 방식으로 행동한다. PAG는 통제하고 벌주는 양육자에게 저항하기 위해 퉁명스럽고 꼬이고 복잡한 방식으로 행동한다.

• PAG와 HPD(33.3%): 〈표 A-1〉과 〈표 A-2〉에 따르면, 두 범주는 **비난**, 담을 쌓음,

*자기공격*의 타고난 경향을 공유하고 있으며 **보호**에의 소망을 가지고 있다. 그러나 두 범주는 두려워하는 것에 차이가 있다. HPD는 **무시**당하는 것을 두려워하고 PAG는 **통제**를 두려워한다. 이러한 차이는 두 장애가 각기 다른 사건으로 화가 치밀어 오르게 된다는 것을 의미한다. PAG는 어떤 일을 하라는 요구가 부당하다는 지각에 대해 *자기공격*의 반응을 더 많이 보인다. 그러나 HPD는 관심과 배려의 부족을 원인으로 화가 유발된다. PAG의 기본 위치는 대인관계에서 따뜻하고 우호적이지 않다. PAG는 SASB 모형의 과밀착-분화(수직적)의 축으로 설명되는 양가감정에 사로잡혀 있다. 이와 반대로, HPD는 **통제**와 함께 결합된 것이기는 하지만 보통 따뜻함을 보인다.

• PAG와 AVD(33.3%): 〈표 A-1〉과 〈표 A-2〉에 따르면, 두 범주는 **비난**, <u>골냄</u>, <u>담을 쌓음</u>의 기준 위치를 공유하고 있으며 **보호**에 대한 소망을 가지고 있다. PAG는 **통제**에 밀접하게 관련되는 것을 두려워하며 그의 기본 위치는 대개 매우 복잡하게 뒤얽혀 있다. PAG의 **통제**에 대한 두려움과 따뜻한 양육에의 소망은 과밀착(<u>골냄</u> 또는 **비난**)과 분화(<u>담을 쌓음</u>) 사이에서 강한 양가감정을 갖게 한다. AVD는 적대적인 과밀착이 가능하기 때문에 기준 위치에서는 오히려 갈등이 적다. 전형적으로 더 철회(<u>물러남</u>, <u>담을 쌓음</u>)하며, 스스로 자제한다(*자기통제*와 *자기비난*). AVD는 소수의 선택된 상황과 사람에게만 과도하게 밀착한다. 복잡하고 양가적인 소망과 두려움을 가지고 있는 PAG와는 달리, AVD는 양가적이지 않은 대신 명백하게 **적극적 사랑**을 원하지만, 거절당하거나(**무시**) 또는 창피당할까(**비난**) 두려워서 방어적으로 철회한다.

• PAG와 DPD(30.6%): 〈표 A-1〉과 〈표 A-2〉에 따르면, 두 범주는 <u>복종</u>과 <u>골냄</u>을 공유하고 있으며 **보호**에의 소망도 함께 가지고 있다. 그러나 DPD의 또 다른 소망인 **통제**는 PAG에게는 엄청난 두려움이다. DPD와는 달리, PAG는 타인을 **비난**하며 <u>분리</u>하고 <u>담을 쌓</u>을 것이다.

• PAG와 PAR(30.6%): 〈표 A-1〉과 〈표 A-2〉에 따르면, 두 범주는 **비난**과 자율성의 경향을 공유하고 있다(<u>분리</u>와 <u>담을 쌓음</u>). 그러나 두 범주의 소망과 두려움은 아주 다르다. PAG는 돌봄받기를 원하는 반면, PAR은 자유를 원한다. PAR은 **공격**을 두려워하며 타인이 공격하지 않을 때도 자신이 공격받는다고 지각한다. PAG는 **통제**를 두려워하며 타인이 통제하지 않을 때도 통제받는다고 지각한다. PAR은 명백하게 적대적이고(**공격**, <u>물러남</u>), **통제**를 행사하며, 타인을 거부한다(**무시**). 반면, PAG는 복잡하고 꼬인 방식으로 행동한다. PAG는 복잡하고, 까다로우며, 알기 어려운 성격으로서 의존적인 과밀착 대 자율성의 문제에서 양가적이다. 이와 반대로 PAR은 보다 더 단순한데, 공격을 두려워하고, 방어적으로 자율성 또는 통제를 원한다.

회피성 성격장애

대인관계 요약과 전이의 예

요약: 창피와 거절에 대한 강한 두려움이 있다. 자신이 결함이 있다고 느끼면 예상되는 당혹감을 회피하기 위해 움츠려 있거나 사회적으로 자신을 억제한다. AVD들은 사랑과 인정에 대해 강한 욕구를 가지고 있지만, 상당히 엄격한 테스트를 통해 안전을 보장해 줄 수 있는 소수의 사람들과만 친밀한 관계를 유지하려 한다. 때때로 AVD는 자제력을 잃고, 강한 분노를 표출한다.

이런 대인관계적 기본 패턴, 소망, 두려움은 치료적 관계에서도 나타날 것이다. 다음에서 전이문제의 예를 살펴보자.

> 한 환자가 어느 날 저녁, 의사가 처방해 준 지속성 우울증 약물을 과다복용하였다. 그녀는 그 의사를 무척 좋아했고 존경하였다. 그녀의 고양이가 울음을 멈추지 않는 것을 궁금하게 여긴 이웃사람이 혼수상태가 된 그녀를 발견하였다. 그 이웃이 환자의 유일한 친구였다. 자살시도를 한 그날 아침, 그녀는 의사에게서 자신이 성격장애를 갖고 있는 게 아닌지 의심스럽다는 이야기를 들었다. 그녀는 의사의 이 같은 생각에 대단히 창피했지만, 속으로는 그에 동의하였다. 그녀는 크게 당황하며 그 의사가 이제부터는 자신을 완전히 바보 같은 사람으로 여길 것이라고 확신하였다. 의사가 자신을 더 이상 치료하지 않을 것이라고 생각하였다. 그 의사를 신뢰하는 데 아주 오랜 시간이 걸렸기 때문에, 그녀는 지금 이 의사가 자신을 거부할지 모른다는 사실에 무척이나 화가 났다. 그러나 자신의 분노를 의사에게 표현하지 못하리라는 것 또한 알고 있었다. 그 의사를 다시 보고 굴욕을 느끼느니, 차라리 여기서 모든 것을 끝내기로 결심하였다.

DSM의 대인관계적 해석

'전형적인 AVD'는 DSM에 제시된 모든 증상을 나타낸다. 거의 모든 DSM 기준은 예상되는 창피함과 거절에 대한 회피성 방어의 모습을 기술하고 있다. 비난과 거절에 대한 이러한 두려움은 기준 4에 직접적으로 묘사되어 있다. 호감을 주고 있다는 확신이 서지 않으면 사람들과 관계를 맺으려 하지 않고(기준 2), 사회적 접촉이 필요한 직업활동을 회피하며(기준 1), 창피를 당할까 두려워서 말이 없고(기준 3), 자신이 열등하다고 느끼며(기준 6), 창피를 당할까 두려워서 새로운 일을 시도하지 않고(기준 7), 대인관계 상황에서 행동을 억제한다(기준 5). DSM은 AVD 진단을 위해 기준 항목 중 4개 또는 그 이상의 항목에 부합되는 것을 요구한다.

창피, 공격 그리고 거절에 대한 두려움에서 야기된 방어적 철회와 인정받고 싶은 소망이 AVD 진단의 필요조건이다. SOI처럼 정서적 분리가 있거나 DPD 및 BPD처럼 외로움을 회피하기 위한 필사적인 시도가 있었다면 AVD 진단의 배제조건에 해당한다. 직장이나 학교에서 수행능력이 매우 떨어지는 BPD와는 다르게 AVD는 대개 직장에서 유능하다. 도구적 부적절성을 갖고 있는 DPD와도 다르다.

AVD는 학교나 직장에서의 업무를 제대로 수행해 내는 능력을 가지고 있다는 점에서 PAG와 다르다. PAG와 AVD 둘 다 발달 초기에 적절한 보살핌을 받았지만, 가혹한 처벌과 요구에 노출되었을 수 있다. 그것에 대한 반응은 둘 다 자율적이다(그리고 둘 다 우울증에 취약하다). 결정적 차이는 PAG에 대한 요구와 처벌이 업무수행과 관련되어 있다면, AVD에 대한 요구와 처벌은 사회적 이미지 및 인정 여부와 관련되어 있다는 것이다. 결과적으로 PAG는 업무수행 능력에 문제가 있으며, AVD는 사회적 관계에 참여하는 능력에 문제가 있다.

감별 진단

Morey(1988)에 따르면, AVD와 적어도 30% 정도 중첩되는 것으로 보이는 범주들 간의 감별 진단은 다음과 같이 이루어질 수 있다.

- AVD와 BPD(44.3%): 앞에서 논의된 BPD와 AVD를 참조.
- AVD와 DPD(40.5%): 앞에서 논의된 DPD와 AVD를 참조.
- AVD와 PAR(39.2%): 〈표 A-1〉과 〈표 A-2〉에 따르면, 두 범주는 **비난**, 물러남, 담을 쌓음, *자기통제*의 경향을 공유한다. **공격**과 **비난**에 대한 두려움 또한 공유하고 있다. 그러나 두 범주의 소망은 서로 다르다. AVD는 **적극적 사랑**과 **보호**받기를 소망한다. PAR은 **지지**받기를 원하고 혼자 있거나(**해방**) 또는 타인이 자기를 경외하며 존중(**복종**)해 주기를 원한다. 대인관계의 목표에서 드러나는 이러한 차이점 때문에 AVD는 PAR만큼 **공격**하거나 또는 **통제**하려는 경향이 없고 명백히 분리하려 하지도 않는다. 즉, '냉담한' PAR의 행동은 AVD가 그토록 소망하는 친밀함을 불러일으키지도 않는다.

편집성 성격장애

대인관계 요약과 전이의 예

요약: 타인이 나를 해치려 하거나 비난하기 위해 공격할 것이라는 두려움이 있다. 타인이 지지해 주거나 이해해 주기를 소망한다. 지지를 받지 못하면, 타인이 PAR을 그냥 내버려 두기를 바라거나 타인이 복종하기를 희망한다. 기준 위치는 담을 쌓고, 분리된 채 지내는 것, 그리고 자기를 최대한 엄격하게 통제하기다. 위협을 받으면, PAR은 적대적인 방식으로 물러서거나 오히려 상대방을 통제하기 위해 공격하거나 또는 거리를 유지하려고 한다.

이런 대인관계적 기본 패턴, 소망, 두려움은 치료적 관계에서도 나타날 것이다. 다음에서 전이문제의 예를 살펴보자.

> 환자는 항우울제를 시도해 보자는 의사의 처방을 거부하였는데, 왜냐하면 약물치료는 실패의 징표로 느껴지고 궁극적으로 그것이 해가 될 것이라고 보았기 때문이다. 환자의 우울감 증가를 상당히 염려하는 의사는 약물치료의 주된 부작용이 사실 매우 드문 현상이라고 그를 설득하였다. 의사는 그에게 최소한 몇 주 동안이라도 약을 먹어 보라고 권하였다. 그는 매우 불안해하며 오히려 의사가 약물처방으로 어떤 이익을 얻는 것이 아닌지 의심하였다. 그는 그 의사가 제약회사의 주식을 보유하고 있는지 알아봐야겠다고 요구하였다. 그는 최신의 항우울제에 대한 문헌과 의료재정에 대해 이야기하였다. 장시간의 논쟁 후에 결국 그는 약물치료를 거부하였고 자기 문제는 자신의 방식으로 해결할 수 있다고 말하였다.

DSM의 대인관계적 해석

'전형적인 PAR'은 DSM에 제시된 모든 증상을 나타낸다. 가학적, 경멸적, **통제**적인 부모의 양육력은 PAR로 하여금 타인들이 자신을 착취하고 손상을(기준 1) 입힐 것이라고 예측하게 만든다. PAR은 우호적인 사건을 위협적인 것으로 지각하고(기준 4), 사적인 것이 드러나는 것을 두려워한다(기준 3). 쉽게 분노하는 부모를 동일시한다(기준 6). 다른 가족구성원과 불리하게 비교당하고, 악의적인 타깃이 되었던 경험이 PAR이 사람을 신뢰하기 어렵게 만든다(기준 2, 7). 이런 발달력은 원한을 유지하게 하는 데 일조한다(기준 5). DSM은 PAR 진단을 위해 기준 항목 중 4개 또는 그 이상의 항목에 부합되는 것을 요구한다.

PAR의 진단을 위해 필수기준은 위험과 해가 없는데 있다고 기대하는 것이다. 그리고 배제기준은 ① 유기에 대한 걱정(BPD와 NPD의 특징)과 ② 권위에 대한 복종이다.

감별 진단

Morey(1988)에 따르면, PAR과 적어도 30% 정도 중첩되는 것으로 보이는 범주들 간의 감별 진단은 다음과 같이 이루어질 수 있다.

- PAR과 BPD(48.4%): 앞에서 논의된 BPD와 PAR을 참조.
- PAR과 AVD(48.4%): 앞에서 논의된 AVD와 PAR을 참조.
- PAR과 NPD(35.9%): 앞에서 논의된 NPD와 PAR을 참조.

분열성 성격장애

대인관계 요약과 전이의 예

요약: 타인에 대한 두려움이나 소망이 없다. 기준 위치는 능동적, 수동적인 자율성과 관련된다. 사회적인 자각과 기술은 덜 발달되었지만 SOI는 사회적으로 꼭 필요한 도구적 기술을 가지고 있으며, 공식적인 사회적 역할(부모, 상사, 종업원)에 상응하는 기대를 충족시킬 수 있다. 결혼은 할 수 있으나 친밀함을 발달시키지는 않는다. 환상에 적극적으로 몰입하지만, 환상이 반드시 기이한 것은 아니다.

14장에서 언급했듯이 SOI는 우울증의 증상을 보이거나 자신이 우울하다는 것을 거의 자각하기 어려우므로 항우울제의 필요성에 대한 SOI의 반응을 치료적 관계에서 전이의 예로 포함시키지는 않을 것이다. 그리고 나의 임상경험에서는 SOI 사례를 본 적이 없다.

DSM의 대인관계적 해석

'전형적인 SOI'는 DSM에 제시된 모든 증상을 나타낸다. 사회적, 정서적 소외의 맥락에서 도구적 적절성을 가지고 있는가 하는 점이 SOI의 모든 증상에서 다 나타나야 한다. 대인관계 접촉은 극히 적고(기준 2), 비밀을 털어놓을 만한 막역한 친구도 거의 없다(기준 5). 정서적 기술은 위축되어 있고, 친밀한 관계에 대한 욕구가 없으며(기준 1), 칭찬 또는 비난에 무관심하고(기준 6), 타인과의 성에 대한 욕구가 없다(기준 3). 쾌락과 즐거움을 느끼지 못하고(기준 4), 정서적으로 냉담하다(기준 7). DSM은 SOI 진단을 위해 기준 항목 중 4개 또는 그 이상의 항목에 부합되는 것을 요구한다.

SOI를 위한 진단기준은 사회적 무관심 및 고립과 관련이 있다. 누가 더 중요하지도, 덜 중요하지도 않다. 여러 맥락에서 접근하는 것이 적절해 보인다. 한 가지 방식이나 맥락에서가 아니라 모든 맥락에서 담을 쌓는데 이것이 바로 이 장애를 정의하는 데 필요한 기준이다.

SOI에서 사회적 철회가 필요기준이라는 것은 결국 여러 개의 배제기준이 있다는 것을 의미한다. 사회적 철회 이외의 다른 메시지가 담겨 있다면 SOI라고 진단 내릴 수 없다. 즉, PAR, BPD, HPD, NPD의 강렬한 정서, SZT의 기이함, ASP와 HPD의 복잡하고 교묘한 조종기술, BPD와 DPD에서 발견할 수 있는 유기(버림받음)에 대한 두려움, AVD에서 볼 수 있는 애정과 수용에 대한 소망, 그리고 BPD, NPD, HPD, ASP, OCD, PAR에서 볼 수 있는 통제하려는 욕구 등이 그 예가 될 수 있다.

감별 진단

Morey(1988)의 연구에서, SOI는 AVD(53.1%), PAR(46.9%), SZT(44.4%)와 중첩된다. 다양한 형태의 대인관계 철회가 이런 중복 진단의 특징이다. DSM 준거 기준과 일치하는 환자에 대한 임상경험이 부족해서 감별 진단을 위한 세세한 관점을 언급하지 않겠다.

분열형 성격장애

대인관계 요약과 전이의 예

요약: 공격적, 굴욕적인 통제에 대한 공포가 있다. 타인이 SZT를 홀로 내버려 두기를

염원한다. SZT의 기준 위치는 적대적인 철회와 자기방임 사이의 한 지점이다. SZT들은 그 자신이 직접적(텔레파시) 또는 간접적(의례를 통한 통제)으로 행사할 수 있는 마술적인 영향력을 가지고 있다고 믿는다. 대개 SZT들은 멀리 떨어져서 '힘'을 행사한다. 공격적인 감정을 자각하기는 하지만 대부분 그 감정들을 억누른다.

이런 대인관계적 기본 패턴, 소망, 두려움은 치료적 관계에서도 나타날 것이다. 다음에서 전이문제의 예를 살펴보자.

> 환자는 우울증의 무기력한 증상을 명백하게 가지고 있었지만, 이런 증상들이 자신의 생일에 별이 일렬로 정렬한 결과라고 믿고 있었다. 그럼에도 불구하고 그녀는 주로 자신의 과민증상을 조절하는 데 도움이 되는 항우울제를 여러 번 복용하였다. 그러면서 그녀는 약물의 효과가 별로 없었다며, 약물치료에 순응하지 않고 이랬다 저랬다 변덕을 부렸다. 침술치료와 특별한 약재로 만든 보조식품을 더 선호하였다. 특별한 형태의 해가 지는(석양) 모습을 바라보는 것도 효과가 있다고 하였다. 그녀는 자신이 특정한 '에너지계'에 있을 때 우울증이 더 심해진다고 믿었기 때문에 의사는 그녀가 사고장애가 아닌지 의구심을 가졌다.

DSM의 대인관계적 해석

'전형적인 SZT'는 DSM에 제시된 모든 증상을 나타낸다. 몇 가지 DSM 기준 중에 사고장애가 두드러지는 것이 특징적인데, 기이한 신념 또는 마술적 사고(기준 2), 이상한 지각 경험(기준 3), 기이한 사고와 언어(기준 4) 등이다. 사고장애는 대체로 개인의 생화학적 결함에 의한 직접적인 결과라고 알려져 왔다. 그러나 유전적 결손이 사고장애의 원인이건 아니건, 이 책에서의 분석은 SZT 사고장애의 특정 유형은 어린 시절의 학습의 결과로 형성된 것이라고 제안한다. SZT들은 그 자신이 타인을 돕거나 또는 해칠 수 있는 강력한 힘을 가졌다는 말을 들으며 자랐다. 이들은 어른들을 방해하지 않아야 했는데, 친구와 놀면서 어른들을 방해하지 않는 것이 아니었다. 혼자 조용히 있으면서 어른들을 방해하지 않아야 했던 SZT들은 사회적 소외의 신세가 되어 혼자만의 공상에 더욱 몰두하였다. SZT의 사고장애에 대한 코드들은 가족 안에서 경험한 것의 코드와 같다. 마술적 신념, 기이한 지각경험, 그리고 기이한 사고 패턴들은 전지전능감, 맹종, 유리의 복합물이다. 세계 내에서의 자기에 대한 기이하고 복합적인 관점은 똑같이 복합적이고 '기이한' 정동과 상관이 있다(기준 6).

SZT의 편집성은 만성적이고 침략적인 학대로 더욱 발달하였다. 망상적 사고(기준 1)와 의심 또는 편집성 사고(기준 5)는 SZT의 대인관계력을 고려했을 때 충분히 이해할 만하다. SZT는 부모의 삶(인생)을 책임져야 했으며, 동시에 극심한 심리적, 육체적 그리고 성적 학대의 대상이었다. SZT는 또래와의 놀이를 통해 정상적인 사회적 기술을 습득할 수 있는 기회를 전혀 갖지 못하였다. 또래와의 상호작용을 통해 적절한 피드백을 받는 것이 결핍된 SZT는 '기이한' 행동이나 용모를 갖게 되었다. 자율성과 또래와의 놀이에 대한 금지령은 SZT가 보이는 친구의 결핍(기준 8)과 사회적 불안(기준 9)이라는 증상을 충분히 설명하고 있다. DSM은 SZT 진단을 위해 기준 항목 중 4개 또는 그 이상의 항목에 부합되는 것을 요구한다.

SZT의 진단을 위한 필요기준은 사회적 철회와 DSM에서 사고장애를 기술하는 기준들과 같은 자폐적 통제다. SZT 진단을 내리지 않는 기준은, BPD에서 찾을 수 있는 자율에 대한 불편함과 ASP에서 볼 수 있는 사회적 규범에 대해 우쭐대며 경시하는 것이다. SZT는 자기 자신을 있는 그대로 수용하려 할 것이다.[3] 자율적이고 독립적인 것을 편안해하는 SZT는 BPD, DPD, HPD의 특징인 강요적인 의존성 또는 도움을 강요하는 행동은 전혀 보이지 않는다.

감별 진단

Morey(1988)에 따르면, SZT와 적어도 30% 정도 중첩되는 것으로 보이는 범주들 간의 감별 진단은 다음과 같이 이루어질 수 있다.

- SZT와 AVD(59.3%): 〈표 A-1〉과 〈표 A-2〉에 따르면, 두 범주는 물러남, 담을 쌓음, *자기통제*의 기준 위치를 공유한다. 또한 두 범주 모두 **공격**과 **비난**을 두려워한다. 두 범주 모두 거의 온정을 보여 주는 일은 없으나 AVD는 수용을 원한다(**적극적 사랑**과 **보호**). SZT는 다른 사람의 의견에 영향을 받지만, 혼자 있을 때 만족해한다(**해방**).
- SZT와 PAR(59.3%): 〈표 A-1〉과 〈표 A-2〉에 따르면, 두 범주는 **통제**, 담을 쌓음, *자기 통제*의 경향을 공유한다. 두 범주 모두 온정을 보이는 것에는 실패하고 **공격**과 **비난**을 두려워한다. 또한 두 범주 모두 혼자 있는 것을 원한다. 그러나 두 범주는 드러나는 양상의 복잡성에서 상당히 다르다. PAR은 명확하고 복잡하지 않은데, **공격**하거나 혼란

3) PAR은 흔히 코카인이나 알코올과 같이 '중독성이 강력한 약물' 남용자라고 13장에서 언급하였다. 대체로 자기통제적이고 매우 조심스러운 PAR이 이런 약물을 남용할 때는 의외로 분별력이 없고 무모하게 될 수 있다.

없이 단순히 분리한다. 반대로 SZT는 복잡하게 얽혀 있는 것처럼 보이며(**통제** 또는 복종), 동시에 개인적 · 정서적으로 가까이 가기 어렵다(담을 쌓음). SZT는 자기 자신에 대해 더 무모하고 분별없는 것으로 보인다. 무심함과 스타일의 복잡성 때문에 SZT는 과도하게 예민한 PAR보다 더 기이하고 별나게 보인다. 그러나 기이함은 PAR과 SZT를 구별하는 믿을 만한 감별 지표는 아니다. PAR도 지나치게 고립되면 '현실감각을 상실' 할 수 있기 때문이다.

• SZT와 SOI(44.4%): 앞에서 기술한 대로 SOI와의 감별 진단에 대한 설명은 충분하지 않다.

• SZT와 BPD(33.3%): 〈표 A-1〉과 〈표 A-2〉에 따르면, 두 범주는 **통제**와 *자기방치*의 경향을 공유한다. 그러나 두 범주의 소망과 두려움은 서로 다르다. BPD는 **보호**받기를 원하고 **무시**당하는 것을 두려워한다. SZT는 정반대의 소망을 가지고 있어서 혼자 있도록 내버려 두기를 원한다. 두 범주는 복잡성에서 서로 다르다. BPD는 다양한 태도를 보이지만 명백하고 순서가 있다. SZT는 과밀착과 분화의 복합적인 조합에 따라 대부분 움직인다.

• SZT와 NPD(33.3%): 〈표 A-1〉과 〈표 A-2〉에 따르면, 두 범주는 **통제**와 *자기방치*의 경향을 공유한다. 두 범주 모두 **비난**을 두려워하지만 소망은 서로 다르다. SZT는 혼자 있도록 내버려 두기를 원하고 비판받는 것을 원하지 않지만, NPD는 존경과 따뜻한 돌봄을 원한다. NPD는 자기 자신을 사랑하는 반면, SZT는 스스로를 엄격하게 통제하는 경향이 있다.

| 참고문헌 |

Abel, G. G., & Blanchard, E. B. (1974). The role of fantasy in the treatment of sexual deviation. *Archives of General Psychiatry, 30,* 467-475.

Adler, G. (1986). Psychotherapy of the narcissistic personality. *American Journal of Psychiatry, 143,* 430-436.

Akhtar, S. (1986). Differentiating Schizoid and Avoidant Personality Disorders. *American Journal of Psychiatry, 143,* 1061-1062.

Akiskal, H. S., Chen, S. E., Davis, G. C., Puzantian, V. R., Kashgarian, M., & Bolinger, J. M. (1985). Borderline: An adjective in search of a noun. *Journal of Clinical Psychiatry, 46,* 41-48.

Alberti, R. E., & Emmons, M. L. (1986). *The professional edition of your perfect right: A manual for assertiveness trainers.* San Luis Obispo, CA: Impact Publishers.

Allport, G. W. (1937). *Personality: A psychological interpretation.* New York: Henry Holt.

American Psychiatric Association. (1968). *Diagnostic and statistical manual of mental disorders* (2nd ed.). Washington, DC: Author.

American Psychiatric Association. (1980). *Diagnostic and statistical manual of mental disorders* (3rd ed.). Washington, DC: Author.

American Psychiatric Association. (1987). *Diagnostic and statistical manual of mental disorders* (3rd ed., rev.). Washington, DC: Author.

American Psychiatric Association. (1994). *Diagnostic and statistical manual of mental disorders* (4th ed.). Washington, DC: Author.

Baer, L., Jenike, M. A., Ricciardi, J. N., Holland, A. D., Seymour, R. J., Minichidlo, W. E., & Buttolph, M. L. (1990). Standardized assessment of personality disorders in Obsessive-Compulsive Disorders. *Archives of General Psychiatry, 47,* 826-830.

Bateson, G., Jackson, D. D., Haley, J., & Weakland, J. (1956). Toward a theory of schizophrenia. *Behavioral Science, 1,* 251- 264.

Beck, A. T., Rush, A. J., Shaw, B. E., & Emery, G. (1979). *Cognitive therapy of depression.* New York: Guilford Press.

Bell, M. (Director). (1986). *Streetwise* [Videotape]. Los Angeles: LCA/New World Video.

Benjamin, L. S. (1968). Harlow's facts on affects. *Voices, 4,* 49-59.

Benjamin, L. S. (1974). Structural Analysis of Social Behavior. *Psychological Review, 81,* 392-425.

Benjamin, L. S. (1979). Structural analysis of differentiation failure. *Psychiatry: Journal for the Study of Interpersonal Processes, 42,* 1-23.

Benjamin, L. S. (1982). Use of Structural Analysis of Social Behavior (SASB) to guide interventions in therapy. In J. Anchin & D. Kiesler (Eds.), *Handbook of interpersonal psychotherapy*. Elmsford, NY: Pergamon Press.

Benjamin, L. S. (1983). *The Intrex users' manual, Part I*. Madison, WI: Intrex Interpersonal Institute.

Benjamin, L. S. (1984). Principles of prediction using Structural Analysis of Social Behavior. In R. A. Zucker, J. Aronoff, & A. J. Rabin (Eds.), *Personality and the prediction of behavior*. New York: Academic Press.

Benjamin, L. S. (1986). Adding social and intrapsychic descriptors to Axis I of DSM-III. In T. Millon & G. L. Klerman (Eds.), *Contemporary directions in psychopathology: Toward the DSM-IV*. New York: Guilford Press.

Benjamin, L. S. (1987a). Use of the SASB dimensional model to develop treatment plans for personality disorders: I. Narcissism. *Journal of Personality Disorders, 1*, 43-70.

Benjamin, L. S. (1987b). Commentary on the inner experience of the borderline self-mutilator. *Journal of Personality Disorders, 1*, 334-339.

Benjamin, L. S. (1988). *Short Form Intrex users' manual*. Madison, WI: Intrex Interpersonal Institute.

Benjamin, L. S. (1989). Interpersonal analysis of the cathartic model. In R. Plutchik & H. Kellerman (Eds.), *Emotion: Theory, research, and experience, Vol. 5*. New York: Academic Press.

Benjamin, L. S. (1991). Brief SASB-directed reconstructive learning therapy. In P. Crits-Christoph & J. P. Barber (Eds.), *Handbook of short-term dynamic psychotherapy*. New York: Basic Books.

Benjamin, L. S. (1992). An interpersonal approach to the diagnosis of Borderline Personality Disorder. In J. F. Clarkin, E. Marziali, & H. Monroe-Blum (Eds.), *Borderline personality disorder: Clinical and empirical perspectives*. New York: Guilford Press.

Benjamin, L. S. (1993a). Commentary. In M. H. Klein, D. J. Kupfer, & M. T. Shea (Eds.), *Personality and depression: A current view*. New York: Guilford Press.

Benjamin, L. S. (1993b). Every psychopathology is a gift of love. *Psychotherapy Research, 3*, 1-24.

Benjamin, L. S. (1994a). SASB: A bridge between personality theory and clinical psychology. *Psychological Inquiry, 5*, 273-316.

Benjamin, L. S. (1994b). The bridge is supposed to reach the clinic, not just another corner of the academy. *Psychological Inquiry, 5*, 336-343.

Benjamin, L. S. (1994c). Good defenses make good neighbors. In H. Conte & R. Plutchik (Eds.), *Ego defenses: theory and measurement*. New York: Wiley-Interscience.

Benjamin, L. S. (in press). An interpersonal theory of personality disorders. In J. F. Clarkin & M. F. Lenzenweger (Eds.), *Major theories of personality disorder*. New York: The Guilford Press.

Benjamin, L. S., Foster, S. W., Giat-Roberto, L., & Estroff, S. E. (1986). Breaking the family code: Analyzing videotapes of family interactions by SASB. In L. S. Greenberg & W. M. Pinsof (Eds.), *The psychotherapeutic process: A research handbook*. New York: Guilford Press.

Benjamin, L. S., & Friedrich, F. J. (1991). Contributions of Structural Analysis of Social Behavior (SASB) to the bridge between cognitive science and a science of object relations. In M. J. Horowitz (Ed.), *Person schemas and maladaptive behavior*. Chicago: University of

Chicago Press.

Berlin, F. S., Malin, H. M., & Dean, S. (1991). Effects of statutes requiring psychiatrists to report suspected sexual abuse of children. *American Journal of Psychiatry, 148,* 449-453.

Berne, E. (1964). *Games people play.* New York: Grove Press.

Bernstein, D. P., Useda, D., & Siever, L H. (1993). Paranoid personality disorder: Review of the literature and recommendations for DSM-IV. *Journal of Personality Disorders, 7,* 53-62.

Blashfield, R. K. (1984). *The classification of psychopathology: Neo-Kraepelinian and quantitative approaches.* New York: Plenum Press.

Blatt, S. J. (1974). Levels of object representation in anaclitic and introjective depression. *Psychoanalytic Study of the Child, 29,* 107-157.

Blatt, S. J., & Auerbach, J. S. (1988). Differential cognitive disturbances in three types of borderline patients. *Journal of Personality Disorders, 2,* 198-211.

Block, J. (1995). A contrarian view of the five-factor approach to personality description. *Psychological Bulletin, 117,* 187-215.

Bowlby, J. (1977). The making and breaking of affectional bonds. *British Journal of Psychiatry, 130,* 201-210, 421-431.

Carroll, J., Schaffer, C., Spensley, J., & Abramowitz, S. J. (1980). Family experiences of self-mutilating patients. *American Journal of Psychiatry, 137,* 852-853.

Carson, R. (1991). Dilemmas in the pathway of the DSM-IV. *Journal of Abnormal Psychology, 100,* 302-307.

Carson, R. C., & Butcher, J. N. (1992). *Abnormal psychology and modern life* (9th ed.). New York: HarperCollins.

Cleckley, H. (1955). The *mask of sanity: An attempt to clarify some issues about the so-called psychopathic personality* (3rd ed.). St. Louis: C. V. Mosby.

Cloninger, C. R. (1978). The antisocial personality. *Hospital Practice, 13,* 97-106.

Cloninger, C. R., Christiansen, K. O., Reich, T., & Gottesman, I. (1978). Implications of sex differences in the prevalences of antisocial personality, alcoholism, and criminality for familial transmission. *Archives of General Psychiatry, 35,* 941-951.

Cloninger, C. R., & Guze, S. B. (1975). Hysteria and parental psychiatric illness. *Psychological Medicine, 5,* 27-31.

Cloninger, C. R., Reich, T., & Guze, S. B. (1975). The multifactorial model of disease transmission: III. Familial relationship between sociopathy and hysteria (Briquet's syndrome). *British Journal of Psychiatry, 127,* 23-32.

Colby, K. M. (1977). Appraisal of four psychological theories of paranoid phenomena. *Journal of Abnormal Psychology, 86,* 54-59.

Cooper, A. M., & Ronningstam, E. (1992). Narcissistic Personality Disorder. *American Psychiatric Press Review of Psychiatry, 11,* 80-97.

Costa, P. T., & McCrae, R. R. (1988). Personality in adulthood: A six year longitudinal study of self-reports and spouse ratings on the NEO Personality Inventory. *Journal of Personality and Social Psychology, 54,* 853-863.

Costa, P. T., & McCrae, R. R. (1992). The five factor model of personality and its relevance to personality disorders. *Journal of Personality Disorders, 6,* 343-359.

Crowell, J. A., Waters, E., Kring, A., & Riso, L. (1993, Spring). Psychosocial etiologies of personality disorders: What is the answer like? *Journal of Personality Disorders, Supplement,* 118-128.

Darwin, C. (1952). The origin of species. In R. M. Hutchins (Ed.), *Great books of the Western world.* Chicago: Encyclopaedia Britannica. (Original work published 1859)

DeJonge, C. A. J., van den Brink, W., Jansen, J. A. M., & Schippers, G. M. (1989). Interpersonal aspects of the DSM-III Axis II: Theoretical hypotheses and empirical findings. *Journal of Personality Disorders, 3,* 135-146.

Docherty, J. P., Fiester, S. J., & Shea, T. (1986). Syndrome diagnosis and personality disorder. In A. J. Frances & R. E. Hales (Eds.), *Psychiatry update: The American Psychiatric Association annual review* (Vol. 5). Washington, DC: American Psychiatric Press.

Dollard, J., & Miller, N. E. (1950). *Personality and psychotherapy: An analysis in terms of learning, thinking, and culture.* New York: McGraw-Hill.

Ellis, A. (1973). *Humanistic psychotherapy: The rational emotive approach.* New York: Julian Press.

Epstein, S. (1987). The relative value of theoretical and empirical approaches for establishing a psychological diagnostic system. *Journal of Personality Disorders, 1,* 100-109.

Erikson, E. H. (1959). *Identity and the life cycle.* New York: International Universities Press.

Fenichel, O. (1945). *The psychoanalytic theory of neurosis.* New York: Norton.

Fenton, W. S., & McGlashan, T. H. (1986). The prognostic significance of obsessive-compulsive symptoms in schizophrenia. *American Journal of Psychiatry, 143,* 437-441.

Fraiberg, S. H. (1959). *The magic years: Understanding and handling the problems of early childhood.* New York: Scribner's.

Frances, A. J., & Widiger, T. (1986). The classification of personality disorders: An overview of problems and solutions. In A. J. Frances & R. E. Hales (Eds.), *Psychiatry update: The American Psychiatric Association annual* review (Vol. 5). Washington, DC: American Psychiatric Press.

Freedman, M. B. (1985). Symposium: Interpersonal circumplex models (1948-1983). *Journal of Personality Assessment, 49,* 622-625.

Freedman, M. B., Leary, T. F., Ossorio, A. G., & Coffey, H. S. (1951). The interpersonal dimension of personality. *Journal of Personality, 20,* 143-161.

Freud, A. (1965). *The writings of Anna Freud: Vol. 6. Normality and pathology in childhood: Assessments of development.* New York: International Universities Press.

Freud, S. (1955). The theory of instincts. In C. Thompson, M. Mazer, & E. Witenberg (Eds.), *An outline of psychoanalysis.* New York: Modern Library. (Original work published 1949)

Freud, S. (1959). Early studies on the psychical mechanisms of hysterical phenomena. In E. Jones (Ed.), *Sigmund Freud: Collected papers* (Vol. 1). New York: Basic Books. (Original work written with Breuer in 1892; first published 1940)

Freud, S. (1959). On the psychical mechanism of hysterical phenomena. In E. Jones (Ed.), *Sigmund Freud: Collected papers* (Vol. 1). New York: Basic Books. (Original work published 1893)

Freud, S. (1959). Fragment of an analysis of hysteria. In E. Jones (Ed.), *Sigmund Freud: Collected papers* (Vol. 3). New York: Basic Books. (Original work published 1905)

Freud, S. (1959). Obsessive acts and religious practices. In E. Jones (Ed.), *Sigmund Freud: Collected papers* (Vol. 2). New York: Basic Books. (Original work published 1907)

Freud, S. (1959). Hysterical phantasies and their relation to bisexuality. In E. Jones (Ed.), *Sigmund Freud: Collected papers* (Vol. 2). New York: Basic Books. (Original work published 1908)

Freud, S. (1959). Family romances. In E. Jones (Ed.), *Sigmund Freud: Collected papers* (Vol. 5). New York: Basic Books. (Original work published 1909)

Freud, S. (1959). Psychoanalytic notes upon an auto-biographical account of a case of paranoia (dementia paranoides). In E. Jones (Ed.), *Sigmund Freud: Collected papers* (Vol. 3). New York: Basic Books. (Original work published 1911)

Freud, S. (1959). A predisposition to obsessional neurosis. In E. Jones (Ed.), *Sigmund Freud: Collected papers* (Vol. 2). New York: Basic Books. (Original work published 1913)

Freud, S. (1959). On narcissism: An introduction. In E. Jones (Ed.), *Sigmund Freud: Collected papers* (Vol. 4). New York: Basic Books. (Original work published 1914)

Freud, S. (1959). A case of paranoia running counter to the psychoanalytic theory of the disease. In E. Jones (Ed.), *Sigmund Freud: Collected papers* (Vol. 2). New York: Basic Books. (Original work published 1915)

Freud, S. (1959). Some psychological consequences of the anatomical distinction between the sexes. In E. Jones (Ed.), *Sigmund Freud: Collected papers* (Vol. 5). New York: Basic Books. (Original work published 1925)

Gallagher, R. E., Flye, B. L., Hurt, S. W., Stone, M. H., & Hull, J. W. (1992). Retrospective assessment of traumatic experiences (RATE). *Journal of Personality Disorders, 6,* 99-108.

Gerstley, L., McLellan, A. T., Alterman, A. I., Woody, G. E., Luborsky, L., & Prout, M. (1989). Ability to form an alliance with the therapist: A possible marker of prognosis for patients with Antisocial Personality Disorder. *American Journal of Psychiatry, 146,* 508-512.

Greenberg, J. R., & Mitchell, S. A. (1983). *Object relations in psychoanalytic theory.* Cambridge, MA: Harvard University Press.

Greenberg, L. S., Rice, L. N., & Elliott, R. (1993). *Facilitating emotional change.* New York: The Guilford Press.

Greenberg, R. P., & Bornstein, R. F. (1988). The dependent personality: I. Risk for physical disorders. *Journal of Personality Disorders, 2,* 126-135.

Groves, J. E. (1981). Borderline Personality Disorder. *New England Journal of Medicine, 305,* 259-262.

Grunbaum, A. (1986). What are the clinical credentials of the psychoanalytic compromise model of neurotic symptoms? In T. Millon & G. L. Klerman (Eds.), *Contemporary directions in psychopathology: Toward the DSM-IV.* New York: Guilford Press.

Gunderson, J. G. (1992). Severe personality disorders: Diagnostic controversies. *American Psychiatric Press Annual Review of Psychiatry, 11,* 9-24.

Gunderson, J. G., Ronningstam, E., & Smith, L. E. (1991). Narcissistic personality disorder: A review of data on DSM-III-R descriptions. *Journal of Personality Disorders, 5,* 167-177.

Gunderson, J. G., Zanarini, M. C., & Kisiel, C. L. (1991). Borderline personality disorder: A review of data on DSM-III-R descriptions. *Journal of Personality Disorders, 5,* 340-352.

Guntrip, H. (1973). *Psychoanalytic theory, therapy and self.* New York: Basic Books.

Guttman, L. (1966). Order analysis of correlation matrixes. In R. B. Cattell (Ed.), *Handbook of multivariate experimental psychology*. Chicago: Rand McNally.

Gyatso, T. (1984). *Kindness, clarity and insight*. Ithaca, New York: Snow Lion.

Hackett, G., McKillop, P., & Wang, D. (1988, December 12). A tale of abuse. *Newsweek*, pp. 56-61.

Hare, R. D., Hart, S. D., & Harpur, T. J. (1991). Psychopathy and the DSM-IV criteria for Antisocial Personality Disorder. *Journal of Abnormal Psychology, 100*, 391-398.

Harlow, H. F., & Harlow, M. K. (1962). Social deprivation in monkeys. *Scientific American, 203*, 136-146.

Harpur, T. J., & Hare, R. D. (1994). Assessment of psychopathy as a function of age. *Journal of Abnormal Psychology, 103*, 604-609.

Hart, S. D., Forth, A. E., & Hare, R. D. (1990). Performance of criminal psychopaths on selected neuropsychological tests. *Journal of Abnormal Psychology, 99*, 374-379.

Hartmann, D. P. (1977). Considerations in the choice of interobserver reliability estimates. *Journal of Applied Behavior Analysis, 10*, 103-116.

Head, S. B., Baker, I. D., & Williamson, D. A. (1991). Family environment characteristics and dependent personality disorder. *Journal of Personality Disorders, 5*, 256-263.

Henry, W., Schacht, T., & Strupp, H. H. (1986). Structural Analysis of Social Behavior: Application to a study of interpersonal process in differential psychotherapeutic outcome. *Journal of Consulting and Clinical Psychology, 54*, 27-31.

Herman, J. L., & van der Kolk, B. A. (1992). Traumatic antecedents of Borderline Personality Disorder. In *Psychopharmacology Bulletin, NIMH. U.S. Department of Health and Human Services, 25*, 110-125.

Hume, D. (1947). An enquiry concerning human understanding. In D. J. Bronstein, Y. H. Krikorian, & P. P. Wiener (Eds.), *Basic problems of philosophy*. Englewood Cliffs, NJ: Prentice-Hall. (Original work published 1748)

Hymowitz. P., Frances, A. J., Jacobsberg, L. B., Sickles, M., & Hoyt, R. (1986). Neuroleptic treatment of Schizotypal Personality Disorders. *Comprehensive Psychiatry, 27*, 267-271.

Jansen, M. A., Arntz, A., Merckelbach, H., & Mersch, P. (1994). Personality disorders and features in social phobia and panic disorder. *Journal of Abnormal Psychology, 103*, 391-395.

Jenike, M. A., Baer, L., Minichiello, W. E., Schwartz, C. E., & Carey, R. J. (1986). Concomitant Obsessive-Compulsive Disorder and Schizotypal Personality Disorder. *American Journal of Psychiatry, 143*, 530-532.

Johnston, W. A., & Dark, V. J. (1986). Selective attention. *Annual Review of Psychology, 37*, 43-76.

Jung. C. G. (1955). Dream analysis in its practical application. In C. Thompson, M. Maxer, & E. Witenberg (Eds.), *An outline of psychoanalysis*. New York: Modern Library. (Original work published 1934)

Kagan, J. (1988). The meanings of personality predicates. *American Psychologist, 43*, 614-620.

Kalus, O., Bernstein, D. P., & Siever, L. J. (1993). Schizoid personality disorder: A review of current status and implications for DSM-IV. *Journal of Personality Disorders, 7*, 43-52.

Kaslow, N., Wamboldt, F., Wamboldt, M., Anderson, R., & Benjamin, L. (1989). Interpersonal deadlock and the suicidal adolescent: An empirically based hypothesis. *American Journal of Family Therapy, 17,* 195-207.

Katz, J. (1988). *The seductions of crime: Moral and sensual attractions in doing evil.* New York: Basic Books.

Kendler, K. S., Masterson, C. C., Ungaro, R., & Davis, K. L. (1984). A family history study of schizophrenia-related personality disorders. *American Journal of Psychiatry, 141,* 424-427.

Kepecs, J. (1978). *Beyond neurosis.* Unpublished manuscript.

Kernberg, O. (1975). *Borderline conditions and pathological narcissism.* New York: Jason Aronson.

Kernberg, O. (1984). *Object relations theory and clinical psychoanalysis.* Northvale, NJ: Jason Aronson.

Kety, S. S., Rosenthal, D., Wender, P. H., Schulsinger. F., & Jacobsen, B. (1975). Mental illness in the biological and adoptive families of adopted individuals who have become schizophrenics; a preliminary report based on psychiatric interviews. In R. Fieve, P. Rosenthal, & H. Brill (Eds.), *Genetic research in psychiatry.* Baltimore: Johns Hopkins University Press.

Kiesler, D. J. (1983). The 1982 Interpersonal Circle: A taxonomy for complementarity in human transactions. *Psychological Review, 90,* 185-214.

Kiesler, D. J. (1986). The 1982 Interpersonal Circle: An analysis of DSM-III personality disorders. In T. Millon & G. L. Klerman (Eds.), *Contemporary directions in psychopathology: Toward the DSM-IV.* New York: Guilford Press.

Klein, M. K., Benjamin, L. S., Rosenfeld, R., Greist. J. H., & Lohr, M. J. (1993). The Wisconsin Personality Inventory (WISPI): I. Development, reliability, and validity. *Journal of Personality Disorders, 1,* 285-303.

Kohut, H. (1971). *The analysis of the self.* New York: International Universities Press.

Kraemer, G. W. (1992). A psychobiological theory of attachment. *Behavioral and Brain Sciences, 14,* 1-28.

Krull, J. (1988). *The challenge of the borderline patient.* New York: Norton.

Kübler-Ross, E. (1969). *On death and dying.* New York: Macmillan.

LaForge, R., Leary, T. F., Naboisek, H., Coffey. H. S., & Freedman, M. B. (1954). The interpersonal dimension of personality: II. An objective study of repression. *Journal of Personality, 23,* 129-153.

Laing, R. D. (1970). *Knots.* New York: Vintage Books.

Leary, T. (1957). *Interpersonal diagnosis of personality: A functional theory and methodology for personality evaluation.* New York: Ronald Press.

Leibenluft, E., Gardner, O. L., & Cowdry, R. W. (1987). The inner experience of the borderline self-mutilator. *Journal of Personality Disorders, 1,* 317-324.

Lemert, E. M. (1962). Paranoia and the dynamics of exclusion. *Sociometry, 25,* 2-20.

Leon, M. (1992). The neurobiology of filial learning. *Annual Review of Psychology, 43,* 377-398.

Levine, F., & Sandeen, E. (1985). *Conceptualization in psychotherapy: The models approach.* Hillsdale, NJ: Erlbaum.

Levine, M. (1966). Hypothesis behavior by humans during discrimination learning. *Journal of*

Experimental Psychology, 71, 331-338.

Linehan, M. M. (1993). *Cognitive-behavioral therapy for Borderline Personality Disorder.* New York: Guilford Press.

Livesley, W. J., Jackson, D. N., & Schroeder, M. L. (1992). Factorial structure of traits delineating personality disorders in clinical and general population samples. *Journal of Abnormal Psychology, 101,* 432-440.

Livesley, W. J., Schroeder, M. L., & Jackson, D. N. (1990). Dependent Personality Disorder and attachment problems. *Journal of Personality Disorders, 4,* 131-140.

Livesley, W. J., & West, M. (1986). The DSM-III distinction between Schizoid and Avoidant Personality Disorders. *American Journal of Psychiatry, 31,* 59-61.

Livesley, W. J., West, M., & Tanney, A. (1985). Historical comment on DSM-III Schizoid and Avoidant Personality Disorders. *American Journal of Psychiatry, 142,* 1344-1347.

Loeber, R., Weissman, W., & Reid, J. B. (1983). Family interactions of assaultive adolescents, stealers and nondelinquents. *Journal of Abnormal Child Psychology, 11,* 1-14.

Loranger, A. W., Susman, V. L., Oldham, J. M., & Russakoff, L. M. (1987). The Personality Disorder Examination: A preliminary report. *Journal of Personality Disorders, 1,* 1-13.

Lorr, M., Bishop, P. F., & McNair, D. M. (1965). Interpersonal types among psychiatric patients. *Journal of Abnormal Psychology, 70,* 468-472.

Luborsky, L., & Auerbach, A. H. (1985). The therapeutic relationship in psychodynamic psychotherapy: The research evidence and its meaning for practice. In R. E. Hales & A. J. Frances (Eds.), *Psychiatry update: The American Psychiatric Association annual review* (Vol. 4). Washington, DC: American Psychiatric Press.

MacKenzie, K. R. (1990). *Time limited group psychotherapy.* Washington, DC: American Psychiatric Press.

Mahler, M. (1968). *On human symbiosis and the vicissitudes of individuation.* New York: International Universities Press.

Malin, A. (1990). Psychotherapy of the Narcissistic Personality Disorders. In A. Tasman, S. M. Goldfinger, & C. A. Kaufmann (Eds.), *Review of psychiatry* (Vol. 9). Washington, DC: American Psychiatric Press.

Marmor, J., & Woods, S. M. (1980). *The interface between the psychodynamic and behavior therapies.* New York: Plenum Press.

Masterson, J. F. (1975). The splitting defense mechanism of the borderline adolescent: Developmental and clinical aspects. In J. Mack (Ed.), *Borderline states in psychiatry.* New York: Grune & Stratton.

McCann, J. T. (1988). Passive Aggressive Personality Disorder. A review. *Journal of Personality Disorders, 2,* 170-179.

McGlashan, T. H. (1983). Intensive individual psychotherapy of schizophrenia. *Archives of General Psychiatry, 40,* 909-920.

McGlashan, T. H. (1986). Schizotypal Personality Disorder: Chestnut Lodge Follow-Up Study, VI. Long-term follow-up perspectives. *Archives of General Psychiatry, 43,* 329-334.

McGlashan, T. H. (1987). Testing DSM-III symptom criteria for schizotypal and borderline personality disorder. *Archives of General Psychiatry, 44,* 143-148.

McLemore, C., & Benjamin, L. S. (1979). Whatever happened to interpersonal diagnosis?: A psychosocial alternative to DSM-III. *American Psychologist, 34,* 17-34.

Mead, G. H. (1934). *Mind, self and society.* Chicago: University of Chicago Press.

Mellsop, G., Varghese, M. B., Joshua, S., & Hicks, A. (1982). The reliability of Axis II of DSM-III. *American Journal of Psychiatry, 139,* 1360-1361.

Merikangas, K. R., & Weissman, M. M. (1986). Epidemiology of DSM-III Axis II personality disorders. In A. J. Frances & R. E. Hales (Eds.), *Psychiatry update: The American Psychiatric Association annual review* (Vol. 5). Washington, DC: American Psychiatric Press.

Midelfort, C. F. (1957). *The family in psychotherapy.* New York: McGraw-Hill.

Millon, T. (1969). *Modern psychopathology: A biosocial approach to maladaptive learning and functioning.* Prospect Heights, IL: Waveland Press.

Millon, T. (1981). *Disorders of personality DSM-III: Axis II.* New York: Wiley-Interscience.

Millon, T. (1982). *Millon Clinical Multiaxial Inventory manual* (2nd ed.). Minneapolis: National Computer Systems.

Millon, T. (1984). On the renaissance of personality assessment and personality theory. *Journal of Personality Assessment, 48,* 450-466.

Millon, T. (1986). A theoretical derivation of pathological personalities. In T. Millon & G. L. Klerman (Eds.), *Contemporary directions in psychopathology: Toward the DSM-IV.* New York: Guilford Press.

Millon, T. (1987). *Manual for the MCMI-II* (2nd ed.). Minneapolis, MN: National Computer Systems.

Millon, T. (1991a). Classification in psychopathology: Rationale, alternatives, and standards. *Journal of Abnormal Psychology, 100,* 245-261.

Millon, T. (1991b). Avoidant personality disorder: a brief review of issues and data. *Journal of Personality Disorders, 5,* 353-362.

Millon, T. (1993). Negativistic (Passive-Aggressive) personality disorder. *Journal of Personality Disorders, 7,* 78-85.

Mischel, W. (1973). Toward a cognitive social learning reconceptualization of personality. *Psychological Review, 80,* 252-283.

Morey, L. C. (1985). An empirical comparison of interpersonal and DSM-III approaches to classification of personality disorders. *Psychiatry, 48,* 358-364.

Morey, L. C. (1988). Personality disorders in DSM-III and DSM-III-R: Convergence, coverage, and internal consistency. *American Journal of Psychiatry, 145,* 573-577.

Morey, L C. (1991). Classification of mental disorder as a collection of hypothetical constructs. *Journal of Abnormal Psychology, 100,* 289-293.

Murray, H. A. (1938). *Explorations in personality.* New York: Oxford University Press.

Mussen, P. H., Conger, J. J., & Kagan, J. (1971). *Child development and personality* (3rd ed.). New York: Harper & Row.

Oldham, J. M., Skodol, A. E., Kellman, H. D., Hyler, S. E., Doidge, N., Rosnick, L., & Gallaher, P. E. (1995). Comorbidity of Axis I and Axis II disorders. *American Journal of Psychiatry, 152,* 571-578.

Overholser, J. C. (1991). Categorical assessment of the dependent personality disorder in depressed inpatients. *Journal of Personality Disorders, 5,* 243-255.

Park, L. C., Imboden, J. D., Park, T. J., Hulse, S. H., & Unger, H. T. (1992). Giftedness and psychological abuse in borderline personality disorder: Their relevance to genesis and treatment. *Journal of Personality Disorders, 6,* 226-240.

Perls, F. S. (1969). *Gestalt therapy verbatim*. Lafayette, CA: Real People Press.

Perry, C. J. (1993, Spring). Longitudinal studies of personality disorders. *Journal of Personality Disorders, Supplement,* 63-85.

Perry, J. C., & Flannery, R. D. (1982). Passive aggressive personality disorder: Treatment implications of a clinical typology. *Journal of Nervous and Mental Disease, 170,* 164-173.

Pfohl, B. (1991). Histrionic personality disorder: A review of available data and recommendations for DSM-IV. *Journal of Personality Disorders, 5,* 150-166.

Pfohl, B., & Blum, N. (1991). Obsessive compulsive personality disorder: A review of available data and recommendations for DSM-IV. *Journal of Personality Disorders, 5,* 363-375.

Pfohl, B., Coryell, W., Zimmerman, M., & Stangl, D. (1986). DSM-III personality disorders: Diagnostic overlap and internal consistency of individual DSM-III criteria. *Comprehensive Psychiatry, 27,* 21-34.

Pilkonis, P. (1988). Personality prototypes among depressives: Themes of dependency and autonomy. *Journal of Personality Disorders, 2,* 144-152.

Plutchik, R., & Platman, S. R. (1977). Personality connotations of psychiatric diagnoses. *Journal of Nervous and Mental Disease, 165,* 418-422.

Pollack, J. (1987). Obsessive compulsive personality: Theoretical and clinical perspectives and recent research findings. *Journal of Personality Disorders, 2,* 248-262.

Pollock, V. E., Briere, J., Schneider, L., Knop, J., Mednick, S. A., & Goodwin, D. W. (1990). Childhood antecedents of antisocial behavior: Parental alcoholism and physical abusiveness. *American Journal of Psychiatry, 147,* 1290-1293.

Raczek, W. W. (1992). Childhood abuse and personality disorders. *Journal of Personality Disorders, 6,* 109-116.

Reich, W. (1949). *Character analysis* (3rd ed.). New York: Orgone Institute Press.

Reik, T. (1949). *Listening with the third ear.* New York: Farrar, Straus.

Robins, L. N. (1970). The adult development of the antisocial child. *Seminars in Psychiatry, 2,* 420-434.

Rogers, C. R. (1951). *Client-centered therapy.* Cambridge, MA: Riverside Press.

Ronningstam, E., & Gunderson, J. (1991). Differentiating borderline personality disorder from narcissistic personality disorder. *Journal of Personality Disorders, 5,* 225-232.

Rothenberg, A. (1986). Eating disorder as a modern obsessive compulsive syndrome. *Psychiatry, 49,* 45-53.

Schaefer, E. S. (1965). Configurational analysis of children's reports of parent behavior. *Journal of Consulting Psychology, 29,* 552-557.

Schulz, S. C., Schulz, P. M., & Wilson, W. H. (1988). Medication treatment of Schizotypal Personality Disorder. *Journal of Personality Disorders, 2,* 1-13.

Shapiro, D. (1965). *Neurotic styles.* New York: Basic Books.

Shea, M. T. (1993, Spring). Psychosocial treatment of personality disorders. *Journal of Personality Disorders, Supplement,* 167-180.

Siever, L. J. (1992). Schizophrenia Spectrum Personality Disorders. *American Psychiatric Press Review of Psychiatry, 11,* 25-42.

Siever, L. J., Amin, F., Coccaro, E. F., Trestman, R., Silverman, J., Horvath, T. B., Mahon, T. R., Knott, P., Altstiel, L., Davidson, M., & Davis, K. L. (1993). CSF homovanillic acid in schizotypal personality disorder. *American Journal of Psychiatry, 150,* 149-151.

Siever, L. J., Bernstein, D. P., & Silverman, J. M. (1991). Schizotypal personality disorder: A review of its current status. *Journal of Personality Disorders, 5,* 178-193.

Siever, L. J., & Klar, H. K. (1986). A review of DSM-III criteria for the personality disorders. In A. J. Frances & R. E. Hales (Eds.), *Psychiatry update: The American Psychiatric Association annual review* (Vol. 5). Washington, DC: American Psychiatric Press.

Skinner, B. F. (1938). *The behavior of organisms.* New York: Appleton-Century-Crofts.

Skinner, B. F. (1990). Can psychology be a science of mind? *American Psychologist, 45,* 1206-1210.

Skinner, H. A. (1981). Toward the integration of classification theory and methods: Perspectives from psychology. *Journal of Abnormal Psychology, 90,* 68-87.

Spitzer, R. L., Endicott, J., & Gibbon, M. (1979). Crossing the border into borderline personality and borderline schizophrenia. *Archives of General Psychiatry, 36,* 17-24.

Spitzer, R. L., Gibbon, M., Skodol, A. E., Williams, J. B. W., & First, M. B. (1989). *DSM-III-R casebook.* Washington, DC: American Psychiatric Association.

Spitzer, R. L., Gibbon, M., Skodol, A. E., Williams, J. B. W., & First, M. B. (1994). *DSM-IV casebook.* Washington DC: American Psychiatric Press.

Spitzer, R. L., Skodol, A. E., Gibbon, M., & Williams, J. B. W. (1981). *DSM-III casebook.* Washington, DC: American Psychiatric Association.

Spitzer, R. L., Williams, J. B. W., & Skodol, A. E. (1980). DSM-III: The major achievements and an overview. *American Journal of Psychiatry, 137,* 151-164.

Stein, D. J., Hollander, E., & Skodol, A. E. (1993). Anxiety disorders and personality disorders: A review. *Journal of Personality Disorders, 7,* 87-104.

Strupp, H. H. (1980). Success and failure in time-limited psychotherapy: Further evidence (comparison 4). *Archives of General Psychiatry, 37,* 947-954.

Strupp, H. H. (1989). Psychotherapy: Can the practitioner learn from the researcher? *American Psychologist, 44,* 717-724.

Strupp, H. H., & Binder, J. L. (1984). *Psychotherapy in a new key.* New York: Basic Books.

Sullivan, H. S. (1953). *The interpersonal theory of psychiatry.* New York: Norton.

Sweet, M. J., & Johnson, C. G. (1990). Enhancing empathy: The interpersonal implications of a Buddhist meditation technique. *Psychotherapy, 27,* 19-29.

Trull, T. J., Widiger, T. A., & Frances, A. (1987). Covariation of criteria sets for Avoidant, Schizoid and Dependent Personality Disorders. *American Journal of Psychiatry, 144,* 767-771.

Turner, S. M., Beidel, D. C., Bordern, J. W., Stanley, M. A., & Jacob, R. G. (1991). Social Phobia: Axis I and II correlates. *Journal of Abnormal Psychology, 100,* 102-106.

van der Kolk, B., Greenberg, M., Boyd, H., & Krystal, J. (1985). Inescapable schock, neurotransmitters, and addiction to trauma: Toward a psychobiology of post traumatic stress. *Biological Psychiatry, 20,* 314–325.

Wachtel, P. L. (1973). Psychodynamics, behavior therapy, and the implacable experimenter: An inquiry into the consistency of personality. *Journal of Abnormal Psychology, 82,* 324–334.

Washburn, S. L., & Hamburg, D. A. (1965). The implications of primate research. In I. DeVore (Ed.), *Primate behavior: Field studies of monkeys and apes.* New York: Holt, Rinehart & Winston.

Watzlawick, P., Beavin, J. H., & Jackson, D. D. (1967). *Pragmatics of human communication.* New York: Norton.

Widiger, T. A. (1989). The categorical distinction between personality and affective disorders. *Journal of Personality Disorders, 3,* 77–91.

Widiger, T. A. (1992). Generalized social phobia versus avoidant personality disorder: A commentary on three studies. *Journal of Abnormal Psychology, 101,* 340–343.

Widiger, T. A. (1993). The DSM-III-R categorical personality disorder diagnoses: A critique and an alternative. *Psychological Inquiry, 4,* 75–90.

Widiger, T. A., Corbitt, E. M., & Millon, T. (1992). Antisocial personality disorder. *Review of Psychiatry, 11,* 63–79.

Widiger, T. A., & Frances, A. J. (1985). Axis II personality disorders: Diagnostic and treatment issues. *Hospital and Community Psychiatry, 36,* 619–627.

Widiger, T. A., & Frances, A. J. (1987). Interviews and inventories for the measurement of personality disorders. *Clinical Psychology Review, 7,* 49–75.

Widiger, T. A., Frances, A. J., Spitzer, R. L., & Williams, J. B. W. (1988). The DSM-III-R personality disorders: An overview. *American Journal of Psychiatry, 145,* 786–795.

Widiger, T. A., Frances, A. J., & Trull, T. J. (1987). A psychometric analysis of the social-interpersonal and cognitive-perceptual items for the Schizotypal Personality Disorder. *Archives of General Psychiatry, 44,* 741–745.

Widiger, T. A., & Kelso, K. (1983). Psychodiagnosis of Axis II. *Clinical Psychology Review, 3,* 491–510.

Widiger, T. A., & Sanderson, C. (1987). Convergent and discriminant validity of the MCMI as a measure of the DSM-III personality disorders. *Journal of Personality Assessment, 51,* 228–241.

Wiggins, J. S. (1982). Circumplex models of interpersonal behavior in clinical psychology. In P. C. Kendall & J. N. Butcher (Eds.), *Handbook of research methods in clinical psychology.* New York: Wiley.

Wiggins, J. S., & Broughton, R. (1985). The Interpersonal Circle: A structural model for the integration of personality research. In R. Hogan & W. H. Jones (Eds.), *Perspectives in personality* (Vol. 1). Greenwich, CT: JAI Press.

Wolkind, S. N. (1974). The components of "affectionless psychopathy" in institutionalized children. *Journal of Child Psychology and Psychiatry, 15,* 215–220.

Wynne, L. C., Ryckoff, I. M., Day, J., & Hirsch, S. I. (1958). Pseudo-mutuality in the family relations of schizophrenics. *Psychiatry: Journal for the Study of Interpersonal Processes, 21,* 205–220.

| 찾아보기 |

◎ 저자 소개

Lorna Smith Benjamin

벤저민 박사는 기존의 심리치료나 약물치료에 잘 반응하지 않던 성격장애에 혁신적이고 창의적인 치료법을 도입한 것으로 유명하다. 위스콘신대학교에서 애착 관련 실험으로 유명한 할로우(H. Harlow) 박사 밑에서 석사학위와 박사학위를 취득한 후 임상가로 활동하였으며, 위스콘신대학교 의과대학 및 유타대학교 심리학과 교수를 역임하였다. 1968년에 인간관계를 두 축(사랑-증오, 과밀착-분화)으로 묘사하는 사회행동 구조분석(Structural Analysis of Social Behavior: SASB)을 창안하여 성격장애를 범주화하였고, 최근에는 SASB를 바탕으로 대인관계 재구조 치료(Interpersonal Reconstructive Therapy: IRT)를 개발하였다.

◎ 역자 소개

서영석

미국 미네소타대학교 상담심리 박사
연세대학교 교육학부 교수
한국상담학회 기업상담 수련감독급 전문상담사

김동민

미국 위스콘신대학교 상담심리 박사
중앙대학교 교육학과 교수
청소년상담사 1급

이동훈

미국 플로리다대학교 정신건강상담 박사
성균관대학교 교육학과 교수
한국상담학회 기업상담 수련감독급 전문상담사
게슈탈트 심리치료 전문가

조민아

연세대학교 교육학과 상담교육전공 박사
서강대학교 학생생활상담연구소 상담교수
한국상담심리학회 상담심리사 1급
한국상담학회 심리치료 1급 전문상담사

성격장애진단 및 치료: 대인관계 접근

Interpersonal Diagnosis and Treatment of Personality Disorders (2nd ed.)

2014년 11월 15일 1판 1쇄 발행
2022년 2월 10일 1판 5쇄 발행

지은이 • Lorna Smith Benjamin
옮긴이 • 서영석 · 김동민 · 이동훈 · 조민아
펴낸이 • 김 진 환
펴낸곳 • (주) 학지사
04031 서울특별시 마포구 양화로 15길 20 마인드월드빌딩 5층
대표전화 • 02) 330-5114 팩스 • 02) 324-2345
등록번호 • 제313-2006-000265호
홈페이지 • http://www.hakjisa.co.kr
페이스북 • https://www.facebook.com/hakjisabook

ISBN 978-89-997-0556-4 93180

정가 **22,000**원

이 도서의 국립중앙도서관 출판시도서목록(CIP)은 서지정보유통지원시스템 홈페이지(http://seoji.nl.go.kr)와 국가자료공동목록시스템(http://www.nl.go.kr/kolisnet)에서 이용하실 수 있습니다.
(CIP제어번호: CIP2014030395)